Geographisches Seminar Zonal

Herausgegeben von
Prof. Dr. Eckart Ehlers, Marburg und
Prof. Dr. Hartmut Leser, Basel

Burkhard Hofmeister und Klaus Rother

Die mittleren Breiten

westermann

Verlags-GmbH Höller und Zwick

„Die mittleren Breiten" sind ein unveränderter Zusammendruck der beiden Bände „Die gemäßigten Breiten" und „Die mediterranen Subtropen". Jeder dieser beiden Teile hat seine eigene Paginierung sowie seine eigene Abbildungs- und Tabellen-Numerierung.

CIP-Kurztitelaufnahme der Deutschen Bibliothek

Die mittleren Breiten / Burkhard Hofmeister u. Klaus Rother. – [Braunschweig]: Westermann; [Braunschweig]: Höller und Zwick, 1985.
  (Geographisches Seminar zonal)
  ISBN 3-89057-323-1 brosch.: DM 30,—
  [Erscheint: August 1985].
NE: Hofmeister, Burkhard [Mitverf.]; Rother, Klaus [Mitverf.]

August 1985
© Verlags-GmbH Höller & Zwick, Braunschweig
Lektorat und Herstellung: Verlagsbüro Höller
Kartographie: J. Zwick
Satz, Druck und Binden: Zechnersche Buchdruckerei GmbH & Co. KG, Speyer
ISBN 3-89057-**323**-1

Geographisches Seminar Zonal

Herausgegeben von
Prof. Dr. ECKART EHLERS
Prof. Dr. HARTMUT LESER

BURKHARD HOFMEISTER

Die gemäßigten Breiten

Insbesondere die kühlgemäßigten Waldländer

Verlags-GmbH Höller und Zwick

Prof. Dr. BURKHARD HOFMEISTER
Hagenstr. 25a
1000 Berlin 33

CIP-Kurztitelaufnahme der Deutschen Bibliothek

Geographisches Seminar Zonal / hrsg. von Eckart Ehlers; Hartmut Leser.
– Braunschweig: Westermann; Braunschweig: Höller und Zwick.
NE: Ehlers, Eckart [Hrsg.]
Hofmeister, Burkhard: Die gemäßigten Breiten. – 1985.

Hofmeister, Burkhard:
Die gemäßigten Breiten: besonders d. kühlgemäßigten Waldländer / Burkhard Hofmeister. – Braunschweig: Westermann; Braunschweig: Höller und Zwick, 1985.
  (Geographisches Seminar Zonal)
  ISBN 3-89057-313-4

März 1985
© Verlags-GmbH Höller und Zwick, Braunschweig
Lektorat und Herstellung: Verlagsbüro Höller
Kartographie: J. Zwick, Gießen
Satz, Druck und Binden: Zechnersche Buchdruckerei GmbH & Co. KG, Speyer
ISBN 3-89057-**313**-4

Inhalt

Seite

Vorworte 5

Einleitung 7

1   Die gemäßigten Breiten als naturgeographische Zone 11
1.1 Wesensmerkmale der gesamten gemäßigten Breiten 11
1.2 Zusätzliche Merkmale der humiden kühlgemäßigten Breiten . 15

2   Naturausstattung und Naturpotential der humiden kühlgemäßigten Breiten 19
2.1 Die Klimate 19
2.1.1 Allgemeine Charakteristika 19
2.1.2 Die Subklimate 30
2.1.3 Verträglichkeit und Wirtschaftswert für den Menschen 38

2.2. Gewässer und Wasserhaushalt 42
2.2.1 Grundlagen und Probleme der Wasserversorgung 42
2.2.2 Allgemeine Abflußverhältnisse 45
2.2.3 Hochwasser, Niedrigwasser, Eisblockierung 47

2.3 Die Böden 49
2.3.1 Bodendynamik und Bodentypen 49
2.3.2 Bearbeitbarkeit und Fruchtbarkeit 54

2.4 Die natürliche Vegetation 60
2.4.1 Waldwüchsigkeit und die Produktivität des Waldes 60
2.4.2 Die europäischen sommergrünen Laub- und Mischwälder 66
2.4.3 Die warm-temperierten Wälder der Ostseiten Asiens und Nordamerikas 71
2.4.4 Die Nadel- und Laubwälder der Gebirgsluvseiten Amerikas und Australien/Neuseelands 73

2.5 Geologisch-geomorphologische Wesenszüge 78
2.5.1 Die Ausstattung mit Bodenschätzen 78

2.5.2 Die Reliefgestaltung im Hinblick auf Siedlung und Wirtschaft . 83
2.6 Gunst- und Instabilitätsfaktoren und die Tragfähigkeit der humiden kühlgemäßigten Breiten 86

3 Die Inwertsetzung des Naturpotentials durch den Menschen .. 92
3.1 Die Entwicklung in Mittel-, West- und Nordeuropa 92
3.1.1 Die Entwicklung der Land- und Ernährungswirtschaft 92
3.1.2 Die verbliebenen Waldareale: Zustand und Bewirtschaftung .. 120
3.1.3 Die Entwicklung von Berg-, Energie- und Industriewirtschaft . 126
3.1.4 Urbanisierung und die Ausbreitung urbaner Ökosysteme 136
3.1.5 Rückwirkungen von Siedlung und Wirtschaft auf den Naturhaushalt 145
3.2 Die übrigen Teilräume der kühlgemäßigten Breiten 148
3.2.1 Osteuropa und Sowjetunion 148
3.2.2 Ostasien 156
3.2.3 Nordamerika 167
3.2.4 Australien/Neuseeland und Südamerika 176

4 Die kühlgemäßigten Breiten im Rahmen der Weltwirtschaft .. 187
4.1 Kulturbeziehungen der Teilräume untereinander 187
4.2 Gemeinsamkeiten und Verschiedenheiten der Teilräume ... 193
4.3 Die Leistungskraft innerhalb der Weltwirtschaft 197
4.4 Die Ausstrahlung auf andere Teile der Welt 201

5 Literatur 205
5.1 Allgemeine Werke 205
5.2 Europa und Sowjetunion 208
5.3 China, Japan, Korea 211
5.4 Nordamerika 212
5.5 Australien, Neuseeland, Südchile 212

6 Register 214

Vorwort der Herausgeber

Seit 1957 hat sich die Reihe DAS GEOGRAPHISCHE SEMINAR als Einführung in die Teilgebiete der Allgemeinen Geographie bewährt. Fast alle Titel haben mehrere Auflagen erlebt und gehören zu den Standardwerken für Studierende wie Lehrende. So lag es nahe, DAS GEOGRAPHISCHE SEMINAR zu erweitern und neue Teilgebiete in das Programm aufzunehmen.

Mit dem vorliegenden Band von Prof. Dr. Burkhard Hofmeister (Berlin) wird der zweite Titel einer auf acht Bände geplanten Reihe vorgelegt, die die großen natürlichen Landschaftsgürtel der Erde zum Gegenstand hat. Dabei sollen die Naturausstattung dieser Räume und zugleich die spezifischen Formen ihrer Inwertsetzung durch den Menschen erörtert werden.

Eine solche Konzeption schließt eine Lücke im geographischen Schrifttum und wird der Rückbesinnung auf eine stärker integrierende Betrachtungsweise in der Geographie gerecht. Es geht schwerpunktmäßig um Beiträge, die das Verständnis für die Wechselbeziehungen zwischen Mensch und Natur fördern sollen. Uns allen wird immer bewußter, in welch gravierendem Ausmaß der wirtschaftende Mensch in den Naturhaushalt eingreift und ihn oft irreparabel zerstört.

Herausgeber und Verlag hoffen, daß diese Reihe GEOGRAPHISCHES SEMINAR ZONAL Einsichten in die Möglichkeiten und Grenzen der menschlichen Einflußnahme auf die großen Naturräume der Erde vermitteln möge. Daß dabei je nach Naturraum und Autor die Akzente unterschiedlich gesetzt und gewichtet werden, dürfte einsichtig sein. Die Gesamtkonzeption der Reihe bleibt jedoch von solchen verständlichen Unterschieden unberührt.

ECKART EHLERS und HARTMUT LESER

Vorwort

Die Zielsetzung der Reihe Geographisches Seminar Zonal und insbesondere die Darstellung der kühlgemäßigten Breiten als einer geographischen Zone erschienen mir reizvoll genug, meine Mitarbeit zuzusagen, wenn auch nicht ohne Zögern. Denn ich war mir vom ersten Augenblick an, da ich mit dieser Aufgabe konfrontiert wurde, der Schwierigkeiten bewußt, die die Behandlung gerade dieser Zone mit ihrer starken Fragmentierung, ihrer großen natur- und kulturräumlichen Vielfalt und ihrer jahrtausendelangen anthropogenen Gestaltung bei dem vom Umfang her gesteckten engen Rahmen mit sich bringen würde.

Verständlicherweise mußte bei einer solchen Thematik auf die Arbeiten etlicher Disziplinen zurückgegriffen werden. Im Verlaufe der Bearbeitung wurde offenkundig, wieviele Fragen gegenwärtig immer noch kontrovers sind, Fragen, die von den verschiedensten Wissenschaften angegangen werden, die mit ständig neuen Ergebnissen aufwarten, was sehr bald manche in diesem Buch enthaltenen Aussagen revisionsbedürftig machen dürfte.

Bei der Erarbeitung des Textes ist mir vielfältige Unterstützung zuteil geworden. Für die Diskussion so manches Kapitels danke ich meiner Frau, Dipl.-Geogr. RUTH HOFMEISTER, und mehreren Kollegen von den Berliner Universitäten. Anregungen zu Veränderungen der Erstfassung verdanke ich den Herausgebern Prof. Dr. E. EHLERS und Prof. Dr. H. LESER. Dem Verlag bin ich für die Betreuung des Bandes zu Dank verpflichtet. Bei der außerordentlich umfangreichen Materialbeschaffung für die Vorarbeiten hat mich mein Mitarbeiter am Institut für Geographie der Technischen Universität Berlin, MARTIN LENZ, tatkräftig unterstützt. Frau CHRISTA SANYAL möchte ich für die Anfertigung der Reinschrift des Manuskripts danken.

Berlin, im Herbst 1984   BURKHARD HOFMEISTER

Einleitung

In ihrem Werk über alte Meister der Kartographie geben BAGROW/SKELTON einen um das Jahr 1500 entstandenen Planiglobus von SACROBOSCO wieder, auf dem eine „zona tempata habitabilis" verzeichnet ist. „Tempata" ist offensichtlich eine Verstümmelung von „temperata", also temperiert, gemäßigt. Des weiteren sind eine „zona fri inha", also unvollständig für „fria inhabitabilis" und eine „zona calida inhabitabilis" ausgewiesen (Abb. 1).

Interessant ist hierbei, daß die *temperierte Zone* mit der Qualität „bewohnbar" gleichgesetzt wird, während die kalten und warmen Zonen als unbewohnbar deklariert werden. Ist eine solche pauschale Einstufung der großen tellurischen Zonen in die Kategorien „bewohnbar" und „unbewohnbar" auch viel zu grob, so war und bleibt doch zutreffend, daß eine Ausdünnung der Besiedlung von den gemäßigten Breiten zu den polaren Kältegebieten und ebenso zu den Wendekreiswüsten hin besteht, wenn auch ein sekundäres Bevölkerungsdichtemaximum in Teilen der tropischen Zone existiert.

Immerhin beherbergen die gemäßigten Breiten, je nachdem auf welcher Basis man sie abzugrenzen versucht, zwischen etwa 30% und 50%

Abb. 1: Zonen-Weltkarte in einer Druckausgabe von SACROBOSCOS *„Opusculum", Leipzig um 1500 (aus* BAGROW/SKELTON *1963).*

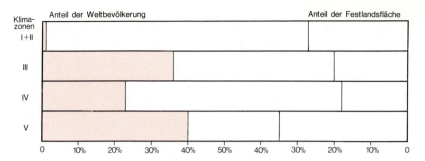

Abb. 2: Die Verteilung der Weltbevölkerung auf die Klimazonen nach TROLL/PAFFEN *(nach* MÜLLER-WILLE *1978).*

der Weltbevölkerung. Einen solchen Versuch unternahm STASZEWSKI (1961) aufgrund der einzelstaatlichen Zensusdaten von bzw. um 1950 und der Areale der Klimatypen nach KÖPPEN. Er errechnete z. B., daß im Bereich der warmen wintertrockenen und feucht-temperierten Klimate 48% der Menschheit auf knapp 15% der Landoberfläche lebten.

Ähnliche Berechnungen stellte etwas später MÜLLER-WILLE (1978) auf der Basis von Bevölkerungszahlen um 1965 und für die Areale der Jahreszeitenklimate nach TROLL/PAFFEN[1] an. Wenn man seine Zahlen auf Prozente umrechnet, ergibt sich für den Bereich der kühlgemäßigten Klimate einschließlich der Steppengebiete 36,3% der Weltbevölkerung auf 20,9% der Festlandsfläche, unter Abzug der Steppengebiete immer noch 29,1% der Bevölkerung auf 10,3% der Fläche; d. h., daß in den Waldländern des kühlgemäßigten Klimas fast ein Drittel der Weltbevölkerung auf einem Zehntel der Festlandsfläche konzentriert ist (Abb. 2).

Freilich bestehen innerhalb dieses Klimabereichs beträchtliche Dichteunterschiede. Von den drei großen Dichtezentren der Menschheit, nämlich Europa einschließlich der europäischen Sowjetunion, östliche USA/Kanada und Süd-, Südost-, Ostasien fallen die ersten beiden weitgehend, das dritte mit einigen Gebieten Japans und Chinas teilweise in die gemäßigten Breiten. In allen drei finden sich die höchsten Bevölkerungsdichtewerte in geringer Meeresferne, in Abhängigkeit von Faktoren wie Küstenkonfiguration, Schwemmlandebenen, Ozeanität des Klimas, Zugänglichkeit, Erschließungsgrad usw. In diesem Zusammenhang hat SCHWARZ (1953) von der *Randständigkeit* der Dichtezentren gesprochen.

---

[1] 1974 versuchte GANSSEN auch eine Bodentypenklassifikation auf der Grundlage der Troll-Paffenschen Jahreszeitenklimate. Sie werden auch zur Grundlage für diesen Band über die gemäßigten Breiten gemacht.

Trotz solcher Differenzierung innerhalb der gemäßigten Breiten soll hier zunächst als Hypothese die Behauptung aufgestellt werden, daß, wie in vielerlei Hinsicht so auch in bezug auf die Bevölkerungsverteilung, diese Klimazone ein Bereich ist, der *kaum durch Extreme, sondern eher durch Gleichartigkeit und Gleichmäßigkeit* charakterisiert ist. Auf diesen Wesenszug der gemäßigten Breiten geht vor allem Kap. 2 genauer ein.

Wie weit es allerdings berechtigt ist, aus dieser allgemeinen Charakteristik die Bezeichnung „gemäßigt" abzuleiten und zu verwenden, ist nicht unbestritten. WEISCHET hat nachgewiesen, daß die größte Drängung der Energieunterschiede bzw. Wärmemengen im solaren Klima mit etwa 38 % der Gesamtdifferenz Pol-Äquator in den Mittelbreiten zwischen 40° und 60° liegt und daß auch das Energiegefälle in der Gesamtstrahlungsbilanz zwischen den hohen Werten der Tropen und den nur etwa ein Fünftel so großen in der Subpolar-Polarregion ebenfalls besonders stark in den mittleren Breiten ist. *„Die hohen Mittelbreiten werden häufig als ‚gemäßigte Breiten' bezeichnet. Das ist eine irreführende Verallgemeinerung aus Jahresdurchschnittswerten oder westeuropäischen Erfahrungen. Tatsache ist nämlich, daß innerhalb der hohen Mittelbreiten weithin die größten jahreszeitlichen Temperaturunterschiede, bezogen auf das Meeresniveau, auftreten. Das kann man nicht als ‚gemäßigt' bezeichnen"* (WEISCHET 1979, S. 246; s. auch S. 35 und S. 92).

Zum kühlgemäßigten Klimabereich gehören große Teile West-, Zentral- und Osteuropas, des europäischen Teils der Sowjetunion, die nordöstlichen Vereinigten Staaten mit dem benachbarten Teil Kanadas, Teile Japans und Chinas sowie auf der Südhalbkugel Australiens Einzelstaaten Victoria mit der Hauptstadt Melbourne und Tasmanien sowie ein Teil Neuseelands; dabei handelt es sich nicht allein um sehr volkreiche Staaten bzw. die bevölkerungsreichsten Teilgebiete mehrerer Großstaaten, sondern *zugleich um deren wirtschaftlich stärkste Gebiete.* Mit dieser Feststellung ergeben sich zwei Schwierigkeiten, die in den folgenden Kapiteln offenbar werden müssen.

Die eine Schwierigkeit besteht darin, daß es keine umfassende Darstellung der Geographie der sog. Industriestaaten gibt. Während die Entwicklungsländerforschung in den sechziger und siebziger Jahren eine Fülle von Literatur hervorgebracht hat, ermangelt es der vergleichenden Behandlung der Industriestaaten. Eine Auseinandersetzung mit den gemäßigten Breiten ist aber weitgehend eine regionale Geographie der wichtigsten Industriestaaten. Diese sind gekennzeichnet durch ein allgemein hohes Einkommensniveau und einen entsprechend hohen Lebensstandard ihrer Bevölkerung, einen hohen Energiekonsum ihrer Wirtschaft, einen hohen Verstädterungsgrad ihrer Bevölkerung, einen hohen Anteil von in landwirtschaftliche Nutzung genommener Fläche am gesamten Staatsgebiet, einen hohen Industrialisierungsindex, hohen Erwerbstätigenanteil im Dienstleistungssektor und einen hohen Anteil am Welthandel und damit einen hohen internationalen Verflechtungsgrad. Alle diese Indizes sind zugleich Indikatoren für die *besonders tiefgreifende Umgestaltung der Natur,* ein Aspekt, der im Kap. 3 eingehender besprochen wird.

Die andere Schwierigkeit liegt darin begründet, daß hier in mehreren Fällen nur *Teile von Großstaaten* zur Diskussion stehen, die andererseits nicht recht vom jeweils übrigen Staatsgebiet, das anderen Klimazonen zuzurechnen wäre, getrennt werden können. Selbst unter Berücksichtigung naturräumlicher Gegensätze und sozioökonomischer räumlicher Disparitäten innerhalb dieser großen Volkswirtschaften – strukturschwache Gebiete liegen häufig in naturgeographisch ungünstigeren Landesteilen außerhalb des hier zu betrachtenden Bereichs, z.T. aber gehören sie auch dazu, wie die nördlichen Neuenglandstaaten in USA – wirken doch kulturelle bzw. zivilisatorische Kräfte nivellierend über solche Staatsgebiete hinweg, so daß im Kap. 3 auch über die Grenzen der gemäßigten Breiten hinaus der Blick auf räumliche Zusammenhänge gerichtet wird.

Noch ein letzter Aspekt muß vorweg angesprochen werden, nämlich der des *zeitlichen Wandels.* Wenn eingangs betont wurde, welch beachtlichen Anteil an der Weltbevölkerung die gemäßigten Breiten auf sich vereinigen, so betrifft das die bisherige Entwicklung und die gegenwärtige Situation. In der Zukunft dürfte sich die *relative Position der gemäßigten Breiten* im Rahmen des globalen Bevölkerungswachstums ändern. Stärker als bisher werden sich die Verschiebungen in den regionalen Schwerpunkten des Bevölkerungswachstums zugunsten zahlreicher Entwicklungsländer und damit zugunsten anderer Teilräume der Erde, insbesondere der Tropenzone, auswirken.

Die Industriestaaten der gemäßigten Breiten sind nicht nur durch die Merkmale hoher Indizes in Wirtschaft und Lebenshaltung ihrer Bevölkerung gekennzeichnet, sondern sie sind auch *am weitesten fortgeschritten im Verlaufe des demographischen Zyklus* und in der allgemein mit niedrigen Geburtenziffern verknüpften *Urbanisierung.* Ihre Bevölkerung ist in der Regel stagnierend oder gar schon langsam rückläufig, zuweilen auch wachsend, aber das größerenteils durch einen positiven Wanderungssaldo wie im Falle der USA, Kanadas und Australiens. Zwar sollte man Bevölkerungsprognosen gegenüber äußerste Vorsicht walten lassen, da stets unvorhersehbare Trendwenden denkbar sind, wofür der Babyboom der Nachkriegsjahre ein Beispiel war. Die Gewichtsverlagerung zuungunsten der gemäßigten Breiten ist jedoch in vollem Gange, so daß das zukünftige Bild der Verteilung der Weltbevölkerung anders aussehen dürfte. Noch allerdings sind die gemäßigten Breiten der Siedlungsraum von rund 40% der Weltbevölkerung.

1 Die gemäßigten Breiten als naturgeographische Zone

1.1 Wesensmerkmale der gesamten gemäßigten Breiten

Auf einer Fahrt von Melbourne nach der der Küste von Victoria vorgelagerten Philipp-Insel begegnet man zwei Erscheinungen der Pflanzen- und Tierwelt, die man nicht in so unmittelbarer Nachbarschaft vermutet. Die kleinen Bachläufe, die die Ebene der Mornington-Halbinsel durchziehen, sind von dichtem Mangrovengestrüpp gesäumt. Freilich ist diese Mangrove kleinwüchsig, niedriger als die die Küsten und Flußmündungen der Tropen und Subtropen begleitenden Arten. Keine 50 km weiter, auf der Philipp-Insel selbst, kann man dann am Abend einem interessanten Schauspiel beiwohnen, einer Parade der Zwergpinguine *(Eudyptula minor)*, die hier zu Hunderten an Land gehen, um die in ihren Steinnestern wartenden Jungen zu füttern. Auch sie eine sehr kleine Art, maximal 40 cm erreichend, während man in dem das antarktische Festland umgebenden kalten Meer andere, größere Species findet.

Dennoch ist das Zusammentreffen dieser beiden Elemente, eines tropisch-subtropischen und eines antarktisch-polaren, an derselben Stelle eine bemerkenswerte Erscheinung. Sie läßt Zweifel darüber aufkommen, ob denn ein Zwischenbereich zwischen äquatornahen und polnahen Gebieten bei einem so offenkundig bestehenden Kontinuum überhaupt identifiziert werden kann. Auf jeden Fall macht sie deutlich, daß es sich hier um einen Teilraum der Erdoberfläche mit ausgesprochenem *Übergangscharakter* handelt.

Dieser Zwischenbereich scheint auf den ersten Blick keine ähnlich ausgeprägte Eigenständigkeit zu besitzen wie andere Zonen oder Landschaftsgürtel, die dank markanterer Phänomene wie ständige Frostfreiheit einerseits, langdauernde Gefrornis andererseits oder das Auftreten von Charakterpflanzen wie Palme oder Ölbaum klarere Abgrenzungen ermöglichen. Unterstrichen wird dieser erste Eindruck von der mangelnden Identität der gemäßigten Breiten durch drei Umstände.

Erstens liegen die gemäßigten Breiten verhältnismäßig *weit ab von den Grenzen der Ökumene,* d. h. von deutlichen, die Siedlungs- und Wirtschaftsaktivitäten des Menschen behindernden Naturgegebenheiten. Eine Ausnahme bilden nur die Höhengrenzen der in den gemäßigten Breiten gelegenen Hochgebirge. Die Polargrenze verläuft in erheblicher Entfernung, und in bezug auf den Wasserhaushalt liegen die gemäßigten Breiten noch deutlich auf der feuchten Seite der Trockengrenze, wenn auch die zur kühlgemäßigten Klimazone gehörenden Steppengebiete schon in ihre Nähe rücken.

Nur mit Einschränkungen allerdings gilt das für die südhemisphärischen Anteile dieses Klimabereichs, da dort, wie noch im Kap. 2.1.2.3 zu zeigen sein wird, von der Exposition der nach Süden auskeilenden und in eine Vielzahl von Inseln und Halbinseln aufgelösten Enden der Südkontinente her eine größere Klimaungunst gegeben ist.

Hiervon abgesehen ergibt sich aus der allgemeinen Lage des gemäßigten Klimabereichs, daß es sich um einen *Bereich ohne die extremen Verhältnisse der hohen und niederen Breiten,*[2] in vielerlei Hinsicht also um mittlere Werte handelt, die weniger Einschränkungen bewirken, dafür aber eine *Vielfalt von Möglichkeiten* für das Tier- und Pflanzenleben und ebenso für den Menschen bieten, ohne daß sehr starke Zwänge zur Anpassung an ganz bestimmte und hervorstechende Mangelerscheinungen wie große Kälte oder Trockenheit gegeben wären.

Zweitens sind die gemäßigten Breiten keine Zone im Sinne eines um den Erdball geschlossenen Gürtels. Im Gegensatz zu den Zonen I, II, V und IV der Jahreszeitenklimate nach TROLL/PAFFEN, von denen die drei erstgenannten voll durchgehen, die letztere auf der Nordhalbkugel fast durchgehend ist, erscheint die Zone III der kühlgemäßigten Klimate *frag-*

---

[2] Allerdings sei die Frage aufgeworfen – die hier nicht weiter erörtert, wohl auch vorerst gar nicht beantwortet werden kann –, wie weit das kühlgemäßigte Klima neuerdings unausgeglichener wird. Das Geo Journal 3/1979 brachte eine Zusammenstellung extremer Witterungserscheinungen zwischen 1962 und 1976, die hier unter Beschränkung auf den kühlgemäßigten Bereich wiedergegeben werden:
Extreme Temperaturen
1962/63 kältester Winter in England seit 1740
1965/66 Ostsee völlig zugefroren
1971/72 kältester Winter in Teilen Ostrußlands bis zur Türkei (Tigris zugefroren)
1973 heißester Sommer in Nordrußland und Finnland (33 °C in Lappland)
1974/75 mildester Winter in England seit 1834, Ostsee fast eisfrei wie letztmals 1652
1975 Hitzewelle im August in Westeuropa
1976 Hitzewelle im Juni/Juli in Westeuropa
Extreme Niederschläge
1962/65 trockenste Vierjahresperiode in den östlichen USA seit Beginn der Aufzeichnungen 1738
1963/64 trockenster Winter in England und Wales seit 1745
1968/69 viermal je zwei Tage lange Starkregen in Großbritannien
1972 größte Zahl von Eisbergen im Westatlantik südlich von 48° N seit Beginn der Aufzeichnungen 1880
1973 Höchststand der Großen Seen und des Mississippi seit 1844
1975 Trockenheit und Dürre in Westeuropa, besonders England, wo ab Mai für 16 Monate die geringsten Niederschläge seit Beginn der Aufzeichnungen 1727 fielen
1976 großer Niederschlagsüberschuß in Westeuropa folgt der Hitzewelle im September/Oktober

mentiert, da sich in diesem Zwischenbereich sowohl die klimatischen Einflüsse aus Nord und Süd bzw. aus dem polaren und dem tropischen Bereich unterschiedlich stark und unterschiedlich weit bemerkbar machen als auch die vor allem auf dem Einfluß verschieden kalter und warmer Meeresströmungen beruhenden *Unterschiede zwischen Ost- und Westseiten der Kontinente* sich besonders stark auswirken.

Drittens ist für diese unzusammenhängenden Bereiche des kühlgemäßigten Klimas eine verhältnismäßig große Spannweite ihrer naturgeographischen Ausstattung festzustellen, so daß ein wesentliches Merkmal der gemäßigten Breiten die *Heterogentität ihrer Teilbereiche* ist. TROLL/PAFFEN unterscheiden in ihrer Klassifikation der Jahreszeitenklimate innerhalb der kühlgemäßigten Zone nicht weniger als 16 Subzonen.

Zusammenfassend läßt sich also zu den gemäßigten Breiten sagen:

1. Sie sind gekennzeichnet durch das *Zusammentreffen* von Klimaelementen und Lebewesen aus höheren und niederen Breiten.
2. Sie sind ein Übergangsbereich *ohne die extremen Verhältnisse* der hohen bzw. der niederen Breiten.
3. Sie bilden keine geschlossene Zone, sondern sind *fragmentiert* und in ihrer Gesamtheit ein Gebilde z.T. weit auseinander liegender Teilräume ähnlicher naturgeographischer Ausstattung.
4. Sie sind ein recht *heterogener Teilbereich* der Erdoberfläche mit einer großen Spannweite klimatischer Werte und anderer naturgeographischer Merkmale.

Nach dem bisher Gesagten scheint es, daß das Objekt dieses Bandes über die gemäßigten Breiten von den im Rahmen der Reihe „Seminar Zonal" konzipierten Bände das am schwersten definierbare ist. Zumindest scheint der hier zu bearbeitende Übergangsbereich eher negativ erfaßbar zu sein, also durch das, was er nicht darstellt.

Gibt es nicht aber auch einige Merkmale, die einen solchen Zwischenbereich wie die gemäßigten Breiten mit Inhalt erfüllen? Dieser Frage antwortet der Versuch, sich dem Begriffsinhalt durch weiteres Ausholen und nachfolgende Einschränkungen allmählich anzunähern.

Da gibt es den Begriff der „mittleren Breiten" oder „mittleren Zonen". Er weist auf eine *Mittelposition* hin, und zwar auf diejenige unter mathematischen oder Beleuchtungs- und Strahlungszonen *zwischen den Wendekreisen und Polarkreisen,* eine Zone, die rund 52% der Erdoberfläche einnimmt. Mit dieser Mittelposition sind bestimmte mittlere Werte der Beleuchtungs- und Strahlungsverhältnisse verbunden. In bezug auf die Beleuchtungsverhältnisse bedeutet die Mittelposition, daß es weder eine Gleichartigkeit der Tageslängen über das ganze Jahr hin wie in den Tropen noch die extreme Ungleichartigkeit eines Sommer- und eines Winterhalbjahres wie in Polnähe gibt. Vielmehr schwanken die Tageslängen im mittleren Deutschland um ziemlich genau 100% zwischen rund 8 Stunden zur Wintersonnenwende und rund 16 Stunden zur Sommersonnenwende.

Die Strahlungsverhältnisse sind verantwortlich für die *thermische Jahreszeitenrhythmik*. In dieser Hinsicht bedeutet die Mittelposition, daß es weder die über das Jahr vorhandene Temperaturausgeglichenheit und daher nur hygrisch bestimmte Jahreszeiten gibt, noch den „ewigen" Polarwinter oder Polarsommer, sondern die vier Jahreszeiten Frühling, Sommer, Herbst und Winter. Für die Pflanzen gibt es eine kältebedingte Unterbrechung der Vegetationszeit, am deutlichsten mit dem herbstlichen Laubabwurf der Laubgehölze dokumentiert. Der Wald zeigt während der Vegetationsperiode infolge wechselnder Temperaturen und bodennaher Lichtverhältnisse jahreszeitlich unterschiedliche Artenzusammensetzung des Unterwuchses. In einem großen Teil dieser Zone gibt es eine mehrtägige bis mehrmonatige Schneedecke.

Die Mittelposition bedeutet weiterhin eine *mittellange Vegetationsperiode*. Es finden sich weder die günstigen Bedingungen für ganzjähriges Wachstum wie in den Tropen noch eine durch sehr lange anhaltende Kälte oder Trockenheit hervorgerufene Einschränkung des Pflanzenwachstums. Die von Schonen in südöstlicher Richtung zum Schwarzen Meer ziehende Buchengrenze, die einen großen Teil Europas einschließt, ist etwa indentisch mit der Grenze einer fünfmonatigen Vegetationszeit.

Auch hinsichtlich der *Pflanzenproduktivität,* die LIETH mit der jährlichen Kohlenstoffassimilation gemessen hat, nehmen vor allem die Laubwaldgebiete eine mittlere Stellung ein. In dieser Hinsicht gibt es keine lineare Abstufung vom Pol zum Äquator. Vielmehr liegt die Pflanzenproduktivität in den Tropen am höchsten. Was aber den außertropischen Bereich betrifft, wird der Ertrag in den niederen Breiten durch Wassermangel und ungünstige Verteilung der Niederschläge, in den höheren Breiten durch Licht- und Wärmemangel gemindert, ist also sowohl im Bereich der Steppen und Wüsten als auch im borealen Nadelwald geringer. Im Laubwaldgebiet weist er mittlere Werte zwischen 200 und 600 gC/m^2 auf (LIETH 1964/65).

Die gemäßigte Zone im Sinne einer *Temperaturzone* ist bei KÖPPEN von der 18°-Isotherme des kältesten Monats und der 10°-Isotherme des wärmsten Monats begrenzt, bei TROLL/PAFFEN liegt sie zwischen der 20°- und der 0°-Jahresisotherme. Sie nimmt 35% der Erdoberfläche ein.

Bei TROLL/PAFFEN (1964) und MÜLLER-HOHENSTEIN (1981) wurde die gemäßigte Zone weiter untergliedert in eine kaltgemäßigte = boreale Zone, eine kühlgemäßigte und eine warmgemäßigte = subtropische

Merkmale 15

Zone. Die Konzeption der Reihe „Seminar Zonal" sieht gesonderte Bände für den Borealgürtel und die Winterregengebiete vor. Somit wird sich die folgende Darstellung auf die *kühlgemäßigte Zone,* die 21% der Erdoberfläche einnimmt, beschränken. Da ihre Steppenanteile auch in dem Band über die ariden Gebiete mitbehandelt werden, soll hier das *Schwergewicht auf dem Waldland der kühlgemäßigten Zone* liegen, das etwas mehr als 10% der Erdoberfläche einnimmt.

1.2 Zusätzliche Merkmale der humiden kühlgemäßigten Breiten

Für diesen gegenüber den gesamten mittleren Breiten doch sehr viel kleineren Bereich lassen sich weitere Merkmale herausstellen.

Die kühlgemäßigte Zone ist ein Gebiet auch *mittellanger Sonnenscheindauer,* was mit den Bestrahlungsverhältnissen indirekt über die Luftdruckverteilung und Wolkenbedeckung zusammenhängt. Während die Sonnenscheindauer in Nordafrika über 3000 h im Jahr liegt und in Island bis 1000 h herabsinkt, beträgt sie im Gebiet der Bundesrepublik Deutschland zwischen 1400 und 1800 h. Dieses ist einer von zahlreichen Faktoren, der über die Anbauwürdigkeit bestimmter Kulturpflanzen entscheidet.

Ein weiterer klimatischer Faktor ist die jahreszeitliche Verteilung der Niederschläge. Vergröbernd kann hier zunächst gesagt werden, daß es in der kühlgemäßigten Zone keine ausgesprochenen jahreszeitlichen Niederschlagsschwankungen gibt, sondern daß ein Charakteristikum dieser Zone gerade die *weitgehende Ausgeglichenheit der Niederschläge* über das Jahr hinweg ist. Im einzelnen gibt es freilich Unterschiede in der Verteilung der Niederschläge, sogar sehr kleinräumliche. Hierauf wird im Kapitel 2.1.1.3 genauer eingegangen. Wichtig im Hinblick auf das Pflanzenwachstum ist aber die Tatsache, daß es keinen einzigen niederschlagsfreien Monat gibt, sondern nur *relativ niederschlagsreichere und niederschlagsärmere* Monate.

Ausreichende Feuchtigkeit das ganze Jahr über und eine nicht zu lange währende kältebedingte Unterbrechung der Vegetationszeit sorgen dafür, daß außerhalb der Steppengebiete fast der ganze übrige Bereich der kühlgemäßigten Breiten *natürlicher Waldstandort* ist. Nach FUKAREK verbraucht der Laubwald in Mitteleuropa zwischen 50% und 60% des Niederschlags, im Grenzbereich zur Steppe alles verfügbare Wasser (FUKAREK u.a. 1980). Der Blattabwurf ist eine Anpassungsform an die kalte Jahreszeit. Der Sommer ist aber lang genug, um mit Hilfe der Blätter ein weiteres Wachstum zu erreichen und Stoffreserven für das Austreiben und Fruchten im folgenden Sommer zu schaffen (MÜLLER-HOHENSTEIN 1981, vgl. Abb. 3).

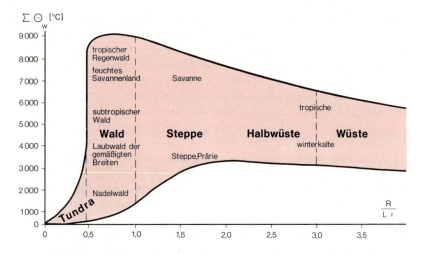

Abb. 3: Die Vegetationszonen in ihrer Beziehung zu Bodenoberflächentemperatur und Strahlungs-Trockenheitsindex nach BUDYKO *(nach* GIESE *1969, S. 321).*

$\Sigma \Theta_w$ Summe der Bodenoberflächentemperatur (begrenzt auf die Perioden mit Lufttemperaturen > 10 °C)
R Strahlungsbilanz
L latente Verdampfungswärme des Wasserdampfes
r Jahresniederschlag

„Wo Bäume aufkommen können, vermögen sie anderen Pflanzen durch ihre Höhe das Licht und durch ihre besonders hohen Wurzelsaugkräfte Wasser und Nährsalze zu nehmen" (HENDL 1978). Wenn dennoch die kühlgemäßigte Zone verhältnismäßig waldarm geworden ist, so durch *jahrhundertelange anthropogene Einflüsse.* MANTEL hat geschätzt, daß Mitteleuropa ursprünglich zu etwa 75% bewaldet war, dieser Anteil aber bereits um 1400 nach den großen Landnahmen des Mittelalters auf etwa 30% geschrumpft war (MANTEL 1965).

Wald findet sich heute in den kühlgemäßigten Breiten nur noch auf Standorten, die nicht für landwirtschaftliche oder andere Zwecke benötigt werden oder wo er im Dienste der Gesellschaft als vorteilhaft erachtet wird. Hier wird er dann zweckdienlich bewirtschaftet, als *Wirtschaftswald,* häufig in erster Linie als *Erholungs- und Schutzwald,* und ist in seiner Artenzusammensetzung und seinem gesamten Zustand nach Altersklassen, Baumdichte, Unterwuchs usw. anthropogen verändert (WINDHORST 1974).

Große Anteile der Waldfläche der kühlgemäßigten Breiten wurden in *landwirtschaftliche Nutzung überführt,* insbesondere wegen ihrer Eignung für Getreide-, Hackfrucht- und Futterbau. In bezug auf den Hackfruchtbau hat es vor allem im 19. Jh. tiefgreifende Veränderungen gegeben, so durch die Einführung und spätere weite Verbreitung der Kartoffel und die Entdeckung des Zuckergehalts in der Runkelrübe (s. Kap. 3.1.1.3).

Die verhältnismäßig *günstige Bodenbildung* muß in diesem Zusammenhang ebenfalls genannt werden. Allerdings liegt das Optimum mit der Schwarzerdebildung im Steppenanteil der kühlgemäßigten Breiten bei Ausgewogenheit des Bodenwasserhaushalts und hohem Anfall von organischem Material durch die kurzlebige tiefwurzelnde Grasvegetation. Das Waldland der kühlgemäßigten Breiten ist aber von diesen optimalen Bedingungen der Bodenbildung nicht zu weit entfernt. Hinzu kommt das glaziale Erbe mit Gunstgebieten wie Börden und Löß. Kleinräumlich kommen bis heute die Unterschiede zwischen Marsch und Geest in Nordwestdeutschland, zwischen Gäuplatten im Muschelkalk und weit bewaldeten Keuperhöhen in Süddeutschland zur Geltung. Überhaupt hängt die Bodengüte in den kühlgemäßigten Breiten in hohem Maße vom Ausgangsmaterial und von der Hangneigung, also von geologischen und geomorphologischen Faktoren, ab.

Als letztes Merkmal sei hier die eigene Ausstattung der kühlgemäßigten Breiten mit bzw. ihre Nachbarschaft zu wichtigen *Industrierohstoffen* angeführt, worauf im Kap. 2.5.1 näher einzugehen sein wird. Für die eigene Ausstattung besonders hervorzuheben ist die Existenz des *karbonzeitlichen Kohlengürtels,* der sich durch die Kontinente der Nordhalbkugel von den nördlichen Rocky Mountains, dem Zentralfeld von Illinois/Kansas und den Appalachen in USA, in Eurasien von den Britischen Inseln bis in die chinesische Mandschurei hinzieht. Diese Lagerstätten ergaben die eine wichtige Grundlage für den Aufbau der Eisenhüttenindustrien.

Ein weiterer Gunstfaktor ist die *Nachbarschaft zum borealen Waldgürtel,* aus dem der Rohstoff für einen großen Teil der holzverarbeitenden Industrien der wichtigsten Industriestaaten stammt. Hier sind vor allem die Handelsbeziehungen zwischen USA und seinem Nachbarn Kanada als Holz- und Pulplieferant sowie zwischen den zentraleuropäischen Staaten und den skandinavischen Lieferländern Finnland und Schweden zu nennen.

Zusammenfassend seien noch einmal die wesentlichsten Merkmale der kühlgemäßigten Breiten aufgezählt:

1. *Mittlere Beleuchtungsverhältnisse* mit Schwankungen der Tageslängen im mittleren Deutschland etwa zwischen 8 und 16 Stunden.
2. Eine *thermische Jahreszeitenrhythmik* mit den vier Jahreszeiten Frühling, Sommer, Herbst, Winter bei einer kältebedingten Unterbrechung der Vegetationszeit und einer mehrtägigen bis mehrmonatigen Schneedecke.
3. Eine *mittellange Vegetationsperiode* von etwa 4–5 Monaten.

4. Eine *mittelgroße Pflanzenproduktivität* des Laubwaldes zwischen 200 und 600 gC/m^2.
5. Eine *mittellange Sonnenscheindauer,* die in Deutschland zwischen 1400 und 1800 Stunden im Jahr liegt.
6. Eine weitgehende *Ausgeglichenheit der Niederschläge* über das ganze Jahr hinweg ohne einen einzigen niederschlagsfreien Monat.
7. Mit Ausnahme des Steppenanteils der kühlgemäßigten Breiten eine für *Waldwuchs ausreichende Feuchtigkeit* und eine nicht zu lange Unterbrechung der Vegetationszeit.
8. Eine starke Zurückdrängung des Waldes durch den Menschen und *hohe Anteile von landwirtschaftlicher Nutzfläche* an der Gesamtfläche, vorzugsweise für Getreide-, Hackfruchtbau und in zweiter Linie Futterbau genutzt.
9. Eine *verhältnismäßig günstige Bodenbildung* von Klima, Bodenwasserhaushalt und Vegetation her, z.T. auch vom Ausgangsmaterial her, das zusammen mit der Hangneigung stark die Bodengüte bestimmt.
10. Gute eigene *Ausstattung mit einigen Rohstoffen,* vor allem Kohle, und günstige Nachbarschaft zu reichhaltigen Erzlagerstätten und zum Holzreservoir des borealen Nadelwaldes.

2 Naturausstattung und Naturpotential der humiden kühlgemäßigten Breiten

2.1 Die Klimate

Das kühlgemäßigte Waldklima läßt sich gegen die Klimatypen angrenzender Zonen durch einige Eigenheiten abheben. Vom *borealen Klima* unterscheidet es sich durch
1. höhere Jahresmitteltemperaturen, die zwischen 8° und 12°C liegen gegenüber −3° bis +3°C in jenem,
2. mildere Winter und
3. eine längere Vegetationsperiode.

Gegenüber dem *subtropisch-mittelmeerischen Klimatyp* hebt es sich ab durch
1. niedrigere Jahresmitteltemperaturen,
2. das Auftreten einer kürzeren oder längeren Schneedecke im Winter und häufigerer Fröste den größeren Teil des Jahres über und
3. die anders gearteten Niederschlagsregime.

Beim periodisch trockenen Steppenklima kommt zu der kältebedingten winterlichen Vegetationsruhe noch die sommerliche Trockenperiode als eine zweite Unterbrechung der Vegetationszeit hinzu.

2.1.1 Allgemeine Charakteristika

2.1.1.1 Bestrahlungsverhältnisse

Wie die Tab. 1 zeigt, schwanken die von SCHREIBER errechneten durchschnittlichen Tageslängen der einzelnen Monate auf 52° Breite zwischen 7,8 h im Dezember und 16,6 h im Juni (1973, S. 63). Zum Vergleich sind auch die Tageslängen auf 40° und 62° Breite angegeben.

Aus der Multiplikation mit der jeweiligen Anzahl der Tage ergibt sich auf 52° Breite für das Jahr eine potentielle Sonnenscheindauer von 4487 h. Demgegenüber erreicht die *tatsächliche Sonnenscheindauer von etwa 1600*

Tab. 1: Durchschnittliche Tageslängen in Stunden je Monat

Breite	J	F	M	A	M	J	J	A	S	O	N	D
40°	9,7	10,7	11,9	13,3	14,4	15,0	14,7	13,7	12,4	11,1	10,0	9,4
52°	8,3	10,0	11,9	13,9	15,7	16,6	16,3	14,7	12,7	10,7	8,8	7,8
62°	6,2	9,0	11,8	14,9	17,8	19,5	18,5	16,0	12,9	10,0	7,0	5,3

Stunden nur rund 36%, d. h. daß die Sonne während zwei Dritteln der Tageszeit von Wolken verdeckt wird (Abb. 4).

Diese überwiegende Wolkenbedeckung zuzüglich der zur Nachtzeit geht mit häufigen und über das ganze Jahr verteilten Niederschlägen einher. ERIKSEN konnte nachweisen, daß eine beachtliche Übereinstimmung zwischen *Sonnenscheindauer* bzw. *Bewölkungsdauer* einerseits und der

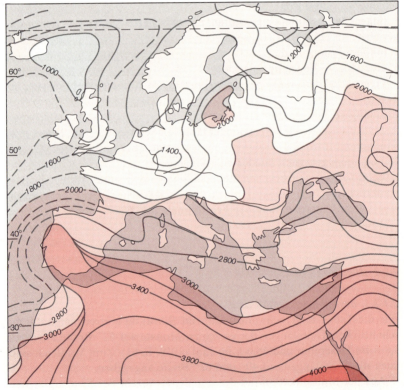

Abb. 4: *Mittlere jährliche Sonnenscheindauer in Europa und Nordafrika (nach Deutsche Industrieausstellung Berlin 1976).*

Häufigkeit des Durchzugs von Fronten andererseits besteht, wenn auch erstere keineswegs allein mit der Frontenhäufigkeit erklärbar ist. Die mittlere Anzahl der Frontdurchgänge während eines Jahres erreicht mit über 125 in Norddeutschland ein Maximum, wo auch die Sonnenscheindauer auf 1400 h und darunter sinkt, nimmt dann sowohl gegen Süden als auch gegen Norden hin ab und liegt in Norditalien unter 75 (ERIKSEN 1970). So ergibt sich für die Häufigkeit der Frontdurchgänge eine Abfolge von Süden nach Norden, während die Veränderung der Kontinentalität eher eine Abfolge von West nach Ost zeigt.

2.1.1.2 Winde und Wirbelstürme

Damit ist eines der Hauptmerkmale dieses Klimagürtels angesprochen, nämlich die *zyklonale Tätigkeit an der Polarfront* und der Durchzug barometrischer Minima und ihrer Fronten mit den hier vorherrschenden Westwinden. Der damit zusammenhängende ständige Wechsel im Witterungsablauf und die relative Seltenheit einer mehrwöchigen stabilen Großwetterlage sind für große Teile der gemäßigten Breiten charakteristisch.

Modifizierend wirken auf dieses Witterungsgeschehen die Großformen des Reliefs ein. Im Gegensatz zu Eurasien mit seinen eher breitenparallel verlaufenden Hochgebirgen bewirkt deren meridionale Anordnung in Nordamerika zum einen, daß insbesondere in dem ganzen Raum östlich des Fußes der Rocky Mountains der *Austausch polarer und tropischer Luft* ungehinderter vor sich gehen kann, so daß öfter warm-feuchte Golfluft aus dem Golf von Mexico bis hinauf in den kanadischen Grenzbereich um die Großen Seen herum gelangt, dort mit kalter Luft polaren Ursprungs zusammentrifft und dann kräftigste Nebelbildung und einen plötzlichen merkbaren Temperaturanstieg hervorruft, umgekehrt polare Kaltluft in Florida die Zitrusfrüchte beeinträchtigt.

Zum anderen scheint das Auftreffen der Westwinde auf die hohen Gebirgsbarrieren von Kaskaden/Sierra Nevada und Rocky Mountains die Ursache für eine außerhalb der USA praktisch nicht bekannte Witterungserscheinung zu sein, nämlich die Ausbildung der als *Tornados* bezeichneten Wirbel, die besonders häufig in den Übergangsjahreszeiten, seltener im Sommer und Winter mit den barometrischen Minima über den zentralen Teil des nordamerikanischen Kontinents hinwegziehen. Da sie vor allem jenseits des Osthanges der Rocky Mountains im Mississippigebiet, am Unterlauf des Missouri und im Ohiogebiet auftreten, während sich ihre Kraft nach Osten hin verliert, hat man den Einzugsbereich dieser Flüsse als „tornado belt" bezeichnet. Zwar besitzen die Tornados nur einen geringen Durchmesser, so daß ihre Zugbahnen sehr schmal sind; aber wo sie auf dem Erdboden auftreffen, richten sie oft große Verheerungen an, da die Windgeschwindigkeit in ihren Zentren in der Vertikalen 300 km/h und die an ihren Rändern 450 km/h noch übersteigen kann. Diese Erscheinung kann als einer der wichtigsten Instabilitätsfaktoren für das Siedlungswesen und Wirtschaftsleben in USA gelten, auch wenn ein ausgeklügeltes Tornadowarnsystem die Zahl der Todesopfer und die Höhe der Schäden in jüngerer Zeit herabgedrückt hat (in den Jahren 1903, 1905, 1908, 1913, 1916 mehrmals, 1917, 1924, 1925 mehrmals, 1927 mehrmals, 1932 mehrmals, 1936 mehrmals, 1942, 1944 mehrmals, 1945, 1947, 1952 mehrmals, 1953 mehrmals, 1955, 1967 zweimal, 1971 dreimal, 1974 mehrmals, 1975 zweimal).

2.1.1.3 Niederschlagsregime
In dem hier zu behandelnden Teil der kühlgemäßigten Breiten ist die *Humidität für Waldwuchs ausreichend,* wenn auch die Jahresniederschläge, bei entsprechenden Temperatur- und Verdunstungsverhältnissen, zwischen 325 mm im sowjetischen Omsk und 4486 mm im südchilenischen San Pedro schwanken. Sehr wesentlich für die Wirksamkeit der Niederschläge im Hinblick sowohl auf die natürliche Vegetation als auch auf die Möglichkeiten landwirtschaftlicher Nutzung sind ihre überall einigermaßen günstige jahreszeitliche Verteilung sowie die allgemeine Regenverläßlichkeit. In der Tab. 2 sind die Niederschlagsmengen für ausgewählte Stationen aus allen Teilen der kühlgemäßigten Klimazone aufgrund der bei M. J. MÜLLER (1979) mitgeteilten Monatswerte angegeben.

Als Gesamteindruck ergibt sich eine *verhältnismäßig gute Ausgewogenheit der Niederschläge* über das Jahr hinweg. Ein Verhältnis größer als 1:2 von regenärmster zu regenreichster Jahreszeit verzeichnen nur Stationen in Nordeuropa, in der Sowjetunion, in China und Korea und an der Westküste Nordamerikas sowie vereinzelt im Mittelwesten der USA. Ein großer Teil der Stationen weist etwas mehr Niederschläge für das Sommer- als für das Winterhalbjahr aus, eine wegen größerer Konvektion und höherer Gewitterhäufigkeit in ersterem weit verbreitete Erscheinung. Stärker ins Gewicht fallende Abweichungen von diesem Gesamtbild ergeben sich nur in zwei Fällen.

Ein wirklich markantes *Überwiegen der Niederschläge im Sommerhalbjahr* kennen China und Korea, z. B. im mandschurischen Shen-Yang (Mukden), wo 85% des Jahresniederschlags, und im koreanischen Seoul, wo 83% desselben während der Monate April bis September fallen. In älteren Darstellungen wurde hierfür der dem südasiatischen (indischen) entsprechende *Südostmonsun* verantwortlich gemacht. Nach neueren Auffassungen handelt es sich zwar um den europäischen und nordamerikanischen Verhältnissen vergleichbare außertropische *Zyklonalniederschläge,*

Tab. 2: Niederschlagsmengen in mm nach Quartalen für ausgewählte Stationen

Station	I.	II.	III.	IV.
Oslo	110	159	263	208
London	131	128	165	169
Berlin	114	149	184	134
Wien	127	182	198	153
Mailand	210	256	205	292
Belgrad	140	225	165	171
Kiew	117	168	189	141
Moskau	92	154	206	123
Omsk	23	101	151	50
Chaborowsk	29	159	311	70
Shen-Yang (=Mukden)	26	192	413	74
Peking	17	130	442	30
Seoul	94	323	724	117
Sapporo	261	192	352	329
Seattle	315	126	77	348
Portland	406	157	72	440
Omaha	82	268	254	96
Chicago	158	275	235	175
Toronto	193	199	200	184
Boston	324	285	286	311
New York	258	264	305	249
Richmond	249	269	376	228
Puerto Monte	368	674	565	375
San Pedro	1161	1175	1034	1116
Punta Arenas	107	136	112	102
Melbourne	154	175	162	202
Hobart	142	170	152	190
Dunedin	199	204	178	209

die jedoch durch die auf den jahreszeitlichen Gegensätzen des Luftdrucks von asiatischer Landmasse und pazifischem Ozean basierenden saisonalen Veränderungen erhebliche Modifizierungen erfahren[3].

Eine deutliche Tendenz zu einem *winterlichen Niederschlagsmaximum* zeigt sich noch in weiterer Nachbarschaft zu den Winterregengebieten des Mittelmeerklimatyps. Solche Verhältnisse finden sich im Pazifischen Nordwesten der USA, wo in Seattle 76% des Jahresniederschlags auf die Monate Oktober bis März konzentriert sind, und in Südchile, wo in Puerto Montt immerhin noch 62% des gesamten Niederschlags in den Monaten April bis September fallen. *„Die Feuchtigkeitsaufnahme ursprünglich*

---

[3] Auf diese Kontroverse kann hier nicht ausführlicher eingegangen werden. Ostasien wäre tatsächlich der einzige Bereich auf der Erde mit Monsunen außerhalb der Tropen/Subtropen. Dennoch sprechen japanische Wissenschaftler weiterhin von Monsun (z. B. YAZARA 1957, YOSHINO 1979).

trockener Landwinde über dem warmen Japanischen Meer, die auf der Rückseite westostwärts durchwandernder Zyklonen die japanischen Inseln überstreichen, verschafft deren Nordwestflanken so starke Stauniederschläge, z. T. in Form von Schnee, daß hier sogar die Winterniederschläge die des Sommers übertreffen. Tokio, das im Winter demzufolge häufig im Lee liegt, hat daher seine Hauptregen im Sommerhalbjahr mit einer zirkulationsbedingten Pause im Juli, Niigata auf der NW Abdachung Honshus dagegen im Winter, in beiden Fällen jedoch bei ziemlich gleichmäßiger sonstiger Beregnung das ganze Jahr hindurch" (BLÜTHGEN 1968, zit. nach Aufl. 1964, S. 207).

Wollte man in eine kleinräumliche Betrachtung der jahreszeitlichen Niederschlagsverhältnisse einsteigen, würde man feststellen müssen, daß selbst innerhalb eines so kleinen Gebietes wie der Bundesrepublik Deutschland Schwankungen zwischen 80% und 230%, bezogen auf 100 mm Winterniederschlag, vorkommen.

Nach der von SCHIRMER für die ältere Normalperiode 1891–1930 erstellten Karte nehmen innerhalb des Bundesgebietes die *Sommerniederschläge prozentual nach Süden und Osten hin zu*. Das hängt u. a. damit zusammen, daß in Süddeutschland vor allem im Winter häufiger höherer Luftdruck herrscht. Hinzu tritt die Stauwirkung der Alpen, die bis weit in das Alpenvorland hinein höhere sommerliche Niederschläge bewirkt. Die zunehmende Labilisierung der Luftmassen über dem Festland verstärkt die Niederschlagstätigkeit im Sommer nach Osten hin.

Eine Modifizierung führen die Mittelgebirge herbei. *„In Gebieten mit ausgeprägten winterlichen Stauniederschlägen, die vor allem in den nordwestlichen Teilen des Mittelgebirgslandes infolge der geringeren Entfernung zum Meer und zu den Tiefdruckgebieten zu finden sind, können die winterlichen Niederschläge gegenüber denen des Sommers ... überwiegen"* (SCHIRMER 1964). Zugleich wurde herausgefunden, daß *von Norden nach Süden zunehmende Höhen* über Meeresspiegelniveau für gleiche Anteile von Winterniederschlag nötig sind, von etwa 200–300 m über NN im Sauerland über 400–500 m im Spessart auf 600–700 m im Nordschwarzwald ansteigend.

Eine weitere Differenzierung bringt die *Kleinkammerung von Bergländern einerseits und Becken- und Tallandschaften andererseits* mit sich. Die höheren Partien mit relativ größerem Anteil an Winterniederschlag können noch auf Teile der im Lee im Osten und Südosten anschließenden Gebiete wegen der sich hier noch auswirkenden Stauerscheinungen übergreifen. Im Sommer ist die *Leewirkung* häufig auf einen schmalen Streifen jenseits des Gebirgskammes beschränkt, da die weiter ab verstärkte Konvektion den Sommeranteil des Niederschlags wieder erhöht. Als Beispiel zieht SCHIRMER (1964) die Rhön heran, wo auf der leewärtigen Ostabdachung noch ein Bereich überwiegender Winterregen liegt, das weitere Leegebiet im Grabfeld aber einen deutlichen Sommerüberschuß aufweist. JÄTZOLD (1979) hat sogar von semiariden Verhältnissen gesprochen, die während des Sommers in kleinen Bereichen an der Mosel auftreten. Hier, im Muschelkalk der Trierer Bucht, sind 61 mediterrane bis submediterrane Pflanzenarten festgestellt worden.

Diese auf sehr kurze Entfernungen wechselnden Verhältnisse wurden hier so eingehend dargestellt, weil sie sich in ebenso kleinräumlichen Unterschieden der agrarwirtschaftlichen Nutzungen widerspiegeln. Eine gewisse Veränderung der Niederschlagshäufigkeit in Deutschland gegenüber der Meßperiode vor 1930 hat sich seitdem zugunsten der Monate November bis April gezeigt, während der etwas zurückgegangene Niederschlag der Monate Mai bis Oktober die *sommerliche Wasserversorgung erschweren* könnte (THIENEMANN 1955).

Außer der jahreszeitlichen Verteilung der Niederschläge spielt für die wirtschaftliche Inwertsetzung aber auch die *Regenverläßlichkeit* eine Rolle. Sie ist, bezogen auf den gesamten Jahresniederschlag, hoch. Soweit bei MÜLLER Werte für das regenärmste und das regenreichste Jahr mitgeteilt sind, bewegen sich die Schwankungen zwischen 1:2,2 und 1:2,8; d. h. es gibt unter den Stationen, für die solche Meßdaten vorhanden sind, keine in den kühlgemäßigten Breiten, die im niederschlagsreichsten Jahr das Dreifache der Menge des niederschlagsärmsten Jahres erreichen. Dies ist ein großer Vorteil für die Landwirtschaft.

BLÜTHGEN hat auch darauf hingewiesen, daß sich in diesem Klimabereich Fehlmengen weniger negativ auswirken als bei fast allen anderen Klimatypen, da sich hier von Jahr zu Jahr auftretende Schwankungen erstens auf nicht all zu hohe Gesamtjahresmengen und zweitens auf über das ganze Jahr hinweg verteilte Niederschlagsmengen beziehen. Bei sehr hohem Gesamtniederschlag wie in den inneren Tropen fällt derselbe prozentuale Fehlbetrag viel stärker ins Gewicht, ebenso bei auf einen Teil des Jahres beschränktem Niederschlag wie in den wechselfeuchten Tropen oder im Monsungebiet oder Winterregengebiet (BLÜTHGEN 1968).

Die Schwankungen für einzelne Monate können allerdings sehr viel größer sein. Die Tab. 3 zeigt monatliche Extremwerte für einzelne Stationen, für die solche Daten verfügbar sind (nach M. J. MÜLLER 1979).

Demnach treten *in einzelnen Monaten ganz erhebliche Schwankungen* auf. Von besonderem Interesse sind die während der Hauptwachstumsperiode der Kulturpflanzen auftretenden Variabilitäten, die zwar nicht derart markant, aber doch noch beachtlich hoch sind. Hieraus wird erklärlich, daß *Bewässerung oder Berieselung* in der Landwirtschaft durchaus *auch im humiden Anteil der kühlgemäßigten Breiten* in kritischen Monaten zur Sicherung der Erträge sinnvoll ist.

Tab. 3: Variabilität des Niederschlags für ausgewählte Stationen

Station	Monat höchster Variabilität	Extremes Minimum Maximum in mm		Monate	Niederschläge während Hauptwachstumsperiode in mm								
					Mai bzw. Nov.			Juni bzw. Dez.			Juli bzw. Jan.		
		Minimum	Maximum		Ø	Min	Max	Ø	Min	Max	Ø	Min	Max
Wien	Oktober	1	212	Mai–Juli	70	11	180	67	8	155	84	14	203
Mailand	Oktober	0	375	Mai–Juli	83	15	339	79	1	270	63	3	233
Kiew	April	1	142	Mai–Juli	56	4	144	66	7	239	70	5	195
Omsk	April	0	58	Mai–Juli	30	3	90	53	2	134	72	20	199
Chaborowsk	März	0	41	Mai–Juli	53	15	103	74	12	152	111	9	301
Melbourne	April	0	195	Nov.–Jan.	70	6	206	58	3	182	45	0	169
Hobart	April	2	216	Nov.–Jan.	58	8	227	64	4	229	44	4	150

2.1.1.4 Der Jahreszeitenrhythmus und seine Auswirkungen

Ein weiteres wichtiges Merkmal ist die *ausgeprägte Jahresperiodik* der Temperaturen und aller damit zusammenhängenden Erscheinungen. FLOHN (1957) hat sogar von einem „schroffen" strahlungsbedingten Gegensatz zwischen Sommer und Winter gesprochen.

Es war schon im Kap. 1 davon die Rede, daß in den kühlgemäßigten Breiten weder die ganzjährig gleichmäßigen Temperaturen und gleichlangen Tageszeiten wie in den niederen Breiten noch die verschiedengearteten Halbjahre und extrem verschiedenen Tageslängen wie in hohen Breiten auftreten, sondern eine *Abfolge von vier Jahreszeiten,* die mit Tageslängen zwischen etwa 8 und 16 h verbunden sind und entsprechende Strahlungs- und Temperaturverhältnisse mit sich bringen. Diese Abfolge von Frühling, Sommer, Herbst und Winter darf aber durchaus als Besonderheit eben des kühlgemäßigten Bereichs gelten, da die jahreszeitlichen Witterungsabläufe selbst schon im warmgemäßigten und kaltgemäßigten Bereich anders sind (Abb. 5).

In bezug auf die Temperaturamplituden gibt es daher weder Frostfreiheit noch Dauerfrost, sondern eine *frostfreie Periode,* die im allgemeinen über 90 Tage andauert. Von den Hochgebirgen abgesehen treten stellenweise ab Mitte September frühe Fröste auf, und bis in den Juni hinein besteht Spätfrostgefahr. Nur die kurze Spanne dazwischen ist absolut frostfrei. Häufig genug sind in Mitteleuropa relativ späte Kälterückfälle wie die sog. Eisheiligen zwischen 11. und 15. Mai und die Schafkälte zwischen 10. und 20. Juni.

Wenn sich auch, wechselnd mit der jeweiligen ökologischen Ausstattung der Standorte und den physiologischen Anforderungen der Pflanzen, die phänologischen Daten innerhalb der kühlgemäßigten Zone über eine mehrwöchige Spanne hinweg ziehen, so treten doch der Jahresperiodik entsprechend in *zeitlicher Aufeinanderfolge Knospung, Blüte, Reife und Welken ein.* Die Vegetationsperiode wird kaum dazu geeignet und ausreichend sein, daß, wie in günstigeren Klimaten, mehrere phänologische Stadien zur selben Zeit auftreten würden, z.B. daß sich an ein und demselben Baum gleichzeitig Knospen, Blüten und Früchte fänden, oder mehr als eine Ernte vom selben Stück Land im Laufe eines Jahres möglich wäre. Die hauptsächlich aus Gründen der Bodenverbesserung angebauten Zwischenfrüchte können hier nicht angeführt werden, da sie eindeutig als Pflanzen definiert sind, *„die, nach einer Hauptfrucht angebaut, im gleichen Jahr kein marktfähiges Erzeugnis mehr liefern"* (ANDREAE 1977).

Die Jahresperiodik zeigt sich weiterhin im Laubabwurf der Bäume, im Winterschlaf einer Anzahl von Warmblütern und im Wechsel von Brut- und Ruheplätzen der Zugvögel.

Klimastationen

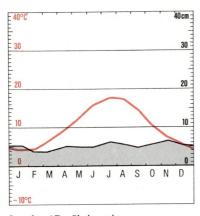

London/Großbritannien
5 m ü.M.   51°28′N und 0°19′W
35 Jahre   Zone III₂ bzw. Cf
Jahresmittel 10,5 °C und 608 mm

Berlin/Deutschland
55 m ü.M.   52°27′N und 13°18′E
50 Jahre   Zone III₃ bzw. Cf
Jahresmittel 8,8 °C und 594 mm

Abb. 5: Diagramme ausgewählter Klimastationen (aus: Taschenatlas

Seattle/USA
4 m ü.M.   47°36′N und 122°20′W
83 Jahre   Zone III₂ bzw. Cs
Jahresmittel 11,2 °C und 825 mm

Washington D.C./USA
4 m ü.M.   38°51′N und 77°3′W
16 Jahre   Zone III₈ bzw. Cf
Jahresmittel 14,1 °C und 938 mm

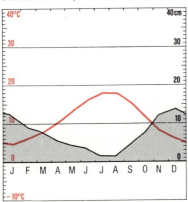
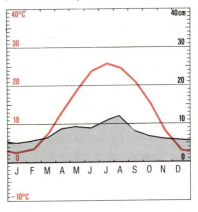

Klimastationen

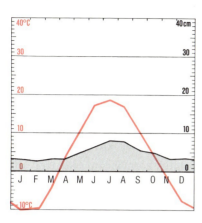

Moskau/SU
156 m ü.M.   55°45'N und 37°35'E
30 Jahre   Zone III$_4$ bzw. Df
Jahresmittel 4,4°C und 575 mm

Harbin/V.R. China
159 m ü.M.   45°43'N und 126°50'E
28 Jahre   Zone III$_6$ bzw. Dw
Jahresmittel 2,9°C und 546 mm

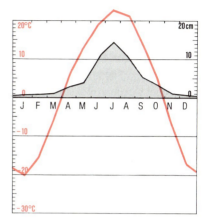

Klimastationen, 1983).

San Pedro/Chile
22 m ü.M.   47°43'S und 74°55'W
18 Jahre   Zone III$_1$ bzw. Cf
Jahresmittel 8,2°C und 4477 mm

Hokitika/Neuseeland
4 m ü.M.   42°43'S und 170°57'E
30 Jahre   Zone III$_1$ bzw. Cf
Jahresmittel 11,1°C und 2764 mm

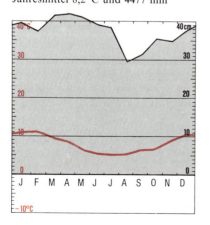
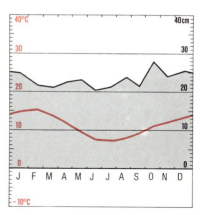

Ist der humide Anteil der kühlgemäßigten Breiten auch von den Feuchtigkeitsverhältnissen her für Waldwuchs geeignet, zwingt doch die winterliche Unterbrechung der Vegetationsperiode zu Anpassungsformen, wie sie vor allem im *Blattabwurf* der meisten Laub- und einiger Nadelhölzer zu sehen sind. Jährlich muß die Belaubung erneut erfolgen, wofür aber der größere Teil des Jahres vom Frühling bis zum Herbst ausreicht, so daß weiteres Wachstum und das Austreiben und Reifen von Früchten erfolgen kann.

Der Winterschlaf der Warmblüter wie auch die Zugbereitschaft der Zugvögel werden höchstwahrscheinlich durch hormonelle Steuerung ausgelöst. Der *Winterschlaf* zur Überdauerung der kalten Jahreszeit bedeutet eine Reduzierung von Atmung und Herzschlag bis auf ein Zehntel des normalen Tempos. In ihn verfallen z. B. Fledermäuse, Igel, Murmeltiere, während andere wie Braunbären, Dachse oder Eichhörnchen zwischen mehreren Ruhezeiten kurzfristig aktiv sind.

Die *Zugvögel* halten sich in der kalten Jahreszeit an ihren meist viele Tausende von Kilometern entfernten Ruheplätzen auf, während sie für die wärmere Jahreszeit in die gemäßigten Breiten zurückkehren. Jedoch ist ihr Aufenthalt an diesen Brutplätzen sehr verschieden lang. So trifft z. B. die Feldlerche schon ab Mitte Februar ein und zieht erst Mitte November wieder fort, während die Aufenthaltsdauer des Mauerseglers nur etwa von Mitte Mai bis Anfang August währt.

Schließlich paßt sich der *Mensch* in seiner Kleidung, der Zusammenstellung seiner Nahrung sowie seinen Aktivitäten diesem saisonalen Wechsel an. So bestand das „ländliche Jahr" aus einer immer wiederkehrenden Abfolge von Arbeitsgängen, je nach Produktionsrichtungen und deren Mischungsverhältnis oftmals mit bestimmten saisonalen Arbeitsspitzen verbunden. Sie fielen um so größer aus, je mehr die ackerbauliche Seite im Betrieb überwog und je geringer die Vielfalt der Produktionsrichtungen war, während die Viehhaltung das ausgleichende Element im bäuerlichen Arbeitskalender darstellte (JENSCH 1957). Die heutige naturentfremdete, urbanisierte Bevölkerung spürt diesen Jahresrhythmus in der Landwirtschaft nur noch wenig. Soweit Landwirtschaft im Stadtgebiet überhaupt noch vorhanden ist, pflegt sie in untypischen Sonderformen wie Abmelkbetrieben oder Intensivkulturen in Glashäusern oder als Erwerbsgartenbau ausgeprägt zu sein.

2.1.2 Die Subklimate

Es wurde schon im Kap. 1 gesagt, daß gerade die kühlgemäßigte Zone einen äußerst heterogenen Bereich darstellt und das kühlgemäßigte Klima in besonders *vielen Varianten* auftritt. Wenn zuvor einige für diesen übergeordneten Klimatyp allgemeingültige Merkmale angesprochen wurden, muß nun das Augenmerk auf die regionalen Verschiedenheiten des kühlgemäßigten Klimas gerichtet werden. Diese beruhen vor allem auf drei Phänomenen:

1. dem Wechsel von Maritimität (Ozeanität) und Kontinentalität,
2. dem Gegensatz der festländischen West- und Ostflanken durch den von BLÜTHGEN so genannten West- bzw. Ostküsteneffekt,
3. dem Gegensatz zwischen dem „Landgürtel" auf der Nordhemisphäre und dem „Wassergürtel" auf der Südhemisphäre.

2.1.2.1 Die Klimate zunehmenden Kontinentalitätsgrades

TROLL hat darauf hingewiesen, daß die im Groben als zonal anzusehende Anordnung der Wärmejahreszeiten gerade in den mittleren Breiten die größten Veränderungen durch die *Verteilung von Land und Wasser* erfährt. *„Da das Wasser, ganz besonders das Salzwasser der offenen Meere durch seine höhere Wärmekapazität, seine Durchsichtigkeit, sein Reflexionsvermögen und vor allem durch die Fähigkeit des konvektiven Austausches zwischen erkalteten Oberflächen und wärmerem Tiefenwasser sich im Winter viel weniger abkühlt und im Sommer viel weniger erhitzt als die feste Erde, schwächt es die Jahresschwankungen der Temperatur der unteren Luftschichten beträchtlich ab. Dies so erzeugte ozeanische Klima überträgt sich in den gemäßigten Breiten mit den vorherrschenden westlichen Winden in abnehmender Stärke auf die Festländer, besonders weit in Europa, das vom Golfstrom bespült ist und das dem Zutritt ozeanischer Luftmassen besonders offen steht. Während in Nordamerika der nordsüdliche Verlauf der Kordilleren einen schnellen Sprung vom ozeanischen zum kontinentalen Klima verursacht, spielt sich in Europa und Nordasien dieser Übergang zu immer kontinentalerem Klima Schritt für Schritt ab, bis im nordöstlichen Sibirien das kontinentalste Klima der Erde erreicht wird"* (TROLL 1955, S. 717).

Mit abnehmendem Ozeanitäts- bzw. zunehmendem *Kontinentalitätsgrad* erhöht sich die Amplitude der Mitteltemperaturen von wärmstem und kältestem Monat, verkürzt sich die Dauer der Frostfreiheit, verlängert sich die Dauer der Schneedecke, verkürzt sich die Vegetationsperiode und verändert sich die jahreszeitliche Niederschlagsverteilung.

In Eurasien folgen von den Britischen Inseln in östlicher bzw. südöstlicher Richtung aufeinander entsprechend der Klassifikation der Klimate von TROLL/PAFFEN das extrem ozeanische Küstenklima, das ozeanische Klima, das Übergangsklima mit kühlem Winter und langem Sommer, das kontinental-winterkalte Klima mit feuchtem, warmem Sommer und das hochkontinentale Klima in mehreren Varianten.

Das *extrem ozeanische Küstenklima* ist im eurasiatischen Bereich nur an der Südwestküste Irlands vertreten und wird hier auch als euozeanische Stechpalmenzone bezeichnet mit immergrünem Regenwald aus Stechpalme *(Ilex aquifolium)*, Erdbeerbaum *(Arbutus unedo)* und Kirschlorbeer *(Prunus laurocerasus)*. Dieselbe Klimavariante findet sich noch im Küstenbereich Südchiles, in der Westhälfte Tasmaniens und im Südwesten der Südinsel von Neuseeland. In diesen Gebieten herrscht nahezu Frostfreiheit, es gibt weniger als fünf Tage im Jahr mit Schneefall, die Jahresamplitude der Temperaturen liegt bei 8° und darunter, der Winter ist außerordentlich mild. Andererseits fehlt aber vielen Früchten die notwendige Sommerwärme zum Ausreifen, während die Übergangsjahreszeiten, insbesondere der Herbst, sehr lang sind. Die Niederschläge fallen eher im letzten Quartal verstärkt, was mit den zum Winter hin lebhafteren Luftströmungen und dem gleichzeitig niedrigen Kondensationsniveau zusammenhängt.

Auf das extrem ozeanische folgt das *ozeanische Klima,* das in Europa die übrigen Britischen Inseln, die Nordwestecke Spaniens und die westliche Hälfte Frankreichs umfaßt. Es kennzeichnet ebenfalls die westlich des Kaskadengebirges gelegenen Teile Oregons und Washingtons sowie den südwestlichsten Teil der kanadischen Provinz British Columbia mit der Vancouver-Insel, ein Gebiet, das allerdings in Fortsetzung des kalifornischen Mittelmeerklimabereichs durch ein ausgesprochenes winterliches Niederschlagsmaximum hervorsticht. Ferner gehören dazu das übrige Südchile, die australische Provinz Victoria und die Osthälfte Tasmaniens sowie der größte Teil der Südinsel und ein kleiner Zipfel der Nordinsel Neuseelands. Hier herrscht schon eine Zeitlang Vegetationsruhe und damit sommergrüner Laubwald mit winterlichem Blattabwurf. Die Jahresamplitude der Temperaturen liegt mit bis zu 16° doch schon etwa doppelt so hoch wie im extrem ozeanischen Klima, Schneefälle treten zwischen 5 und 20 Tagen im Jahr auf.

Weiter nach Osten und Südosten schließt in Europa das *Übergangsklima* mit kühlen Wintern und langen Sommern an. TROLL hat es auch als die subozeanische Buchenzone Mitteleuropas und des Donauraumes bezeichnet. Die Temperaturen des kältesten Monats bewegen sich zwischen +2°C und −3°C, die Jahresamplitude der Temperaturen liegt zwischen 16° und 25°. Nach Osten ist das Gebiet etwa mit der Rotbuchengrenze, also einer Linie, entlang derer noch an rund 210 Tagen eine Mitteltemperatur von über 5°C herrscht, begrenzt. Es ist eine Fallaub- und Mischwaldzone, in der neben der Rotbuche auch die Traubeneiche, die Edeltanne und Efeu ozeanische Züge vermitteln. Außer in Europa, wo auch

kontinental-winterkaltes Klima 33

Skandinaviens Anteil am kühlgemäßigten Waldklima in diesen Klimatyp fällt, ist er nur noch in kleinen Bereichen im kanadischen British Columbia und am nördlichen Rande des Kaukasus vertreten. Schneefälle treten entsprechend häufiger, und zwar zwischen 20 und 50 Tagen im Jahr auf.

Wie MEYER ZU DÜTTINGDORF (1978) festgestellt hat, sind in diesen Klimabereichen längerfristige Schwankungen von mehr maritimem zu mehr kontinentalem Klima und umgekehrt festzustellen. Diese werden offensichtlich hervorgerufen durch Veränderungen in der mehr meridionalen bzw. mehr zonalen Zirkulationsform der Luftströmungen bei der Häufung jeweils bestimmter Großwetterlagen. So konnte für die Zeitspanne 1910–1940 eine Zunahme maritimer Merkmale des Klimas, nach 1940 dann wieder eine Zunahme kontinentaler Merkmale des Klimas festgestellt werden.

Weiter kontinentalwärts folgt das *kontinental-winterkalte Klima* mit feuchten und warmen Sommern. Dieses Klimagebiet erstreckt sich von der Rotbuchengrenze keilförmig bis zum Südende des Ural, bei dem seine nördliche Begrenzung von Südfinnland her und seine südliche vom Ansatz des Donaudeltas her fast zusammentreffen zwischen der Kasachensteppe im Süden und dem nach Süden ausbuchtenden borealen Wald, um sich jenseits des Ural in einem relativ schmalen Streifen noch über Noworosisk hinaus fortzusetzen. Diese euryozeanische Laub- und Mischwaldregion ist durch die Stieleiche, die Linde und den Spitzahorn besonders gekennzeichnet. Dieser Klimatyp ist auch in Nordamerika vertreten, und zwar als relativ schmales Band zwischen Atlantischem Ozean und Fuß der Rocky Mountains im südlichsten Teil der kanadischen Provinzen Quebec, Ontario, Manitoba und Saskatchewan mit anschließenden Teilen der US-Staaten Vermont, New York, Michigan, Wisconsin und Minnesota. In den jeweils kontinentaleren Anteilen dieser Bänder gehen die Temperaturen des kältesten Monats schon bis $-20\,°C$ herunter, die Jahresamplituden der Temperaturen reichen von $20°$ bis $40°$, die Tage mit Schneefällen nehmen auf über 50 zu, die Vegetationsperiode mit Tagesmitteltemperaturen über $5\,°C$ schrumpft bis auf 160 Tage (Abb. 6).

2.1.2.2 Die Klimate unter dem West-Ostflanken-Gegensatz
Die *hochkontinentalen Klimate* mit sehr kalten Wintern bis $-30\,°C$ oder mit weniger kalten bis $-8\,°C$ als Mitteltemperatur des kältesten Monats und unterschiedlichem jahreszeitlichem Niederschlagsmaximum finden sich jeweils an den Ostseiten der Nordkontinente bzw. auch in den Inneren Ebenen der USA. In die Frage dieser Klimate spielt aber bereits das an zweiter Stelle genannte differenzierende Phänomen hinein, nämlich

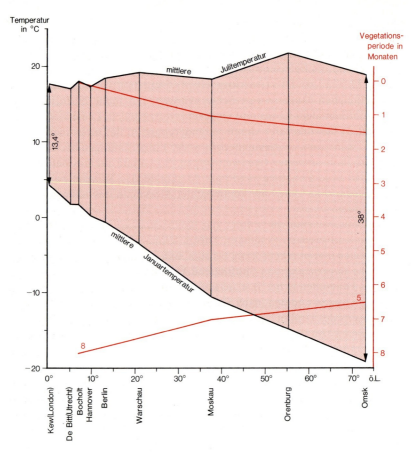

Abb. 6: *Amplituden zwischen dem Verlauf der mittleren Januar- und Julitemperaturen: Mit der Zunahme der Amplitude wird die Kontinentalität größer. Zugleich nimmt die Dauer der Vegetationsperiode ab.*

die wiederum in den gemäßigten Breiten besonders stark ausgeprägten Gegensätze zwischen Ost- und Westseiten der Kontinente.

BLÜTHGEN spricht in diesem Zusammenhang von der *äquatorwärtigen Herabdrückung der Isothermen entlang der Ostküsten* der Kontinente, so daß auf demselben Breitenkreis die Temperaturverhältnisse an den Westflanken merkbar günstiger als an den Ostflanken sind. Er führt hierfür vier Gründe an, von denen einer, nämlich Unterschiede in der Wärmebilanz Meer-Festland, bereits angesprochen wurde. Sodann werden genannt das Minimum der Advektion maritimer Luft auf der Ostseite der Kontinente in der Westwindzone, die Lage und Auswirkung der Meeresströmungen verschiedener Temperatur nahe den Küsten, und *„orographisch erzwungene Höhentröge des Luftdruckbildes mit trogförmigen Zugbahnen der Zyklonen und dadurch sekundär ausgelösten thermischen Anomalien"* (BLÜTHGEN 1968). Als beispielhaft werden immer wieder die Eisfreiheit der Häfen an den Westküsten Alaskas und Norwegens bezeichnet, andererseits die Unterbrechung der Navigationsperiode auf dem Große Seen-St. Lorenz-Seeweg für vier Monate des Jahres und das gelegentliche Auftreten von Eisbergen vor New York City in 40° und sogar noch weiter südlich bis auf die Höhe des Kap Hatteras.

Die saisonalen Temperaturgegensätze sind beträchtlich. KOLB hat darauf hingewiesen, daß die Mandschurei breitenmäßig zwischen der deutschen Nordseeküste und dem italienischen Kalabrien zu liegen käme. *„Noch in Lüta – wo heute die Pipeline von Taching die Küste erreicht – liegt das Januarmittel der Minimaltemperaturen bei −8,9°, in Neapel auf gleicher Breite bei +8,2°. Schon in dem nur 150 km vom Golf entfernten Shenyang erreicht der vergleichbare Januarwert −12,8° und in Tsitsihar nahe Faching gar −26,6°. Aigun am Amur hat 200 Frosttage, Lüta am Gelben Meer noch immer 118. Der Sungari bei Harbin wird erst im April, im Mündungsbereich am Amur erst Anfang Mai eisfrei. Ohne langen Übergang bricht der schwüle subtropisch-tropische Sommer herein. Die Monatstemperaturmittel liegen 5-3 Monate lang über 20°, die Maximalwerte zwischen 30° und 35° "* (KOLB 1981, S. 143/144).

Im nördlichen Japan tritt das *hochkontinentale Klima* wegen der Insellage zwischen Pazifischem Ozean und Japanischem Meer in gemilderter Form auf. Von Südosten heranströmende Warmluft entwickelt über dem kalten Wasser des Meeres besonders vom Spätfrühjahr bis zur Mitte des Sommers dichte Nebel. In dieser Jahreszeit hat die Insel Hokkaido an rund 60% der Tage Nebel und damit eine stark herabgesetzte Sonnenscheindauer. In den Monaten Mai bis September reduziert sich die tatsächliche Sonnenscheindauer auf 42%-49% der möglichen. Die Sommertemperaturen schwanken von Jahr zu Jahr; das Julimittel kennt Abweichungen bis zu 2°, womit in schlechten Jahren die sonst in Südwest- und Zentral-Hokkaido mögliche Naßreisernte gefährdet ist. Gegen Ende des Frühlings verdrängt die maritime Tropikluft allmählich die sich abschwächende kontinentale Polarluft, womit ein Temperatur- und zugleich ein Niederschlagsanstieg verbunden ist. Ehe aber der eigentliche Sommer beginnt, dringt zunächst die Regenzeit, in Japan als „Bai-u" bezeichnet, über den Inselarchipel von Süden nach Norden vor. Ihr Beginn liegt auf der Insel Kjushu etwa zwischen 20. und 29. Juni, auf der Insel Hokkaido etwa zwischen 10. und 29. Juli (YAZARA 1957). Die Dauer des Sommermonsuns beträgt rund fünf Wochen. Sein Eintreffen ist aber unregelmäßig, also von Jahr zu Jahr schwankend, und er ist durch geringe Windgeschwindigkeiten und Labilität gekennzeichnet. Dagegen dauert der als Südwest- und Südwind besonders auf der Innenseite, also an der Japan-See, einflußreiche Wintermonsun rund drei Monate, von Ende November bis Ende Februar; er zeichnet sich durch höhere Windgeschwindigkeiten und größere Stabilität aus (YOSHINO 1979). Besonders in den Monaten Juli bis September werden die nördlichen Inseln von Taifunen heimgesucht, wenn auch etwa nur ein Drittel so häufig wie die Südinseln; aber insgesamt treten Taifune im Laufe des Jahres dreimal so häufig wie die Hurricanes im Raume der Karibik und der Südstaaten der USA auf. Ihre größte Häufigkeit liegt im August, ihre Stärke nimmt zum September hin zu. Sie sind einer der wesentlichen Instabilitätsfaktoren des Klimas auf den japanischen Inseln. Die in ihrer Stärke sehr von der Höhenlage abhängige Schneedecke hat im Nordwestteil der Insel Honshu eine Dauer zwischen 60 und 120 Tagen, auf der Insel Hokkaido zwischen 90 und 150 Tagen. Es sei daran erinnert, daß Sapporo einmal Austragungsort der Olympischen Winterspiele gewesen ist (FUKUI 1977).

Die von IWANOW (1959) entworfene *Weltkarte der Kontinentalität,* auf der die Klimate nach einer bestimmten Formel in zehn Kategorien vom äußerst ozeanischen bis zum äußerst kontinentalen Klima eingestuft wurden, läßt entsprechend der geschilderten regionalen Differenzierung der Subklimate innerhalb der kühlgemäßigten Breiten deutlich erkennen, daß 1. gerade in diesen der Wechsel von äußerst ozeanischem zu mehr kontinentalem Klima besonders rasch erfolgt, so daß die erwähnte große Variationsbreite der Subklimate hervortritt, und 2. auch der Gegensatz zwischen West- und Ostflanken der Kontinente belegt wird, indem z. B. im europäisch-sowjetischen Anteil der kühlgemäßigten Zone entsprechend seiner Skala die Kategorien 1–6 aufeinander folgen, im asiatischen Anteil die Kategorien 5–8.

2.1.2.3 Die südhemisphärischen kühlgemäßigten Klimate
Wegen der isolierten, maritimen Lage im südlichen *„großen Wasserring rings um die Erde"* (TROLL 1948) haben die außertropischen Klimatypen der Nordhemisphäre keine direkte Entsprechung auf der Südhemisphäre. Während TROLL das kühlgemäßigte Waldklima auf jener in das „Klima der ozeanischen sommergrünen Fallaub- und Lorbeerwälder" und das „Klima der sommergrünen Wälder" untergliedert, charakterisiert er das der Südhalbkugel als „kühltemperiertes Regenwaldklima" und führt dazu aus: *„Auch das Regenwaldklima von Patagonien und Neuseeland oder das Klima der patagonischen Steppe, dem das der neuseeländischen Tussock-*

Steppe entspricht, oder das der subantarktischen Inseln, ist ausschließlich südhemisphärisch" (TROLL 1948, S. 23). Worin besteht nun diese Andersartigkeit?

„*Weder in der Phänologie, noch in der Struktur des Wetterablaufes werden in Neuseeland jahreszeitliche Unterschiede deutlich sichtbar: es fehlen auf der Südhalbkugel die ‚blockierenden Großwetterlagen'* (FLOHN), *die in unseren nordhemisphärisch-gemäßigten Breiten die Jahreszeiten bedingen"* (SCHWEINFURTH 1966, S. 247). Am ehesten lassen sich, auf Neuseeland wie auch auf Tasmanien bezogen, im Gebirgsanteil und im Lee der Gebirge auf der Ostseite eine wärmere und eine kältere Jahreszeit unterscheiden. Das Relief bekommt hier in seinem modifizierenden Einfluß auf das Klima besondere Bedeutung.

Eine Anomalie im außertropischen Bereich liegt darin, daß die tageszeitliche Amplitude die jahreszeitliche auf Tasmanien übertrifft (SCHWEINFURTH 1962). Selbst die Ostabdachung der Südinsel Neuseeland zeigt im Vergleich zu den nördlichen Appalachen geringere Amplituden, ist im Sommer kühler als Nordwest-Spanien, im Winter milder als Nord-Honshu. Nach CLARK wären diese Klimaverhältnisse außer mit Südchile am ehesten mit den Britischen Inseln vergleichbar, die aber wegen der höheren Breitenlage extremere Strahlungsverhältnisse zeigen, feuchter, nebliger und wolkiger sind und daher geringere Sonnenscheindauer haben (CLARK 1949).

WEISCHET hat die thermische Ungunst dieses Raumes, insbesondere während des Sommers, mit dem Zusammentreffen folgender drei Umstände erklärt:

1. Der stark „*ozeanische Akzent*" dieses Klimas rührt daher, daß die Landfläche wegen des Auskeilens der Kontinente nach Süden und ihrer Auflösung in viele Inseln und Halbinseln nur einen geringen Anteil hat.
2. Der „*antarktische Akzent*" wird diesem Klima von den Fernwirkungen des antarktischen Kontinents verliehen. Auf diesen Effekt wird der größere Teil der etwa 8°, um die die südhemisphärischen Mittelbreiten kälter als die nordhemisphärischen sind, zurückgeführt.
3. Die *Permanenz der zyklonalen Westwindzirkulation*. Auch während des Sommers tritt, im Gegensatz zur Nordhemisphäre, kein merkbares Nachlassen der Westwinddrift und keine Beruhigung des zyklonalen Westwetters ein. Hinzu kommt die *höhere Zirkulationsenergie,* bedingt dadurch, daß die meridionalen Luftdruckgradienten zwischen dem Subtropenhoch und der subpolaren Tiefdruckrinne bei 65° Breite im Winter ungefähr dreieinhalbmal, im Sommer ungefähr fünfmal so groß sind wie auf der Nordhalbkugel (WEISCHET 1968, WEISCHET in TROLL/LAUER 1978, VAN HUSEN 1967).

In Nord-Süd-Richtung ergibt sich eine allmähliche Veränderung des Klimas sowohl in Südaustralien als auch in Südchile. So nehmen von Victoria nach Tasmanien die Niederschläge zu, wenn auch nur auf der westlichen Luvseite, wie die von GENTILLI (1955, S. 233) mitgeteilten Daten zeigen (Tab. 4).

Tab. 4: Mittlere monatliche Zahl der Tage mit ≥ 0,25 mm Niederschlag ausgewählter Stationen Victorias und Tasmaniens

Station/Staat	J	F	M	A	M	J	J	A	S	O	N	D
Leongatha/Victoria	9	8	10	13	15	16	16	17	16	5	13	11
Cape Sorrele/W-Tasmanien	16	12	16	19	21	22	22	23	22	22	18	17
Clarendon/E-Tasmanien	6	6	7	8	9	10	11	11	12	11	9	8

Für Südchile hat LAUER (1960) den Wandel vom Rande des mittelmeerischen zentralchilenischen Klimas zum kühlen perhumiden subantarktischen Klima dargestellt:
Temuco zeigt noch den mittelmeerischen Gang der Regenkurve mit milden, feuchten Wintern und zwei sommerlichen Trockenmonaten, bei monatlichen Temperaturschwankungen zwischen 7° und 19°C. Das Auftreten von Frost gestattet keine Zitrusfrüchte mehr; es ist ein Weizenbauklima.

Valdivia am Meer hat geringere Amplituden als das Längstal. Außer in besonders trockenen Jahren gibt es keinen absolut trockenen Monat mehr. Hier haben wir den Valdivianischen Regenwald; das für Weizen zu feuchte Klima ist dem Haferanbau, der Viehhaltung und Weidewirtschaft förderlich. Im Längstal bei Osorno ist noch Weizenbau möglich; die natürliche Vegetation ist der sommergrüne Südbuchenwald.

Bei Puerto Aysén schließlich ist der mittelmeerische Rhythmus vollends verschwunden, die hohe Feuchtigkeit das Jahr über bei niedrigen Temperaturen fördert den einförmigen patagonischen Regenwald, in den viel versumpftes Land eingeschaltet ist. Einzige landwirtschaftliche Nutzungsmöglichkeit ist Viehhaltung.

2.1.3 Verträglichkeit und Wirtschaftswert für den Menschen

2.1.3.1 Bioklimatische Aspekte
Der Mensch in den kühlgemäßigten Breiten lebt in einer Umwelt, die ihn vom Klima her gesehen zum Schutz sowohl vor direkter *Hitze als auch vor Kälteschäden* zwingt. Sodann gibt es, wie DE RUDDER es beschrieben hat, ausgesprochen *jahreszeitliche Häufungen von Krankheiten,* nämlich

solche mit deutlichem Winter-Frühjahrs-Gipfel und solche mit Sommergipfel, wobei die Frequenzsteigerung einer Infektionskrankheit mit Änderungen der Ansteckungswahrscheinlichkeit, der Angriffsfähigkeit der Erreger oder der Empfänglichkeit des Menschen zusammenhängen mag. Veränderte Bedingungen sind z. B. gegeben durch langen Aufenthalt in geschlossenen Räumen während der Wintermonate und damit erhöhtem Kontakt mit anderen Menschen, mit jahreszeitlich variierender Diät, mit der sommerlichen Beeinträchtigung durch Insekten, die an Infektionsübertragung mitwirken, mit im Sommerhalbjahr auftretenden Überschwemmungen. Herz- und Kreislaufschwierigkeiten treten zum Übergang Winter/Frühjahr verstärkt auf, was z. B. aus der Kurve der Bettenauslastung in den Inneren Stationen der Krankenanstalten ablesbar ist.

Weniger augenfällig und schwieriger zu ergründen ist die *metabolische Wintersenke*, also eine gewisse Ruhe des Gesamtstoffwechsels mit erneuter Ankurbelung zum Frühjahr, die allerdings schon erheblich vor dem Beginn des kalendermäßigen Frühlings einsetzt, was z. B. auf die gerade dann wieder ansteigende Ultraviolettstrahlung zurückgeführt wird. Heute gilt als erwiesen, *„daß die hier entscheidenden Steroidkörper auch am Hormonsystem angreifen, und es spricht vieles dafür, daß gewisse frühjahrliche Erregbarkeitsänderungen auch beim Erwachsenen über diese Wirkungen laufen"* (DE RUDDER 1955, S. 781). Hinzu kommt nach jüngeren Erkenntnissen auch eine Einwirkung auf den menschlichen Körper über die von den Augen perzipierte Lichtmenge, die ebenfalls zum Frühjahr hin ansteigt.

Generell wird diesem mit der Abfolge der Jahreszeiten zusammenhängenden Klimawechsel in den kühlgemäßigten Breiten eine günstige Reizwirkung auf den Menschen und seine Leistungsfähigkeit zugeschrieben (HELLPACH 1950). Dieser Begriff bedarf allerdings der Präzisierung in Anbetracht der jüngeren detaillierten Forschungen über das *Bioklima*. Denn schon auf kleinem Raum, etwa im Bereich der Bundesrepublik Deutschland, gibt es neben dem Belastungsklima in den Ballungsgebieten zwei Abstufungen des Reizklimas im bioklimatischen Sinne vom reizstarken Klima an der schleswig-holsteinischen und niedersächsischen Küste und an den Luvseiten der Mittelgebirge zum reizmäßigen Klima im küstennahen Hinterland und in den unteren und leeseitigen Lagen der Mittelgebirge und weiter in den Ebenen zum reizmilden bis reizschwachen und schließlich zum ausgesprochenen Schonklima (vgl. BECKER 1972).

Vor allem ist das Auftreten von *Schwüle* ein aktivitätshemmender Faktor. Auf diesbezügliche Unterschiede zwischen Europa und Nordamerika hat HAVLIK hingewiesen. Er weist nach, daß im Gebiet der Inneren Ebenen der USA die Tage mit auftretender Schwüle vom Golf von Mexico zur kanadischen Grenze stark abnehmen und in den nördlichsten US-

Staaten Schwüle relativ selten ist. *„Daß die Taupunktstemperaturen dennoch mitunter Werte erreichen, wie sie im auf gleicher Breitenlage liegenden Mitteleuropa weitgehend unbekannt sind, muß aus den topographischen Gegebenheiten heraus erklärt werden: zum einen liegt das Herkunftsgebiet der schwüleverursachenden Subtropikluft in Amerika mindestens 1000 km weiter äquatorwärts; die Luftmassen können sich über dem Golf von Mexico stärker mit Wasserdampf anreichern als es über dem europäischen Mittelmeer gemeinhin möglich ist. Zum anderen werden in Mitteleuropa die hygrischthermischen Eigenschaften der advektierten Mittelmeerluft durch das Gebirgshindernis der Alpen wenigstens teilweisen Veränderungen unterworfen, während ein Äquivalent hierzu in den ‚Inneren Ebenen' Nordamerikas nicht existiert"* (1976, S. 110).

2.1.3.2 Agro- und technoklimatische Aspekte

Für den wirtschaftenden Menschen sind die Befunde *agroklimatischer* (SCHREIBER 1973) und *technoklimatischer* (HOFFMANN 1975, KRÜGER 1961) Untersuchungen aufschlußreich. In beiderlei Hinsicht können die kühlgemäßigten Klimate als verhältnismäßig günstig und problemarm angesehen werden.

Sie können allgemein als getreidewüchsig, z. T. sogar als weizenwüchsig und seit der Hybridisierung des Mais und Züchtung kälteresistenter Sorten großenteils auch als maiswüchsig gelten. Allerdings sind hier nicht zwei oder gar mehr Ernten im Jahr möglich. Die Kulturpflanzen sind mit Ausnahme von Baum- und Strauchkulturen in der Regel einjährig; denn auch Wintergetreide ist nicht durch Biennis charakterisiert, sondern gehört zu den Winterannuellen. Auch nimmt die Rentabilität des Getreidebaus in Europa nach den Flanken, also nach Skandinavien und den Alpen hin ab, so daß in beiden Richtungen *Dauergrünland und Futterbau* zunehmen. Wenn aber auch im zentralen Bereich des getreidewüchsigen Gebietes das Getreide nicht so dominiert, sondern stark mit *Hackfruchtbau* vermischt ist, insbesondere mit Kartoffeln und Rüben, so hat das betriebs- und marktwirtschaftliche Gründe.

Zu den klimatischen Nachteilen gehören die vor allem im atlantischen Küstenbereich und in Höhenlagen der Mittelgebirge rauhen Winde, die die Anlage von *Windschutzstreifen* nahelegten und zum Entstehen der für die betroffenen Gebiete so charakteristischen *Heckenlandschaften* oder, wie es in Schleswig-Holstein heißt, Knicklandschaften führten.

Spezieller Vorkehrungen und Pflege bedürfen die hier schon unter marginalen Standortbedingungen gezogenen Sonderkulturen. Sie sind ohnehin nur auf sehr begünstigte Standorte beschränkt. So stellt z. B. innerhalb der Bundesrepublik Deutschland die Bergstraße einen Schwerpunkt für den Obstbau dar. Der Hopfenbau ist weitgehend auf das Gebiet um Spalt und auf die Hallertau beschränkt, in den USA auf das von Gebirgszügen abgeschirmte Willamette-Tal in Oregon und das Yakima-Tal in Washington im Hinterland der Pazifikküste. Der früher weiter verbreitete Weinbau hat sich unter zunehmender internationaler Konkurrenz auf die günstig exponierten Hänge einiger Flußtäler Süddeutschlands zurückgezogen.

Zur zusätzlichen Verbesserung des Mikroklimas in den Weinbergen – allein Begriffe wie „Weinberg" oder „Rebhang" deuten auf die ganz andersartigen Bedingungen für den Rebbau im kühlgemäßigten Klima im Gegensatz zu den weiten flachen Weinfeldern der spanischen Mancha hin – ist das Schiefern eine weitverbreitete Anbaumethode geworden. Die gelegentliche Frostgefährdung von Reb- und Obstkulturen legt die Anwendung von Kälteschutzmaßnahmen wie den Gebrauch von Frostfackeln nahe (vgl. FELS 1954). Zur künstlichen Dehnung der Vegetationsperiode, aber auch um mit bestimmten Erzeugnissen früher als unter natürlichen Bedingungen auf den Markt zu kommen, bedient man sich der Prägermination (Vorkeimung) und in großem Umfang der *Glashauskulturen,* die in jüngerer Zeit von Fernheizleitungen versorgt werden. Dieses alles bedeutet hohe Kapitalinvestition und hohen Arbeitskräfteaufwand.

Hiermit im Zusammenhang sei kurz auf die problematische Verwendung des Begriffs „Sonderkultur" hingewiesen. Er gründet sich auf die unter mitteleuropäischen Verhältnissen im Vergleich zu den anderen Anbauprodukten hohe Arbeitsintensität. So haben z.B. OTREMBA und ANDREAE in ihren Arbeiten herausgestellt, daß in der deutschen Landwirtschaft die AKh/ha, d.h. die aufzuwendenden Arbeitskraftstunden pro Flächeneinheit, bei Futter-, Getreide-, Hackfrucht- und Sonderkulturbau etwa im Verhältnis 1:1:5:20 zueinander stehen. Der unvergleichlich hohe Arbeitskraftaufwand im Sonderkulturbau ist sofort offensichtlich. Jedoch muß auch deutlich gemacht werden, daß dieses Verhältnis außerhalb des kühlgemäßigten Bereichs, also z.B. für den Weinbau in den Mittelmeerländern, ganz und gar nicht gilt, wo sogar für Hackfrüchte mancherorts mehr Arbeitszeit pro Flächeneinheit als auf dem Weinfeld aufgewendet wird, und damit der Begriff Sonderkultur seine Bedeutung verliert, daß er aber selbst in Deutschland dort zweifelhaft wird, wo wie bei der Umstellung des Rebbaus auf Großterrassen am Kaiserstuhl der Arbeitskraftaufwand pro Flächeneinheit um die Hälfte reduziert worden ist, so daß der Abstand zum Hackfruchtbau entscheidend schrumpfte.

Die landwirtschaftlichen Betriebe oder Höfe im kühlgemäßigten Bereich müssen den Gegebenheiten der winterlichen Kälte und Vegetationsunterbrechung angepaßt sein. Das bedeutet, daß, bei Ausnahmen im ozeanischen Subklimatyp, *Stallungen* zur winterlichen Aufstallung des

Viehs und *Scheunen* zur Lagerung pflanzlicher Erzeugnisse wegen der notwendigen Vorratswirtschaft vorhanden sein müssen.

Jahreszeitliche Rhythmen beeinflussen das Baugewerbe und verschiedene Branchen der Industrie und Dienstleistungsbetriebe. Abgesehen von struktureller Arbeitslosigkeit pflegt die Beschäftigtenzahl im sekundären Wirtschaftssektor zum Winter zu sinken und zum Sommer erneut anzusteigen. Im Winter können im Baugewerbe nicht immer Außenarbeiten durchgeführt werden, so daß auch befristete Arbeitsverhältnisse üblich sind. Konsumgüterindustrien, in allererster Linie die Bekleidungs- und Ernährungsbranche, müssen sich auf verschiedenartige *saisonale Nachfragen* der Käufer einstellen.

Im technischen Bereich gibt es für den Einsatz von Geräten und Maschinen je nach den klimatischen Anforderungen, denen diese gerecht werden müssen, verschiedene Einsatzklassen. Im Hinblick auf diese ist in HOFFMANNS technoklimatischer Klassifikation ein großer Teil Europas als „R" (= restricted application) mit dem Faktor 1 ausgewiesen, was praktisch die Mindestanforderungen bedeutet, denen jedes technische Produkt ohne irgendwelche besonderen, vom Klima her gegebenen Belastungen genügen muß, das restliche Europa als „G" (= general application) mit dem Faktor 1,1. Beides bedeutet einen *geringen Aufwand* an Ausstattung für besondere klimabedingte Eignung und somit an Gestehungskosten. Eine Ausnahme innerhalb der gesamten kühlgemäßigten Zone bildet lediglich das hochkontinentale Klima in Ostasien, das zum Teil als „P" (= pan-climatic application) mit dem Faktor 2-3 eingestuft ist, d. h. wo technische Produkte vor allem bei der großen Winterkälte und den erheblichen Temperaturschwankungen funktionsfähig sein müssen und daher in der Herstellung viel aufwendiger sind (vgl. HOFFMANN 1975, S. 60/61, 74, 86/87).

2.2 Gewässer und Wasserhaushalt

2.2.1 Grundlagen und Probleme der Wasserversorgung

Nach Erörterung einiger Schwierigkeiten gibt OTREMBA die folgende Beurteilung der wasserwirtschaftlichen Gesamtsituation: *„Insgesamt betrachtet sind jedoch die Wasserverhältnisse in der gemäßigten Zone von Natur aus in jeder Hinsicht ideal, und sicherlich hing davon auch der von der Natur unbehinderte Aufstieg der Wirtschaftskultur und der Fortschritt der Menschheit ab"* (OTREMBA 1969, S. 126). Demgegenüber vertrat schon 1955 (S. 100) THIENEMANN die Auffassung, daß Wasser bei uns bereits zur „Mangelware" geworden sei. Wie sieht es nun tatsächlich mit der Wasserversorgung im kühlgemäßigten Bereich aus?

Das kühlgemäßigte Waldland zeichnet sich durch großen Gewässerreichtum aus. Die *Flüsse sind autochthon und perennierend,* von Sondersituationen wie gesteinsbedingten Flußschwinden abgesehen. Die Seen sind, außer wiederum gesteinsbedingten Typen wie vulkanischen oder Karstseen, weitflächig zonal verbreitet, großenteils glazialen Ursprungs wie z. B. die „Seenplatten" im Bereich der ehemaligen Inlandvereisung, oder es handelt sich um Wasserkörper in den Flußauen wie Schaltseen (Flußerweiterungen) oder Rückstauseen (bei jahreszeitlichem Hochstand). Das Gewässernetz erreicht zwar in den Randgebieten der Inlandvereisung nicht mehr die Dichte wie in Skandinavien oder Kanada. In Finnland nimmt die Gewässerfläche immerhin rund 10% des Staatsgebietes ein. In der Bundesrepublik Deutschland sind es noch 1,8%, in der DDR 1,9% (MARCINEK 1978).

Nach von HEYN mitgeteilten Berechnungen empfing das Bundesgebiet im Durchschnitt der Jahre 1931–1960 825 mm Niederschlag bzw. 206 Mrd. m^3. Von diesen gingen durch Verdunstung 121 Mrd. m^3, durch oberirdischen Abfluß 74 Mrd. m^3 verloren, so daß 11 Mrd. m^3 als Zugang zum Grundwasser verblieben. Als Zugang in der Gesamtwasserbilanz müssen dann noch die Zuflüsse von Rhein, Elbe und kleineren Flüssen hinzugerechnet werden (HEYN 1980). In besonders trockenen Jahren fällt die Bilanz erheblich schlechter aus. So fielen 1959 auf dem Bundesgebiet nur 592 mm Niederschlag, was einem Volumen von 154 Mrd. m^3 entsprach.

Der Verbrauch an Wasser ist im Laufe des 19. und 20 Jh. beträchtlich angestiegen. Berechnet auf das Bundesgebiet kommt man etwa zu folgenden Größenordnungen (pro-Kopf-Verbrauch nach HEYN 1980):

Tab. 5: Der Anstieg des Wasserverbrauchs im Bundesgebiet

Jahr	pro-Kopf-Verbrauch in l	Einw. in Mill.	Gesamtverbrauch in Mrd. l
um 1800	30	14*	0,42
1953	85	51	4,3
1978	136	61	8,3

* Berechnet für das Bundesgebiet laut Stat. Jb. 1980 für die Bundesrepublik Deutschland, S. 50.

Neben dem gestiegenen Verbrauch der Haushaltungen schlägt in einem Industrieland wie der Bundesrepublik Deutschland der Industriewasserverbrauch mit rund einem Viertel des Gesamtverbrauchs erheblich zu Buche. Man bedenke nur, daß für jeweils 1 t Endprodukt bei der Stahlerzeugung 15-20 l, bei der Benzinherstellung 60-90 l, bei der Zellulosefabrikation bis zu 400 l Wasser verbraucht werden (THIENEMANN 1955).

Entsprechend dem steigenden Verbrauch mußten immer umfangreichere Wasserförder- und aufbereitungsanlagen installiert werden. So stiegen die Investitionen in die öffentliche Wasserversorgung der Bundesrepublik Deutschland von rund DM 600 Mill. 1960 auf rund DM 1,9 Mrd. 1977. Entsprechend wurden auch die Wasserpreise für den Verbraucher empfindlich heraufgesetzt. Lagen sie bis 1960 noch etwa bei DM $0,36/m^3$ Wasser, zahlten die Bundesbürger 1979 im Durchschnitt DM $1,32/m^3$ Wasser, wobei der Preis im einzelnen etwa zwischen DM 0,84 in München und DM 1,60 in Stuttgart schwankte (HEYN 1980).

Mit dieser Preisdifferenzierung ergibt sich ein interessanter Gesichtspunkt. Während gegenwärtig nicht zuletzt im Zusammenhang mit der steigenden Abwasserbelastung der Gewässer die allgemeine Wasserversorgung in den Industrieländern schwieriger wird, mußten schon vor langer Zeit unter nachteiligen örtlichen Gegebenheiten spezielle wasserwirtschaftliche Maßnahmen ergriffen werden. Hierzu gehören ungünstige hydrogeologische Verhältnisse wie z. B. die Verkarstung, relativ geringe Niederschlagsmengen wie in Leelage der Mittelgebirge oder überdurchschnittlicher Verbrauch wegen besonders hoher Bevölkerungsdichte und Industriekonzentration.

So kann sich die rund 2 Mill. zählende Bevölkerung von Berlin (West) nicht allein aus dem im Westberliner Raum natürlich vorhandenen Grundwasser versorgen. Zu dessen ständiger Anreicherung mußten in großem Umfang Sickerbecken angelegt werden, in denen das der Havel entnommene Oberflächenwasser versickert und damit den Grundwasserstand auf dem notwendigen Niveau hält.

Die Siedlungen auf der wegen Verkarstung wasserarmen Hochfläche der Schwäbischen Alb schlossen sich schon 1869 zu Gruppen zur gemeinsamen Wasserversorgung aus Karstquellen zusammen. Später nahmen die Maßnahmen zur *Fernwasserversorgung* immer größeren Umfang an. 1917 wurde die erste Leitung im Rahmen der Landeswasserversorgung in Betrieb genommen, die ihr Wasser aus der Donau, dem Grundwasser der Donauniederung und einer Karstquelle im Egautal entnimmt. Der Zweckverband Bodenseewasserversorgung schließlich bedient mit einem Leitungsnetz von rund 750 km Länge rund 550 Gemeinden im dicht besiedelten und stark industrialisierten mittleren Neckarraum, in der Baar, in der Schwäbischen Alb und im nördlichen Baden-Württemberg (vgl. Diercke Weltatlas Karte 18 III, dgl. Diercke Handbuch).

Auch im humiden Klima wird *Berieselung oder Beregnung* in der Landwirtschaft angewendet, wenn dadurch wegen knapper Feuchtigkeit in entscheidenden Wachstumsphasen Erträge gesichert und Ertragssteigerungen erzielt werden können. So ist Beregnung im Willamette-Tal des Pazifischen Nordwestens der USA weit verbreitet, wo wegen des winterlichen Niederschlagsmaximums im Juni nur 40 mm und im Juli und August jeweils nur 15 mm Niederschlag fallen (Angaben für die Station Portland, Oregon).

Beim Anbau der großfrüchtigen Moos- oder Preiselbeere *(Vaccinium macrocarpum)* in Massachusetts, New Jersey und Wisconsin wird das Sumpfgelände, auf dem sie wachsen, aus zwei anderen Gründen geflutet, nämlich wenn im Winter Frostgefahr auftritt und am Ende der Erntezeit, um die vielen kleinen heruntergefallenen Früchte an der Wasseroberfläche schwimmend leichter einsammeln zu können. Auch die Wiesenbewässerung erfolgt nicht überall der Zuführung zusätzlichen Wassers wegen. So galt die Anlage von Rieselkanälen für die Bewässerungswiesen des Siegerlandes ab dem 17. Jh. in erster Linie der Düngung durch die nährstoffangereicherten Industrieabwässer.

Die Existenz eines umfangreichen Gewässernetzes war für die anfängliche Durchdringung, die Besiedlung und ökonomische Inwertsetzung der Länder des kühlgemäßigten Waldlandes von größter Bedeutung. So pflegten z. B. im US-amerikanischen Osten und Mittelwesten schon die Indianer in vorkolumbischer Zeit ihre Kanus über meist nur wenige Kilometer lange „Portagen" aus einem Flußsystem in das benachbarte zu tragen, und die frühen weißen Siedler taten es ihnen gleich. Zugleich waren die Flüsse aber auch die Leitlinien für die frühen gewerblichen Nutzungen. An ihnen reihten sich in Abhängigkeit von der Energie des fließenden Wassers die ersten Sägemühlen, die ersten Hammerwerke und die Getreidemühlen auf. Für die Textilbetriebe, die im spanischen Sprachraum bezeichnenderweise „molinos" (Mühlen) genannt werden, wurde das Wasser zusätzlich auch für den Produktionsprozeß selbst, nämlich beim Walken und Färben, gebraucht.

2.2.2 Allgemeine Abflußverhältnisse

Im Hinblick auf solche Nutzungen sind die Abflußverhältnisse von großer Bedeutung. Generell kann zunächst festgestellt werden, daß der Schwankungsquotient, der sich aus dem Verhältnis von niedrigstem zu höchstem monatlichem mittlerem Abfluß errechnet, für die winterkalten, vollhumiden mittleren Breiten mit 3,7 neben den Tropen und den Winterregengebieten mit jeweils 3,5 der niedrigste von allen Klimagebieten auf der Erde ist (BRENKEN 1960, WILHELM 1966). Im einzelnen werden die *Abflußganglinien* in ihrem Jahresverlauf von zwei Einflußgrößen bestimmt, den Niederschlägen und den indirekt über die Verdunstung und die Retention bzw. das Abschmelzen von Schnee und Eis wirkenden Temperaturen.

Im ozeanischen Westeuropa spiegelt sich im Abflußgang der Jahresgang der Verdunstung wider; bei geringerer Verdunstung im Winter ist der Abfluß höher, bei stärkerer im Sommer ist er niedriger. Mit zunehmender *Schneeretention* verändern sich die Abflußverhältnisse im allgemeinen vom ozeanischen zum kontinentalen Klima hin. Zunächst schwächt sich das winterliche Abflußmaximum ab und erhöht sich die Wasserführung zum Frühjahr hin. In Mittelgebirgsbereichen Zentraleuropas wird bei kurzfristiger Schneedecke der herbstliche Anstieg unterbrochen; zu diesem sekundären Maximum kommt zu Beginn der Schneeschmelze am Ende des Winters das Hauptmaximum des Abflusses. Im westlichen Mitteleuropa wird durch öfter auftretende atlantische Warmluft auch eine längerfristige Schneedecke mehrfach teilweise oder ganz abgebaut, so daß ein im ganzen über Herbst, Winter und Frühjahr gleichmäßigerer Abfluß zustande kommt.

Ohne diese atlantischen Einflüsse verstärkt sich bei längerfristiger Schneedecke die winterliche Retention, so daß der herbstliche Anstieg schwächer ausfällt und frühzeitiger abbricht und sich das Hochwasser der Schneeschmelze zum späten Frühjahr hinausschiebt. Das trifft für das östliche Europa wie auch für die Gebirgsflüsse Zentraleuropas und für Nordeuropa zu. Eine lange andauernde Schneeretention schließlich schiebt das Hochwasser noch weiter in das Spätfrühjahr und in den Sommer hinein, und es gibt kein sekundäres Herbstmaximum wegen des zeitlichen Übergangs des verdunstungsstarken Spätsommers in den retentionsbedingten frühen Winter. Flüsse wie der Rhein, die von verschiedenen Quellen, Gletscherwasser und Nebenflüssen gespeist werden und verschiedene Regimegebiete durchfließen, zeigen selbst ein entsprechend komplexes Abflußregime (GRIMM in KELLER 1968, S. 55).

Wichtiger als diese Typen des mittleren Abflußganges sind aber für den wirtschaftenden Menschen die *extremen Wasserstandsschwankungen,* die zwar ebenfalls vom ozeanischen zum kontinentalen Klima hin an Stärke zunehmen, im einzelnen aber von der Größe des jeweiligen Einzugsgebietes, der Anzahl und Art der Zuflüsse, den Niederschlagsverhältnissen in den verschiedenen Teilen des Einzugsgebietes sowie Höhenlagen, Gesteinsverhältnissen usw. abhängig sind. Ausgesprochene Hochwasser- und Niedrigwasserstände sind wirtschaftliche Instabilitätsfaktoren.

2.2.3 Hochwasser, Niedrigwasser, Eisblockierung

Hochwasser kann durch verschiedene Faktoren, auch durch das Zusammenwirken mehrerer Faktoren, verursacht werden: Dauer- und Starkregen, Schmelzwässer, Stauwirkungen, Katastrophen wie Dammbrüche. Stauwirkungen können von verschiedenen Kräften ausgehen, insbesondere von Wind, von Gezeiten im Unterlauf der Flüsse, vom Rückstau eines Nebenflusses durch den Hochwasser führenden Vorfluter, von Eis.

Neben dem Randeis, das eher in stehenden Gewässern auftritt, bildet sich in den Flüssen Grundeis, das sich später vom Grunde ablöst und schwimmend als Treibeis zu Eisgang und schließlich zum *Eisstau* führt. Dieser Eisstau ruft im kühlgemäßigten Waldklima der Nordhalbkugel besonders bei den in nördlicher Richtung fließenden Flüssen, die im Frühjahr in ihrem Ober- und Mittellauf früher als im Unterlauf auftauen, Hochwasser- und Überschwemmungsgefahr hervor.

Im zentraleuropäischen Bereich können maximale Hochwasser innerhalb weniger Tage bis zu einem Viertel des gesamten mittleren Jahresabflusses abführen (MARCINEK 1978). Derartigen Wassermassen sind auch die im Laufe jahrhundertelanger wasserbautechnischer Maßnahmen entstandenen Stauanlagen und Dämme nicht immer gewachsen, so daß Flüsse wie der Rhein und Neckar auch noch in der Gegenwart über ihre Ufer treten und erheblichen Schaden anrichten.

Neben den Wasserstandsschwankungen spielt die winterliche Unterbrechung der Navigationsperiode durch *Eisblockierung* eine Rolle. Auch in dieser Hinsicht ändern sich die Verhältnisse vom ozeanischen hin zum kontinentalen Klima, indem sowohl die Tage mit Eisstand als auch das Verhältnis von Eisstandtagen zu Tagen mit Eisgang nach Osten zunehmen (KELLER 1968). Die Eisführung der eurasiatischen Flüsse schwankt zwischen 21 Tagen für den Rhein bei Köln über 68 Tage für die Weichsel bei Warschau und 125 Tage für die Dwina bei Riga bis zu 179 Tagen für den Ob bei Nowosibirsk. Der Hudson bei Albany führt an 72 Tagen Eis, der St. Lorenz-Strom bei Quebec an 141 Tagen (BRAMER 1977).

Unter besonders harschen Bedingungen kann es zu Eispressungen kommen, wo Strömung und Winde das Eis gegen Uferbefestigungen und Brücken auftürmen; 1947 wurden im Rhein an der Loreley 7 m erreicht (WLG Bd. I, S. 894). Seit etwa 1860 hat man in den östlichen USA versucht, mit Hilfe von *Eisbrechern* die Fahrrinnen in Flüssen und Hafenbecken zumindest länger offenzuhalten. In Helsinki und Leningrad ist dadurch ganzjährige Benutzung der Häfen möglich geworden (OBENAUS/ZALESKI 1979).

Die *Zugänglichkeit* von Häfen und Binnengewässern ist einer der Faktoren, die für den Anteil der Binnenschiffahrt am Zu- und Ablaufverkehr der Seehäfen verantwortlich zu machen sind. Dieser Anteil beträgt für den Hafen von Rotterdam 65%, für den Hafen von Hamburg nur 11% (OBENAUS/ZALESKI 1979, S. 239). Neben der klimabedingten Saisonalität der Zugänglichkeit spielen ebenfalls saisonabhängige Warentransporte sowohl im Exportland von der Ernte landwirtschaftlicher Produkte her als auch im Importland vom Bedarf her eine Rolle. So beginnt z. B. der kanadische Weizenexport aus neuer Ernte Mitte Oktober, dauert aber zunächst nur bis zum Ende der Navigationsperiode im Laufe des Dezember an. Der Warenaustausch zwischen Polen und Finnland/Schweden mit Kohle einerseits, Erzen und Holz andererseits, vollzieht sich in den Monaten Mai bis Oktober (OBENAUS/ZALESKI 1979).

Auch *Niedrigwasser* bildet ein Hemmnis für die Binnenschiffahrt. Gründe sind der stark verringerte Abfluß in besonders trockenen Sommermonaten, also mehrwöchiger Niederschlagsmangel, gepaart mit hoher Verdunstung, oder erhöhte Retention durch Bindung des Wassers in Form von Schnee und Eis. *„Selbst in Mitteleuropa kann in kleineren Wasserläufen nach längerer Trockenheit der Abfluß völlig aufhören. Hier ist das Versiegen entweder gesteinsbedingt (wasserdurchlässiges Gestein in Karstgebieten) oder auf zu geringe Speichermöglichkeiten (und somit zu geringe Bildung von Rücklagen) zurückzuführen"* (MARCINEK 1978, S. 61).

Die *Schiffbarkeit* der Wasserstraßen, deren Endpunkt auf Atlaskarten häufig mit einem Anker-Symbol angezeigt wird, bezieht sich auf Schiffsgrößen, deren Tauchtiefe bei normalem Wasserstand mindestens 30 cm geringer ist als die tatsächliche Wassertiefe. Wird der Wasserstand niedriger, muß auf einen Teil der Ladung verzichtet oder im schlimmsten Falle der Schiffsverkehr eingestellt werden. Im Verkehr zwischen Berlin und den Elbehäfen bzw. auf dem Mittellandkanal mit den Häfen im Ruhrgebiet dürfen die Kähne normalerweise bis zu einer Tauchtiefe von 2 m beladen werden. Im trockenen Sommer 1982 hatte die Elbe bei Schnackenburg einen Wasserstand von nur 1,5 m im Juli und von nur noch 1,15 m Anfang August, so daß für dieselbe Gütermenge anstelle eines Kahnes zwei bis drei benötigt wurden. Im noch regenärmeren Sommer 1976 waren zeitweise nicht einmal mehr Leerfahrten möglich gewesen. Während Flüsse wie der Rhein in früheren Jahrhunderten stark verwildert waren, häufig weitflächige Überschwemmungen anrichteten und zum Ausbrechen von Epidemien beitrugen, haben die umfangreichen Kanalisierungen und die Ausbauten des Gewässernetzes durch Kanäle zwar jene Ungunst weitgehend beheben können, dafür aber andere ebenso schwerwiegende Probleme heraufbeschworen. Das sei kurz am Beispiel des Rheins erläutert.

Große Wasserstandsschwankungen wies der Rhein trotz einer gewissen ausgleichenden Wirkung des 50 Mrd. m^3 fassenden Bodensees auf, der die Extreme am Zufluß von 80:1 auf 10:1 am Ausfluß minderte. Zwischen 1817 und 1872 wurde die *Rheinkorrektion* durchgeführt, begonnen unter dem badischen Oberlandesingenieur Oberst Johann Gottfried TULLA. Diese Korrektion brachte für den Rhein eine Laufverkürzung um 72 km und eine Erhöhung der Strömungsgeschwindigkeit von etwa 30% mit sich, damit eine verstärkte Tiefenerosion und eine Tieferlegung des Strombettes, die unterhalb von Duisburg 5 cm jährlich betragen hat (THIENEMANN 1955). Nachdem der weitere Gedanke einer *Rheinregulierung* zum Zwecke größeren Tiefganges schon um die Jahrhundertwende im Deutschen Reich gefaßt worden war, erwirkte sich Frankreich 1918 das Recht zum Bau eines Grand Canal d'Alsace und baute 1928–32 die erste Stufe bei Kembs. Zum weiteren Ausbau kam es erst nach dem II. Weltkrieg, oberhalb von Breisach als Seitenkanal, unterhalb mit der Schlingenlösung. Damit wurde der Rhein bis Rheinfelden oberhalb von Basel für 3000-t-Schiffe befahrbar. Aber der Durchfluß bei Breisach sank auf rund 6% von ursprünglich 850 m^3/s auf 50 m^3/s ab. Damit sank der Wasserspiegel des Rheins um etwa 6,7 m bei Istein, der Grundwasserspiegel im Oberrheingraben örtlich zwischen 4 m und 15 m. Hierzu trägt allerdings auch die Verdunstung in den unzähligen Baggerseen bei. Von der als „Versteppung" bezeichneten Veränderung der natürlichen Standortverhältnisse, auf die die vermehrte Anlage von Kiefernschonungen und Sanddornpflanzungen und das Auftreten der Platane *(Platanus occidentalis)* hinweisen, waren bis Anfang der fünfziger Jahre bereits etwa 10 000 ha in Südbaden und 80 000 ha im Elsaß betroffen (THIENEMANN 1955).

Schließlich sollte noch die Rolle von Wasserläufen für die *Entwässerung* und als *Vorfluter* für Industrieabwässer erwähnt werden. Wegen zunehmender Wasserentnahme einerseits und Einleitung von Schmutzwasser andererseits ist streckenweise die Belastung der Gewässer in den Industrieländern über den Grad ihrer Fähigkeit zur Selbstreinigung hinaus gediehen, ein Problem, über das im Zusammenhang mit dem Umweltschutz mehr im Kap. 3.1.6 zu sagen sein wird. Kurze Flüsse und stagnierende Gewässer sind dabei besonders gefährdet.

2.3 Die Böden

2.3.1 Bodendynamik und Bodentypen

Am schnellsten dürfte ein grober Überblick über die zonalen Bodentypen und ihre Eigenschaften entstehen, wenn man von der *Tschernosemierung,* der Bildung der Steppenschwarzerden, ausgeht. Ihr Reichtum sowohl an Humus als auch an mineralischen Nährstoffen spiegelt die optimalen Bodenbildungsbedingungen in ihren Entstehungsgebieten wider, die gekennzeichnet sind durch die z. T. einjährige, z. T. mehrjährige wurzelreiche Grasvegetation einerseits und die verhältnismäßige Ausgeglichenheit der im Boden aufwärts und abwärts gerichteten Bewegung des Wassers im Übergangsbereich zwischen semihumidem und semiaridem Klima andererseits. Sie nehmen daher innerhalb des Gesamtschemas der Pedogenese auch eine Übergangsstellung ein zwischen den beiden großen Gruppen der Pedocale mit Neubildung von $CaCO_3$ im Profil und der Pedalfere oder der Böden der *Ferretisierung* im Sinne GANSSENS mit Neubildung der Sesquioxide Al_2O_3 und Fe_2O_3.

Die Tschernoseme selbst können zu der randlichsten Untergruppe der letzteren gerechnet werden. Die anderen, die kühlgemäßigte Zone betreffenden Bodenbildungsprozesse, nämlich Braunerdebildung, Lessivierung und Podsolierung, gehören ihnen voll zu. Je weiter sie sich zum feuchteren und/oder kühleren Klima hin entfernen, um so stärker unterliegen sie einseitigen Prozessen mit weniger günstigem Ergebnis, also minderer Bodengüte mit geringerem zu erwartendem Ertrag bei landwirtschaftlicher Nutzung. Der durch die Krümelstruktur günstige Lufthaushalt, der ausgeglichene Wasserhaushalt und der ebenfalls gute Nährstoffhaushalt der Steppenschwarzerde läßt sie als optimal erscheinen. *„Fast sämtliche bodenkulturellen Maßnahmen erstreben mit mehr oder minder großem Erfolg daher eine Annäherung an den Zustand der Steppenschwarzerden"* (GANSSEN/GRAČANIN 1972, S. 103, vgl. Abb. 7).

In Europa einschließlich des europäischen Teils der Sowjetunion finden sich an zonalen Bodentypen die Tschernoseme in großen Teilen des südlichen Osteuropa und Südosteuropa sowie in der Ukraine, die Braunerden in Nordspanien, in Süd- und Zentralfrankreich, in England und im zentralen Deutschland, die Lessivés in Nordfrankreich und Nordostdeutschland, als Graue Waldböden ausgebildet in der Sowjetunion im Bereich östlich des Ladogasees, die Podsole in England, in Nordwestdeutschland und in Skandinavien. Braunerden kennzeichnen auch weite Teile der östlichen USA, Teile Ostasiens, die Südinsel Neuseeland.

Schwarzerden gibt es aber auch in den niederschlagsärmeren Gebieten Mitteleuropas, z. B. im Regenschatten deutscher Mittelgebirge wie des Harzes und Thüringer Waldes. GANSSEN spricht hier von *Rest-Tschernosemen* und tschernosemähnlichen Böden, die an die trockenere Variante des Köppenschen Cf-Klimas gebunden sind, an lichte Waldsteppen oder sekundäre Steppen, häufig an Löß oder lößartigen Feinsand, meist an ebene Lagen ohne Beeinflussung durch Grundwasser. Je nach den Eigenschaften anderen Ausgangsmaterials, Stauwasser oder fließendem Grundwasser und Hängigkeit des Geländes, gibt es intrazonale, vom Haupttyp abweichende Böden (GANSSEN 1961).

Bodenbildungsprozesse

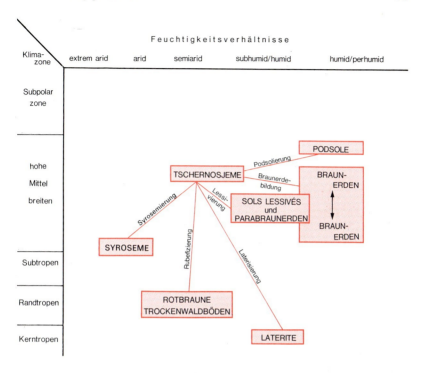

Abb. 7: Schema der hauptsächlichen Bodenbildungsprozesse und zonalen Bodentypen (nach GANSSEN *und* KUBÏENA*).*

Die folgenden im kühl-feuchten Klimabereich verbreiteten Bodentypen sind alle durch die Tendenz zu mehr oder weniger starker *Auswaschung der oberen oder A-Horizonte* gekennzeichnet, wobei diese Auswaschung nach Art ($CaCO_3$, Eisenoxihydrate, Huminstoffe, Tonminerale) und Grad verschieden sein kann; im einzelnen zeichnen hierfür die Klimafaktoren in ihrer jeweiligen Komposition und indirekt über die Vegetation wirkend verantwortlich. Dabei sind – im Gegensatz zu den nährstoffärmeren, rohhumusreichen, sauren Podsolen – die Böden unter den sommergrünen Laubwäldern noch verhältnismäßig nährstoffreich, denn die leicht abbaubare Laubstreu wird unter den kühlfeuchten Klimaverhältnissen „*auf biologischem Wege zersetzt und teilweise in Dauerhumus umgewandelt, wobei die schwach saure bis schwach alkalische Humusform des Mull entsteht, die sich durch hohe Sorptionsfähigkeit auszeichnet*" (KLINK/GLAWION 1982, S. 464). Bei Anpflanzung nicht standortgerechter Koniferen kommt es allerdings leicht zu sekundärer Podsolierung mit Nährstoffverarmung und Versauerung.

Je höher das Verhältnis von unbeweglichen Humussäuren zu leicht beweglichen Fulvosäuren ($C_N:C_F$) ist, desto günstiger sind im allgemeinen die edaphischen Bedingungen für das Pflanzenwachstum. In Osteuropa nimmt dieses Verhältnis von der Waldsteppe mit 0,8 über die Böden der Mischwaldzone mit 0,5 bis zu den Podsolen des Nadelwaldes mit 0,2 ab (WALTER 1968).

Nach GANSSEN herrscht im hochozeanischen, ozeanischen und subozeanischen Bereich des kühlgemäßigten Klimas die *Braunerdebildung,* im subkontinentalen, vollkontinentalen und hochkontinentalen Bereich die *Lessivierung* vor. Im einzelnen korreliert er mit dem hochozeanischen Subklimatyp Braunerden und (oft sekundäre) Podsole, mit dem ozeanischen und subozeanischen die Mitteleuropäischen Braunerden und Braunlehme, mit dem subkontinentalen und vollkontinentalen Rasenpodsole und andere lessivierte Böden wie Graue Waldböden oder die brown podsolic soils in USA, dem hochkontinentalen mit den sols lessivés wie lessivierten Tschernosemen neben echten Tschernosemen, das winterkaltsommerwarme Nordchina und mittlere Mississippibecken mit Braunerden und braunen mediterranen Böden bzw. Präriebböden und grey podsolic soils, das winterkalt-ständig feuchte Klima Koreas, Nordjapans, Neuenglands und des nördlichen Appalachenraumes mit Gebirgsbraunerden und Braunerden (GANSSEN 1974).

Besonders weite Verbreitung zeigen in den niederschlagsreicheren Teilen Mitteleuropas sowie den entsprechenden Gebieten in USA, Ostasien und Neuseeland, die *Braunen Waldböden* (Braunerden). Sie sind gebunden an die feuchtere Variante des Köppenschen Cf-Klimas, an Laub- und Mischwaldgesellschaften, silikatische Gesteine mit bestenfalls geringem $CaCO_3$-Gehalt, fehlendem Einfluß des Grundwassers und etwas hängigem Gelände. Das $CaCO_3$ ist weitgehend ausgelaugt, aber es findet keine Tonmineral- und Sesquioxidwanderung statt. In gewissem Umfang kommt es zu Humusbildung und damit zu schwach bis mäßig saurer Reaktion. Tonmineralbildung führt besonders im Unterboden zu Verlehmung (GANSSEN 1961, 1964). Um die Unterschiede der Verwitterung und Bodenbildung unter verschiedenartigen Klimabedingungen zu verdeutlichen, seien die Bildung von Braunerde in Großbritannien bei Cf-Klima nach KÖPPEN und von Roterde in Südwestindien im Aw-Klima der wechselfeuchten Tropen aus gleichartigem Doleritgestein einander gegenübergestellt (Tab. 6, verändert nach GANSSEN/GRAČANIN 1972, S. 29).

GANSSEN hat darauf hingewiesen, daß intrazonale Böden an den Bereich eines oder zwei zonaler Bodentypen gebunden sind und als deren spezifische petrographische oder hydrographische Varianten gelten kön-

Tab. 6: Zusammensetzung des Verwitterungsmaterials im Cf- und Aw-Klima

Bestandteile des Ausgangsgesteins	Braunerde frisch in %	verwittert in %	Roterde frisch in %	verwittert in %
SiO_2	49,3	*47,0*	50,4	–
Al_2O_3	17,4	18,5	22,2	*50,5*
Fe_2O_3/FeO	11,0	14,6	13,5	23,4
H_2O	2,9	7,2	0,9	25,0
andere	19,4	12,7	13,0	1,1

nen. Zu den wichtigsten zonalen Varianten der Braunerde gehören die auf Kalk statt auf silikatischem Gestein ausgebildeten *Rendzinen*, die auf gleichmäßig gekörntem und im unverwitterten Zustand oft etwas $CaCO_3$-haltigem Gestein wie Löß, Mergel, Moränenmaterial, kalkhaltigem Dünensand ausgebildeten *Sols lessivés*, die in Talauen bei fließendem Grundwasser und variierendem Wasserstand ausgebildeten *Aueböden*, die bei stehendem Grundwasser ausgebildeten *Gleye*, auch Moorgleye oder Torfböden, oder bei eingeschalteter längerer Trockenphase *Pseudogleye*, die bei ackerbaulicher Nutzung veränderten *steppenartigen Braunerden* und die bei mangelnder Entwicklung wegen zu großer Hängigkeit des Geländes oder noch jugendlichen Alters ausgebildeten *Ranker* (GANSSEN 1961).

Für die *Sols lessivés* ist im Gegensatz zur Braunerdebildung die Abwärtswanderung von unzerstörten, teils noch erdalkalihaltigen Tonmineralien und ihre Anreicherung im Unterboden charakteristisch. Man unterscheidet hier noch zwischen den schwächer lessivierten Parabraunerden und den stärker lessivierten Fahlerden. Sie kommen als Klimaxböden in den nördlichen Teilen West- und Mitteleuropas vor allem auf karbonathaltigem Lockergestein in tieferen Lagen unter Laub- und Mischwald vor. Im Gegensatz zum noch zu besprechenden Podsol handelt es sich hier aber nicht um völlige Ausspülung, sondern nur um eine Verlagerung der Tonmineralien in den Unterboden (GANSSEN 1964, MÜCKENHAUSEN 1973, SEMMEL 1977, ZIENERT 1979).

Die *Grauen Waldböden* im Bereich nördlich der Tschernoseme und degradierten Tschernoseme in der Sowjetunion entstehen unter Laubwald und sind durch meist starke Lessivierung gekennzeichnet. Weitgehende Übereinstimmung mit ihnen zeigen die *Prärieböden* in den Vereinigten Staaten. „*Auch hier kann man Versauerung und Zerfall des Krümelgefüges der Oberkrume, Freiwerden von Fe-Oxidhydraten, Tonmineralwanderung und -neubildung, Verdichtung im B-Horizont beobachten*" (GANSSEN/ GRAČANIN 1972, S. 54). Es gibt bereits Übergänge zu echten Podsolen.

Nur in den Randbereichen des kühlgemäßigten Waldklimas finden sich *Podsole* (Aschenböden, Bleicherden), die eher dem borealen Nadelwald adäquat sind. Durch die unter der noch wenig zersetzten Rohhumusauflage ausgespülten mineralischen und organischen Stoffe, neben den Silikaten vor allem der Sesquioxide Al_2O_3 und Fe_2O_3 und der Huminstoffe entsteht dort ein Auslaugungshorizont, der diesen aschefarbenen Böden in Rußland ihren Namen verschafft hat. Die Reaktion ist stark sauer. Tonminerale sind zerstört oder werden nicht gebildet. In einem unteren Horizont kommt es meist wieder zur Anreicherung der ausgefällten Huminstoffe und Sesquioxide, die zu dem sog. Ortstein verhärten können (GANSSEN 1964, ZIENERT 1979).

Die genannten Bodentypen mit Ausnahme des Tschernosem, denen wenn auch im einzelnen verschiedenartige Auswaschungsprozesse gemeinsam sind, zeigen sowohl von ihren Strukturmerkmalen als auch von ihrem Nährstoffgehalt her Mängel im Vergleich zu den Qualitäten des Tschernosem. Diese Mängel zu beseitigen, die Bodenstruktur und den Luft-, Wasser- und Nährstoffhaushalt des Bodens zu verbessern, ist das eigentliche Ziel der Bodenkulturmaßnahmen.

2.3.2 Bearbeitbarkeit und Fruchtbarkeit

Der Gang der Landnahme in Mitteleuropa zeigt, von Ausnahmen zunächst abgesehen, ein selektives Vorgehen, das von einer nicht wissenschaftlich untermauerten, wohl aber aus Erfahrungen hergeleiteten Auswahl der ertragreicheren Böden zeugt. So zieht sich bis zur Gegenwart hin durch das ganze südwestdeutsche Schichtstufenland ein Kranz von *Gäulandschaften* vom thüringischen Grabfeld im Norden über das Fränkische Gäuland (Mainfranken), das Bauland, den Kraichgau (=Lehmgau), die Hohenloher Ebene, das Strohgäu, das Herrenberger Gäu und Korngäu bis hin zur württembergischen Baar im Süden. Der Begriff „Gäu", abgeleitet über ge-aue von gewi oder gawi hat, hat ja die Bedeutung von „Gegend" im Sinne von Siedlungsland. So sind denn auch diese fruchtbaren Altsiedelgebiete weitgehend kongruent mit der Verbreitung des Muschelkalks auf der Ostseite des Buntsandstein-Odenwalds und des Buntsandstein-Schwarzwalds, während die Keuperhöhen, die ihrerseits auf der Ostseite der Gäuzone liegen, großenteils bewaldet geblieben sind.

Dem Gegensatz Gäuland-bewaldete Keuperhöhen stehen in Norddeutschland die Gegensatzpaare Börde-Sandflächen und Marsch-Geest gegenüber. Die *Börden* zeichnen sich wie auch in Süddeutschland Teile des Oberrheingrabens durch Lößbedeckung aus, also aus Moränen bzw. Flußablagerungen äolisch verfrachtetem Quarzstaub. Wegen seiner locke-

Veränderung der Bodendynamik

ren Struktur und guten Drainage vereinigen sich beim Löß leichte Bearbeitbarkeit und große Bodengüte. So deckte sich die bandkeramische Besiedlung in Mitteleuropa weitgehend mit der Verbreitung von Löß (ABEL 1967). Auch hier sagen die Begriffe, die sich über lange Zeit eingebürgert haben, Wesentliches über die Fruchtbarkeit der betreffenden Böden aus. Der Begriff „Börde" leitet sich von boren oder bören her, was so viel wie „tragen" bedeutet, ein Wort, das ursprünglich für ein zins- oder steuerpflichtiges Stück Land verwendet, dann aber allgemeiner für ein ertragreiches Ackerland gebraucht wurde. Andererseits leitet sich der Begriff „Geest" von güst oder gust her, was soviel wie unfruchtbar bedeutet, ein Wort, das vornehmlich auf die Sande und Geschiebelehme des saaleeiszeitlich gestalteten Altmoränengebietes angewendet wurde.

Allerdings gibt es, wie oben angedeutet, Ausnahmen zu diesen Regelhaftigkeiten. Wir wissen heute, daß Teile des Maintals und Teile der Albhochflächen genau so lange und dicht besiedelt gewesen sind wie die Gäulandschaften (JACOB 1957, JÄGER 1963).

Zunächst bedeutete die Inkulturnahme häufig eine nachteilige Veränderung der natürlichen Bodendynamik, eine Verarmung und damit Ertragsminderung für die Forst- oder Landwirtschaft. GANSSEN hat auf die Bodenveränderungen im Gefolge *einseitigen Anbaus gleichaltriger, reiner Nadelholzbestände* bei gleichzeitiger Einwanderung von Zwergsträuchern wie *Calluna-, Erica-* und *Vaccinium*arten hingewiesen. *„Es können hierbei auf kationen- und sorptionsträgerarmen Böden leicht sekundäre wirtschaftsbedingte Podsole oder Heideböden mit starken, biologisch ungünstigen Rohhumusdecken und ausgelaugten Oberböden (E-Horizonte ...) entstehen, während sich im Unterboden harte B-Horizonte (Ortstein u. ä.) bilden"* (GANSSEN/GRAČANIN 1972, S. 103). Verarmte Böden sind also häufig anthropogen.

Die Fruchtbarkeit und durch angemessene Bearbeitung zu erzielende Ertragsfähigkeit eines Bodens hängen aber weder allein von den genannten Bodentypen, noch von den Bodenarten oder der natürlichen Vegetationsbedeckung ab. Zwar gelten Lehmböden als wertvoller denn Sandböden, Braunerden als wertvoller gegenüber Podsolen. Jedoch kann eine Braunerde aus Sand höherwertig sein als ein podsolierter Boden aus sandigem Lehm. Dem wurde mit den Zustandsstufen im deutschen Ackerschätzungsrahmen Rechnung getragen, auf den noch einzugehen sein wird (KLAPP 1958).

Die Bearbeitung dient der Herbeiführung eines möglichst günstigen Luft-, Wasser- und Nährstoffhaushalts des Bodens, trifft aber sowohl bei sandigen wie lehmigen Böden auf Schwierigkeiten. Sie bedeutet ja zunächst eine Lockerung der Bodenkrume, was zu beschleunigter Humuszersetzung führt. Das ist kritisch bei den relativ armen, leichten Sandböden, bei deren Bearbeitung alles vermieden werden muß, was Stoffumsetzungen und -verluste fördern könnte.

Die Lehmböden dagegen weisen zwei sehr wichtige Eigenschaften auf. Im kühlen Klima der gemäßigten Breiten bilden sich bei schwächerer Hydrolyse im Gegensatz zu den Zweischichten-Tonmineralen der Kaolinitgruppe vorzugsweise die *Dreischichten-Tonminerale* der Illit- und Chloritgruppen mit im Vergleich zu den Kaoliniten sehr viel stärkerer Quellfähigkeit und zugleich etwa dreifacher Kationenaustauschkapazität für Nährstoffkationen. Damit sind ein großer Nachteil und ein großer Vorteil verbunden.

Schwierigkeiten hat der Landwirt wegen der geringen Wasserbeweglichkeit in der Herbeiführung der *Bodengare*, d. h. der optimalen Krümelstruktur. Die Lehmböden sind empfindlich gegen Gefügestörungen, verschmieren schnell bei Nässe und verhärten ebenso schnell beim Austrocknen. Sie können bis zur Undurchlässigkeit quellen und leiden an geringer biologischer Aktivität. Zur Erhaltung ihrer Produktivkraft sind Dränieren, die Verwendung von Kalk, Phosphaten und Humus und der Anbau von Kleegrasgemenge zum Schutz der Krume wichtig. Wegen der mit wechselndem Bodenwassergehalt rasch sich verändernden Bearbeitbarkeit setzen sie dem Landwirt eine enge Bearbeitungsspanne (KLAPP 1958).

Dagegen muß es im Hinblick auf die Kationenaustauschkapazität als große Gunst des kühlgemäßigten Klimas angesehen werden, daß dem Boden zugeführte Nährstoffe für die Dauer wenigstens einer Wachstumsperiode gebunden und nach und nach den Pflanzen während ihres Wachstums abgegeben werden (WEISCHET 1981). Nicht zuletzt auf dieser Möglichkeit des Einsatzes immer höherer Düngergaben beruht die *nachhaltige Ertragsfähigkeit der agrarwirtschaftlich genutzten Böden der kühlgemäßigten Zone*. Die Tab. 7 zeigt den steigenden Mineraldüngerverbrauch in Deutschland in seiner Entwicklung über die vergangenen neun Jahrzehnte.

MÜCKENHAUSEN weist auf die *Möglichkeiten der weiteren Ertragssteigerung* in der Bundesrepublik Deutschland hin in Anbetracht der Tatsa-

Tab. 7: Mineraldüngerverbrauch in kg/ha LN im Deutschen Reich bzw. Bundesrepublik Deutschland, ohne Berlin (West) (nach MÜCKENHAUSEN *1973 und Statist. Jb. 1980)*

Dünger	1890/93	1925/27	1950/51	1962/63	1978/79	Japan 1977/78
Stickstoff (N)	1,6	12,3	25,6	54,1	102,8	125,0
Kali (K_2O)	1,2	22,7	46,7	77,5	89,4	126,8
Phosphate (P_2O_5)	5,6	14,2	29,6	50,7	68,9	135,5

che, daß in anderen Industrieländern der kühlgemäßigten Zone wie den Niederlanden und Japan bereits jetzt erheblich höhere Düngergaben pro Flächeneinheit eingesetzt werden. Andererseits hat WEISCHET davor gewarnt, in zu hohem Maße auf Kosten begrenzter Ressourcen zu produzieren. Während Stickstoff als unbegrenzt verfügbar gelten kann und Kalilagerstätten noch in sehr großem Umfang vorhanden sind, muß die Versorgung der Landwirtschaft mit Phosphaten als kritisch angesehen werden. Dasselbe gilt auch für den sehr hohen Maschineneinsatz und Treibstoffverbrauch, während der Einsatz menschlicher Arbeitskraft immer weiter zurückgegangen ist. Nach einer US-amerikanischen Untersuchung über den gesamten Energie-Input in die Maisproduktion ergibt sich, daß das Verhältnis dieses Inputs zum Energieäquivalent des gewonnenen Produkts 1945 noch 1:3,7 betrug, 1970 nur noch 1:2,82; d. h. bei starker Volumenvergrößerung wird das *Ergebnis je Flächeneinheit allmählich ungünstiger* (WEISCHET 1981). Das zeigt die Tab. 8.

Tab. 8: Energie-Input (in kcal/acre) bei der US-amerikanischen Maisproduktion (nach PIMENTEL u. a. in: Science 182, 1973, S. 447), aus WEISCHET 1981, S. 10)

Art des Input	1945	1954	1964	1970
Arbeitskraft	12 500	9 300	6 000	4 900
Maschinen	180 000	300 000	420 000	420 000
Treibstoff	543 400	688 300	760 700	797 000
Stickstoff-Dünger	58 800	226 800	487 200	940 800
Phosphat-Dünger	10 600	18 200	27 400	47 100
Kali-Dünger	5 200	50 400	68 000	68 000
Saatgut	34 000	18 900	30 400	63 000
Bewässerung	19 000	27 000	34 000	34 000
Pestizide	0	3 300	11 000	11 000
Herbizide	0	1 100	4 200	11 000
Trocknung	10 000	60 000	120 000	120 000
Elektrizität	32 000	100 000	203 000	310 000
Transport	20 000	45 000	70 000	70 000
Gesamt-Input	925 500	1 548 300	2 241 900	2 896 800
Energie-Output	3 427 200	4 132 800	6 854 400	8 164 800
Input: Output	3,7	2,67	3,06	2,82

Auch erlauben die unterschiedlichen physiologischen Eigenschaften der Kulturpflanzen eine gewisse Auswahl entsprechend den Bodeneigenschaften. So sind z. B. die Reaktionsbereiche der Kulturpflanzen recht verschiedenartig, wie die folgende Aufzählung (nach KLAPP 1958, S. 76) zeigt (in Klammern die jeweiligen pH-Werte).

alkalisch (7,4) bis neutral (6,5–7,4)	Luzerne
neutral, z. T. noch alkalisch bis schwach sauer (5,3–6,4)	Erbse, Gerste, Raps, Rotklee, Zuckerrübe
neutral, z. T. noch alkalisch bis stark sauer (4,1–4,5)	Weizen
schwach sauer, z. T. noch alkalisch bis sehr stark sauer (4,1)	Hafer, Kartoffeln, Roggen
sauer (4,6–5,2), z. T. schwach oder stark sauer	Lupine

Für die Bodenfruchtbarkeit wichtig ist auch das über die Wurzelaktivität gesteuerte Aneignungs- oder Aufschließungsvermögen der einzelnen Kulturpflanzen, auf das der Landwirt durch Bodenbearbeitungsmaßnahmen und Artenwahl einwirken kann. Dieses Aufschließungsvermögen ist nach MENGEL (1968, S. 214)

sehr groß bei Buchweizen, Erbse, Lupine, Luzerne
groß bei Kartoffel, Rotklee, Zuckerrübe
ziemlich groß bei Mais, Roggen
gering bei Hafer, Weizen
sehr gering bei Gerste

Eine Einschätzung der Ertragsfähigkeit der Böden aus fiskalischen Gründen wurde mit sog. *Bonitierungen* vorgenommen. Eine Verfeinerung erfuhren sie im Deutschen Reich durch das „Gesetz über die Schätzung des Kulturbodens" 1934. Zur Erstellung des damit vorgeschriebenen Schätzungsrahmens wurden die Böden im Reichsgebiet nach Bodenart, Entstehung und Zustandsstufe beurteilt. Die Einteilung nach der Bodenart schuf die Kategorien Sand (S), lehmiger Sand (lS), stark lehmiger Sand (SL), sandiger Lehm (sL), Lehm (L), schwerer Lehm (Lt), Ton (T) und Moor (Mo). Die Einteilung nach der Entstehung brachte die weiteren Kategorien Diluvium (D), Alluvialböden (Al), Lößböden (Lö), Verwitterungsböden (V) und Gesteins- oder Trümmerböden (Vg). Sodann wurden sieben Zustandsstufen unterschieden, in denen vor allem die Wirkungen von Klima und Vegetation auf den Boden und seine Leistungsfähigkeit zum Ausdruck kamen und die PRESS (1959, S. 19) in folgender Übersicht zusammengestellt hat (Tab. 9):

Tab. 9: Wirkungen von Klima und Vegetation auf den Boden: Zustandsstufen

Fortschreitende Reife		Vollreife	Fortschreitende Verschlechterung	
7 6	5 4 3	2 1 2	3 4 5	6 7
rohes Gestein mit dünner Verwitterungsschicht	zunehmende Bodenbildung und Durchwurzelung	reicher, humoser, tiefgründiger, z. T. kalkhaltiger Boden	zunehmende Entkalkung, Bleichung, Versauerung, Verdichtung, abnehmende Durchwurzelungstiefe	Ortstein- und Raseneisensteinböden

Die eigentliche Schätzung der Ertragsfähigkeit wird in Verhältniszahlen von 1 bis 100 ausgedrückt. (100 erhielt 1934 ein Betrieb in der Magdeburger, heute in der Hildesheimer Börde.) Bei dieser Bodenzahl werden dann noch entsprechend den klimatischen und Reliefverhältnissen Ab- oder Zuschläge vorgenommen, die schließlich die sogenannte *Ackerzahl* ergeben. Beispiele für extrem gute und extrem schlechte Böden in Deutschland wären z. B. nach SIEVERS (1950, S. 231):

L 1 Lö = Lehmboden der 1. Zustandsstufe im Löß
  Bodenzahl 100, Ackerzahl 104
  Vorkommen: Magdeburger Börde
T 5 V 40/20 = Ton-Verwitterungsboden der 5. Zustandsstufe
  Bodenzahl 40, Ackerzahl 20
  Vorkommen: Oberfranken

Die Einschätzung der Bodengüte hängt aber nicht nur von der Methode allein ab, sondern auch von der jeweiligen Inwertsetzung des Grund und Bodens. So fand F. WALTER (1955) am Beispiel des Kirchspiels Telgte heraus, daß Lehmböden des Ackerlandes mittel bis hoch eingestuft worden sind, die bei einer Schätzung 1929 ganz niedrig rangierten einfach deswegen, weil dieses Land damals noch Weideland und großenteils der nur zu Weidegang und Holznutzung herangezogenen Allmende zugehörte.

Eine Ertragsminderung haben viele Böden durch die im Laufe vielhundertjähriger anthropogener Eingriffe aufgetretene *Bodenerosion* erlitten. Nach RICHTER gehen nachteilige Einflüsse bereits vom neolithischen Akkerbau aus, in sehr viel größerem Umfang dann aber nach den großen Waldrodungen und Landnahmeperioden durch die weit verbreitete Brandrodungs-Niederwaldwirtschaft, die dem Wind preisgegebene Akkerkrume der Brachzelgen, die mangelnde Pflege und Überweidung von

Außenfeldern usw. RICHTER hat eine Reihe von Faktoren genannt, die in der Neuzeit einerseits zur Verminderung, andererseits aber auch zur Verstärkung der Bodenerosion geführt haben (1965, S. 17/18):

Erosionsmindernde Neuerungen
Aufnahme von Rotklee (*Trifolium pratense*) in die Rotation,
Aufgabe der Brache,
Aufgabe der Zelgenwirtschaft mit der Separation,
Rückgang der Schafhaltung und Überweidung mit starkem Viehverbiß,
Verstärkte Stallfütterung durch Futterbau bei Abnahme der Beweidung von Außenfeldern, Hutungen, Brachen,
Erhöhter Anfall von Stalldung und Ausdehnung der ständig benutzten und gedüngten Fläche.

Erosionsfördernde Neuerungen
Anbau von Kartoffeln und anderen Hackfrüchten,
Zuckerrübenbau auf hochwertigen, aber anfälligen Böden,
Tiefe Bodenlockerung bei gleichzeitiger Bodenverdichtung an der Pflugsohle,
Einheitliche Bestellung großer Flächen infolge Anwachsens der Betriebsparzellen, teils hervorgebracht durch Flurbereinigungsverfahren.

Während die erosionsmindernden Neuerungen in ihrem Zusammenwirken in Deutschland vorübergehend zu einem Rückgang der Bodenerosion geführt hatten, tragen zur Gegenwart hin die erosionsfördernden erneut zu verstärktem Ansteigen der Bodenabtragung bei (vgl. Kap. 3.1.5).

2.4 Die natürliche Vegetation

2.4.1 Waldwüchsigkeit und die Produktivität des Waldes

Das kühlgemäßigte humide Klima gehört zu jenen etwa 50 % der Festlandfläche der Erde abdeckenden Klimatypen, die *potentielle Waldstandorte* sind. Wie in Kap. 2.1 dargelegt, sind die Niederschläge mengenmäßig ausreichend, an der Pazifikküste Nordamerikas und Südchiles und in Neuseeland sogar sehr hoch. Darüber hinaus sind sie relativ gleichmäßig übers Jahr verteilt, vor allem während der Vegetationsperiode, was entscheidend ist. Im Grenzbereich zur Steppe hin, wo die sommerliche Trockenheit limitierend wird, zehrt der Wald das verfügbare Wasser auf, während zum ozeanischen Subklima zu und in Höhenlagen ein wachsender Überschuß verbleibt.

laubwerfende Bäume

Innerhalb des von den Feuchtigkeitsverhältnissen gesteckten Rahmens steuern die Temperaturen, die Länge der Vegetationszeit und ihrer winterlichen Unterbrechung, die Temperaturamplituden und das Auftreten von Früh- und Spätfrösten die Art der Belaubung und Wettbewerbsfähigkeit der einzelnen Baumarten. Die Arten der Belaubung können als Anpassungsformen an die jeweilige Eigenart der genannten Faktoren aufgefaßt werden. Die im kühlgemäßigten Klima vorherrschenden sommergrünen Fallaubwälder und Laub-Nadel-Mischwälder nehmen dabei eine Zwischenstellung zwischen dem von Zentraleuropa aus gesehen nach Norden und Nordosten anschließenden borealen Nadelwald einerseits und dem nach Süden, Südwesten und Südosten anschließenden immergrünen Laubwald andererseits ein.

Die *laubwerfenden Bäume* sind die Anpassungsform an ein Klima mit einer Vegetationszeit von 4–6 Monaten, mindestens also 120 Tagen, bei ausreichender Feuchtigkeit sowie mit einer winterlichen Wachstumsunterbrechung von 3–4 Monaten bei nicht zu niedrigen Temperaturen. Die Vegetationsperiode muß lang genug sein, um erneute Belaubung und durch diese ein weiteres Wachstum und die Rücklage von Stoffreserven für das nächste Austreiben und Fruchten zu bewerkstelligen. Die *borealen Nadelbäume* ihrerseits sind eine Anpassung an eine kürzere Vegetationszeit mit häufigeren Spätfrösten, die Jungwuchs und Blüten der Laubbäume beschädigen und deren Wachstum schließlich unterbinden. Die *immergrünen Laubhölzer* wiederum sind einem sehr wintermilden und eher durch eine sommerliche Trockenperiode unterbrochenen Wachstum angepaßt (Abb. 8).

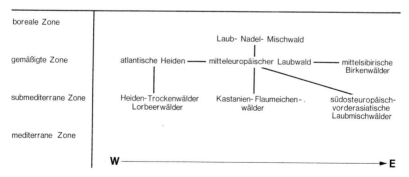

Abb. 8: Schema der räumlichen Anordnung der eurasischen Laub- und Mischwälder (nach FUKAREK *u. a. 1980, S. 180).*

Natürlich gibt es zwischen diesen Vegetationsformationen Übergänge entsprechend den klimatischen Übergängen von Norden nach Süden und von Westen nach Osten. So kennt das ozeanische Subklima bei Mitteltemperaturen des kältesten Monats um +2°C keine völlige Winterruhe, so daß sich hier auch Formenelemente aus den immergrünen Wäldern wiederfinden. Die Stechpalme *(Ilex aquifolium)* kommt im ozeanischen, der Efeu *(Hedera helix)* sogar noch im subozeanischen Klima der kühlgemäßigten Zone vor; beide meiden aber die kontinentalen Subklimate. In West- und Zentraleuropa westlich der Elbe ist außer auf sehr trockenen, sehr feuchten und sehr armen Böden der dominierende Baum die Rotbuche *(Fagus sylvatica),* in Ostmitteleuropa die Hainbuche *(Carpinus betulus),* in Osteuropa die Eiche *(Quercus robur, Qu. petraea).* Man spricht daher auch von einem „Buchenklima" und einem „Eichenklima".

Die physiologische Anpassung der Bäume an das kühlgemäßigte Jahreszeitenklima besteht in dem Wechsel zwischen einer sommerlichen Aktivitäts- und einer winterlichen Ruheperiode zusammen mit einer wahrscheinlich von jahreszeitlichem Temperaturgang als auch vom Beleuchtungsgang der wechselnden Tageslängen gesteuerten Abhärtung und Enthärtung, d. h. im Herbst zunehmenden und im Frühjahr abnehmenden Kälteresistenz mit entsprechender Veränderung des Protoplasmas (BUNNIG 1955). Diese Anpassung geht freilich nicht so weit, um auch bei besonders ungünstiger Witterung jeglichen Kälteschaden durch Erfrieren oder Frosttrocknis auszuschließen.

Auch ist diese Anpassung relativ in Beziehung zu *Klimaänderungen* zu sehen. So hat sich z. B. die Vegetation im westlichen Mitteleuropa seit der Jüngeren Tundrenzeit (etwa 13 000–12 000 v. h.) von einer Parktundra mit Birke über einen Birken-Kiefernwald im Präboreal, einen Kiefer-Birkenwald mit Hasel im Boreal, einen Eichen-Mischwald im Atlantikum, einen Eichen-Buchen-Mischwald im Subboreal und einen buchenreichen Mischwald im Subatlantikum verändert (SEMMEL 1977, S. 74). Die *Artenarmut* der mitteleuropäischen im Vergleich zu den nordamerikanischen Wäldern wird als noch nicht vollständig erfolgte Rückwanderung von durch die Vereisung über die Alpen verdrängten Arten gedeutet. Ebenso wird die allmähliche *Verdrängung der Koniferen durch vordringende Nothofagusarten* in Südchile und auf der Südinsel Neuseeland als nach der Eiszeit noch nicht wieder erreichter Gleichgewichtszustand zwischen gegenwärtigem Klima und der natürlichen Vegetation gedeutet (SCHMITHÜSEN 1956, SCHWEINFURTH 1966, WALTER 1972).

Entgegen der früher weitgehend akzeptierten Klimaxtheorie, derzufolge eine Sukzession von Pflanzengesellschaften der optimalen Anpassung an den Standort zustrebte, wird seit einiger Zeit mehr die These vertreten, daß ständige Veränderungen der Pflanzengesellschaften im *Kampf um einen Gleichgewichtszustand* stattfinden, in den jedoch immer wieder sowohl physisch-geographische Faktoren wie z. B. Naturkatastrophen als auch der Mensch eingreifen. So hat R. T. SMITH darauf hingewiesen, daß die Wandlungen in der Zusammensetzung der Wälder während der ganzen Periode nach der Weichsel-Eiszeit nicht allein eine Folge von Klimaveränderungen sein müssen, da es sich um Temperaturschwankungen von nur etwa ±2°C handelt, also eine so geringe Spanne, wie sie durchaus für saisonale Schwankungen innerhalb der Gegenwart üblich sind. Der Pionierbaum Birke ist z. B. gekennzeichnet durch sehr effektive Samenverbreitung und Toleranz gegenüber dem Boden. Seiner Verbreitung war die anfängliche Abwesenheit anderer Bäume, also ernsthafter Konkurrenz um Licht, Wasser und Nährstoffe, förderlich. Die später auftretende Kiefer zeigte sich konkurrenzfähiger auf relativ sterilen Böden. Langfristig dagegen ist sie einigen Laubholzarten von ihrer physiologischen Kraft her unterlegen. So konnten, wenn auch über eine relativ lange Zeitspanne hinweg, Eichen die Oberhand gewinnen, die Stieleiche *(Quercus robur)* sogar auch auf vergleyten Böden, die Traubeneiche *(Quercus petraea)* selbst auf Skelettböden (SMITH 1972).

Im Konkurrenzkampf um den Standort erfolgt eine gewisse räumliche Sortierung je nach den physiologischen Ansprüchen der einzelnen Baumart. Im mitteleuropäischen Raum z. B. kämpfen miteinander die gegenüber dem Boden wie auch gegenüber dem Klima etwas anspruchsvollere, weil relativ stenotherme Buche mit der weniger anspruchsvollen Fichte, die ihrerseits zugleich schneebruchresistenter, da schmal, aber weniger windwiderständig, da flachwurzelnd, ist, und der Kiefer, die eine große Toleranz gegenüber Feuchtigkeit besitzt und windwiderständiger, da tiefer wurzelnd, ist. Die Linien der nördlichen Begrenzung etlicher mitteleuropäischer Baumarten scharen sich im westlichen Mittelschweden an dem markanten, als *Limes norrlandicus* bezeichneten Übergang zwischen Tiefland und Hügelland, während sie zur flacheren Ostseite und mehr noch in Finnland und der Sowjetunion weiter auseinanderfallen.

Es muß schon an dieser Stelle darauf hingewiesen werden, daß der Mensch kaum in einer anderen Erdgegend so stark wie im kühlgemäßigten Waldland Eingriffe in die natürliche Vegetation vorgenommen hat, so daß es kaum immer möglich ist, überhaupt noch den Zustand der sog. Urlandschaft zu rekonstruieren. Nach MANTEL muß man sich Mitteleuropa ursprünglich zu etwa 75% bewaldet vorstellen; aber bereits um 1400 n. Chr. war der Waldanteil an der Gesamtfläche auf 30% zurückgegangen, eine Größenordnung, die nach vorübergehendem niedrigerem Bewaldungsgrad heute wieder erreicht ist (MANTEL 1965). So ist hier die Diskrepanz zwischen potentieller und tatsächlicher Waldfläche besonders hervorstechend.

Neben der Waldwüchsigkeit interessiert nun auch die Produktivität der Wälder der kühlgemäßigten Zone. Zur Berechnung der Produktivität der Pflanzendecke wurden verschiedene Verfahren ersonnen. PATERSON stellte 1956 unter Verwendung der Mitteltemperatur des wärmsten Monats, der Amplitude der Monatsmittel, des Jahresniederschlags, der Vegetationsdauer in Monaten und der Evapotranspiration einen klimabedingten *Vegetationsformen-Produktivitätsindex,* kurz CVP-Index genannt, auf und korrelierte diesen mit dem jährlichen Holzzuwachs in m^3/ha. LIETH ging 1964/65 von der jährlichen organischen *Kohlenstoffbindung* in gC/m^2 aus. WALTER übernahm Berechnungen von BAZILEVIČ/RODIN zur Produktion an *Phytomasse* in dz/ha, und WINDHORST errechnete das *Ertragspotential an Holz* in t/ha/a (PATERSON 1956, LIETH 1964/65, WALTER 1971, WINDHORST 1974).

Es ist hier nicht der Ort, diese Verfahren miteinander zu vergleichen und zu beurteilen, sondern es geht hier nur darum, auf deren Hintergrund zu einer Vorstellung darüber zu gelangen,
- welchen Produktivitätsgrad die Wälder der gemäßigten Zone im Vergleich zu anderen Vegetationsformationen der Erde besitzen,
- welcher Anteil ihnen dementsprechend am gesamten Ertragspotential der Wälder der Erde zukommt, und
- wieweit durch anthropogene Eingriffe bedingte Diskrepanzen zwischen potentieller und tatsächlicher Holzproduktion vorliegen.

Zum leichteren Verständnis für die Beantwortung dieser Fragen sei ein kurzer Überblick über die bei den einzelnen Verfahren ausgewiesenen Kategorien und ihre gegenseitigen Entsprechungen versucht.

Tab. 10: Die Kategorien verschiedener Meßverfahren der Produktivität des Waldes (nach PATERSON 1956, LIETH 1964/65, WALTER 1971, WINDHORST 1974)

Kategorie	CVP-Index	gC/m^2	Phytomasse in dz/ha	Holzzuwachs in m^3/ha	Ertragspotential in t/ha
1	0– 25	0– 100	<25	0	–
2	25– 100	100– 200	500–1500	<3	<0,75
3	100– 300	200– 400	4000–5000	3– 6	0,76–3,50
4	300–1000	400– 600		6– 9	3,60–5,00
5	1000–5000	600– 800		9–12	5,10–6,50
6	>5000	800–1000		>12	>6,50

Ein großer Teil der nordhemisphärischen temperierten Wälder gehört in die Kategorie 3 mit *mittleren Produktivitätswerten.* Deutlich über diesem Durchschnitt liegen die Wälder der nordamerikanischen Pazifikregion und die südhemisphärischen Koniferen- und *Nothofagus*wälder mit Ausnahme der australischen Teilregion Victoria und Tasmanien; sie fallen in die Kategorie 5, z. T. sogar in die Kategorie 6 und gehören damit zu den *produktivsten Wäldern der Erde* überhaupt. Aber selbst die in Kategorie 3 eingestuften Wälder haben die drei- bis vierfache Produktivität des borealen Nadelwaldes, der damit trotz seiner sehr viel größeren Ausdehnung erheblich geringeren Anteil am Ertragspotential der Wälder der Erde hat. Die relative Stellung der Wälder der kühlgemäßigten Breiten sei mit Tab. 11 verdeutlicht.

Tab. 11: Vergleich der Produktivität der Wälder der Erde (nach: WINDHORST *1974)*

Ausgewählte Formationsklassen	geschätzte Fläche Mill. ha	%	geschätztes Ertragspotential t/ha/a	insges. Mill. t	%
Äquator. Regenwald, untere Stufe	440,0	17,6	3,4	1496,0	32,0
Äquator. Regenwald, Bergstufe	48,0	1,9	2,5	120,0	2,6
Äquator. Regenwald insgesamt	488,0	19,5		1616,0	34,6
Sommergrüne W. und Gebirgsnadelwälder	393,0	15,7	3,0	1179,0	25,2
Temperierte Regenwälder	6,2	0,3	8,3	51,5	1,1
Kühlgemäß. Wälder insgesamt	399,2	16,0		1130,5	26,3
Boreale Nadelwälder	621,1	24,9	0,75	465,8	10,0

Durch *anthropogene Eingriffe* haben gerade die Wälder der kühlgemäßigten Zone stark an Leistungskraft eingebüßt. Im extremen Falle der sog. Cutover Region um die Großen Seen in Nordamerika fielen weite Flächen verhältnismäßig ertragreicher Kiefern- und Kiefern-Mischwälder der Axt der Holzfäller zum Opfer. Die riesigen Kahlschläge blieben sich selbst überlassen und tragen heute noch großenteils ärmliche *Sekundärwälder* von minderen Bestandsklassen (Setzlinge, schlecht bestockter Waldboden im Gegensatz zu den höheren Klassen Bauholz und Rundholz) solcher Pionierlaubhölzer wie der Espe. Wie aus der Tab. 12 hervorgeht, ist gerade hier das Verhältnis von tatsächlichem Zuwachs zur idealen Standortklasse, d. h. dem bei nachhaltiger Forstwirtschaft und günstigster Umtriebszeit erreichbaren Zuwachs, besonders ungünstig.

Tab. 12: Tatsächlicher und potentieller Zuwachs in temperierten Wäldern der USA (nach: HOFMEISTER *1960)*

Waldregion	tats. Zuwachs in m³/ha	potent. Zuwachs in m³/ha
Neuenglandstaaten	2,0	4,2
Große-Seen-Gebiet	1,1	4,4
Pazifischer Nordwesten	1,9	5,3

Das genannte Beispiel zeigt, daß bei pfleglicher Behandlung unserer Ressourcen, die in früheren Zeiten zum Teil einem unverantwortlichen Raubbau zum Opfer fielen, eine erhebliche Ertragssteigerung der Forstwirtschaft möglich ist. Andererseits war es gerade diese Waldformation in ihrem europäischen Teil, die am frühesten unter eine *nachhaltige Forstwirtschaft* genommen wurde, so daß Raubbau und Waldzerstörung weitgehend aufgehört haben (WINDHORST 1974), abgesehen von der neuerlichen Gefahr des Bäumesterbens durch Umweltverschmutzungen (vgl. Kap. 3.1.5).

Für die Wälder der kühlgemäßigten Breiten gilt in abgeschwächter Weise wie für den tropischen Regenwald, daß ihre Produktivität keinen direkten Schluß auf die Bodenfruchtbarkeit des jeweiligen Standortes bei Beseitigung der natürlichen Vegetationsdecke und Überführung in agrarwirtschaftliche Nutzung zuläßt.

2.4.2 Die europäischen sommergrünen Laub- und Mischwälder

In ungefährer Entsprechung zu den im Kap. 2.1.2 unterschiedenen Subklimaten finden sich in ihrer floristischen Zusammensetzung recht verschiedenartige Vegetationsformationen innerhalb des kühlgemäßigten Waldlandes. In Europa einschließlich des dazu rechnenden Anteils der Sowjetunion äußert sich der Wandel vom ozeanischen zum kontinentalen Klima in einer Abfolge vom mit Stechpalmen durchsetzten (TROLLs *Ilex*-Region) und häufig zur Heide degradierten Rotbuchenwald über den eigentlichen subatlantischen Rotbuchenwald (*Fagus*-Region) und den subkontinentalen Eichen-Hainbuchen-Winterlindenwald (*Quercus*-Region) zum kontinentalen Laub-Nadel-Mischwald. Hinzu tritt ein Nord-Süd-Wandel mit abnehmendem Koniferenanteil und zunehmendem Anteil immergrüner Lorbeergehölze.

Von anderer Artzusammensetzung und dazu artenreicher sind die warmtemperierten Wälder der Ostseiten Asiens und Nordamerikas. Eine Besonderheit innerhalb der nordhemisphärischen Wälder stellen die Koniferenbestände der pazifischen Küstenregion Nordamerikas dar. Von allen diesen Waldtypen unterscheiden sich schließlich die südhemisphärischen *Eucalyptus-Nothofagus*-Wälder und die temperierten Regenwälder Südchiles und der Südinsel Neuseelands.

2.4.2.1 Die atlantischen Heiden und atlantisch-subatlantischen Buchenwälder

In seiner Abhandlung über die ozeanischen Züge im Pflanzenkleid Mitteleuropas unterscheidet TROLL (1925) zwischen sommergrünen Wäldern,

Ilex-Region

Lorbeergehölzen, Heiden und Küstensteppen. Zu diesen vier Formationen läßt sich vereinfachend sagen, daß die naturbedingte Vegetation des atlantisch-subatlantischen Bereichs von der Rotbuche *(Fagus sylvatica)* als Leitbaum bestimmt ist mit Ausnahme der durch stärkeren Salzgehalt des Bodens von Dünen, also edaphischen Sondersituationen, gekennzeichneten Küstensteppen im Sinne TROLLS. Der sommergrüne europäische Wald ist im Gegensatz zu dem der Ostseiten infolge der während der Eiszeiten wirksamen Gebirgsbarriere der Alpen, die viele voreiszeitliche Arten zum Aussterben verurteilte, durch *Artenarmut* gekennzeichnet[4].

Im Bereich hoher Ozeanität und mit zunehmender Tendenz in südwestlicher Richtung bis nach Portugal hinein finden sich auch *Lorbeergehölze*. *„In dem immergrünen Laub von Efeu, Tanne und Eibe in unseren subozeanischen Wäldern sehen wir schließlich einen letzten Anklang an lorbeerartige Lebensformen. Denn es ist wohl kein Zufall, daß gerade Eibe und Tanne, die beiden breitblättrigen Koniferen unserer Flora, stark ozeanischen Charakter tragen"* (TROLL 1925, S. 321). Wichtige Bestandsbildner außer der Rotbuche sind mit zunehmender Tendenz nach Osten und Nordosten nur noch die Hainbuche *(Carpinus betulus)*, die Stieleiche *(Quercus robur)*, die Traubeneiche *(Quercus petraea)*, der Bergahorn *(Acer pseudoplatanus)*, die Esche *(Fraxinus excelsior)*, die Sommerlinde *(Tilia platyphyllos)*, und die Ulme *(Ulmus scabra)*. Von den diesen Wäldern weiterhin beigemischten Laubbäumen reichen die Birke *(Betula pendula)*, die Grauerle *(Alnus incana)*, die Vogelbeere *(Sorbus aucuparia)* und die Zitterpappel *(Populus tremula)* noch bis an den Nordrand des borealen Nadelwaldes (WALTER 1968).

Im Bereich von TROLLS *Ilex*-Region, die unter Einschluß der Britischen Inseln, Dänemarks und der Beneluxländer durch eine Linie von der Lübecker Bucht bis etwas westlich des Rhônelaufes nach Nordspanien hinein gegen Osten begrenzt wird, sind die *Heiden* und eingeschalteten Heidemoore so weit verbreitet, *„daß man sie früher sogar für die zonale Vegetation gehalten hat"* (WALTER 1968, S. 296). Wie man heute weiß, sind sie jedoch *„Degradationsstadien von Laubwäldern"* (WALTER 1972, S. 158). Während sie in Irland und Schottland landschaftsprägend auftreten, in Deutschland einst nur auf flachgründigen oder torfigen Böden eine selbständige Formation bildeten, sind sie in ihrer heutigen Verbreitung weitgehend anthropogen und erst in neuerer Zeit in nenneswertem Maße der Wiederbewaldung oder gar systematischer Aufforstung anheimgege-

---

[4] Nach FUKAREK (1980, S. 185) sind z. B. in Mitteleuropa vertreten die Gattung Buche mit einer von zehn Arten, Eibe mit einer von acht Arten, Hainbuche mit einer von 26 Arten, Tanne mit einer von ungefähr 50 Arten, Linde mit zwei von über 18 Arten, Erle mit drei von ungefähr 30 Arten, Pappel mit drei von ungefähr 160 Arten, Ulme mit drei von über 16 Arten, Ahorn mit vier von über 200 Arten, Birke mit vier von 33 Arten und Eiche mit vier von über 300 Arten.

ben. Neben Wiesen, Weiden und Forsten kann man sie als eine der *Ersatzgesellschaften* des sommergrünen Laubwaldes auffassen. Handelt es sich hier doch um den ältestbesiedelten Raum von allen Gebieten auf der Westseite eines Kontinents!

Die floristische Zusammensetzung der Heiden variiert mit der verschiedenen Begrenzung der Areale der einzelnen Pflanzen durch die Sommertrockenheit nach Süden und die Winterkälte nach Osten. Hauptbestandsbildend sind zahlreiche Ginster-, Ericaceen- und Vacciniumarten; von den Ericaceen allein gibt es etwa 70 Familien mit rund 1500 Species. Nach Norden nimmt die Bedeutung der Ginsterarten ab und die der Ericaceenarten zu. Am weitesten verbreitet ist das Heidekraut *(Calluna vulgaris),* bei dem in Mitteleuropa aber Schäden durch Frosttrocknis auftreten. Auch der Stechginster *(Ulex europaeus)* friert hier öfter zurück. Ihn und den Besenginster *(Sarothamnus scoparius)* findet man auf der Südhemisphäre in Neuseeland wieder. Häufig sind diese Kräuter und Sträucher vergesellschaftet mit der Grauheide *(Erica cinerea),* der Heidelbeere *(Vaccinium myrtillus),* der Preiselbeere *(Vaccinium vitis-idaea),* und der Krähenbeere *(Empetrum nigrum).*

Im einzelnen hängt die floristische Zusammensetzung der Heiden von der Einflußnahme des Menschen ab, zum einen von der Zeitspanne seit der Degradierung des Waldes, zum zweiten von Art und Intensität der Beweidung, zum dritten von der Häufigkeit der Brände. So ist nach WALTER ein 8-15jähriger Rhythmus des Abbrennens für *Calluna* günstig, während ihr häufigere Brände nicht genügend Zeit zum Regenerieren lassen und sie gegenüber anderen Arten benachteiligen. Sodann hängt die Artenzusammensetzung auch vom Grad der Vernässung des Bodens (Podsol, Gley, Torf) ab (WALTER 1968).

Der Verheidung ist an vielen Stellen auch eine *Vermoorung* gefolgt. Da die Evapotranspiration gegenüber der ursprünglichen Waldvegetation nach deren Entfernung auf nur etwa ein Viertel herabsinkt, kommt es in dem perhumiden bis humiden Klima relativ rasch zu Grundwasseranstieg und Moorbildung und Verhinderung erneuten Baumwuchses. In Irland und Schottland sind solche Moore besonders weit verbreitet.

Die Lüneburger Heide blieb bis zu den wirtschaftsstrukturellen und damit auch vegetationsgeographischen Veränderungen der Nachkriegszeit als weitgehend baumlose Landschaft durch Holznutzung, Schafhaltung, Brände und Plaggenhieb erhalten. Unter anderem trug die Salzsiederei von zechsteinzeitlicher Sole zur Dezimierung der Wälder bei. Es stellte sich dann ein gewisses Gleichgewicht innerhalb eines neuen, von Besenheide, Heidschnucke und Biene bestimmten Ökosystems ein. Die genügsamen Heidschnucken fraßen sowohl die Besenheide als auch aufkommende Schößlinge von Birken und Eichen und zerstörten die Spinnennetze, die im Herbst sehr zahlreich in der Besenheide sind, die Bienen ihrerseits sorgten für die Bestäubung der Besenheide. Die Schafhalter plaggten oft überaltetes Strauchwerk einschließlich der Wurzeln als Winterstreu für die Heidschnucken ab und verschafften so dem Jungwuchs günstige Bedingungen. Erneute Veränderungen ergaben sich mit dem von der überseeischen Wollkonkurrenz bewirkten kräftigen Rückgang der Schafherden sowie der Verfütterung von angebauten Futterpflanzen zur höheren Fleischerzeugung. Die Besenheide wurde nun weniger von den Schafen angenommen, ebenso die Schößlinge, so daß durch Samenanflug erneuter Baumwuchs auftrat (TÜXEN 1966).

Es sei noch darauf hingewiesen, daß der Begriff „Heide" auf sehr unterschiedliche Formationen angewendet worden ist, nämlich auf
- eine baumarme Zwergstrauchgesellschaft, wie sie z. B. lange Zeit in der genannten Lüneburger Heide bestanden hat (Zwergstrauchheide),
- eine vorwiegend mit Heidekraut bewachsene Fläche (*Calluna*-Heide),
- einen lichten Forst auf trockenem Standort wie die Rominter Heide, besonders durch Kiefernbestand gekennzeichnet (Kiefern-Heide),
- eine in Süddeutschland von GRADMANN erstmals 1898 beschriebene Heidewiese mit pontischen und mediterranen sowie einigen alpinen Florenelementen und von ihm als „Steppenheide" bezeichnet.

Was diese sog. offenen Steppenlandschaften betrifft, darf aufgrund verschiedener Gegendarstellungen, z. B. der Untersuchungen H. ELLENBERGS (1978), heute als gesichert angenommen werden, daß sie ursprünglich einen lichten *Eichenmischwald* trugen, der schon seit der Zeit der Bandkeramiker, also dem 4. Jt. v. Chr., zur Eichelmast herangezogen wurde. Auch spricht dafür, daß etliche Leitpflanzen der sog. Steppenheide wie Anemone, Astern, Heckenrosen, Liguster, Schlehen, Stipagräser wesentliche floristische Elemente des Eichenmischwaldes sind.

Einen weiteren Aspekt hat TIMMERMANN (1971) der Diskussion um den Heidebegriff hinzugefügt, indem er die aus dem Wald entwickelten, als „Loh" und „Heide" bezeichneten Nutzflächen in einen rechtlichen und sozialen Rahmen stellt und in Zusammenhang mit den an der Allmende hängenden verschiedenen Nutzungsrechten gebracht hat.

2.4.2.2 Die subkontinentalen Eichen-Hainbuchen-Lindenwälder und kontinentalen Mischwälder

An die Buchenzone schließt sich ostwärts der subkontinentale *Eichen-Hainbuchen-Winterlindenwald* an. Hier tritt die stärker frostwiderständige Winterlinde *(Tilia cordata)* auf, die für die Imkerei eine große Rolle gespielt hat (vgl. Kap. 3.2). Wie schon in Teilen des Oberrheingrabens nimmt jetzt in zunehmendem Maße die Kiefer *(Pinus sylvestris)* die trockeneren sandigen Standorte ein. Man denke an „Preußens Streusandbüchse", aber auch daran, daß die weite Verbreitung der Kiefer und anderer Nadelbäume auf entsprechende forstwirtschaftliche Eingriffe auf Kosten des Laubholzanteils zurückgeht.

Schließlich überschneiden sich im *kontinentalen Laub-Nadel-Mischwald* die Grenzen der am weitesten ostwärts vordringenden frostwiderständigeren Laubbäume mit den Westgrenzen asiatischer Koniferen. Die Buche erreicht ihre östliche Grenze an Weichsel und Dnjestr, die Hainbuche

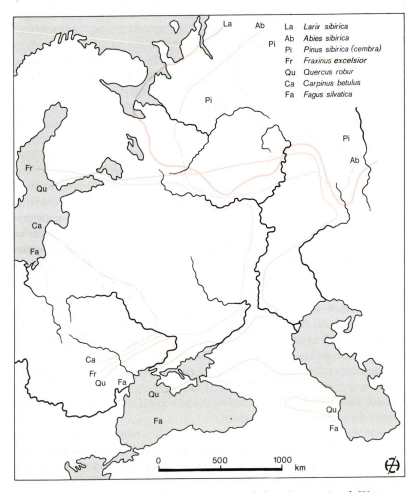

Abb. 9: Grenzen wichtiger Baumarten im östlichen Europa (nach WALTER 1968, S. 299).

geht noch über den Dnjepr hinaus, die Esche bis ins Wolgagebiet, Spitzahorn *(Acer platanoides)*, Stieleiche *(Quercus robur)* und Winterlinde bis zum Ural, Birke *(Betula tortuosa)*, Eberesche und Zitterpappel noch darüber hinaus. Als vorgeschobener Posten am Rande zur Waldsteppe trägt besonders das nördliche Vorland der Ostkarpaten noch bis 1000 m Höhe vornehmlich Buchen, die der ganzen Landschaft den Namen Bukowina eingetragen haben. Die Grenzen der genannten Laubbäume überschneiden sich hier im Osten bereits mit den Arealen der sibirischen Kiefer, Lärche und Tanne *(Pinus sibirica, Larix sibirica, Abies sibirica)* (Abb. 9).

WALTER hat wiederholt (1968, 1972) darauf hingewiesen, daß die Begrenzung des sommergrünen Waldes nach Süden nicht eindeutig möglich ist. Die submediterranen Wälder stehen als ebenfalls sommergrüne Wälder ökologisch der Laubwaldzone näher als der mediterranen, jedoch möchte er die Laubwaldzone erst jenseits des winterlichen Niederschlagsmaximums beginnen lassen.

2.4.3 Die warm-temperierten Wälder der Ostseiten Asiens und Nordamerikas

Die warm-temperierten Wälder der Ostseiten Asiens und Nordamerikas stehen innerhalb eines süd-nördlichen Kontinuums vom tropischen Regenwald über den subtropischen und warmtemperierten zum borealen Wald. Letzterer beherrscht schon die nördlichen Randgebiete der Mandschurei. Die mandschurischen Wälder stellen neben Yünnan und dem südchinesischen Bergland die letzten großen Waldareale Chinas dar.

Von der Artenzusammensetzung ähneln diese Wälder den europäischen, sind aber wegen leichterer postglazialer Rückwanderung wesentlich artenreicher. Nach den dominierenden Arten sind die ostasiatischen Wälder als *Buchen-Eichen-Ahorn-Wälder* zu kennzeichnen. Im nördlichen Bereich, in der Mandschurei, fehlt die Buche. Im übrigen Bereich sind viele wärmeliebendere Arten beigemischt, z. B. Gingko *(Gingko biloba)*, Götterbaum *(Ailanthus glandulosa)*, Magnolie *(Magnolia sp.)*, Maulbeerbaum *(Morus alba)*. Auf den stärker gebirgigen japanischen Inseln dominieren Nadelbäume, unter ihnen viele auch in Europa und Nordamerika vorkommende, aber auch endemische Arten wie die japanische Zeder *(Cryptomeria japonica)*.

Im Osten Nordamerikas lassen sich zwei Waldzonen voneinander unterscheiden. Etwa von der Mitte der Staaten Wisconsin und Michigan und der Grenze zwischen den Neuenglandstaaten Massachusetts und Rhode Island südwärts bis in das nördlichste Mississippi und Arkansas hineinreichend ist der *Eichen-Hickory-Wald* verbreitet. Zu den in ihm dominierenden Arten gehören sieben Eichen, unter ihnen besonders die von den Amerikanern white oak genannte *(Quercus alba)*, bur oak *(Quercus macrocarpa)* und black oak *(Quercus velutina)*, mehrere Arten des Walnußgewächses Hickory, vor allem der schon stark dezimierte Weiße Hickory *(Carya alba)*, und der olivenförmige Hickory *(Carya oliviformis)*, sowie mehrere Eschen, Ulmen, Ahorne, vornehmlich Rotahorn *(Acer rubrum)* und Buche, insbesondere American beech *(Fagus grandifolia)*. Als Besonderheit wäre hier der Zuckerahorn *(Acer saccharum)* zu nennen, dessen Saft schon die Indianer zur Zuckergewinnung einzudicken verstanden. Maple-Sirup wird auch bei den Weißen gern zu Pfannkuchen gegessen, wiewohl seine Gewinnung heute so kostenaufwendig geworden ist, daß man reinen Ahornsirup nur noch selten bekommt. Aus dieser indianischen Tradition heraus erwählte Kanada sogar das Ahornblatt zum Nationalemblem. Die Eicheln wie auch die von den Hickorybäumen gewonnenen Pelanüsse wurden von den Siedlern gern als Schweinefutter verwendet.

Der nördlich anschließende *Nadel-Laub-Mischwald*, der im Appalachengebirge bis in den nördlichsten Teil des Staates Georgia vordringt, wird von zahlreichen Koniferenarten dominiert, von verschiedenen Species der Fichte und Kiefer, vor allem Eastern white pine *(Pinus strobus)* und Eastern red pine *(Pinus resinosa)*, von Balsamtanne *(Abies balsamea)* und Hemlocktanne *(Tsuga canadensis)*. Hinzu kommen wiederum Zuckerahorn und Rotahorn, die Buche, mehrere Eichen, Birken, besonders der Yellow birch *(Betula alleghaniensis)*, Pappeln, Ulmen, Hickories und viele andere (BRAUN 1950, SHELFORD 1978).

Im Laufe der *postpleistozänen Rückwanderung* sind nacheinander White pine, Hemlock, Buche, Hickory und die amerikanische Kastanie *(Castanea dentata)* in einen von Eiche beherrschten Wald vorgedrungen und haben regional zu unterschiedlicher Artenzusammensetzung geführt. Doch läßt diese sukzessive Rückwanderung keine Schlüsse auf holozäne Klimaänderungen zu.

Dagegen sprechen die Veränderungen an der Wald-Prärie-Grenze, nämlich eine auf den Eisrückgang einsetzende Abfolge von Fichtenwald, Kiefernwald, Laubwald mit zunehmendem Anteil von Eiche, Eichenbusch (oak savanna), schließlich Prärie, die bis etwa 120 km östlich der heutigen Wald-Prärie-Grenze vorgedrungen war, dann wieder gefolgt von Laubhölzern bis zum heutigen Verlauf der Grenze, für eine graduelle Erwärmung und zunehmende Trockenheit bis zu einem Klimaoptimum mit nachfolgender Abkühlung. In der Annahme dieses *monozyklischen Klimaverlaufs* während des Holozäns sieht sich WRIGHT (1976) auch in limnologischen Befunden, die dafür sprechen, daß die Seen im Mittelholozän flach waren oder vorübergehend trockenfielen, sowie in glaziologischen Befunden,

Wälder der Gebirgsluvseiten

nämlich einer einmaligen Auf- und Abwärtswanderung der Vergletscherungsgrenze in den Gebirgen auf der Westseite des Kontinents, bestätigt. Diese Wälder wurden aber gegenüber ihrer vorkolumbischen Artenzusammensetzung teilweise erheblich verändert, so z. B. die sog. *Cutover Region* der nördlichen Große-Seen-Staaten mit ihrer meist kümmerlichen Sekundärvegetation, in der im Gegensatz zur einst dominierenden Kiefer – man sprach von einem „Empire of pine" – heute einige Laubhölzer wie Black cherry *(Prunus serotina)* vorherrschen.

2.4.4 Die Nadel- und Laubwälder der Gebirgsluvseiten Amerikas und Australien/Neuseelands

Durch gewisse Gemeinsamkeiten zeichnen sich die temperierten immerfeuchten Nadel- und Laubwälder der Gebirgsluvseiten an den Westküsten Nordamerikas, Patagoniens, Tasmaniens und Neuseelands aus. Sie wachsen unter den günstigen Bedingungen sehr hoher, meist 1000 mm weit überschreitender Niederschläge, teilweise noch unter dem Regime eines winterlichen Maximums, aber ohne aride Monate, sommerlicher Nebelbildung an der Küste, aber auch häufiger Bewölkung weiter landeinwärts, milder Winter und kühler Sommer und einer langen Vegetationsperiode. Sie ähneln in großen Teilen den subtropischen Regenwäldern wegen des Vorherrschens immergrüner Baumarten, ihres mehrstöckigen Aufbaus, ihres dichten Unterwuchses und ihres Reichtums an Moosen und epiphytischen Farnen. Sie gehören dadurch zu den *wuchskräftigsten Wäldern der kühlgemäßigten Zone* (KLINK/GLAWION 1982). Im einzelnen allerdings sind sie vor allem in nordsüdlichem Wandel von sehr verschiedener floristischer Zusammensetzung. Das Überwiegen der Koniferen sieht GOLTE in deren Abhängigkeit von dem hohen Feuchtigkeitsangebot, da sie mit ihren Tracheiden ein Wasserleitungssystem mit hohem Leitungswiderstand besitzen und daher Standorte mit geringer Adsorptionskraft bevorzugen (GOLTE 1974).

2.4.4.1 Der feucht-ozeanische Koniferenwald des pazifischen Nordamerika
Der pazifische Nadelwald schließt etwas nördlich der Bucht von Monterey an die Hartlaubwälder an. Besonders stark bestandsbildend sind hier die Douglasie *(Pseudotsuga menziesii)*, die als Western hemlock bezeichnete Schierlingstanne *(Tsuga heterophylla)*, die Großfichte *(Abies grandis)*, die westliche Rotzeder *(Thuja plicata)*, die Sitkafichte *(Picea sitchensis)* und die Engelmannfichte *(Picea Engelmannii)*, die Lodgepole-Kiefer *(Pinus contorta)* und andere Kiefern- sowie Lärchen- und Zedernarten. Bei-

gemischt sind diesen Wäldern auch Eichen, Eschen, Ahorne, Birken und andere weniger häufig auftretende Laubhölzer. Nach den dominierenden Arten von Flora und Fauna hat SHELFORD (1978) den Raum zwischen Mittel-Kalifornien und dem südlichen Alaska als *Hemlock-wapitideer-redcedar-Sitka spruce-Biom* bezeichnet.

Eine Besonderheit der pazifischen Wälder ist die Küstensequoia *(Sequoia sempervirens)*. Sie bevorzugt geschützte Flußtäler und Meeresbuchten im Bereich der nördlichen kalifornischen Küstengebirgsketten. Im Gegensatz zu der in der Sierra Nevada vorkommenden und eher in Mischbeständen zu findenden *Sequoia gigantea* tritt die Küstensequoia an solchen Standorten in Reinbeständen auf. Während sie an Stammesumfang und Volumen von der Sierrasequoia übertroffen wird, hält eine Küstensequoia mit 111 m den Höhenrekord. Ihr rötlich schimmerndes Holz, dem sie die amerikanische Bezeichnung Redwood verdankt, ist einiger günstiger Eigenschaften wegen – wie hohe Festigkeit bei geringem spezifischem Gewicht und hohe Widerstandsfähigkeit gegen Krankheitsbefall und Vermoderung – außerordentlich begehrt. Während die Sierrasequoia schon 1890 mit der Einrichtung des Sequoia National Park geschützt werden konnte, kam die Schaffung des Redwoods National Park im Bereich der Küstensequoia erst 1968 zustande.

Die zu dieser Region gehörenden Wälder der nördlichen Rocky Mountains sind in ihrer floristischen Zusammensetzung den vorgenannten des Kaskadengebirges und der Küstenketten ähnlich. Nur ist die Rangfolge der Häufigkeit der Arten etwas anders, so daß hier die Lodgepole-Kiefer noch vor der Douglasie zu nennen wäre, und hier tritt recht stark die Ponderosa-Kiefer *(Pinus ponderosa)* auf. Die Laubbäume treten völlig in ihrer Bedeutung zurück, mit Ausnahme der Pappel.

Diese Wälder, die für amerikanische Verhältnisse einigermaßen frühzeitig der Raubbau treibenden Holzindustrie entzogen und großenteils als Nationalforste der staatlichen Forstverwaltung unterstellt wurden, machen noch heute vor allem die Staaten Washington und Oregon zu dem größten Gebiet noch jungfräulicher Bestände in den USA.

2.4.4.2 Die südhemisphärischen Eucalyptus-Nothofagus-Wälder und temperierten Regenwälder

Trotz Ähnlichkeiten mit dem pazifischen Nordamerika hat das kühlgemäßigte Regenwaldklima der Südhemisphäre nirgendwo eine Entsprechung. Vor allem gibt es keine kontinentalen Subtypen, sondern nur Unterschiede der Feuchtigkeitsverhältnisse zwischen den westlichen Luvseiten und den östlichen Leeseiten, Varianten im Niederschlagsregime mit zunehmender Entfernung vom Winterregenklima in Richtung Antarktis, sowie Veränderungen mit den Höhenstufen der Gebirge. So sind auch die

Südkoniferen nicht an kalte Winter angepaßt. *„Die südhemisphärischen Podocarpuswälder, vielfach recht breitnadelig belaubt, stehen ökologisch den Lorbeerwäldern nahe. Sommergrüne Laubwälder aber kennt die Südhalbkugel nur in den kleinen Arealen der laubwerfenden Nothofagus-Wälder von Chile-Patagonien und Tasmanien"* (TROLL 1948, S. 23).

Ein zweiter Aspekt ist die große floristische Verschiedenheit gegenüber den Wäldern der Nordhalbkugel, der z.T. sehr starke *Endemismus* oder eine Artenverwandtschaft, die südhemisphärisch ist, allenfalls bis in das südöstliche Australien hinein Beziehungen zu Asien zeigt. So sind auf Tasmanien endemisch die Eucalyptusarten *Eucalyptus coccifera, E. simmondsii, E. tasmanica, E. uringera* und die Südbuchenarten *Nothofagus cunninghamii* und *N. gunnii*. Im übrigen weisen Vertreter der Gattung *Eucalyptus* auf Beziehungen mit dem Festland Australien hin, verschiedene *Nothofagus*arten wie *Nothofagus fusca, N. menziesii, N. solandri, N. truncata* auf solche zu Neuseeland, wiederum andere wie *Nothofagus antarctica, N. betuloides, N. dombeyi, N. obliqua* und *N. pumilo* auf solche zu Südamerika (SCHWEINFURTH 1962). Da bei zwei Ausnahmen alle *Nothofagus*arten immergrün sind, vermutet man einen subtropischen Ursprung (GODLEY in: Discussion ...1960).

Die Koniferen, die kaum in größeren Reinbeständen, sondern eher als Bestandteile von Laubmischwäldern auftreten, gehen auf ein *zirkumantarktisch-pantropisch-montanes Areal* zurück, das aber voll nur von der Gattung der *Podocarpaceae* ausgefüllt wird (BADER 1960). Wesentlich eingeschränkter sind die heutigen Vorkommen von Vertretern der beiden anderen Gattungen, der *Araucariaceae* und der *Cupressaceae*.

Ein dritter Akspekt sind die Arealveränderungen im Konkurrenzkampf der Arten. Überalterung und schlechter Zustand vieler Podocarpaceen, die nicht immer mit dem Klima übereinstimmende, teils mosaikartige Verteilung und die abgesehen vom langsamen Wachstum schwierige Neuaufzucht von Jungbeständen – in Chile wird z.B. keines der heimischen Nadelhölzer als Forstbaum verwendet – werden als Anzeichen dafür gewertet, daß die Koniferen eine *Reliktflora* auf dem Rückzug besonders vor den kräftigen und im Vordringen begriffenen Südbuchen sind. Auf der Nordinsel Neuseeland wird dabei auch der Vulkanismus, auf der Südinsel der Gletscherrückgang angeführt, dem hier die Podocarpaceen folgten. Mit verbesserten edaphischen Bedingungen dringen die Lorbeerblättrigen vor. So entstanden aus reinen Koniferenwäldern gemischte Lorbeer-Koniferen-Wälder, die sich allmählich weiter zu reinen Lorbeerwäldern entwickeln (GODLEY in: A Discussion ... 1960, SCHMITHÜSEN 1966, SCHWEINFURTH 1966, WALTER 1968, 1972). Für Chile hat GOLTE (1974) speziell die Standortbedingungen und -veränderungen des Charakterbaumes der sog. Alerzales, der *Fitzroya cupressoides*, untersucht.

Auf Tasmanien zeigt sich die Südbuche auch gegenüber dem *Eucalyptus* im Vorteil. Auf der niederschlagsreichen Westseite Tasmaniens gibt es fast nur reine *Nothofagus*wälder. Der schnellerwüchsige *Eucalyptus* kann sich nicht im Schatten von *Nothofagus* entwickeln, sondern gewinnt erst durch Waldbrand einen Vorteil. Bei häufigen, d. h. alle 10–20 Jahre auftretenden Bränden kann ein reiner *Eucalyptus*wald entstehen; wenn ein Waldgebiet wie auf der feuchten Westseite Tasmaniens in 400 Jahren, der maximalen Lebensdauer des *Eucalyptus,* nie abbrennt, dominiert *Nothofagus* (WALTER 1968, 1972).

Für die vegetationsgeographische Situation Neuseelands kommt noch ein weiterer Aspekt hinzu. Nicht nur wurden fremdländische Pflanzen hier sehr schnell heimisch, gegen die sich die einheimischen Pflanzen mehr oder weniger erfolgreich behauptet haben; häufig ist es auch zu gemischten Gesellschaften gekommen (SCHWEINFURTH 1966). Neuseeland ist nach SCHWEINFURTH ein Paradebeispiel dafür geworden, wie die heimische Vegetation durch das *unüberlegte Aussetzen fremder Tiere* in Gefahr gerät. Da die Einwanderer diese von Wild praktisch freien Wälder beleben wollten, wurden das australische Opossum *(Trichosurus vulpecula)* und der europäische Rothirsch *(Cervus elaphus)* ausgesetzt, die sich in den z. T. fast unzugänglichen neuseeländischen Wäldern stark vermehrten. SCHWEINFURTH hat auf die verheerenden Wechselwirkungen beider Tierarten in den an sich ungünstigen Regenwäldern der westlichen Gebirgsabdachung hingewiesen. Das Opossum sucht zunächst relativ trockene Lagen auf, auf die es sich konzentriert und dort Lücken im Wald hervorruft. Diese wiederum bevorzugt das Rotwild, dem das feuchte Dunkel des Regenwaldes nicht zusagt; es verhindert hier jeglichen Jungwuchs und *„drückt von hier aus auf den Unterwuchs des umgebenden Waldes, wodurch nun wiederum die Standortbedingungen für das Opossum angenehmer werden. Opossum und Rotwild wirken also beide zusammen, die Walddecke ‚aufzurollen'"* (SCHWEINFURTH 1966, S. 294; siehe auch CLARK 1949).

VEBLEN beurteilt die anthropogenen Einwirkungen allerdings etwas anders, indem er dem Feuer, Schafen und Kaninchen die größere Zerstörungskraft beimißt: *„As an agent of forest elimination and accelerated erosion, browsing by red deer has clearly been less important than extensive burning in both pre- und post-European times"* (VEBLEN 1982, S. 392/93).

Es kann hier nur kurz darauf hingewiesen werden, daß sowohl auf Neuseeland als auch in Südchile eine nord-südliche Abfolge von Waldtypen vom Randbereich des mittelmeerischen Winterregengebietes bis zum subantarktischen Wald hin gegeben ist. Sie unterscheiden sich in der Artenzusammensetzung der Bäume wie auch in der Abnahme der Stärke des Unterwuchses, der Dichte von Lianen und der Bestände von Baumfarnen. So teilte SCHMITHÜSEN die Vegetation Südchiles in drei bzw. fünf Formationen ein. Den Übergangsbereich vom zentralchilenischen Mittelmeergebiet her, den „Kleinen Süden", charakterisieren die temperierten Roble-Laurel-Lingue-Wälder, benannt nach der dort roble bezeichneten Südbuchenart *Nothofagus obliqua* und ihren beiden hauptsächlichen immergrünen lorbeerblättrigen Begleitern *Laurelia aromatica* und *Persea lingue*. Die immergrünen Regenwälder des Großen Südens lassen sich entsprechend den genannten Veränderungen in die Bereiche des valdivianischen Regenwaldes, der noch die größte Ähnlichkeit mit einem tropischen Regenwald besitzt, des nordpatagonischen Regenwaldes, der bereits weniger artenreich, hoch und üppig wächst, und des subantarktischen Regenwaldes untergliedern, der bereits recht artenarm, eintönig

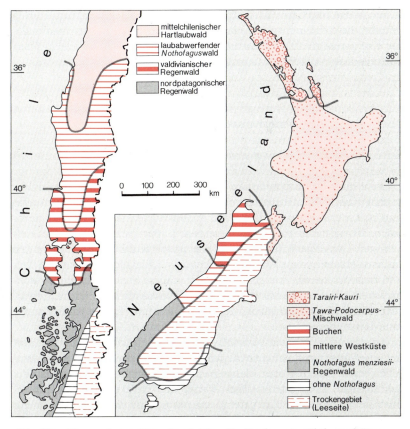

Abb. 10: Vegetationsgebiete in gleicher Breitenlage in Chile und Neuseeland (nach SCHMITHÜSEN *in* TROLL/LAUER *1978).*

und niedrig ist und etliche antarktische Florenelemente aufweist. Südlich schließt sich dann der subantarktische sommergrüne Wald vorwiegend aus den laubabwerfenden Buchenarten *Nothofagus pumilio* und *N. antarctica* an (SCHMITHÜSEN 1956, Abb. 10.)

Obwohl von TROLL/PAFFEN zum subtropischen Klimatyp IV gerechnet, gehört doch ein kleiner Bereich der kapländischen Südküste mit dem Holzverarbeitungszentrum Knysna und Mosselbay in einer Tiefe von nur etwa 25 km landeinwärts mit Niederschlägen das Jahr über und warmen Sommern zu den temperierten Regenwäldern. Das ist insofern bedeutsam, als es das größte Restgebiet natürlicher Wälder in der Republik Südafrika mit den dominierenden Bäumen Yellowwood *(Podocarpus falcatus* und *P. latifolius),* Ironwood *(Olea capensis)* und Stinkwood *(Ocotea bullata)* ist, während sonst das Waldland, 0,9% der Staatsfläche, aus den hauptsächlich in Natal, im Oranjefreistaat und in Transvaal gelegenen Kunstforsten besteht, die sich zu etwa 50% aus US-amerikanischen Fichten und anderen Koniferen, zu 30% aus australischen *Eucalyptus*arten und zu 15% aus australischen Akazien zusammensetzen.

2.5 Geologisch-geomorphologische Wesenszüge

2.5.1 Die Ausstattung mit Bodenschätzen

Obwohl die Oberflächenformen anderen Anlageprinzipien folgen als der in den Kap. 2.1–2.4 behandelte Komplex Klima-Wasser-Böden-Vegetation, soll hier nur auf die Rohstoffe organischen Ursprungs mit klimazonalem Bezug näher eingegangen werden. Außer ihnen gibt es eine Vielzahl von Ganglagerstätten mit eng begrenzten Konzentrationen, die den Industriestaaten einen gewissen Reichtum an Blei, Eisen, Nickel, Silber und Zink bescheren. Schließlich profitieren diese Staaten von ihrer Nachbarschaft zu den Bodenschätzen des Fennoskandischen und Laurentischen Schildes, deren südliche Ränder in günstiger Erreichbarkeit zu ihren Märkten liegen.

Bei den erstgenannten ist insbesondere an die *Steinkohle* gedacht, mit der die Länder der kühlgemäßigten Zone ein nicht hoch genug einzuschätzendes Gut in großer Menge besitzen. Nachdem die Steinkohle die Jahrtausende alten Energieträger Wasser und Holzkohle abgelöst hatte, blieb sie bis zum I. Weltkrieg der *Energieträger Nummer Eins* und gewinnt seit der ersten Ölkrise 1973 erneut an Wertschätzung. Sie wurde entscheidend für die Entwicklung der *Dampfkraft* und die Verwendung der Dampfmaschine im Bergbau zum Abpumpen des Grundwassers, im Lo-

Pteridophytenwälder

komotivenbau und im Schiffsbau mit der Ablösung des Segelschiffes durch das nun im geregelten Liniendienst einsetzbare Dampfschiff, sowie speziell die verkokbare Kohle für den Aufbau der modernen Hüttenindustrie (s. Kap. 3.1.3). Um 1900 hatte die Kohle rund 50 % Anteil am gesamten Welthandel und wurde in großen Mengen von Großbritannien in seine auswärtigen Besitzungen und Stützpunkte (als Bunkerkohle), nach Kontinentaleuropa, Rußland und Südamerika, von China nach Japan und aus USA nach Kanada exportiert.

Ein gleichmäßig feuchtes Klima ließ im *Oberkarbon,* in den USA Pennsylvanian genannt, in den sumpfreichen Mulden der subvariskischen Saumtiefe urwaldähnliche, hauptsächlich aus Bärlappgewächsen, Schachtelhalmen und Farnen bestehende Pteridophytenwälder entstehen, aus denen sich unter Luftabschluß und Gebirgsdruck die Steinkohlenflöze bildeten. Im Laufe einer allmählichen Klimaänderung vom Unter- über das Oberkarbon zum Permokarbon wanderte der Gürtel stärkster Kohlebildung von einer Linie Schottland-Moskauer Becken über den Bereich US-Mittelwesten-Appalachen-England-Westfalen-Oberschlesien südwärts bis zu einem Bereich Kusnezk-Becken-Nordchina sowie nach Vorderindien und den Kontinenten der Südhemisphäre (GOLTE 1974, SCHWARZBACH 1974, WAGNER 1960). In der Mandschurei sind neben den permokarbonischen Kohlen auch tertiäre Gasflammkohlen wichtig (Abb. 11).

Der große Kohlengürtel der Nordhemisphäre einschließlich der tertiären Braunkohlenfelder umfaßt folgende Gebiete: In den USA die Rocky

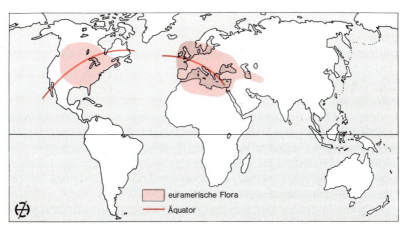

Abb. 11: Verbreitung der Karbonwälder *(nach* SCHWARZBACH *1974, S. 180).*

Mountain Fields von Wyoming-Montana bis New Mexico, das Western Interior Field in Iowa-Missouri-Oklahoma, das Eastern Interior Field in Illinois, das Appalachian Field von Pennsylvania über West Virginia und Kentucky bis Alabama, in Europa die schottischen Felder, die Northumberland and Durham Fields, die Pennine Mountains Fields, die South Wales Fields und mehrere kleinere, in Kontinentaleuropa die Felder von Nordfrankreich-Belgien-Maastricht-Ruhr, das Saarfeld, die sächsischen Braunkohlenlager und das Oberschlesische Feld, in der Sowjetunion das Braunkohlenfeld von Tula südlich Moskau und das Donezbecken, das Kusnezbecken, das Irkutsk-Feld, das Karaganda-Feld und die Felder an Tungusta und Lena, in China die Felder der Nordprovinzen Schansi, Schensi, Kansu und Hopei und der Mandschurei. Neben den Ländern des Kohlegürtels besitzen nur noch Australien, die Indische Union und die Republik Südafrika nennenswerte Kohlevorkommen.

Tab. 13: Weltvorräte an Primärenergieträgern. Beim gegenwärtigen Stand der Technik wirtschaftlich gewinnbare Vorräte in Mrd. t SKE (nach: Verein Deutscher Kohlenimporteure, Jahresbericht 1982, S. 14)

Region	Steinkohle	Erdöl	Erdgas
Angloamerika	195,3	6,5	9,2
Westeuropa	90,5	4,6	4,4
Ferner Osten	17,1	3,3	3,0
Australien	36,5	0,4	1,2
Südafrika	25,3	–	–
Ostblockstaaten	211,9	13,7	30,9
VR China	99,0	3,9	0,8
Orient	7,1	81,7	32,4
Lateinamerika	4,5	11,4	4,9
Welt insgesamt	687,5	125,5	86,8
in %	76,4	14,0	9,6

Kohle bestreitet somit *über drei Viertel aller z. Z. gewinnbaren Vorräte an fossilen Energieträgern.* Von diesen besitzen die Industriestaaten einschließlich des Ostblocks 98,3%, ohne diesen 53,1%. Bei der heutigen Größenordnung der Förderung wird um das Jahr 2000 erst etwa 1% der Weltvorräte verbraucht sein.

Während in den meisten Ländern des Kohlegürtels die Förderung den Bedarf deckt oder leicht übersteigt, erzielten 1981 die USA einen Exportüberschuß von 60 Mill. t Steinkohle, während Japan etwa dieselbe Menge importieren mußte. Die Energierohstoffimportländer sind durchaus in unterschiedlicher Position, was zu entsprechenden Schwierigkeiten in der seit 1975 bestehenden Internationalen Energieagentur mit Sitz in Paris führt (SENTI 1978).

Im Gegensatz zur Kohle liegen die Erdölvorräte hauptsächlich außerhalb der Industriestaaten; rund zwei Drittel kontrollieren die in der OPEC zusammengeschlossenen Länder, 54% allein deren Mitgliedstaaten im Vorderen Orient. Dagegen machen die von Großbritannien und Norwegen in der Nordsee erschlossenen Erdölquellen nur 3,6% der Weltölvorräte aus.

Außer der Kohle läßt sich eine gewisse zonale Anordnung bei den *Salzlagerstätten* erkennen, jedoch gegenüber ersterer mit zwei Unterschieden. Zum einen gibt es zwei sehr verschiedenartige Quellen für die Salzgewinnung, nämlich die festländischen Mineralsalze und Solen, daneben das im Weltmeer vorhandene Salz, das heute nur dort gewonnen wird, wo der Salzgehalt des Meeres und die Sonnenscheindauer ebenfalls relativ hoch ist, d. h. also außerhalb des kühlgemäßigten Klimabereichs, während in früheren Zeiten Meersalz sogar auf den Halligen vor der deutschen Nordseeküste gewonnen wurde. Zum zweiten ist über die geologischen Zeiten hinweg der Salinargürtel viel weiter gewandert, so daß die Salzlagerstätten auf der Erde weiter gestreut vorkommen (SCHWARZBACH 1974).

Dennoch nimmt der heutige Bereich der kühlgemäßigten Breiten eine Vorzugsstellung ein und innerhalb derselben nochmals der norddeutsche Raum, der das relativ ozeanferne, vorübergehend wahrscheinlich vom Zufluß aus dem Nordmeer über den Skandik ganz abgeschnittene Becken des Zechsteinmeeres darstellte, und wo sich während des Oberen Zechsteins die bis zu 300 m dicken Steinsalzlager und mehrere Kalisalzflöze gebildet haben, die mächtigsten der ganzen Erdgeschichte (WAGNER 1960).

Zahlreiche Ortsnamen, die mit „salz" und „sulz" oder „hall" zusammengesetzt sind, weisen auf die Bedeutung der betreffenden Lokalität für die Salzgewinnung hin. Der Name des österreichischen Hallstatt hat einer ganzen Epoche am Übergang von der Bronze- zur Eisenzeit ihre Bezeichnung gegeben, und früh wurde auch Salz bergmännisch in Hallein-Dürrenberg abgebaut. Hier trafen Saumtierwege aus den verschiedensten Richtungen zusammen. Eine dieser Salzstraßen führte über München, Landsberg und Memmingen zum Bodensee, wo das Salz auf Kähne verladen und rheinabwärts verfrachtet wurde. Eine andere Salzstraße führte von Hall bei Innsbruck über den Fernpaß, Reutte und Sonthofen ebenfalls nach Lindau, eine weitere von den Solequellen von Bad Reichenhall nach Augsburg. Die Salzvorkommen in Norddeutschland wurden erst relativ spät erschlossen.

In Mitteleuropa finden sich Steinsalze in geringerem Ausmaß auch im mittleren Muschelkalk, im oberen Buntsandstein (Röt) und im Oligozän. Bedeutende Salzproduzenten sind außer Deutschland in Europa noch Großbritannien, Frankreich und Polen, weiter die VR China, in den USA die Oststaaten, Kansas, Texas und New Mexico, und wie letztere ebenfalls schon außerhalb der kühlgemäßigten Zone Italien und Indien.

Die norddeutschen Kalisalzlager haben eine Ausdehnung von rund 20 000 km^2. In der Umgebung von Staßfurt werden diese Abraumsalze, die früher als wertlos erachtet und bei der Steinsalzgewinnung auf Halde geworfen wurden, seit 1861 abgebaut und haben seitdem als Düngemittel für die Ertragssteigerung in der deutschen Landwirtschaft eine große Rolle gespielt. Bis zur Abtrennung des Elsaß mit seinen tertiären Kalilagerstätten 1919 an Frankreich hielt das Deutsche Reich praktisch ein Monopol für Kalisalz auf der Welt. Dann trat Frankreich als Konkurrent auf, und unter den Restriktionen des II. Weltkrieges wurden auch in den USA Kalilagerstätten erschlossen, ebenso in Kanada und der Sowjetunion (Tab. 14).

Ein uraltes Handelsobjekt der Länder an der Ostsee war der Bernstein, auch als Succinit bezeichnet. Eine Hauptquelle des fossilen Harzes war die der Rottanne ähnliche Kiefer *Pinites succinifer* neben verschiedenen anderen Kiefernarten. Er findet sich ganz besonders im ostpreußischen Glaukonit, ansonsten in kreide- bis tertiärzeitlichen Sandsteinen und Tonen an der Ostseeküste zwischen Stralsund und Memel, in Livland und Kurland, in Schweden und Finnland, an den Westküsten Schleswig-Holsteins und Dänemarks, in England, Frankreich, Ungarn, Rumänien und in der Ukraine. Außerhalb der kühlgemäßigten Breiten ist er selten, findet sich in einigen Mittelmeerländern, in Burma, Australien und Teilen Sibiriens. Von den 1890 in Preußen geförderten 100 000 kg stammten rund je 37 000 kg aus Seeauswurf und Baggern im Kurischen Haff und 23 000 kg vom Abbau im Glaukonit. Als begehrtes Handelsobjekt war er schon nach Hallstatt gelangt, unter Kaiser NERO wurde seinetwegen eine Expedition nach Norden entsandt, und vom 10. Jh. ab tauchte er zunehmend im Orienthandel auf.

Tab. 14: Reinkaligewinnung (K_2O) ausgewählter Staaten

Staat	Mill. t. 1964	Mill. t 1980
USA	2,6	2,2
Frankreich	2,0	1,9
Bundesrepublik Deutschland	2,6	2,7
DDR	1,8	3,4
Sowjetunion	1,6	8,0

Flachländer

2.5.2 Die Reliefgestaltung im Hinblick auf Siedlung und Wirtschaft

Im Zusammenhang der Naturausstattung der kühlgemäßigten Waldländer interessieren die Oberflächenformen vor allem im Hinblick auf
- die Verfügbarkeit ebenen oder gering hängigen Geländes für Siedlungsaufbau und Schaffung von Wirtschaftsflächen,
- die mit der Reliefenergie zusammenhängenden Möglichkeiten bzw. Schwierigkeiten der Durchdringung und Besiedlung,
- die von exogenen und endogenen Kräften bedingten Vorteile wie auch Risiken für den wirtschaftenden Menschen.

Allgemein gelten Flachländer in geringer Höhe über Meeresspiegelniveau wegen ihrer Klimagunst als bevorzugt. Die mit solcher Lage verbundenen Nachteile werden meist geringer veranschlagt. In Auswirkung des sehr geringen Gefälles neigen die Wasserläufe zu häufigen Laufveränderungen, zum Mäandrieren, zur Höherlegung ihres eigenen Flußbettes wegen starker Sedimentation mit der Nebenwirkung der verschleppten Nebenflüsse, schließlich zu häufigen Überschwemmungen und weitflächiger Versumpfung des Geländes und erlauben das landwärtige Eindringen von Meereswasser bei Niedrigwasserstand, so daß umfangreiche wasserbautechnische Arbeiten notwendig sind, um den Wasserstand in den Flüssen selbst zu regulieren, die Überschwemmungsgefahr zu bannen und das Land für agrarische Nutzungen zu erschließen. Für die Anlage von Verkehrswegen müssen umfangreiche Damm- und Brückenbauten, für die Aufführung von Gebäuden wegen oft unzureichender Tragfähigkeit des Baugrundes *Pfahlbauten* oder neuere technische und kostspielige Verfahren durchgeführt werden.

Der Gang der Siedlungstätigkeit des Menschen hat aber gezeigt, daß man diese Nachteile in Kauf genommen hat und mit ihnen weitgehend erfolgreich fertiggeworden ist. Die kühlgemäßigte Zone verfügt über recht ausgedehnte niedrig gelegene Flachländer: das große, nach Osten sich stark verbreiternde europäische Flachland einschließlich des Norddeutschen Tieflandes, die weiten Inneren Ebenen der USA und das nordchinesische Tiefland. Sie weisen alle eine relativ hohe Bevölkerungsdichte, eine weitflächige agrarwirtschaftliche Nutzung und ein relativ dichtes Verkehrsnetz auf.

In den „Dichtezentren der Menschheit" hat SCHWARZ auf deren *Randständigkeit* hingewiesen, wozu das Vorhandensein meeresnaher Flachländer sicherlich beigetragen hat.

Die sog. *Meeresverbundenheit* Europas und Nordamerikas ist wegen ihrer Küstenkonfiguration mit 3,5 bzw. 4,9 (Verhältnis der tatsächlichen Küstenlänge zu der Länge eines flächengleichen Kreises) am stärksten von allen Kontinenten, während die übrigen Teile des kühlgemäßigten Bereichs, Ostasien, Südchile, Victoria/Tasmanien und Neuseeland für sich betrachtet großenteils die in Halbinseln und Inseln aufgelösten Ränder der betreffenden Kontinente darstellen. Wie weit bei Europa von Randständigkeit gesprochen werden kann, ist fragwürdig angesichts der Tatsachen, daß dieser Kontinent bei relativ geringer Fläche stark gegliedert ist und die kontinentale Wasserscheide in nur 785 m ü. M. (an der Autobahn Ulm-Stuttgart) liegt.

Die Siedlungs- und Wirtschaftsentwicklung der Dichtezentren einschließlich des dem asiatischen Dichtezentrum zugehörigen Japan ist so stark fortgeschritten, daß flaches Land längst zu knapp geworden ist und in großem Umfang verschiedene Arten der *Landgewinnung* durchgeführt wurden: Drainage und Moorkultivierung zur Inkulturnahme früher ausgedehnter Moorflächen, Eindeichung und Einpolderung insbesondere in den Niederlanden und an der deutschen Nordseeküste, Aufschüttung einiger Teile von Meeresbuchten vor allem im Bereich der Millionenstädte Japans und des atlantischen Nordamerika.

Im Gegensatz zu den Flachländern mit dominierenden Böschungswinkeln unter 5° werden die besonders in Europa und den östlichen USA verbreiteten *Mittelgebirge* mit vorherrschenden Böschungswinkeln zwischen 5° und 10° und die *Stufenlandschaften* als allgemein ungünstiger beurteilt. Mit der Hängigkeit und größeren Meereshöhe des Geländes gehen vielfach eine geringere Bodenqualität und eine gewisse Rauheit des Klimas einher, welche die Nutzbarkeit für landwirtschaftliche Produktion erheblich herabsetzen. Während der Mittelgebirgsfuß und die Sohlentäler noch für Garten- und Feldbau herangezogen werden können, ist eine Terrassierung der Hänge nur noch dort wirtschaftlich gegeben, wo die Möglichkeit der Anlage von ertragsstarken Kulturen besteht, wie als Rebbau an den Talhängen vieler süddeutscher Flüsse. Sonst bleiben gerade die Hänge der Forstwirtschaft überlassen, während die Hochflächen besonders der Weidewirtschaft zugeführt wurden.

Die Mittelgebirge sind stark zertalt, die Flüsse haben häufig Durchbruchstäler gebildet, wie die Durchbrüche der Elbe durch das Elbsandsteingebirge, der Weser in der Porta Westfalica und des Rheins durch das Rheinische Schiefergebirge, und es sind keine sehr hohen Wasserscheiden zu überwinden. Diese Zertalung hat Flößerei und Flußschiffahrt begünstigt, andererseits aber auch größere Gebirgspartien in zahlreiche Riedel aufgelöst, so daß ebene Flächen selten sind. Die in der Sächsischen Schweiz beiderseits der Elbe ausgebildeten Ebenheiten sind an bestimmte Stufen im turonischen Quadersandstein gebunden, die der Tiefenerosion stärkeren Widerstand entgegensetzten und vorübergehenden Einhalt geboten.

postvulkanische Erscheinungen, Vergletscherungen 85

In der Stufenlandschaft stellen die Stufenstirnen der Anlage von Verkehrswegen bis hin zum heutigen Autobahnbau Schwierigkeiten entgegen, so z. B. an der Albtrauf beim Übergang von der rhenanischen Landschaft mit ihrer bedeutend niedrigeren Erosionsbasis zur danubischen Landschaft. Die Albhochfläche dagegen gehört trotz gewisser klimatischer und edaphischer Nachteile zu den am frühesten besiedelten Landschaften Mitteleuropas.

Die *Hochgebirge* bleiben hier außer Betracht, da sie Gegenstand eines eigenen Bandes innerhalb der Reihe GEOGRAPHISCHES SEMINAR ZONAL sind.

Der überwiegende Teil der kühlgemäßigten Waldländer liegt außerhalb der beiden großen zirkumpazifischen und dem Mittelmeerraum und den geologisch jungen Hochgebirgen Eurasiens folgenden Gürtel der Erdbeben und des Vulkanismus. Betroffen sind, wenn auch weniger als viele andere Gebiete der Erde, die pazifischen Küstenbereiche Nordamerikas und Chiles sowie Nordjapan, SO-Australien und Neuseeland. Sehr viel weiter verbreitet sind dagegen in dem hier zu behandelnden Raum die positiv zu beurteilenden postvulkanischen Erscheinungen, namentlich die zahlreichen Thermen, also über 20 °C warme, mit mineralischen Stoffen angereicherte Wasserquellen, die in großer Zahl im süddeutschen Raum, weniger häufig im pleistozän überdeckten Norddeutschland vorkommen und schon im römischen Altertum zu Heilzwecken genutzt wurden. Den südwestlichsten Teil Deutschlands hatten die Römer entsprechend als Aquae Aureliae bezeichnet, und noch heute trägt dieser Teil des südwestlichsten Bundeslandes den Namen Baden.

Erwähnt werden muß hier auch, daß Teile der kühlgemäßigten Zone von quartärzeitlichen *Vergletscherungen* betroffen waren und ihre heutige Oberflächengestaltung großenteils auf pleistozäne Akkumulation bzw. Erosion zurückzuführen ist. Hieraus entstanden Unterschiede in der Fruchtbarkeit der Böden, wie sie etwa bei Alt- bzw. Jungmoränengebieten vorkommen. Die Grenzen auch der äußersten Vergletscherung liefen durch die heutige kühlgemäßigte Zone hindurch, so daß diese nur teilweise vergletschert war, teilweise dem periglazial gestalteten Randbereich angehörte. Auch ist die Zahl der mit Sicherheit nachgewiesenen Vergletscherungen in den einzelnen Teilen der kühlgemäßigten Zone verschieden. In Nordamerika sind es vier, in Norddeutschland drei, in China mit großer Wahrscheinlichkeit auch drei, die dort aber nur in den Gebirgen die Schneegrenze etwa um 500 m gegenüber der heutigen herabgedrückt haben, die Tiefländer dagegen unvergletschert ließen.

Es wurde schon im Kap. 2.4 darauf hingewiesen, daß die Andersartigkeit der Reliefgestaltung Nordamerikas gegenüber Europa dafür verantwortlich zu machen ist, daß *Rückzug und Wiederauftreten von Florenele-*

menten dort leichter vonstatten gingen, so daß die heutige Flora auch der kühlgemäßigten Wälder Nordamerikas reichhaltiger ist als diejenige Mitteleuropas. Noch günstiger liegen aber die Verhältnisse im großenteils unvergletschert gebliebenen Nordchina. Hier konnten der *Gingko* und die *Metasequoia* überleben, und die Artenzahl der Holzgewächse im kühlgemäßigten Wald von fast 1000 ist rund dreimal so groß wie die der ostamerikanischen Wälder.

2.6 Gunst- und Instabilitätsfaktoren und die Tragfähigkeit der humiden kühlgemäßigten Breiten

Stellt man nun abschließend die Frage, was der humide Anteil der kühlgemäßigten Zone dem Menschen zu bieten hatte, so fehlen zwar manche Vorzüge der äquatornäheren Zonen. So ist es verständlich, daß das altweltliche Entstehungszentrum der Landwirtschaft und die frühen sekundären Verbreitungszentren außerhalb des kühlgemäßigten Bereichs lagen. Aber bei adäquater Inwertsetzung boten sich dem Menschen hier *langfristig verhältnismäßig günstige Rahmenbedingungen*.

Die Klimate des humiden kühlgemäßigten Bereichs gehören zu den waldwüchsigen, die Waldbestände in ihrer ursprünglichen Zusammensetzung zu den produktivsten der Erde. Sie boten dem Menschen verschiedenste Nutzungsmöglichkeiten: das Holz für den Hausbau, für Geräte, für Brennmaterial und Energie (Holzkohle), sowie die Grundlagen für die Eichelmast, die Imkerei, die Lohgerberei. Der ursprüngliche Wald war regional verschiedenartig in seiner Artenzusammensetzung und Dichte und bot somit auch in unterschiedlichem Maße die genannten Nutzungsmöglichkeiten.

Natürlich bedurfte es zur Schaffung von offenen Siedlungsflächen für den Ackerbau einer umfangreichen Rodungstätigkeit. *„Der Wald ist als Ernährungsgrundlage menschenfeindlich und wird deshalb von den ersten Ansiedlern nach Möglichkeit zerstört",* schreibt WALTER (1971, S. 125). Im Laufe der Geschichte wurde die natürliche Waldbedeckung des humiden kühlgemäßigten Bereichs um runde zwei Drittel ihres ursprünglichen Umfangs gemindert.

Damit nahm der Mensch auch Einfluß auf Mikroklima und Bodenqualität. Podsolierungserscheinungen sind häufig sekundär aufgetreten, während die an die Tschernoseme der Steppe anschließenden lessivierten und podsolierten Böden bei einiger Pflege durchaus zu den ertragreicheren gerechnet werden dürfen. Beweidung und Plaggendüngung waren viele Jahrhunderte lang geübte Praktiken, ehe die Anwendung von Kunstdünger zu höchsten Erträgen der Landwirtschaft gerade in dieser Zone führte, nicht zuletzt auf der Grundlage der eigenen Kalisalzvorkommen. Die weite Verbreitung von Löß förderte eine frühe Besiedelung, während die schweren Lehmböden der hier dominierenden Tonminerale wegen relativ schwer bearbeitbar, andererseits der Kationenaustauschkapazität wegen sehr produktiv sind und die ebenfalls weit verbreiteten Sandböden erst dem sich spät ausbreitenden Kartoffelanbau Chancen gaben.

Neben den Bäumen des Waldes bot die heimische Vegetation wenig für den wirtschaftenden Menschen außer einigen Wildobstbäumen, Beerensträuchern und Gräsern. *„Die Menschheit hat sich den Raum der natürlichen Laubwaldregionen der gemäßigten Zone zwar durch Rodung untertan gemacht, die Kulturpflanzen und Nutztiere aber, die auf diesem intensiv genutzten Kulturland gedeihen, entstammen anderen Klimazonen. Sie wurden erst durch Züchtung in der neuen Heimat heimisch gemacht"* (OTREMBA 1969, S. 170). Unsere Getreide und Hackfrüchte kamen alle aus dem subtropischen Raum in die kühlgemäßigten Bereiche Europas und Asiens und durch die Europäer nach Amerika und Australien/Neuseeland, manche wie der Mais und der Tabak relativ spät. Diese erwiesen sich als nur bedingt anpassungsfähig an diesen Raum, während die eigentlich subtropisch-tropischen Pflanzen bzw. ihre verwertbaren Teile importiert werden müssen, so daß sich für ihre Weiterverarbeitung häufig Fabriken in den Importhäfen oder deren Nähe angesiedelt haben, wie die Kaffeeröstereien und Schokoladenfabriken von Hamburg und Bremen oder die Korkfabriken von Delmenhorst.

Wasser ist im allgemeinen ausreichend vorhanden, die jahreszeitliche Verteilung der Niederschläge relativ gleichmäßig; dennoch kommt es in den Flüssen fast jährlich zu extremen Hoch- und Niedrigwasserständen, die die Schiffahrt und andere Aktivitäten vorübergehend beeinträchtigen. Bei ungünstigen morphologischen Gegebenheiten wie in Karstgebieten gibt es seit den Zeiten frühester Besiedlung Wasserknappheit, in besonders trockenen Jahren auch in weiteren Bereichen dieser Klimazone, insbesondere bei gleichzeitigem hohem Wasserverbrauch und hoher Umweltbelastung durch ungenügend oder gar nicht gereinigte Abwässer.

Außer in sehr milden Wintern ist ein großer Teil des kühlgemäßigten Klimabereichs von vorübergehender Eisblockierung der Gewässer betroffen. Die Pflanzen erfahren eine mehrmonatige Vegetationsunterbrechung. Der Mensch muß Kälteschutz hinsichtlich seiner Behausungen (Isolierung), Kleidung und Ernährungsweise (relativ fettreiche Nahrung) und Vorratswirtschaft betreiben. In seiner Hausbauweise tat er gut daran, vor allem dem häufig in Form von Schnee fallenden winterlichen Niederschlag mit dem Satteldach Rechnung zu tragen, denn jeder Quadratmeter Dachfläche wird von 1 m Neuschnee mit 70 kg, von 1 m gesetztem Schnee mit 300 kg, von 1 m aufgetautem und wieder gefrorenem Schnee mit 800 kg belastet.

Der *Wechsel der vier thermischen Jahreszeiten* dürfte in seiner Auswirkung auf das psychosomatische Befinden des Menschen eher positiv zu bewerten sein, wobei vor allem die stimulierende Wirkung gegenüber einem das Jahr über weitgehend gleichartigen Klima oder auch dem Halbjahresrhythmus herausgestellt worden ist (HELLPACH 1950). Auch vom technoklimatischen Aspekt her ist dieses Klima vorteilhaft, Apparate, Geräte und Maschinen sind keinen extremen naturgeographischen Beanspruchungen ausgesetzt und bedürfen keiner kostspieligen Sonderausstattungen. Natürlich gibt es innerhalb des Gesamtbereichs der kühlgemäßigten Zone graduelle Unterschiede entsprechend dem west-östlichen Niederschlagsgefälle, dem süd-nördlichen Temperaturgefälle und den modifizierenden Oberflächenformen.

An Bodenschätzen sind die Länder der kühlgemäßigten Zone nicht gerade arm, insbesondere was den Primärenergieträger Kohle betrifft. Hinzu kommen reichhaltige Salzlagerstätten und viele Rohstoffe, deren Anteile an den Weltreserven zwar geringer sind, aber noch für die mittelfristige Zukunft ausreichen.

Ausgesprochene *Instabilitätsfaktoren* gelangen in der kühlgemäßigten Zone selten zu extremer Wirksamkeit. Gelegentlich kommt es zu orkanartigen Stürmen. In den USA sind nach einzelnen besonders schweren Tornados Todesopfer zu beklagen gewesen.

Hin und wieder kommt es zu mit extremen Wetterlagen verbundenen Überschwemmungen an Küsten und Flußufern. Gelegentliche heftige Schneefälle bringen hier und da den Verkehr zum Erliegen und gefährden die Versorgung abgeschnittener Siedlungen. Spätfröste bringen viele weniger resistente Pflanzen, sowohl in der natürlichen Vegetation als auch Kulturpflanzen, zum Zurückfrieren. Einzelne Gebiete werden von Erschütterungen der Erdkruste betroffen, jedoch im allgemeinen ohne irgendwelchen Schaden anzurichten, da der kühlgemäßigte Klimabereich größtenteils außerhalb der Hauptbebenzonen der Erde liegt (Abb. 12).

Wägt man die Gunst- und Instabilitätsfaktoren gegeneinander ab, so wird man schnell zu der Überzeugung kommen, daß erstere bei weitem überwiegen. Wie sind nun diese hier kurz skizzierten, in den vorangegangenen Kapiteln ausführlicher dargelegten Verhältnisse der Ausstattung des Naturraums im humiden kühlgemäßigten Klima in Berechnungen zur *Tragfähigkeit*[5] *der Erde* eingeschätzt worden?

Im globalen Vergleich ist es interessant zu sehen, daß sowohl PENCK 1925 als auch HOLLSTEIN 1937 die stärksten Fehleinschätzungen für die Tropen vornahmen (MÜLLER-WILLE 1978, BUSCH 1980). Für die gemäßigten Breiten fielen die Schätzungen für die mögliche Bevölkerung

---

[5] Zur Definition der Tragfähigkeit siehe vor allem BORCHERDT/MAHNKE 1973, S. 5–93.

Tragfähigkeit 89

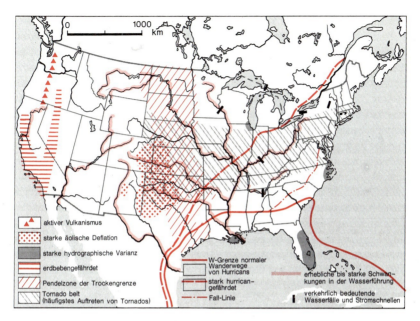

Abb. 12: *Instabilitätsfaktoren in den USA (nach* FRIESE/HOFMEISTER *1980).*

realistischer aus. PENCK hatte für seine Berechnungen die Köppen'schen Klimazonen zugrunde gelegt. Für den Bereich des feucht-gemäßigten Klimas (Cf) nahm er eine wahrscheinlich mögliche Bevölkerungsdichte von 96, für den des winterfeucht-kalten Klimas (Df) eine solche von 32 an, wobei die jeweils denkbar mögliche Dichte mit dem doppelten Wert angenommen wurde. Obwohl HOLLSTEINS Berechnungen genauer waren, da er die Klimazonen weiter untergliederte und für kleinere Räume die jeweils ertragreichste Körnerfrucht dem Kalorienbedarf gegenüberstellte, kam er für die gemäßigte Zone auf eine mögliche Bevölkerungsdichte von nur 38 E/km^2, einen Wert, der 1965 schon erreicht und für Teile der kühlgemäßigten Zone bereits erheblich überschritten war.

Nun ließ sich zur Zeit der Berechnungen HOLLSTEINS sicher manche agrartechnische Veränderung gerade in den Industriestaaten der gemäßigten Breiten noch nicht in ihrem vollen Ausmaße absehen. In den USA brachte die Mechanisierungswelle in der Landwirtschaft, vor allem die Umstellung auf Traktoren, einen Rückgang der Zahl der gehaltenen Zugpferde, der der Einsparung von rund 28 Mill. ha Futterfläche gleichkam, die nun für andere Anbaufrüchte frei wurde. Die Hybridisierung des Mais

Tragfähigkeit

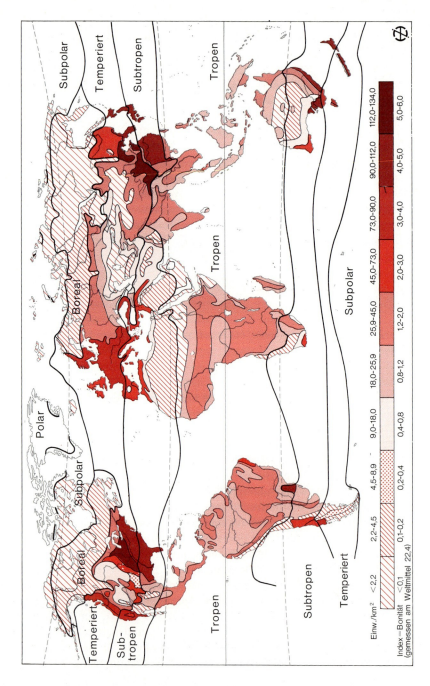

Tragfähigkeit

und die Saatzucht bei anderen Kulturpflanzen brachten eine Ertragssteigerung pro Hektar, die einer Steigerung der Anbaufläche von rund 38 Mill. ha gleichkam. Diese und andere Strukturwandlungen, gegenwärtig vor allem produktivitätssteigernde organisatorische Veränderungen der landwirtschaftlichen Betriebe, erhöhen die agrare Tragfähigkeit der Länder der gemäßigten Breiten weiter.

Nach MÜLLER-WILLES Berechnungen (1978) für 1965 ergaben sich als Dichtewerte in den Zonen der Troll-Paffenschen Jahreszeitenklimate:

Temperierte Zone (III)   38,8
Subtropische Zone (IV)   28,1
Tropenzone (V)   25,8
Boreale Zone (II)   1,83
Subpolare Zone (I 3-4)   0,4

Betrachtet man innerhalb der temperierten Zone den humiden Anteil, d.h. die Subklimate III 1-8 für sich, kommt man auf den Durchschnittswert von 63,5 (Abb. 13).

◀ *Abb. 13: Die mittlere Bevölkerungsdichte der bioklimatischen Räume und ihr Verhältnis zum Weltmittel 1965 (nach W. MÜLLER-WILLE 1978).*

3 Die Inwertsetzung des Naturpotentials durch den Menschen

3.1 Die Entwicklung in Mittel-, West- und Nordeuropa

3.1.1 Die Entwicklung der Land- und Ernährungswirtschaft

Schon der paläolithische und mesolithische Mensch verursachte Veränderungen des Naturhaushaltes. Der Übergang vom bloßen Wildbeutertum zum auf Großwild spezialisierten Jäger verschaffte ihm nicht nur eine verbesserte Lebensgrundlage mit der Möglichkeit einer mehrfachen Bevölkerungsdichte, sondern stellt auch einen gezielten Eingriff in die Natur bis hin zur totalen Ausrottung dieser Lebensgrundlage dar. Nach BUDYKO wurde im Oberen Paläolithikum das Mammut *(Elephas primigenius)* entscheidend dezimiert, da es in den nordhemisphärischen Wäldern und Steppen nur einen Bruchteil an Biomasse im Vergleich zu Großtieren der tropischen Savanne bilden konnte, zugleich aber bei den größten Tieren die Geburtenrate am geringsten ist. *„The animals most vulnerable to the hunters of the Upper Paleolithic were thus those species of large herbivores whose biomass increase per unit area was the smallest"* (BUDYKO 1974, S. 459).

3.1.1.1 Die „neolithische Revolution"
Archäologie, Ergologie, Ethnologie, Paläobotanik, Vergleichende Sprachwissenschaft, Vor- und Frühgeschichte haben versucht, das mit den Anfängen der Landwirtschaft verknüpfte Fragengeflecht zu entwirren. Aber bis heute sind manche jener Vorgänge zum Teil noch ungeklärt geblieben. In der hier gebotenen Kürze können die Kontroversen über die strittigen Fragen nur kurz angeschnitten werden.

Die Unsicherheit beginnt bereits mit dem *Grad der Waldbedeckung* des Landes vor jeglicher Einflußnahme des Menschen. Für den kühlgemäßigten Bereich Mittel-, West und Nordeuropas schwanken die Annahmen zwischen 90% und 75% (HOOPS 1905, JÄGER 1963, JANKUHN 1969, MAGER 1961, MANTEL 1965, SCHLÜTER 1952). Einigkeit besteht nur darüber, daß nicht überall Wald wuchs. Europa war *„ein von Wäldern, Steppen, Heiden und Mooren durchsetztes Land, ... und gerade diese Mischung der Vegetationsformationen dürfte nicht wenig dazu beigetragen haben, daß der Norden unseres Erdteils in frühen Zeiten schon zu so verhältnismäßig hohen Kulturzuständen gelangt ist"* (HOOPS 1905, S. 101/102).

JÄGER (1963 S. 98) hat darauf hingewiesen, daß die Bandkeramiker für ihre Siedlungen *„nur die Ränder der von Flüssen und Bächen entwässerten Lößplatten"* bevorzugten, *„deren heutige Lehme sich häufig aus bewaldeten Pseudoschwarzerden entwickelt haben dürften"*. Typisch war also die Lage zwischen einem trockenen und einem feuchten Ökotop, die Siedlungen waren zunächst auf derartige vorteilhafte Lagen beschränkt und insgesamt disperser und dünner, als früher vielfach angenommen worden war (Abb. 14). Während das Oszillieren von Siedlungsflächen schon seit langem zu den bekannten Tatsachen gehört (so schon GAMS/NORDHAGEN 1923), sind erst durch viele jüngere Forschungen manche Vorgänge offengelegt worden, die früher falsch oder gar nicht gesehen wurden, so z. B. der Zweck der Zurückdrängung des Waldes für die Viehhaltung eher als für umfangreicheren Ackerbau, die Art und Weise der Rodungstätigkeit sowie das *Neben- bzw. Miteinander von offenen und halbgelichteten Flächen* der Bauern bis in die nachchristliche Ära hinein.

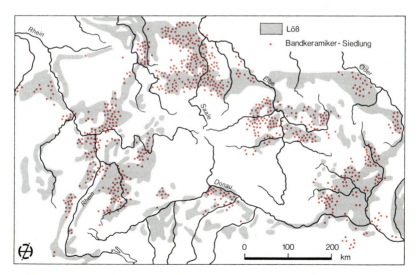

Abb. 14: Lößflächen und Ausbreitung der Bandkeramik in Mitteleuropa (nach JANKUHN 1969).

Neben kontinuierlicher Besiedlung wie in Teilen der Hessischen Senke und des Untermaintals hat es in manchen Gebieten *mehrere frühe Siedlungsphasen und Wüstungsvorgänge* gegeben. MORTENSEN sprach dabei von der „Inkonstanz alter Siedlungsräume" (1958, S. 368). Für Schleswig-Holstein hat JANKUHN nachgewiesen, daß am Übergang von der Bronze- zur Eisenzeit vermutlich wegen höherer Niederschläge und damit Vernässung und schwierigerer Bearbeitbarkeit eine Verlagerung der Siedlungen weg von den schweren Böden der Jungmoräne auf leichtere Böden erfolgte. Etwa um 100 v. Chr. kam es dann wiederum zu einer Verlagerung zurück auf die Jungmoräne und weg von den (verarmten?) Geestböden (JANKUHN 1969, OVERBECK 1975). Vertrauter sind wir mit der spätmittelalterlichen Wüstungsperiode und den davor und danach liegenden Perioden des Landesausbaus. Siedlungsverlagerungen oder aber das Wüstfallen wegen Bevölkerungsrückganges infolge von Epidemien und Kriegswirren haben daher auch die Ausdehnung der offenen bzw. bewaldeten Flächen oszillieren lassen. Die *Waldrodung ist kein kontinuierlich fortschreitender Vorgang* gewesen.

Zweitens ist wichtig sich darüber im klaren zu sein, daß der Übergang zur Landwirtschaft nicht etwa einen Wechsel von Jagd zu Landbau bedeutete. Wenn auch der Ackerbau für die Ernährungsbasis wichtig wurde, stand doch die Domestizierung und Haltung von Tieren an erster Stelle. Auf dem Hintergrund dieser Tatsache ist auch die Kritik an GRADMANNS Steppenheidetheorie zu sehen und die von ELLENBERG und anderen Autoren immer wieder gemachte Aussage, daß die hauptsächliche neolithische Siedlungsausbreitung *„im feucht-warmen Atlantikum mit vorherrschendem Eichenmischwald"* erfolgt ist (GRADMANN 1901, ELLENBERG 1978, JANKUHN 1969, S. 24). Große Bedeutung kam der Eichen- und Bucheckernmast der Schweine zu. Die Kleintiere, Ziegen und Schafe, wurden in den Wald zum Weidegang getrieben. Rinder mußten auf andere Weise ernährt werden und dürften hauptsächlich als Zugtiere gehalten worden sein. Für sie mußten Weideland geschaffen und Futterpflanzen angebaut werden.

Aus Knochenfunden schließt man sowohl auf den Umfang der Domestizierung als auch auf die Verbreitung der Tierarten und der Vegetation sowie den Zweck, dem die Tiere dienten. Während für das Neolithikum in Schleswig-Holstein, Niedersachsen und der Schweiz noch hohe Anteile an Wildtierknochen aufgefunden wurden, war in Dänemark, Mitteldeutschland und Polen der Anteil an Haustierknochen bereits größer, die Viehhaltung also schon stärker entwickelt. Höherer Schweineknochenanteil deutet auf mehr, höherer Rinderknochenanteil auf weniger Wald nahe den damaligen Siedlungsplätzen hin. Darin unterschieden sich auch die frühen Wurtensiedlungen: im Flußmarschenbereich mit mehr Wald in der

Nähe stärkere Schweinehaltung, im Seemarschenbereich ausgesprochene Weidewirtschaft mit mehr Rindviehhaltung (NOBIS 1955). Der hohe Anteil von Jungtieren bei den Knochenfunden vom Schwein läßt darauf schließen, daß diese in der Hauptsache Fleischlieferant waren, der geringe von Rind und Schaf, daß sie hauptsächlich Zugtiere bzw. Milch- und Wollerzeuger waren (JANKUHN 1969).

Der Wald wurde aber in vielerlei Weise in die bäuerliche Wirtschaft integriert: Noch bis ins Mittelalter hinein stellten Bucheckern, Eicheln und Haselnüsse einen erheblichen Teil der menschlichen Nahrung. Daher in der Literatur die Bezeichnung „Nährwald" (MAURIZIO 1927). Neben der Hude diente er weiterhin der Jagd, der Zeidlerei, Baumrinde wurde zur Lohgerberei benutzt, Holz lieferte das Material für den Hüttenbau, für Zäune, Wagen, Boote, Möbel, Geräte wie das Spinnrad oder Küchengeräte, und es war der Brennstoff für den Hausbrand genauso wie für die Bronzegießerei, die Eisenverhüttung, die Glasbrennerei und die Salzsiederei. Neben den eigentlich offenen Flächen, die ihrerseits durchaus nicht immer von Stubben befreit waren, den Äckern und Weiden, gab es also den *durchweideten Wald,* der in gewissem Umkreis um die Siedlungen mehr oder weniger stark gelichtet war.

Ein dritter Aspekt ist die Art der Rodungstätigkeit, der Zurückdrängung des Waldes zugunsten offener Flächen. Drei Agentien werden in der Literatur genannt: das Feuer, das Beil, und Viehverbiß. In Analogie zu der noch bis in die Gegenwart hinein in den Tropen verbreiteten Landwechselwirtschaft wurde von manchen Autoren für den neolithischen Akkerbau in Europa *Brandrodungsbau* angenommen, und zwar auch für die erste Urbarmachung. Dagegen wandte sich z. B. JANKUHN mit dem Argument, daß solche Brandrodung nur mit ganz wenigen Befunden belegt werden könne. Vielmehr sieht er *„in den schweren, scharfschneidigen, dünnackigen Flintbeilen ... ein für die Rodung sehr geeignetes Gerät"* (JANKUHN 1969, S. 30). Schließlich vertritt JACOBEIT noch eine andere Auffassung, die einiges für sich hat. Demnach kamen die Rodungen weniger durch Brände und das Fällen von Bäumen zustande als durch langsames, sukzessives Vorrücken des offenen Landes gegen den Wald durch immer mehr *Viehverbiß,* insbesondere der Schafe (JACOBEIT 1954; vgl. auch Kap. 2.4.4.2 über die Zurückdrängung des Waldes in Neuseeland durch Hirsch und Opossum). Hierin würde auch die enge Verzahnung von offenem Siedlungsland und gelichtetem siedlungsnahem Wald zum Ausdruck kommen.

Aber auch die *offenen Flächen selbst* befanden sich – und damit sind wir beim vierten Aspekt – nicht in einer in unserem heutigen Sinne geregelten Bewirtschaftung. Zum einen gab es, wie schon MORTENSEN hervorhob, die *Übergänge* zwischen Daueracker, Wiese, Wechselacker, Weide, Weidewald, gelegentlich durchweidetem Wald und Urwald (MORTENSEN 1958), also ein großes *Nebeneinander* von öfter oder weniger oft genutzten Flächen. Zum zweiten waren Äcker durchaus nicht immer einheitlich bestellt. ABEL wies darauf hin, daß es noch bis in die 1870er Jahre im Schweizer Jura Dörfer gegeben hat, in denen auf derselben Zelge durcheinander Emmer, Einkorn, sechs- oder zweizeilige Gerste gebaut wurden, was man als *„Mengekorn"* bezeichnete (ABEL 1967). JÄGER weist auf den pollenanalytischen Befund der neolithischen Siedlung Ehrenstein bei Ulm hin, der ausgedeutet wurde als eine sehr unregelmäßige Fruchtfolge von Emmer/Einkorn mit über 90% der Pollen und entsprechend langem Anbau, gefolgt von kurzfristiger Einsaat von Gerste (3,3% der Pollen) und vermutlich anschließender Brache (JÄGER 1978). Es liegt aber der Gedanke nahe, daß es sich hierbei eher auch um Mischgetreide wie im Schweizer Jura gehandelt hat. Damit ist die Fruchtfolge angesprochen.

Es war ein langer Weg von der *ungeregelten Feldgraswirtschaft*, wie wir sie für die Anfänge des Landbaus annehmen, über eine *geregelte Wechselwirtschaft* etwa in der Art der bis ins 20. Jh. im Siegerland erhaltenen Haubergwirtschaft und die *Felderwirtschaft* (in Mitteleuropa häufig Dreifelderwirtschaft) zur *verbesserten Felderwirtschaft* ohne Brache. Noch heute sind Feldgrassysteme in bestimmten Gebieten verbreitet, so in kontinentalen Lagen, wo wie im Südwesten der Sowjetunion mehrjähriger Futterbau die Sommerweizen-Monokultur ermöglichen soll, oder in futterwüchsigen maritimen Lagen wie in Nordwesteuropa und Neuengland, oder in montanen Lagen bei stärkeren Niederschlägen und kürzerer Vegetationszeit (BAEUMER 1978, S. 171). In den Anfängen der Landwirtschaft sorgte die Notwendigkeit zur Regenerierung des Bodens bei fehlender Düngung oder anderen bodenverbessernden Maßnahmen für die allgemeine Verbreitung dieses Systems.

Nachgewiesen wurden offene Flächen und Kulturpflanzenbau durch Pollen der Gramineen ebenso wie durch solche der den Anbau begleitenden charakteristischen Ackerunkräuter wie Beifuß *(Artemisia)*, Gänsefußgewächse (Chenopodiaceen), Sauerampfer *(Rumex acetosella)* und Spitzwegerich *(Plantago lanceolata)*. Da die beiden erstgenannten allerdings in Salzpflanzengesellschaften von Marschen und Küstenstreifen häufig vorkommen, sind sie in diesen Gebieten als Siedlungsanzeiger nicht verwendbar.

Die umfangreiche Schaffung offener Flächen stellt sicher die stärkste mit der sich ausbreitenden Landwirtschaft verbundene Veränderung dar. Auf diesen von der Walddecke entblößten Flächen ergaben sich stärkere Belichtung, größere Temperaturamplituden, die Offenlegung der Bodenoberfläche für erodierende Agentien mit Einsetzen von Bodenerosion und

Auelehmbildung in den Tälern, sowie die Beseitigung von Konkurrenten und Begünstigung der die menschlichen Siedlungen begleitenden Ruderalpflanzen. Zu ihnen gehören z. B. Brennessel *(Urtica ssp.)*, Kamille *(Matricaria matricaroides)*, Schierling *(Conicum maculatum)*, Stechapfel *(Datura stramonium)* oder Vogelmiere *(Stellaria media)*. Infolge solcher Eigenschaften wie kurzer Lebenszyklus und große Zahl kleiner, langlebiger und resistenter Samen besitzen sie eine hohe Anpassungs- und Fortpflanzungsfähigkeit.

Andere Veränderungen waren die Auswahl erwünschter Genotypen und Konzentration bestimmter Varietäten sowie eine Produktivitätssteigerung auf der Flächeneinheit wegen der den Kulturpflanzen eigenen *Gigasformen*. Dieser „Riesenwuchs" im Vergleich zu den jeweiligen Wildformen wird durch die bei Inkulturnahme bewirkte Vergrößerung und Verdopplung bzw. Vervielfachung der Chromosomen herbeigeführt. Durch die Züchtung wurden weiterhin der Fortfall des Keimverzugs mit dem Ergebnis des gleichzeitigen Reifens sowie eine Verminderung von schlecht schmeckenden, diätisch weniger verträglichen oder gar giftigen Substanzen (Bitter- und Giftstoffe) erreicht (SCHWANITZ 1957). Zur Gegenwart hin ist die Einflußnahme des Menschen auf die Qualität der Kulturpflanzen durch Anwendung von Kunstdünger, Herbiziden, Einführung von oder Kreuzungen mit ausländischen Pflanzen, Industrieemissionen etc. immer vielfältiger geworden.

Die Kultureinflüsse kamen nach Nord- und Mitteleuropa aus verschiedenen Richtungen, deren Dominanz zum Teil noch immer kontrovers ist. Heute besteht wohl weitgehend Einvernehmen darüber, daß der Hauptkulturstrom aus dem östlichen Mittelmeergebiet über den Donauraum, also aus Südosten, kam. Zweifellos sind einige etwas jüngere Einflüsse, insbesondere die Hirse, der Roggen und sehr viel später die Sojabohne aus dem Osten gekommen, die Hirse aus dem südlichen, der Roggen aus dem nördlichen Rußland, die Sojabohne aus der Mandschurei. Wir kommen auf sie später in diesem Kapitel zurück. Als einem zweiten Impetus nach der Donaukultur hat CHILDE (1925) dem östlichen Kulturstrom größere Bedeutung beigemessen als die meisten anderen Autoren.

Noch umstrittener ist der Einfluß aus dem Westen. Vor allem vertrat WERTH dezidiert die Meinung, daß bereits mit der ersten postpleistozänen Klimaverbesserung im jüngeren Mesolithikum der Ackerbau mit Emmer und Gerste und dem Krümelpflug über das klimatisch begünstigte Westeuropa nach Mittel- und Nordeuropa gelangt sei. Für ihn spielt eine entscheidende Rolle das Campignien mit Töpferei (Keramik), der Lochschäftung der Geräte (die Klinge besitzt ein Loch zur Aufnahme des Stiels) im Gegensatz zur Dornschäftung (dornartige Fortsetzung der Klinge, die in den Stiel versenkt wird) und der Domestizierung des Rindes, das als Zugtier das wichtigste Großvieh der Pflugkultur darstellte (WERTH 1954, S. 418). Erst ein zweiter Kulturstrom mit Einkorn und Vierkantpflug sei dann im Neolithikum aus Südosten gekommen.

Gegen diese Auffassung hat es heftige Widersprüche gegeben. Eine mesolithische Pflugkultur ist durch nichts zu belegen. Jedoch ist wahrscheinlich, daß den Pflugbauern des Neolithikums eine mindestens *halbseßhafte Bevölkerung* vorausgegangen ist.[6] Für den Übergang vom Alleröd zur Jüngeren Waldtundrenzeit wurden Zelte aufgefunden, die erstmals Artefakte und eine Feuerstelle im Innern aufweisen und demnach höchstwahrscheinlich auch im Winter bewohnt waren (OVERBECK 1975, S. 433). Diese Menschen waren keine Nomaden mehr, und sie betrieben neben Jagd und Fischfang in geringem Umfang einen Pflanzenbau mit dem als Winkelgrabstock anzusehenden *Furchenstock* (KOTHE 1953, 1954, HIRSCHBERG/JANATA 1980). Damit tritt KOTHE auch der lange Zeit vertretenen Auffassung entgegen, der älteste Pflugtyp in Mitteleuropa habe sich aus der Hacke entwickelt. Hackbau tritt jedoch erst mit der Eisenhacke in Erscheinung, die aber unmöglich die Vorstufe des kupfer-bronzezeitlichen Pflugbaus gewesen sein kann (Abb. 15).

Landwirtschaft hat sich also über eine lange Zeitspanne hinweg entwickelt. Mit diesem Argument lehnen viele Autoren Begriffe wie „neolithische Revolution" oder „agrare Revolution" ab. Für sie spricht andererseits, daß mit Ackerbau, Haustierhaltung und Seßhaftigkeit *mehrere wichtige Kulturelemente* gebündelt auftraten, die geeignet waren, nicht allein die Diät des Menschen, sondern seinen ganzen Wirtschafts- und Lebensstil zu verändern. Zu ihnen gehörten der *Pflug* als wahrscheinliche Weiterbildung des Furchenstocks, der *Lehmziegel* als neues Baumaterial, das *Boot* als Fortbewegungsmittel auf Flüssen und in Küstengewässern, ausgerüstet mit Segeln, die im Mittelmeerraum auf das 4. Jt. v. Chr. zurückreichen, die *Keramik,* mit der der Bedarf an Gefäßen für die agrare Vorratswirtschaft gedeckt werden konnte, und das *Spinnen und Weben.*

Wiederum war, wie schon beim Übergang vom Wildbeutertum zur Großwildjagd, eine um etwa das *Zehnfache gesteigerte Bevölkerungsdichte* gegenüber der vorangegangenen Kulturstufe möglich.[7] Tab. 15 versucht

---

[6] Die Frage, ob Seßhaftigkeit erst mit dem Übergang zu Landbau verbunden gewesen ist, ist durchaus kontrovers. Die bis etwa 5800 v.Chr. zurückreichende Siedlung Lepenski Vir nahe Orsova war von mesolithischen Fischern bewohnt. Die Geometrie der Ortsanlage, die Gestaltung der Hütten und die in ihnen zentral aufgestellten „Hausaltäre" mit den kultischen Steinfiguren („Fischgötter") deuten auf dauerhafte Bewohnung hin.

[7] Bisher ist kontrovers, ob solche Verbesserung der Lebensgrundlage einen Bevölkerungsanstieg ermöglicht oder ob Bevölkerungswachstum den Zwang zur Suche nach verbesserter Nahrungsbeschaffung (s. COHEN 1977; ähnliche Gedanken schon bei GRADMANN 1901) heraufbeschworen habe.

Abb. 15: Zeitliche Verbreitung und räumliche Ausdehnung der Pflugbaukultur (nach SAPPER *1939 und* GOUDIE *1981).* ▶

Pflugbaukultur 99

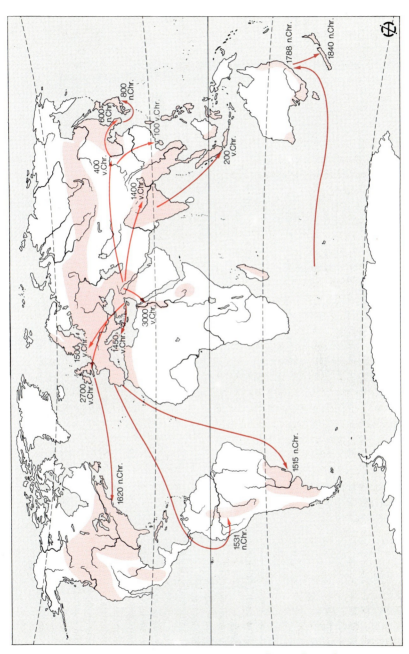

Tab. 15: *Veränderungen wichtiger Größen mit fortschreitender kultureller Entwicklung (nach Bevölkerungs-Ploetz 1955,* BOBEK *1959,* MACKENSEN *1974,* MANSHARD *1982,* MANTEL *1965,* MÜLLER-WILLE *1978)*

Kulturstufe	Geschätzter täglicher Pro-Kopf-Energieverbrauch in kcal				Im ursprünglichen Waldland prozentuale Flächenanteile		Geschätzte durchschnittl. Bevölkerungsdichte in E./100 km²	Verstädterungsgrad	Mittlere Lebenserwartung in Jahren
	Nahrung	Haushalt, Dienste	Industrie, Landwirtschaft	Verkehr	insgesamt	offen	bewaldet			
Urmensch (Wildbeuter)	2				2	10	90	1		
Jäger (spezialisiert auf Großwild)	3	2			5			5– 10		
Sippenbauer (traditioneller Bauer)	4	4	4		12			50– 100		18 (?)
Herrschaftlich organisierte Agrargesellschaft (weiterentwickelter Bauer)*	6	12	7	1	26	50–70	50–30	1 500– 3 500	1/6	30
Mensch des Industriezeitalters*	7	32	24	14	77			5 000–20 000	1/3–2/3	40
Die moderne Technik voll ausnutzender Mensch*	10	66	91	63	230	62–92	8–38	10 000–35 000	2/3–9/10	70

* Bezeichnungen nach MANSHARD, die westlichen Industriestaaten betreffend.

vor allem auf der Grundlage der Arbeiten von BOBEK und MANSHARD, die für die einzelnen Kulturstufen im westeuropäischen Raum charakteristischen Größen von Energieverbrauch, Grad der Waldverdrängung, Bevölkerungsdichten, Urbanisierungsgrade etc. in einer Synopse aufzuzeigen.

Mit der vergrößerten und veränderten Ernährungsbasis traten weitere Bedürfnisse auf, z. B. das nach *Speisesalz,* und zugleich wurden Möglichkeiten erschlossen, diese durch Bergbau oder Handel zu befriedigen. Daher sei noch kurz auf den frühen Abbau von Bodenschätzen eingegangen.

Für das 1. Jh. n. Chr. ist belegt, daß die Germanen Torf zum Heizen und Kochen ihrer Speisen gewannen. Sicher reicht das Torfstechen weiter in die Vergangenheit zurück. Mindestens neolithischen Alters ist die Gewinnung von *Flint* (Feuerstein), der wegen seiner Härte und Scharfkantigkeit bestens zum Feueranschlagen geeignet war, aber auch zur Herstellung von Beilen, Messern, Pfeilspitzen und Streitäxten benutzt wurde. Mit aus Horn, Knochen oder Stein hergestellten Brechstangen, Hacken, Hämmern, Harken, Keulen und Schaufeln wurden die Flintknollen aus dem Kalkgestein zunächst im Tagebau (Hang-, Höhlen- und Grubenbau), aber auch mittels bis zu 20 m tiefen Schächten, an deren Basis stollen- oder gangartige Erweiterungen angelegt wurden, gewonnen. Ein Teil der ältesten Abbaustätten wurde in der Nähe einstiger bäuerlicher Siedlungen aufgefunden, von denen aus sie offensichtlich betrieben wurden. Andere deuten auf isoliertere Standorte und damit auf eine großräumliche Spezialisierung hin (M. MÜLLER-WILLE 1976).

3.1.1.2 Die frühen Grundnahrungsmittel
Was wurde nun in diesem Teil Europas kultiviert? Was waren die Grundnahrungsmittel seiner Bevölkerung?

Die Bedingungen waren ungünstiger, die Verhältnisse schwieriger als bei den Mittelmeervölkern. Bei diesen war und ist das für Brei und Brot wichtigste Getreide der Weizen, wichtigster Fettlieferant vor Baumwolle, Erdnuß, Palme und Sesam ist der Ölbaum, wichtigster Süßstoff vor Übertragung des Zuckerrohres war die Feige, wichtigstes Getränk der Wein. Wie sah es dagegen nördlich der Alpen aus?

Das weitgehende Fehlen von Wildformen mit Ausnahme verschiedenster Wildobstarten legt die Annahme nahe, daß die Kulturleistung des nicht-mittelmeerischen Europa in erster Linie in der Weiterentwicklung bereits anderswo in Kultur genommener Pflanzen und weniger in Neuzüchtungen bestand. Hierin aber ergab sich auf dem Hintergrund der erwähnten, aus *mehreren Richtungen zusammentreffenden Kulturströme* eine erhebliche Vielfalt. Diese wurde sicher noch gefördert durch die vergleichsweise zum Mittelmeerraum größere Variationsbreite der Klimate und der daraus resultierenden Verschiedenheiten der Wuchsbedingungen.

Schon zu bandkeramischer Zeit wurden die Weizenarten Einkorn *(Triticum monococcum),* Emmer *(T. dicoccon),* in geringerem Maße Spelt *(T. spelta)* angebaut, die Vielzeilgerste *(Hordeum vulgare)* und die Rispenhirse *(Panicum miliaceum),* an ölliefernden Pflanzen Lein oder Flachs *(Linum usitatissimum),* im Alpenvorland auch der Mohn *(Papaver somniferum),* an Hülsenfrüchten die Erbse *(Pisum sativum)* und in geringerem Maße die Linse *(Lens esculenta).* In der Bronzezeit kamen vor allem die Kolbenhirse

Abb. 16: Grenze zwischen vorwiegendem Roggen- und Weizenbrotkonsum sowie vorwiegendem Bier- und Weinkonsum in Europa (nach JORDAN *1973, S. 210 und Produktschap voor Gedestilleerde Dranken 1983).*

(Setaria italica) und die Ackerbohne *(Vicia faba)* hinzu, zur Eisenzeit wurde erstmals der Anbau von Roggen *(Secale cereale)* und Hafer *(Avena fatua, A. sativa)* bedeutsam. An Obst gab es allerdings neben den Wildformen wohl nur den Apfel *(Malus sylvestris)* und wahrscheinlich eine Pflaumenart *(Prunus domestica)* und die Süßkirsche *(Prunus avium)* (JANKUHN 1969).

Wenn man nach der Bedeutung der einzelnen Pflanzen als Grundnahrungsmittel fragt, so dürften als die wichtigsten Getreide der *Weizen* sowie der *Roggen* mit stark zunehmender Tendenz zum Spätmittelalter hin und die *Hirse* mit abnehmender Tendenz zu nennen sein (Abb. 16). Hauptlieferanten pflanzlicher Fette waren *Lein* und *Mohn,* daneben Leindotter *(Camelina sativa)* und gesammelte Bucheckern. Hinzu kommt in einigen kontinentaleren Bereichen der kühlgemäßigten Zone Europas die *Sonnenblume (Heliantus annuus),* die vor allem in der Sowjetunion und den Ländern Südosteuropas angebaut wird, und seit dem 18. Jahrhundert in geringem Maße die aus Ostasien stammende und vor allem im nördlichen Mittelwesten der USA heute weit verbreitete *Sojabohne (Soja hispida).* Weltweit liefert sie heute das meistverwendete Pflanzenfett, wird aber in Europa mehr importiert als selbst erzeugt. Das anfängliche Scheitern der Übertragung nach Europa war ein Problem des Photoperiodismus. Im Gegensatz zu den hier heimischen Langtagspflanzen hatten die ersten Versuchssorten Kurztagscharakter, d. h. sie produzierten eine große Blattmasse, ohne rechtzeitig zum Blühen und Fruchten zu gelangen. *„Erst als in der nördlichen Mandschurei tagneutrale Sojastämme aufgefunden wurden, Sorten also, deren Blühverlauf von der Tageslänge nicht beeinflußt wird, konnte die Sojazüchtung auch in Europa und in Nordamerika Erfolge erzielen"* (SCHWANITZ 1957, S. 99). Von der Sojawelternte 1981 erzeugten die USA 62,1%, die VR China 11,2%, Brasilien 16,8% und Argentinien 4%.

Wichtigster Süßstoff war der *Honig* bis weit in die Neuzeit hinein; denn den über weite Entfernungen importierten Rohrzucker konnten sich nur die Reichen leisten, und die Gewinnung von Zucker aus der Rübe ist eine Errungenschaft des 19. Jahrhunderts (s. Kap. 3.1.1.3). So war die Zeidlerei oder Imkerei eine Tätigkeit von größter ernährungswirtschaftlicher Bedeutung. Von der Rolle der Heidevegetation und der Linde für die Bienenhaltung war bereits die Rede (Kap. 2.4). Ebenso bedeutsam waren die Zeidelgüter im Reichsforst von Nürnberg, mit deren Produktion die Nürnberger Lebkuchen in Zusammenhang stehen. Auch Thorn war für seine Honigkuchenherstellung bekannt. Im Deutschen Reich gab es um 1880 nicht weniger als 1,9 Mill. Bienenstöcke. In geringem Maße wurde allerdings auch der süße Saft aus Stämmen des Ahorns und der Birke gewonnen, wiewohl das nie dieselbe Bedeutung hatte wie der Zuckerahorn bei den nordamerikanischen Indianern.

Bei den Getränken sind in erster Linie Met und Bier zu nennen. *Met* ist gegorener Honig („Honigwein") und galt Pytheas zufolge im 4. Jh. v. Chr. als das allgemeine Getränk der nordischen Völker. Der indogermanische Wortstamm „madhu" bedeutet so viel wie „süßer Trank" und weist damit auf die Herkunft des Getränks vom Honig hin (TIMMERMANN 1971). Met wird heute nur noch wenig getrunken, vor allem noch auf den Britischen Inseln und in Osteuropa, die Metherstellung in Nürnberg zeigt den Zusammenhang mit der im Reichswald traditionellen Zeidlerei.

Das andere wichtige Getränk, das dagegen seine Rolle bis in die Gegenwart erhalten hat, ist das *Bier.* Zwar kann man Bier auf verschiedene Weise herstellen, aber in der Verfahrensweise des Melzens ist es mit dem Getreidebau verbunden. Das älteste Bier des nicht-mittelmeerischen Europa war das Emmerbier. Später wurde fast ausschließlich Gerste zum Bierbrauen verwendet (Abb. 16).

Das Bierbrauen hat eine merkwürdige rückschreitende Entwicklung durchgemacht. Die älteste Art war die Herstellung eines Malzbrotes, das in bestimmter Weise geröstet, dann eingeweicht und zum Gären gebracht wurde, ähnlich dem russischen Kwaß. In einem späteren Stadium ersparte man sich das Brotbacken und ließ den Mehlbrei direkt gären, in einem letzten Stadium verzichtete man auch auf den Mehlbrei und stellte das Getränk direkt aus dem gerösteten Getreidekorn her (NEUBURGER 1981). Ob vor dem Mittelalter bereits gekeimtes Getreide verwendet wurde, konnte nicht nachgewiesen werden.

Aus dem Gebiet nördlich des Kaukasus stammte vermutlich die Gewohnheit, mittels der *Lupine (Lupinus luteus)* dem Bier einen Grad von Bitterkeit zu verleihen. Dagegen wurde *Hopfen (Humulus lupulus)* nicht vor Ende des 8. nachchristlichen Jahrhunderts als Beigabe beim Bierbrauen verwendet. Für die Bauschicht der Hammaburg in der Altstadt Hamburg aus dem Beginn des 9. Jh. (ca. 810–830) konnte Hopfen, da die Pollen schwer von denen des Hanfs zu unterscheiden sind, nicht mit voller Sicherheit nachgewiesen werden (GROHNE 1957).

Mit einem dritten Getränk, dem *Wein,* kommen wir zu einem späteren Entwicklungsstadium. Während in vorrömischer Zeit das Spektrum der Halm- und Hülsenfrüchte und ölliefernden Pflanzen schon weitgehend vorhanden war, ist der Einfluß der Römer auf den Reb- und Obstbau nicht zu verkennen. Sicher hängt das z. B. damit zusammen, daß die Römer beides zu ihrer eigenen Versorgung im Dekumatenland benötigten.

In der Naturvegetation der kühlgemäßigten Zone waren verschiedene Wildrebenvarietäten heimisch, im jungtertiären Mitteleuropa die Varietät *Vitis teutonica,* in Ostasien *V. ficifolia* und *V. thunbergii* (WERTH 1954). Aus ihrem pleistozänen Refugium kehrte nach Mitteleuropa nur *V. sylvestris* zurück, die hier die Grundlage für die Rebkultur bot. Eine solche ist aber für die Zeit vor Christi Geburt nicht nachweisbar. Dagegen war der Wein in Teilen Mitteleuropas durch den Handel, und zwar von Südgallien, von Marseille aus, wohin er vor 600 v. Chr. von Griechenland her übertragen worden war, über Burgund und das Elsaß seit dem 6. Jh. v. Chr. bekannt, was durch griechische Funde bei Haßloch in der Pfalz, Kaiserslautern, Rüdesheim und Ludwigsburg bezeugt ist (WINKELMANN 1960).

Die Kontroverse darum, ob der Weinbau selbst in Mitteleuropa eher römische oder griechische Wurzeln habe, was u. a. mit der Argumentation gestützt wird, daß das Wort Wein *(vinum)* und ein Teil der Weinbauterminologie aus dem Lateinischen (HOOPS 1905), ein Teil aber aus dem Griechischen (WINKELMANN 1960) herrühre, ist insofern müßig, als den Römern kaum das Verdienst abgesprochen werden kann, ihn in den ersten nachchristlichen Jahrhunderten hier gefördert zu haben, so daß er fortan kontinuierlich bis in die Gegenwart betrieben worden ist. Auch die baugeschichtliche Wurzel für das deutsche Winzerhaus ist in Italien zu suchen. Zwar fanden die beiden Gebäudeformen des Turmhauses, das z. B. in der Form der Geschiechtertürme die Altstadt von Regensburg prägt, und des Saalgeschoßbaus, der weitgehend auf Kaiserpfalzen und fränkische Dynastenburgen, Bischofspaläste und Klöster beschränkt blieb, nur geringe Verbreitung nördlich der Alpen. Aber das kleinadelige und bürgerliche Saalgeschoßhaus wurde zum Vorbild für das Winzerhaus mit seinem gewölbten Kellerunterschoß und seiner Freitreppe zum Wohnobergeschoß (SCHEPERS 1967). Damit im Zusammenhang steht die Ausbreitung der Steinbauweise (Abb. 17).

Allerdings stößt der Wein auf der Nordseite der Alpen bald an seine ökologische Anbaugrenze. Zwar war er im mittelalterlichen Deutschland weiter verbreitet als heute. In jüngerer Zeit aber hat er sich fast ganz auf bevorzugte Hanglagen süddeutscher Täler zurückgezogen, und wenn heute wieder einige Rebstöcke auf dem Kreuzberg in Berlin stehen, dann ist das eher als ein Kuriosum anzusehen (Abb. 18). Über das Verhältnis von Wein- zu Bierkonsum gibt die Tab. 16 Auskunft.

Großes Verdienst kommt den Römern für ihre Verbreitung eines planmäßigen *Obstbaus* zu. Während es in Germanien verschiedenste Wildobstsorten gab, haben sie, mit der Ausnahme des Apfels und der wahrscheinlichen Ausnahme einer großkernigen Pflaumensorte und der Süßkirsche, die Veredelung betrieben. Ihre Bezeichnung dafür, imputare, hat sich über ahd. „impfōn" zu unserem Wort „impfen" entwickelt (HOOPS 1905).

Ackerbau und Haustierhaltung in winterkalten Gebieten machen Vorratswirtschaft und Aufstallung notwendig. Im Laufe der Zeiten haben Entwicklungen wie die wachsende Diskrepanz zwischen flächenhafter

Baumaterial der Behausungen

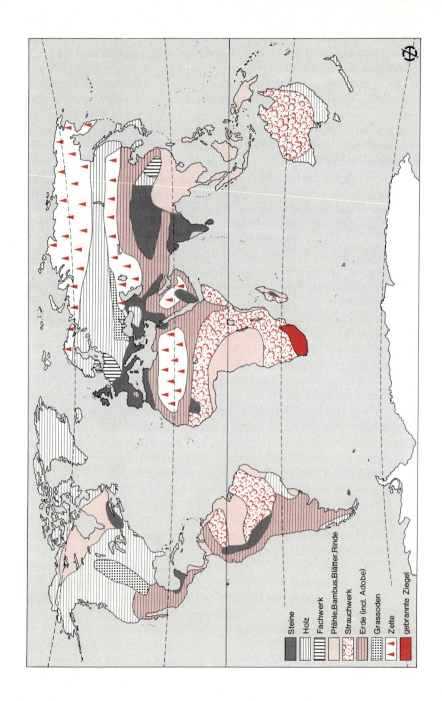

Anbauareale in Mitteleuropa

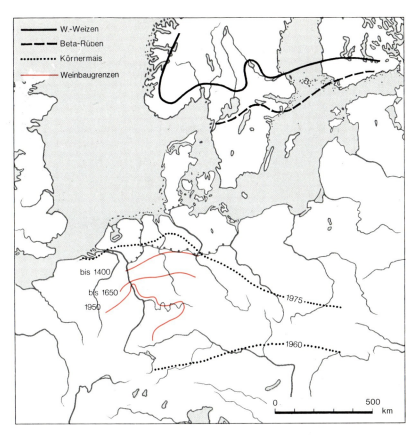

Abb. 18: *Veränderungen von Anbauarealen in Mitteleuropa: Wein als Beispiel eines schrumpfenden Areals (nach* MÜLLER-WILLE *1957, Taf. 4a), Körnermais als Beispiel eines wachsenden Areals (nach* ANDREAE *1977, S. 50).*

agrarwirtschaftlicher Produktion und mehr auf kleinere, dicht besiedelte Gebiete konzentriertem Konsum agrarischer Produkte sowie regionale Spezialisierung und damit Differenzierung der Landwirtschaft und steigender Lebensstandard zu verlängerten Wegen zwischen Erzeuger und Verbraucher geführt. Andererseits kennzeichnen einen Teil der landwirt-

◄ Abb. 17: *Für die Behausungen in ländlichen Gebieten hauptsächlich verwendetes Baumaterial (nach* JORDAN/ROWNTREE *1979, S. 248).*

Tab. 16: Der Bier- und Weinkonsum in den Ländern der gemäßigten Breiten (1981 oder 1982) (nach: Produktschap voor Gedestilleerde Dranken (Hrsg.): Hoeveel alcoholhoudende dranken worden er in de wereld gedronken? 22. Ausgabe Schiedam 1983.)

Staat	Pro-Kopf-Verbrauch von Bier in l/Einw.	Pro-Kopf-Verbrauch von Wein in l/Einw.	Verhältnis Wein : Bier
Finnland	56,0	8,8	1 : 6,4
Schweden	46,6	10,4	1 : 4,5
Norwegen	47,1	3,5	1 : 13,5
Dänemark	128,6	17,4	1 : 7,4
Irland	115,0	3,4	1 : 33,9
Großbritannien	107,6	7,9	1 : 13,6
Frankreich	44,2	86,0	1 : 0,5
Belgien	132,1	21,6	1 : 6,1
Luxemburg	124,0	48,3	1 : 2,5
Niederlande	82,0	14,2	1 : 5,8
Bundesrepublik Deutschland	147,8	24,8	1 : 6,0
DDR	141,4	10,2	1 : 13,9
Schweiz	71,9	48,2	1 : 1,5
Österreich	108,5	35,3	1 : 3,1
Italien	20,6	91,4	1 : 0,2
Ungarn	87,0	32,0	1 : 2,7
Tschechoslowakei	146,3	14,6	1 : 10,0
Polen	28,6	6,3	1 : 4,5
Sowjetunion	24,0	13,0	1 : 1,9
Japan	40,0	0,6	1 : 65,0
USA	92,0	8,3	1 : 11,1
Kanada	86,5	9,5	1 : 9,1
Australien	128,9	19,1	1 : 6,8
Neuseeland	121,1	13,2	1 : 9,2
Chile	16,5	54,7	1 : 0,3

Anbauspektrum

schaftlichen Produkte ihre leichte Verderblichkeit und damit beschränkte Lagerungs- und Transportfähigkeit.

Haltbarmachung und Lagerung wurden zunehmend vielfältiger und umfangreicher. Die entsprechenden Einrichtungen mußten geschaffen werden, so z. B. Scheunen, Silos, bei Viehhaltung Stallungen, Darren zum Trocknen von Hopfen oder Tabak, die schon für den Weinbau erwähnten Keller. Einen interessanten Fall für die abnehmende Naturabhängigkeit bietet Niedermendig in der Vordereifel. Von den einstmals 25 Brauereien, die hier Gebrauch von den Naturkellern im Basalt machten, ist nur noch eine einzige übriggeblieben.

Zu den traditionellen Methoden des Haltbarmachens wie Konservieren (Pökeln, Einlegen usw.) und Trocknen sind im Zeitalter fortgeschrittener Industriewirtschaft mehr hinzugekommen wie Tiefkühlen und Vorkochen. Es gehört zu den Merkmalen der modernen Nahrungsmittelindustrie, daß verschiedene Verfahren des Haltbarmachens miteinander in Konkurrenz treten, d. h. ein und dasselbe Produkt in verschiedener Form angeboten wird, wie Gemüse in Dosen und Gläsern konserviert oder getrocknet oder tiefgefroren, und daß gerade in dieser Branche eine große Zahl kleiner und hochspezialisierter Betriebe tätig war.

3.1.1.3 Die Bedeutung von Kartoffel- und Zuckerrübenbau
Bis in die Mitte des 18. Jh. der Zuckergehalt der Rübe entdeckt wurde und im ausgehenden 18. Jh. die Kartoffel in größerem Umfang angebaut wurde, änderte sich wenig im Anbauspektrum. Es blieb im wesentlichen bei den schon zur Römerzeit bekannten Anbaufrüchten, nur gab es mengenmäßige Verschiebungen z. B. zugunsten des Roggens, der vor Auftreten der Pest und der beginnenden Dezimierung der Bevölkerung ab der Mitte des 14. Jh. zur wichtigsten Halmfrucht in dem hier besprochenen Raum avanciert war.

Auf die Rodungs- und Siedlungstätigkeit und ihre Rückschläge im Verlauf des gesamten Mittelalters und der vorindustriellen Neuzeit soll hier nicht näher eingegangen werden. Für diese phasenhafte Entwicklung gibt es mehrere gute Darstellungen. Es sei nur auf die Arbeiten von ABEL, BORN und JÄGER verwiesen (ABEL 1967, BORN 1974, JÄGER 1963, 1969). An dem Bild der Entwicklung der mitteleuropäischen Kulturlandschaft sind durch immer weitere Forschungsergebnisse wiederholt Korrekturen angebracht worden. So wies JÄGER darauf hin, daß SCHLÜTER sein Altsiedelland zu großflächig gesehen, dafür aber die ersten umfangreichen Rodungen des frühen Mittelalters zu spät, nämlich erst in das 8. und 9. statt in das 6. und 7. Jh. angesetzt hatte (JÄGER 1963).

Der *Landesausbau* war bis in das 10. Jh. stark vom König und Hochadel getragen, ging danach aber verstärkt in die Hände geistlicher Grundherren und des niederen Adels über. Hier ist besonders die umfangreiche *Rodungstätigkeit der Abteien und Klöster* der verschiedenen Orden, allen voran der Benediktiner, der Zisterzienser und Prämonstratenser zu nennen. GRADMANN bezeichnete sie als „große Rodeanstalten" (1901, S. 440).

Schon im 7. und 8. Jh. wurden die Vogesen von einem Kranz von Klöstern umgeben. Vom 764 gegründeten Kloster Lorsch aus begann im 9. Jh. eine umfangreiche Rodungstätigkeit im Odenwald. Im Schwarzwald wurden nach den vom 910 gegründeten Kloster Cluny ausgehenden Reformen die Benediktinerabteien und -klöster Alpirsbach, Klosterreichenbach, Oberried, St. Blasien, St. Georgen, St. Märgen, St. Peter usw. tätig.

„Schenkungen und Begabungen führten zur Bildung geschlossener Bezirke, in denen Rodung, wirtschaftliche Nutzung, grundherrliche Organisation und religiös-kulturelle Aufbauarbeit in einer Hand lagen. So konnte man den südlichen Schwarzwald später zu Recht als eine ‚colonia Sancti Benedicti' bezeichnen" (EGGERS 1964, S. 90). Die Hungersnöte von 1309 und 1317 und die Pestepidemien ab 1347 leiteten jene große *Wüstungsperiode* ein, die noch das 15. und 16. Jh. und mit den Wirren des Dreißigjährigen Krieges einen Teil des 17. Jh. umfaßten und die Bevölkerung in den verschiedenen Landesteilen um 30% bis 60% dezimierte. Die bewußte *Peuplierungspolitik* des Absolutismus etwa ab 1680 griff dann durch Hochmoorkolonisation und ackerbaulich-gewerbliche Entwicklung in den Mittelgebirgen über die mittelalterlichen Siedlungsgebiete hinaus (Abb. 19).

Zu dieser neuen Ausweitung des Siedlungslandes trat nun die Verbreitung vor allem zweier Kulturpflanzen, der Kartoffel und der Zuckerrübe.

Die *Kartoffel (Solanum tuberosum),* aus Südamerika nach Europa gebracht, wurde nachweisbar erstmals 1573 in Sevilla gegessen und gelangte zwischen 1586 und 1588 nach Irland und gleichzeitig auch über Italien, wo sie ihrer Ähnlichkeit mit Trüffeln wegen als tartufoli bezeichnet wurde, mit diesem Namen behaftet nach Süddeutschland. Aber erst die Hungersnot von 1771/72 in Deutschland und die Ernteausfälle 1809/11 in England im Zusammenwirken mit der Kontinentalsperre von 1806, die zu starker Rezession, Arbeitslosigkeit, Preisanstieg für Brotgetreide und Milchprodukte führte, brachte eine verstärkte Nachfrage nach der billigeren und zudem in England im Gegensatz zu den anderen Nahrungsmitteln unbesteuerten Kartoffel mit sich (SALAMAN 1949).

Damit wuchs sowohl auf den Britischen Inseln als auch auf dem europäischen Festland die Kartoffelanbaufläche sprunghaft an. LANGER hat darauf hingewiesen, daß sich die Kartoffel in besonderem Maße für die kleinen Parzellen der oftmals armen Realteilungsbauern anbot, da sie leicht mit Hilfe von Hacke und Spaten zu kultivieren war, wenigAnsprü-

Siedlungsland und Volksdichte

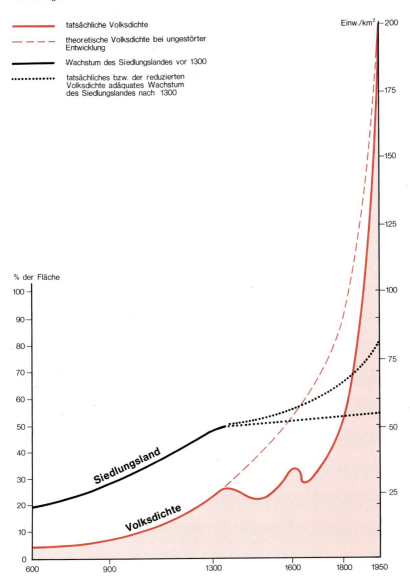

Abb. 19: Siedlungsland und Volksdichte in Altdeutschland (nach MÜL-LER-WILLE *1957, S. 375–385).*
Man beachte das korrespondierende Wachstum von Siedlungsland und Volksdichte bis 1300.

che an ihren Standort stellte, nur 3-4 Monate Wachstumszeit benötigte und zudem außerordentlich kalorienhaltig und somit nahrhaft war (LANGER 1975).

Nachdem das Augsburger Handelshaus der Welser 1509 Zuckerrohrplantagen auf den Kanarischen Inseln angelegt und 1573 die erste deutsche Zuckerraffinerie in Augsburg in Betrieb genommen hatte, erwähnte 1600 erstmals in der Literatur der Franzose OLIVIER DE SERRES den süßen Saft der *Rübe* (*Beta vulgaris ssp. esculenta*). Als der eigentliche Entdecker des Rübenzuckers gilt A. S. MARGGRAF. Aber von 1747 dauerte es noch ein gutes halbes Jahrhundert, bis 1801 F. K. ACHARD in Cunern, Niederschlesien die erste Rübenzuckerfabrik gründete. Beide Entwicklungen, die der Kartoffel zum Grundnahrungsmittel und die Substitution des importierten Zuckerrohrs durch die Zuckerrübe, fallen demnach erst in das 19. Jh.

Beide Kulturpflanzen haben auch die beachtliche Ausweitung der Akkerfläche gefördert, da sie sich gegenseitig keine Konkurrenz boten, indem die Kartoffel die leichten und lockeren, sandigen und kalkarmen Böden des Altmoränengebietes, die Rübe die lehmigen und tiefgründigen Böden der Lößbörden bevorzugt. Letztere breitete sich zunehmend auf weizenfähigen Böden aus.

Beide Kulturpflanzen trugen auf ihre Weise zur Förderung der Viehhaltung bei und damit zur weiten Verbreitung gemischtwirtschaftlicher, gleichzeitig auf Ackerbau und Viehzucht gegründeter Betriebe, indem die Kartoffel außer der direkten menschlichen Nahrung der Schweinehaltung, der Zuckerrübenbau mit dem Anfallen von Rübenschnitzeln der Rindviehhaltung förderlich gewesen sind.

Schließlich haben beide Kulturpflanzen das *Anbauverhältnis Blattfrucht : Halmfrucht* zugunsten ersterer stark verändert und, während mit der Entwicklung von Dampfschiff und Eisenbahn Getreide preisgünstig aus Rußland und Nordamerika herangebracht werden konnte, den *Hackfruchtbau* mit seinem Arbeitsaufwand pro Flächeneinheit von etwa 5:1 gegenüber dem Getreidebau so weit ausgedehnt, daß im Zusammenwirken mit vergleichsweise kleinen Betriebsgrößen und langsamer voranschreitender Mechanisierung gegenüber USA bis in die Gegenwart hinein ein höherer Anteil von Bevölkerung und insbesondere die Betriebsinhaber, weniger die lohnabhängigen Landarbeiter, an die Landwirtschaft gebunden worden sind (s. Kap. 3.1.1.4).

So hat sich in Europa nicht zuletzt des umfangreichen Kartoffel- und Zuckerrübenanbaus wegen eine westöstliche Kernzone des Getreide-Hackfruchtbaus vom nördlichen Spanien über das Pariser Becken, Flandern, Belgien, Deutschland bis nach Polen hinein entwickelt, flankiert von einer feucht-kühlen Getreide-Futterbauzone in Skandinavien und einer feucht-kühlen Futter-Getreidebauzone am Alpenrand mit Übergang bis zu reiner Futterbau- und Grünlandwirtschaft (JENSCH 1954, ANDREAE 1977).

Die Kartoffel besaß im lateinamerikanischen Raum drei Genzentren: Mexiko, die bolivianisch-peruanischen Anden und der Kleine Süden Chiles mit der Insel Chiloë, auf der noch gegenwärtig über 100 heimische Kartoffelsorten angebaut werden (WEISCHET 1970). Solche Sortenvielfalt spricht für SALAMANs These, daß schon die nach Europa gebrachten Kartoffeln Hybriden waren (SALAMAN 1949, S. 160). Umstritten ist aber immer noch, ob sie aus Bolivien/Peru oder aus Chile kamen. SCHWANITZ und WEISCHET treten für die Herkunft aus Chile ein z. B. mit dem Argument, daß *Solanum tuberosum* in ihrer Knollenbildung unabhängig von der *Tageslänge* sei (SCHWANITZ 1957). Zugunsten der Kurztagsvarietät *Solanum andigenum* argumentiert SALAMAN, daß sie im mittel- und nordeuropäischen Langtagsgebiet längere Keime entwickelte, die erst durch Züchtung reduziert worden seien und die Pflanze, die noch gelegentlich besonders lange Keime hervorbringt (Ausreißer), nach und nach zu ihrem Kurztagsverhalten zurückkehrte. Auch hätte es in den für die Übertragung nach Europa in Frage kommenden Jahren keinen nachweisbaren Reisekontakt zwischen Chile und Europa gegeben (SALAMAN 1949; siehe auch ANDREAE 1977).[8].

Im Laufe des 19. Jh. bildete sich ein Gürtel von kartoffelbauenden Ländern heraus, der von Nordspanien über West-, Mittel- und Osteuropa, die Sowjetunion bis nach Nord-China und Nord-Japan reicht. Diese Staaten waren an der Weltkartoffelernte 1981 von 265 Mill. t mit 81,1% beteiligt (Tab. 17). Im Deutschen Reich betrug 1884 die Kartoffelanbaufläche 2 907 630 ha, eine Größe, die zwischen der der Bundesländer Hessen und Nordrhein-Westfalen liegt.

Mit steigendem Lebensstandard sinkt der Pro-Kopf-Verbrauch an Speisekartoffeln. Wegen ihres hohen Stärkegehalts zwischen 16% und 22% wird die Kartoffel aber für verschiedene Zwecke angebaut und ist damit auch für unterschiedliche Betriebsgrößen und Marktentfernungen anpassungsfähig. Ein bodenarmer Familienbetrieb fährt unter optimaler Nutzung von Arbeitskraft und Boden günstig mit Futterkartoffelbau und Schweinemast, da der Arbeitsaufwand je Flächeneinheit abnimmt in der Folge Futter-, Pflanz-, Speise-, Industriekartoffeln, während ein marktfer-

---

[8] *„Diese alternative Hypothese* SALAMANs *wurde in jüngerer Zeit durch verschiedene Selektionsexperimente mit der Subsp. andigena erhärtet, so daß heute allgemein davon ausgegangen wird, daß es sich bei der ersten Introduktion um diese Unterart handelte. Da andererseits aber mit Sicherheit bekannt ist, daß in der Folgezeit auch chilenische Kartoffeln und deren Abkömmlinge nach Europa gelangten, muß unser heutiges Kartoffelsortiment als eine Mischung aus beiden Unterarten von S. tuberosum angesehen werden."* Frdl. briefliche Mitteilung von Herrn Dipl.-Agr.Biol. S. SCHITTENHELM, Institut für Pflanzenbau und Pflanzenzüchtung der Bundesforschungsanstalt für Landwirtschaft Braunschweig-Völkenrode vom 22. 2. 1984.

Tab. 17: Die führenden Kartoffel- und Zuckerrübenerzeuger (nach: Der Fischer Weltalmanach '83)

Rang	Staat	Kartoffelernte 1981 (1000 t)	Staat	Zuckerrübenernte 1981 (Mill. t)
1	UdSSR	83 000	UdSSR	80,00
2	Polen	45 000	Frankreich	30,50
3	USA	14 966	USA	23,28
4	VR China	12 976	Bundesrepublik Deutschland	22,14
5	Indien	9 600		
6	DDR	9 215	Italien	16,80
7	Bundesrepublik Deutschland	7 700	Polen	15,10
			Belgien/Lux.	8,00
8	Frankreich	6 900	CSSR	7,77
9	Niederlande	6 200	DDR	7,07
10	UK	6 000	Österreich	2,38
11	Spanien	5 577		
12	Rumänien	4 500		
13	Japan	3 255		
	Welt	264 967	Welt	294,74
davon	Staaten 1–13 ohne Indien	214 889	Staaten 1–10	213,04
	=	81,1 %	=	72,2 %

ner Großbetrieb eher Industriekartoffelbau betreiben wird, da die Transportkostenbelastung abnimmt in der Folge Pflanz-, Speise-, Futter-, Industriekartoffeln.

Bei der Zuckerrübe gelang durch Züchtung im Laufe des 19. Jh. eine Steigerung des Zuckergehalts von 4%–7% auf 20%–24%. Ihr Anbau dehnte sich zunächst in Europa so rasch aus, daß in den 1880er Jahren die sechs Staaten Deutsches Reich, Österreich-Ungarn, Frankreich, Rußland, Belgien und Holland (in dieser Reihenfolge nach der Produktionsleistung) genau so viel Zucker produzierten wie die zwölf Länder bzw. Ländergruppen Kuba, Java, Brasilien, Britisch-Ostindien, Britisch-Westindien, Philippinen, Mauritius, Britisch-Guayana, USA, China, Puerto Rico und Hawaii-Inseln zusammen aus Rohr. Ab Mitte der 1860er Jahre griff die Rübenzuckerproduktion auf weitere Gebiete über: 1866 die erste Rübenzuckerfabrik in Chathsworth/Illinois (USA), 1880 die erste auf Hokkaido (Japan), 1902 die erste in Uruguay (Südamerika). Gleich nach 1880 erreichte der Zuckerrübenbau ein solches Ausmaß, daß weltweit die Herstellung von Zucker aus Rüben die aus Rohr zu übertreffen begann. In

Tab. 18: Die Entwicklung der Rohr- und Rübenzuckererzeugung der Welt (Quellen: 1840–1890: BAXA/BRUHNS: Zucker im Leben der Völker; Berlin 1967, S. 302; 1896/97: Zabel's Jahr- und Adreßbuch der Zuckerfabriken Europas 28. Jhrg.; Magdeburg 1898; 1900/01–1980/81: F. O. Licht's Internationales Zuckerwirtschaftliches Jahr- und Adreßbuch 1981; Ratzeburg 1981, S. 9.)

Jahr (bis 1890) bzw. Kampagne (ab 1896/97)	Rohrzucker in 1000 t	in %	Rübenzucker in 1000 t	in %
1840	660	92	55	8
1860	1 375	80	350	20
1880	1 975	51	1 860	49
1890	2 600	42	3 560	58
1896/97	2 624	34	5 026	*66*
1900/01	5 253	47	6 006	53
1910/11	8 156	48	8 668	52
1920/21	11 925	71	4 906	*29*
1930/31	15 942	57	11 911	43
1940/41	18 218	61	11 523	39
1950/51	19 898	60	13 264	40
1960/61	31 176	56	24 266	44
1970/71	42 280	59	29 721	41
1980/81	54 036	62	32 430	38

der Kampagne 1896/97 war ein Verhältnis 66:34 zugunsten der Rübe erreicht (Tab. 18).

Diese Entwicklung ging nicht ohne weltwirtschaftliche Zerwürfnisse ab. Besondere Schwierigkeiten bekam Großbritannien, das selbst zum Rübenzuckerproduzenten geworden und andererseits durch die überseeischen Teile seines Empire in die Rohrzuckerproduktion verflochten war. Auf sein Drängen kam es schon 1864 zu einem ersten Internationalen Zuckerabkommen zwischen England, Frankreich, Belgien und Holland, bei dem England versuchte, die kontinentalen Rübenzuckerexportländer zum Abbau ihrer Exportprämien und Subventionen der Rübenzuckerherstellung zu bewegen. 1887/88 wurde eine erste Weltzuckerkonferenz in London abgehalten, und seit dem Inkrafttreten der Brüsseler Zuckerkonvention 1903 haben verschiedenste Abkommen versucht, ab 1958 unter den Auspizien der UNO, den Weltzuckermarkt über Exportquoten, Regelungen einer Lagerhaltung und Festsetzung von Preisgrenzen zu steuern (BAXA/BRUHNS 1967).

Zur Gegenwart hin hat sich die Weltzuckererzeugung auf knapp zwei Drittel Rohrzucker und gut ein Drittel Rübenzucker eingependelt. Nach der Anbaufläche für Zuckerrüben ergibt sich heute die Reihenfolge Sowjetunion (3,9 Mill. ha), USA (505 000 ha), Polen (476 000 ha), Frankreich, Italien, CSSR, Rumänien, Großbritannien, Deutschland. Die zehn wichtigsten Erzeugerländer, die ganz oder mit ihren für den Rübenbau bedeutsamen Flächenanteilen in der kühlgemäßigten Zone liegen, erbringen 72,7% der Zuckerernte (Tab. 17).

Zu den jüngeren Veränderungen des Kulturpflanzenbaus in diesem Teil Europas gehört auch das polwärtige Vordringen des *Mais*. Er hat seine Heimat im tropisch-subtropischen Amerika, konnte sich aber wegen seiner Eurythermie und im 20. Jh. noch weiter in der Folge der Hybridisierung, mit der neben der Ertragssteigerung auch größere Kälteresistenz verbunden ist, in die gemäßigten Breiten hinein ausdehnen. Das eigentliche Maisklima ist das Köppensche Dfa-Klima mit $>22\,°C$ im wärmsten Monat. Die niedrig wachsenden Varietäten von *Zea Mais* L. reifen aber noch in den kurzen, warmen Sommern Mitteleuropas aus, während die höheren nur als Grünfutter angebaut werden können. Während die Nordgrenze des ausgedehnten Maisbaus etwa der 43. Breitengrad darstellt, wird Mais heute auch in Dänemark und Südschweden angebaut und erreicht in der Sowjetunion 58° N. Für die Alte Welt spielt der Mais trotzdem noch keine mit USA vergleichbare Rolle (vgl. Abb. 18).

Die am Beginn dieses Kapitels angesprochene *Binnenkolonisation* vom Ende des 17. Jh. ab und die Ausbreitung der genannten neuen Kulturpflanzen brachten im Verein mit neuen Agrartechnologien, wie sie im Laufe des 19. Jh. von JUSTUS VON LIEBIG und ALBRECHT THAER u. a. geschaffen wurden, eine solche Intensivierung der Landwirtschaft, daß lange überkommene landwirtschaftliche Nutzformen wie z. B. die ausgedehnte Waldweidewirtschaft entbehrlich und nach und nach aufgegeben wurden. Damit war eine der entscheidenden Vorbedingungen für die von Innovationszentren wie Tharandt oder Eberswalde ausgehende rationelle Forstwirtschaft gegeben (s. Kap. 3.1.2).

Zugleich war aber auch eine wichtige Voraussetzung dafür geschaffen, daß weniger Menschen an Hunger und Infektionskrankheiten starben. Bessere Ernährung, bessere Hygiene und wachsende Kaufkraft dämmten beides ein, noch bevor die die Infektionskrankheiten verursachenden Mikroben entdeckt waren und geeignete Impfstoffe und Chemotherapeutika verfügbar waren. Der englische Sozialmediziner MCKEOWN hat betont, daß seit der neolithischen Revolution, als etwas größere Bevölkerungsdichten erreicht wurden, die Infektionskrankheiten, begünstigt durch unzureichende Ernährung und mangelnde Hygiene, die hauptsächliche Todesursache gewesen sind. Schlecht ernährte Menschen sind anfälliger für Infektionen und im Falle einer Infektion weniger widerstandsfähig. Mit der deutlichen Verbesserung der Ernährungslage im westlichen Europa seit Ende des 17. Jh. und verbesserter Hygiene in bezug auf Wasser, Abwasserwirtschaft und Milcherzeugung gingen die Infektionskrankheiten sehr stark zurück (MCKEOWN 1976).

3.1.1.4 Veränderungen der Landwirtschaft im 20. Jahrhundert

Obwohl die Impulse zu einer modernen Agrartechnik aus diesem Teil Europas stammten, hat sich gerade hier die überkommene Agrarstruktur im Vergleich zu Nordamerika und anderen Teilen der kühlgemäßigten Breiten lange erhalten, sicher mit bedingt durch die beiden Weltkriege und die von Inflation und Wirtschaftsdepression gekennzeichnete Zwischenkriegszeit.

Zu dem historischen Erbe gehörten die sehr *große Zahl von Kleinbetrieben*, der damit verbundene überaus *hohe Arbeitskräftebesatz* und sogar der zelgengebundene Anbau und verschiedene Formen der Waldwechselwirtschaft. Hinzu kommt eine *starke kleinräumliche Differenzierung* der Produktionsrichtungen, die z. B. durch die Agrarpolitik und die jeweils geübte Erbsitte bedingt waren. Erstere schwankte in den kleinen eigenständigen Volkswirtschaften Europas zwischen dem aus ihrem Sicherheitsbedürfnis entsprungenen *Autarkiebestreben* und den von Liberalismus oder supranationaler Blockzugehörigkeit nahegelegten Weltwirtschaftsverflechtungen. Das immer wieder durchdringende Autarkiebestreben führte zu landwirtschaftlicher Produktion auch jenseits ökonomischer Rationalität. Ganz anders lagen die Verhältnisse dort, wo kühlgemäßigte Bereiche zu großflächigen Volkswirtschaften gehören wie in der Sowjetunion, China, USA und Australien.

Tab. 19: Strukturveränderungen der bundesdeutschen Landwirtschaft (nach: LAUX, H.-D./THIEME, G. *1981; Statist. Jb. der Bundesrepublik Deutschland 1983)*

Merkmal	1949	1981	1949–1981 Zu- bzw. Abnahme %
Zahl der landwirtschaftl. Betriebe	1,94 Mill.	789 500	−59,3
Beschäftigte in Land- und Forstwirtschaft	5,02 Mill.	1,346 Mill.	−73,2
Durchschn. Betriebsgröße ha	8,1	15,2	+87,7
Wertschöpfung je Erwerbstätigen in DM	1 795,—	41 217,—	+2 196,20

Die tradierten Strukturen der Landwirtschaft der europäischen Länder trafen im 20. Jh. zunehmend auf die doppelte Konkurrenz der anderen Wirtschaftssektoren und der ausländischen Landwirtschaft. Nach dem II. Weltkrieg kam es unter diesem Druck zu längst überfälligen Strukturwandlungen mit Maßnahmen wie Flurbereinigung, Aussiedlung und Aufstockung, deren Auswirkungen Tab. 19 beispielhaft für die bundesdeutsche Landwirtschaft zeigt (Abb. 20).

Merkmale des landwirtschaftlichen Strukturwandels

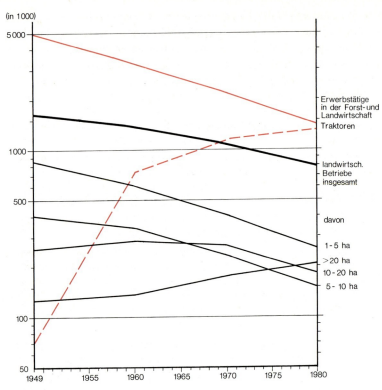

Abb. 20: *Ausgewählte Merkmale des landwirtschaftlichen Strukturwandels in der Bundesrepublik Deutschland (nach* LAUX/THIEME *1981, S. 61).*

Tab. 20: *Selbstversorgungsgrad in der EG 1978/80 (nach: Amt f. amtl. Veröff. der EG: Die Agrarpolitik der europäischen Gemeinschaft; Luxemburg 1982)*

Produkt	Grad in %
Butter	119,2
Frischmilch	100,5
Weichweizen	111,0
Gerste	113,7
Wein	102,5
Fleisch	97,7
Getreide*	96,6
Gemüse	94,0
Obst	76,3
Fette/Öle**	43,4

* ohne Weichweizen, Gerste, Mais   ** ohne Butter

Mit diesen Strukturwandlungen gingen Ertragssteigerungen und ein hoher Selbstversorgungsgrad, in einzelnen Produktionssektoren gar ein erheblicher Überhang, einher, wie Tab. 20 deutlich macht.

Bereits seit dem 19. Jh. ging der Trend in den westlichen Industriestaaten, abgesehen von kriegsbedingten Unterbrechungen, in der Diät fort von Getreideprodukten und bei abnehmendem Kartoffelverbrauch hin zu erhöhtem Konsum von Ölen, Fetten, Milchprodukten, Fleisch und Süßwaren, was DURNIN für die Bevölkerung Großbritanniens nachwies:

Tab. 21: Veränderungen der Ernährungsweise der britischen Bevölkerung 1880–1972 (nach: DURNIN in: HARRISON, G. A./GIBSON, J. B. 1978, S. 131)

Nahrungsmittelkategorie	Anteile am Pro-Kopf-Kalorienverbrauch in %			
	1880	1934/38	1942	1972
Milchprodukte (ohne Butter)	8	9	11	12
Fleisch	13	17	14	17
Öle und Fette	7	17	16	18
Zucker und Sirup	11	15	11	18
Kartoffeln	8	5	5	5
Getreideprodukte	48	30	37	22
andere Nahrungsmittel	5	7	6	8

Heute stehen die meisten Länder der kühlgemäßigten Breiten global gesehen an der Spitze nach Quantität und Qualität ihrer Diät (KARIEL 1966; BOESCH/BÜHLER 1972), und die Industriestaaten sind diejenigen, die auch bei abnehmenden Steigerungsraten im Verhältnis zu ihrer Bevölkerungsentwicklung nach wie vor die größte Nahrungsmittelproduktion hervorbringen (Tab. 22).

Tab. 22: Entwicklung von Bevölkerung und Nahrungsmittelproduktion nach Staatengruppen (Quelle: FAO, Billions more to feed; Rom o. J.)

Staatengruppe	Jährliche Zunahme der Nahrungsmittelproduktion in % in der Zeitspanne		Jährliches Bevölkerungswachstum in %		Jährliches Pro-Kopf-Wachstum der Nahrungsmittelproduktion in %	
	1961/70	1971/75	1961/70	1971/75	1961/70	1971/75
Industrieländer	2,7	2,0	1,1	0,9	1,6	1,1
Entwicklungsländer	2,9	2,5	2,3	2,3	0,6	0,2

3.1.2 Die verbliebenen Waldareale: Zustand und Bewirtschaftung

3.1.2.1 Die Waldverwüstungszeit

Seit dem Übergang zur Landwirtschaft wurde die natürliche Vegetation für den Menschen zum Konkurrenten der Kulturpflanzenflächen. Zugleich blieb sie für ihn jedoch weiterhin eine in vieler Weise nützliche Ressource. Dieses führte, wie HABER sagt, zu einer fast schizophrenen Einstellung: *„Zwar respektieren die Menschen natürliche oder naturnahe Vegetationsbestände, zögern aber selten, sie zu beseitigen und durch angebaute Pflanzen zu ersetzen, wenn immer dies nützlich erscheint".* Und weiter: *„Für den Menschen der gemäßigten Zonen, in denen von Natur aus Wald vorkommt, beruht die natürliche Schönheit der Landschaft weitgehend auf Wäldern. Aber das gilt nicht dem großen, geschlossenen, endlosen Wald ... Man wünscht zwar ein waldreiches Land, aber kein Waldland"* (HABER in TÜXEN 1981, S. 51 und 54). Zu diesem bevorzugten Landschaftstyp gehören die nischenreiche „europäische Savanne" und die Heckenlandschaft der „Linearwälder". Der Mensch hat den geschlossenen Wald durch jahrtausendelange Nutzungen degradiert und bewußt außerordentlich dezimiert, so daß MIRGELER gesagt hat: *„Europa ist eine weltgeschichtliche Kultur, die auf Waldrodungen am westlichen Ende der eurasischen Tafel gewachsen ist"* (1958, S. 1).

In der Literatur ist allerdings umstritten, in welchem Maße direkte Rodungen oder die Vielfalt der Nutzungen der Wälder zu deren Rückgang geführt haben. Das langfristige Ergebnis ist das heutige Nord-Süd-Gefälle der abnehmenden Waldbedeckung von Skandinavien über Zentral- nach Südeuropa von 50–70% in ersteren über Werte um 30% in Zentraleuropa zu Werten unter 10% in den Mittelmeerländern. Die westeuropäischen Länder, insbesondere die Britischen Inseln und die Niederlande, gehören auch in die letztgenannte Kategorie, besaßen aber von Anbeginn eine geringere Waldbedeckung, da hier Moore und wegen der Meereshöhe natürliche Heiden weiter verbreitet waren (vgl. BADEN 1953).

Aufgrund eines Holzkohlefundes bei Usselo von etwa 9000 v. Chr. schließt VAN ZEIST auf vom Menschen verursachte Brände schon im Mesolithikum (in TÜXEN 1981). Die Periode der frühesten, den Wald noch wenig verändernden Eingriffe des Menschen haben HESMER/SCHROEDER als *Urwaldzeit* bezeichnet. Ihr folgt, vom Neolithikum mit den ersten auch großflächigen Entwaldungen bis zu den Anfängen eines planmäßigen Waldbaus während der zweiten Hälfte des 18. Jh. in Ländern wie Deutschland und der Schweiz, die lange Periode der *Waldverwüstungszeit,* in der man nicht von einer Waldwirtschaft im Sinne eines pflegerischen Waldbaus sprechen kann, sondern in der vielfältige ungeregelte Eingriffe in den Wald zu zwar noch natürlichen, aber zunehmend degradierten Be-

ständen geführt haben (HESMER/SCHROEDER 1963).
   Bei vielen der frühen Nutzungen des Waldes handelte es sich um eine *Ergänzung der* bzw. *Einbeziehung des Waldes in die bäuerliche Wirtschaft.* Die Ergänzung bestand in der *Entnahme* zahlreicher Bestandteile des Waldes, vor allem

• dem Sammeln von Beeren, Kräutern und Pilzen,

• der Nutzung von Bast, insbesondere von Linde, Rüster und Spitzahorn, für die Fertigung von Körben, Matten, Netzen, Schuhen, Stricken und anderen Haushaltsartikeln,

• dem Sammeln und Einschlagen von Brennholz als der Hauptenergiequelle für Hausbrand wie auch für gewerbliche Zwecke, so wie gegenwärtig noch in vielen Entwicklungsländern ein hoher Anteil der Energie aus Holz besteht; von den Ländern, die ganz oder teilweise der kühlgemäßigten Zone angehören, werden gegenwärtig in der Sowjetunion und Süd-Korea noch über 10%, in Chile über 25%, in China über 50% des gesamten Holzeinschlags als Brennholz verbraucht (nach WINDHORST in GR 7/1982),

• der Gewinnung von Kienspänen zur Beleuchtung,

• der Gewinnung von Gerberlohe zum Gerben der Felle,

• dem Schneiteln der Laubbäume zur Gewinnung von Viehfutter,

• der Gewinnung von Waldstreu für die Stallhaltung,

• dem Plaggenhieb zur Streu in den Ställen und letztlich zur Verbesserung der Bodenqualität der Äcker,

• dem Einschlag von Holz zum Haus- und Bootsbau und zur Herstellung von Geräten.

   Eine Zwischenstellung zwischen Ergänzung der Landwirtschaft und eigenständigem Wirtschaftszweig war die *Beutnerei* oder *Zeidlerei.* Aus Ostpreußen wie aus dem Reichswald von Nürnberg sind neben Einzelsiedlungen die Beutner- oder Zeidlerdörfer bekannt. Manche Waldbienenzüchter lebten aber auch in Bauerndörfern. Die Beutner wurden verpflichtet, immer wieder neue Beuten anzulegen. Zwecks Ertragssteigerung brannten sie die Heideflächen in Abständen von etwa 25 Jahren nieder und verursachten damit auch außer Kontrolle geratende Waldbrände (MAGER 1961). Neben der Gewinnung von Honig war die von Wachs zur Herstellung von Kerzen und Siegeln wichtig.
   Eine direkte Einbeziehung des Waldes in die bäuerliche Wirtschaft fand in den Formen der Waldweide und der Feld-Wald-Wechselwirtschaft statt. Die *Waldweide,* insbesondere in der Form der Eichelmast von Schweinen, war ein einträgliches Geschäft; das Mastgeld war im Vergleich zum Erlös aus Holz höher. So wurden noch Mitte des 17. Jh. im Reinhardswald bis zu 20000 Schweine gemästet (BARTHELMESS 1972).

Die *Feld-Wald-Wechselwirtschaft* war früher weit verbreitet und, als Niederwaldwirtschaft mit relativ kurzen Umtriebszeiten in regional jeweils etwas abgewandelter Art betrieben, im Siegerland als Haubergwirtschaft, im Schwarzwald als Reutbergwirtschaft, in Eifel und Hunsrück als Schiffelwirtschaft bekannt. Sie stellte eine Kombination von kurzfristigem Ackerbau und Brennholz-, Gerberlohe-, Rott- und Weidenutzung des Niederwaldes dar. Im Eichenschälwald war die Umtriebszeit von 17–20 Jahren wegen des dann optimalen Gerbstoffgehalts der Rinde üblich. Neben dem völlig ungeregelten Brennholzeinschlag wurde auch der etwas mehr geregelte Stangenholzschlag betrieben, bei dem es auf gerade gewachsene Hölzer ankam, die für die Köhlerei besser geeignet waren.

Die Haubergwirtschaft hat vielfältige Einflüsse auf Boden, Mikroklima und Vegetationszusammensetzung gehabt. Die Böden hat sie so verändert, daß sich auf ihnen auch Arten ausgebreitet haben, die von Natur her nicht in Laub-, sondern in Nadelwald- oder offenen Gesellschaften wie Heiden und Wiesen zu Hause sind. Allgemein wurden vom *Niederwaldbetrieb* begünstigt Lichtbaumarten wie Birke, Eiche, Hasel und gut stockausschlagfähige Arten wie Ahorn, Eiche, Erle, Kastanie, Ulme, Weide, oder in Höhenlagen über 600 m Arten mit Pionierholzcharakter wie die Pappel, benachteiligt dagegen schlecht ausschlagfähige Arten wie die Buche (SEIBERT in TÜXEN 1966).

Ähnliche Veränderungen, z.T. im Zusammenhang mit Nieder- und Mittelwaldwirtschaft, hat HILLEBRECHT (1982) anhand von Holzkohlerelikten festgestellt. Wir kommen damit zu einer ganz wesentlichen Nutzungsart der Wälder, dem Holzeinschlag für gewerbliche Zwecke, insbesondere für Bergbau und Erzverhüttung, für die Glasbläserei und die Salzsiederei. In ihrer Untersuchung über den Harz und sein Vorland kommt HILLEBRECHT zu der Schlußfolgerung, daß für die langsam im 9. Jh. beginnende *Bergwirtschaft* Holzkohle in solchem Umfang gebraucht wurde, daß bis zu einer im 14. Jh. einsetzenden Ruhezeit gravierende Veränderungen in Artenzusammensetzung und Qualität der Bäume stattgefunden haben müssen.

In anderen Gegenden war die *Salzsiederei* ein Großverbraucher von Holz. Für die Saline Reichenhall mußten die Sudwälder um die Wende des 16. Jh. jährlich rund 200 000 fm Holz liefern, davon etwa 170 000 fm als salinatisches Brennholz. Schon seit dem frühen 15. Jh. begannen die Auseinandersetzungen zwischen Reichenhall und Salzburg um die Nutzung der Wälder. Wegen Holzmangels wurde die Soleleitung nach Traunstein gebaut, später 1810 wegen der Erschöpfung auch der dortigen Wälder eine weitere Soleleitung bis Rosenheim. Der jahrhundertelange Streit um das Holz wurde schließlich 1829 durch eine Salinenkonvention beigelegt, die Österreich den Salzabbau bei Dürrnberg auf bayerischem Boden und der Saline Reichenhall den Bezug von Holz aus den österreichischen Saalforsten, zugleich aber auch durch dessen Beschränkung die weitere Existenz des Salzbergwerks Berchtesgaden sichern half. Die 1958 revidierte Konvention besteht nunmehr seit über 150 Jahren (F. HOFMANN 1979).

Ein weiterer gewerblicher Holzverbraucher waren die *Glashütten*. Sie waren in erster Linie auf Buchenholzkohle und -asche angewiesen, da sie bei Verwendung anderer Baumarten eine Qualitätsminderung des Glases erfahren mußten. Nach Abholzung eines Buchenwaldes sind sie häufig an einen anderen Standort weitergezogen. Als weitere den Wald beanspruchende Gewerbe seien noch die Böttcherei, die Pottasche-, Pech- und Teergewinnung genannt.

Besonderes Interesse verdient die Frage der *Waldbrände*. Ebenso wie diese hat zur Gegenwart hin auch die Bekämpfung der Waldbrandgefahr und die Unterbindung von häufigeren Waldfeuern ihre verändernden Auswirkungen gehabt. Das seltenere Auftreten von Feuern ist dem Aufkommen von Sämlingen förderlich und führt somit zu einer Verdichtung der Bestände, zugleich auch zu einer stärkeren Akkumulation von brennbarem Material, und beides bewirkt, daß dann doch einmal auftretende Brände um so verheerender werden. Durch schwere Flächenbrände werden, ähnlich wie auch bei größeren Kahlschlägen, die Samen einzelner Arten knapp und wird der Wettbewerb anderer Arten begünstigt, womit sich die Bestände wiederum verändern (VALE 1982).

3.1.2.2 Waldaufbau-, Waldumbau- und Waldsterbenszeit
Etwa mit der Mitte des 18. Jh., als wegen des desolaten Zustands der Wälder in vielen deutschen Territorien Aufforstungsedikte erlassen wurden und eine *nachhaltige Forstwirtschaft* ihren Anfang nahm, beginnt die von HESMER und SCHROEDER so genannte *Waldaufbauzeit*. Damit wird ein nach der bis dahin vorgenommenen Zurückdrängung des Waldes zweiter Aspekt für seine Veränderung akut, nämlich die deutliche Bevorzugung von Nadelhölzern.

Große öde gefallene Flächen konnten rasch überhaupt nur mit der Kiefer aufgeforstet werden. Es kamen dabei allerdings mehrere Gründe zusammen, die WALTER angeführt hat.

1. Schon früh als unumgänglich angesehene Aufforstungen wie in Nürnberg in der zweiten Hälfte des 14. Jh. wurden mit Kiefernaussaaten durchgeführt und erwiesen sich als erfolgreich.
2. Da man die Eiche wegen der Schweinemast schonen wollte, verwendete man frühzeitig Nadelhölzer als Bauholz.
3. Die Saat von Nadelhölzern war leicht in größeren Mengen zu gewinnen.

4. Die Nadelhölzer sind genügsamer und gediehen besser auf den teilweise durch Streunutzung und andere landwirtschaftliche Praktiken verarmten Böden.
5. Die Umtriebszeit der Nadelhölzer ist geringer, das Holzvolumen im hiebreifen Alter größer als bei Laubbäumen.
6. Die jüngeren Rodungen auf für die Landwirtschaft geeignet erscheinenden Standorten betrafen größtenteils Laubbäume, die damit weiterhin dezimiert wurden (WALTER 1979).

Während der größte Teil des Bundesgebietes Laubholzstandort ist, waren Ende der 1970er Jahre 68,4% des Hochwaldes, der seinerseits gegenüber Schutzwald, Nieder- und Mittelwald 88,6% der Holzbodenfläche ausmacht, von Nadelhölzern eingenommen. Das noch um 1800 bestehende Verhältnis von Laub- zu Nadelwald wie 2:1 hatte sich schon bis 1900 in 1:2 umgekehrt.

In der ersten Hälfte des 19. Jh. dämmte die zunehmende Steinkohleförderung zwar den Brennholzeinschlag ein. Dann aber stieg der *Nutzholzbedarf* von Bergbau (Grubenhölzer), Industrie und Verkehrswirtschaft (Eisenbahnschwellen) derart an, daß im Rahmen einer „rationellen Forstwirtschaft" in großem Maße *Kahlschläge* ausgeführt wurden, Wiederaufforstungen mit Monokulturen entstanden, und damit gleichaltrige Bestände, mit möglichst niedrigen Umtriebszeiten und raschem Wechsel der Holzarten je nach der Marktnachfrage. Leitgedanke dieser Periode war der „Holzacker"; der Mensch fungierte als schöpferischer Neugestalter von *Ersatzgesellschaften* (BARTHELMESS 1972).

In dieser Zeit des Waldaufbaus konnte zwar der *Nutzholzertrag* im Bereich des heutigen Bundesgebietes zwischen 1860 und 1970 von 0,4 m^3/ha/a auf 3,9 m^3/ha/a, d.h. fast auf das Zehnfache angehoben werden. Aber die Nachteile dieser oftmals gleichaltrigen Monokulturen wie hohe Anfälligkeit gegen Insekten und Pilzbefall, Wind- und Schneebruch, auch Bodenverarmung, sind längst erkannt, so daß später versucht worden ist, wieder in größerem Umfang Mischwälder aufzuziehen.

In diese Periode des Waldaufbaus fallen auch umfangreiche *Eingriffe in das Gewässernetz und die Grundwasserverhältnisse,* die solche nachteiligen Standortveränderungen herbeiführten, wie sie schon für den Oberrheingraben beschrieben wurden (vgl. Kap. 2.2.3). Hier kam es zu einem deutlichen Zurückdrängen der Weiden-Ulmen-Auewälder und der Weiden-Pappel-Auewälder zugunsten von Eichen-Hainbuchen-Wäldern und Trockenwäldern (TRAUTMANN in OLSCHOWY 1978).

Als weitere Periode stellten HESMER und SCHROEDER die *Waldumbauzeit* heraus. Die Tätigkeit des Menschen richtet sich nun auf die Waldbestände als Ganzheiten, ihm werden die Wohlfahrtswirkungen des Waldes stärker bewußt und wichtig in der Art der Bewirtschaftung. Damit erhielten die „Dienstleistungsaufgaben des Waldes für die Industriegesellschaft" erhöhtes Gewicht, seine Produktion an Sozialleistungen trat der Holzproduktion an die Seite (BARTHELMESS 1972). Für die US-amerikanischen Nationalforste wurde 1960 das „multiple-use"-Konzept aufgestellt, demzufolge für die einzelnen Bereiche der Forste Präferenzen unter den fünf Nutzungsarten Wald, Wasser, Wild, Weide und Erholung gesetzt werden. Dieses führt in der Planung zur Zuweisung einzelner Areale zu einem unter mehreren Waldnutzungssystemen. Somit werden einzelne Teile der Forste einer nachhaltigen, auf möglichst hohe und dauerhafte Holzproduktion ausgerichteten Forstwirtschaft entzogen.

Insgesamt ist in den europäischen Ländern während der Nachkriegszeit die Waldfläche angestiegen, in der Bundesrepublik Deutschland z. B. zwischen 1958 und 1978 von 28,69% auf 29,17% (BUCHHOFER 1982). Das hat verschiedene Gründe, z. B. die, daß marginale Böden aus der Landwirtschaft herausgenommen wurden – solche Flächen fallen, vor allem in den Mittelgebirgen, also gerade dort an, wo andere Nutzungen wie Industrie- oder Wohnbauflächen nicht benötigt werden – und zur Aufforstung zur Verfügung standen, und daß nahezu alle früher als Bauernwald genutzten Niederwälder in forstwirtschaftlich rentable Hochwälder umgewandelt wurden. Dieses Anwachsen der Waldfläche konnte sich natürlich noch nicht auf die mit dem Wirtschaftswachstum der Nachkriegszeit verbundene Steigerung der Nachfrage nach Holz auswirken.

Die leichte Bearbeitbarkeit, vielfältige Verwendbarkeit und durch chemische Behandlung erreichbare hohe Feuerresistenz von Holz hat dieses zu einem stark begehrten Rohstoff werden lassen. Zwar ist es in vielen Bereichen der Wirtschaft substituierbar. Dennoch hat sich der Jahresverbrauch in der Bundesrepublik Deutschland zwischen 1950 und 1980 von rund 29 Mill. m^3 auf über 63 Mill. m^3 erhöht und damit mehr als verdoppelt. Da aber der nachhaltige Hiebsatz bei rund 30 Mill. m^3 liegt, muß die Bundesrepublik Deutschland rund 50% ihres Holzverbrauchs importieren. Holz bewirkt damit hinter Öl den zweitgrößten Passivsaldo in der bundesdeutschen Außenhandelsbilanz (BRÜCKNER 1982).

Während bei unserer heutigen starken Abhängigkeit von fossilen Rohstoffen das Holz die einzige regenerierbare Ressource darstellt, steht nun der hohen Nachfragesituation sowohl hinsichtlich der Holz- als auch der Sozialleistungen des Waldes die Gefahr des Waldsterbens gegenüber. So könnte man der von HEMSER und SCHROEDER gegebenen zeitlichen Gliederung der Waldentwicklungsgeschichte eine weitere, vorerst letzte Periode anfügen, die *Waldsterbenszeit*. Schwefeldioxid (SO_2), Ozon (O_3), Staub und andere Verunreinigungen der Luft haben zu den Schädigungen des Waldes beigetragen (vgl. Kap. 3.1.6). Die Politik der hohen Fabrikschornsteine hat die Schädigungen nicht eliminiert, sondern zu ihrer stärkeren flächenhaften Ausbreitung beigetragen. Von ihrer Physiologie her sind die in Mitteleuropa am weitesten verbreiteten Nadelhölzer am wenigsten resistent. Zu der direkten Schädigung der Nadeln kommen noch indirekte Einwirkungen der Luftverschmutzung wie die durch die Schwächung bewirkte Herabminderung der Frostresistenz und erhöhte Schädlingsanfälligkeit. Auch bei Laubbäumen rufen Luftverunreinigungen Schäden hervor; sie können zu vorzeitigem Altern, d. h. vorzeitigem Laubabwurf führen.

Hinzu kommen als weitere Belastungen Tiere und Menschen. In bundesdeutschen Wäldern ist der *Wildbestand* so gewachsen, daß er für manche Arten den dreifachen Besatz gegenüber jenem erreicht hat, bei dem eine unbeeinträchtigte Forstwirtschaft möglich wäre. Dieses Anwachsen des Wildbestandes in Deutschland hatte mehrere Gründe. Hier kommt der Mensch ins Spiel. Zum einen basiert die Forstwirtschaft in der Bundesrepublik Deutschland noch immer auf der Reichsforstgesetzgebung der dreißiger Jahre, die stark auf *Wildhege* ausgerichtet war. Zweitens waren die ersten Nachkriegsjahre eine Zeit, in der wegen Waffenverbots von Deutschen, selbst von den Forstleuten, kein Wild geschossen werden konnte. Als dritter Grund kommt seit den siebziger Jahren eine veränderte Verhaltensweise von Teilen der Bevölkerung hinzu. Vermehrte Freizeit und die Tendenz zu Aktivitäten im Urlaub, aber auch generell in der Freizeit, haben zu starker Zunahme der Nutzung der Wälder für Erholung und Sport geführt, aber nicht nur in den hierfür von den Forstverwaltungen vorgesehenen Bereichen, sondern auch dort, wo das Wild beim Äsen beeinträchtigt wird, so daß es sich in unzugängliche Teile der Forste zurückzieht, so daß letztlich weniger als wünschenswert abgeschossen werden kann.

So stehen die Forstverwaltungen vor dem Problem, das auch die Verwaltungen von Naturparken seit vielen Jahren kennen, nämlich angesichts der ständig wachsenden Besucherzahl den *grundsätzlichen Konflikt zwischen dem Schutz der Substanz und der Zugänglichmachung des zunehmend nachgefragten Objekts* zu lösen. Luftverschmutzung, überhöhter Wildbesatz und übermäßige Freizeitaktivität des Menschen verlangen nach den geeignetsten Maßnahmen zur Rettung des Waldes.

3.1.3 Die Entwicklung von Berg-, Energie- und Industriewirtschaft

3.1.3.1 Vorindustrielle Zeit und beginnende Industrialisierung
Wie Tab. 15 im Kap. 3.1.1 zeigte, hielt sich der Pro-Kopf-Energieverbrauch über lange Zeiten hinweg relativ gering, stieg dann im Industrie-

zeitalter sprunghaft auf das Dreifache und in den Industriestaaten im nachindustriellen Zeitalter nochmals auf das Dreifache an.

In vorindustrieller Zeit waren *Wasserkraft und Holzkohle*, in geringem Maße Torf, die Energieträger und bestimmten den Standort der Gewerbe. Älteste Gewerbestandorte finden sich an den Rändern der Mittelgebirge, vorzugsweise am Austritt der Flüsse aus dem Gebirge ins Vorland, wo das Wasser genutzt werden konnte sowie das Holz des Waldes, und Stollenbau betrieben werden konnte. In jüngerer Zeit sind solche Industriekerne öfter zu ganzen *Industriegassen entlang der Gebirgsränder* zusammengewachsen wie z. B. am Harz oder am Nordrande der Schwäbischen Alb. Die gewerbliche Nutzung ging dann aber gebirgseinwärts die Täler hinauf, in denen sich Mühlen aufzureihen begannen, Mühlen für Getreide genau so wie aber auch Sägemühlen, Hammerwerke oder Textilausrüstungsbetriebe für das Walken und Färben von Stoffen.

Im Kap. 3.1.1.1 war schon vom neolithischen *Bergbau* auf Feuerstein die Rede. Die ab 2000 v. Chr. anzusetzende Bronzezeit brachte dann Abbau und vielfältige Verwendung von Kupfer und Zinn, die um 1000 v. Chr. folgende Eisenzeit den Abbau von Erz. Die von DÜSTERLOH im Niederbergisch-Märkischen Hügelland dokumentierte *Verhüttung* aufgrund von Halden- und Schlackenfunden wurde von ihm auf die Zeitspanne Mitte des 12. bis Mitte des 16. Jh. datiert und ein Zusammenhang mit der Lage am Wasser festgestellt, welches als Gebrauchswasser im Verhüttungsprozeß und für den Gebläseantrieb genutzt wurde (DÜSTERLOH 1967).

Ganz allmählich trat die *Kohle* an die Stelle der traditionellen Energieträger. In seinen ersten Anfängen reicht der Kohleabbau im Ruhrgebiet auf das 14. Jh. zurück. Er begann am Ausbiß der Flöze, wurde später als Püttenbau (von kleinen Schächten her in geringer Tiefe unter Tage) betrieben und vom 16. Jh. ab im Stollenbau (DÜSTERLOH 1967). Es wurde schon gesagt, daß er in England bereits eine erhebliche Bedeutung im Laufe des 18. Jh. erlangte, während er in Deutschland wirklich bedeutend erst ab Mitte des 19. Jh. wurde. Mit der Ausnahme von England war bis dahin Holz immer noch der wichtigste Energieträger auch in den Industriestaaten; wenig nach der Jahrhundertwende hatte sich dann die Kohle mit einem Anteil von rund 75% am Primärenergieverbrauch an die erste Stelle gesetzt.

Gewerbe und Handel entfalteten sich mit den *zahlreichen Stadtgründungen* des hohen und späten Mittelalters zu rascher Blüte. Es bildete sich früh ein *System von zentralen Orten* heraus, das – im Gegensatz zur heutigen Situation in vielen Entwicklungsländern – schon lange vor der Industriellen Revolution für eine größere regionale Ausgeglichenheit der wirtschaftlichen Entwicklung sorgte, während in jenen häufig die Primatstadt die räumlichen Disparitäten immer mehr verstärkt. Und – wiederum im Gegensatz etwa zum orientalischen Raum – boten die in mehr oder weniger hohem Grade autonomen und miteinander in Konkurrenz befindlichen Gemeinwesen den Nährboden für ein kräftiges und erfolgreiches *privates Unternehmertum*.

„Bereits in den mittelalterlichen Städten trat jene Vertiefung der Arbeitsgesinnung hervor, die den europäischen Völkern seither ihre Besonderheit gibt ... Die europäische Wirtschaft des Mittelalters wird getragen von städtischen Zentren, in denen sich eine Auseinandersetzung zwischen den alten genossenschaftlichen, vom Lande her übernommenen Ordnungsprinzipien vollzog ... Eine Wirtschaftskultur von verhältnismäßiger Gleichförmigkeit durchzog schon damals ganz Europa. Während im Orient die handwerkliche Arbeit im wesentlichen in Organisation und Arbeitsmethoden ritualistisch gebunden ist, differenzierte sie sich in Europa zu höchster Leistung und gelangte zu einer letzten möglichen Verfeinerung" (MÜLLER-ARMACK 1959, S. 581).

Zwar war noch lange, in Deutschland bis in die erste Hälfte des 19. Jh. hinein, das Privateigentum eingeschränkt. *„Im Laufe der Zeit entwickelte sich aber in den westeuropäischen Staaten ein immer größerer Teil des nationalen Vermögens zu Volleigentum in dem Sinne, daß sich die einzelnen Bestandteile des Eigentums in der Person des Besitzers vereinigten, der die Sache nach reinem Gutdünken benutzen und veräußern konnte. In dieser Entwicklung war als eine unerläßliche Bedingung produktiver Investitionen und der Vermögensakkumulation die wachsende Sicherheit der persönlichen Eigentumstitel eingeschlossen"* (LANDES 1973, S. 29).

LANDES hat sehr klar die *Vorbedingungen für den Übergang zur Industriewirtschaft* des 19. und 20. Jh. herausgestellt. Einige waren, wie angedeutet, bereits in Ansätzen im mittelalterlichen und frühneuzeitlichen Europa gegeben, andere traten am Beginn oder während der Industrialisierung ein. Zu ersteren gehören außer technischen Fortschritten schon während des 15. und 16. Jh. wie der Erfindung des Schwarzpulvers mit dem Aufkommen der Feuerwaffen und neuen Befestigungstechniken, der Erfindung der Buchdruckerkunst, neuer Bergbau- und Metallverarbeitungstechniken für den Schachtbau und der Silbergewinnung aus Blei-Silber-Erzen sowie mit dem Aufkommen des bargeldlosen Bankenverkehrs die Machtkonstellation im Ständestaat, die protestantische Ethik, das Steuersystem und die nationalstaatliche Politik. Zu letzteren zählen der Bevölkerungsanstieg aufgrund sinkender Sterbeziffern und des Rückganges von Epidemien und Hungersnöten, die Befreiung der ländlichen und städtischen Bevölkerung aus Grundherrschafts- bzw. Zunftzwängen, die effektive Organisation des Kapitalmarktes und die Einbeziehung überseeischer Kolonialräume in die europäische Wirtschaft.

Übergang zur Industriewirtschaft

In der Machtkonstellation spielte das städtische *Bürgertum eine gewichtige Rolle zwischen Feudalherren und der Krone.* Oft mußte sich letztere im Kampf gegen erstere der Hilfestellung, nicht zuletzt der finanziellen Unterstützung der Städte versichern, womit so manches Regal auf die Städte überging und zum Ausbau ihrer Position in diesem Kräftespiel verhalf. *„Jedenfalls war es einer der größten Vorzüge Europas, daß seine ersten kapitalistischen Unternehmen in autonomen Stadtstaaten, in denen der Einfluß der reichen Grundherren notwendigerweise beschränkt blieb, arbeiten und gedeihen konnten"* (LANDES 1973, S. 33).

Als weiteren Punkt nennt LANDES die *protestantische Ethik,* insbesondere in ihrer kalvinistischen Form. War auch mancherlei einzuwenden, so z. B. daß die Prädestinationslehre nur als Rechtfertigung für die Aneignung und Anhäufung irdischer Güter herhalten müsse, ist doch diese Grundhaltung einer auf Erwerb und Erfolg gerichteten Hochschätzung der Arbeit („ora et labora") nicht hoch genug für den Aufbau einer auf geregelter Arbeitszeit basierenden Industriewirtschaft zu veranschlagen. Aus naheliegenden Gründen war die Kirche aber auch der Beherrschung der Natur und damit der Technik gegenüber positiv eingestellt.

Wichtig war ebenfalls die Art und Weise, die Steuern einzuziehen, nämlich in der Form regulärer Abgaben zu vereinbarten Sätzen und nicht, wie im Orient verbreitet, mit „erpreßten unvorhergesehenen Abgaben", die als Reaktion zu Verheimlichung des tatsächlichen Besitzstandes und Hortung „unproduktiver" Wertgegenstände führen mußten (LANDES 1973).

Die *Nationalstaaten,* die am Beginn der Neuzeit in einen auch überseeische Gebiete einschließenden Wettbewerb miteinander traten, versuchten jeweils zum eigenen Vorteil die Wirtschaft zu kontrollieren. Das *merkantilistische Denken* wollte die eigenen Gewerbe schützen und Ausfuhrüberschüsse erzielen. Allmählich breiteten sich manche Gewerbe, in Deutschland vor allem durch die Exulantensiedlungen, auch auf Gebiete außerhalb der Stadtmauern und der städtischen Zunftorganisation aus. Es entstanden Gewerbedörfer wie die Dörfer böhmischer Weber im Umkreis von Berlin.

In England kam es schon ab 1740, etwa ab 1750 auch in Belgien, Frankreich, der Schweiz und Schweden zu einem deutlichen *Absinken der Sterbeziffern* infolge verbesserter hygienischer Bedingungen und Eindämmung von Epidemien und Hungersnöten. Nach 1700 wurde England vorübergehend zum Getreideexporteur. Die Eliminierung der Brache durch Rotation und Düngung und die Einführung neuer Feldfrüchte wie vor allem der Kartoffel und des Klees war ein wesentlicher Faktor für die Steigerung der Getreideproduktion. Bis 1600 gab es in England durchschnittlich 12 Hungersnöte pro Jahrhundert, im 17. und 18. Jh. nur noch 4–5, im

19. Jh. eine einzige Hungersnot 1812. Abhängig von Lebensmittelimporten wurde England erst nach 1850; der Importweizen machte 1811-1830 nur 3%, 1851-60 schon 30%, 1891-95 dann 79% des Verbrauchs aus (BAIROCH in CIPOLLA 1976, McKEOWN 1976).

Die Reformen am Beginn des 19. Jh. in Deutschland, sonst zeitlich etwas abweichend, wie *Grundentlastung und Gewerbefreiheit*, die das eigentliche Volleigentum begründeten, aber auch die *Separationen*, die Flächen z. B. für Industrieansiedlungen und Wohnhausbebauungen verfügbar machten, schufen wesentliche Voraussetzungen für die produktiven Investitionen, die der eigentliche Mechanismus der kapitalistischen (Industrie)wirtschaft sind.

Die wachsenden Größenordnungen der Industriebetriebe erforderten aber als weitere Voraussetzung eine adäquate Organisation des Kapitalmarktes. Mehr oder weniger groß waren die behördlichen Widerstände gegenüber der Lösung des einzelnen aus der Haftung und der Gründung von Aktiengesellschaften. Die Entwicklung der Industriewirtschaft in Preußen hat unter derartigen Vorbehalten seitens der preußischen Behörden gelitten.

Schließlich profitierten die Volkswirtschaften etlicher europäischer Staaten von der Nachfrage ihrer *Kolonien* nach Manufaktur- bzw. Industriegütern im Austausch gegen Nahrungsmittel und Rohstoffe.

Der Übergang zu *fabrikmäßiger Fertigung* zunächst unter Verwendung der aus Kohle gewonnenen Dampfkraft war die Produktionsweise, mit der Bezeichnungen wie „Industrielle Revolution", „Industrialisierung" und letztlich „Industrieländer" verbunden sind (Abb. 21). Daneben können vor allem das Anwachsen des Kohlenverbrauchs, der Roheisenproduktion und des Eisenbahnnetzes als Indikatoren für die fortschreitende Industrialisierung verwendet werden:

Tab. 23: Entwicklung industrieller Kenngrößen in europäischen Staaten (Quelle: LANDES *1973, S. 187)*

Merkmal	Einheit	Großbritannien		Deutschland		Frankreich	
		1850	1873	1850	1873	1850	1873
Dampfkraftkapazität	1000 PS	1 290	4 040*	260	2 480*	370	1 850*
Kohlenverbrauch	1000 t	37 500	112 604	5 100	36 392	7 225	24 702
Roheisenproduktion	1000 t	2 249	6 566	212	2 241	406	1 382
Eisenbahnnetz	engl. Meilen	6 621	16 082	3 639	14 842	1 869	11 500

* 1870

Abb. 21: Relative Dichte der Weltindustrieproduktion 1964 aufgrund des industriellen Bruttoinlandsprodukts (nach GÄCHTER *1969 aus* BRÜCHER *1982, S. 22).* ▶

Dichte der Weltindustrieproduktion

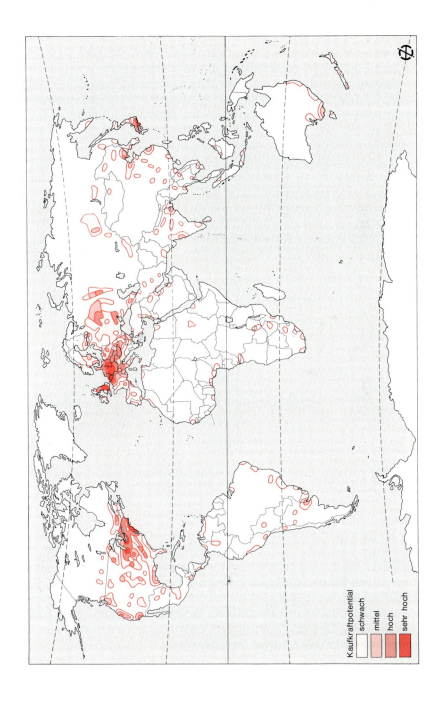

Das *Industriezeitalter oder Maschinenzeitalter* bedeutet aber mehr. Erstens geht es um den Einsatz von Energie aus fossilen Energiestoffen. Zweitens geht es um die immer umfangreichere Verwendung von Maschinen mit dem Ziel standardisierter und damit preisgünstiger Großserienproduktion. Man hat auch von der „Maschinenkultur" gesprochen, die letztlich die sinnvolle Verbindung von Energie mit Hebel und Rad bedeutet. Drittens ist damit ein Rückgang des bis dahin dominierenden primären Wirtschaftssektors, insbesondere der Landwirtschaft, zugunsten des sekundären Sektors oder produzierenden Gewerbes gegeben. Die heutigen Industriestaaten durchlaufen eine Entwicklungsphase nach dem Kulminationspunkt, bei dem annähernd die Hälfte der erwerbstätigen Bevölkerung in der Industrie beschäftigt war, und da die Industriebeschäftigung im Schrumpfen begriffen ist, sank im Deutschen Reich seit 1900 die Zuwachsrate im sekundärwirtschaftlichen Sektor bereits wieder und stieg die im tertiärwirtschaftlichen stärker an.

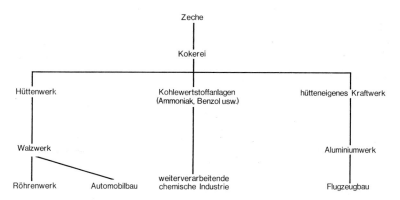

Abb. 22: *Schema eines Verbundes, mit der für Deutschland charakteristischen Kohlechemie.*

Auf der *Basis der Kohlelagerstätten,* in ungünstigeren Fällen wie in Lothringen auch auf der Basis von Erz, wurde die Eisenhüttenindustrie aufgebaut. Da bis zum II. Weltkrieg noch mindestens 1 t Koks pro Tonne produzierten Roheisens eingesetzt werden mußte, galt im allgemeinen die Faustregel: Erz zur Kohle. Das deutsche Ruhrgebiet ist dafür ein klassisches Beispiel. Es ist aber ebenfalls ein Beispiel für die Entstehung integrierter Werke, für einen Verbund aus Verhüttung, an die sich Stahlerzeugung, Walzwerke und als deren Hauptabnehmer Röhrenwerke und Automobilbau anschlossen, aus einem hütteneigenen Kraftwerk mit Aluminiumverhüttung und, manchmal, Flugzeugbau und schließlich, typisch für die deutsche Entwicklung, aus Kohlewertstoffanlagen, d. h. Schwerchemie auf Kohlebasis, auf deren Grundstoffen sich die weiterverarbeitende Chemie aufbaute (Abb. 22).

Hier hat auch die räumliche Konzentration von Industrien ihren höchsten Grad erreicht, die über zahlreiche Stadtgebiete hinweg so dominierend geworden sind, daß man für solche Gebiete den Begriff des *Industriereviers* geprägt hat.

3.1.3.2 Industriezeitalter und postindustrielle Zeit

Die für die weitere Industrialisierung im mittel-, nord- und westeuropäischen Raum wesentlichen Prozesse mit den Folgen sich verändernder Standortbedingungen und Branchenspektren hat VOPPEL (1980) in sieben Punkten zusammengefaßt:

1. *Die Ausweitung der Marktsysteme.* Charakteristisch hierfür ist die zunehmende Zahl und Rolle der multinationalen Konzerne. Die Position und die internationalen Kapitalverflechtungen innerhalb der Gruppe der Industriestaaten (vgl. Kap. 4) erhellen sich aus der Tatsache, daß von den gegenwärtig 54 größten Industrieunternehmen der Welt (mit je über $ 10 Mrd. Umsatz) ihren Stammsitz 23 in USA, 9 in der Bundesrepublik Deutschland, 6 in Japan, 4 in Frankreich, je 3 in Großbritannien und den Niederlanden, 2 in Italien und 1 in der Schweiz haben (TOLKSDORF 1982).

2. Der *Wandel in den Produktionsverfahren,* der besonders deutlich in der Holz- und Metallverarbeitung zum Tragen gekommen ist. Betriebe dieser Branchen haben sich angesichts schwindender Rohstoffreserven häufig von rohstoffständigen zu arbeitsständigen Industrien entwickelt.

3. Der technisch bedingte *Wandel im Materialeinsatz.* Er führte in den westlichen Industriestaaten neben der Senkung der Seefrachtraten um die Mitte der fünfziger Jahre zur Umorientierung der Hüttenindustrie auf Küstenstandorte.

4. Die *Substitution von Roh- und Energiestoffen* durch andere Materialien. Die Kunststoffindustrien erreichten weit über dem Durchschnitt liegende Zuwachsraten mit ihrer Produktion von Verpackungsmaterial, Medizin-, Sanitär- und Laborbedarfsartikeln, Büro- und Geschäftsbedarfsartikeln (PEFFGEN).

5. Die *Zunahme der internationalen Arbeitsteilung.* Z. B. gab es in der Stahlerzeugung eine deutliche Verschiebung auf Kosten der traditionellen

Produzenten EG und USA zugunsten von Japan, Südafrika und einigen Ländern der Dritten Welt (Tab. 24).

Gründe für Japans Fortschritt sind z. B. der Aufbau von Großwerken mit je über 4 Mill. t Jahresproduktion im modernen Sauerstoffaufblasverfahren bei relativ geringem Lohnkostenanteil (12% gegenüber 35% in den USA) und die aggressive Wirtschaftspolitik des Landes (GAEBE 1979). Im Schiffsbau beginnt bereits die Republik Korea Japans Nachfolge anzutreten. Von der 1982 fertiggestellten Welttonnage von 16,7 Mill. BRT baute Japan 8,2 Mill., gefolgt von Korea mit 1,4 Mill. Auf dem Sektor der Bekleidungsindustrie erlebte die Bundesrepublik Deutschland 1961-1981 eine Schrumpfung von 840 000 Arbeitsplätzen und wurde mit einem Importüberschuß von DM 8,5 Mrd. (größter Posten nach Öl und Holz) zu einem bedeutenden Importeur aus Billiglohnländern.

Tab. 24: Prozentualer Anteil an der Welterzeugung von Eisen und Stahl (Quelle: GAEBE *1979).*

Staat bzw. Staatengruppe	1950	1977
USA	46 ⎫ 72	17 ⎫ 36
Europäische Gemeinschaft	26 ⎭	19 ⎭
Sowjetunion	14	22
Japan	3	15
Übrige Staaten	11	27

Tab. 25: Wertmäßiges Verhältnis Konsumgüter: Investitionsgüter in den USA

Phase	Zeitspanne	Verhältnis
I	bis ca. 1850	2,40 : 1
II	1870-1890	1,70-1,50 : 1
III	1914-1927	0,91-0,81 : 1
IV	1958-1966	0,51-0,46 : 1

6. Der *Wandel der Verkehrstechnik und Raumerschließung.* Ein gutes Beispiel liefert die Veränderung von Standortgruppen der Erdölraffinerien, bewirkt durch den Bau von Ölleitungen und die Entstehung neuer Raffineriestandorte.

7. Verschiebungen in den *Anteilen der Wirtschaftssektoren* mit den Folgen veränderter Bevölkerungsverteilung und Absatzmärkte. Hier ist vor allem das rasche Anwachsen von Betrieben der Nahrungs- und Genußmittel-

Grad der Industrialisierung und Motorisierung 135

branche und der Leichtchemie in Großstädten, z. B. auch von importorientierten Verarbeitungsindustrien in Hafenstädten zu nennen.

Alle diese Prozesse haben zu einer ständigen *Umbewertung der Standortfaktoren* geführt. Während noch zu Beginn des Jahrhunderts der Transportkostenfaktor, besonders für die Grundstoffindustrien, eine entscheidende Rolle spielte, rangieren seit den fünfziger Jahren Faktoren wie die

Tab. 26: Kennwerte für den Grad der Industrialisierung und Motorisierung in den Ländern der gemäßigten Breiten (Quellen: für Pro-Kopf-Energieverbrauch und Anteile der Industrie am BIP: Weltbank (Hrsg.): Weltentwicklungsbericht 1981; für Pro-Kopf-Kunststoffverbrauch: Gesamtverband kunststoffverarbeitende Industrie e. V. (Hrsg.): Kunststoffverarbeitung 1982/83, Jahresbericht. Frankfurt/ M. 1983; für den Motorisierungsgrad: Fischer Weltalmanach '83, Frankfurt/M. 1982)

Staat	Pro-Kopf-Energieverbrauch in kg SKE 1979	Pro-Kopf-Kunststoffverbrauch in kg 1981	Anteil der Industrie am BIP in % 1979	Anzahl PKW auf je 100 Einw. um 1980
Finnland	6 259	118,0	35	23,3
Schweden	8 502	77,0	32	34,5
Norwegen	11 919	49,0 (1979)	37	28,6
Dänemark	5 978	56,0		22,2
Irland	3 819	39,2 (1979)		18,5
Großbritannien	5 637	36,1	36	25,6
Frankreich	4 995	46,4	34	32,3
Belgien	6 745	52,2	37	30,3
Niederlande	6 745	35,5 (1979)	37	28,6
Bundesrepublik Deutschland	6 627	94,4	49	35,7
DDR	8 718		69	14,3
Schweiz	5 138	64,5		32,3
Österreich	5 206	69,5	41	27,0
Italien	3 438	43,6	43	29,4
Ungarn	4 073		59	7,8
Tschechoslowakei	6 830		74	13,0
Polen	5 803		64	5,1
Sowjetunion	6 122		62	0,7 (1973)
VR China	835		47	0,04
VR Korea	2 846			
Republik Korea	1 642		39	0,3
Japan	4 260	52,9	42	18,2
USA	12 350	72,2	34	52,6
Kanada	13 453	59,3	33	40,0
Australien	6 975	42,2 (1979)		45,5
Neuseeland	4 891		31	40,0
Chile	1 193	7,9	37	3,0

Verfügbarkeit preisgünstiger Flächen (Boden), das Vorhandensein genügender bzw. qualifizierter Arbeitskräfte, Größe und Organisation des Absatzmarktes, Steuerpräferenzen oder andere finanzielle Anreize vor dem Faktor Verkehr, von ausgesprochen verkehrsorientierten Betrieben abgesehen.

Neben Standortneuorientierungen der Betriebe gibt es aber traditionelle Standorte, deren einstige Vorteile kaum noch oder gar nicht mehr existieren, und es gibt *alte Industrielandschaften* mit entsprechenden Strukturschwächen in der heutigen Situation. Das sind vor allem Gebiete frühen Bergbaus und früher Verhüttung mit veralteten, unrentabel gewordenen technischen Ausrüstungen und Betriebsgrößen. Sie sind von Schließung und Arbeitslosigkeit bedroht und von der Konkurrenz günstigerer Standorte und solcher Industriegebiete mit modernen Wachstumsindustrien und breiterem Branchenspektrum, das weniger konkurrenzanfällig macht. Die teilweise schon unter Schutz gestellten alten Betriebsanlagen führt man unter dem Stichwort Industriearchäologie.

Mit fortschreitender Industrialisierung kehrt sich das Verhältnis der wertmäßigen Anteile von *Konsumgüter- zu Investitionsgüterindustrien* an der Gesamtproduktion eines Landes um. Mit steigendem Lebensstandard und wachsender Industrieproduktion werden die Investitionen in der Industriewirtschaft immer größer, wird der Kapitalumlauf schneller und der Anteil der Investitionsgüter größer. Diesen „industriellen Wachstumspfad" verdeutlicht Tab. 25 für die USA (W. G. HOFFMANN 1958, 1969).

Die europäischen Industriestaaten haben vergleichbare Verhältniszahlen erreicht, z. B. Dänemark (1964) 0,89:1, Italien (1966) 0,53:1, die Niederlande (1965) 0,5:1, Schweden (1966) 0,46:1, Großbritannien (1963) 0,4:1. Wenn auch die von HOFFMANN verwendete Methode der Berechnung umstritten ist, geben doch die mitgeteilten Werte eine Vorstellung von diesem global beobachtbaren Trend.

Abschließend seien noch einige Kennwerte zum Entwicklungsstand der Industrialisierung und Motorisierung der Länder der gemäßigten Breiten mitgeteilt (Tab. 26).

3.1.4 Urbanisierung und die Ausbreitung urbaner Ökosysteme

3.1.4.1 Kräfte und Phasen der Urbanisierung

Unter den Altkulturräumen der Erde ist Europa der am längsten schon stark verstädterte Kulturraum. Höhere Urbanisierungsgrade weisen nur Angloamerika und Australien/Neuseeland, also kolonialzeitliche jüngere Siedlungsräume, und die Sowjetunion, die erst in der Sowjetära eine rasche Verstädterung erlebte, auf (Tab. 27).

Tab. 27: Anteile der Stadtbevölkerung (in Siedlungen über 20000 E.) in % (nach: MACKENSEN *1974; 1983 World Population Data Sheet of the Population Reference Bureau, Inc. 1983)*

Großraum	1920	1940	1960	1980
Nordamerika	41,4	46,5	57,8	74,0
Australien/Ozeanien	37,5	36,4	50,0	72,0
Sowjetunion	10,3	24,1	36,5	62,0
Europa	34,7	39,6	44,2	69,0
Lateinamerika	14,4	19,2	32,6	65,0
Ostasien	7,2	11,7	18,5	29,0
Südasien	5,7	8,4	13,8	23,0
Afrika	4,9	7,3	13,6	27,0
Erde insgesamt	14,4	18,8	25,4	39,0
Gesamtbevölkerung in Mill.	1860	2295	2991	4677 (1983)

Dabei liegen die Staaten Mittel- und Westeuropas mit Ausnahme der Alpenländer Österreich und Schweiz ganz erheblich über dem europäischen Durchschnitt (s. auch Abb. 23):

Tab. 28: Der Verstädterungsgrad europäischer Staaten 1980 (Quelle: 1983 World Population Data Sheet of the Population Reference Bureau, Inc. 1983) in %

Finnland	62	Belgien	95	Ungarn	53
Schweden	83	Niederlande	88	CSSR	67
Norwegen	44	Bundesrepublik Deutschland	85	Polen	58
Dänemark	84	DDR	76		
Irland	58	Schweiz	58		
Großbritannien	77	Österreich	54		
Frankreich	78	Italien	69		

Wie sich die Verstädterung im Raume nördlich der Alpen über zwei Jahrtausende hin vollzog, kann hier nur kurz skizziert werden. Für eine ausführliche Darstellung muß auf das reichlich vorhandene stadthistorische und baugeschichtliche Schrifttum verwiesen werden, z. B. auf die von RAUSCH herausgegebene achtbändige Reihe *„Beiträge zur Geschichte der Städte Mitteleuropas"* (RAUSCH 1963-1984) und die Werke von BRAUNFELS (1976), ENNEN (1953), RÖRIG (1955), STOOB (1978) und REULECKE (1978).

Das Städtewesen in Mitteleuropa geht auf die Römer zurück (Kap. 3.1.1). Die keltischen oppida und germanischen Volksburgen können nur als Vorformen städtischer Siedlungen angesehen werden. Wegen der viel-

Verstädterungsgrad

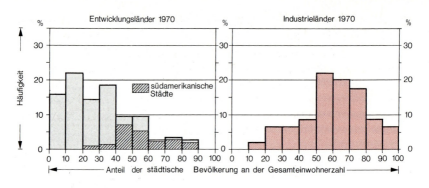

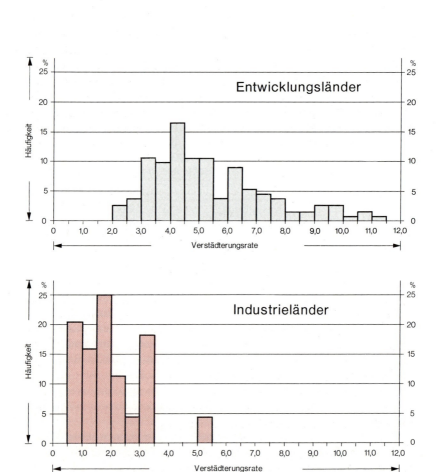

fältigen weiteren Entwicklung kann die Frage der Siedlungskontinuität nicht allgemein, sondern nur individuell für jede einzelne römerzeitliche Stadtsiedlung entschieden werden (SCHÖNBERGER 1975).

Die erste größere Stadtentstehungsschicht des Mittelalters bilden die Wik- und Marktorte vom 8. bis 12. Jh. Ansätze sind in der Regel die Stätten geistlicher oder weltlicher Macht gewesen, also Klöster, Bischofssitze, Pfalzen. Die frühesten Vorstadtgründungen, oftmals in nur wenigen hundert Metern Entfernung von der Keimzelle der Stadt, sind weitere Klöster, Stifte, geistliche Ordensanlagen gewesen, so daß die Stadt des 10. und 11. Jh. in vielen Teilen Europas eine *„Komposition von Stiften"* gewesen ist, *„die aus einer Vielzahl klerikaler Zentren bestanden hat"* (BRAUNFELS 1976, S. 27, 33).

Die wichtigste Stadtgründungsphase war dann aber das hohe und späte Mittelalter vom 12. bis 15. Jh., als zunächst der Hochadel, dann auch der ihm nacheifernde niedere Adel, im Rahmen seiner Territorialpolitik große Zahlen von Städten gründete, zuweilen auch Dörfer in den Status einer Stadt erhob, in einem Maße, daß gar nicht allen diesen Städten dauerhafte Lebenschancen gegeben waren, wie die Zwergstädte vor allem des süddeutschen Raumes bezeugen. (Abb. 24) Erwähnt seien nur die Adelsgeschlechter der Zähringer (Bern, Rheinfelden, Rottweil, Freiburg), der Wettiner, der Wittelsbacher, der Askanier, die ihre Territorien mit einer ganzen Reihe von Stadtgründungen überzogen.

Die Städte versuchten, sich als eigenständiger Machtfaktor zwischen den Interessen von Landesfürst und Feudalherren zu etablieren und betrieben aktive Politik. Beispiele sind der Lombardische Städtebund in der zweiten Hälfte des 12. Jh. gegen den Kaiser und mit Unterstützung des Papstes oder die Hanse, die sich ebenfalls vom 12. Jh. an in Flandern, England und Deutschland zur Durchsetzung von Handelsinteressen wegen mangelnden Schutzes seitens der Landesfürsten bildete.

Die Städte des Mittelalters und der frühen Neuzeit waren noch auf wenige Funktionen beschränkt. Sie waren entweder Handels- und Gewerbestädte oder Residenzen, Garnisons- und Festungsstädte. *„Ihre Grundlage bildete entweder eine ‚feudale Verstädterung', indem sie von den direkten oder indirekten Abgaben der landwirtschaftlichen Produktion abhing, oder eine ‚merkantile Verstädterung', die auf der spätmittelalterlichen und insbesondere in der Renaissance blühenden Entfaltung des Fernhandels beruhte"* (MACKENSEN in PEHNT 1974, S. 141). Für dieses ältere Städtewesen kam es nach MACKENSEN zu einem Verstädterungsgrad, der noch nicht über ein Sechstel der Gesamtbevölkerung hinausging.

◀ *Abb. 23: Verstädterungsgrad und -rate in den Industrie- und Entwicklungsländern (nach SCHOLZ in Festschr. G. Schwarz 1979).*

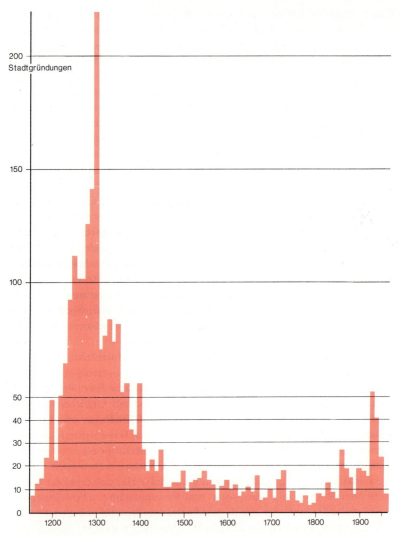

Abb. 24: Stufen der Stadtentstehung in Mitteleuropa (nach STOOB *1970, S. 21). Es wurden ca. 2000 Städte erfaßt.*

Auf MAX WEBER geht die Feststellung zurück, daß der große Vorzug der mittelalterlichen Stadt nördlich der Alpen in der Freiheit des einzelnen Bürgers auf der Grundlage gemeinsamen und gleichen Rechts, d. h. einem *eigenen Bürgerstand mit weitgehender Selbstverwaltung,* Wehrhaftigkeit, Verfügungsgewalt über Arbeitskraft, Einkünfte und Vermögen bestand. Das war neben den im Laufe der Jahrhunderte geschaffenen technischen Möglichkeiten (s. Kap. 3.1.3) die von ihm als entscheidend angesehene Voraussetzung für die Entstehung eines *produktiven Kapitalismus* (KÖLLMANN in REULICKE 1978). Für diesen Teil Europas hat auch Gültigkeit, daß Industrialisierung und beschleunigtes Städtewachstum Hand in Hand gegangen sind, was für viele andere Länder außerhalb dieses Raumes nicht zutrifft.

Die Grundentlastung und Freisetzung immer größerer Anteile ländlicher Bevölkerung brachte einerseits eine wachsende Zuwanderung auf die Städte hin; andererseits führten *Gewerbefreiheit* und die rasche Entfaltung der Industriewirtschaft mit immer stärkerem Wachstum des Dienstleistungssektors zu rascher Vermehrung der in den Städten konzentrierten Arbeitsplätze. Etwa zeitgleich mit der Grundentlastung wurden die *Separationen* durchgeführt. Mit ihnen konzentrierte sich der Boden in den ländlichen Gemeinden in den Händen einer überschaubaren Zahl von Bauern und wurde für nichtlandwirtschaftliche Nutzungen über Veräußerungen verfügbar. Ein Mechanismus wurde in Gang gesetzt, der großflächige Umschichtungen des Grund und Bodens mit sich brachte.

Überall begünstigten die steigende Nachfrage nach Wohnraum und Industriegelände, im kernstädtischen Bereich auch nach Büro- und Geschäftsfläche im Rahmen der beginnenden Citybildung, und die oft vagen, kaum über Feuerschutzbestimmungen hinausgehenden Bauordnungen die Bodenspekulation und Bautätigkeit.

Während die „bürgerliche Verstädterung" um die Wende vom 18. zum 19. Jh. etwa ein Drittel der Gesamtbevölkerung erreicht hatte, erfaßte die eigentliche „industrielle Verstädterung" bis zum I. Weltkrieg schon bis zu zwei Drittel (MACKENSEN in PEHNT 1974). Zugleich wuchs auch die Zahl der großen Städte. So erhöhte sich z. B. in Preußen von 1840 bis 1910 die Zahl der statistischen Großstädte von 1 auf 33.

Die Staaten West- und Mitteleuropas traten seit der Zwischenkriegszeit und in verstärktem Maße nach dem II. Weltkrieg in eine weitere Entwicklungsphase ein, die *Phase der Suburbanisierung*. Schon in gehöriger Entfernung vom Stadtkern entstanden Großwohnsiedlungen und in verstärktem Maße Eigenheimviertel. Gleichzeitig oder mit geringer Phasenverschiebung kam es auch zu einer gewissen „Suburbanisierung der Produktionsstätten" und einer „Suburbanisierung des tertiären Sektors", womit die Arbeitsplätze teilweise der Wohnbevölkerung in die Randbereiche der Metropolen folgten, während manche Wohnsiedlungen reine Schlafstädte, Trabantensiedlungen, blieben. Diese „tertiäre Verstädterung" umfaßt zwischen zwei Drittel und vier Fünftel der Gesamtbevölkerung (MACKENSEN in PEHNT 1974).

Es sei darauf hingewiesen, daß sich seit etwa Mitte der siebziger Jahre, zwar weniger deutlich als in den USA, in einigen europäischen Industriestaaten, zunächst im Raume von Frankreich und den Beneluxstaaten, eine gewisse Umkehr der bisherigen Binnenwanderungsströme andeutet, die nicht nur Wanderungsverluste für die Kernstädte bringt, sondern ein deutlich abgeschwächtes Wachstum der metropolitanen Ringe und ein leicht verstärktes Wachstum der Klein- und Mittelstädte der nichtmetropolitanen Gebiete. Wieweit damit eine wirklich neue Phase der Urbanisierung eingeleitet wurde, ist bisher umstritten (HALL 1981, FIELDING 1982, VINING JR. 1983).

Die flächenhafte, weit in das einstige Umland der Städte hinausgreifende „Zersiedlung", die vor allem durch den stark angestiegenen Lebensstandard, speziell durch den erreichten hohen Motorisierungsgrad und Eigenheimbau ermöglicht wurde, ist sichtbarer Ausdruck eines anderen, diese genannten Verhältnisse begleitenden Prozesses, nämlich eines ebenfalls stark gestiegenen Pro-Kopf-Konsums an Fläche, für den neuerdings in der Literatur auch etwas mißverständliche Begriffe wie „Landverbrauch" oder „Landschaftsverbrauch" auftauchen. Gemeint ist die Umwidmung von bisher offener, meist agrar- oder forstwirtschaftlich genutzter Fläche für andere Nutzungen wie Wohnhausbau, Industrie- und Verkehrsanlagen, Supermärkte, Versorgungs- und Erholungseinrichtungen. Für Großbritannien errechnet sich dieser sogenannte Landverbrauch auf jährlich etwa 26000 ha (CHANDLER u. a. 1976).

In der Bundesrepublik Deutschland stieg der Anteil des Eigentums an der Gesamtzahl der Wohneinheiten zwischen 1950 und 1980 von 15% auf 40% an, wobei ein hoher Prozentsatz aus flächenkonsumierenden Einfamilieneigenheimen bestand. Der Pro-Kopf-Verbrauch an Fläche stieg in Deutschland zwischen 1930 und 1960 von 80 m^2 auf 140 m^2 (GUSTAFSSON 1981; NEUFFER 1973).

Daß diese Umwidmungen großenteils auf Kosten gerade sehr guter landwirtschaftlicher Böden gehen, konnte PIERCE (1981) am Beispiel der kanadischen Städte nachweisen. Für die europäischen Städte dürfte das ebenfalls zutreffen.

3.1.4.2 Die Problematik urbaner Ökosysteme
Mit dem Städtewachstum wurden im Laufe der Zeiten, besonders rasch während der beiden letzten Jahrhunderte, immer größere Flächen so tiefgreifend umgestaltet, daß in Frage gestellt wurde, ob in unseren Großstädten überhaupt noch von Ökosystemen die Rede sein kann. Für die hier allerdings notwendige Erweiterung des ursprünglichen Ökosystembegriffs sei auf ERIKSEN verwiesen (ERIKSEN 1983; dgl. P. MÜLLER 1980; BORNKAMM u. a. 1982).

Eigenheiten des Stadtklimas

Urbane bzw. urban-industrielle Ökosysteme sind weitgehend künstliche Ökosysteme, die in hohem Maße von *technischen Abläufen und Elementen* bestimmt und in ihrer Funktionsfähigkeit von anderen Ökosystemen abhängig sind, von denen sie Wasser, Energie usw. beziehen und an die sie Abfall und Abwasser großenteils abgeben. Weite Teile der metropolitanen Gebiete zeigen heute stark gegenüber ihrer Umgebung veränderte Wesenszüge des Klimas, Bodens, Reliefs, der Hydrologie, Flora und Fauna, was insgesamt ein besonderes Milieu für den Stadtmenschen schafft.

Da im Rahmen dieser auf die gemäßigten Breiten beschränkten Abhandlung nicht auf Details dieser künstlichen Umwelt eingegangen werden kann, andererseits ein umfangreiches Schrifttum vorhanden ist, seien hier nur zwei Aspekte tabellarisch erläutert.

Tab. 29 erlaubt aufgrund von Daten, die aus vielen Städten über die Eigenheiten des Stadtklimas zusammengetragen wurden, einen raschen Überblick über die *veränderten klimatologischen Parameter* (ERIKSEN 1983, S. 7; vgl. LANDSBERG 1981).

Tab. 29: Klimawerte in Städten im Vergleich zum Freiland (Quelle: ERIKSEN *1983)*

Klimafaktor	Merkmal	Differenz
Strahlung	Globalstrahlung	15–20% weniger
	UV-Strahlung (Winter)	30% weniger
	UV-Strahlung (Sommer)	5% weniger
	Sonnenscheindauer	5–15% weniger
Temperatur	Jahresmittel	0,5–1,5°C höher
	an Strahlungstagen	2–6°C höher
	Minima im Winter	1–2°C höher
Relative Luftfeuchtigkeit	Winter	2% weniger
	Sommer	8–10% weniger
Nebel	Winter	100% mehr
	Sommer	30% mehr
Wolken	Bedeckung	5–10% mehr
Niederschlag	Jahresmittel	5–10% mehr
	Schneefall	5% weniger
Wind	mittlere Windgeschwindigkeit	20–30% weniger
	Windstille	5–20% mehr
Luftverschmutzung	gasförmige Verunreinigung	5–25mal mehr
	Kondensationskerne	10mal mehr

Stark verändert sind im Stadtgebiet die Standortbedingungen der Pflanzen. Hier haben sich besonders zahlreiche Hemerochoren, d. h. durch direkte oder indirekte Hilfe des Menschen geförderte Arten verbreitet, auf künstlichen Standorten wie Schutthalden die sogen. Ruderalpflanzen, insgesamt eine Vielzahl von schon vor dem Entdeckungszeitalter eingeschleppten Archäophyten und von nach 1500 verbreiteten Neophyten (SUKOPP in TÜXEN 1966; s. Abb. 25). Wie der Anteil der Hemerochoren mit wachsender Siedlungsgröße zunimmt, dokumentierte FALINSKI für die synanthrope Gefäßpflanzenflora der polnischen Siedlungen um 1970 (mitgeteilt von SUKOPP in OLSCHOWY 1978).

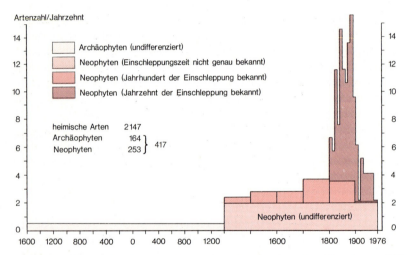

Abb. 25: Erstnachweis eingebürgerter Arten in der Bundesrepublik Deutschland und der DDR (nach JÄGER 1977, S. 290).
Man beachte das rasche Ansteigen der Zahlen mit dem Aufkommen von Dampfschiff und Eisenbahn.

Tab. 30: Hemerochorenanteile in polnischen Siedlungen wachsender Größenordnung um 1970

Siedlungskategorie	Hemerochoren in %
Waldsiedlungen	20–30
Dörfer	30
Kleinstädte	35–40
Mittelstädte	40–50
Großstädte	50–70

3.1.5 Rückwirkungen von Siedlung und Wirtschaft auf den Naturhaushalt

Die Rückwirkungen der in den vorangegangenen Kapiteln geschilderten menschlichen Eingriffe im Sinne von Schädigungen und Störungen des Naturhaushalts dürften außer im europäischen Mittelmeerraum in den kühlgemäßigten Breiten am schwerstwiegenden sein.

Von menschlichem Eingriff unbeeinträchtigte *Böden* gibt es in dieser Klimazone so gut wie nirgendwo. Sie sind in mehr oder weniger starkem Maße anthropogen. Große Anteile, in den USA z. B. 70% der Gesamtfläche des Staatsgebiets, sind von Bodenerosion betroffen, deren Grad von geschlossener Waldbedeckung über gepflegtes Weide- und Wiesenland, Getreide-, Hackfruchtfelder, Obst- und Weingärten ohne Deckvegetation bis zu Brachflächen sowie von vieljährigen über kürzere Rotationen bis zur Monokultur ansteigt. In früheren Jahrhunderten traten Erosionsschäden vor allem in der Brachzelge und im Außenfeld sowie im Zusammenhang mit Holzkohlegewinnung und Erzverhüttung auf (RICHTER 1965). Bei letzteren spielten Kahlschläge und damit in Gang gesetzte Ausblasungen mit der Bildung von Dünen und Flugsanden eine Rolle.

Luftverunreinigungen wirken direkt, aber auch indirekt über den Boden, auf die Pflanzen ein, so z. B. Hüttenstäube, die über die Oxide von Blei, Eisen, Kupfer, Nickel usw. die Ausbildung des Wurzelsystems beeinträchtigen. Je nach Art der Emission treten verschiedenartige Veränderungen im Boden ein, die jede auf ihre Weise zu Mangelerscheinungen in der Ernährung der Pflanze führt (DÄSSLER 1981).

Seit Beginn der siebziger Jahre ist das sog. *Waldsterben* in raschem Fortschreiten begriffen. Untersuchungen im Ruhrgebiet haben Waldschäden durch Luftverunreinigungen schon seit über sieben Jahrzehnten nachgewiesen (BRÜCKNER 1982), jedoch haben Ausmaß und Tempo erst in jüngster Zeit beängstigend zugenommen. Tanne und Fichte erwiesen sich als besonders anfällig wie allgemein die Nadelhölzer, da sich in den mehrjährigen Nadeln die Giftstoffe stärker anreichern können (LEIBUNDGUT 1975). Die Ursachen sind dagegen bisher nicht ausreichend geklärt.

Besonders toxisch wirken offenbar Schwefeloxid (SO_2), Stickoxide (NO), Ozon (O_3) und Fluorwasserstoff (FH). In der Bundesrepublik Deutschland sind am Ausstoß von Schwefeloxiden die Kraftwerke und an dem von Stickoxiden der Kraftfahrzeugverkehr zu jeweils etwa der Hälfte beteiligt. Ein wichtiger Zusammenhang scheint darin zu bestehen, daß neben dem in der Atmosphäre vorhandenen Ozon zusätzlich sogen. anthropogenes Ozon bei intensiver Sonneneinstrahlung über Ballungsgebieten als Bestandteil des photochemischen Smogs entsteht. Es greift die Zellenmembranen von Nadeln, aber auch von Blättern, an, und bereitet dem sauren Regen, insbesondere dem SO_2, den Weg, um die Nährstoffe aus ihnen herauszuwaschen und das rasche Vergilben, d. h. die Unterbrechung der Photosynthese, zu bewirken. Stickoxide wirken vor allem dadurch verheerend, daß sie mit dem Regen am Stamm herunterrinnen, diesen verätzen und im Wurzelbereich des Baumes eine starke Versauerung des Bodens und Beeinträchtigung der Osmose (physiologische Dürre!) und des Unterwuchses hervorrufen. Die so geschädigten Bäume sind überdies gegen Schädlinge um so anfälliger.

Schon in einem Werk über Forstschutz von 1878, das seinerseits auf einschlägige Literatur bis 1845 zurückgeht, war von den zerstörerischen Wirkungen der Schwefelsäure und anderer Schadstoffe auf Nadeln und Blätter die Rede (HESS 1878, 4. Aufl. HESS/BECK 1914/16). Was man damals noch nicht wußte ist, daß die Strahlungsenergie der gemäßigten Zone zur Bildung von Photooxidantien wie Ozon ausreicht (Umweltbundesamt 1983).

Mit den veränderten Konkurrenzverhältnissen im Kampf um den Standort sind weit verbreitet Ersatzgesellschaften entstanden unter Verdrängung heimischer Arten und Ausbreitung von Archäo- und Neophyten (s. Kap. 3.1.4.2). Viele heimische Arten sind inzwischen ausgestorben oder gelten als verschollen, d. h. sie wurden zumindest im letzten Jahrzehnt nicht mehr angetroffen. Eine von SUKOPP erstellte Liste zeigt für ausgewählte Gebiete unterschiedlicher Überbauung und Flächengröße den Grad der Gefährdung der heimischen Farn- und Blütenpflanzen (Tab. 31).

Für Mitteleuropa gilt, daß das Maximum der zunächst durch Einschleppung erhöhten Pflanzenzahl bereits überschritten ist und längerfristig eine negative Bilanz von Einschleppen und Aussterben, d. h. eine merkbare *Verarmung* des ohnehin relativ zu den gemäßigten Breiten Nordamerikas und Ostasiens armen Artenbestandes (s. Kap. 2.4.1) eintritt.

Ein weiterer Aspekt ist die Wasserverschmutzung, herbeigeführt durch verschiedenste Agentien wie Krankheitserreger, Versalzung, Pestizide, Mineralöle, oder radioaktive Stoffe (HEYN 1980). Insbesondere zu nennen sind die Belastung vieler europäischer Flüsse durch Industrieabwässer, z. B. die des Rheins durch die chemischen Industrien am Hochrhein und die Kaliwerke im Elsaß (FÖRSTER 1981), und die Eutrophierung vieler Seen durch Einleitung von Wasser mit in der Landwirtschaft verwendeten Nitraten und Phosphaten, womit ein „Veralgen", eine starke Minderung des Sauerstoffgehalts des Wassers und damit ein Absterben der Fauna verbunden ist.

Eine Gefahr für die Qualität des Grundwassers bilden zahlreiche *Mülldeponien,* deren es 1970 in der Bundesrepublik Deutschland über 50000 gab und von denen viele nicht fachgerecht angelegt worden sind (MANSHARD 1973). Eine Beeinträchtigung der Wasserqualität durch die Kies-

Tab. 31: Grad der Gefährdung von Farn- und Blütenpflanzen in Gebieten unterschiedlicher Größe und Überbauung (Quelle: SU-KOPP in OLSCHOWY 1978, S. 252)

Gebiet	Fläche in km²	Artenzahl	ausgestorben oder verschollen	Anteile in % vom Aussterben bedroht	stark gefährdet	gefährdet	ausgestorben und gefährdet
USA	9 360 000	20 000	0,5	3,8	6,1	–	10,4
Großbritannien	240 000	1 655	1,1	2,0	4,5	10,4	18,0
Niederlande	36 000	1 400	3,6	33,0		16,8	53,4
Bundesrepublik Deutschland	245 300	2 352	2,4	7,6	7,2	21,6	38,8
Bayern	70 500	2 032	1,6	7,3		19,0	27,9
Berlin	880	965	12,0	27,0		15,0	54,0

sandwirtschaft muß dagegen als nicht erwiesen angesehen werden (GLAESSER u.a. 1982).

Verhältnismäßig große Flächen nehmen in den westlichen Industriestaaten die Kippen und Abraumhalden der *Bergwirtschaft* und die Tagebaue ein. Im Zusammenhang mit letzteren waren oft umfangreiche Umsiedlungs-, Wasserbewirtschaftungs- und Rekultivierungsmaßnahmen notwendig (s. FÖRSTER 1981).

Die vielfältigen Veränderungen und Belastungen der Umwelt im Verein mit den heutigen Lebensgewohnheiten der Mehrzahl der Menschen in den Industriestaaten haben gegenüber der Zeit vor der Industrialisierung grundlegende Veränderungen in der Häufigkeit des Auftretens von Krankheiten und der Todesursachen herbeigeführt. Kap. 3.1.1.3 zeigte, daß bis in die Neuzeit hinein auch in den europäischen Ländern nördlich der Alpen Infektionskrankheiten und Hungersnöte die hauptsächlichen Todesursachen waren. Heute sind es *Zivilisationskrankheiten,* die mit etwa 70% zu Buche schlagen, allen voran arteriosklerotische Herz- und Gehirnerkrankungen mit 32%, bösartige Neubildungen (Krebs) mit 20%, Lebererkrankungen mit 5%. Genau so hoch rangieren Unfälle und Vergiftungen, gefolgt von Diabetis mit 3%, Bronchitis und Asthma mit 3% (MCKEOWN 1976).

3.2 Die übrigen Teilräume der kühlgemäßigten Breiten

3.2.1 Osteuropa und Sowjetunion

Die von JORDAN (1973) herausgestellten *europäischen Wesenszüge* verlieren sich von Kerneuropa aus sehr rasch vor allem nach Osten hin (s. Abb. 26). Die das zentrale Europa bestimmenden Großformen des Reliefs und ihre modifizierende Wirkung auf das Klima setzen sich zwar zunächst nach Osten fort. Dann aber steigt der Grad der Kontinentalität, die Amplituden nehmen wegen der stark sinkenden Wintertemperaturen erheblich zu, die Wachstumsperiode wird entsprechend kürzer.

Auch einige wesentliche kulturelle Züge setzen sich fort: das *Christentum* vor allem in katholischer und orthodoxer Ausprägung, Städte mit europäischem Gepräge, ursprünglich ausgestattet mit deutschem, vor allem dem Magdeburger Recht, in der Frühphase durch Vorortbildung von Klostersiedlungen gewachsen wie mitteleuropäische Städte. Dieser Wesenszug reicht bis in das mittelalterliche Rußland hinein. *„Dieses Phänomen der weiträumig um den wehrhaften Kreml und die ihm zugehörige Siedlung gruppierten befestigten Klöster ist geradezu typisch für die altrussische Siedlungsstruktur"* (MOEWES 1980, S. 687).

Wesensmerkmale des europäischen Kulturraumes

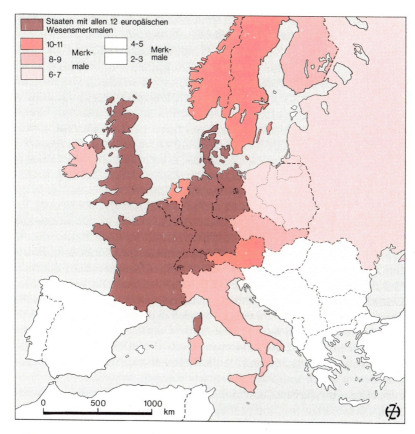

Abb. 26: Wesensmerkmale des europäischen Kulturraumes (nach JORDAN 1973, S. 11).

Die 12 Merkmale: Jeweils die Mehrheit der Bevölkerung 1. spricht eine indogermanische Sprache, 2. gehört der Weißen Rasse an, 3. bekennt sich zum Christentum; es liegen 4. die Analphabetenrate unter 10 %, 5. die Kindersterblichkeit (unter 1 Jahr) unter 25 ‰ Lebendgeburten, 6. die jährliche Bevölkerungszunahme unter 1 %, 7. das jährliche pro-Kopf-Einkommen über $ 1000, 8. der Urbanisierungsgrad (Bevölkerung in Orten über 2000 E.) über 60 %, 9. der Beschäftigtenanteil von Bergbau, Baugewerbe und Produzierendem Gewerbe über 35 %, 10. die Streckendichte des Eisenbahnnetzes über 6 km/100 km², 11. der Düngerverbrauch in der Landwirtschaft über 100 kg/ha Afl/a; 12. seit 1950 gab es keinen Staatsstreich.

Schon in Polen stoßen wir aber auf grundlegende Unterschiede. 1950 lebten noch 61 % der polnischen Bevölkerung auf dem Lande, 1978 immerhin noch 42,5 % (BUCHHOFER 1981). Die demographischen Verhältnisse wichen von dem zumindest bis ins 17. Jh. zurück zu verfolgenden westmitteleuropäischen Heiratsmuster ab, demzufolge erst im fortgeschrittenen Alter geheiratet wurde und ein beachtlicher Prozentsatz überhaupt nicht heiratete (HAJNAL in GLASS/EVERSLEY 1965, vgl. Tab. 32).

Tab. 32: Unverheiratete in % der Gesamtbevölkerung nach Altersgruppen um 1900 (nach: HAJNAL *in* GLASS/EVERSLEY *1965, S. 102/103)*

Staat	Männer			Frauen		
	20–24	25–29	45–49	20–24	25–29	45–49
Großbritannien	83	47	12	73	42	15
Frankreich	90	48	11	58	30	12
Deutschland	91	48	9	71	34	10
Österreich	93	51	11	66	38	13
Ungarn	81	31	5	36	15	4
Rumänien	67	21	5	20	8	3
Bulgarien	58	23	3	24	3	1
Serbien	50	18	3	16	2	1

Man beachte: Der Autor wählte die Altersgruppen so, daß erkennbar wird, welcher Prozentsatz der Bevölkerung am Ende der Zeit, in der die Eheschließungen hauptsächlich erfolgen, noch unverheiratet geblieben ist bzw. mit der Altersgruppe 45–49, welcher Anteil vermutlich überhaupt nicht geheiratet hat. Der Unterschied zwischen den Beispielstaaten aus Mittel- und Westeuropa und den aus Osteuropa wird offenbar.

Noch heute ist der Kleinbetrieb vorherrschend, insbesondere im einstigen Kongreß-Polen, in Galizien und den alten Westgebieten; fast drei Viertel aller Betriebe sind kleine Betriebe bis zu 7 ha. Das bedeutet eine ländliche „Überbevölkerung" und einen geringen Grad von Kommerzialisierung. Im östlichen Landesteil gab es noch in den sechziger Jahren Dreifelderbrachwirtschaft (WÖHLKE 1962).

Große Teile des Raumes zwischen Weichsel und Ural waren aber vor der Ära des Sozialismus und der Kollektivierung, die aus besonderen Gründen in Polen und Jugoslawien als einzigen sozialistischen Staaten nur ansatzweise durchgeführt wurde, von dem Nebeneinander von Großbetrieben und kleinen, für jene die Arbeitskräfte bereitstellenden Bauernwirtschaften, gekennzeichnet. *„Wirtschaftsgeschichtlich war dies die Region verwaltender Gutsherrschaft, betrieben mittels der Hand- und Gespanndienste grundhöriger Bauern als dem Gegentypus zur westeuropäischen Grundherrschaft, Eigenbetrieb mit vorwiegend geld- oder naturalabgabepflichtigen ‚leibeigenen' Hintersassen"* (RAUPACH 1981, S. 9).

„Große Teile der russischen Bauernschaft waren jahrhundertelang im Mir gebunden, weitere Teile nur schwach und wechselnd mit dem Markt verflochten. Das Wertempfinden für den Boden kann sich daher nicht in gleicher Stärke entwickelt haben wie z. B. in Mittel- und Westeuropa" (WÖHLKE 1965, S. 10).

Vielfach hat sich auch noch das frühe äußere Erscheinungsbild der Siedlungen erhalten, die Blockhäuser, Holzschuppen und Bretterzäune, also die im Gegensatz zur mitteleuropäischen Fachwerk-, Stein- und Ziegelbauweise im Osten dominierende Holzbauweise. Allerdings wurde, entsprechend dem römischen Einfluß in Mitteleuropa, die Steinbauweise von Byzanz übernommen und vor allem im Sakralbau entwickelt.

Entwicklungsgeschichte der slawischen Stämme

Das Handwerk, auch das genossenschaftlich organisierte, ist noch weitgehend Produktionshandwerk geblieben. Die kleinen zentralen Orte, selbst noch zum Teil von Landwirten bewohnt, ansonsten Umschlagsplatz für agrarische Produkte, tragen noch den von der Landwirtschaft geprägten Siedlungscharakter. Die eigentlichen Städte, die nach den Teilungen Polens im preußischen und österreichischen Teil eine Selbstverwaltung erhielten, im russischen Teil unter die Staatsverwaltung gestellt wurden, haben keine von echtem Bürgertum getragene Stadtverwaltung ausgebildet (WÖHLKE 1962).

Auch ist selbst in der sozialistischen Ära der Prozeß der Suburbanisierung vergleichsweise gering geblieben. Es fehlen die beiden Grundvoraussetzungen, umfangreicher Automobil- und Eigenheimbesitz. Der Motorisierungsgrad ist sehr viel niedriger als in den westlichen Industriestaaten, und die Hochhaussiedlungen der Wohnungsbaugenossenschaften sind dominierend an der städtischen Peripherie (BUCHHOFER 1981).

Ebenso gab es in Rußland nicht die in Mitteleuropa begünstigenden Grundlagen für ein früh und differenziert sich entwickelndes Gewerbe. Der russische Staat entwickelte sich auf einem rohstoffarmen Kernraum und wuchs erst später mit seinen Rändern in besser ausgestattete Gebiete hinein, die aber wegen ungünstiger klimatischer Bedingungen und weiter, kostspieliger Transportwege großenteils überhaupt erst in der Sowjetära erschlossen worden sind (WÖHLKE 1965).

Nach der Herausstellung der Unterschiede zum westlichen Europa soll wenigstens kurz auf die Entwicklung des russischen Staates eingegangen werden. Der Ursprung der Slawen wird in einem im Westen von der Weichsel, im Norden von der Düna und im Osten vom Dnjepr begrenzten Raume angenommen.

Die gesamte Entwicklungsgeschichte der slawischen, speziell der ostslawischen Stämme hat die russische bzw. sowjetische Archäologie noch nicht lückenlos aufhellen können (PASSEK 1962). Es ist aber gesichert, daß dieser Raum Spuren menschlicher Besiedlung bis ins Altpaläolithikum zurück enthält. Der Übergang von der Jagd, vor allem auch der auf Wasservögel, und dem Fischfang zur Landwirtschaft erfolgte im offeneren Süden früher als im Waldland weiter nördlich. Auch wurden im Süden Holz, Knochen, Stein und Feuerstein als Material für Werkzeuge und Kunstgegenstände schon eher durch Kupfer ergänzt.

Die Tripolje-Kultur, benannt nach dem Fundort Tripolje bei Kiew, gibt die früheste Kunde von neolithischer Landwirtschaft in dem Zeitraum 4000–3000 v.Chr. Sie ist gekennzeichnet durch die Breithacke, eine Stange, an der ein Stein, ein Stück Knochen oder eine hölzerne „Klinge" befestigt war, die Sichel aus Knochen oder Feuerstein und die Handmühle. Die Jagd wurde mehr und mehr durch die Haltung von Rindern, Schweinen und Schafen ersetzt, was die zunehmenden Zahlen von Knochenfunden belegen. Mit zunehmender Viehhaltung und Landbau ging ein Wandel von matriarchalischer zu patriarchalischer Gesellschaftsstruktur einher. Große Sippenhäuser nahmen an Zahl ab, kleine Häuser für eine einzelne Familie nahmen zu. Kupfer wurde mehr und mehr verwendet, die ursprünglich bunte Keramik wurde von unbemalter vedrängt. Die Tripolje-Kultur erfuhr damit grundlegende Veränderungen und verschwindet weitgehend wieder (MONGAIT 1959).

Die nördlich des Siedlungsgebietes der Skythen im 9.–3. Jh. v. Chr. im Raum zwischen Weichsel und Dnjepr siedelnden alt- und frühslawischen Bandkeramiker werden als die Vorläufer der Ostslawen vermutet. In dem Raume zwischen oberem Dnjestr und nördlichem Donez wurde eine Vielzahl von Begräbnisplätzen zweier Kulturen aufgefunden, der Sarubintsi-Kultur aus dem 2. Jh. v. Chr. bis 2. Jh. n. Chr., benannt nach einem Ort 120 km südlich Kiew, und der Tschernjakow-Kultur aus dem 2.–5. Jh., benannt nach einem Ort 50 km von Kiew entfernt. Die Tschernjakow-Kultur wurde durch die Hunneneinfälle weitgehend zerstört, bildete aber wohl den Grundstock für die Kultur der Anten, die ihrerseits zur Kiewer Rus überleiten (MONGAIT 1959, DONNERT 1983).

Ein lange strittiger Punkt war die sog. Normannentheorie. Bis ins 20. Jh. hinein wurde die Auffassung vertreten, daß sich die Druschinniki, die im ostslawischen Bereich die Oberschicht der Armeeführer und Feudalherren gestellt haben, aus den normannischen Warägern rekrutiert hätten. MONGAIT glaubt aber aufgrund neuerer Ausgrabungen belegen zu können, daß die meisten Begräbnisplätze von ihnen slawischen Ursprungs sind.

Ein Teil der ostslawischen Stämme schloß sich im 9. Jh. zu einem lokkeren Staatsverband zusammen, der Kiewer „Rus". Kiew und das am Ilmensee im Norden von den Warägern angelegte Nowgorod wurden die Bezugspunkte dieses ersten russischen Staates. Bald schon begannen Verlagerungen in Richtung auf das Gebiet zwischen oberer Wolga und Oka. Die Wasserläufe bildeten die Leitlinien für mehrhundertjährige Wanderungsbewegungen. In den Flußniederungen, vorzugsweise auf den westlichen Hochufern, bildeten sich in weiten Abständen Siedlungskerne innerhalb kleiner Einflußbereiche, getrennt voneinander durch meist großflächige, schwer zu durchquerende „Schutzwälder" und Moore (KIZILOV 1980). Zu den bedeutenderen Siedlungskernen gehörten Smolensk, Bryansk, Kolonna, Wladimir, Susdal.

Im 10. Jh. gab es in der Kiewer Rus 23 Städte, im 11. Jh. kamen 66 hinzu, im 12. Jh. waren es über 200 und am Beginn des 13. Jh. annähernd 300 (DONNERT 1983).

Agrardreieck

Innerhalb des Gebietes der Kiewer Rus waren die wirtschaftlichen Möglichkeiten recht verschiedenartig. Im Norden wurden eher Pferde, im Süden Ochsen als Zugtiere verwendet. Angebaut wurden vor allem Roggen, Gerste, Hafer, Weizen, Spelt, Hirse, Linsen, Erbsen, Rüben und Flachs. Wie in Mitteleuropa war der Honig ein Grundnahrungsmittel.

Die Kiewer Rus war aber nur für etwa zweihundert Jahre ein konsolidiertes Staatswesen. Nachdem Kiew im Mongolen-Tatarensturm 1240 untergegangen war, konnte sich unter den weiter im Norden und Nordwesten entstandenen Teilfürstentümern der Moskowiter Großfürst erfolgreich durchsetzen.

So wurde *Moskau die Keimzelle des zweiten russischen Staates,* und von hier gingen die kolonialen Bewegungen nach Südwesten, Nordwesten und Osten aus. Eine große Rolle spielten dabei die Kosakenheere. Sie entstanden als eine Art Schutzverband gegen die Tataren in dem damals vorübergehend am Rande (u krainje = Ukraine) des polnisch-litauischen Großreiches gelegenen Gebietes. Vor allem waren es aber die Kosaken vom Don, zu denen sich auch Teile der Kosaken von hinter den Stromschnellen (sa porosche) des Dnjepr, der Saporogen, gesellt haben, die dem russischen Zaren den Osten des Kontinents eroberten.

Noch mehr als Polen war am Ende des I. Weltkrieges Rußland ein Agrarstaat. Hauptlandwirtschaftsgebiet war und ist das sog. *Agrardreieck,* das von der Westgrenze der Sowjetunion keilförmig etwa auf Krasnojarsk am Jenissei zuläuft und jenseits dieses Flusses nurmehr inselhaft ausgebildet ist. Dieses Band folgt vor allem jenseits des Ob dem steppenklimatischen Eignungsraum für Weizenbau, was wiederum die Trasse für die Transsibirische Bahn vorzeichnete. Schwarzerde, Weizenbau und überdurchschnittliche Bevölkerungsdichte kommen längs dieser Achse zur Deckung. Im europäischen Anteil des Agrardreiecks ist der der Steppe und Waldsteppe zuzurechnende Süden ein Gebiet bevorzugten Weizen-, Zuckerrüben-, Sonnenblumenanbaus und der Viehhaltung. Die Mitte und der Norden, also das Waldland, sind in erster Linie Anbaugebiete für Roggen, Kartoffeln und Flachs neben der auch hier betriebenen Viehhaltung (Abb. 27).

In den ersten Jahrzehnten der Sowjetära war, abgesehen von der Bevorzugung der Industrie vor der Landwirtschaft und der Schwerindustrie vor solchen Branchen wie der Düngerfabrikation, die Wirtschaftspolitik auf *Neulandgewinnung* orientiert, im Norden durch Hinausschieben der Kältegrenze, im Süden durch die Ausweitung des Bewässerungslandes. Der Auffassung, langjährige Rotationen von Getreide mit Futterbau sollten auf Dauer die Bodenfruchtbarkeit erhalten, wurde der Vorzug vor einer Förderung der Düngemittelproduktion gegeben (WÖHLKE 1965). Der Futterbau sollte vor allem mit stickstoffanreichernden Leguminosen

Agrardreieck

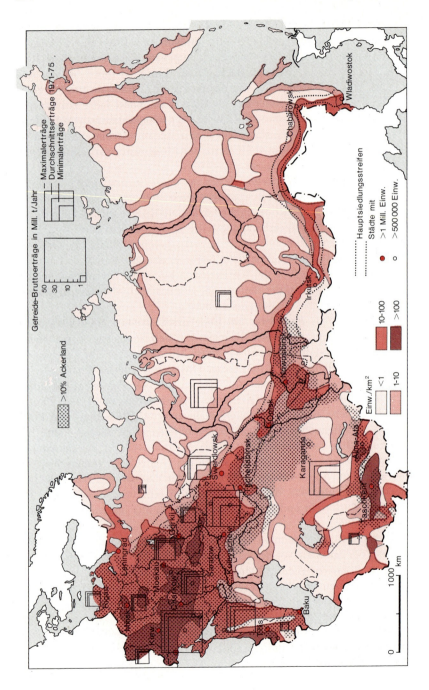

Nichtschwarzerdezone

durchgeführt werden. Dieses sogenannte Travopolnajasystem (Gras-Feld-System) war im Verein mit umfangreicher Waldschutzstreifenanlage vornehmlich auf das Gebiet der europäischen Waldsteppe und Steppe gerichtet.

1954 trat eine Verlagerung des Schwergewichts auf die Bewässerungswirtschaft und Ausweitung der Anbaufläche im Gebiet der eurasischen Trockensteppe ein. Die hierbei erfahrenen Rückschläge trugen zu einem abermaligen Wandel der sowjetischen Agrarpolitik bei, so daß sich die Bemühungen ab 1974 auf die Intensivierung der Landwirtschaft in der europäischen Nichtschwarzerdezone (der RSFSR) richteten. Für eine ausführliche Darstellung dieses mehrfachen Wandels sei auf die Untersuchung von ROSTANKOWSKI (1979) verwiesen.

Dieses Programm für die Nichtschwarzerdezone, das 1974 initiiert wurde und bis 1990 verwirklicht werden soll, wird auch als das „zweite Neulandprogramm" bezeichnet, da die erwarteten Ertragssteigerungen einer Erweiterung der landwirtschaftlichen Nutzfläche auf das Doppelte bis Zweieinhalbfache gleichzusetzen wären. Somit konzentrieren sich die gegenwärtigen Bemühungen um die Förderung der sowjetischen Landwirtschaft in hohem Maße auf den kühlgemäßigten Bereich.

Industriewirtschaftlich war von den osteuropäischen Staaten vor dem Zweiten Weltkrieg allein die Tschechoslowakei relativ stark entwickelt. Die Einbeziehung dieser Staaten in den RGW und ihre wirtschaftlich-politische Bindung an die Sowjetunion brachten es mit sich, daß die Industrie bevorzugt auf- und ausgebaut wurde, in besonderem Maße die jeweiligen für die internationale Arbeitsteilung innerhalb des RGW bedeutsamen Zweige. Die forcierte Industrialisierung ging allerdings auf Kosten der Arbeits- und Kapitalproduktivität. Die Zuwachsraten der industriellen Produktion lagen nicht wesentlich über denen der EG-Staaten, großenteils erheblich unter denen Japans; sie zeigen auch, *„daß Rumänien mit seiner im RGW-Rahmen eigenwillig erscheinenden Wirtschaftspolitik die höchsten Raten erzielte und die älteren Industriestaaten des RGW auf einem ziemlich stetigen Niveau verharren"* (RAUPACH 1981, S. 12), wie die Tab. 33 zeigt.

Denjenigen unter den Theoretikern der Urbanisierung, die einen engen Zusammenhang zwischen Verstädterung und Industrialisierung zu sehen glauben, bietet sich kein besseres Beispiel auf der Welt als die Sowjetuni-

◄ *Abb. 27: Agrardreieck und Hauptsiedlungsstreifen der Sowjetunion: Bevölkerungsdichte und Hauptsiedlungsstreifen (nach* DEWDNEY *u. a.), Schwankungsbreite der Getreideerträge 1971–75 in den Wirtschaftsregionen der UdSSR (nach* ROSTANKOWSKI *1979).*

Tab. 33: *Wachstumsraten der industriellen Produktion der RGW-Staaten (Quelle:* RAUPACH *1981, S. 12)*

Staat	\multicolumn{3}{c}{Jährlicher durchschnittlicher Zuwachs in %}	
	1961–65	1966–70	1971–75
DDR	5,8	6,5	6,5
Polen	8,4	8,3	10,5
CSSR	5,2	6,7	6,7
Ungarn	7,5	6,2	6,4
Rumänien	13,8	11,9	12,9
Bulgarien	11,7	10,9	9,1
Sowjetunion	8,6	8,6	17,4

on. Hier sind tatsächlich beide Prozesse in engster Beziehung zueinander innerhalb einer kurzen Zeitspanne rasch abgelaufen. Die Sowjetunion, die einerseits der Industriewirtschaft und Elektrifizierung den absoluten Vorrang eingeräumt hatte, besaß 1920 vor Afrika, Süd- und Ostasien mit 10,3 den viertgeringsten Urbanisierungsgrad von allen Großräumen auf der Erde. Bis 1960 war dieser auf 36,5 und bis 1980 auf 62% angestiegen, und das bei einem gleichzeitigen Bevölkerungswachstum von 138,3 Mill. 1920 auf 265,6 Mill. 1980.

Die gesamtwirtschaftliche Struktur der Sowjetunion und Osteuropas hat noch nicht jenes fortgeschrittene, für Mittel- und Westeuropa geschilderte Stadium erreicht, so daß die Binnenwanderung dieser Staaten nach wie vor dominiert wird von den Land-Stadt-Wanderungen und einem anhaltenden kräftigen Kernstadtwachstum. Dieses sei anhand der von HALL mitgeteilten Werte für verschiedene Sektoren Europas verdeutlicht.

Tab. 34: *Bevölkerungsveränderungen in % 1960–1975 (Quelle:* HALL *1981, S. 138)*

Siedlungsbereich	Nordeuropa	Atlantisches Europa	Westeuropa	Osteuropa
Metropolitaner Kern	−4,49	−2,42	+1,72	+8,70
Metropolitaner Ring	+8,16	+3,61	+5,58	+1,79
Nichtmetropolitane Gebiete	+1,39	−2,24	+2,94	–
Insgesamt	+2,29	+0,52	+3,60	+4,04

3.2.2 Ostasien

3.2.2.1 Nord- und Nordost-China (Mandschurei)

Der Anteil Ostasiens am kühlgemäßigten Waldland ist zum Teil altes chinesisches Kulturland, in dem sich die sinische Kultur aus ihrem Stamm-

Anfänge der Zivilisation in China

land, dem Lößbergland am Weiho und mittleren Hoangho außer nach Süden auch nach Osten in das Nordchinesische Tiefland hinein ausbreitete, zum großen Teil aber junges Kolonialland, das seit dem 17. Jh. bis in die Gegenwart hinein im Spannungsfeld von Rußland, China und Japan und zeitweise noch anderer Mächte gestanden hat.

Mit dem Alter der Kulturen in diesem Raum haben sich in neuerer Zeit zahlreiche Autoren befaßt (z. B. CHANG 1963 und 1970, HO 1975, HO in REED 1977, PANNELL/MA 1983, TREISTMAN 1972, WATSON 1966). Mesolithische Besiedlung ist sowohl im chinesischen Stammland nachgewiesen als auch im Gebiet der Mandschurei im Sungarital und bei Harbin durch Funde von Messern, Schabern und Speerspitzen aus Stein und Knochen belegt. Für die neolithische Zeit sind in der südlichen Mandschurei bei Kirin Einflüsse der Yangshao-Kultur (ca. 5000–3200 v. Chr.) des Hoangho-Weiho-Gebietes durch Funde von Hirse und Schweineknochen nachgewiesen (CHANG 1963). Wahrscheinlich handelte es sich bei der Yangshao-Kultur um Siedlungen von Erdhäusern aus Schlamm und Strauchwerk und Anbau von Kolbenhirse *(Setaria italica)* und Rispenhirse *(Panicum miliaceum),* etwas später auch Weizen, Gerste und Reis, in Kombination mit Sammeln, Jagd und Fischfang und bemalter Keramik. Die heute in China so weit verbreitete Mohrenhirse oder Kaoliang *(Andropogon sorghum),* in Afrika als Durra weit verbreitet, ist dagegen erst viel später, mit Sicherheit nachweisbar erst im 13. Jh. n. Chr., dort heimisch geworden.

WATSON hat darauf hingewiesen, daß die beiden wichtigsten neolithischen Kulturkreise, die Yangshao-Kultur und die Lung Shan-Kultur, gekennzeichnet durch bunte bzw. schwarze Keramik, weitgehend mit der Verbreitung des Löß übereinstimmten. Hauptverbreitungsgebiet der letzteren war die große nordchinesische Ebene bis hinein zu den ebenen Partien auf der Schantung-Halbinsel (WATSON 1966; vgl. auch SMALLEY 1968, s. Abb. 28).

Die Anfänge der Zivilisation liegen in China um etwa 1500 Jahre später als in Vorderasien (CHANG 1963). Dennoch bestreitet vor allem HO die Monogenese der Landwirtschaft in der Alten Welt und tritt für den autochthonen Charakter dessen ein, was er als „Sinitic agricultural system" bezeichnet. Zu diesem gehören vier Merkmale:

1. Der über rund vier Jahrtausende mit Ausnahme des Reisbaus auf natürlichem Sumpf- oder Überschwemmungsland geübte *Regenfeldbau* und die sehr späte Einführung der Bewässerungswirtschaft;
2. Die *eigenständige Kulturpflanzenkombination* Kolbenhirse, Rispenhirse, Sojabohne, Hanf, Reis und Maulbeerbaum zur Seidenraupenzucht, dazu ab 3. Jt. v. Chr. Weizen und Gerste;

3. Die *untergeordnete Rolle der Viehhaltung* und starke Dominanz des Pflanzenbaus sowie die späte Verwendung von Zugtieren bei der Feldarbeit und späte Ausbreitung der Milchviehwirtschaft;
4. Die sehr lange Verwendung vergleichsweise *einfacher und grober Ackergeräte*.

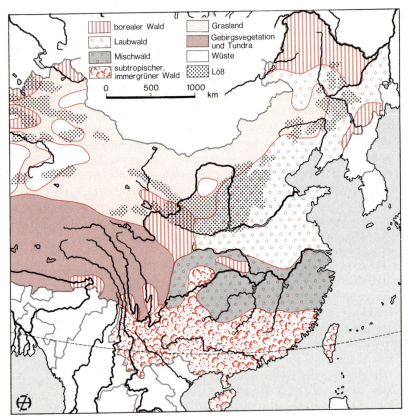

Abb. 28: Die Verbreitung des Löß in China (nach STODDARD 1978) und die hauptsächlichen Vegetationstypen Chinas (nach PANNELL/MA 1983).

Auch bei der Keramik tritt HO (1975) für eine autochthone Entwicklung ein mit dem Argument, daß in China anders als in Vorderasien die Keramik zeitlich vor den Anfängen der Landwirtschaft auftrat, wiewohl er anerkennt, daß sie absolut gesehen in Vorderasien älter ist und Ähnlichkeiten mit „westlichen" Motiven unbestritten sind.

Schließlich wird auch die autochthone Entwicklung der *Metallurgie* postuliert. Außer dem Reichtum und der leichten Erschließbarkeit von Erzen und Brennmaterialien, zu denen neben Holzkohle bereits seit der Han-Zeit (207 v.–220 n. Chr.) auch *Kohle* gehörte, wird die Rolle des Gußeisens hervorgehoben. Denn die Chinesen hatten schon bei der Kupfer-

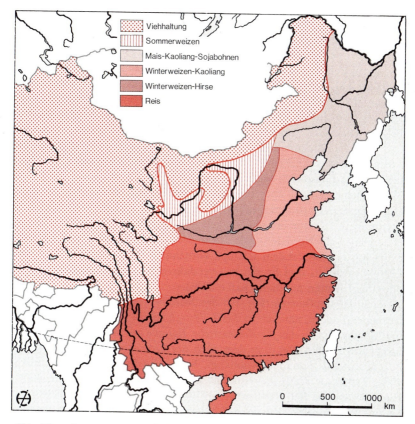

Abb. 29: *Agrarregionen Chinas (nach* BUCK *1937 aus* TREGEAR *1980).*

und Zinnschmelze mit starken Gebläsen Temperaturen von über 1400 °C erreicht, so daß ihnen der *direkte Übergang vom Bronzeguß zum Eisenguß* möglich war (HIRSCHBERG/JANATA 1980, HO 1975).

Zahlreiche Innovationen hatte die Shang-Zeit (1766–1122 v. Chr.) gebracht. Zwar geht die *Stadtkultur* in China auf die Zeit um 2700 v. Chr. zurück, aber erst das China der Shang-Zeit war von einem Netz von städtischen Siedlungen überzogen, deren Reste auf eine schon fortgeschrittene Spezialisierung deuten, auf Verwaltung und Handwerke, aber auch auf Begräbnis- und auf Opferplätze (CHANG 1963, PANNELL/MA 1983).

China besaß am Beginn der Ming-Zeit (1368-1644) mit rund 60 Mill. Menschen dreimal so viele Einwohner wie am Beginn der Qing-Zeit oder Mandschu-Dynastie (1644-1911) mit rund 21 Mill. Mitte des 18. Jh. war sie auf 190 Mill. angestiegen, 1900 auf 426 Mill., am Beginn der Ära der Volksrepublik 1949 auf 549 Mill.

Dabei hatten sich die einzelnen Landesteile sehr verschiedenartig entwickelt, so daß das Reich der Mitte von zwei Gegensätzen geprägt war. Bedingt durch die Abnahme der Niederschläge zum Innern des Kontinents hin bis zur Wüstenhaftigkeit hatte sich ein Ost-West-Gegensatz herausgebildet zwischen den elf binnenländischen Provinzen einerseits und den sieben östlichen Provinzen bis zu einer Linie etwa von Harbin über Peking nach Tschaoan-Swatow mit den drei Städten Peking, Tientsien und Shanghai, die innerhalb der heutigen Volksrepublik Provinzstatus besitzen, mit fortgeschrittener wirtschaftlicher Entwicklung und relativ hoher Bevölkerungsdichte (HSIEH 1973).

Zugleich ergab sich aber mit dem Temperaturgefälle nach Norden auch ein markanter Nord-Süd-Gegensatz. So läßt sich agrargeographisch eine Trennung mit dem in etwa 30° N gelegenen Hwaiyong Schan südlich des Hoangho in ein Nordchina mit dominierendem Weizenbau und ein Südchina mit dominierendem Reisbau vornehmen. In Nordchina sind eine Ernte, bestenfalls drei Ernten in zwei Jahren möglich, in Südchina zwei oder mehr Ernten pro Jahr (KOLB 1963).

Nach Anbaupflanzen läßt sich der Norden weiter in drei Unterregionen untergliedern, nämlich in das *Lößbergland* mit Winterweizen-, Hirse- und Baumwollbau, das *Nordchinesische Tiefland* mit Winterweizen-, Kaoliang- und Baumwollbau, in dem auch der Erdnußbau eine Rolle spielt, und die *Mandschurei* mit Kaoliang-, Mais- und Sojabohnenbau (CHEN 1974, TREGEAR 1980). Im Hinblick auf die relativ spät in China kultivierte Sojabohne hat HYMOWITZ (1970) geäußert, daß ihr Ursprung die heutige Winterweizen-Kaoliang-Zone gewesen sein muß, wo sie erstmals im 11. Jh. v. Chr. gezogen wurde. Neben diesem primären Genzentrum entwickelte sich später die Mandschurei zu einem sekundären Genzentrum. Daneben ist die Mandschurei der einzige Teil der VR China, der mit 23% Waldbedeckung deutlich über dem chinesischen Durchschnitt von 12,7% (1978) liegt (PANNELL/MA 1983, s. Abb. 29).

Nord- und Südchina sind in ihrer landwirtschaftlichen Entwicklung aber nicht allein hinsichtlich der von den ökologischen Gegebenheiten anderen Produktionsrichtungen verschieden. Mit diesen im Zusammenhang muß gesehen werden, daß die Betriebsgrößen andere waren, näm-

Mandschurei

lich 1934 im Norden durchschnittlich 3,54 ha, in der Mitte 2,05 ha, im Süden 0,88 ha, wo man von der Reiskultur eher als von Gartenbau sprechen muß. Auch die Eigentums- und Besitzverhältnisse waren verschieden: im nordchinesischen Anbaugebiet waren 57% der Betriebsinhaber Eigentümer, 43% standen in irgendeinem Pachtverhältnis, im mittelchinesischen Anbaugebiet war das Verhältnis 31%:69%, im südchinesischen 27%:73% (CHEN 1974). 10 ha galten selbst im Norden als großer Betrieb.

Eine Sonderentwicklung nahm die annähernd 1 Mill. km^2 große Mandschurei, das Gebiet der heutigen Provinzen Heilungkiang, Kirin und Liaoming der Volksrepublik China. Sie war noch 1860 ein menschenarmes Land mit nur rund 3,3 Mill. Einw. Die Mandschus, seit 1644 auf dem Kaiserthron in Peking, schirmten ihr Stammland gegen chinesische Zuwanderung durch Einwanderungsverbot ab, teils wegen der Naturschätze wie Bären-, Fuchs- und Zobelpelze, wegen des dort weit verbreiteten Ginsengs *(Panax ginseng)* und wegen des Goldes, das nicht geschürft werden durfte (LEE 1970). Auch benutzte die Regierung das Gebiet wie die Engländer Australien, nämlich als Strafkolonie. Allerdings lockerte sie schrittweise und für einzelne Bezirke das Einwanderungsverbot, um dem Menschenabfluß aus der Mandschurei nach China entgegenzuwirken.

Die Mandschurei kam mit dem Russisch-Chinesischen Vertrag von 1860, in dem Rußland den *Vertragshafen* Niutschuan erhielt, de facto unter russische Kontrolle. Die Russen stellten 1901 die Ostchinesische Eisenbahn als Verbindungsstrecke zwischen der Transsibirischen Bahn und Wladiwostock fertig. Die Südmandschurische Bahn als Verbindung von Harbin mit dem Hafen Dairen traten sie nach dem verlorenen Krieg mit Japan 1905 an dieses ab; die Japaner gründeten 1907 eine Holdinggesellschaft für den Betrieb dieser Bahn und für industrielle Unternehmungen und schufen weitere drei Vertragshäfen.

So ist die ganze Periode 1860-1930, in der die Bevölkerung der Mandschurei von 3,3 auf ca. 31,3 Mill. anwuchs, gekennzeichnet durch eine starke chinesische Einwanderung, hauptsächlich aus Nordchina, und Landnahme, durch Erschließung weiter Landesteile mit der Eisenbahn, die den 4-6 Monate durch Eis behinderten Binnenschiffsverkehr weitgehend ablöste, den umfangreichen Anbau von Sojabohnen und die Entwicklung einer Reihe von Exporthäfen, deren Umschlag zu 80%-90% aus Sojabohnen, Sojaölkuchen und Sojaöl bestand (ECKSTEIN u.a. 1974, LIANG 1982).

Eine zweite Periode der wirtschaftlichen Entwicklung der Mandschurei war die Zeit etwa von 1925 bis 1945, in der eine kräftige Industrialisierung wie auch in Korea und auf Formosa unter japanischer Kapitaleinfuhr und Kontrolle (Kaiserreich Mandschukuo) vor sich ging. In dieser Zeit wurden die Grundlagen für die Entwicklung der drei nordöstlichen Provinzen zum größten Schwerindustriegebiet Chinas gelegt, wiewohl in dieser Zeit selbst das produzierende Gewerbe noch nicht besonders stark entwickelt war im Gegensatz zu dem rascheren Aufbau des Baugewerbes, des Verkehrswesens (weiterer Eisenbahnbau) und des Dienstleistungssektors im Zusammenhang mit dem Behördenapparat für Mandschukuo.

Tab. 35: Veränderung der Anteile der Wirtschaftssektoren am BIP der Mandschurei in % (Quelle: ECKSTEIN *u. a. 1974, S. 255)*

Wirtschaftssektor	1929	1941
Primärsektor	50,7	33,9
Sekundärsektor	12,9	20,3
Tertiärsektor	36,4	45,8

Ab 1949 ist die Entwicklung im Rahmen der VR China zu betrachten. Der Zensus von 1953 ergab, daß *86,7%* oder rund 505 Mill. Einwohner der Volksrepublik *in dörflichen Siedlungen* lebten. Wegen schlechter Verkehrsverhältnisse, hoher Transportkosten und geringer Verkaufsfähigkeit dürfte damals für den umfangreichen Agrarsektor noch gegolten haben, was WAGNER (1926) über die Landwirtschaft in China gesagt hatte: *„So wie die Verhältnisse heute liegen, betrachtet der größte Teil der chinesischen Bauern den Grund und Boden nicht als Mittel zum Geldverdienen, sondern als eine Möglichkeit, um kümmerlich das Leben zu fristen"* (S. 644).

Obwohl zunächst, dem sowjetischen Vorbild entsprechend, der Industriewirtschaft vor der Landwirtschaft die Priorität eingeräumt wurde, vom frühen Aufbau einiger Versuchs-Staatsgüter in der nördlichen Mandschurei abgesehen, waren die Leistungen auf dem Gebiet von Land-, Forst- und Fischereiwirtschaft dennoch bemerkenswert. In der Provinz Heilungkiang allein wurden in den fünfziger Jahren über 1,5 Mill. ha neu dem Ackerbau erschlossen, was *27%* der *Neulandgewinnung* der gesamten Volksrepublik entsprach. Der klimatischen Ungunst wegen waren diese Gebiete nur durch die Einrichtung großer Staats- und Genossenschaftsbetriebe und ihre vergleichsweise hohe Ausstattung mit Traktoren und anderen Landmaschinen anbaufähig geworden. 1966 wurden in den drei nordöstlichen Provinzen rund 33% der Ackerfläche mit modernem Gerät bewirtschaftet im Vergleich zu 10% der Gesamtackerfläche der Volksrepublik.

1949–1979 verdreifachte sich die Bewässerungsfläche der Volksrepublik von 16 auf 47 Mill. ha. Erstmals nahm die bewässerte Fläche in den nördlichen Landesteilen beachtliche Ausmaße an: In der Provinz Honan stieg sie von 0,48 auf etwa 3,6 Mill. ha, in der mandschurischen Provinz Heilungkiang von 54 000 auf etwa 1,5 Mill. ha. Während früher die Brunnenbewässerung mit Hilfe von Göpelwerken geübt wurde, wurden nun in großem Maße Pumpen installiert.

Die Aufforstungen erreichten in diesem Zeitraum etwa 80 Mill. von der 122 Mill. ha umfassenden Gesamtforstfläche. Die Fischereiwirtschaft stieg auf fast das Zehnfache von 450 000 t auf 4,3 Mill. t an (BIEHL 1979, TREGEAR 1980, PANNELL/MA 1983).

Bezeichnend für die *Modernisierung der Landwirtschaft* ist z.B. die Umstellung in der Verwendung von Dünger. Da wegen der geringen Entwicklung der Viehhaltung ein Mangel an Düngemitteln herrschte, hatte man Gründüngung, Flußschlamm, in den Nordostprovinzen Ölkuchen, vor allem aber Fäkalien verwendet. In den Gemeinden war die Fäkalienabfuhr an Unternehmer verpachtet. Sie wurden in Eimern und Steingefäßen eingesammelt und auf den Feldern verteilt, im Handel auch mit Erde vermischt und in Ziegelform getrocknet über größere Entfernungen transportiert, schließlich auch zur Bereitung von Kompost verwendet (WAGNER 1926). Diese Tätigkeit beanspruchte etwa ein Drittel des Arbeitsaufwandes des chinesischen Bauern! Zwei bedeutende Verbesserungen haben diese Situation verändert. Der Transport des Komposts wurde durch die Karren mit Luftbereifung und Kugellager erleichtert, und der Mineraldünger begann an die Stelle des Komposts zu treten.

In der Wald- und Holzwirtschaft ist trotz der erwähnten Aufforstungsarbeiten die Lage prekär. Im Bauernland China begründete die Bodenbestellung ein Besitzrecht (WAGNER 1926, BIEHL 1979); alles übrige Land war kaiserliches oder de facto Niemandsland, das übermäßig zur Beschaffung von Brennmaterial herangezogen wurde und weiterhin wird. China ist der einzige Staat mit Anteil an den kühlgemäßigten Breiten, in dem Holz in nennenswertem Maße diesem Zwecke dient. Die Forstwirtschaft liegt in den Händen von staatlichen Forstgütern, deren es 1964 etwa 3000 mit insgesamt 200 000 Arbeitskräften gab, und von Volkskommunen, die 30 000 auf Forstwirtschaft spezialisierte Brigaden mit 120 000 Arbeitskräften umfaßten (BIEHL 1979). Die staatliche Bewirtschaftung des Holzes durch Rationierung wird durch illegale Entnahme von Brennmaterial aus den Wäldern seitens der noch immer eine halbe Milliarde umfassenden Bauernbevölkerung umgangen. Trotz Devisenmangels führte die VR China 1982 3,4 Mill. m^3 ein, davon über die Hälfte aus USA und 400 000 m^3 aus der benachbarten Sowjetunion (Der Tagesspiegel vom 5. 11. 1982).

Bevorzugt wurde aber in der Zeit der Volksrepublik die Industriewirtschaft aufgebaut. Von den 1971 bekannten *Kohlevorräten* lagen 32% in der Provinz Schansi, 25% in der Inneren Mongolei, 7% in der Provinz Honan, 6% in den drei nordöstlichen Provinzen der ehemaligen Mandschurei, insgesamt also 70% in Nordchina. Auch im Schantung-Vertrag von

1898, in dem das Deutsche Reich Kiautschou erwarb und aufgrund dessen es die Schantung-Bergbaugesellschaft gründete, die 1914 an Japan, 1922 an China überging, ging es hauptsächlich um die dortige Kohle. Dabei sollte erwähnt werden, daß die Handelskammer von Schanghai teilweise die Recherchen Ferdinand von Richthofens über die Kohlelager von Schansi und Schantung finanzierte und andererseits sein Rat bei der Verhandlung um den Schantung-Vertrag eingeholt wurde[8].

Obwohl nur 6% der Kohlevorräte auf den Nordosten entfallen, hatten doch Russen und Japaner diesen so weit erschlossen, daß er für die Volksrepublik zum „Ruhrgebiet des Fernen Ostens" geworden ist. 1936 waren auf die Mandschurei 1,7 Mill. t Roheisenproduktion, auf das damalige China 0,29 Mill. t gekommen, 853 000 t Rohstahl gegenüber 50 000 t, 4,5 Mrd. KWh Elektrizität gegenüber 2,4 Mrd. KWh (CHEN 1982). Nach 1949 wurde die Industrie verstärkt ausgebaut und diversifiziert. Shenyang, das frühere Mukden, wurde zum „chinesischen Essen", Anshan etwas weiter südlich ebenfalls Schwerpunkt der Hüttenindustrie. In Fushun entstanden Aluminiumwerke, in Dairen eine Lokomotivfabrik, in beiden Städten Ölraffinerien, in Changun wurde 1956 das erste chinesische Automobilwerk, in Kirin 1957 das erste chinesische Chemiekombinat eröffnet, in Harbin entstand ein Schwerpunkt für den Landmaschinenbau. Aber auch der übrige Norden entwickelte sich industriell kräftig. In den Städten Peking und Tientsin konzentrierten sich eher Leichtindustrien verschiedenster Branchen, in Taiyüan im Lößbergland von Honan entstand ein weiteres großes Hüttenkombinat. Die Bevölkerung der drei Nordostprovinzen war schon 1957 auf 51,4 Mill. angewachsen (CHEN 1974, TREGEAR 1980).

3.2.2.2 Nord-Japan und Korea
Wie die Mandschurei für China ist die Nordinsel *Hokkaido* für Japan Kolonialland gewesen und trägt bis zur Gegenwart Züge einer strukturschwachen Region. Sie wurde erst um 1600 in das Stammland Japan eingegliedert und erst etwa mit dem Beginn der Öffnung Japans und der Meiji-Regierung 1868 stärker besiedelt. Die Japaner trafen hier auf die Aïnu, die ebenfalls auf Sachalin und den Kurilen verbreitet waren. Sie lebten in Hütten aus Holz, Borke und Strauchwerk, in kalten Wintern in Erdgruben. Sie waren Sammler, Jäger und Fischer. Fische, insbesondere der Lachs, machten etwa die Hälfte ihrer Nahrung aus. Ihre Zahl nahm zwischen 1800 und 1870 von 22 000 auf 16 000 ab und ist seither etwa konstant geblieben (WATANABE 1973).

---

[8] A. KOLB in seinem Vortrag „*Ferdinand von Richthofen, Leben und Werk*" am 7. 10. 1983 in Berlin.

Heute sind 72% der Fläche Hokkaidos waldbedeckt, sind Hokkaido und der Nordosten Honshus die einzigen Landesteile Japans, die eine Bevölkerungsdichte unter 100 E./km^2 besitzen und Abwanderungsgebiete mit rückläufiger Bevölkerungsentwicklung sind. 1948 lagen von den 45 japanischen Großstädten (über 100000 E.) nur sechs nördlich von Niigata, also etwa in der nördlichen Hälfte des Archipels (MECKING 1948). Immerhin steht heute die Hauptstadt Hokkaidos, Sapporo, mit ihren 1,4 Mill. E. an sechster Stelle der japanischen Millionenstädte (HARRIS 1982).

Die Landnahme Hokkaidos machte in erster Linie von den natürlichen Ressourcen Gebrauch, d.h. sie führte zur Entwicklung einer ausgedehnten Holz- und Fischereiwirtschaft. Nach 1930 dehnte sich mit der Züchtung besonders kälteresistenter und zugleich ertragreicher Arten in Honshu die sogenannte „rice frontier" schnell über die Insel Hokkaido aus. Der übermäßig kühle Sommer 1971 und ein Schädlingsbefall in den folgenden Jahren führten zu starkem Rückgang der Reisanbaufläche.

Die Betriebsstruktur weicht erheblich von derjenigen des übrigen Japan ab. Die Reisanbaufläche pro Betrieb ist mit 3,2 ha (1976) rund fünfmal so groß wie im übrigen Japan, der Anteil der Vollbauern mit 86% ist außerordentlich hoch im Verhältnis zu sonst 50% (OKAMOTO in ISHIDA 1981). Während etwa 75% aller reisbauenden Betriebe der Insel im Tal des Ischikari-Flusses liegen, ist der Reisbau vor allem im Norden und Osten weitgehend von der Milchviehhaltung abgelöst worden.

Während Hokkaido 20,5% der landwirtschaftlichen Nutzfläche Japans besitzt, macht sein Anteil am Wiesenland fast 80% aus. Die Zahl der Milchwirtschaftsbetriebe schrumpfte zwar zwischen 1960 und 1978 von 63690 auf 22900, die Betriebsgröße aber wuchs, und der Durchschnitt beträgt heute etwa 33 Milchkühe je Betrieb. Hokkaido produziert damit 31% der Frischmilch, 81% der Butter und 82% der Trockenmilch Japans (UCHIDA in ISHIDA 1981).

Diese und andere Umstellungen vollzogen sich mit Hilfe von Subventionen der Regierung, die Hokkaido als einzige japanische Region mit noch verfügbarem Agrarpotential betrachtete und sich hier stark mit der Anlage von Drainage- und Bewässerungsgräben, Flurbereinigung und anderen Meliorationsmaßnahmen engagierte. Die Mechanisierung mit Kleintraktoren und Reispflanzmaschinen ist hier am weitesten fortgeschritten, die Produktivität im Reisbau am höchsten von ganz Japan (YAMASHITA in ISHIDA 1981).

Somit stellt Hokkaido eine interessante Parallele zu den drei chinesischen (einst mandschurischen) Nordostprovinzen dar, wenn auch oder obwohl unter einem anderen Wirtschaftssystem und mit größtenteils andersgearteten Produktionsrichtungen.

Korea besitzt eine Brückenstellung zwischen Festland und Inselwelt und hat im Laufe seiner Geschichte immer wieder im Spannungsfeld chinesischer und japanischer Einflüsse gestanden. Während im 1. Jt. v. Chr. die Bewohner der japanischen Inseln häufiger in Korea einfielen, stand der Norden unter chinesischem Einfluß. Mit der Übernahme der chinesischen Schriftsprache ergab sich die Entwicklung der koreanischen Kultur auf chinesischer Grundlage. Um 1400 bildete sich erstmals ein geschlossenes Staatswesen heraus, das unter lockerer chinesischer Oberhoheit stand. Mit der Tributpflichtigkeit gegenüber der Mandschu-Dynastie in China übte Korea eine Politik der Abgeschlossenheit von 1640 an bis zur Öffnung durch die Japaner 1880. 1910 wurde es japanisches Generalgouvernement, am Ende des II. Weltkrieges bereitete die Besetzung durch sowjetische Truppen einerseits und amerikanische andererseits die Teilung in die heutigen beiden Staaten vor.

Der gebirgigere, an Bodenschätzen, vor allem Kohle, ungleich reichere, dafür mit geringeren agrarwirtschaftlichen Möglichkeiten ausgestattete, dünner besiedelte Norden ging den Weg der Volksrepublik mit Kollektivierung der Landwirtschaft nach sowjetischem Vorbild und raschem Ausbau der Industrie. Der etwas kleinere (rund 98 000 km^2 gegenüber 120 000 km^2 der VR), dichter besiedelte (38,7 Mill. gegenüber 18,3 Mill. E. 1981) Süden, die Republik Korea, ist noch immer stärker agrarwirtschaftlich orientiert, obwohl der auf dem Lande lebende Bevölkerungsanteil in den 20 Jahren 1955 bis 1975 von 75,5% auf 51,5% absank. Hier werden, bei vergleichsweise geringerem Ausbau der Industriewirtschaft, Bevölkerungsdichtewerte wie in Westeuropa erreicht. Bezogen auf die landwirtschaftlich genutzte Fläche, die nur 22,7% des Staatsgebiets ausmacht, ergibt sich eine agrare Dichte von fast 800 E./km^2 (DEGE in SCHÖLLER/ DÜRR/DEGE 1978).

Der Gebirgscharakter eines großen Teiles des Landes im Verein mit der hohen ländlichen Bevölkerungsdichte erklärt, daß sehr viele Betriebe noch immer zumindest Semisubsistenzbetriebe sind, wobei 65,2% unter 1 ha Größe aufweisen und bei 5–6-Personen-Haushalten auf Zuerwerb in der Forst- und Fischereiwirtschaft oder im Handwerk, das noch weitgehend in Heimarbeit ausgeübt wird, angewiesen sind. Bei der Knappheit des Produktionsfaktors Boden liegt das Schwergewicht auf dem Ackerbau; die Veredelungswirtschaft ist wenig entwickelt. Es existieren aber starke räumliche Disparitäten zwischen dem Bergland und der westlichen Tiefebene, die mit geometrischen Fluren und höherem Motorisierungsgrad gute Erträge abwirft, also ein Überschußgebiet ist, dessen Modernisierung den Abstand zu den Berglandbetrieben noch vergrößert hat (DEGE 1982).

Da der größte Teil von Berg- und Industriewirtschaft an die Volksrepublik fiel, mußten diese Wirtschaftszweige in der Republik mit großen Anstrengungen aufgebaut werden. Grundlagen wurden eine eigene Stahlindustrie mit vielen weiterverarbeitenden Branchen und eine für die Modernisierung der Landwirtschaft unabdingbare Düngemittelindustrie. Auf Südkoreas bedeutende Stellung im Rahmen des Weltschiffsbaus wurde schon im Kap. 3.1.3.2 hingewiesen.

Der Aufbau vollzog sich mit umfangreicher ausländischer Hilfe. Ab 1965 normalisierten sich aber auch die Beziehungen zum Nachbarn Japan. Neben japanischen staatlichen Wiedergutmachungsleistungen begann nun auch die japanische Privatwirtschaft in Korea zu investieren, so daß 1975 bereits 27% der japanischen Direktinvestitionen auf die Republik entfielen. Außerordentlich wuchs vor allem die Metropole Seoul, nicht zuletzt wegen ihres mit Tokio für Japan vergleichbaren Vorranges im tertiären Bildungswesen, die 20% der Staatsbevölkerung oder 8,4 Mill. E. auf sich vereinigt, gefolgt von der Hafenstadt Pusan mit 2,5 Mill. E. (DEGE in SCHÖLLER/DÜRR/DEGE 1978, DEGE 1982).

3.2.3 Nordamerika

Das Fehlen von Anthropoiden in Nordamerika und die mongolischen Gesichtszüge der Ureinwohner werden als Beweise dafür gewertet, daß der Mensch sich dort nicht autochthon entwickelte, sondern zu den Zeiten einer bestehenden Landbrücke aus Asien einwanderte. Diese „Beringia"-Theorie ist allerdings nicht unbestritten. Von vielen Autoren wird sie bis heute aufrechterhalten (z.B. ROUSE 1976, JENNINGS 1983)[9], von anderen wird sie verworfen (W. MÜLLER 1982), ohne daß diese jedoch die Herkunft der Siedlungen am Rande des Eismeeres ihrerseits eindeutig erklärten.

Sehr unterschiedlich wird auch immer noch die Frage beantwortet, wieviele Ureinwohner im vorkolumbischen Nordamerika nördlich des Rio Grande lebten. Die Schätzungen schwanken zwischen 0,9 und 4,4 Mill., wobei eine Größenordnung zwischen 1 und 2 Mill. der Realität am nächsten kommen dürfte (KROEBER 1939, DENEVAN 1976).

---

[9] Zur Eliminierung der Schwierigkeit, die im Fehlen jeglicher Fundorte im gegenwärtigen Landanteil Beringias zwischen 25 000 und 13 000 v.h. besteht, entwickelte K. R. FLADMARK die Hypothese, daß die Urbevölkerung Amerikas den Weg über zahlreiche kleinere eisfreie Gebiete am Rande des damaligen festen Landes genommen habe, die freilich heute unter Meeresspiegelniveau liegen und daher keine Grabungen gestatten. Er bringt auch Belege für die damalige Flora und Fauna auf der östlichen Vancouver-Halbinsel, am Unterlauf des Fraser, auf der Olympic-Halbinsel und am Puget-Sund bei, um den Nachweis zu führen, daß diese Randbereiche um die Zeit 13 000 bis 12 000 v.h. Ernährungsgrundlagen für die in Amerika einwandernde Bevölkerung boten (FLADMARK 1979, S. 55-69).

In unserem Zusammenhang interessieren in erster Linie die nordöstlichen Waldlandindianer und die nordwestlichen Küstenfischerkulturen. Die paläoindianischen Kulturen basierten auf Großwildjagd; nach dem Aussterben der postpleistozänen Großfauna kamen Kleinwildjagd, Fischfang und Sammelwirtschaft dazu. Die Küstenstämme lebten vornehmlich vom Fischfang, die nördlichen Waldland-Algonkin zum Teil von Wildreis aus seichten Gewässern (LINDIG-MÜNZEL 1976).

Ein Übergang zu etwas Landbau findet in der Früh-Waldland-Periode (ca. 1000-200 v. Chr.) statt, die durch die drei Elemente Grabhügelbau – Keramik – Landbau gekennzeichnet ist. Die vor allem im Ohio- und mittleren Mississippital so bemerkenswerten Erdhügel (mounds) sind oft, jedoch nicht immer mit Einäscherungen und/oder Skelettbestattungen verbunden. Im Große-Seen-Gebiet wurde Steatit zur Herstellung von Gefäßen wie auch zur Magerung der Keramik verwendet. Der Anbau von Kulturpflanzen wurde erst in bescheidenem Maße neben anderen Arten der Nahrungsbeschaffung durchgeführt.

Die noch weitgehende Einheitlichkeit des Raumes der nordöstlichen Waldlandindianer erfährt erst in der Mittel-Waldland-Periode (200 v.–400 n. Chr.) eine Differenzierung, als die Randbereiche wie das Große-Seen-Lorenzstrom-Gebiet und die Appalachen weitgehend in diesem Zustand beharren, während der Kernraum sich stärker in Richtung auf die Landwirtschaft fortentwickelt (LINDIG 1973). Bei den Irokesen waren 17 Mais-, 60 Bohnen- und 8 Kürbissorten bekannt. Alle drei Kulturpflanzen müssen aus Zentralamerika dorthin gelangt sein; wie und auf welchem Wege ist ungeklärt. Daneben wurden auch halbkultivierte Formen anderer Pflanzen wie z. B. der Sonnenblume *(Helianthus annuus)* vorgefunden, was vermuten läßt, daß heimische halbdomestizierte neben übertragenen domestizierten Pflanzen existierten (LINDIG 1973). Ebenfalls waren Tabak und Artischocken verbreitet.

Noch bis in die Zeit der frühen europäischen Kolonisierung sind mehrfache Ortsverlegungen indianischer Siedlungen nachgewiesen, so daß es sich zumindest teilweise um eine Landwechselwirtschaft gehandelt hat. Zum Teil hat es aber auch längere regelmäßige Wanderungen zwischen der Küste und Wohnplätzen im Binnenland gegeben, wie sie bekannt sind von den Abnakis im nördlichen Neuengland, von Stämmen in Connecticut und von den Lenapés in New Jersey (DAY 1953).

Die Rodungen dürften großenteils durch Ringeln der Bäume, teilweise auch durch Brände erfolgt sein. Die Stubben wurden zunächst am Boden belassen, was später auch die europäischen Siedler so handhabten. Aus dem südlichen Ontario berichtete SCHOTT, daß die Siedler vielfach im ersten Jahr nur mit der Egge arbeiteten, im zweiten Jahr das Land teilweise schon als Weide liegenließen und nach etwa fünf Jahren erstmals den

Pflug verwendeten. Die Stubben von Laubbäumen pflegten etwa binnen zehn Jahren zu verfaulen und konnten dann verhältnismäßig leicht mit Hilfe von Ochsen und Eisenketten herausgezogen werden. Um sie herum aufgerichtete und abgebrannte Haufen von Zweigen konnten den Vorgang noch beschleunigen (SCHOTT 1935).

Die Indianer kannten außer dem Truthahn *(Meleagris gallopavo),* der noch heute amerikanisches Nationalgericht ist, *kein Haustier,* mithin auch kein Zugtier. Ihr Landbau war ein nur mit menschlicher Kraft betriebener Wanderhackbau. Nur im neuenglischen Raum wurde mit Fischabfällen und Muschelschalen gedüngt. Daneben wurden aber Beeren, Nüsse, Pilze und Wildpflanzen gesammelt und Wild erlegt. Die Biber- und sonstige Pelztierjagd spielte allerdings keine Rolle, bevor die Nachfrage nach Pelzen seitens der weißen Händler auftrat. Die Gewinnung von Zucker aus dem Saft des Zuckerahorns soll beträchtlich gewesen sein.

Schwierig ist die Frage nach dem Grad der Beeinträchtigung der ursprünglichen Waldvegetation zu beantworten. In Neuengland wurden Hunderte von Siedlungsplätzen entdeckt, deren Fläche jeweils zwischen 40 und 60 ha gelegen haben dürfte. Aber neben den Wohnplätzen und der für den Ackerbau beanspruchten Fläche wurden weitere Waldareale zerstört oder verändert, einerseits wegen des Bedarfs an Brennholz, andererseits durch das bewußte Legen von Feuer zu verschiedenen Zwecken, z. B. zur Jagd und zur Sichtverbesserung (DAY 1953).

In einer interessanten Studie hat MARTIN dargelegt, daß die Frage nach der Einstellung der Indianer zur Natur gegenwärtig eingebettet ist in die weit umfassendere Frage nach der *Rolle des Indianers in der Geschichte Amerikas und in der gegenwärtigen Gesellschaft.* Häufig ist der Indianer als Vorbild des sorgsam mit der Natur umgehenden Menschen hingestellt worden. Tatsächlich gibt es in den Mythen der verschiedensten Indianerstämme Vorstellungen von der Erde als der Mutter, die man liebevoll behandelt, an die man sich gebunden fühlt und die man nicht verläßt, von Bäumen, die von Geistern bewohnt sind und die man heilig halten muß, von Tiergottheiten, die dem Indianer Beschränkungen bei der Jagd auferlegten. Andererseits gibt es aus der Vorreservationszeit Augenzeugenberichte weißer Reisender oder Siedler darüber, daß von Indianern durchaus Tiere wie der Biber, der Bison, der Elch, das Karibu über den augenblicklichen Bedarf an Fleisch hinaus getötet worden sind. Als Fazit aus seiner Untersuchung trifft MARTIN (1978) die Feststellung: *"Nature and man were jointed by compact, not by ethical ties",* also etwa: den Indianer verband mit der Natur die Übereinkunft, nicht ethische Bande.

Zu den nordwestlichen Küstenfischerkulturen gehörten verschiedene Stämme zwischen Südalaska und Nordkalifornien, im zentralen Bereich von Seattle/Vancouver die Kwakiutl und die Puget Sund-Salish, die sich von den Binnenland-Salish durch Abwanderung in das Mündungsgebiet des Fraser getrennt hatten. Sie besaßen hier eine sehr gute Ernährungsgrundlage, indem sie Jagd auf Delphine, Robben, Seelöwen und Wale und den Fang von Dorsch, Hering, Heilbutt, Kabeljau sowie Lachsfang in den Flüssen betrieben. Sie hatten Bogen und Pfeil für die Robbenjagd, Harpunen und Lanzen für den Walfang, Angeln, Speere und Reusen für den Fischfang. Zusätzlich bestand ihre Nahrung aus Beeren, Eichelmehl und Wurzeln, und sie machten Jagd auf die Bergziege zur Gewinnung von Wolle für das Weben von Decken. Zusätzlich zum Fettgerben wandten sie das Rauchgerben an, wobei die bereits gegerbte Haut über stark qualmendem Feuer hin und hergezogen wird, so daß sie, was bei den lang anhaltenden winterlichen Starkregen vorteilhaft ist, besonders resistent gegen Feuchtigkeit und selbst bei mehrmaligem Naßwerden nicht steif würden (HIRSCHBERG/JANATA 1980).

Die nordöstlichen wie die nordwestlichen Gruppen verstanden sich bestens auf die Bearbeitung von Holz, das eine ihrer wichtigsten Lebensgrundlagen war. Sie nutzten es zum Hausbau, zur Herstellung von Gefäßen, Geräten und Waffen. Die Tlingit-Indianer an der Pazifikküste zeichneten sich besonders durch ihre Zedernholzschnitzerei mit Dechsel und Messer aus. Kanus stellten die Nordwestindianer aus Zedernrinde, die Nordostindianer aus Birken- oder Ulmenrinde her und dichteten sie mit Kiefernpech ab. Aus Rinde wurden ebenfalls wasserdichte Gefäße hergestellt und die Flüssigkeit durch heiße Steine erwärmt. Kleidungsstücke und Hüte fertigten sie aus Bastfasern und Tierhäuten (LINDIG/MÜNZEL 1976, HIRSCHBERG/JANATA 1980).

In anderer Beziehung standen sie auf einem niedrigeren Entwicklungsstand als die frühgeschichtlichen Mitteleuropäer. Zwar kannten sie Kupfer, waren aber nicht in der Lage, es zu schmelzen und zu gießen. Zahlreiche Geräte wie Ahlen, Hacken, Harpunen und Speerspitzen, Meißel und Messer fertigten sie aus gehämmertem Kupfer. Da sie somit keine wirklich zufriedenstellenden Werkzeuge besaßen, übernahmen sie rasch von den Europäern das Eisen, das jenen hohes Ansehen verschaffte und den Holländern seitens der Mohawk, den Franzosen seitens der Huronen die Bezeichnung „Eisenleute" eintrug (FEEST 1980).

Gut zwei Jahrhunderte beträgt der zeitliche Abstand zwischen der weißen Besiedlung des Nordostens und der des Nordwestens. Im Gebiet der östlichen Waldlandindianer boten Wasser, Wald und kleinere Funde von Erzen und Kohle vielfältige Möglichkeiten für frühe Gewerbe und Handel. An der Küste wurden Schiffe aus dem sehr geeigneten Pinus-strobus-Holz gebaut und günstig im Mutterland verkauft. Hafengunst und Fischreichtum waren wichtiger als die eher dürftige Basis für Landwirtschaft. Im Landesinnern waren Täler wie das des Connecticut Leitlinien der Be-

Amerikas Pazifischer Nordwesten

siedlung und wurden zu Stätten der Holz-, Metall-, Leder- und Wollverarbeitung. Abgesehen von Spezialkulturen wie Obst- und Tabakbau in bevorzugten Lagen hat sich die Landwirtschaft von der anfänglichen Subsistenzwirtschaft in zwei Richtungen entwickelt: in vielen Betrieben erfolgte eine Spezialisierung auf die Milchwirtschaft auf der Futterbasis der hier klimabegünstigten Grünlandwirtschaft und Heugewinnung bei häufigem Zukauf von Mais („dairy belt"), über die Hälfte der landwirtschaftlichen Betriebsfläche von einst wurde jedoch in andere Nutzungen wie Forste, aber auch Hobbyfarmen der Städter, überführt.

Eine merkbare weiße Besiedlung des Pazifischen Nordwestens erfolgte erst ab 1843 über den Oregon Trail. Siedlungskonzentrationen wurden das Willamettetal und einzelne andere Täler in Oregon und Washington sowie das Puget-Sund-Gebiet. Obwohl im klimabegünstigten Willamettetal seit langem verschiedene Obstsorten und Hopfen angebaut werden und meist auf Bewässerungsland, das um 1975 bereits über 100 000 ha betrug und in rascher Ausdehnung begriffen ist, Gemüsebau und Grünlandwirtschaft mit Milchviehhaltung betrieben werden, ist es als Siedlungs- und Wirtschaftsraum von dem Puget-Sund-Gebiet mit der Städteagglomeration um Seattle überrundet worden.

Wasser und Holz bilden noch in der Gegenwart die Grundlage für die Industrien in den Küstenbereichen der US-Staaten Washington und Oregon und der kanadischen Provinz British Columbia. Der traditionelle Schiffsbau, der nicht zuletzt für die US-Marine wichtig war, erlitt nach dem Zweiten Weltkrieg einen krassen Niedergang. Aber die seit dem Ausbau des Columbia River günstig angebotene hydroelektrische Energie zog die Aluminiumverhüttung und als einen Hauptabnehmer von Aluminium den Flugzeugbau (Boeing-Werke mit zahlreichen Betriebsstätten im Großraum Seattle) auf den Nordwesten. Der andere wichtige Industriezweig sind die großen Sägemühlen und Zellstoffabriken. Mit diesen wenigen bedeutenden Branchen ist Amerikas Pazifischer Nordwesten allerdings recht konjunkturabhängig und krisenanfällig. In den Fischerei- und Holzverarbeitungsbetrieben bewähren sich die Küsten-Salish als Facharbeiter.

Der größte und am stärksten diversifizierte Industriewirtschaftsraum aber bildete sich beiderseits der heutigen amerikanisch-kanadischen Grenze im Gebiet der nordöstlichen Waldlandindianer und dem angrenzenden Gebiet der Prärieindianer aus, deren Kultur wie diejenige der Plainsindianer auf der Jagd und vielfältigen Verwendung des Büffels gegründet war (HARTMANN 1973). Hier bildete sich an der Küste der Neuengland- und mittelatlantischen Staaten etwa zwischen Boston im Norden und Washington im Süden („Boswash") jene Städteagglomeration heraus, in der auf etwa 2% der Fläche der USA rund 20% ihrer Bevölkerung leben und die JEAN GOTTMANN mit der Bezeichnung „*Megalopolis*" belegte (GOTTMANN 1961, s. Abb. 30).

Sie stellt ihrerseits aber nur den östlichsten Teil eines stark verstädterten und industrialisierten Raumes dar, den man unter Einschluß der südlichen Teile der kanadischen Provinzen Ontario und Quebec bis zum Mississippi mit den Binnenhäfen St. Paul-Minneapolis und St. Louis und bis zum Ohio im Süden rechnen kann, und den STEN DE GEER als den amerikanischen „*Manufacturing Belt*" bezeichnete (DE GEER 1927).

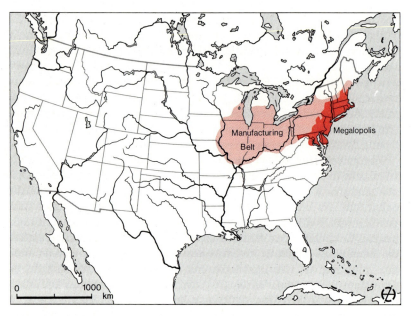

Abb. 30: Megalopolis und Manufacturing Belt der USA (nach GOTTMANN *und* DE GEER*)*.

Dieser Manufacturing Belt, der in seinem US-amerikanischen Anteil trotz jüngerer Bevölkerungs- und Wirtschaftsverlagerungen immer noch über die Hälfte der US-amerikanischen Industrieproduktion und der Kaufkraft auf sich vereinigt, genoß die Vorteile mehrerer entscheidender Wachstumsfaktoren. Er brachte die Rohstoffe für eine frühe und vielfältige Manufakturwirtschaft hervor, Wolle für die erste Textilfabrikation, Holz und Erze für eine Vielzahl von Produkten, die schon bald mit den aus England importierten auf dem sich rasch ausdehnenden amerikanischen Binnenmarkt in Konkurrenz traten. Er war einer der Pfeiler des sich entwickelnden Dreieckshandels, spielte aber auch für den Direkthandel mit dem Mutterland eine Rolle, wo z. B. in neuenglischen Häfen gebaute Schiffe vorteilhaft verkauft werden konnten.

Die *Einwanderung* nahm zwangsläufig ihren Weg über New York, wo ein beachtlicher Teil der aus Europa Gekommenen ansässig wurde und mit Kenntnissen und Kapital zum Aufbau der Wirtschaft im Nordosten beitrug. Am Süden ging diese Einwanderung vorbei, da die Verfügbarkeit von preisgünstigem Grund und Boden dort stark eingeschränkt war. New York vermochte auch nach dem Aufkommen des Dampfschiffes die Linienschiffahrt zwischen Europa und USA auf sich zu ziehen in Rivalität zu den anderen großen Städten wie Boston, Baltimore und Philadelphia. Die ständige Zuwanderung war auch der Entfaltung der Wissenschaften günstig, die ihrerseits die Technik förderten. Die für amerikanische Verhältnisse alten und renommierten Universitäten finden sich in den Küstenstädten von Williamsburg, der kolonialzeitlichen Hauptstadt Virginias, ab nordwärts. Hinzu kommt die Geisteshaltung des auf irdischen Erfolg gegründeten Puritanismus, dem auch die als „Yankee ingenuity" bezeichnete Erfindungsgabe des Nordstaatlers entsprossen ist und so zutreffend von RÜHL (1927) beschrieben wurde.

Dieser im Nordosten hervorgebrachte amerikanische „Wirtschaftsgeist" war es, der der amerikanischen Wirtschaft ihre Effektivität und ihren Vorsprung vor der übrigen Welt verschaffte durch besonders frühe Einführung der Standardisierung und damit der Großserienproduktion, durch frühe Anwendung des Fließbandes und durch frühen Übergang zur Automation. Hier entwickelten sich die großen Wirtschaftsunternehmen, deren Zentralverwaltungen noch heute zu einem guten Teil im Großraum New York ansässig sind, sowie die großen Banken und Versicherungsgesellschaften, deren Kapital in allen Landesteilen und im Ausland arbeitet und deren Gewinne hierher zurückfließen. Im kanadischen Teil des Manufacturing Belt entwickelte sich die Rivalität zwischen dem frankophonen Montreal und dem anglophonen Toronto zugunsten des letzteren, unterstützt durch die für Montreal wirtschaftlich abträglichen Separationsbestrebungen der Provinz Quebec gegenüber dem restlichen Dominion.

Zwar haben, wie BORCHERT eindrücklich geschildert und graphisch dargestellt hat, seit Ende des Ersten Weltkrieges manche Veränderungen stattgefunden, was die Zentralen der großen Wirtschaftsunternehmen betrifft. Innerhalb der Megalopolis hat eine Konzentration auf die Achse New York City–Hartford eingesetzt; innerhalb des Manufacturing Belt insgesamt hat der Bereich der Megalopolis etwas an Gewicht verloren, der Mittelwest-Anteil etwas hinzugewonnen; insgesamt ist die Bedeutung des Manufacturing Belt etwas zurückgegangen gegenüber Zugewinnen der Südstaaten, des Großraums Seattle und Kaliforniens.

Zur Vormachtstellung des Nordens trug nicht nur die lange Zeit dominierende Rolle Pittsburghs als amerikanisches Stahlzentrum schlechthin bei, unterstützt durch die bis 1929 aufrechterhaltene, als „Pittsburgh plus" bezeichnete, den Pittsburgher Stahl bevorzugende Bahntarifpolitik, sondern genauso der Umstand, daß hier um 1850 die Grundlagen für die Ölraffination geschaffen wurden und bereits 1859 in Pennsylvania das erste Erdöl erbohrt wurde. Im Gegensatz zur deutschen chemischen Industrie, die zunächst ganz auf Kohlebasis aufgebaut war, bedeutete dieses Ereignis den frühzeitigen Aufbau der US-amerikanischen Petrochemie, die sich später vorwiegend im Golfküstenraum entwickelte.

Der Norden, insbesondere der nördliche Mittelwesten, ist auch agrarwirtschaftlich ein Schwerpunktgebiet, in seinem nördlichen Teil stärker auf Milchwirtschaft, in seinem südlichen auf Anbau von Mais und Sojabohnen und die Mast von Schweinen und Rindern ausgerichtet. Die hohe Leistungsfähigkeit dieser hier ja noch kaum 200 Jahre alten Landwirtschaft beruht neben der Bodenfruchtbarkeit auch auf den günstigen Startbedingungen und den großartigen agrartechnischen Errungenschaften. Ein bedeutender Anteil dieses Raumes wurde unter den Auspizien der Land Ordinance von 1785 mit dem quadratischen Vermessungsraster quadratmeilengroßer sections und des Heimstättengesetzes von 1862 an Siedler vergeben, die z. T. unter Umgehung der Bedingungen für den praktisch kostenlosen Erwerb einer 65 ha großen quarter section das Doppelte oder Dreifache an Land erwarben, so daß schon lange vor dem Rückgang der Agrarbevölkerung ein durchschnittlicher Familienbetrieb eine Größe besaß, die in Mitteleuropa dicht unterhalb oder bereits innerhalb des Bereichs eines Großbetriebes lag. Hinzu kamen eine geringere Bindung an die Scholle und stärker pragmatische Einstellung zur Leistungsfähigkeit des Farmlandes und eine frühe, weit verbreitete Collegebildung der Farmbevölkerung mit einem Bachelor in Landwirtschaftswissenschaften.

Die große Mechanisierungswelle der zwanziger bis vierziger Jahre brachte eine enorme Steigerung der Arbeitsproduktivität, die Kombination von modernen Agrartechniken und sogenannten high yielding varieties zwischen 1950 und 1970 auf gleicher Fläche eine Ertragssteigerung von 33% bei der Sojabohne, um 100% bei Weizen und um 150% bei Mais. Eine weitere Leistungssteigerung bringt die Zunahme der Anteile von Kontraktfarmen und Korporationen (WINDHORST 1975). Zugleich allerdings stiegen der auf die Flächeneinheit gerechnete Kraftstoffverbrauch um die Hälfte, die Phosphatdüngermenge auf das Viereinhalbfache, die Kali- und Stickstoffdüngermenge auf das Zehn- bis Zwölffache an (WEISCHET 1981). Bezüglich Kraftstoff und Phosphat zieht diese Art der landwirtschaftlichen Produktion sicherlich einen Wechsel auf die Zukunft.

Veränderungen der amerikanischen Verstädterung 175

Das Hochhaus, eine Errungenschaft der amerikanischen Architektur, hat zweifellos zur Verdichtung der Städte beigetragen. Anders als in Europa, in der Randstad Holland oder in der Industriezone von Lille bis zum Ruhrgebiet, wo die Agglomerationen aus einer Vielzahl von Mittel- und Großstädten bestehen, haben sich in USA wenige ganz große Kerne zu Riesenstädten ausgewachsen, vor allem die Metropolen New York City, Philadelphia und Boston. Im Bevölkerungsdichtezentrum des atlantischen Nordamerika werden daher nicht dieselben Dichtewerte erreicht wie im westeuropäischen. Insgesamt aber wohnen noch mehr Menschen in USA und dem der Grenze benachbarten Siedlungsraum Kanadas in Städten als im westlichen Europa, ist die nordamerikanische Bevölkerung noch *stärker urbanisiert* als die europäische. Jedoch zeigt sich seit den siebziger Jahren stärker als in Westeuropa eine Trendwende im Wachstum der Kernstädte, der metropolitanen Randbereiche außerhalb der Kerne und der außermetropolitanen Gebiete.

Tab. 36: Durchschnittliche jährliche Bevölkerungsveränderung in den USA in % (Quelle: Stat. Abstr. of the USA 1977, 1983)

Gebietskategorie	1950/60	1960/70	1970/80
Kernstädte der SMSA	1,1	0,6	0,0
Ringe der SMSA	3,8	2,4	1,5
Nicht-metropolitane Gebiete	0,5	0,7	1,3

CONZEN hat als die wesentlichen Veränderungen der amerikanischen Verstädterung im Jahrzehnt 1970-1980 die folgenden sechs Tatsachen herausgestellt:

1. Verlangsamung des Gesamtwachstums der Städte;
2. Ansteigende Probleme und abnehmende Attraktivität der Vorortzone;
3. Verstärkter Zuzug in kleine bis mittlere Städte und nicht-metropolitane Gebiete;
4. Bevorzugtes Wachstum der Städte in den sog. sunbelt-Staaten wegen Klimagunst und anderer Vorzüge;
5. Gewerbliche Wiederbelebung des Stadtzentrums und Überwindung des lange anhaltenden Cityverfalls;
6. Zunehmende Bemühung um erhaltenswerte Bausubstanz durch umfangreiche Restaurierungen.

In allen diesen Prozessen sieht CONZEN (1983) den Beginn einer neuen Epoche der amerikanischen Stadtentwicklung.

3.2.4 Australien/Neuseeland und Südamerika

3.2.4.1 Gemeinsamkeiten der Entwicklung

Anders als auf der Nordhalbkugel, wo die demographischen und ökonomischen Kernräume Europas und Nordamerikas, mit Einschränkungen auch diejenigen der Sowjetunion und Chinas, den kühlgemäßigten Breiten zuzurechnen sind, sind ihre kleinen und entlegenen Anteile auf der Südhemisphäre als spät und dünn besiedelte, ökonomisch nur begrenzt nutzbare Gebiete anzusprechen. SCHWEINFURTH hat in seinen Arbeiten über Tasmanien und die Stewart-Insel von deren *randökumenischer Situation* gesprochen. Aber dieser Begriff ist sicher auch auf die meisten übrigen Gebiete der südhemisphärischen kühlgemäßigten Breiten anwendbar. Zu ihnen gehören nur der Teil Victorias südlich des Hauptkammes der australischen Alpen, Tasmanien, die Südinsel von Neuseeland mit einem kleinen Anteil der Gegenküste der Nordinsel sowie die Frontera, der Kleine und Große Süden Chiles.

Mit Ausnahme Victorias, dessen Küstenbereich die neben Sydney zweitwichtigste australische Metropole Melbourne einschließt, sind alle diese Gebiete gegenüber den übrigen Staatsgebieten (Süd-Victoria und Tasmanien gegenüber Gesamt-Australien, Südinsel Neuseeland gegenüber der bedeutenderen Nordinsel, der Süden Chiles gegenüber dem Großraum Santiago) und der übrigen Welt *außerordentlich isoliert.*

Marktwirtschaftlich gesprochen bedeutet das weite Entfernungen und hohe Transportkosten.

Unterstrichen wird diese Lageungunst durch die Landesnatur: Die genannten Gebiete bestehen vorwiegend aus Inseln und Halbinseln an oder vor den Enden der Südkontinente, ihr weitgehend gebirgiger Charakter läßt wenig Raum für Ebenen und Beckenlandschaften, ihr auf den Luvseiten hochozeanisches und teilweise schon antarktisch beeinflußtes Klima grenzt über die Topographie hinaus ihre Nutzungsmöglichkeiten weiter ein.

Hinzu kommt schließlich noch eine gewisse politische Fragmentierung: die einstmals lange diskutierte Union von Australien und Neuseeland kam nie zustande, und die am östlichen Andenabfall gelegenen Ebenen der südchilenischen Provinzen Aysén und Magallanes haben ihre Landverbindungen nach Argentinien hin.

Unter diesen Umständen ist die wirtschaftliche Abhängigkeit von den knappen naturgeographischen Gunstfaktoren besonders stark. Es ist daher nicht verwunderlich, daß sich einzelne Phasen der weißen siedlungs- und wirtschaftsgeographischen Entwicklung übereinstimmend in allen genannten Gebieten wiederfinden: sporadisch genutzte Stationen von Seehund-, Robben- und Walfängern, extensive Schafhaltung, Raubbau an

Wirtschaft Victorias

den Waldbeständen, Goldrausche, als deren Begleit- und Folgeerscheinung Übergänge zu Getreidebau und intensiveren Formen der Landwirtschaft, Aufbau Land- und Fortstprodukte verarbeitender Industrien, im Gefolge der Gefrierfleischanlagen, soweit möglich, Übergang zu Dauergrünland mit Mast- und Milchviehwirtschaft und Substitutionsindustrien, verstärktes Stadtwachstum, schließlich Belebung des Fremdenverkehrs. Nicht wenige dieser Schritte der Siedlungs- und Wirtschaftsentwicklung erfolgten unter direkter oder auch indirekter Beteiligung der jeweiligen Regierung.

Wie wenig Spielraum die begrenzten Naturgrundlagen boten, wird auch aus dem gegenseitigen Verhältnis der Süd- und Nordinsel Neuseelands deutlich. Mehr Ebene und mehr offenes Grasland, sehr viel geringere Maoribevölkerung und damit leichterer Landerwerb, sodann die Goldfunde in den 1860er Jahren sowohl in Otago als an der Westküste gaben der Südinsel zunächst einen deutlichen Vorsprung. Auf sie war der größte Teil der weißen Bevölkerung konzentriert. Doch dann begann die intensivere Erschließung der Nordinsel, die in stärkerem Maße von Industrialisierung und Urbanisierung begleitet war. War um 1900 die Bevölkerung auf die beiden Inseln in etwa gleich verteilt, leben heute auf der Südinsel nur 25% der neuseeländischen Gesamtbevölkerung.

3.2.4.2 Australien/Neuseeland

Victoria hatte seit der Gründung von Melbourne 1835 erst eine sechzehnjährige Entwicklung hinter sich, als 1851 bei Ballarat und Bendigo große Goldvorkommen entdeckt wurden. Am Ende des Goldrauschs wanderten viele Goldsucher nach Neuseeland und Kalifornien ab, viele aber fragten nach Grund und Boden nach. Der Grant's Act von 1865 gewährte Besitztitel über 8 ha, die aber von so manchem Siedler bis auf das Vierfache gebracht wurden. Zunächst wurde Land in 30–50 km um jedes Goldfeld vergeben, später wurden zwei weitere Landvergabegesetze erlassen (POWELL 1967).

Bis zur Weltwirtschaftskrise war viel Wald gerodet, auch Moorkolonisation begonnen worden. Aber um 1930 gab es allein in Gippsland 60 000 ha aufgelassene landwirtschaftliche Nutzfläche und weitere 65 000 ha in schlechtem Zustand. Viel davon wurde seitdem mit Eukalypten und *Pinus radiata* wieder aufgeforstet. Die wichtigsten Agrarprodukte des südlichen Victoria sind heute Milch, Obst, Gemüse, Kartoffeln und Schafwolle. Die Intensivkulturen im Umland von Melbourne sind von dem nahen Großstadtmarkt mitbestimmt. West- und Süd-Gippsland sind Victorias Hauptmilcherzeuger; da diese Produktion weit über den Frischmilchbedarf hinausgeht, werden Butter, Käse und andere Molkereiprodukte hergestellt. Auf der Basis von entrahmter Milch und Kartoffeln findet hier auch

Schweinehaltung statt. Das östlich-zentrale Victoria und Süd-Gippsland haben auch Hopfenbau und Geflügelzucht, das westliche und west-zentrale Victoria Mastlammhaltung und etwas Getreidebau, welcher zum trockeneren Nordwesten des Staates hin stark zunimmt (WILSON 1955).

Bergwirtschaftlich nimmt das Gippsland eine Sonderstellung mit den wohl umfangreichsten *Braunkohlevorkommen* der Erde ein. Die Förderung im Tagebau wird begünstigt durch sehr weitflächige, dicke, von nur wenig Abraum überlagerte Flöze.

Noch stärker als bei den anderen Einzelstaaten Australiens ist Melbournes Stellung als Primatstadt in Victoria ausgeprägt. Beherbergte sie schon 1911 über 45% der Bevölkerung Victorias, stieg dieser Anteil bis 1976 auf 71% an. Nicht zuletzt dürfte dazu beigetragen haben, daß Melbourne bis 1927 offiziell Regierungssitz des Dominion war und bis heute noch Regierungsstellen beherbergt, und daß es der australische Hafen mit dem größten Umschlag ist.

Über Tasmaniens Ureinwohner liegen verschiedenste Schätzungen vor. Sofern die Größenordnung von 2000 als einigermaßen realistisch angesehen werden sollte, hätten sie eine Dichte von $1/35$ km^2 gehabt (WAGNER 1960).

Die Landwirtschaft der Insel konzentriert sich auf schmale Küstenebenen und kleine Flußtäler und ist sehr vielfältig entsprechend der unruhigen Topographie im Zusammenwirken mit den klimatischen Verhältnissen. Diese sind bestimmt von einer gewissen Unregelmäßigkeit der Niederschläge im Übergangsbereich zwischen winterlichem und ganzjährigem Regenregime, von starken Luv-Lee-Gegensätzen, von häufigem Auftreten heftiger Winde, Hagel und Frösten sowie von dem Umstand, daß auf großen Teilen der Insel die tägliche die saisonale Temperaturamplitude übertrifft, also einem eher tropischen Klimamerkmal.

So unterscheidet SCOTT zwischen neun Agrarwirtschaftsregionen, von denen schon die drei wichtigsten, die etwa 60% der Gesamtagrarproduktion auf sich vereinigen, die große Bandbreite der Betriebstypen und Produktionsziele erkennen lassen. Die Gartenbauregion des Südostens im Hinterland von Hobart ist gekennzeichnet durch intensive Bewirtschaftung, insbesondere Obst- und Hopfenbau. Sie bringt etwa drei Viertel des australischen Apfelexports und vier Fünftel des australischen Hopfens hervor, der hauptsächlich aus dem Derwenttal kommt, das somit vergleichbar dem nordamerikanischen Willamettetal und Yakimatal in den Nordwest-Staaten Oregon bzw. Washington ist. Die Nordwestküstenregion hat vor allem Gemischtwirtschaft und Milchwirtschaft mit noch relativ hohen Hektarerträgen hervorgebracht. Bedeutend ist hier auch der Kartoffelanbau, dessen Produktion zu drei Vierteln auf das Festland Australien versandt wird. Die Schafhaltung im Midland dagegen ist landex-

tensiv, aber im Hinblick auf die dünne Bevölkerung arbeitsproduktiv (SCOTT 1961, 1981).
Tasmaniens Bergwirtschaft ist wenig bedeutend. Kohlevorkommen sind zahlreich, aber klein und unwirtschaftlich. Wichtiger sind die Nichteisenmetalle, von denen vor allem die verstreuten Vorkommen von Zinn und Wolfram eine Rolle spielen. Nennenswert ist die Gewinnung von Hydroelektrizität, die noch stark ausbaufähig ist, und die seit 1955 die Aluminiumverhüttung auf der Basis von importiertem Bauxit und eine im gesamtaustralischen Rahmen bedeutende Pulp- und Papierindustrie nach sich gezogen hat. Große Teile des ursprünglichen Waldes wurden selbst in Höhen über 500 m rigoros gerodet, aber solche Höhenlagen sind längst von Farmern aufgelassen und teilweise wieder aufgeforstet worden.

Von Neuseeland gehören zum kühlgemäßigten Klimabereich nur die Südinsel (150 000 km^2) und von der kleineren Nordinsel (115 000 km^2) der Südzipfel um Wellington. Neuseeland hat in verhältnismäßig kurzer Zeit eine *tiefgreifende Umgestaltung* der Naturlandschaft erfahren. In einer Art Bilanz stellte MCCASKILL heraus, daß rund 4 Mill. ha Wald zu Weideland wurden, eine knappe Mill. ha gerodeter Flächen vorübergehend agrarwirtschaftlich genutzt und wieder aufgelassen wurde, über 1 Mill. ha Farm- und Buschland zu Weiden umgestaltet und 0,5 Mill. mit *Pinus radiata* und anderen Baumarten aufgeforstet wurden, 2 Mill. ha Tussockgrasland zu Acker- und Weideflächen und weitere 5 Mill. ha Tussockfläche in Bergregionen durch Beweidung und Brände weitgehend umgestaltet wurden (MCCASKILL 1962). Die synanthropen Pflanzenarten machen in Neuseeland 25% aus im Vergleich zu 16% in Mitteleuropa.

Die Einflüsse des Menschen auf Neuseeland lassen sich in drei große Epochen einteilen. Etwa von 750 bis 1450 lebten die *polynesischen neolithischen Moajäger* vorwiegend auf der Ostseite der Südinsel. Ihre Zahl wird zur Zeit ihrer maximalen Ausbreitung auf 12 000-15 000 geschätzt (CUMBERLAND 1967). Ihre Kultur war zwar nicht ausschließlich, aber doch stark auf die Jagd der fluguntüchtigen Schnepfenstrauße oder Moas, die in mehreren Species (*Euryapterix gravis, Emeus crassus* usw.) vorkommen, der Kiwis *(Apteryx)* und Takahe *(Notornis)* ausgerichtet. Sie nutzten deren Eier, Federn, Fleisch und Haut (Moaleder) sowie die Knochen zur Herstellung von Angelhaken, Nadeln, Speerspitzen und anderen Gegenständen. Während andere Arten überlebten, wurden die Moa schließlich ausgerottet. Das Aussterben dieser Vögel und die nachteilige Beeinflussung der Tussockflächen, die sich in Bodenzerstörung und Überflutungen auswirkte, werden für die Dezimierung der Moajägerbevölkerung und das Aufgehen ihrer Reste in einer anderen Kultur verantwortlich gemacht (CUMBERLAND 1967).

Eine zweite Gruppe von Polynesiern, die *Maori,* kam nach 1350 nach Neuseeland, wo sie hauptsächlich auf der Nordinsel, auf der heute über 90% ihrer Nachkommen leben, tropischen Ackerbau mit Knollenfrüchten betrieben. Auf der Südinsel betätigten sie sich wie die Moahunter auch als Vogeljäger, als Fischer und Sammler. Sie entwickelten eine hohe Fertigkeit in der Bearbeitung von Holz, und sie verwoben den neuseeländischen Flachs *(Phormium tenax),* von dem sich größere Bestände an der Südküste der Südinsel fanden, zu Kleidung, Fischnetzen, Matten, Seilen. Australische Seeleute, die im frühen 19. Jh. mit ihnen in Berührung kamen, lernten die Qualität dieses Flachses schätzen und verschifften es nach ihrer Heimat. Borke und Holz benutzten sie für den Bootsbau, zum Dachdecken, für Flechtwerk und Kochgeräte sowie für die Gewinnung von Farbstoffen. Sie gruben Farnwurzeln *(Pteris exculenta)* aus, sammelten Beeren und Nüsse und gewannen das Mark aus Palmen und anderen Baumstämmen, z. B. denen des cabbage tree *(Cordyline australis).* Ebenso waren sie mit der Bearbeitbarkeit, Härte und Haltbarkeit von Basalt, Obsidian und anderen Steinen vertraut.

Obwohl die Zahl der Maori vor der weißen Besiedlung zwischen 125000 und 250000 angenommen wird, standen ihr höherer Kulturzustand und ihre gesellschaftliche Organisation einer völligen Destruktion ihrer Umwelt entgegen. Ihren Mythen zufolge erzeugte Tane, der „Fruchtbare", Sohn von Rangi (Himmel) und Papa (Erde), den großen geheiligten Wald („the great sacred forest of Tane"), dann alle Lebewesen darin, und schließlich den Menschen. Somit bestand eine Verwandtschaft zwischen Mensch und den Naturerscheinungen (FIRTH 1929).

Bis in die Gegenwart reicht die Kontroverse um den Ursprung der offenen Landschaften in Neuseeland und den Anteil der Moajäger und Maori an diesen. Nach wie vor gibt es Anhänger von HOLLOWAY, die im Zusammenhang mit der These von den sich noch immer im Ungleichgewicht befindlichen Vegetationsformationen in erster Linie Klimaänderungen für das Entstehen der Tussockgrasländer verantwortlich machen (HOLLOWAY 1954, 1964; s. Kap. 2.4.4.2). Es gibt aber auch Verfechter der Gegenthese, unter ihnen vor allem CUMBERLAND, die der Benutzung des Feuers bei der Moajagd die entscheidende Rolle beimessen. Danach sollen die Feuer der Moajäger die Ausdehnung, Offenhaltung und zugleich Verbesserung des Graslandes und die Zurückdrängung des Waldes bewirkt haben, in den sich schließlich die Moa zurückzogen und wo ihre Restbestände bis zum Aussterben verfolgt wurden (CUMBERLAND u.a. 1961, 1967, 1971 und in MCCASKILL 1962, s. Abb. 31).

Eine schlagartige Veränderung trat 1840 ein, als die britische Regierung mit dem Vertrag von Waitangi die Oberhoheit über die Inseln übernahm. Innerhalb eines Jahrzehnts kamen über 30000 Weiße, vor allem auf die

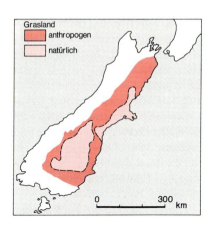

Abb. 31: Verbreitung natürlichen und anthropogenen Graslandes auf der Südinsel Neuseelands (nach ZOTOW *aus* CUMBERLAND *in* EYRE *1971, S. 225).*

von Maoris nur dünn besiedelte und weniger stark bewaldete Südinsel. Trotzdem kam es auch hier zu Spannungen und Kämpfen, die sich das ganze Jahrzehnt 1860-70 hinzogen. Denn einerseits übernahmen die Maoris, die allerdings durch die Benutzung von Feuerwaffen und Krankheiten bis auf etwa 40000 um 1900 dezimiert wurden, von den Weißen rasch einige Haustiere und Feldfrüchte wie die Kartoffel, den Mais, das Schwein, den Weizen, die Verwendung von Stahlwerkzeugen und Anwendung der Mühlentechnik, wozu sie Ansprüche auf Grund und Boden geltend machten. Andererseits kamen mit der Entdeckung von Gold 1861 in Otago und 1864 an der Westküste immer größere Mengen Weißer ins Land.

Die sechziger Jahre, die „golden decade", begründeten die vorübergehende Vorrangstellung der Südinsel vor der Nordinsel. Bis dahin war es bei kleineren, regional begrenzten Siedlungsansätzen im Bereich des offenen Landes geblieben, zu denen die Gründung von Nelson im Norden 1841/42 durch die New Zealand Company, von Dunedin 1848 durch die Free Church of Scotland (Otago Settlement) und von Christchurch 1850 durch die Canterbury Association der Church of England, beide an der Ostküste, gehörten. Jetzt kamen größere Einwanderermengen. Allein 1862 kamen 18000 Goldsucher aus Australien. Während der sechziger Jahre entstanden etwa 165 neue Siedlungen, von denen viele später wieder verschwanden, während andere, z. B. als Holzverarbeitungszentren, fortbestanden (MCCASKILL 1962).

Zwei Dinge zugleich machten damals die Südinsel reich, „the golden fleece and the golden metal". Die *Zahl der Schafe* in Neuseeland stieg rasch von 1,52 Mill. 1858 auf 8,42 Mill. 1867, wovon etwa drei Viertel auf der Südinsel gehalten wurden. Die Goldproduktion stieg von Jahr zu Jahr und erreichte 1866 das Maximum von 735376 Unzen (HARGREAVES 1960). Dieser Goldrausch und seine Folgen sind ausgiebig beschrieben worden (z. B. HARGREAVES 1960, FORREST 1962, MCCASKILL in MCCASKILL 1962, LISTER/HARGREAVES 1965, FORREST in WATTERS 1965).

Die Zeit von 1882 bis zum I. Weltkrieg war eine Epoche großer Landausweitung und zugleich starker Intensivierung der Landwirtschaft im Gefolge des Goldrauschs, des Aufkommens der Gefrierfleischtechnik und der Landpolitik der liberalen Regierungen 1891–1906 (DUNCAN in MCCASKILL 1962). Zugleich aber wurde die Insel durch den Eisenbahnbau erschlossen und durch eine sehr intensive Einwanderungspolitik immer mehr bevölkert (JOHNSTON in MCCASKILL 1962). 1892 trat eine Vereinheitlichung der Landvergabepolitik dadurch ein, daß die Zentralregierung diese von den neun Provinzen in ihre Regie übernahm (RATZEL 1902). Durch Erlaß des Lands for Settlement Act 1894 betrieb sie aktive Siedlungspolitik (STOVER 1969). Viele große sheep runs wurden unter dem Druck der Regierung aufgeteilt und zugleich Kronland in erheblichem Umfang neu vermessen und vergeben. Allein von 1886 bis 1906 nahm so das Areal der landwirtschaftlichen Betriebe unter 25 ha von knapp 1,5 Mill. ha auf 3 Mill. ha zu (DUNCAN in MCCASKILL 1962). In mehreren Phasen wurde vor allem mit Hilfe von Klee eine Verbesserung des Weidelandes erreicht und, soweit möglich, ein Übergang zu Mastlamm- und Milchwirtschaft vollzogen.

Von der heutigen landwirtschaftlichen Nutzfläche der Südinsel ist nur etwa ein Sechstel Ackerland, fünf Sechstel werden als Weideland vorwiegend für Schafhaltung genutzt (SELLENBERG 1960). Das betrifft vor allem jene zwei Drittel der Südinsel, die als High Country bezeichnet zu werden pflegen, während aus den übrigen Landesteilen die Region Canterbury – North Otago als intensivstes, von einem dichteren Straßen- und Bahnnetz erschlossenes und von einem rechteckigen Vermessungsraster überzogenes Agrargebiet, als die „granary of New Zealand", hervorsticht (CUMBERLAND/FOX 1964, FAUTZ 1967).

1913 wurde erstmals ein Vorläufer des 1920 eingerichteten State Forest Service aktiv, der sich des Schutzes der restlichen heimischen Wälder und der Aufforstung mit ausländischen Arten angenommen hat. Die bisher durchgeführten Aufforstungen bestehen zu 70% aus *Pinus radiata*. Die lange Zeit üblichen kleinen, mobilen Sägemühlen wichen großen, permanenten Sägewerken und integrierten Holz- und Zellstoffindustrien seit dem II. Weltkrieg (HÜTTERMANN 1975).

Hinsichtlich der Gewinnung von Hydroelektrizität steht das größere und leichter zu erschließende Potential auf der Südinsel dem höheren Bedarf der dichter besiedelten und stärker industrialisierten Nordinsel gegenüber. In großem Maßstab erfolgte der Ausbau der Wasserkraft der Südinsel erst nach 1945. Damit im Zusammenhang entstand etwa ein Dutzend Siedlungen zum Bau und später zur Unterhaltung der Staudämme und Kraftwerksanlagen (hydro-towns). Der hier erzeugte Überschuß wird mittels einer 65 km langen untermeerischen Leitung unter der Cook-Straße hinweg auf die Nordinsel gesandt. Die Südinsel selbst verbraucht Strom in erhöhtem Maße, seit neben die Be- und Verarbeitung von Holz und Agrarprodukten und Substitutionsindustrien ganz neue Branchen wie die Aluminiumhütte von Invercargill als ein auch im internationalen Rahmen konkurrenzfähiges Großunternehmen getreten sind (HÜTTERMANN 1974, ANDERSON 1977).

Mit der zunehmenden Industrialisierung auch auf der Südinsel ist der Zuzug von Arbeitskräften in die Städte verbunden. Dauerimmigranten werden teilweise von den interessierten Industriebetrieben finanziell gefördert. Saisonarbeiter gehen in erster Linie in die Fleischindustrie und daneben in die Landwirtschaft. An diesen Wanderungen sind z. B. Maoris von der Nordinsel beteiligt, die nach Nelson und in kleinere Städte im Norden der Südinsel gehen (HEENAN 1966).

Ein Problem, das beide Inseln gleichermaßen betrifft ist, daß gerade in Neuseeland mit seinen eng begrenzten Küstenvorhöfen sich die städtischen Siedlungen zu sehr auf Kosten der gering verbreiteten guten, für die Landwirtschaft besonders wertvollen, Böden ausdehnen.

3.2.4.3 Südchile

Die Entwicklung im südlichen *Chile* weist manche Übereinstimmung mit den geschilderten Verhältnissen in Tasmanien und Neuseeland auf. Allerdings handelt es sich hier um den in zahllose kleinere Inseln und Halbinseln aufgelösten Südausläufer des amerikanischen Doppelkontinents. Von Norden nach Süden folgen aufeinander die sog. *Frontera* zwischen 37° und 39° als das Übergangsgebiet vom zentralchilenischen Winterregengebiet zum eigentlichen Süden, gekennzeichnet durch ozeanisches Klima, sodann der *Kleine Süden,* umfassend das Seengebiet oder die Region de los Lagos mit den Provinzen Valdivia, Osorno und Llanquihue sowie der Provinz Cautin, schließlich der *Große Süden* mit den Provinzen Aysén und Magallanes, alle dem hochozeanischen Subklimatyp zugehörig. Hinzu kommt eine Ost-West-Gliederung dieses Raumes. Die Frontera und der Kleine Süden haben noch Anteil an den drei morphologischen Räumen des Großen Chilenischen Längstals als der Hauptsiedlungszone, der Küstenketten und der Kordillere. Vom Seno de Reloncaví ab taucht das Valle Longitudinal ab, und der Naturraum besteht aus den Kordilleren mit Teilen ihres westlichen Vorlandes. Hinzu kommt der starke Luv-Lee-Effekt der ganzjährigen Westwindtrift.

Diesen unterschiedlichen Gegebenheiten hatte sich die indianische Urbevölkerung angepaßt. Die *Araukaner* der Frontera waren seßhaft und betrieben Ackerbau auf Bohnen, Mais, Kartoffeln und einige andere Früchte. Mit ihrer effektiven Stammesorganisation und ihrem Willen zur Unabhängigkeit vermochten sie den Spaniern bzw. später den Chilenen über 300 Jahre lang Widerstand entgegenzusetzen.

Die *Patagonier* dagegen waren neolithische, nomadisierende Völker, die aber zu beiden Seiten des Kordillerenkammes völlig verschiedenartige Kulturen entwickelt hatten. Die „Kanuindianer" der Luvseite waren weitgehend meerorientiert und gründeten ihr Leben auf Bootsbau, Fischfang, Ottern- und Seehundjagd mit Harpunen und Geräte aus Muscheln, da das Land außer Bäumen und Waldfrüchten kaum eine Lebensgrundlage bot. Die „Fußindianer" der Leeseite waren landorientiert und in erster Linie Jäger und Sammler, z. B. von Rhea-Eiern, da ihnen eher die Küste mit hohen Tiden und starken Strömungen Schwierigkeiten entgegensetzte (BUTLAND 1957).

Das *Seengebiet* hat nach BÄHR/GOLTE (1974, 1976) fünf Entwicklungsphasen durchlaufen. Nach einer Vorphase spontaner Landnahme vor allem um Missionsstationen herum, vollzog sich die Entwicklung in der älteren Kolonisationsphase, etwa ab 1850 unter Beteiligung nichtiberischer, vor allem deutscher, Zuwanderer noch im Zeichen der Isolierung, die sowohl durch die erhebliche Entfernung zu Zentral-Chile als auch durch das noch Fortbestehen der Frontera bestand. Beachtlich waren von Anbeginn die gewerblichen Aktivitäten der deutschen Kolonisten, die ihrer Herkunft nach großenteils Handwerker und Kaufleute waren. Die Stadt Valdivia war um 1900 nach Santiago wichtigster Industriestandort. Beide Provinzen stellen noch immer etwa ein Drittel des chilenischen Holzeinschlages.

Der Bahnbau der Strecke von Santiago nach Puerto Montt von 1912 gab Land- und Forstwirtschaft einen starken Impuls. Die damit eingetretene Wertsteigerung des Landes führte zu dem Gesetz über die Propiedad Austral, mit dem Besitzstreitigkeiten gelöst werden sollten. Eigentumsrechte mußten gegenüber dem Fiskus nachgewiesen werden, ein Teil des Landes konnte eingezogen und an Siedler neu vergeben werden (Fiskalkolonien). Beherrschend wurde vorübergehend der Weizenbau. Auch der Kartoffelbau, besonders um den Llanquihuesee, nahm zu, litt aber unter hohen Transportkosten, so daß nach und nach ab 1933 mehrere Chuñofabriken für die Herstellung von Kartoffelmehl entstanden.

Dieser jüngeren Kolonisationsphase mit der Integration des Kleinen Südens in das chilenische Staatswesen folgte ab etwa 1950 als vierte die Phase des inneren Ausbaus ohne nennenswerte Erweiterung des Kulturlandes mit rückläufigem Weizenbau und verstärktem Übergang zu intensiver Grünlandwirtschaft mit Umtriebsweide, regelmäßigem Grasschnitt und Düngung auch des Grünlandes und mit den Produktionszielen Milch und Mastvieh. Die Provinzen Valdivia und Osorno bringen heute bei je etwa 30% Gründlandanteil an der Gesamtfläche (40% bzw. 30% sind Wald) ein Drittel der chilenischen Milcherzeugung. Nach Versuchen ab 1945 breitete sich auch der Zuckerrübenanbau aus, so daß eine häufige Rotation der Wechsel von Kartoffeln-Rüben-Weizen-Weide ist. Obwohl im Längstal Mittelbetriebe zwischen 250 ha und 600 ha vorherrschen und von der Agrarreform bereits auch Betriebe unter 400 ha betroffen waren, zeigen die ländlichen Bereiche einen Bevölkerungsrückgang, so daß das Seengebiet in eine fünfte Phase, die der Landflucht und Verstädterung, eingetreten ist (GOLTE 1973, BÄHR/GOLTE 1974, 1976, BORSDORF 1976, BÄHR 1979). Auf gewisse Parallelen zur neuseeländischen Entwicklung sei nochmals hingewiesen.

Die Frontera-Region hat in mancher Beziehung, wenn auch später beginnend, eine ähnliche Entwicklung durchlaufen, vor allem im Agrarbereich. Sie ging von vorwiegendem Weizenbau, der dieser Region trotz der weit verbreiteten, ungünstigen Aschenböden vulkanischen Ursprungs (Trumaos) und geringen Hektarerträge die Bezeichnung als „Kornkammer Chiles" eintrug, über häufigeren Fruchtwechsel zu kapital- und arbeitsintensiverer Dauerweidewirtschaft auf meist verbesserten Kunstweiden mit Milch- und Mastviehproduktion über (RIESGO 1980).

Trotz früher Kontakte über die Benutzung der Magalhãesstraße und intensiver Erkundungs- und Vermessungsfahrten in der ersten Hälfte des 18. Jh. begann die erste über Subsistenz hinausgehende wirtschaftliche Nutzung der Provinz Magallanes erst um 1865 mit Kohleabbau nahe Punta Arenas; weitere Impulse kamen 1868 von der Schaffung eines Freihafens und der Entdeckung von Gold am Rio de las Minas. Um für die Ernährung der für diese Aktivitäten angeworbenen Arbeitskräfte zu sorgen, begann man auf der Ostseite mit der Schafhaltung. Von 1875 bis 1905 stieg hier der Schafbestand auf fast 2 Mill., und die Ökumene nahm ihre gegenwärtige Ausdehnung an. Für die Begrenztheit der Nutzungsmöglichkeiten spricht, daß in dieser Provinz, die 18% der Fläche Chiles ausmacht, nur 1% der Bevölkerung lebt, davon acht Neuntel in den drei Städten Punta Arenas, Puerto Natales und Porvenir. Auch fanden sich hier weniger Chilenen, dafür viele andere Nationalitäten wie Argentinier, Deutsche, Franzosen, Griechen, Portugiesen und Russen zusammen. Die wirtschaftliche Bedeutung dieser entlegenen Provinz basiert auf drei Säulen, die sie als nahezu reinen Rohstofflieferanten erscheinen lassen: Bunkerkohle für den internationalen Schiffsverkehr, Holz hauptsächlich für den Export nach Argentinien und Uruguay, und Erdöl aus dem seit 1946 aufgeschlossenen Manantiales-Feld, das zeitweise die Hälfte des chilenischen Bedarfs decken konnte (BUTLAND 1957, BÄHR 1979).

Die noch unattraktivere und schwerer vom chilenischen Staatsgebiet her zugängliche *Provinz Aysén* wurde sozusagen übersprungen. Es bedurfte erst des Anstoßes durch die in diesem Raum endgültige argentinisch-chilenische Grenzziehung 1902, durch die sich manche Siedler der Pampa auf argentinischem Gebiet wiederfanden und sich zur Übersiedlung auf chilenisches Territorium entschlossen. Neben dieser spontanen Siedlung und der Entstehung etlicher 5000–10000 ha großer Schaf-Estancias versuchte der Staat indirekt über zunächst zwei große Siedlungsgesellschaften, zu denen 1924 noch eine dritte kam, Einfluß auf die Erschließung des Gebietes zu nehmen. Die den Gesellschaften gemachten Auflagen, Schiffsverbindungen zu schaffen und Straßenbau durchzuführen, wurden aber kaum befolgt. Noch heute entbehrt die Provinz der Landverbindung mit der Nachbarprovinz Magallanes und Zentral-Chile; die einzige größere Straßenverbindung führt von Puerto Chacabuco über Puerto Aysén und das bedeutender gewordene Coyhaique nach Argentinien. Die staatliche Einrichtung einer regelmäßigen Schiffsverbindung durch den State Railways Maritime Service 1938 und der direkten Flugroute Punta Arenas-Santiago gehört einer späteren Zeit an.

Eine etwas kräftigere Entwicklung nahm die Provinz mit dem direkten Eingriff des Staates unter Präsident IBAÑEZ ab 1927. Er verschaffte dem Gebiet Territorial-, etwas später Provinzstatus, reduzierte erheblich die Fläche der Siedlungsgesellschaften und vergab an zahlreiche Siedler Besitztitel über 600–1200 ha große Grundstücke. Die meisten Siedler kamen aus dem Seengebiet und von der übervölkerten Insel Chiloë.

Am aussichtsreichsten sind hier die Wollschaf- und Mastrinderhaltung. Seit 1970 arbeitet in Chacabuco eine Kühlhausschlachterei. Hafer-, Kartoffel- und Weizenbau sind mit den Risiken früher Schneefälle, Fröste, hoher Transportkosten und staatlicher Preisbindungen behaftet. Die Industrie beschränkt sich bisher auf die Verarbeitung einiger Agrar- und Forstprodukte. Die Zunahme der städtischen Bevölkerung und des tertiären Wirtschaftssektors basiert weitgehend auf dem Zuzug von aus Santiago kommenden Staatsbediensteten. Aysén hat den für das Seengebiet skizzierten Entwicklungszyklus nicht vollständig durchlaufen (BUTLAND 1957, BÄHR/GOLTE 1976).

4 Die kühlgemäßigten Breiten im Rahmen der Weltwirtschaft

4.1 Kulturbeziehungen der Teilräume untereinander

Abgesehen von vereinzelten Kontakten wie den Reisen MARCO POLOS Ende des 13. Jh., dessen Berichte über China in Europa als unglaubwürdig angesehen wurden, traten die Teilräume der kühlgemäßigten Breiten erst im Gefolge der *europäischen transozeanischen Expansion* ab dem 16. Jh. nach und nach miteinander in Verbindung.

Diese transozeanische Expansion erfolgte dann allerdings unter der Konkurrenz der fünf westlichen Randstaaten Portugal, Spanien, Frankreich, Holland und England und zweier sich auch in Übersee befehdender Konfessionen. *„Es war die Aufsplitterung der Res publica christiana in eine Reihe von auf sich selbst gestellten Staaten mit dem Streben nach dem Imperium und dem Ergreifen der Gleichgewichts-Politik als Abwehrmittel dagegen, welche zur Erweiterung des Umkreises des zusammenhängenden großen politischen Geschehens führte und diese Ausdehnung unaufhörlich vorwärts trieb"* (REIN 1925, S. 20).

In zwei Verträgen 1479 in Alcaçovas und 1494 in Tordesillas war unter päpstlichem Schiedsspruch die überseeische Welt mit allen bekannten und noch zu entdeckenden Ländereien unter Portugiesen und Spaniern aufgeteilt worden. Es war vor allem die bei dem damaligen Stand der Kenntnisse noch herrschende Unsicherheit über den Verlauf dieser Trennungslinie im Bereich des nördlichen Atlantischen Ozeans, aber auch die Unmöglichkeit für Spanien, dort eine wirksame Kontrolle auszuüben, daß die Engländer an den Küsten der später Virginia und Massachusetts genannten Kolonien und die Franzosen am Unterlauf des St. Lorenz-Stromes Fuß fassen und sich dort behaupten konnten.

Damit begannen die Engländer den Aufbau eines Imperiums, dessen Teile zu einem erheblichen Prozentsatz in den gemäßigten Breiten liegen und der Ansiedlung von Europäern keine allzu großen Anpassungsschwierigkeiten entgegensetzten. Außerdem begannen sie ihre überseeische Siedlungstätigkeit hauptsächlich in Gebieten, die keine eigenen hochentwickelten Kulturen besaßen (Waldlandindianer des östlichen Nordamerika, Aborigines Australiens, Maori Neuseelands), mit deren Bevölkerung sie sich kaum durchmischten, sondern die sie weitgehend verdrängten und ihre eigene Kultur, z. B. in bezug auf agrarische Anbauprodukte, mit geringen Ausnahmen (Mais und Tabak in Nordamerika, Flachs in Neuseeland) voll entfalteten, zumal da auch jene Völker, sofern sie überhaupt Landwirtschaft betrieben, über fast keine domestizierten Tiere (nur der Truthahn in Nordamerika) und schon gar nicht über Zugtiere, die ja zu einem entwickelteren Pflugbau gehören, verfügten. SAPPER (1930) sieht hierin einen entscheidenden Umstand für den jeweils erreichten *Grad der Europäisierung*.

Die Beziehungen unter den Teilräumen der kühlgemäßigten Breiten waren dann z. B. geprägt von den unterschiedlichen Stadien, die sie jeweils innerhalb einer längeren oder kürzeren wirtschaftlichen Entwicklung erreicht haben. So war z. B. Neuseeland bis in die Zeit nach dem Zweiten Weltkrieg ein Staat, dessen Exporte zu 85% von den vier Agrarprodukten Butter, Käse, Fleisch und Wolle bestritten wurden. Dieser Prozentsatz sank infolge rascher Diversifizierung der neuseeländischen Wirtschaft binnen zweier Jahrzehnte auf rund 50% herab. Dennoch kennzeichnet zumindest Teile Neuseelands und Tasmaniens sowie Teile Chiles, also der südhemisphärischen Anteile unserer Klimazone, das, was SCHWEINFURTH als *„randökumenische" Situation* bezeichnet hat.

Wie bei der Reise des in englischen Diensten fahrenden Venezianers CABOTTO 1497 ging es genau so bei der des in französischen Diensten segelnden Florentiners VERRAZZANO 1523 um die Auffindung einer Nordwestpassage, also eines nördlichen Seeweges in Richtung Westen nach Asien. Und nicht nur COLUMBUS, dessen Ziel ja die Erreichung Asiens über die Westroute war, gab vor, in Indien gelandet zu sein (Indios, Indianer, Westindien, Oberster Indienrat), sondern noch 116 Jahre nach seiner ersten Fahrt gaben die Franzosen den Fällen im Lorenzstrom oberhalb Montreals 1608 nach dem Lande China den Namen „Lachine".

Auf dem Nordkontinent der Neuen Welt fiel die Entscheidung gegen frühe, aber schwache Konkurrenten wie die Holländer und Schweden, etwas später auch gegen die ernsteren Mitbewerber Frankreich und Spanien zugunsten Englands aus, das seinen Einfluß auch noch zwischen Unabhängigkeits- und Sezessionskrieg in USA erhalten konnte. Die Engländer stellten nicht nur als *Auswanderer* neben den Deutschen und Iren das hauptsächliche völkische Element der neuen amerikanischen Nation. Britische Kaufleute, seit der Charter der „Merchant adventurers" 1407 machtvolle Rivalen der Hanse, vermittelten den Handel zwischen Großbritannien und USA. Britisches Kapital floß in beachtlichen Mengen über den Atlantik. Ein großer Teil der US-Staatsanleihen, die 1853 zu 58% von

Europäern, größtenteils von Engländern gehalten wurden, ging in den Bau von Kanälen, Turnpikes und Eisenbahnen.

Eine bedeutende Rolle spielte die Übertragung moderner Techniken aus den Midlands und aus Schottland nach USA. Britische Techniker bauten die Bleiminen von Galena, Illinois genauso auf wie die Erz- und Kupfertagebaue am Oberen See oder die Textilindustrie in Neuengland. *„Im Falle der neuen Länder, wie der Vereinigten Staaten im 19. und Kanada oder Australien im 20. Jh., war die Rolle der britischen Techniker so bedeutend, daß die Industrialisierung selbst als ein Aspekt der Wanderungsgeschichte aufgefaßt werden kann"* (THISTLETHWAITE 1972, S. 336).

Die englischen transatlantischen Beziehungen bestanden in erster Linie zu den Nordstaaten, deren *„motivating forces ... dynamic, capitalistic, democratic, evangelistic, reformist"* (THISTLETHWAITE 1959, S. 172) waren, und beruhten auf dem westwärtigen Strom von Kapital und Arbeitskraft sowie einem Austausch von Rohstoffen und Fertigwaren. Mit dem Ende des Sezessionskrieges 1865 schwächten sie sich merkbar ab, wiewohl auch danach ein beträchtlicher Außenhandel fortbestand. Denn noch waren die USA wenig industrialisiert. Um 1880 waren nicht weniger als 44% aller Beschäftigten in der Landwirtschaft tätig, bestand der US-amerikanische Export zu 80% aus Nahrungsmitteln und Rohstoffen.

Nicht unerwähnt bleiben soll die *deutsche überseeische Wanderung*, die größtenteils nach USA und zu geringen Anteilen nach Kanada, Australien und Südamerika ging. Von den USA her betrachtet machte sie zeitweilig über ein Drittel der Gesamteinwanderung aus.

Tab. 37: Deutsche überseeische Auswanderung 1847–1914 (Quelle: MARSCHALCK *1973, S. 49)*

Zeitspanne	insgesamt	Anteile in % nach		
		USA	Kanada	Australien
1847–50	145 300	89,1	6,6	3,3
1851–55	403 100	80,0	4,1	2,9
1856–60	268 500	84,7	3,8	2,6
1861–65	249 400	83,6	4,3	2,9
1866–70	530 200	89,4	2,8	0,4
1871–75	394 700	92,5	0,2	1,3
1876–80	228 100	85,6	0,2	2,1
1881–85	857 300	93,0	0,3	0,6
1886–90	485 200	90,7	0,2	0,5
1891–95	402 600	92,3	2,8	0,4
1896–1900	127 200	84,4	1,3	0,8
1901–05	146 600	92,0	0,8	0,5
1906–10	133 100	90,4	1,5	0,5
1911–14	78 800	77,8	4,2	1,5

Als das erste *zirkumozeanische Empire* der Briten um den Atlantik mit dem amerikanischen Unabhängigkeitskrieg zerbrochen war, richteten sie ihr Augenmerk auf die beiden anderen Ozeane. Die Briten faßten Fuß in Südafrika, Ostafrika, Indien, Ceylon/Sri Lanka, wo sie die Nachfolge von Portugiesen und Holländern antraten, in Singapur und in Australien und schufen sich damit um den Indik ein zweites zirkumozeanisches Reich. Mit Australien (1788 Gründung von Sydney Cove) und Neuseeland (1840 Kolonie) und einigen pazifischen Inselgruppen gewannen sie aber vorübergehend auch entscheidenden Einfluß im Pazifik, der bis dahin ein „spanischer Ozean" gewesen war (vgl. KOLB 1981). Am Ende des 19. Jh. hatte sich die Situation abermals verändert. Gemeinsam mit einigen europäischen Mächten drangen die USA auf die Öffnung Japans und auf Konzessionen in China, und mit der Besetzung der Philippinen 1898 zogen sie den Schlußstrich unter eine Entwicklung, die den Pazifik weitgehend unter ihre Kontrolle gebracht und damit zum Amerikanischen Meer gemacht hatte.

Es muß darauf hingewiesen werden, daß beachtliche Teile der asiatischen Gegenküste Nordamerikas selbst sehr jung besiedeltes Kolonialland darstellen und in Interessenkonflikte zwischen Japan, China und Rußland gerieten. So gab es vor 1850 auf der über 78 000 km^2 großen Insel Hokkaido nur wenige kleine Küstenorte, und mit rund 70 000 Menschen besaß sie damals eine Bevölkerungsdichte von weniger als 1 E./km^2. Erst mit der Einrichtung des Amtes eines Kommissars für Kolonisation setzten nach und nach die Gründung von Städten, die Entwässerung von sumpfigen Niederungen und Aufsiedlung einiger für die Landwirtschaft nutzbarer Gebiete ein und drang sogar der Maisbau bis in den Norden der Insel hinein vor.

1932 setzten sich die Japaner, nachdem sie ja schon 1905 mit den Russen um die Macht in diesem Raum gekämpft hatten, auf dem chinesischen Teil des Festlandes fest und gründeten das unter ihrer Kontrolle stehende Kaiserreich Mandschukuo. Dieses Gebiet etwa von der dreifachen Größe der Bundesrepublik Deutschland war bis 1911 äußerst dünn besiedelt gewesen. Es hatte im Schatten des chinesischen Reiches gelegen, auf dessen Nordseite, und war sowohl wegen der damit verbundenen, aus der Mythologie hergeleiteten Aversion gegen den Norden als auch wegen tatsächlich mit der geographischen Breite zunehmender Ungunst von den Chinesen bis dahin weitgehend gemieden worden. Die Mandschus, ein tungusisches Volk, hatten ihrerseits im 17. Jh. eine Dynastie in China aufgerichtet und betrachteten ihr Stammland wie ein Sperrgebiet. Es ist erst nach 1911 stärker von chinesischen Siedlern unterwandert worden, die heute über fünf Sechstel der Bevölkerung der drei aus der Mandschurei hervorgegangenen chinesischen Provinzen stellen.

Am *Amur* trafen die Chinesen und Japaner auf die Interessensphäre der Russen. Der Amur bildet heute zusammen mit dem Argun, dem einen seiner Quellflüsse, auf 2000 km Länge die sowjetisch-chinesische Grenze. Das Moskauer Reich, das nach der Ablösung der älteren Kiewer Rus die eigentliche Keimzelle Rußlands wurde, dehnte sich vom 12. bis 16. Jh. nach Nordwesten und Süden hin aus und erreichte im Laufe des 17. Jh. im Osten den Amur und das Ochotskische Meer. Bis 1867 war Rußland dann sogar über seine Russisch-Amerikanische Kompanie auf nordamerikanischem Boden engagiert, wo man anstelle der weniger geschätzten Zobel im nördlichen Pazifik auf Seeotternjagd aus war. In jenem Jahr wurde, nach merkbarem Rückgang der Seeotterfänge, das russische Nordamerika (Alaska) an die Vereinigten Staaten verkauft.

Die US-Amerikaner selbst waren im Südpazifik durch ihre Seehund- und Walfangtätigkeit engagiert gewesen, und zwar seit 1792 an der südchilenischen Küste mit einem Stützpunkt in Valparaiso und seit 1812 auch in Neuseeland, wo sie 1836 in Bay of Islands einen Konsul ernannten. Mit der britischen Oberhoheit über Neuseeland verlagerten sich die Aktivitäten der amerikanischen Walfänger nach dem tasmanischen Hobart, wo 1844 ein amerikanischer Konsul eingesetzt wurde. Zu weitergespannten Verflechtungen kam es in der Mitte und zweiten Hälfte des 19. Jh. im Zusammenhang mit den Goldfunden in den verschiedensten Teilen der Erde. Händler aus Sydney beteiligten sich nach 1848 während des Goldrausches in Kalifornien an der Versorgung von San Francisco. Später entdeckten Amerikaner aus Kalifornien Gold auf der Südinsel Neuseelands; Australier mit kalifornischen Erfahrungen entdeckten die Goldfelder in New South Wales und Victoria, und ein Australier war es auch, der 1885 das erste Gold am südafrikanischen Witwatersrand fand (GRATTAN 1961).

Während sich der gegenseitige Handel schwierig gestaltete, da sich nicht genügend australische Produkte für den amerikanischen Markt fanden, wurden die Beziehungen mehr und mehr von der Übertragung amerikanischer Technik nach Australien und dem Einstieg amerikanischer Firmen in die australische Industrie bestimmt. So richtete ein Amerikaner namens Cobb in Australien einen stage-coach service ein (Cobb & Co.), Amerikaner beteiligten sich am Bau der Telegraphen- und Eisenbahnlinien in Australien. Da man gegenüber dem reinen Schiffstransport unter Benutzung der Transkontinentalbahn in USA zwei Wochen einsparte, wurde 1871 ein Postdienst Australien–USA–England eingerichtet, der unter verschiedener Regie bis 1901 und später wegen amerikanischer Restriktionen über Vancouver und die transkanadische Eisenbahn lief.

Gemeinsame Interessen gab es schließlich in der Ausländer- und der Verteidigungspolitik. Der amerikanische Chinese Exclusion Act 1882 erweckte in Australien die Befürchtung verstärkter chinesischer Zuwanderung und führte zu entsprechenden Einwanderungsbeschränkungen (PRICE 1974). Im II. Weltkrieg wurde deutlich, daß den Japanern eine Isolierung Australiens von Amerika im Pazifik gelingen könnte, genau so wie Neuseeland weiß, daß Australien allein seine Sicherheit nicht garantieren kann, aber ebenso wenig das heutige Großbritannien. Die folgerichtige Ausrichtung auf die USA resultierte in dem Pakt zwischen Australien, Neuseeland und USA (ANZUS), was allerdings die von ihm ausgeschlossenen Briten verstimmte. Sie wurden dann erst an dem umfassenderen Südostasien-Pakt (SEATO) beteiligt (GRATTAN 1961).

Für die vielfältigen Beziehungen zwischen Australien und Südafrika, die mit der illegalen Einfuhr von Merinoschafen aus Kapstadt durch einen britischen Marineoffizier bald nach der Gründung Sydneys 1788 begannen, sei auf das interessante Buch „Sisters of the South" verwiesen (LIGHTON 1958).

Für die Entwicklung im südlichen Pazifik waren Sydney und Hobart die ersten Ansatzpunkte, die sich nach und nach ausweiteten zu einem New South Wales, Victoria und Van Diemens-Land (Tasmanien) umfassenden Kernraum, von dem Ausstrahlungen vor allem wirtschaftlicher und technischer Art nicht nur über das restliche Australien, sondern auch nach Neuseeland und der pazifischen Inselwelt gingen. Mit ihnen verband sich der nicht ganz klar zu umreißende Begriff „Australasia". Doch blieben diese Beziehungen zweitrangig gegenüber denen jedes einzelnen Teilbereichs mit dem englischen Mutterland. Zur Zeit der Goldfunde verdichteten sich die Verbindungen zwischen Sydney und Melbourne einerseits und Auckland, Dunedin und Hokitika andererseits wieder. Die anfänglichen Handelsbeziehungen – um 1865 gingen rund 70% des neuseeländischen Exports nach Australien – starben bis zur Jahrhundertwende fast ab, da sich beide Volkswirtschaften ähnlich entwickelten; auch heute ist der neuseeländische Export nach Australien mit unter 20% relativ gering. Umfangreicher waren die *wechselseitigen Bevölkerungsbewegungen,* da keine Beschränkungen vorgenommen wurden und sich auch britische und irische Staatsbürger zwischen beiden Staaten ohne Schwierigkeiten bewegen konnten.

Anders liegt das Verhältnis zwischen den Nachbarn USA und Kanada. Seit dem einzigen kurzen Krieg 1812/13 blieb die lange gemeinsame Grenze unbefestigt und leicht passierbar. Jährlich fanden annähernd 40 Mill. US-Touristen nach Kanada, während im Durchschnitt jeder Kanadier mindestens einmal die Grenze nach USA passiert. Obwohl kein umfassendes Abkommen über einen gemeinsamen Markt besteht, passieren vom über $ 40 Mrd. umfassenden jährlichen Gesamthandel rund 75% der Waren die Grenze zollfrei. Allerdings herrscht hier ein Ungleichgewicht,

Beziehungen USA/Kanada

da der kanadische Export nach USA wie auch umgekehrt der Import aus USA um rund 70% liegt, was für den Anteil des US-Außenhandelsvolumens nur etwa 25% bedeutet. Dasselbe gilt für die wechselseitigen Direktinvestitionen, die zur Mitte der siebziger Jahre auf $ 35 Mrd. US-Investitionen in Kanada, andererseits auf $ 11 Mrd. kanadische Investitionen in USA gekommen waren. Nicht zu Unrecht klagen die Kanadier, daß einzelne ihrer Industriebranchen sehr stark von US-Kapital unterwandert sind. Dasselbe gilt auch für den Bergbau und die Forstwirtschaft, in die sich US-Firmen auf lange Sicht eingekauft haben. Seit 1974 hat Kanada Fremdinvestitionen per Gesetz einzuschränken versucht.

Die US-amerikanisch-kanadische Grenze ist in vielerlei Hinsicht eine deutliche Kulturlandschaftsgrenze. So stellte REITSMA fest, daß z.B. in den USA die Schulbildung und der Lebensstandard der Farmbevölkerung, Mechanisierungsgrad und Rationalisierung der Betriebe, Spezialisierung und Kommerzialisierung, Bodenwert, durchschnittliche Farmgröße, Regierungssubventionen, Bodenschutzmaßnahmen, der Viehbesatz hinsichtlich Pferden und Schafen, die Gerste- und Kartoffelernte größer bzw. höher bzw. weiter verbreitet sind als auf der anderen Seite der Grenze. Dagegen übertreffen in Kanada die Farmbevölkerungsdichte, die durchschnittliche Farmfamiliengröße, der Prozentsatz europäischer Einwanderer, traditionelle Produktionsmethoden, das Alter der landwirtschaftlichen Geräte, der Nutzungsintensitätsgrad, der Grad der Diversifizierung und Selbstversorgung, der Viehbesatz hinsichtlich Rindern, Milchvieh und Schweinen, die Hafer-, Flachs- und Sonnenblumenernte diejenigen der USA (REITSMA 1972).

4.2 Gemeinsamkeiten und Verschiedenheiten der Teilräume

Einige Grundlagen und Tendenzen der wirtschaftlichen und kulturellen Entwicklung sind allen oder doch etlichen Teilräumen dieser Zone gemeinsam. Bei ihrer Inwertsetzung haben der *Wald und seine Zurückdrängung* eine entscheidende Rolle gespielt. Holz war eine wesentliche Ressource und wurde mittels vielfältiger Bearbeitungstechniken für den Haus-, Boots- und Wagenbau, für Möbel, Werkzeuge, Geräte, für Kult- und Kunstgegenstände verwendet. In der kühlgemäßigten Laub- und Mischwaldzone sind auch die Ursprünge der modernen Forstwissenschaft und des Gedankens der nachhaltigen Forstwirtschaft sowie des mehrfachen gleichzeitigen Nutzens von Wald für verschiedene Zwecke (multiple-use concept) zu suchen.

Längst aber wurde der Wald in diesen Ländern so weit zurückgedrängt, daß sie im allgemeinen zu Holzimporteuren geworden sind. Der gewaltigen, sich meist über viele Jahrhunderte hinziehenden Rodungstätigkeit als der negativen Begleiterscheinung einer großen Kulturleistung stehen die weitflächige Ausbreitung der Landwirtschaft in der Form der *Pflugbaukultur und Domestizierung von Großvieh* gegenüber. Aus dem Bemühen um die Kultivierung bestimmter Feldfrüchte empfing die Agrarwirtschaft der kühlgemäßigten Breiten selbst sowie auch anderer Teilräume der Erde entscheidende Impulse. Hierzu gehört schon zu germanischer Zeit die Braugerste. Zu den Leistungen des 19. Jh. gehören die großartige Ausdehnung des Kartoffelanbaus mit Überschüssen, die zu Kartoffelstärke verarbeitet werden, was sich z. B. für kleine und entlegene Märkte wie Südchile anbietet, die Bemühungen um die Erhöhung des Zuckergehalts und seine Extraktion aus der Zuckerrübe und die damit mögliche Substitution von Honig oder teuer importiertem Rohrzucker, aber auch die von Justus von Liebig geförderte *Agrikulturchemie* und die Entwicklung der Kunstdüngerproduktion für die langfristige Erhaltung der Bodenfruchtbarkeit und der Flächenproduktivität der Landwirtschaft.

Ebenso bedeutungsvoll war aber die weite Verbreitung der *integrierten Landwirtschaft,* d. h. der Verbindung von Ackerbau und Viehzucht in gemischtwirtschaftlichen Betrieben, in denen der Naturdünger dem Ackerbau zugute kam.

Über die jahrtausendelange Verbesserung der Pflugtechnik entwickelten sich einige Länder der kühlgemäßigten Breiten zu *führenden Produzenten landwirtschaftlicher Maschinen,* eine Voraussetzung für den hohen Grad der Mechanisierung der Landwirtschaft in diesem Raum.

Mit steigendem Lebensstandard in Westeuropa, Nordamerika, Australien/Neuseeland stieg auch die *Nachfrage nach tierischen Erzeugnissen,* sowohl nach Fleisch als auch nach Molkereiprodukten. Aus den Randbereichen um die Hackfrucht- und Getreidegebiete Mitteleuropas herum, also den Alpenländern und Skandinavien, wurde die Milchviehhaltung nach Neuengland und in das Große-Seen-Gebiet übertragen, wo sich der amerikanische „dairy belt" entwickelte, und von den Britischen Inseln in den Südosten Australiens und nach Neuseeland. Wir stellen seit wenigen Jahrzehnten die *zunehmende Ausdehnung der Grünland- und Milchviehwirtschaft* in die zentraleuropäische Hackfrucht-Getreidebau-Zone, den Nichtschwarzerdebereich der Sowjetunion, die japanische Nordinsel Hokkaido, die Südinsel Neuseelands sowie die Frontera und den Kleinen Süden Chiles hinein fest.

Die Mehrzahl der Länder, die an den kühlgemäßigten Breiten teilhaben, haben in verschiedenster Hinsicht ein *weit fortgeschrittenes Stadium der Wirtschafts- und Bevölkerungsentwicklung* erreicht. Zu ihnen gehören heute die *Kernräume der Industrie und die Steuerungszentren der Weltwirtschaft.* Von den diese Entwicklung begünstigenden Faktoren sei nur einer

wirtschaftliche Entwicklung

hervorgehoben, das *Christentum,* das in zweifacher Weise eine wesentliche Grundlage für wirtschaftliche und technische Entfaltung und damit für den Aufbau einer funktionsfähigen Industriewirtschaft mit regelmäßiger Arbeitszeit und dem Streben nach Produktivität gebildet hat. Zum einen sah das Christentum den Menschen nicht als Teil, sondern als Beherrscher der Natur an, der sich die anderen Lebewesen untertan machen soll. Zum andern war es insbesondere in seiner calvinistischen Ausprägung, etwa dem englischen Puritanismus in Nordamerika, mit seinem diesseits gerichteten Erfolgsstreben der Wirtschaftsentwicklung förderlich.

Die *Industrialisierung,* die am frühesten unter den dort gegebenen Umständen in England vonstatten ging und sich mit einer gewissen Phasenverschiebung nach Kontinentaleuropa und auf den überseeischen britischen Kolonisationsraum am Atlantischen und Pazifischen Ozean übertrug, erreichte in allen diesen Ländern auch am frühesten jenen Entwicklungsstand, bei dem die Produktion des *Investitionsgüterbereichs* diejenige des Konsumgüterbereichs mehr und mehr überflügelt, bei dem der Anteil der *im tertiären Wirtschaftssektor Beschäftigten* den der im sekundären immer weiter übersteigt, von dem des Primärsektors ganz zu schweigen, und bei dem der überwiegende Teil der Bevölkerung in *städtischen Siedlungen* lebt. Innerhalb des *demographischen Zyklus* hat die Bevölkerung dieser Länder nach Durchlaufen mehrerer Stadien jenes letzte Stadium erreicht, in dem sich Geburten- und Sterbeziffern auf niedrigem Niveau eingependelt haben und ein nur sehr langsames Bevölkerungswachstum, teilweise sogar schon Stagnation oder leichter Rückgang eingetreten ist. Das allmähliche Schrumpfen des Arbeitskräftepotentials wird von der steigenden Arbeitsproduktivität mehr als aufgewogen. Bildungsstand, Einkommensniveau, Ernährungs- und Gesundheitszustand sowie die Lebenserwartung sind allgemein gut bzw. hoch.

Die Entwicklung in den *jünger kolonisierten Teilen* unserer Zone erfolgte in geraffter, in ihrem *Gesamtverlauf stark verkürzter,* in der Abfolge der einzelnen Etappen aber *weitgehend übereinstimmender* Weise. Tempo und Ausmaß des Kulturlandschaftswandels allerdings variierten vor allem mit dem *Zeitpunkt des Beginns der kolonisatorischen Tätigkeit.* Während z. B. Neuengland noch in vorindustrieller Zeit, also einer weniger dynamischen Epoche, besiedelt wurde und noch eher das altweltliche, speziell britische Vorbild, kopierte, nahm das erst in der industriellen Zeit, also einer stark dynamischen Epoche, besiedelte Neuseeland, eine rasche Entwicklung (WATTERS in WATTERS 1965, MCCASKILL 1962). Teile der randökumenischen südhemisphärischen Mittelbreiten wie die südchilenische Provinz Aysén haben während der äußerst kurzen von Europäern bestimmten Geschichte noch gar nicht den vollen, sonst nachgewiesenen Entwicklungszyklus durchlaufen (BÄHR/GOLTE 1976).

Aber nicht nur vom Alter der Besiedlung her gibt es bedeutende Unterschiede. Ein zweiter differenzierender Faktor ist die Tatsache, daß sich neben vielen kleineren Staaten mehrere *Flächenstaaten* mit Anteil an der kühlgemäßigten Zone herausbildeten: USA, Kanada, Australien, Sowjetunion, China. Gegenüber ersteren besitzen sie einige Vorteile. Wegen ihrer Ausdehnung über mehrere Klimazonen haben sie eine *breitere Grundlage für ihre Agrarproduktion,* einige von ihnen können sowohl Getreide als auch Reis, Zuckerrüben als auch Zuckerrohr, Lein als auch Ölbäume, Kernobst als auch Zitrusfrüchte anbauen. Ihr Selbstversorgungsgrad ist zwar unterschiedlich, im ganzen aber höher. Auf dem Weltmarkt treten vor allem Kanada und Australien, auch Neuseeland und mit variierenden Mengen USA als Körnerfruchtexporteure, Westeuropa, Japan, Chile und wegen stark schwankender Ernten die Sowjetunion als Importeure auf (Abb. 32).

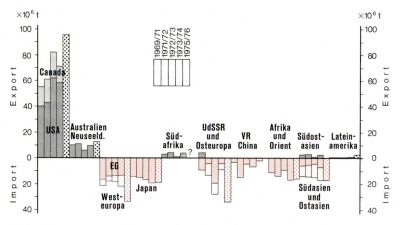

Abb. 32: Export und Import aller Körnerfrüchte nach Ländern bzw. Ländergruppen 1969/71 bis 1975/76 (nach WEISCHET 1981, S. 5).

Zweitens besitzen die Flächenstaaten viele verschiedene, über ihr großes Staatsgebiet weit verteilte Bodenschätze und können zunächst jene *günstigen Lagerstätten* abbauen, die einen weniger aufwendigen und stark arbeitsproduktiven Tagebau gestatten. Die gegenwärtigen Förderkosten je Tonne Kohle (im Tagebau) liegen in USA, Australien und der Republik Südafrika bei 5–7% derjenigen in der Bundesrepublik Deutschland! Auch ist die Chance, auf dem eigenen großen Territorium einen bestimmten Rohstoff zu besitzen, größer als bei kleinen Staaten. So muß z. B. Japan

Flächenstaaten

mit rund 60 Mill. t jährlich genau so viel Kohle importieren wie die USA an Exportüberschuß erzielen. Natürlich ist die Rohstoffausstattung auch unabhängig von diesem Effekt der Größe verschieden. So sind unter den EG-Staaten durch die Nordseeölexploration Großbritannien weitgehend zum Selbstversorger, Norwegen sogar zum Ölexporteur geworden. Drittens können innerhalb einer großen Volkswirtschaft *regionale Standortvorteile von der Industrie* wahrgenommen werden, während die Standortwahl in einem kleinen Staat beschränkt ist. Viertens stellen die Flächenstaaten, soweit sie auch volkreich sind, einen erheblich *größeren Binnenmarkt* dar und sind allen auf Großserien hinauslaufenden Verfahren wie Standardisierung, Fließbandarbeit, Automation besser zugänglich.

Als weiterer differenzierender Faktor sei die Zugehörigkeit der einzelnen Staaten zu *verschiedenen Gesellschafts- und Wirtschaftssystemen* sowie ihre Bindung an verschiedene supranationale Blöcke genannt. Die weitaus meisten ganz oder teilweise den kühlgemäßigten Breiten zuzurechnenden Staaten sind in die Kategorie der *marktwirtschaftlich orientierten Industriestaaten* einzuordnen, die sich nach ROSTOW und anderen Nationalökonomen bei einem durchschnittlichen Pro-Kopf-Einkommen über $ 3 000 im Stadium des Massenkonsums oder zumindest in dem der Reife befinden. Den Entwicklungsstand der Reife repräsentieren auch die meisten der *sozialistischen Planwirtschaftsländer,* jedenfalls die Staaten Osteuropas und die Sowjetunion. Ausnahmen bilden unterhalb dieser beiden höchsten Stufen der Entwicklung nur Chile, das als im *Aufstieg befindlich* eingestuft wird, sowie die Planwirtschaftsländer VR China und VR Korea, die sich *im Übergang befinden.*

Das Zusammenwirken von natur- und anthropogeographischen Faktoren hat zu dem gegenwärtigen *planetarischen Zonenaufbau der Weltwirtschaft* geführt. *„Der Gürtel hochindustrialisierter Staaten der Nordhalbkugel liegt fast ganz im kühlgemäßigten Klima mit Ausläufern in die mediterranen Regionen. Der breite Streifen der ‚Unterentwickelten' gehört großenteils den Tropen und Subtropen an. Die Ansätze neuer Industrialisierung liegen schließlich gegenwärtig in den jahrhundertelang vernachlässigten Endländern der Südkontinente. Ebenso breitet sich der (geologisch vorbedingte) Gürtel der OPEC-Staaten von Venezuela bis nach Indonesien aus"* (HOCHHOLZER 1982, S. 7).

4.3 Die Leistungskraft innerhalb der Weltwirtschaft

Die umfangreiche Zugehörigkeit zur Stufe der Industriestaaten gründet sich auf die *hohe Leistungskraft dieses Raumes.* Seine Leistung im weltwirtschaftlichen Rahmen soll anhand einiger Daten dokumentiert werden.

1. Die Industriestaaten zeigen bei hoher Flächenintensität ihrer Agrarproduktion einen hohen Selbstversorgungsgrad bezüglich vieler Agrarerzeugnisse und nach wie vor den größten Anstieg in der Nahrungsmittelproduktion.

Eine Karte der Intensitätsstufen des Anbaus zeigt fast den gesamten Raum der kühlgemäßigten Breiten als *Bereich intensiven Anbaus*. Derselben Stufe wird in allen übrigen Klimazonen zusammen ein etwa gleich großes Areal zugerechnet (Abb. 33). So stieg z. B. in der Bundesrepublik Deutschland der Weizenertrag zwischen 1950 und 1978 von 25,8 dz/ha auf 44,0 dz/ha, in USA der Körnermaisertrag zwischen 1935/39 und 1971/75 von 15,2 dz/ha auf 49,7 dz/ha (SICK 1983).

Der Selbstversorgungsgrad der Bundesrepublik Deutschland erreichte für Schweinefleisch 88%, für Getreide 91%, die Überproduktion an Rind- und Kalbfleisch erreichte 102%, an Zucker 127%, an Butter 132% (SICK 1983). Der gegenüber der Welt und selbst den Industriestaaten überdurchschnittliche Import liegt außer in der Abhängigkeit von tropisch-subtropischen Erzeugnissen an der hohen Nachfrage nach ausländischen Produkten und der Nachfrage außerhalb der Saison.

Tab. 38: Entwicklung der Nahrungsmittelproduktion (in %) (nach: FAO, Hrsg., Billions more to feed; Rom o. J.)

Staatengruppe	1961–70	1971–75
Nordamerika	1,1	1,0
Australien/Ozeanien	1,5	0,7
Europa außer Osteuropa	1,5	1,3
Osteuropa, Sowjetunion	2,2	1,1
Industriestaaten insgesamt	1,6	1,1
Entwicklungsländer insgesamt	0,6	0,2

2. Die Industriestaaten einschließlich der Planwirtschaftsländer (ohne VR China) bestreiten *zwei Drittel der Weltbergbauproduktion,* wie aus der Tab. 39 ersichtlich ist.

3. Die *hohe Leistungskraft der Industriewirtschaft* basiert auf dem hohen Kapitaleinsatz und dem hohen erreichten technischen Niveau. Die damit verbundene hohe Arbeitsproduktivität bringt eine hohe Wertschöpfung, und diese schafft einen hohen Lebensstandard. Allerdings ist diese Ent-

Abb. 33: Grenzen des Wanderfeldbaus und Intensitätsstufen im Weltagrarraum (nach ANDREAE 1983, S. 156). ▶

Intensitätsstufen im Weltagrarraum

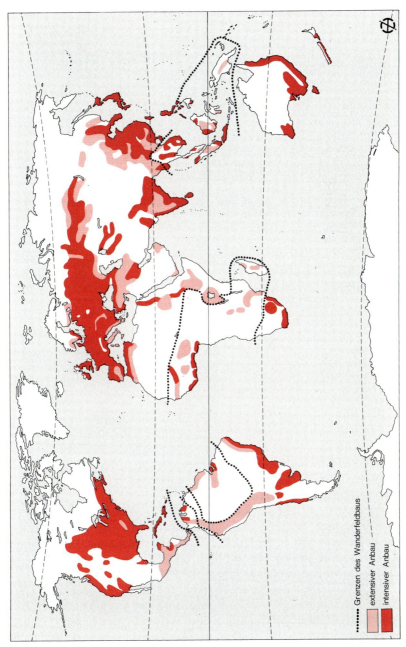

wicklung auf Kosten eines ebenfalls hohen Verbrauchs von Ressourcen gegangen, in den eigentlich nur die Kosten für die Gewinnung und den Transport eingehen, während die Ressourcen als solche nichts kosten.
4. Die Industriestaaten haben einen *überragenden Anteil am Welthandel.* Die westlichen Industriestaaten wickeln zu 69% ihren Gesamtaußenhandel und zu 64% ihren Außenhandel mit Fertigwaren untereinander ab, die planwirtschaftlichen Industriestaaten zu 59% bzw. 49%. Dazu gehen 67% des Exports der Entwicklungsländer und 70% des Exports der Ölexportländer mit Zahlungsbilanzüberschuß in die marktwirtschaftlich orientierten Industriestaaten (Weltentwicklungsbericht 1981).
5. Zwischen den Industriestaaten vollziehen sich *68% des internationalen Fernreiseverkehrs* (SCHÄTZL 1981).

Tab. 39: Weltförderung der 45 bzw. 46 wichtigsten mineralischen Rohstoffe (Quelle: SCHMIDT/KUSZONA *1975, S. 16, und 1982, S. 11)*

Staat/Staatengruppe	1972 Mill. t	%	1980 Mill. t	%
USA	90,2	14,1	70,1	10,7
Europäische Industriestaaten	69,1	10,8	53,6	8,2
Australien	59,5	9,3	69,1	10,6
Kanada	29,3	4,6	42,4	6,5
Republik Südafrika	13,9	2,2	22,8	3,5
Westl. Industriestaaten ges.	262,0	41,0	258,0	39,5
Sowjetunion	153,2	23,9	161,4	24,6
Insgesamt	415,2	64,9	419,4	64,1

6. Die Industriestaaten Westeuropas, USA, Kanada und Japan gehören zu den Staaten mit den *höchsten Direktinvestitionen im Ausland.* In ihnen spiegelt sich die grenzüberschreitende Verflechtung der Produktion wider, die seit den 50er Jahren zunehmend neben den Außenhandel als Element der weltwirtschaftlichen Arbeitsteilung getreten ist. Die Rangfolge der elf größten Investoren zeigt die Tab. 40.

Wie man sieht, sind unter ihnen wiederum acht der westeuropäischen Industriestaaten, dazu die USA, Kanada und Japan. Die USA stehen dabei als Investor weit an der Spitze, während als Anlageland diese Position Kanada zufällt. Bei den gegenseitigen Investitionen entfallen auf die Industriestaaten mit Ausnahme Japans rund 75%.

An Besonderheiten wäre anzumerken, daß die Investitionen der USA in den EG-Ländern höher als in Kanada sind, daß Großbritannien neben seinen Investitionen in den übrigen Staaten der EG stark in den USA und in einigen Commonwealthländern wie Australien sowie in der Republik

Tab. 40: Direktinvestitionen im Ausland 1976 in Mrd. DM (nach: KRÄGENAU *1979, für Republik Südafrika: Republik Südafrika, Länderkurzinformation, Vereins- und Westbank, Hamburg 1983)*

Staat	Ausländische Direktinvestitionsbestände (Anlageland)	Direktinvestitionen im Ausland (Investor)
USA	71,3	324,2
Großbritannien	49,0	75,9
Bundesrepublik Deutschland	45,5	47,0
Japan	4,0	45,8
Schweiz	11,1	45,5
Kanada (1975)	102,8	27,5
Niederlande	18,0	22,5
Frankreich	21,0	16,4
Schweden	5,3	12,4
Italien	13,6	6,8
Belgien/Luxemburg	15,8	4,6
Republik Südafrika (1980)	66,3	

Südafrika engagiert ist, und daß Japan wegen seiner starken Rohstoffabhängigkeit, seiner Abwehrhaltung gegenüber ausländischen Arbeitnehmern und der zunehmend strengeren Umweltschutzmaßstäbe kräftig im Ausland investiert hat, jedoch als einziger Industriestaat über 50% in den Entwicklungsländern, so wie auch 45% des japanischen Fertigwarenexports in Entwicklungsländer gehen.

Eindrucksvoll ist die Darstellung des Bevölkerungspotentials und des Kaufkraftpotentials auf der Welt, aus deren Gegenüberstellung klar wird, wie dem westeuropäischen und nordamerikanischen Bevölkerungsdichtezentrum je ein Raum hohen Kaufkraftpotentials entspricht, dem ostasiatischen aber nicht, da hier allein das Potential des kleinen Japan besteht, das für den Großraum kaum ins Gewicht fällt (WARNTZ 1965, Abb. 34).

4.4 Die Ausstrahlung auf andere Teile der Welt

Wie dargelegt, kamen die Anstöße für die neolithische Kulturentwicklung in den kühlgemäßigten Breiten in Europa von außen, trotz auch anderslautender Auffassungen mit größter Wahrscheinlichkeit hauptsächlich aus südöstlicher Richtung aus dem subtropischen Bereich. In mehrhundertjähriger Kolonisationstätigkeit haben dann die europäischen Völker, in geringerem Maße und sehr spät auch die ostasiatischen Völker, von dem genannten Raum der kühlgemäßigten Breiten einschließlich seiner Anteile auf den südhemisphärischen Kontinenten, Besitz ergriffen. Dabei

202 globales Bevölkerungs- und Kaufkraftpotential

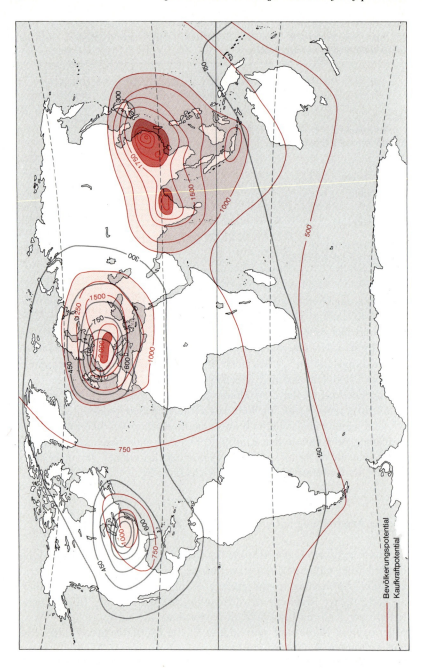

dehnten sich einige Flächenstaaten wie die USA und die Sowjetunion über verschiedene Klimazonen aus. Die Staaten der kühlgemäßigten Breiten haben aber auch im Laufe des 19. Jahrhunderts ihre Einflüsse auf weitere Teilräume der Erde ausgedehnt, in erster Linie zur *Schaffung von tropisch-subtropischen Ergänzungsräumen*, und sicher damit auch in Zusammenhang stehend zur Sicherung strategisch wichtiger Interessensphären.

So wurde der größte Teil Afrikas zum Kolonialraum *mehrerer europäischer Staaten*, insbesondere Großbritanniens, Frankreichs, Belgiens, Spaniens, Portugals, sehr spät auch des Deutschen Reiches, schließlich in unserem Jahrhundert noch Italiens. Von Süden her dehnte die *Südafrikanische Union* ihre Interessenssphäre nach Äquatorialafrika hinein aus. Die *Vereinigten Staaten von Amerika* hatten schon durch die Monroe-Doktrin von 1823 ihr Interesse an dem lateinamerikanischen Teil der Westhemisphäre bekundet und engagierten sich in einigen Gebieten dieses Raumes mittels jener als Dollarimperialismus bezeichneten wirtschaftlichen Unterwanderung. Mit dem Krieg gegen Spanien 1898 und der Inbesitznahme von Puerto Rico und der Philippinen faßten sie auch direkt Fuß in den Tropen. *Japan und Australien* schließlich begegneten sich mit ihren jeweiligen Interessen im gesamten südostasiatischen Raum, während China in diesem durch die nach Zehnern von Millionen zählenden Auslandschinesen präsent ist.

Wie schon angedeutet, hatten sich die politischen und wirtschaftlichen *Steuerungszentren der Flächenstaaten in deren kühlgemäßigten Landesteilen* entwickelt. In USA sind es die Bundeshauptstadt Washington D.C. und die Wirtschaftsmetropole New York City, in Kanada die Hauptstadt Ottawa und die beiden rivalisierenden wirtschaftlichen Zentralen Montreal und Toronto. Toronto hat in seinem Wettlauf mit Montreal sicher von der Zuspitzung der innenpolitischen Verhältnisse in der Provinz Quebec profitiert und Montreal überrundet. In Australien ist es neben der Bundeshauptstadt Canberra und Sydney die Wirtschaftsmetropole Melbourne, in den Planwirtschaftsstaaten Sowjetunion und VR China sind es die politisch-ökonomischen Steuerungszentren Moskau und Peking.

In der zweiten Jahrhunderthälfte ist es zu gewissen *Schwerpunktverlagerungen* im Hinblick auf einzelne der genannten Wirtschaftsmetropolen gekommen, was allerdings zahlenmäßig schwer zu belegen ist. Das starke Wachstum des sog. sunbelt der USA während der ganzen siebziger Jahre

◄ *Abb. 34: Das globale Bevölkerungs- und Kaufkraftpotential um 1960 (nach* WARNTZ *1965).*

Die drei Dichtezentren der Menschheit stehen den zwei Schwerpunkten des Kaufkraftpotentials mit Kern in den kühlgemäßigten Breiten gegenüber.

hat sicher einige Wirtschaftskraft aus dem Manufacturing Belt in die Städte des Südens und Südwestens abgeleitet. Jedoch hat dieses rasante Wachstum um 1980 bereits wieder nachgelassen, der Nordosten letztlich seine Vormachtstellung innerhalb des gesamten Staatsgebietes weiterhin erhalten können. Ebenso ist es während der siebziger Jahre zu einer Verlangsamung des Wachstums von Sydney und Melbourne zugunsten der im Zusammenhang mit der Ausweitung der Bergwirtschaft in Western Australia und Queensland sich rascher entwickelnden metropolitanen Regionen Perth und Brisbane gekommen, und ein Kapitalabzug ist auch mit australischen Aktivitäten in Südostasien in jenen Raum hinein erfolgt. Aber auch hier bleibt weiterhin das Städtedreieck Sydney–Melbourne–Canberra dominierend.

Bis in die Mitte der siebziger Jahre hinein entwickelte sich *in globalem Maßstab eine zunehmende Arbeitsteilung*, die nicht unwesentlich zum Wachstum der Industriestaaten beigetragen hat. Die mit der allgemeinen Wirtschaftsrezession vermehrten protektionistischen Maßnahmen in den Industriestaaten führen zu nachteiligen Rückwirkungen in diesen. Sie verzögern die Umstellung von arbeits- und damit kostenintensiveren Branchen wie Textilien, Bekleidung, Lederwaren, auf arbeitsproduktivere Branchen wie Chemische Industrie oder Maschinenbau und bewirken in diesen stärkere Preisanstiege und damit geringeres Wachstum. Ebenso verringern sie die Exporterlöse, die Käufe der Entwicklungsländer in den Industriestaaten und beeinträchtigen auch deren Fähigkeit zur Zahlung von Zinsen und Tilgung von Krediten (Weltbank 1978).

Die Staaten der kühlgemäßigten Breiten werden zunehmend in das Geflecht globaler Wirtschaftsbeziehungen mit deren wachsender Komplexheit einbezogen, ihre hohe Leistungsfähigkeit wird von der wachsenden Störanfälligkeit dieses globalen Flechtwerks beeinträchtigt. Sie bedürfen einer neuen Standortbestimmung innerhalb der sich rasch verändernden Weltwirtschaftsordnung.

5 Literatur

Abkürzungen

AAAG	Annals of the Association of American Geographers
AfK	Archiv für Kommunalwissenschaften
BüL	Berichte über Landwirtschaft
EG	Economic Geography
GA	Geografiska Annaler
GJ	The Geographical Journal
GR	Geographische Rundschau
GRev	Geographical Review
GT	Geographisches Taschenbuch
GZ	Geographische Zeitschrift
JEH	The Journal of Economic History
NZG	New Zealand Geographer
PG	The Professional Geographer
PGM	Petermanns Geographische Mitteilungen
SG	Studium generale
TESG	Tijdschrift voor Economische en Sociale Geografie
TIBG	Transactions, Institute of British Geographers
TPR	The Town Planning Review
WGS	Wiener Geographische Studien
ZaL	Zeitschrift für ausländische Landwirtschaft
ZGEB	Zeitschrift der Gesellschaft für Erdkunde zu Berlin
ZPDB	Zeitschrift für Pflanzenernährung, Düngung und Bodenkunde
ZfW	Zeitschrift für Wirtschaftsgeographie

5.1 Allgemeine Werke

AHLFELD, H. (Hrsg.), *The new international sugar agreement;* F. O. Licht's international sugar report, special edition; Ratzeburg 1977.

ANDREAE, B., *Agrargeographie;* Berlin 1977, 2. Aufl. 1983.

Ders., *Weltwirtschaftspflanzen im Wettbewerb; Ökonomischer Spielraum in ökologischen Grenzen;* Berlin 1980.

Ders., *Die Erweiterung des Nahrungsspielraums als integrale Herausforderung;* Fragenkreise; Paderborn 1980.

BADER, F., *Die südhemisphärischen Coniferen als genetisches, geographisches und ökologisches Florenelement;* in: Erdkunde 1960, S. 303-308.

BÄHR, J., *Bevölkerungsgeographie;* Uni-Taschenbücher 1249; Stuttgart 1983.

BAEUMER, K., *Allgemeiner Pflanzenbau;* Uni-Taschenbücher 18; Stuttgart 2. Aufl. 1978.

BAXA, J. und BRUHNS, G., *Zucker im Leben der Völker; Eine Kultur- und Wirtschaftsgeschichte;* Berlin 1967.

BAYLISS-SMITH, T.P., *The ecology of agricultural systems;* New York 1983.

BISHOP, G., *Die technologischen und finanziellen Aspekte der Entwicklung der Weltzuckerproduktion;* in: Agrar. Rsch 2, 1975, S. 20-24.

BLÜTHGEN, J., *Klimawerte der Länder der Erde;* in: GT 1960/61, S. 195-221.

Ders., *Allgemeine Klimageographie;* Berlin 3. Aufl. 1980.

BOBEK, H., *Die Hauptstufen der Gesellschafts- und Wirtschaftsentwicklung in geographischer Sicht;* in: Die Erde 1959, S. 259-298.

BOESCH, H., *Vier Karten zum Problem der globalen Produktion;* in: GR 1966, S. 1-4.

BOGUSLAWSKI, E. v., *Zur Entwicklung des Begriffes Bodenfruchtbarkeit;* in: ZPDB 1965, S. 97-115.

BORNKAMM, R. u. a. (Hrsg.), *Urban ecology;* 2nd European Ecological Symposium Berlin 8-12 September 1980; Oxford 1982.

BRAMER, H., *Geographische Zonen der Erde;* Gotha 2. Aufl. 1982.

BRENKEN, G., *Versuch einer Klassifikation der Flüsse und Ströme der Erde nach wasserwirtschaftlichen Gesichtspunkten;* Düsseldorf 1960.

BUDYKO, M. I., *Climate and life;* New York 1974.

BÜNNING, E., *Jahreszeiten und Pflanzenleben;* in: SG 1955, S. 733-742.

BUSCH, P., *Bevölkerungswachstum und Nahrungsspielraum auf der Erde;* Fragenkreise; Paderborn 1980.

CALLOT, F., *Die mineralischen Rohstoffe der Welt;* Essen 1981.

CHILDE, V. G., *The urban revolution;* in: TPR 1950, S. 3-17.

CIPOLLA, C. M., *Wirtschaftsgeschichte und Weltbevölkerung;* München 1972.

COHEN, M. N., *The food crisis in prehistory; overpopulation and the origins of agriculture;* New Haven 1977.

CZAJKA, W., *Die geographische Zonenlehre;* in: GT 1956/57, S. 410-429.

DÄSSLER, H.-G., *Einfluß von Luftverunreinigungen auf die Vegetation;* Jena 2. Aufl. 1981.

DAVIS, M., *Pleistocene biogeography of temperate de-*

ciduous forest; in: Geoscience and Man 13, 1976, S. 13–26.
Diercke-*Weltwirtschaftsatlas* 2; *Wirtschaftsregionen der Erde;* Braunschweig 1982.
A discussion on the biology of the Southern cold temperate zone; Proceed. of the Royal Society, Ser. B No. 949, Biolog. Sciences vol. 152; London 1960, S. 429–682.
ENGELBRECHT, T. H., *Die Landbauzonen der Erde;* PGM Ergh. 209; Gotha 1930.
ERIKSEN, W., *Die Stadt als urbanes Ökosystem;* Fragenkreise; Paderborn 1983.
Ders. (Hrsg.), *Studia geographica;* Festschrift Wilhelm Lauer zum 60. Geburtstag; Colloquium geographicum Bd. 16; Bonn 1983.
FELS, E., *Der wirtschaftende Mensch als Gestalter der Erde;* Erde und Weltwirtschaft Bd. 5; Stuttgart 1954.
FLOHN, H., *Zur Frage der Einteilung der Klimazonen;* in: Erdkunde 1957, S. 161–175.
FRANKE, W., *Nutzpflanzenkunde: Nutzbare Gewächse der gemäßigten Breiten, Subtropen und Tropen;* Stuttgart 1976.
FRANKENBERG, P., *Vegetation und Raum;* Uni-Taschenbücher 1177; Paderborn 1981.
FRISCH, H., *Umweltkrise und Ökonomie;* Fragenkreise; Paderborn 1981.
FUKAREK, F., u. a., *Pflanzenwelt der Erde;* Köln 1980.
GAEBE, W., *Veränderungen der weltwirtschaftlichen Arbeitsteilung am Beispiel der Eisen- und Stahlindustrie;* in: GR 1979, S. 109–118.
GÄCHTER, E., *Die Weltindustrieproduktion 1964; Eine statistisch-kartographische Untersuchung des sekundären Sektors;* Diss. Zürich 1969.
GANSSEN, R., *Beziehungen zwischen Klima und Böden in der Klimaklassifikation nach C. Troll und K. H. Paffen;* in: Erdkunde 1974, S. 129–131.
GLASS, D. V., und EVERSLEY, D. E. C. (Hrsg.), *Population in history;* London 1965.
GOLTE, W., *Öko-physiologische und phylogenetische Grundlagen der Verbreitung der Coniferen auf der Erde;* in: Erdkunde 1974, S. 81–101.
GOSZ, J. R., u. a., *The flow of energy in a forest ecosystem;* in: Scientific American, March 1978, S. 93–102.
GOUDIE, A., *The human impact; Man's role in environmental change;* Cambridge 1982.
HANSEN, R., *Neolithische und industrielle Revolution als universalgeschichtliche Zäsuren;* in: HEINRICH, E., u. a. (Hrsg.), *Actio formans;* Festschrift für W. Heistermann; Berlin 1978, S. 83–102.
HEICHELHEIM, F. M., *An ancient economic history;* Leiden 1958.
HELLPACH, W., *Die Geopsyche;* Stuttgart 1950.
HENDL, M., u. a., *Allgemeine Klima-, Hydro- und Vegetationsgeographie;* Gotha 1978.
HESS, R., *Der Forstschutz;* Leipzig 1878, 4. Aufl. 1914/16.
HETTNER, A., *Der Gang der Kultur über die Erde;* Leipzig 2. Aufl. 1929, 4. Aufl. Darmstadt 1973.
HEYN, E., *Wasserversorgung und Gewässerschutz als Gemeinschaftsaufgabe;* Fragenkreise; Paderborn 5. Aufl. 1980.
HIRSCHBERG, W., und JANATA, A., *Technologie und Ergologie in der Völkerkunde* Bd. 1; Berlin 2. Aufl. 1980.
HOCHHOLZER, H., *Die globalen Veränderungen der wirtschafts- und sozialgeographischen Strukturen der Menschheit während des zwanzigsten Jahrhunderts;* in: ZfW 1982, S. 2–8.
HOFFMANN, G., *Die technik-orientierte Klimaklassifikation;* Meteorol. Abh. Bd. 140, H. 3; Berlin 1975.
HOFFMANN, W. G., *The growth of industrial economies;* Manchester 1958.
Ders., *Stadien und Typen der Industrialisierung;* in: Weltwirtschaftliches Archiv 1969, S. 321–327.
HOLLSTEIN, W., *Eine Bonitierung der Erde auf landwirtschaftlicher und bodenkundlicher Grundlage;* PGM Ergh. 234; Gotha 1937.
HYMOWITZ, T., *On the domestication of the soybean;* in: Economic Botany 1970, S. 408–421.
Inst. Geogr. Univ. Wien (Hrsg.), *Die Nahrungsmittelproduktion in den verschiedenen Räumen der Erde und ihre Bedeutung für die Ernährung der Menschen;* I. Teil; Beitr. a. d. Seminarbetr. u. Arbeitsber. Ord. f. Geogr. u. Kart. Bd. 11; Wien 1980.
IWANOW, N. S., *Gürtel der Kontinentalität der Erde;* in: Iswestija Wsesojusnowo Geogr. Obschtschestwa 1959, S. 410–423.
JÄGER, E. J., *Veränderung des Artenbestandes von Floren unter dem Einfluß des Menschen;* in: Biol. Rdsch. 1977, S. 287–300.
JÄGER, H., *Historische Geographie;* Braunschweig 1969.
KARIEL, H. G., *A proposed classification of diet;* AAAG 1966, S. 68–79.
KELLER, R. (Hrsg.); *Flußregime und Wasserhaushalt;* Freib. Geogr. H. 6; Freiburg 1968.
KLAPP, E., *Lehrbuch des Acker- und Pflanzenbaues;* Berlin 5. Aufl. 1958.
KLAUS, D., *Natürliche und anthropogene Klimaänderungen und ihre Auswirkungen auf den wirtschaftenden Menschen;* Fragenkreise; Paderborn 1980.
KLINK, H.-J., und GLAWION, R., *Die natürlichen Vegetationsformationen der Erde; Ausdruck des ökologischen Potentials der Räume;* in: GR 1982, S. 461–470.
KÖLLMANN, W., und MARSCHALCK, P. (Hrsg.), *Bevölkerungsgeschichte;* Köln 1972.
KOLB, A., *Die Pazifische Welt; Kultur- und Wirtschaftsräume am Stillen Ozean;* Kleine Geogr. Schr. Bd. 3; Berlin 1981.
KOTHE, H., *Entwicklung und Bedeutung des Getreidestockbaus;* in: Forsch. und Fortschr. 1949, S. 147–150.
KRÄGENAU, H., *Internationale Direktinvestitionen 1973–1975;* Hamburg 1977.
Ders., *Internationale Direktinvestitionen;* Ergänzungsband 1978/79; Hamburg 1979.
KREGELIUS, T., *Die wirtschaftlichen Instabilitätsfaktoren, ihre Ursachen und Verbreitung;* Diss. Köln 1939.
KRIPPENDORF, E., *Internationales System als Geschichte;* Frankfurt/M. 1975.
KRÜGER, K., *Regionaltechnik; Die Anpassung der Technik an die Umweltfaktoren;* Berlin 1961.
LANDSBERG, H. E., *The urban climate;* New York 1981.

Literatur

LAUT, P., *Mid-latitude commercial agriculture;* Agricultural geography vol. 2; Melbourne 1968.
LAUX, H.-D. und THIEME, G., *Bestimmungsgründe des agrarstrukturellen Wandels in der Bundesrepublik Deutschland;* in: WGS 8/9, 1981, S. 59-82.
LEIBUNDGUT, H., *Wirkungen des Waldes auf die Umwelt des Menschen;* Erlenbach-Zürich 1975.
LESER, H., *Landschaftsökologie;* Uni-Taschenbücher 521; Stuttgart 2. Aufl. 1978.
LIETH, H., *Versuch einer kartographischen Darstellung der Produktivität der Pflanzendecke auf der Erde;* in: GT 1964/65, S. 72-80.
LIGHTON, C., *Sisters of the South;* 2. Aufl. London 1958.
LÜTGENS, R., *Die Produktionsräume der Erde;* Erde und Weltwirtschaft Bd. 2; Stuttgart 2. Aufl. 1958.
MANSHARD, W., *Unsere gefährdete Umwelt;* Fragenkreise; Paderborn 1973.
Ders., *Alternativen der Energie-Versorgung in Entwicklungsländern;* in: GR 1982, S. 430-435.
MARCINEK, J., *Das Wasser des Festlandes;* Gotha 1978.
MAURIZIO, A., *Die Geschichte unserer Pflanzennahrung von den Urzeiten bis zur Gegenwart;* Berlin 1927.
MAYER, H., *Waldbau auf soziologisch-ökologischer Grundlage;* Stuttgart 1977.
MENGEL, K., *Ernährung und Stoffwechsel der Pflanze;* Stuttgart 1968.
MÜCKENHAUSEN, E., *Die Produktionskapazität der Böden der Erde;* in: Vorträge Nr. 234, hrg. v. Rhein.-Westf. Akad. d. Wissensch.; Opladen 1973, S. 7-74.
MÜLLER, M. J., *Handbuch ausgewählter Klimastationen der Erde;* Trier 1979.
MÜLLER, P., *Biogeographie;* Uni-Taschenbücher 731; Stuttgart 1980.
MÜLLER-HOHENSTEIN, K., *Die Landschaftsgürtel der Erde;* Stuttgart 2. Aufl. 1981.
MÜLLER-WILLE, W., *Gedanken zur Bonitierung und Tragfähigkeit der Erde;* in: Westf. Geogr. St. 35, 1978, S. 25-56.
NEUBURGER, A., *Die Technik des Altertums;* Leipzig 1919; Nachdruck 1981.
OBENAUS, H., und ZALESKI, J., *Geographie des Seeverkehrs - Grundlagen;* Berlin 1979.
OLSEN, K. H., *Die geographische Bedingtheit agrarischer Wirtschaftsformen;* in: ZaL 1963, S. 1-17.
ORTREMBA, E., *Die Güterproduktion im Weltwirtschaftsraum;* Erde und Weltwirtschaft Bd. 2/3; Stuttgart 3. Aufl. 1976.
PAPADAKIS, J., *Climates of the world and their agricultural potentialities;* Buenos Aires 1966.
PASSARGE, S., *Die Landschaftsgürtel der Erde; Natur und Kultur;* Jedermanns Bücherei; Breslau 1923.
PATERSON, S. S., *The forest area of the world and its potential productivity;* Göteborg 1956.
PRESS, H., *Kulturlanderhaltung und Kulturlandgewinnung;* Berlin 1959.
PRICE, C. A., *The great white walls are built: Restrictive immigration to North America and Australia, 1836-1888;* Canberra 1974.
RAPER JR., C. D., und KRAMER, P. J. (Hrsg.), *Crop reactions to water and temperature stresses in humid, temperate climates;* Boulder 1983.

RASMUSSEN, K., und REENBERG, A., *Ecological human geography;* in: TESG 1980, S. 81-88.
REIN, A., *Der Kampf Westeuropas um Nordamerika im 15. und 16. Jh.;* Stuttgart 1925.
RICHTER, D. (Bearb.), *Taschenaltas Klimastationen;* Braunschweig 1983.
RUDDER, B. DE, *Der Mensch im Jahreszeitenrhythmus;* in: SG 1955, S. 776-782.
SALAMAN, R. N., *The history and social influence of the potato;* Cambridge 1949.
SAPPER, K., *Die Europäisierung der Erde;* in: PGM 1930, S. 1-9.
Ders., *Die Ernährungswirtschaft der Erde;* Stuttgart 1939.
SCHÄTZL, L., *Wirtschaftsgeographie;* 2. Empirie; Uni-Taschenbücher 1052; Paderborn 1981.
SCHMIDT, H., und KRUSZONA, M., *Regionale Verteilung der Weltbergbauproduktion;* Hannover 1975.
SCHMITHÜSEN, J., *Allgemeine Vegetationsgeographie;* Berlin 3. Aufl. 1968.
SCHOTT, C., *Urlandschaft und Rodung;* in: ZGEB 1935, S. 81-102.
SCHREIBER, D., *Entwurf einer Klimaeinteilung für landwirtschaftliche Belange;* Bochumer Geogr. Arb. Sonderr. 3; Paderborn 1973.
SCHWANITZ, F., *Die Entstehung der Kulturpflanzen;* Berlin 1957.
SCHWARZ, G., *Dichtezentren der Menschheit;* Hannover 1953.
SCHWARZBACH, M., *Das Klima der Vorzeit: Eine Einführung in die Paläoklimatologie;* Stuttgart 1974.
SEMMEL, A., *Grundzüge der Bodengeographie;* Stuttgart 1977.
SENTI, R., *Internationale Rohprodukteabkommen;* Diessenhofen 1978.
SICK, W.-D., *Agrargeographie. Das Geogr. Seminar;* Braunschweig 1983.
SMITH, W. H., *Air pollution - Effects on the structure and function of the temperate forest ecosystem;* in: Environmental Pollution 1974, S. 111-129.
STASZEWSKI, J., *Bevölkerungsverteilung nach den Klimagebieten von W. Köppen;* in: PGM 1961, S. 133-138.
STEWIG, R., *Die Stadt in Industrie- und Entwicklungsländern;* Uni-Taschenbücher 1247; Paderborn 1983.
STOCKER, O., *Das dreidimensionale Schema der Vegetationsverteilung auf der Erde;* in: Ber. dt. Botan. Ges. 1963, S. 168-178.
THIENEMANN, A., *Die Binnengewässer in Natur und Kultur;* Berlin 1955.
THISTLETHWAITE, F., *The Anglo-American connection in the early nineteenth century;* Philadelphia 1959.
Ders., *Europäische Überseewanderung im 19. und 20. Jh.;* in: KÖLLMANN, W., und MARSCHALCK, P. (Hrsg.), *Bevölkerungsgeschichte;* Köln 1972, S. 323-355.
TOLKSDORF, M., *Multinationale Konzerne;* Berlin 1982.
TRAUTMANN, W., *Veränderungen der Gehölzflora und Waldvegetation in jüngerer Zeit;* in: Vegetationskunde 10, 1976, S. 91-108.
TROLL, C., *Der asymmetrische Vegetations- und Landschaftsaufbau der Nord- und Südhalbkugel;* in: Göttinger Geogr. Abh. 1; Göttingen 1948, S. 11-27.

Ders., *Der jahreszeitliche Ablauf des Naturgeschehens in den verschiedenen Klimagürteln der Erde;* in: SG 1955, S. 713-733.
Ders. und PAFFEN, K. H., *Die Jahreszeitenklimate der Erde;* in: Erdkunde 1964, S. 5-28.
Dies. (Hrsg.), *Geoecological relations between the Southern temperate zone and the tropical mountains;* Erdwiss. Forschung Bd. XI; Wiesbaden 1978.
TÜXEN, R. (Hrsg.), *Anthropogene Vegetation; Bericht über das Internationale Symposium in Stolzenau/ Weser 1961 der Internationalen Vereinigung für Vegetationskunde;* Den Haag 1966.
Ders. (Hrsg.), *Vegetation als anthropo-ökologischer Gegenstand; Gefährdete Vegetation und ihre Erhaltung; Berichte der Internationalen Symposien der Internationalen Vereinigung für Vegetationskunde;* Vaduz 1981.
UCKO, P. J., und DIMBLEBY, G. W. (Hrsg.), *The domestication and exploitation of plants and animals;* London 1969.
UDVARDY, M. D. F., *A classification of the biogeographical provinces of the world;* Morges 1975.
Umweltbundesamt (Hrsg.), *Jahresbericht 1982;* Berlin 1983.
Verein Deutscher Kohlenimporteure (Hrsg.), *Jahresbericht 1981;* Hamburg 1982.
VINING JR., D. R., *Abkehr von den Ballungsräumen;* in: Spektrum der Wiss. 2, 1983, S. 16-25.
WAGNER, P. L., *The human use of the earth;* Glencoe 1960.
WALTER, H., *Die Vegetation der Erde in öko-physiologischer Betrachtung;* Bd. II *Die gemäßigten und arktischen Zonen;* Jena 1968.
Ders., *Vegetationszonen und Klima; Kurze Darstellung in kausaler und globaler Sicht;* Stuttgart 2. Aufl. 1973.
Ders., *Die ökologischen Systeme der Kontinente (Biogeosphäre); Prinzipien ihrer Gliederung mit Beispielen;* Stuttgart 1976.
Ders., *Vegetationszonen und Klima; Die ökologische Gliederung der Biogeosphäre;* Stuttgart 3. Aufl. 1977.
Ders., *Allgemeine Geobotanik;* Uni-Taschenbücher 284; Stuttgart 2. Aufl. 1979.
Ders. und BOX, E., *Global classification of natural terrestrial ecosystems;* in: Vegetatio 1976, S. 75-81.
WARNTZ, W., *Macrogeography and income fronts;* Region. Sci. Res. Inst. Monogr. Ser. No. 3; Philadelphia 1965.
WEISCHET, W., *Einführung in die Allgemeine Klimatologie;* Stuttgart 2. Aufl. 1979.
Ders., *Die Grüne Revolution; Erfolg, Möglichkeiten und Grenzen in ökologischer Sicht;* Fragenkreise; Paderborn 2. Aufl. 1981.
Weltbank (Hrsg.), *Weltentwicklungsbericht 1981;* Washington D. C. 1981.
WERTH, E., *Grabstock, Hacke und Pflug; Versuch einer Entwicklungsgeschichte des Landbaues;* Ludwigsburg 1954.
WILHELM, F., *Hydrologie und Glaziologie. Das Geogr. Seminar;* Braunschweig 1976.
WINDHORST, H.-W., *Studien zur Waldwirtschaftsgeographie;* Erdkundliches Wissen 39; Wiesbaden 1974.
ZIENERT, A., *Klima-, Boden- und Vegetationszonen der Erde;* Heidelb. Geogr. Arb. 53; Heidelberg 1979.

5.2 Europa und Sowjetunion

ABEL, W., *Geschichte der deutschen Landwirtschaft vom frühen Mittelalter bis zum 19. Jh.;* Stuttgart 2. Aufl. 1967.
ADRIAN, W., *Die Altsteinzeit in Ostwestfalen und Lippe;* Fundamenta; Monogr. d. Urgeschichte Reihe A Bd. 8; Wien 1982.
ANDREAE, B., *Die Feldgraswirtschaft in Westeuropa;* BüL, 163. Sonderheft; Hamburg 1955.
BADEN, W., *Die Moore und ihre Bedeutung im europäischen Lebens- und Wirtschaftsraum;* in: N. Arch. f. Niedersachsen 1953, S. 97-111.
BARTHELMESS, A., *Wald - Umwelt des Menschen;* Orbis Academicus Sonderband 2/1; Freiburg 1972.
BECKER, F., *Bioklimatische Reizstufen für eine Raumbeurteilung zur Erholung;* in: Veröff. Akad. Raumf. u. Landespl. Forsch. u. Sitzber. Bd. 76; Hannover 1972, S. 45-61.
BERG, L. S., *Die geographischen Zonen der Sowjetunion* Bd. 1; Leipzig 1958.
BORN, M., *Die Entwicklung der deutschen Agrarlandschaft;* Erträge der Forschung 29; Darmstadt 1974.
BRAUNFELS, W., *Abendländische Stadtbaukunst;* Köln 1976.
BRÜCKNER, H., *Der Wald ist in Gefahr; Die Bedeutung des Waldes und die Konflikte um seine Nutzung;* in: Der Bürger im Staat H. 2 1982, S. 108-115.
BUCHHOFER, E., *Polen; Raumstrukturen - Raumprobleme;* Frankfurt/M. 1981.
Ders., (Hrsg.), *Flächennutzungsveränderungen in Mitteleuropa;* Marburger Geogr. Schr. 88; Marburg 1982.
CHAMBERS, M., u.a., *The Western experience;* New York 1979.
CHANDLER, T. J., u.a., *Physical problems of the urban environment; A symposium;* in: GJ 1976, S. 57-80.
CHILDE, V. G., *The dawn of European civilization;* London 1925.
CIPOLLA, C. M. (Hrsg.), *Die industrielle Revolution; Europäische Wirtschaftsgeschichte* Band 3; Stuttgart 1976.
CLARK, J. G. D., *Prehistoric Europe - the economic basis;* London 1952.
CURTIS, L. F., und SIMMONS, I. G. (Hrsg.), *Man's impact on past environments;* in: TIBG 1976, gesamte Nummer 3.
DONNERT, E., *Das Kiewer Rußland; Kultur und Geistesleben vom 9. bis zum beginnenden 13. Jh.;* Leipzig 1983.
EGGERS, H., *Schwarzwald und Vogesen; Ein vergleichender Überblick;* Braunschweig 1964.
ELLENBERG, H., *Vegetation Mitteleuropas mit den Alpen in ökologischer Sicht;* Stuttgart 2. Aufl. 1978.
ENNEN, E., *Frühgeschichte der europäischen Stadt;* Bonn 1953.
ERIKSEN, W., *Zur Klimageographie der Fronten über Europa;* in: Tagber. u. wiss. Abh. dt. Geogrtg. Kiel 1969; Wiesbaden 1970, S. 248-261.
FIELDING, A. J., *Counterurbanisation in Western Europe;* Oxford 1982.
FILZER, P., *Die natürlichen Grundlagen des Pflanzenertrages in Mitteleuropa;* Stuttgart 1951.

Literatur

FLOHN, H., *Anthropogene Eingriffe in die Landschaft und Klimaänderungen;* in: Erdkundliches Wissen 41; Wiesbaden 1975, S. 137-149.

FÖRSTER, H., *Umweltbelastungen und Wirtschaftssysteme;* Fragenkreise; Paderborn 1981.

FREITAG, E., *Studien zur phänologischen Agrarklimatologie Europas;* Deutscher Wetterdienst Veröff. Nr. 98; Offenbach 1965.

FREITAG, H., *Einführung in die Biogeographie von Mitteleuropa;* Stuttgart 1962.

GAMS, H., und NORDHAGEN, R., *Postglaziale Klimaänderungen und Erkrustenbewegungen in Mitteleuropa;* in: Mitt. Geogr. Ges. München Bd. XVI, 2. H.; 1923, S. 13-336.

GANSSEN, R., *Bodenbenennung, Bodenklassifikation und Bodenverteilung aus geographischer Sicht;* in: Die Erde 1961, S. 281-295.

Ders., *Wichtige Bodenbildungsprozesse typischer Erdräume in schematischer Darstellung;* in: Die Erde 1964, S. 16-25.

GANSSEN, R., und GRAČANIN, Z., *Bodengeographie mit besonderer Berücksichtigung der Böden Mitteleuropas;* Stuttgart 2. Aufl. 1972.

GLÄSSER, E., und VOSSEN, K., *Die Kiessandwirtschaft im Raum Köln;* Kölner Forsch. z. Wirtsch. u. Sozialgeogr. 30; Köln 1982.

GRADMANN, R., *Das mitteleuropäische Landschaftsbild nach seiner geschichtlichen Entwicklung;* in: GZ 1901, S. 435-447.

GROHNE, U., *Die Bedeutung der Biologie für die vorgeschichtliche Siedlungsforschung, insbesondere in der Marsch;* in: Frühgeschichte der Landwirtschaft III; Wiss. Abh. 24 Dt. Akad. Landwirtschaftswiss. Berlin; Berlin 1957, S. 48-72.

GUSTAFSSON, K., *Einkommen und Wohnungsnachfrage;* in: AfK 1981, S. 4-23.

HAJNAL, J., *European marriage patterns in perspective;* in: GLASS, D. V., und EVERSLEY, D. E. C. (Hrsg.), *Population in history;* London 1965, S. 101-143.

HALL, P., *Urban change in Europe;* in: Lund Studies in Geogr. Ser. B, No. 48; Lund 1981, S. 129-146.

HARTMANN, F. K., *Mitteleuropäische Wälder;* Stuttgart 1974.

HAVERSATH, J.-B., *Die Agrarlandschaft im römischen Deutschland der Kaiserzeit (1.-4. Jh. n.Chr.).* Passauer Schr. z. Geogr. H. 2; Passau 1984.

HESMER, H. und SCHROEDER, F. G., *Waldzusammensetzung und Waldbehandlung im Niedersächsischen Tiefland westlich der Weser und in der münsterschen Bucht bis zum Ende des 18. Jahrhunderts;* Decheniana-Beihefte Nr. 11; Bonn 1963.

HILLEBRECHT, M. L., *Die Relikte der Holzkohlewirtschaft als Indikatoren für Waldnutzung und Waldentwicklung: Untersuchungen an Beispielen aus Südniedersachsens;* Göttinger Geogr. Abh. 79; Göttingen 1982.

HOFFMANN, W. G., *Das Wachstum der deutschen Wirtschaft seit der Mitte des 19. Jh.;* Berlin 1965.

HOFMANN, F., *150 Jahre Salinenkonvention zwischen Bayern und Österreich 1829-1979;* Mitterfelden 1979.

HOOPS, J., *Waldbäume und Kulturpflanzen im germanischen Altertum;* Straßburg 1905.

ILBERY, B., *Western Europe: A systematic human geography;* New York 1981.

JACOB, H., *Zeugnisse vorgeschichtlichen Ackerbaus am Rande der Fränkischen Alb;* in: Beiträge zur Frühgeschichte der Landwirtschaft III; Wiss. Abh. 24 Dt. Akad. Landwirtschaftswiss. Berlin; Berlin 1957, S. 137-150.

JACOBEIT, W., *Zur Frage der urgeschichtlichen Siedlung und Wirtschaft in Mitteleuropa;* in: Ethnogr.-archäol. Forschungen 2; Berlin 1954, S. 159-168.

JÄGELER, F. J., *Die Rohstoffabhängigkeit der Bundesrepublik Deutschland;* Hamburg 1975.

JÄGER, H., *Zur Geschichte der deutschen Kulturlandschaften;* in: GZ 1963, S. 90-142.

JÄTZOLD, R., *Mediterrane Elemente in der Trierer Kulturlandschaft;* in: Jahrb. d. Kreises Trier/Saarburg; Tier 1979, S. 140-152.

JANKUHN, H., *Deutsche Agrargeschichte Bd. I: Vor- und Frühgeschichte vom Neolithikum bis zur Völkerwanderungszeit;* Stuttgart 1969.

JENSCH, G., *Die nationalstaatliche Marktregelung als agrargeographischer Wirkungsfaktor;* in: Die Erde 1954, S. 336-346.

JORDAN, T. G., *The European culture area;* New York 1973.

KARGER, A. (Hrsg.), *Sowjetunion;* Fischer Länderkunde 9; Frankfurt/M. 1978.

KIZILOV, YU. A., *The geographical factor in the history of medieval Rus;* in: Soviet Geogr. 1980, S. 335-354.

Kommission der Europäischen Gemeinschaften (Hrsg.), *Die Wettbewerbsfähigkeit der Industrie der Europäischen Gemeinschaft;* Luxemburg 1982.

KOTHE, H., *Völkerkundliches zur Frage der neolithischen Anbauformen in Europa;* in: Ethnogr.-archäol. Forschungen I, 1953, S. 28-73.

Ders., *Einige Bemerkungen zur Agrarethnographie;* in: Ethnogr.-archäol. Forschungen 2, 1954, S. 169-210.

LANDES, D. S., *Der entfesselte Prometheus; Technologischer Wandel und industrielle Entwicklung in Westeuropa von 1750 bis zur Gegenwart;* Köln 1973.

LANGER, W. L., *American foods and Europe's population growth 1750-1850;* in: The Journ. of Social Hist., Winter 1975, S. 51-66.

LIEBMANN, K. C., *Rohstofforientierte Raumerschließungsplanung in den östlichen Landesteilen der Sowjetunion 1925-40;* Tübinger Geogr. Stud. 83; Tübingen 1981.

LUDAT, H., *Die Slaven und das mittelalterliche Europa;* in: Osteuropa und der deutsche Osten, Reihe III; Köln 1954, S. 9-18.

MACKENSEN, R., *Städte in der Statistik;* in: PEHNT, W. (Hrsg.), *Die Stadt in der Bundesrepublik Deutschland;* Stuttgart 1974, S. 129-165.

MAGER, F., *Der Wald in Altpreußen als Wirtschaftsraum Ostmitteleuropas in Vergangenheit und Gegenwart;* 2 Bde.; Köln 1961.

MANTEL K., *Der Standort der Forstwirtschaft im Wettbewerb um den Raum;* in: Der Forst- und Holzwirt 1965, S. 530-533.

MARSCHALCK, P., *Deutsche Überseewanderung im 19. Jh.;* Stuttgart 1973.

MCKEOWN, T., *The modern rise of population;* London 1976.

MEYER zu DÜTTINGDORF, A.-M., *Klimaschwankungen im maritimen und kontinentalen Raum Europas seit 1871;* Bochumer Geogr. Arb. 32; Paderborn 1978.

MIRGELER, A., *Geschichte Europas;* Freiburg 3. Aufl. 1958.

MOEWES, W., *Grundfragen der Lebensraumgestaltung;* Berlin 1980.

MONGAIT, A., *Archaeology in the USSR;* Moskau 1959.

MORTENSEN, H., *Die mittelalterliche deutsche Kulturlandschaft und ihr Verhältnis zur Gegenwart;* in: Tagber. u. wiss. Abh. dt. Geogrtg. Würzburg 1957; Wiesbaden 1958, S. 361-374.

MÜLLER-ARMACK, A., *Religion und Wirtschaft; Geistesgeschichtliche Hintergründe unserer europäischen Lebensform;* Stuttgart 1959.

MÜLLER-WILLE, M., *Neolithischer Bergbau in den Gebieten nördlich der Alpen;* in Mensch und Erde; Westf. Geogr. Stud. 33; Münster 1976, S. 291-307.

MÜLLER-WILLE, W., *Die spätmittelalterlich-frühneuzeitliche Kulturlandschaft und ihre Wandlungen;* in: Tagber. u. wiss. Abh. dt. Geogrtg. Würzburg 1957; Wiesbaden 1958, S. 375-385.

Ders., *Siedlungs-, Wirtschafts- und Bevölkerungsräume im westlichen Mitteleuropa um 500 n. Chr.;* Westf. Forsch. Bd. 9; Münster 1958.

Ders., *Europa. Seine Bevölkerung, Energieleistung und Ländergruppen;* in: Tagber. u. wiss. Abh. dt. Geogrtg. Heidelberg 1963; Wiesbaden 1965, S. 67-99.

NEUFFER, M., *Entscheidungsfeld Stadt;* Stuttgart 1973.

NOBIS, G., *Die Entwicklung der Haustierwelt Nordwest- und Mitteldeutschlands in ihrer Beziehung zu landschaftlichen Gegebenheiten;* in: PGM 1955, S. 2-7.

Ders. (Hrsg.), *Der Beginn der Haustierhaltung in der Alten Welt. Die Anfänge des Neolithikums vom Orient bis Nordeuropa, Teil IX.* Fundamenta Reihe B Bd. 3/IX; Köln 1984.

OLSCHOWY, G. (Hrsg.), *Natur- und Umweltschutz in der Bundesrepublik Deutschland;* Hamburg 1978.

OVERBECK, F., *Botanisch-geologische Moorkunde; unter besonderer Berücksichtigung der Moore Nordwestdeutschlands als Quellen zur Vegetations-, Klima- und Siedlungsgeschichte;* Neumünster 1975.

PEFFGEN, E., *Die kunststoffverarbeitende Industrie aus der Sicht der siebziger Jahre;* Berlin 1974.

RAUPACH, H., *Ostmitteleuropa - Wirtschaftliche Integration und Stellung in der Weltwirtschaft;* Fragenkreise; Paderborn 1981.

RAUSCH, W. (Hrsg.), *Beiträge zur Geschichte der Städte Mitteleuropas;* 8 Bde.; Linz 1963-1984.

REULECKE, J. (Hrsg.), *Die deutsche Stadt im Industriezeitalter;* Wuppertal 1978.

RICHTER, G., *Bodenerosion. Schäden und gefährdete Gebiete in der Bundesrepublik Deutschland;* Forsch. z. dt. Landeskde. 152; Bad Godesberg 1965.

RÖRIG, F., *Die europäische Stadt im Mittelalter;* Göttingen 1955.

ROSTANKOWSKI, P., *Agrarraum und Getreidebau in der Sowjetunion 1948-1985;* Gießn. Abh. z. Agrar- u. Wirtschaftsforsch. d. europ. Ostens Bd. 98; Berlin 1979.

RÜHL, A., *Flora und Waldvegetation der deutschen Naturräume;* Erdkundliches Wissen 5/6; Wiesbaden 1958.

SCHEPERS, J., *Mittelmeerländische Einflüsse in der Bau- und Wohnkultur des westlichen Mitteleuropa;* in: Europäische Kulturverflechtungen im Bereich der volkstümlichen Überlieferung; Festschrift Bruno Schiers; Göttingen 1967, S. 1-27.

SCHIRMER, H. (Bearb.), *Verhältnis von Sommer- zu Winterniederschlag (%) aus Mittelwerten der hydrologischen Halbjahre;* Zeitraum 1891-1930; Offenbach 1964.

SCHLÜTER, O., *Die Siedlungsräume Mitteleuropas in frühgeschichtlicher Zeit;* Forsch. z. dt. Landeskde. Bde. 63, 74, 110; Remagen 1952, 1953, 1958.

SCHNELLE, F., *Gliederung im mittleren Europa auf Grund phänologischer Unterlagen;* in: GT 1954/55, S. 275-277.

SCHÖNBERGER, H., *Das Ende oder das Fortleben spätrömischer Städte an Rhein und Donau;* in: JANKUHN, H., u.a. (Hrsg.), *Vor- und Frühformen der europäischen Stadt im Mittelalter;* Göttingen 1975, S. 102-109.

SEMMEL, A., *Landschaftsnutzung unter geowissenschaftlichen Aspekten in Mitteleuropa;* Frankf. Geowiss. Arb. Ser. D Phys. Geogr. 2; Frankfurt/M. 1981.

SIEVERS, A., *Die Schätzungsrahmen der Reichsbodenschätzung;* in: GT 1950, S. 230-233.

SMITH, C. T., *An historical geography of Western Europe before 1800;* London 1967.

SMITH, R. T., *A reconsideration of the role of climate in the development of post-Weichselian forest types;* in: TAYLOR, J. A. (Hrsg.), *Research papers in forest meteorology;* Aberystwyth 1972, S. 1-19.

SPERLING, W., und KARGER, A. (Hrsg.), *Europa;* Fischer Länderkunde Bd. 8; Frankfurt/M. 1978.

STOOB, H., *Forschungen zum Städtewesen in Europa;* Bd. I; Köln 1970.

SUKOPP, H., *Wandel von Flora und Vegetation in Mitteleuropa unter dem Einfluß des Menschen;* in: BüL 1972, S. 112-139.

SUKOPP, H., und TRAUTMANN, W., *Veränderungen der Flora und Fauna in der Bundesrepublik Deutschland;* Bonn-Bad Godesberg 1976.

TIMMERMANN, O. F., *Der Inbegriff „Heide" in den offenen Fluren Mitteleuropas;* in: Festschrift für Kurt Kayser; Wiesbaden 1971, S. 212-225.

TROLL, C., *Ozeanische Züge im Pflanzenkleid Mitteleuropas;* in: Freie Wege vergleichender Erdkunde; Erich von Drygalski zum 60. Geburtstag; München 1925, S. 307-335.

VOPPEL, G., *Wandel industrieller Strukturen in Nordwesteuropa;* Fragenkreise; Paderborn 1980.

WÄDEKIN, K.-E., *Sozialistische Agrarpolitik in Osteuropa; II. Entwicklung und Probleme 1960-1976;* Gieß. Abh. z. Agrar- u. Wirtschaftsforsch. d. europ. Ostens Bd. 67; Berlin 1977.

Ders. (Hrsg.), *Osteuropas Nahrungswirtschaft gestern und morgen.* Gießener Abh. z. Agrar- u. Wirtschaftsordn. d. europ. Ostens, Bd. 113; Berlin 1982.

WALTER, F., *Boden und Bodenanbau;* in: Tagber. u. wiss. Abh. dt. Geogrtg. Essen 1953; Wiesbaden 1955, S. 201-210.

Literatur

WEIN, N., *Die sowjetische Landwirtschaft seit 1950;* Paderborn 1980.
Ders. *Die Sowjetunion;* Uni-Taschenbücher 1244; Paderborn 1983.
WINKELMANN, R., *Die Entwicklung des oberrheinischen Weinbaus;* Marb. Geogr. Schr. H. 16; Marburg 1960.
WISSMANN, H. v., *Die Klima- und Vegetationsgebiete Eurasiens;* in: ZGEB 1939, S. 1-14.
WÖHLKE, W., *Probleme einer Landeskunde von Polen;* in: Die Erde 1962, S. 187-201.
Ders., *Naturbedingte Grundlagen und Probleme der sowjetischen Wirtschaft;* in: Osteuropa-Wirtschaft 1965, S. 1-26.

5.3 China, Japan, Korea

Association of Japanese Geographers (Hrsg.), *Geography of Japan;* Tokyo 1980.
BIEHL, M., *Die Landwirtschaft in China und Indien; Vergleich zweier Entwicklungswege;* Studienbücherei Geographie; Frankfurt/M. 1979.
BOESCH, H., *Japan;* Braunschweig 1978.
BUCHANAN, K., *The transformation of the Chinese earth; Aspects of the evaluation of the Chinese earth from earliest times to Mao Tse-tung;* London 1970.
CHANG, K.-C., *The archaeology of ancient China;* New Haven 1963..
Ders. *The beginnings of agriculture in the Far East;* in: Antiquity 1970, S. 175-185.
CHAO, K., *Agricultural production in communist China: 1949-1965;* Madison 1970.
CHEN, T. K., *Nord- und Südchina; Unterschiede der Wirtschafts- und Sozialstruktur aufgrund der natürlichen und kulturellen Voraussetzungen;* Nürnb. Wirtsch.- u. Sozialgeogr. Arb. 19; Nürnberg 1974.
Ders., *Die Volksrepublik China; Nord und Süd in der Entwicklung;* Stuttgart 1982.
DA-DAO, L., und KOLB, A., *Zur territorialen Struktur der Industrie in China;* in: GZ 1982, S. 273-292.
DEGE, E., *Entwicklungsdisparitäten der Agrarregionen Südkoreas;* Kieler Geogr. Schr. Bd. 55; Kiel 1982.
ECKSTEIN, A., CHAO, K., und CHANG, J., *The economic development of Manchuria: The rise of a frontier economy;* in: JEH 1974, S. 239-264.
ELI, M., *Wirtschaftliche Entwicklungsperspektiven der Republik Korea;* Mitt. Inst. Asienkde. 109; Hamburg 1979.
FOCHLER-HAUKE, G., *Die Mandschurei;* Heidelberg 1941.
FUKUI, E. (Hrsg.), *The climate of Japan;* Tokyo 1977.
FULLARD, H., *China in maps;* London 1968.
GRANET, M., *Die chinesische Zivilisation;* München 1980.
HARRIS, C. D., *The urban and industrial transformation of Japan;* in: GRev 1982, S. 50-89.
HO, P.-T., *The cradle of the East; An inquiry into the indigenous origins of techniques and ideas of Neolithic and early Historic China, 5000-1000 B. C.;* Hong Kong 1975.

Ders. *The indigenous origins of Chinese agriculture;* in: REED, C. A. (Hrsg.), *Origins of agriculture;* Den Haag 1977, S. 413-484.
HSIEH, C.-M., *Atlas of China;* New York 1973.
HUMLUM, J., *China meistert den Hunger;* Geocolleg; Kiel 1977.
ISHIDA, H., *An historical-cultural geography of Japan;* Hiroshima 1981.
Ders. u.a. (Hrsg.), *Changing agriculture and rural development; The world and Japan;* Pap. and Proceed. of the IGU Nagano Symposium 1980, Japan; Tokyo 1981.
ISHII, M., *Japans Landwirtschaft auf dem Weg in den Nebenerwerb; eine sozialgeographische Analyse;* in: Erdkunde 1980, S. 96-108.
KIRBY, E. S., *Einführung in die Wirtschafts- und Sozialgeschichte Chinas;* München 1955.
KOLB, A., *Ostasien; China, Japan, Korea; Geographie eines Kulturerdteiles;* Heidelberg 1963.
Ders. *Die Pazifische Welt; Kultur- und Wirtschaftsräume am Stillen Ozean;* Kleine Geogr. Schr. Bd. 3; Berlin 1981.
KRAUS, W., *Wirtschaftliche Entwicklung und sozialer Wandel in der Volksrepublik China;* Berlin 1979.
LAUTENSACH, H., *Korea; Eine Landeskunde aufgrund eigener Reisen und der Literatur;* Leipzig 1945.
LEE, R. H. G., *The Manchurian frontier in Ching history;* Cambridge 1970.
LIANG, E. P., *China; Railways and agricultural development, 1875-1935;* Univ. of Chicago Dept. of Geogr. Res. Pap. 203; Chicago 1982.
MACHETZKI, R., *Entwicklungsmacht China; Stand, Potential und Grenzen der binnenwirtschaftlichen Leistung;* Mitt. Inst. Asienkde. 116; Hamburg 1980.
MECKING, L., *Japan, das meerbestimmte Land;* Stuttgart 1951.
NEEDHAM, J., *Science and civilization in China;* Bd. 3 *Mathematics and the science of the heavens and the earth;* Cambridge 1959.
NOH, T., und GORDON, D. H., *Modern Japan; Land and man;* Tokyo 2. Aufl. 1978.
PANNELL, C. W., und MA, L. J. C., *China; The geography of development and modernization;* London 1983.
SAXONHOUSE, G., *A tale of Japanese technological diffusion and the Meiji period;* in: JEH 1974, S. 149-165.
SCHÖLLER, P., DÜRR, H., und DEGE, E. (Hrsg.), *Ostasien;* Fischer Länderkunde Bd. 1; Frankfurt/M. 1978.
SCHWIND, M., *Das japanische Inselreich;* 2 Bde.; Berlin 1967, 1981.
SMALLEY, I. J., *The loess deposits and neolithic culture of Northern China;* in: Man 1968, S. 224-241.
SUN, K. C., *The economic development of Manchuria in the first half of the twentieth century;* Cambridge 1969.
TREGEAR, T. R., *China; A geographical survey;* London 1980.
TREISTMAN, J. M., *The prehistory of China; An archaeological exploration;* Newton Abbot 1972.
TSUTSUURA, A., *Geographical review of regional development of Hokkaido, Japan as seen from land utilization;* in: VAARIO, U., und KOUTANIEMI, L.

(Hrsg.), *Development in Nordic and mountain settlements;* Oulu 1982, S. 163-168.
WAGNER, W., *Die chinesische Landwirtschaft;* Berlin 1926.
WATANABE, H., *The Ainu ecosystem;* The Amer. Ethnolog. Society Monogr. 54; Washington D. C. 1973.
WATSON, W., *Early civilization in China;* London 1966.
WILM, P. W., *Die Fruchtbarkeit und Ertragsleistung Nordchinas bis 1949;* Schr. Inst. Asienkde. Bd. 22; Hamburg 1968.

5.4 Nordamerika

BORCHERT, J. R., *Major control points in American economic geography;* in: AAAG 1978, S. 214-232.
BRAUN, E. L., *The deciduous forests of Eastern North America;* Philadelphia 1950.
BROWN, R. H., *Historical geography of the United States;* New York 1948.
CONZEN, M. P., *Amerikanische Städte im Wandel;* in: GR 1983, S. 142-150.
DAY, G. M., *The Indian as an ecological factor in the Northeastern forest;* in: Ecology 1953, S. 329-346.
DENEVAN, W. M. (Hrsg.), *The native population of the Americas 1492;* Madison 1976.
FEEST, C. F., *Zur Domestikationsgeschichte der nordamerikanischen Indianer;* in: KLINGENSTEIN, G., u.a. (Hrsg.), *Europäisierung der Erde?* Wiener Beitr. z. Gesch. d. Neuzeit Bd. 7; München 1980, S. 95-119.
FLADMARK, K. R., *Routes: Alternate migration corridors for early man in North America;* in: American Antiquity 1979, S. 55-69.
GEER, S. DE, *The American manufacturing belt;* in: GA 1927, S. 233-325.
GOSZ, J. R., u.a., *The flow of energy in a forest ecosystem;* in: Scientific American 238; 1978, S. 93-102.
GOTTMANN, J., *Megalopolis; The urbanized Northeastern seaboard of the United States;* New York 1961.
GRATTAN, C. H., *The United States and the Southwest Pacific;* Cambridge 1961.
HARTMANN, H., *Die Plains- und Prärieindianer Nordamerikas;* Veröff. Mus. Völkerkde. Berlin N. F. 22; Berlin 1973.
HAVLIK, D., *Untersuchungen zur Schwüle im kontinentalen Tiefland der Vereinigten Staaten von Amerika;* Freib. Geogr. H. 15; Freiburg 1976.
HOFMEISTER, B., *Nordamerika.* Fischer Länderkunde Bd. 6; Frankfurt/M. 1970.
JENNINGS, J. (Hrsg.), *Ancient North Americans;* San Franzisco 1983.
KNAPP R., *Die Vegetation von Nord- und Mittelamerika und der Hawaii-Inseln;* Stuttgart 1965.
KROEBER, A. L., *Cultural and natural areas of Native North America;* Univ. of Calif. Publ. in Archaeol. and Ethnol. 38; Berkeley 1939.
KÜCHLER, A. W., *Potential natural vegetation of the conterminous United States;* New York 1964.
LINDIG, W., *Vorgeschichte Nordamerikas;* Mannheim 1973.
Ders. und MÜNZEL, M., *Die Indianer; Kulturen und Geschichte der Indianer Nord-, Mittel- und Südamerikas;* München 1976.
MARTIN, C., *Keepers of the game; Indian-animal relationsships and the fur trade;* Berkeley 1978.
MÜLLER, W., *Die Religionen der Waldlandindianer Nordamerikas;* Berlin 1956, Neuauflage 1978.
Ders., *Amerika – Die neue oder die alte Welt?* Berlin 1982.
OLIVER, J. W., *Geschichte der amerikanischen Technik;* Düsseldorf 1959.
PIERCE, J. T., *Conversion of rural land to urban: A Canadian profile;* in PG 1981, S. 163-173.
REITSMA, H. J., *Crop and livestock differences on opposite sides of the United States-Canada boundary;* Diss. Madison 1969.
ROUSE, I., *Peopling of the Americas;* in: Quaternary Research 1976, S. 597-612.
RÜHL, A., *Vom Wirtschaftsgeist in Amerika;* Leipzig 1927.
SHELFORD, V. E., *The ecology of North America;* Urbana 1978.
TERJUNG, W. H., *Physiologic climates of the conterminous United States: A bioclimatic classification based on man;* in: AAAG 1966, S. 141-179.
VALE, T. R., *Plants and people; vegetation change in North America;* Ass. Amer. Geogr. Res. Publ.; Washington D. C. 1982.
VECSEY, C., und VENABLES, R. W. (Hrsg.), *American Indian environments; ecological issues in native American history;* Syracuse 1980.
VINING JR., D. R., u.a., *A principle axis shift in the American spatial economy?* in: PG 1982, S. 270-278.
WATSON, J. W., *The United States: habitation of hope;* London 1982.
WINDHORST, H.-W., *Die Landwirtschaft der Vereinigten Staaten; Strukturelle und regionale Dynamik;* Wiesbaden 1975.
Ders., *Die Forst- und Holzwirtschaft der Vereinigten Staaten;* Wiesbaden 1978.
WISSLER, C., *The relation of nature to man in aboriginal America;* New York 1926.

5.5 Australien, Neuseeland, Südchile

ANDERSON, A. G. (Hrsg.), *New Zealand in maps;* London 1977.
BÄHR, J., *Chile;* Stuttgart 1979.
Ders. und GOLTE, W., *Eine bevölkerungs- und wirtschaftsgeographische Gliederung Chiles;* in: Geoforum 17; 1974, S. 25-42.
Dies. und LAUER, W., *Verstädterung in Chile;* in: Ibero-Amer. Arch. N. F. 1; 1975, S. 3-38.
Dies., *Entwicklung und Stand der Agrarkolonisation in Aysén unter dem Einfluß der Verstädterung;* in: Erdkundliches Wissen 42; 1976, S. 88-118.
BAUER, P. P. V., *Waldbau in Südchile;* Bonn 1958.
BORSDORF, A., *Valdivia und Osorno; Strukturelle Disparitäten und Entwicklungsprobleme in chilenischen Mittelstädten;* Tübing. Geogr. Stud. 69; Tübingen 1976.
BUTLAND, G. J., *The human geography of Southern Chile;* Inst. Brit. Geogr. Publ. 24; London 1957.

Literatur

CLARK, A. H., *The invasion of New Zealand by people, plants, and animals: The South Island;* New Brunswick 1949.

COCKAYNE, L., *The subtropical and subantarctic rainforests of New Zealand;* in: EYRE, S. R. (Hrsg.), *World vegetation types;* London 1971, S. 109–136.

CUMBERLAND, K. B., *Man in nature in New Zealand;* in: NZG 1961, S. 137–154.

Ders., *Neuseeland in den Epochen der Moajäger und Maori; Ein Beitrag zur prähistorischen Geographie;* in: Die Erde 1967, S. 90–114.

Ders., *Climatic change or cultural interference? New Zealand in moahunter times;* in: EYRE, S. R. (Hrsg.), *World vegetation types;* London 1971, S. 216–226.

Ders. und FOX, J. W., *New Zealand; A regional view;* Christchurch 1964.

FAUTZ, B., *Agrarische Erschließung und Farmengefüge in Neuseeland;* in: Die Erde 1967, S. 115–134.

Ders., *Die Entwicklung neuseeländischer Kulturlandschaften;* Arb. aus d. Geogr. Inst. d. Univ. d. Saarl. Sonderband 2; Saarbrücken 1970.

FIRTH, R., *Primitive economics of the New Zealand maori;* London 1929, 2. Aufl. 1959.

FORREST, J., *Population and settlement on the Otago goldfields, 1861–1870;* in NZG 1961, S. 64–86.

GENTILLI, J. (Hrsg.), *Climates of Australia and New Zealand;* Amsterdam 1971.

GOLTE, W., *Das südchilenische Seengebiet; Besiedlung und wirtschaftliche Erschließung seit dem 18. Jh.;* Bonner Geogr. Abh. 47; Bonn 1973.

HARGREAVES, R. P., *The golden age: New Zealand about 1867;* in: NZG 1960, S. 1–32.

HEENAN, L. D. B., *The changing South Island maori population;* in: NZG 1966, S. 125–165.

HOLLOWAY, J. T., *Forests and climate in the South Island of New Zealand;* in: Transact. Royal Soc. New Zealand 1954, S. 329–410.

Ders., *The forests of the South Island: The status of the climatic change hypothesis;* in: NZG 1964, S. 1–9.

HÜTTERMANN, A., *Untersuchungen zur Industriegeographie Neuseelands;* Tübing. Geogr. Stud. 57; Tübingen 1974.

Ders., *Die wirtschaftsgeographische Bedeutung der neuseeländischen Forstwirtschaft;* in: Die Erde 1975, S. 291–300.

HUSEN, C. VAN, *Klimagliederung in Chile auf der Basis von Häufigkeitsverteilungen der Niederschlagssummen;* Freib. Geogr. H. 4; Freiburg 1967.

LAUER, W., *Wandlungen im Landschaftsbild des südchilenischen Seengebietes seit Ende der spanischen Kolonialzeit;* in: Ders. (Hrsg.), *Beiträge zur Geographie der Neuen Welt* (Schmieder-Festschrift); Kiel 1961, S. 227–276.

LEEPER, G. W. (Hrsg.), *The Australian environment;* Melbourne 4. Aufl. 1970.

LINACRE, E., und HOBBS, J., *The Australian climatic environment;* Brisbane 1977.

LISTER, R. G., und HARGREAVES, R. F. (Hrsg.), *Central Otago; A symposium to mark the centenary of the „Golden Decade" of the 1860s in Central Otago;* Christchurch 1965.

MCCASKILL, M. (Hrsg.), *Land and livelihood; Geographical essays in honour of George Jobberns;* Christchurch 1962.

Ders., *The Tasman connection; Aspects of Australian – New Zealand relations;* in: Austr. Geogr. Stud. 1982, S. 3–23.

MENENDEZ, C. A., *Die fossilen Floren Südamerikas;* in: Biogeography and ecology in South America vol. 2; Den Haag 1969, S. 519–561.

POWELL, J. M., *Victoria's woodland cover in 1869;* in: NZG 1967, S. 106–116.

RATZEL, F., *Der australische Bund und Neuseeland;* in: GZ 1902, S. 425–450 und 516–534.

RECHER, H. F., LUNNEY, D., und DUNN, E., *A natural legacy; Ecology in Australia;* Rushcutters Bay 1979.

RIESCO, R., *Vergrünlandung in der Bodenbenutzung Süd-Chiles dargestellt am Beispiel des jüngsten Kulturlandschaftswandels in der Frontera;* in: Ibero-Amer. Arch. N. F. 6; 1980, S. 29–52.

SALMON, J. A., *The influences of man on the biota;* in: KUSCHEL, G. (Hrsg.), *Biogeography and ecology of New Zealand;* Den Haag 1975, S. 643–661.

SCHMITHÜSEN, J., *Die räumliche Ordnung der chilenischen Vegetation;* in: Bonner Geogr. Abh. 17; Bonn 1956, S. 1–86.

Ders. *Die Nadelhölzer in den Waldgesellschaften des südlichen Chile;* in: Vegetatio, Acta Geobotanica Bd. IX; 1960, S. 313–327.

Ders., *Problems of vegetation history in Chile and New Zealand;* in: Vegetatio, Acta Geobotanica Bd. XIII; 1966, S. 189–206.

SCHWEINFURTH, U., *Studien zur Pflanzengeographie von Tasmanien;* Bonner Geogr. Abh. 31; Bonn 1962.

Ders., *Stewart Island (Neuseeland); Entwicklungsversuche am Rande der Ökumene im außerhalb Jahrhunderten;* in: Die Erde 1962, S. 279–306.

Ders., *Neuseeland; Beobachtungen und Studien zur Pflanzengeographie und Ökologie der antipodischen Inselgruppe;* Bonner Geogr. Abh. 36; Bonn 1966.

SCOTT, P., *Farming-type regions of Tasmania;* in: NZG 1961, S. 155–176..

Ders., *Australian agriculture;* Budapest 1981.

SELLENBERG, E., *Die Entwicklung der Viehwirtschaft in Neuseeland;* in: Erdkunde 1960, S. 115–134.

State Regional Boundaries Committee (Hrsg.), *Report on regional boundaries; Victoria 1944 (Atlas von Victoria);* Melbourne 1944.

STOVER, S. L., *The government as farmer in New Zealand;* in: EG 1969, S. 324–338.

VEBLEN, T. T., und STEWART, G. H., *The effects of introduced wild animals on New Zealand forests;* in AAAG 1982, S. 372–397.

WARDS, I (Hrsg.), *New Zealand Atlas;* Wellington 1976.

WATTERS, R. F. (Hrsg.), *Land and society in New Zealand;* Wellington 1965.

WEISCHET, W., *Chile; Seine länderkundliche Individualität und Struktur;* Darmstadt 1970.

Ders., *Die thermische Ungunst der südhemisphärischen hohen Mittelbreiten im Sommer im Lichte neuer dynamisch-klimatologischer Untersuchungen;* in: Festschrift Hans Annaheim; in: Regio Basiliensis XI/1; 1968, S. 170–189.

WILSON, K., *Die Landwirtschaftsgebiete des Staates Victoria in Australien;* in: Die Erde 1955, S. 261–272.

6 Register

Abflußganglinien 45
Ackerzahl 59
Agrardreieck 153, 155
Agrikulturchemie 194
Aluminiumhütte 183
Aluminiumverhüttung 171
Anpassung 62
Anpassungsformen 61
Araucariaceae 75
Araukaner 184
Arbeitskräftebesatz 117
Arbeitsteilung 155, 204
Archäophyten 144
Atlantikum 94
Auelehmbildung 97
Aufschließungsvermögen 58
Australasia 192
Auswanderer 188
Auswanderung 189
Autarkiebestreben 117

Bandkeramiker 93
Beleuchtungsverhältnisse 17
Berieselung 25, 44
Beringia-Theorie 167
Bernstein 82
Besenheide 68, 69
Beutnerei 121
Bevölkerungsdichtezentrum 201
Bevölkerungspotential 201
Bevölkerungs- und Kaufkraftpotential 203
Biene 68, 69
Bienenstöcke 103
Bier 104
Binnenmarkt 197
Bioklima 39
Blattabwurf 15, 30
Bodenbildung 17, 18
Bodenerosion 59, 60, 96, 145
Bodengare 56
Bonitierung 58
Börde 54, 55
Brandrodungsbau 95
Braunerdebildung 50, 52
Braune Waldböden 52
Braunkohle 178

Buchen-Eichen-Ahorn-Wälder 71
Bürgertum 129

Chinese Exclusion Act 191
Christentum 148
Cupressaceae 75
Cutover Region 73

dairy belt 194
Dampfkraft 78
Dauergrünland 40
demographischer Zyklus 195
Dichtezentren 8
Direktinvestitionen 167, 193, 200, 201
Dreieckshandel 173
Dreischichten-Tonminerale 56

Eichen-Hainbuchen-Winterlinden-Wald 66, 69
Eichen-Hickory-Wald 71
Eichenmischwald 69, 94
Einwanderung 173
Eisblockierung 47
Eisenleute 170
Elektrifizierung 156
Endemismus 75
Ersatzgesellschaften 146
Ertragspotential 64
Ertragspotential der Wälder 65
Eucalyptus-Nothofagus-Wälder 74
Eucalyptuswald 76
Eukalypten 177

Fäkalien 163
Felderwirtschaft 96
Fernwasserversorgung 44
Ferretisierung 50
feucht-ozeanischer Koniferenwald 73
Feuerstein 127
Flächenstaaten 196, 197, 201
Flint 101
Flintbeile 95

fossile Energieträger 80
Fronten 21
frostfreie Periode 27
Furchenstock 98
Futterbau 40

Gäulandschaften 54
Gefrierfleischtechnik 182
Gewerbefreiheit 130, 141
Gigasformen 97
Ginseng 161
Glashütten 123
Gold 185
Goldfunde 191, 192
Goldproduktion 181
Goldvorkommen 177
Grad der Europäisierung 188
Graue Waldböden 53
Großwildjagd 98
Grundentlastung 130
Grünlandwirtschaft 185, 194
Gutsherrschaft 150

Hackfruchtbau 40, 41, 112
Hallstatt 81
Haubergwirtschaft 96
Heckenlandschaften 40
Heide 67-69
Heidschnucke 68
Heidschnucken 69
Heimstättengesetz 174
Heiratsmuster 149
Hemerochoren 143, 144
Hochhaus 175
hochkontinentale Klimate 33, 35
Hochwasser 47
hohe Mittelbreiten 9
Hokkaido 164, 165, 190, 194
Holzacker 124
Holzbauweise 150
Holzkohle 122, 127, 159
Honig 103, 153
Hopfen 104, 109, 171, 178
Hungersnöte 128, 129
hydro-towns 183

Ilex-Region 67
Industrialisierung 130, 133, 135, 136, 141, 155, 161, 183, 189, 195, 197
Industrielle Revolution 130
Industriegasse 127
Industrierohstoffe 17
Infektionskrankheiten 116
Instabilitätsfaktoren 22, 36, 46, 86, 88, 89
Intensitätsstufen des Anbaus 198
Investitionsgüter 136, 195

Jahresperiodik 27
Jahresrhythmus 30
Jahreszeiten 88
Jahreszeitenrhythmik 14, 17

Kahlschläge 124, 145
Kalisalzlager 82
Kälteschutz 87
Kälteschutzmaßnahmen 41
Kanuindianer 184
Kanus 170
Kaoliang 157
Kartoffel 110, 112, 113, 119, 177, 181
Kartoffelanbau 184, 186, 194
Kaufkraftpotential 201
Keramik 97, 98, 157, 158, 168
Kiewer Rus 152, 153, 191
Klimaänderungen 62
Klöster 139
Knochenfunde 94, 95
Kohle 159, 166
Kohleabbau 185
Kohlelagerstätten 132
Kohlengürtel 79, 80
Kohlenstoffbindung 64
Kohlevorräte 163, 164
Kolbenhirse 102, 157
Konkurrenzkampf 63
Konsumgüter/Investitionsgüter 134
Kontinentalität 36, 148

Register 215

Kontinentalitätsgrad 31
kontinental-winterkaltes Klima 33
Körnermaisertrag 198
Küstenfischerkulturen 169
Küstensequoia 74
Küstenstandorte 133

Landesausbau 109
Landgewinnung 84
Land Ordinance 174
Lands for Settlement Act 182
Landwechselwirtschaft 168
Laub-Nadel-Mischwald 66, 70
Leewirkung 24
Lehmziegel 98
Lein 102, 103
Lessivierung 50
Limes norrlandicus 63
Löß 55, 157
Luftverunreinigung 126, 145
Lung Shan-Kultur 157

Mais 116, 168, 171, 181, 188
Maisbau 190
Mammut 92
Mandschurei 157, 159, 160, 161, 164, 190
Manufacturing Belt 172, 173, 203
Maori 180, 181, 188
Maschinenkultur 132
Meeresverbundenheit 83
Megalopolis 172, 173
Mengekorn 96
Met 104
Mineraldüngerverbrauch 56
Mittelposition 13
Moajäger 179, 180
Mohn 102, 103
mounds 168
Mülldeponien 146
multinationale Konzerne 133
multiple-use 125
multiple-use concept 193

Nadel-Laub-Mischwald 72
Nährwald 95
neolithische Revolution 92
Neophyten 144
Neulandgewinnung 153, 162
Nichtschwarzerdebereich 194

Nichtschwarzerdezone 155
Niederschläge 15, 18, 22, 38, 87
Niederschlagsmaximum 23
Niederwaldwirtschaft 122
Niedrigwasser 48
nordöstliche Waldlandindianer 168
Nordwestpassage 188
Normannentheorie 152
Nothofaguswälder 76
Nutzholzertrag 124

Opossum 76
ozeanisches Klima 32
ozeanisches Küstenklima 32

Patagonier 184
Peuplierungspolitik 110
Pflanzenproduktivität 14, 18
Pflugbau 188
Pflugbaukultur 98, 194
photochemischer Smog 145
Photooxidantien 146
Phytomasse 64
Pittsburgh plus 174
Podocarpaceae 75
Podsole 54
Podsolierung 50
postvulkanische Erscheinungen 85
Prärieböden 53
Produktivität des Waldes 64
Pteridophytenwälder 79
Puritanismus 195

randökumenische Situation 176
Randständigkeit 8, 83
Rauchgerben 170
Regenverläßlichkeit 25
Reisbau 165
Rheinkorrektion 49
Rheinregulierung 49
Rodungen 168
Rodungstätigkeit 95, 110, 194
Roggen 103, 153
Rotbuchenwald 66
Rothirsch 76
Rübenzucker 112, 115
Ruderalpflanzen 97, 144
Russisch-Amerikanische Kompanie 191

Salinargürtel 81
Salinenkonvention 122
Salzlagerstätten 81

Salzsiederei 122
Schiffbarkeit 48
Schneeretention 46
Schwüle 39, 40
sekundäre Podsolierung 52
Sekundärvegetation 73
Sekundärwälder 65
Selbstversorgungsgrad 118, 198
Separationen 130, 141
Siedlungskontinuität 139
Siedlungsphasen 94
Sojabohne 103, 160, 161
Soleleitung 122
Sols lessivés 50
Sonderkulturen 40, 41
Sonnenblume 168
Sonnenscheindauer 15, 18-20
Speisesalz 101
Stadtgründungen 127
Stadtklima 143
Stadtkultur 159
Standortfaktoren 135
Stauniederschläge 24
Steinkohle 78
Steinsalzlager 81
Steppenheide 69
Sterbeziffern 129
Steuerungszentren 194
Steuerungszentren der Flächenstaaten 203
Stollenbau 127
Suburbanisierung 141, 151
südhemisphärische Mittelbreiten 37
Südostasien-Pakt 192

technoklimatische Klassifikation 42
Tornados 21
Tragfähigkeit 88, 90
transozeanische Expansion 187
Travopolnajasystem 155
Tripolje-Kultur 151
Truthahn 169, 188
Tschernosemierung 49
Tussockgrasland 179, 180

Übergangsklima 32
Urbanisierungsgrad 136, 156
Urwaldzeit 120

Vegetationsformen-Produktivitätsindex 64
Vegetationsperiode 17, 41
Vergletscherungen 85
Verhüttung 127
Verstädterung 155, 185
Verstädterungsgrad 137

Viehverbiß 95
Vorstadtgründungen 139

Waldaufbauzeit 123
Waldbedeckung 92, 120
Waldbrände 123
Waldlandindianer 170, 188
Waldrodung 94
Waldstandort 15
Waldsterben 145
Waldsterbenszeit 125
Waldumbauzeit 124
Waldverwüstungszeit 120
Waldweide 121
Waldwuchs 18, 22
Wasserkraft 127
Wasserstandsschwankungen 46
Wasserverbrauch 43, 87
Wechselwirtschaft 96
Wein 104
Weinbau 41, 105, 109
Weinberge 41
Weizen 153, 157, 181
Weizenarten 102
Weizenbau 184-186
Weizenertrag 198
Weltbergbauproduktion 198
Weltindustrieproduktion 130
Weltwirtschaftsordnung 204
West-Ostflanken-Gegensatz 33
Wildhege 126
Winterschlaf 30
Winzerhaus 105
Wirtschaftsgeist 173
Wüstungsperiode 110
Wüstungsvorgänge 94

Yangshao-Kultur 157
Yankee ingenuity 173
Yellowwood 78

Zeidlerei 103, 121
Zirkulationsenergie 37
zirkumozeanisches Reich 190
Zivilisationskrankheiten 148
Zobel 161
Zucker 119, 198
Zuckerkonvention 115
Zuckerrübe 112, 114, 194
Zugvögel 30
Zyklonalniederschläge 23

Das Geographische Seminar

Begründet von Prof. Dr. Edwin Fels, Prof. Dr. Ernst Weigt und
Prof. Dr. Herbert Wilhelmy
Herausgegeben von Prof. Dr. Eckart Ehlers und Prof. Dr. Hartmut Leser

Prof. Dr. H. Leser	*Geographie*
Prof. Dr. H. Leser und Prof. Dr. W. Panzer	*Geomorphologie*
Prof. Dr. D. und Prof. Dr. M. Richter	*Geologie*
Prof. Dr. G. Dietrich	*Ozeanographie*
Prof. Dr. R. Scherhag und Prof. Dr. W. Lauer	*Klimatologie*
Prof. Dr. F. Wilhelm	*Hydrologie und Glaziologie*
Prof. Dr. H.-J. Klink und Prof. Dr. E. Mayer	*Vegetationsgeographie*
Prof. Dr. G. Reichelt und Prof. Dr. O. Wilmanns	*Arbeitsweisen der Vegetationsgeographie*
Prof. Dr. J. Maier, Dr. R. Paesler, Prof. Dr. K. Ruppert und Prof. Dr. F. Schaffer	*Sozialgeographie*
Dr. J. Leib und Prof. Dr. G. Mertins	*Bevölkerungsgeographie*
Prof. Dr. H.-G. Wagner	*Wirtschaftsgeographie*
Prof. Dr. W.-D. Sick	*Agrargeographie*
Prof. Dr. W. Brücher	*Industriegeographie*
Prof. Dr. G. Fochler-Hauke	*Verkehrsgeographie*
Prof. Dr. G. Niemeier	*Siedlungsgeographie*
Prof. Dr. B. Hofmeister	*Stadtgeographie*
Priv.-Doz. Dr. U. Ante	*Politische Geographie*
Prof. Dr. E. Arnberger	*Thematische Kartographie*
Prof. Dr. F. Fezer	*Karteninterpretation*
Prof. Dr. R. Hantschel und Prof. Dr. E. Tharun	*Anthropogeographische Arbeitsweisen*

Geographisches Seminar Zonal

Herausgegeben von Prof. Dr. Eckart Ehlers und Prof. Dr. Hartmut Leser

Prof. Dr. B. Hofmeister	*Gemäßigte Breiten*
Prof. Dr. K. Rother	*Mediterrane Subtropen*

In Vorbereitung 1985/86

Prof. Dr. G. Stäblein	*Polargebiete*
Prof. Dr. U. Treter	*Boreale Waldländer*
Prof. Dr. K. Giessner	*Trockengebiete*
Prof. Dr. G. Kohlhepp	*Tropen*
Prof. Dr. G. Schweizer	*Hochgebirge*
Prof. Dr. H. Klug	*Ozeane*

Geographisches Seminar Zonal

Herausgegeben von
Prof. Dr. Eckart Ehlers
Prof. Dr. Hartmut Leser

Klaus Rother

Die mediterranen Subtropen

Mittelmeerraum, Kalifornien, Mittelchile, Kapland,
Südwest- und Südaustralien

westermann

Verlags-GmbH Höller und Zwick

Prof. Dr. *Klaus Rother*
Dachsbergstraße 8
8391 Tiefenbach, Kreis Passau

CIP-Kurztitelaufnahme der Deutschen Bibliothek

Rother, Klaus:
Die mediterranen Subtropen: Mittelmeerraum, Kalifornien, Mittelchile, Kapland, Südwest- u. Südaustralien / Klaus Rother. – Braunschweig: Höller und Zwick, 1984.
  (Das geographische Seminar)
  ISBN 3-89057-314-2

August 1984
© Verlags-GmbH Höller und Zwick, Braunschweig
Lektorat und Herstellung: Verlagsbüro Höller
Satz, Druck und Binden: Zechnersche Buchdruckerei GmbH & Co. KG, Speyer
ISBN 3-89057-**314**-2

Inhalt

Seite

Vorworte 5

1 Einführung 7
1.1 Problemstellung, Name und Literatur 7
1.2 Die Subtropen und die mediterranen Subtropen 10
1.3 Lage, Größe und Grenzen der mediterranen Subtropen 14

2 Der Naturraum 23
2.1 Das Mittelmeerklima 23
2.1.1 Klimagenese 23
2.1.2 Witterungsverlauf, Luftdruckverhältnisse und Regionalwinde am Beispiel des Mittelmeerraumes 24
2.1.3 Das thermische Klima 29
2.1.4 Das hygrische Klima 35
2.1.5 Klima und Mensch 44
2.2 Die hydrogeographischen Grundlagen 46
2.3 Die Oberflächenformen und Böden 52
2.3.1 Das Großrelief 52
2.3.2 Die klimageomorphologische Stellung und die rezente Geomorphodynamik 57
2.3.3 Abtragungs- und Verwitterungsformen 60
2.3.4 Die bodengeographischen Verhältnisse 64
2.4 Das natürliche Pflanzenkleid 68
2.4.1 Die Hartlaubgewächse 68
2.4.2 Die Vegetationsformationen der Hartlaubgebiete 71
2.4.3 Das Problem der Sekundärformationen 77
2.5 Die physiogeographischen Höhenstufen 80
2.6 Die Störung des geoökologischen Gleichgewichts durch den Menschen. Die Entwaldung im Mittelmeerraum und ihre Folgen 88
2.7 Die Bewertung des Naturpotentials für die wirtschaftliche Nutzung 95

3 Der Wirtschaftsraum ... 97
3.1 Gestalt und Entwicklung des Wirtschaftsraumes ... 97
3.2 Der Agrarraum ... 102
3.2.1 Die traditionelle Landnutzung im Mittelmeerraum und in Mittelchile ... 102
3.2.2 Die traditionellen Betriebsformen im Mittelmeerraum und in Mittelchile ... 121
3.2.3 Die Wandlungen der traditionellen Landwirtschaft des Mittelmeerraumes und Mittelchiles ... 128
3.2.4 Die moderne Landwirtschaft in der Neuen Welt ... 143
3.2.5 Die künftigen Entwicklungsmöglichkeiten im Agrarraum ... 161
3.3 Die Nutzung des Naturpotentials durch andere Wirtschaftszweige ... 164
3.3.1 Holzwirtschaft und Aufforstung ... 164
3.3.2 Die Fischereiwirtschaft ... 170
3.3.3 Bodenschätze und Energiequellen als Grundlage der Industrialisierung ... 176
3.3.4 Die touristische Erschließung ... 182
3.4 Die Verkehrserschließung ... 187
3.5 Die weltwirtschaftliche Stellung der mediterranen Subtropen . 191

4 Schlußbetrachtung: Der Wirtschaftsraum der mediterranen Subtropen. Einheit oder Vielfalt? ... 194

5 Literatur ... 196

6 Register ... 205

Vorwort der Herausgeber

Seit 1957 hat sich die Reihe DAS GEOGRAPHISCHE SEMINAR als Einführung in die Teilgebiete der Allgemeinen Geographie bewährt. Fast alle Titel haben mehrere Auflagen erlebt und gehören zu den Standardwerken für Studierende wie Lehrende. So lag es nahe, DAS GEOGRAPHISCHE SEMINAR zu erweitern und neue Teilgebiete in das Programm aufzunehmen.

Mit dem vorliegenden Band von Prof. Dr. Klaus Rother (Passau) wird der erste Titel einer auf acht Bände geplanten Reihe vorgelegt, die die großen natürlichen Landschaftsgürtel der Erde zum Gegenstand hat. Dabei sollen die Naturausstattung dieser Räume und zugleich die spezifischen Formen ihrer Inwertsetzung durch den Menschen erörtert werden.

Eine solche Konzeption schließt eine Lücke im geographischen Schrifttum und wird der Rückbesinnung auf eine stärker integrierende Betrachtungsweise in der Geographie gerecht. Es geht schwerpunktmäßig um Beiträge, die das Verständnis für die Wechselbeziehungen zwischen Mensch und Natur fördern sollen. Uns allen wird immer bewußter, in welch gravierendem Ausmaß der wirtschaftende Mensch in den Naturhaushalt eingreift und ihn oft irreparabel zerstört.

Herausgeber und Verlag hoffen, daß diese Reihe Einsichten in die Möglichkeiten und Grenzen der menschlichen Einflußnahme auf die großen Naturräume der Erde vermitteln möge. Daß dabei je nach Naturraum und Autor die Akzente unterschiedlich gesetzt und gewichtet werden, dürfte einsichtig sein. Die Gesamtkonzeption der Reihe bleibt jedoch von solchen verständlichen Unterschieden unberührt.

ECKART EHLERS und HARTMUT LESER

Vorwort

Nach kulturgeographischen Forschungen in Süditalien (1965–69, 1979), Mittelchile (1972–76) und Südwestaustralien (1982) sowie Reisen im westlichen Mittelmeerraum (1971–73), in Kalifornien (1980) und Südafrika (1981) sowie den anregenden Mittelmeer-Symposien in Düsseldorf (1976) und Marburg (1981) habe ich die Aufgabe, diese neue Reihe mitzugestalten, gern übernommen. Ich bin von vornherein davon überzeugt gewesen, daß der (erweiterte) landschaftskundliche Ansatz das Verständnis für räumliche Zusammenhänge in besonderer Weise zu fördern vermag. Die Ausbildungsziele im heutigen Erdkundeunterricht der Schule vernachlässigen solche globalen Übersichten. Es erscheint daher dringend geboten, sie den Studierenden der Geographie wieder nahezubringen. An sie wendet sich dieses Buch in erster Linie, und die Literaturauswahl, die im wesentlichen das jüngere deutschsprachige Schrifttum berücksichtigt, ist folglich auf einen studentischen Leserkreis zugeschnitten.

Bei der Abfassung des Textes, der dem vorgegebenen Ziel einer Einführung entsprechend knapp gehalten ist, hat mir die methodische Diskussion mit meinen Düsseldorfer bzw. Passauer Mitarbeitern, den Herren Dr. TONI BREUER, Privatdozent Dr. ELMAR SABELBERG und Dr. ERNST STRUCK, viel geholfen. Für das Schreiben des Manuskripts danke ich Frau MARGA POTTHOFF, Düsseldorf, und Frau THERESIA WIENER, Passau; ebenso gilt mein Dank den Passauer Mitarbeitern Ing. ERWIN VOGL für das Zeichnen der Karten und THOMAS PRICKING für die Unterstützung beim Korrekturlesen. Herausgebern und Verlag möchte ich für die geduldige Betreuung vor und während der Drucklegung danken.

Das Büchlein sei meiner Frau gewidmet, die mich auf allen Reisen begleitet hat und immer eine kritische Partnerin gewesen ist.

Passau, im Februar 1984   KLAUS ROTHER

1 Einführung

1.1 Problemstellung, Name und Literatur

Mit den mediterranen Subtropen soll in diesem Buch ein *Landschaftsgürtel* der Erde behandelt werden. Für Landschaftsgürtel sind auch die Begriffe Landschaftszone, geographische Zone (z. B. H. BRAMER 1977) oder geoökologische Zone (z. B. K. MÜLLER-HOHENSTEIN 1979) gebräuchlich. Die globale Gliederung der Erdoberfläche in Landschaftsgürtel geschieht primär nach klimageographischen Kriterien, von denen boden-, bio- und hydrogeographische, geomorphologische und gewisse agrargeographische Phänomene und Prozesse abhängen. Dabei ergibt sich eine breitenparallele Anordnung entsprechend dem solaren Klima und bestimmten Systemen der atmosphärischen Zirkulation. Diese klimatisch begründeten breitenparallelen Landschaftsgürtel oder -zonen, die wir Tropen, Subtropen, kühlgemäßigte, kaltgemäßigte oder boreale, subpolare und polare Breiten nennen, sind gewissermaßen Naturräume höchsten Ranges, die sich jeweils in Naturräume minderen Ranges gliedern lassen. K. MÜLLER-HOHENSTEIN (1979, S. 47) nennt letztere in Anlehnung an A. G. ISATSCHENKO (zit. nach H. BRUNNER/R. THÜRMER 1981, S. 47) *Subzonen*. Eine solche Subzone der Subtropen sind die mediterranen Subtropen.

Die Lehre von den Landschaftszonen der Erde beruht in der deutschen Geographie auf den Gliederungsvorstellungen von S. PASSARGE, der diese, gestützt auf ältere Versuche russischer und amerikanischer Autoren, mit seinem Buch *„Die Landschaftsgürtel der Erde"* (1923, ²1929) vorgelegt hat. PASSARGE hielt sich an die großen Klima- und Vegetationsgürtel und unterschied fünf Zonen: die beiden Polkappen, die beiden Mittelgürtel und den heißen Gürtel. Er beschrieb sie mit weiteren Untergliederungen in ihrer Naturausstattung und faßte die vorherrschende agrarische Landnutzung naturdeterministisch auf.

Die *Fragestellung* der geographischen Zonenlehre, die auch nach ihm unter verschiedenen Aspekten aufgegriffen worden ist (zur Methodik und Geschichte vgl. im einzelnen K. MÜLLER-HOHENSTEIN 1979, S. 15 ff.), hat sich inzwischen gewandelt. Es geht nicht mehr allein um die Beschreibung des Landschaftsgürtels, um die Darstellung der Naturausstattung und die von ihr abhängigen Erscheinungen und Vorgänge. Vielmehr müssen heute im Hinblick auf die beschränkten Raumreserven der Erde auch jene Problemkreise, die sich mit den potentiellen Nutzungsmöglichkeiten und den Gefahren einer Übernutzung befassen, beachtet werden. Unter solcher Zielsetzung treten die folgenden beiden Fragenkomplexe in den Vordergrund:

1. die Naturausstattung in ihrer Bedeutung für die wirtschaftsräumlichen Strukturen und deren Entwicklungsmöglichkeiten,
2. die dem Naturraum angepaßten traditionellen Wirtschaftsformen und ihr moderner Wandel.

Bei dieser wirtschaftsgeographisch orientierten Betrachtungsweise der Landschaftszone entsteht freilich eine methodische Schwierigkeit. Es ist das Problem, Naturraum und Kultur- bzw. Wirtschaftsraum der Zone miteinander in Einklang zu bringen. Das Konzept PASSARGEs ist physiogeographisch, im wesentlichen klimatisch begründet. Eine entsprechende zonale Aufgliederung der Erde in Wirtschaftsräume würde die Realität verfälschen. Zwar gibt es zonal angeordnete Wirtschaftsräume auf der Erde, und es gibt in bestimmten Landschaftszonen charakteristische, d. h. zonentypische Lebens- und Wirtschaftsformen. So prägen z. B. Oasenwirtschaft und Nomadismus den altweltlichen Trockengürtel. Nomadismus findet sich aber auch in den subpolaren Breiten und in verschiedenen Hochgebirgen der Erde außerhalb des Trockengürtels, und nicht alle Trockenräume der Erde werden von nomadischen Viehzüchtern genutzt.

Der Wirtschaftsraum ist in erster Linie anthropogen begründet und – zumal im Zentrum der Ökumene – der Natur allenfalls angeglichen. Neben eindeutig natürlich bedingten Phänomenen birgt er eine Fülle von Erscheinungen und Vorgängen, die nicht aus der natürlichen Umwelt abgeleitet werden können. Für sie sind historische, soziale und ökonomische Determinanten ausschlaggebend. In der Regel weichen die wirtschaftsgeographischen Grenzen von den physiogeographischen Grenzen ab, sie stimmen nur fallweise überein. In das Konzept der Zonenlehre passen allein die natürlichen Eignungsräume für Nutzpflanzen und -tiere, mit Einschränkungen auch die Bodennutzungssysteme. Bei den landwirtschaftlichen Betriebsformen, die in nicht geringem Ausmaß die Art der Landnutzung beeinflussen, fehlt indessen der natürliche Zusammenhang häufig, und anthropogene Determinanten gewinnen die Oberhand. Noch mehr gilt dies für Bevölkerungsverteilungen, Siedlungsformen, Verkehrsbeziehungen, Industriestandorte und ähnliches, und es wäre abwegig, sie als vorwiegend oder ausschließlich naturbedingt erklären zu wollen. Im

Terminus mediterran

Sinne der geographischen Zonenlehre werden deshalb nur jene wirtschaftsräumlichen Phänomene und Prozesse erörtert, bei denen eine enge oder lockere Beziehung zur Naturausstattung besteht. Eine länderkundliche Gesamtschau der Landschaftszone zu entwerfen, ist somit nicht beabsichtigt.

Für die hier behandelte Landschaftszone sind mehrere *Namen* üblich. Sie heben alle die klimatisch begründete Stellung der Landschaftszone hervor. Bei den Bezeichnungen „Suptropische Winterregengebiete" und „Sommertrockene Subtropen" liegt die Betonung auf der jeweils anderen Jahreszeit. Andere Benennungen, wie „Länder oder Gebiete mit Mittelmeerklima" und „Etesiengebiete", verweisen, weniger deutlich, aber gleichfalls auf das charakteristische (wechselfeuchte) Klima. Der häufig verwandte Name „Winterregengebiete der Erde" ist ebenso wie jener der „Sommertrockenen Subtropen" weit gefaßt; denn er schließt die subtropischen Steppen mit ein, die hier außer Betracht bleiben (s. Kap. 1.3). Der auf W. KÖPPEN zurückgehende Name „Etesiengebiete" würdigt dagegen nur einen Teilaspekt des Klimas, nämlich die sommerlichen Nordwestwinde im östlichen Mittelmeerraum (zur Kritik vgl. J. BLÜTHGEN 1964, S. 248). Am eindeutigsten wäre für die Landschaftszone die Bezeichnung „Länder oder Gebiete mit Mittelmeerklima". Da sie sprachlich umständlich ist, soll dem Namen „Mediterrane Subtropen" der Vorzug gegeben werden, der dem von K. MÜLLER-HOHENSTEIN (1979, S. 124) benutzten Namen „Mediterrane Subzonen der Subtropen" entspricht. Er drückt einerseits die zonale Zugehörigkeit, andererseits den hygrischen Klimatyp aus (s. Kap. 1.2).

Mit dem Terminus *mediterran* wird zunächst der locus typicus, das altweltliche Mittelmeer, angesprochen. Man könnte daher annehmen, daß die Landschaftszone ausschließlich am Mittelmeer liege. Es sind jedoch jene Teile der über die ganze Erde verbreiteten Subtropen gemeint, welche aufgrund der gleichen klimatischen Gegebenheiten die gleiche Naturausstattung haben wie die Landschaften am Mittelmeer. Darüber hinaus wird mit dem Begriff mediterran auch die Frage aufgeworfen, inwieweit die überseeischen Teilräume der Landschaftszone neben der klimatisch bedingten Ähnlichkeit der physischen Ausstattung mediterran sind. Dies erfordert freilich eine Definition von mediterran nicht nur im physio-, sondern auch im kultur- bzw. wirtschaftsgeographischen Sinne. Auf das Problem, ob es einen mediterranen Kultur- bzw. Wirtschaftsraum auf der Erde gibt, wird deshalb noch an anderer Stelle eingegangen werden müssen (s. Kap. 4).

Im übrigen werden wir uns bemühen, stets vom Mittelmeerraum oder Mittelmeergebiet (nicht vom mediterranen Raum) zu sprechen, wenn der altweltliche Teilraum der mediterranen Subtropen gemeint ist. Die Benennung „Mittelmeerländer" verbietet sich von selbst, weil sie wesentlich mehr umfaßt als der klimatisch definierte Teilraum der hier zur Diskussion stehenden Landschaftszone. Es geht nicht um die Länder am Mittelmeer in ihrer Gesamtheit, sondern um die vom Mittelmeerklima geprägten Landschaften, die mehr oder weniger große Ausschnitte der betreffenden Länder darstellen.

Für den Gegenstand steht so gut wie keine einschlägige *Literatur* zur Verfügung. Gewiß gibt es länderkundliche Werke über Teilräume oder einzelne Länder der mediterranen Subtropen, ebenso vergleichende klima- und vegetationsgeographische Betrachtungen und eine Fülle speziellen Schrifttums (vgl. Lit. Kap. 5). Einen Überblick, wie er hier beabsichtigt ist, bieten in knapper Form N. KREBS (1952) im Kapitel *„Die subtropischen Winterregengebiete"* der *„Vergleichenden Länderkunde"* und K. MÜLLER-HOHENSTEIN (1979) im Abschnitt *„Die mediterranen Subzonen der Subtropen"* seines Buches *„Die Landschaftsgürtel der Erde",* das keine kulturgeographischen Erörterungen enthält. Tiefgehender ist das Werk *„Les zones tropicales arides et subtropicales"* von X. DE PLANHOL/P. ROGNON (1970), das die mediterranen Subtropen unter dem übergeordneten Gesichtspunkt der Subtropen behandelt, jedoch dem Mittelmeerraum (auch vom Umfang her) den zentralen Platz zuweist.

1.2 Die Subtropen und die mediterranen Subtropen

Der einschränkende Name „mediterrane" Subtropen soll ausdrücken, daß diese klimatisch definierte Landschaftszone nur ein Glied, und zwar der flächenmäßig kleinste Teil der großen Subtropenzone auf der Erde ist, deren äquatoriale Grenze ungefähr die Wendekreise bilden. Sie liegt im wesentlichen zwischen 20 und 40° N und S und reicht mit 45° in Europa am weitesten polwärts (Abb. 1).

Die in wechselnder Weise auf alle großen Landmassen verteilten *Subtropen* sind klimatisch heterogener aufgebaut als andere Landschaftszonen und werden auch nicht einheitlich definiert. Immerhin hat ihre globale Verbreitung von jeher dazu geführt, sie als eine strahlungsklimatisch bedingte irdische Großzone aufzufassen, die sich von den benachbarten Zonen auch in *thermischer* Hinsicht unterscheidet. Anders als in den äquatorwärts anschließenden Tropen, die man z. B. durch das Tageszeitenklima kennzeichnen kann, überwiegen in den Subtropen die jahreszeit-

Abb. 1: *Verbreitung und Gliederung der Subtropen (nach* C. TROLL/K. PAFFEN ▶ *1964)*

Subtropen

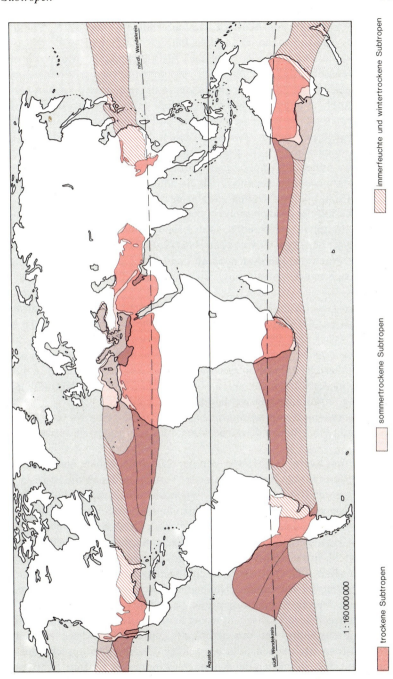

lichen Temperaturschwankungen. Deshalb stellen C. TROLL/K. PAFFEN (1964) die Subtropen zum Gebiet der Jahreszeitenklimate.

Jahreszeitenklimate haben aber auch die kühlgemäßigten und die kalten Breiten der Erde. Die Subtropen empfangen freilich größere Wärmesummen als die polwärts anschließenden Klimazonen und kennen keine jahreszeitlich andauernde Kälteruhe. Man bezeichnet sie deshalb als „warmgemäßigt" im Gegensatz zu den „kühlgemäßigten" Mittelbreiten und den „kaltgemäßigten" borealen Breiten. Sie sind jedoch auch kühler als die Tropen und nicht frostfrei. Somit unterscheiden sich die Subtropen durch den anderen Temperaturgang und die niedrigeren Temperaturen von den Tropen einerseits und durch die höheren Wärmesummen von den mittleren und höheren Breiten andererseits.

Die thermische Gemeinsamkeit der Subtropen wird durch die *hygrischen* Verhältnisse abgewandelt, so daß sie in mehrere Klimagebiete oder, im Sinne K. MÜLLER-HOHENSTEINS (1979, S. 93), in mehrere Subzonen zerfallen. Nach der Jahresmenge und dem Jahresgang der Niederschläge ergeben sich mindestens drei hygrische Varianten (Abb. 2):

1. Die *trockenen Subtropen,* d. h. jene Gebiete mit voll- und semiariden Verhältnissen, die episodische oder periodische Winterniederschläge erhalten. Es sind dies die Wüsten und Steppen der Subtropen.
2. Die *immerfeuchten Subtropen,* die ein sommerliches Niederschlagsmaximum haben. Von ihnen unterscheiden sich die wintertrockenen Subtropen, die in der kühlen Jahreszeit ein deutliches Niederschlagsminimum aufweisen, durch ihre kontinentale Lage nur graduell.
3. Die *sommertrockenen mediterranen Subtropen,* die eine winterliche Regenzeit und eine ebenso deutliche sommerliche Trockenzeit aufweisen.

Diese drei hygrischen Klimatypen der Subtropen haben eine charakteristische Verbreitung. Anders als in den Tropen, in denen die hygrischen Klimatypen mehr oder weniger breitenparallel aufeinanderfolgen, tritt in den Subtropen viel mehr der Gegensatz von Ozeanität und Kontinentalität, die Lage an den West- und Ostseiten der Landmassen hervor (K. MÜLLER-HOHENSTEIN 1979, S. 97). In den trockenen Subtropen ist zwar die „Gürtel"-Struktur, d. h. die breitenparallele Erstreckung der Subzone, noch angedeutet. Doch ist sie nicht durchgängig ausgebildet und fehlt auf den Ostseiten der Kontinente. Die beiden (wechsel)feuchten Klimatypen haben eine andere Konfiguration und Lage. Die immerfeuchten Subtropen halten sich an die Ostseiten, wobei der immerfeuchte Typ im engeren Sinne küstenständig, der wintertrockene Typ binnenländisch verbreitet ist; die sommertrockenen Subtropen liegen indessen mit wechselndem Umriß auf den Westseiten der Kontinente. Insgesamt sind die Subtropen

Hygrische Klimatypen

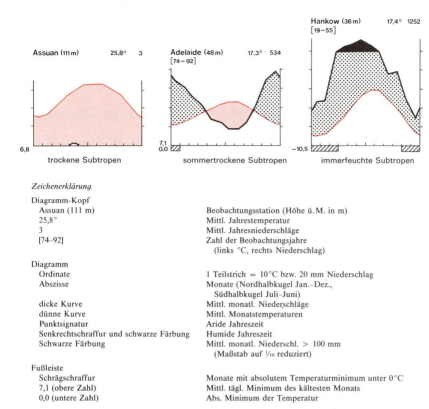

Abb. 2: Die hygrischen Klimatypen der Subtropen (nach H. WALTER/H. LIETH 1960–67)

somit weniger gürtel- als zellenartig aufgebaut (H. FLOHN 1950). Ihre Sub„zonen" folgen nicht eigentlich zonal aufeinander, sondern werden in ihrer Lage von einer west-östlichen Abfolge bestimmt.

Diese hygrische Dreigliederung der Subtropen kann man selbstverständlich in allen räumlichen Erscheinungen wiedererkennen, die durch das Klima hervorgerufen werden. Sie schlägt sich in der Differenzierung der Vegetationsformationen, der Oberflächenformen und Böden, in der agrarischen Landnutzung und nicht zuletzt in spezifischen menschlichen Krankheiten nieder. Selbst manche Wirtschafts- und Lebensformen sind unterschiedlich. Deshalb besitzen die Subtropen eine größere räumliche Vielfalt als die Tropen, und es erscheint gerechtfertigt, ihre Subzonen als selbständige Landschaftszonen aufzufassen und getrennt zu behandeln. Aufgabe dieses Buches ist es, die angedeuteten Zusammenhänge für die sommertrockenen mediterranen Subtropen deutlich zu machen.

1.3 Lage, Größe und Grenzen der mediterranen Subtropen

Bei flüchtiger Betrachtung entsteht der Eindruck, daß die mediterranen Subtropen ziemlich regellos auf alle Landmassen verteilt sind (K. MÜLLER-HOHENSTEIN 1979, S. 124). Beachtet man nur die Festländer, ist eine zonale Verbreitung tatsächlich schwer zu erkennen. Erst wenn die Meeresflächen berücksichtigt werden, die der Landschaftszone angehören, vermag man die zonale Anordnung deutlich wahrzunehmen und wird auf die gemeinsame *Lage* verwiesen (Abb. 1, 3). Die mediterranen Subtropen fügen sich einmal in die geographische Breite von 28 bis 45° ein, wobei sie wegen der größeren Landmassen auf der Nordhalbkugel etwas weiter polwärts liegen (32–45° N) als auf der Südhalbkugel (28–38° S). Zum anderen halten sie sich an die küstennahen Räume der Westseiten. Eine größere Tiefenerstreckung verhindern in beiden Amerika die meridional streichenden Gebirgsketten, in Afrika und Australien setzt das Meer eine absolute Schranke. Allein im Mittelmeerraum der Alten Welt reichen sie tiefer kontinentwärts, weil sich Land und Meer zwischen Europa, Afrika und Vorderasien vielfältig durchdringen (K. MÜLLER-HOHENSTEIN 1979, S. 126). Alle Teilräume sind – ebenso wie jene der immerfeuchten Subtro-

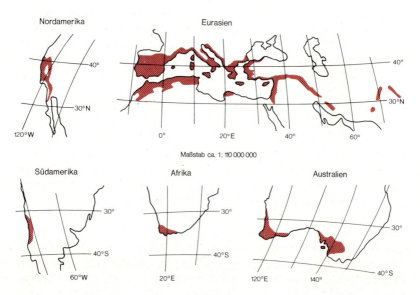

Abb. 3: *Die Lage der mediterranen Subtropen (nach* C. TROLL/K. PAFFEN *1964 und* K. MÜLLER-HOHENSTEIN *1979)*

Größe

pen – voneinander isoliert und damit auch individualisiert (N. KREBS 1952, S. 345).

Die Landschaftszone hat eine verhältnismäßig geringe *Größe*, sie ist die kleinste der Erde überhaupt. Mit etwa 1,66 Mill. km^2 umfaßt sie ca. 1% der Festlandsfläche (W. MÜLLER-WILLE 1978, Tab. 8). Fast die Hälfte entfällt auf den Mittelmeerraum, der sich sowohl aus küstennah gelegenen festländischen Arealen als auch aus großen und kleinen Inseln und Inselgruppen zusammensetzt. Eine solche Aufsplitterung fehlt in den anderen Kontinenten. In beiden Amerika erstrecken sich die mediterranen Subtropen nicht breitenparallel. Sie bilden vielmehr schmale meridionale Streifen auf den Festländern, die durch die Sierra Nevada und die Cordillera de los Andes nach Osten abgeschirmt sind. Es handelt sich um Kalifornien und Mittelchile. Das südafrikanische Gebiet ist das kleinste. Es bleibt auf das engere Kapland an der Südwestspitze des Erdteils beschränkt. Schließlich rechnet man den Südwesten Westaustraliens und einen schmalen Küstenraum Südaustraliens dazu.

Die so umrissene Landschaftszone *grenzt* polwärts an den Landschaftsgürtel der immerfeuchten kühlgemäßigten Breiten. Zu den Waldgebieten West-, Mittel- und Südosteuropas besteht kein allmählicher Übergang, sondern eine scharfe Grenze, die durch die Gebirgsschranke von Pyrenäen, Alpen und Dinariden verursacht wird. Gleiches gilt durch die Australischen Alpen für den südaustralischen Küstensaum. Der meridionale Gebirgsverlauf an der pazifischen Seite beider Amerika bewirkt indessen eher einen Grenzsaum als eine abrupte Scheidelinie (Oregon bzw. Südchile). In Südafrika und Südwestaustralien entfällt die polare Abgrenzung, da beide Räume nicht in die kühlgemäßigte Zone hineinreichen.

Zwischen den mediterranen Subtropen und den subtropischen Trockenräumen vermittelt ein mehr oder weniger breiter Saum. Zwar empfangen die unmittelbar anschließenden Steppen Nordafrikas und Vorderasiens, des nordamerikanischen Südwestens, Nordchiles, Südafrikas sowie West- und Südaustraliens Niederschläge in der kühlen Jahreszeit und sind Bestandteile der Winterregenzone. Doch ist die jährliche Niederschlagsmenge deutlich niedriger, die jahreszeitliche Trockenheit deutlich länger als in den mediterranen Subtropen. In fast allen Klimagliederungen werden die Steppen deshalb als ein Bestandteil der trockenen Subtropen angesehen. Die subtropischen Steppen sind aber nicht nur aus diesem klimatischen Grund kein Gegenstand dieser Betrachtung. Sie unterscheiden sich von den mediterranen Subtropen auch in geomorphologischer, pedologischer und vegetationsgeographischer Hinsicht; selbst Landnutzung, Lebens- und Wirtschaftsformen sind grundsätzlich anders beschaffen als dort. Obwohl gerade in letzterem manche Beziehungen zu ihnen bestehen, ist die Bindung an den subtropischen Trockengürtel stärker.

Für eine *genaue Festlegung der äußeren Grenzen* benutzt man mit Vorteil effektive Klimaklassifikationen, deren Grenzwerte im realen Raum zu überprüfen sind. Die ermittelten klimatischen Schwellenwerte, die man in der Natur nicht direkt beobachten kann, werden in der Regel an Vegetationsgrenzen angelehnt, weil die natürliche Vegetation ein getreuer Indikator des herrschenden Klimas ist. Man zieht die Grenzen z. B. dort, wo sich bestimmte Vegetationsformationen ablösen. Dieses Prinzip hat sich in vielen Räumen der Erde bewährt.

Auf solcher Grundlage fußen auch die Grenzwerte für die mediterranen Subtropen in den effektiven Klimaklassifikationen von W. KÖPPEN (1931, 1936), H. V. WISSMANN (1964) und C. TROLL/K. PAFFEN (1964). Die Tab. 1 macht u. a. deutlich, daß diese Autoren anhand einiger Klima-

Tab. 1: Die Grenzen der mediterranen Subtropen

	(Etesienklima, Formel Cs) W. KÖPPEN	(Sommertrockenes Subtropenklima, Zone II Ts) H. V. WISSMANN	(Winterregenklimate vom Mittelmeertyp, Zone IV/1) C. TROLL/K. PAFFEN
1) polwärts = Grenze gegen die immerfeuchten kühlgemäßigten Breiten	KM zwischen 18 und −3°C; regenreichster Monat der kalten Jahreszeit mindestens dreimal soviel Niederschlag wie regenärmster Monat der warmen Jahreszeit	8 Monate >9,5°C	N: KM>2°C S: KM>6°C
2) äquatorwärts = Grenze gegen die trockenen Subtropen (Steppen)	r = 2 t	N > 2½ T	5 Monate humid
3) kontinentwärts = Grenze gegen die immerfeuchten Subtropen (nur Südhalbkugel)	vgl. 1)	>2 aride Sommermonate	>3 aride Sommermonate

KM = Kältester Monat; t, T = Temperatur; r, N = Niederschlag

elemente zu einer unterschiedlichen Grenzziehung gekommen sind. Während die im wesentlichen thermisch definierte Grenzlinie zu den immerfeuchten kühlgemäßigten Breiten in den drei Systemen zwar verschieden begründet wird, aber zu einem ähnlichen Ergebnis führt, weichen die hygrisch definierten Grenzwerte zu den trockenen und immerfeuchten Subtropen nicht unerheblich voneinander ab, was bei dem breiten Übergangsraum nicht überraschen kann. So fassen C. TROLL/K. PAFFEN die mediterranen Subtropen kontinentwärts enger als H. v. WISSMANN, und W. KÖPPEN gelangt zu einer größeren Ausdehnung der Landschaftszone gegen die heißen Steppen als H. v. WISSMANN[1].

Die unterschiedlichen Auffassungen werden verständlich, wenn man bedenkt, daß in jenen Räumen, in denen die natürliche Vegetation fehlt oder weitgehend beseitigt worden ist, die vegetationsgeographische Methode wenig hilfreich ist. Dies gilt in besonderem Maße für den Mittelmeerraum, der ein sehr alter Kulturraum ist. Durch die menschliche Landnutzung ist der natürliche Vegetationsbestand entfernt oder sehr stark gelichtet worden, so daß die ursprünglichen Verbreitungsgebiete oftmals nur durch umständliche Rekonstruktionen zu gewinnen sind. Es ist zwar sicher, daß die zonale Vegetationsformation ein Hartlaubwald ist (Kap. 2.4.2), doch hat ihn der Mensch so radikal ausgerottet, daß seine äußeren Verbreitungsgrenzen mehrfach zweifelhaft sind.

Es bleibt somit nichts anderes übrig, als Kulturpflanzen heranzuziehen, die eine genauere Abgrenzung ermöglichen. Für diesen Zweck ist der Ölbaum *(Olea europaea)* geeignet *(Olivengrenze)*. W. KÖPPEN, der sein „Mittelmeer-" oder „Etesienklima" durch die Formel Cs wiedergibt, hat die wärmere Variante (Csa) schlechthin das „Oliven-Klima" genannt, und M. RIKLI (1943-48 I, S. 41) hat den *„Ölbaum ... nicht nur* (als) *den wertvollsten Frucht- und Nutzbaum der Mittelmeerregion, sondern auch* (als) *ihre wichtigste Leit- und Charakterpflanze"*, ja *„geradezu* (als) *das Wahrzeichen der mediterranen Küstengebiete"* bezeichnet. Mit dem Ölbaum werden sowohl Faktoren der natürlichen Umwelt wie auch solche kultureller und wirtschaftlicher Art berücksichtigt, was bereits T. FISCHER (1904), dem wir die erste Verbreitungskarte der Ölbaumkulturen im Mittelmeerraum verdanken, hervorgehoben hat.

Obwohl die Verbreitungsgrenzen einer Kulturpflanze somit von sehr komplexen Faktoren abhängen und man sich oft mit Annäherungswerten begnügen muß, sind zumindest die klimatischen Bedingungen für den Ölbaum im großen und ganzen bekannt. Für ihn sollten *„die Niederschläge*

---

[1] In diesem Zusammenhang stellen die Höhenstufen der vorderasiatischen Gebirge ein besonderes Abgrenzungsproblem dar. W. KÖPPEN rechnet sie dem Mittelmeerklima zu. Weil sie demgegenüber thermisch benachteiligt sind, werden sie von H. v. WISSMANN ganz, von C. TROLL/K. PAFFEN teilweise den kühlgemäßigten Breiten zugeordnet. Wir schließen uns der Auffassung H. v. WISSMANNS an und berücksichtigen sie nicht.

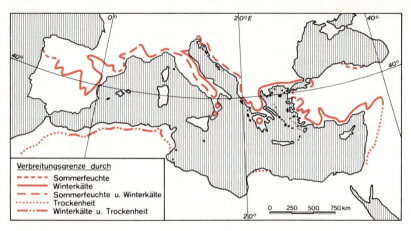

Abb. 4: Die Olivengrenze im Mittelmeerraum (nach P. BIROT 1964)

300 mm nicht unter- und 1000 mm nicht überschreiten, die Luftfeuchte sollte selten 60% übersteigen. Die Temperaturen dürfen maximal 40°C kaum überschreiten, − 7°C nicht langfristig unterschreiten und − 17°C nicht erreichen" (K. MÜLLER-HOHENSTEIN 1979, S. 25; vgl. P. BIROT u.a. 1964, S. 65).

Die Ölbaumgrenze hat den Vorteil, daß sie tatsächlich in mehr oder weniger geringem Abstand von den Küsten des Mittelmeers verläuft. Sie umgreift damit den Mittelmeerraum im Sinne des Wortes, jenen Raum, der durch seine Lage zur Wasserfläche eine enge Beziehung zeigt. Die Olivengrenze hat freilich den Nachteil, daß sie bei der Abgrenzung der mediterranen Subtropen auf den anderen Kontinenten versagt (D. WHITTLESEY 1936, S. 228). Der Ölbaum ist in Kalifornien und Mittelchile erst durch die Europäer eingeführt worden; eine Wildform, wie den *Oleaster* im Mittelmeerraum, gibt es nicht. Australien und das Kapland verfügen zudem über sehr kleine Olivenbestände. Obwohl spanische Missionare das Anbaugewächs sehr früh in die Neue Welt mitgebracht haben, ist der Ölbaum keinesfalls so allgemein verbreitet wie im Mittelmeerraum. Selbst in Kalifornien, wo er zwischen 35 und 40° N große Flächen bedeckt, erreicht er seine klimatische Verbreitungsgrenze nicht, weil er in den USA im wirtschaftlichen Wettbewerb mit anderen fettliefernden Nutzpflanzen und -tieren steht. Die mediterranen Subtropen sind in der Neuen Welt also wesentlich größer, als es die aktuelle Verbreitung der Ölbaumkulturen nahelegt.

Wir müssen uns deshalb hier an die *klimatischen Kriterien* halten, die auf Grund der natürlichen Vegetation gewonnen worden sind (vgl. Tab. 1). Obwohl die Grenzziehung in *Nordamerika* wegen des reichen Bestands an

Grenzen in Amerika

natürlichen Wäldern leicht fallen sollte, ist sie lange strittig gewesen. W. KÖPPEN hat z. B. Kalifornien und den ganzen pazifischen Nordwesten der USA mit den Küstenstaaten Oregon und Washington dem „mittelmeerischen Klima" zugerechnet. Unter anderem hat H. P. BAILEY (1962, S. 445) gegen diese weite Fassung Einwände erhoben. Der pazifische Nordwesten sei alles andere als mediterran, wenn er auch die geringsten Niederschläge im Sommer erhalte. Er empfange jedoch eine sehr hohe Jahresniederschlagsmenge und habe bedeutend kühlere Sommertemperaturen als das Mittelmeergebiet, so daß hier reiche Nadelholzbestände wüchsen, die diese Landschaft eindeutig als nichtmediterran auswiesen (vgl. J. BLÜTHGEN 1964, S. 476). Die jüngeren Klimaklassifikationen berücksichtigen dies; die Nordgrenze der Landschaftszone liegt danach nicht bei 50° N, sondern um 40° N. Die Südgrenze ist ebenso problematisch, weil das Mittelmeerklima südlich der Transverse Ranges bei Los Angeles allmählich in das Trockenklima übergeht. Wir schließen den küstennahen Bereich Südkaliforniens bis zur mexikanischen Landesgrenze in unsere Darstellung ein. Damit erstrecken sich die mediterranen Subtropen im Westen Nordamerikas ungefähr vom Kap Mendocino südlich Eureka (40° 30′ N) bis San Diego (32° 30′ N) in einer maximalen Breite von etwa 300 km. Sie umfassen die Sierra Nevada, das kalifornische Längstal und die Küstengebirge, sind also kleiner als der US-Bundesstaat.

Beide Teile der mediterranen Subtropen auf der Nordhalbkugel haben nach W. KÖPPEN „Olivenklima" (Csa). Nur der äußerste Westen, die atlantische Küste Portugals und die kalifornische Küstenregion, liegt im Bereich des kühleren „Eriken-Klimas" (Csb). Diese kühlere Variante des Mittelmeerklimas, bei der die Temperaturen des wärmsten Monats 22 °C nicht übersteigen, ist wegen der größeren Ozeanität auf der Südhalbkugel fast ausschließlich verbreitet. Die spezifische Konfiguration im Süden des afrikanischen und australischen Erdteils bewirkt auch, daß, anders als auf der Nordhalbkugel, sommertrockene und immerfeuchte Subtropen unmittelbar benachbart sind[2].

Im Gegensatz zu Kalifornien fällt die klimatische Grenzziehung anhand der natürlichen Vegetation in *Zentralchile* schwer, weil sie genau so wie im Umkreis des Mittelmeeres dem Kulturland hat weichen müssen. Durch die Gleichartigkeit des Reliefs, das meridionalen Leitlinien folgt, besteht hier auch nirgends eine natürliche Scheide gegen die angrenzenden Klimaregionen. Nach den Klimadaten ist die Südgrenze zur immer-

---

[2] Da H. v. WISSMANN seine Subtropengrenze in Südamerika bei 42° S zieht, würden Chiles sommertrockene Subtropen ebenfalls an die immerfeuchten Subtropen grenzen. W. KÖPPEN, N. CREUTZBURG (1950) und C. TROLL/K. PAFFEN stellen den strittigen „Kleinen Süden" Chiles aber übereinstimmend zu den kühlgemäßigten Breiten. Die immerfeuchten Subtropen liegen nach dieser Auffassung stets auf den Ostseiten der Landmassen.

feuchten Region des Kleinen Südens noch am verläßlichsten zu bestimmen. Sie wird herkömmlicherweise im Wasserscheidengebiet zwischen Río Imperial und Río Bio-Bio bei 38° S gezogen. Die Grenze zu den trockenen Subtropen läßt sich ebensowenig scharf fassen wie in Kalifornien. Eine Kompromißlösung ist der dreißigste Breitenkreis in Höhe der Stadt La Serena (W. WEISCHET 1970, S. 187f.). Ähnlich wie in Kalifornien umschließen die mediterranen Subtropen Südamerikas somit die Anden, das Längstal und die Küstenkordillere in ihren mittelchilenischen Abschnitten. Sie sind maximal 200 km breit und setzen sich aus der „Ibero-Chilenischen Zentralzone" (Zentral-, Mittelchile) mit regelmäßigen Winterregen (38–34° S) und dem „Kleinen Norden" (34 bis 30° S), der zur Steppe mit episodischen Winterregen überleitet, zusammen (vgl. CH. VAN HUSEN 1967, S. 93). Insgesamt ist die Landschaftszone kleiner als in Nordamerika, sie liegt überdies äquatornäher (vgl. F. DI CASTRI 1973, S. 32).

Das *südliche Afrika* ragt mit seiner Südwestspitze in das Gebiet der mediterranen Subtropen. Der kleine Raum reicht nach Norden bis zu einer Linie, die von der Mündung des Olifants Riviers nördlich der St. Helena-Baai (31,5° S) über den Kamm der inneren Kapketten zur Mossel-Baai zieht. Ältere Autoren dehnen das Klimagebiet bis zum Ostrand der Kapketten bei Port Elizabeth aus. Östlich der Mossel-Baai wird aber die typische Hartlaubvegetation durch die Wälder der immerfeuchten Subtropen abgelöst. T. MOLTER (1966, Karte 7) verlegt die Ostgrenze infolgedessen auf die Höhe des Nadelkaps (Kaap Agulhas). Die Landschaftszone umfaßt demnach nicht einmal die ganzen Kapketten. Sie kennzeichnet nur den westlichen Teil des Gebirges mit den Küstenvorländern nördlich und östlich Kapstadt. Die Gebirgsbecken, wie jenes der Kleinen Karru, bergen Vorposten der Steppe, die an der Atlantikküste ohne scharfe Grenze beginnt und zum wüstenhaften Namaqua-Land überleitet.

Der *australische Teilraum* ist auf der Südwest- und Südseite des Kontinents entwickelt und hat eine ähnliche Längserstreckung wie in Eurasien. Er wird auf dem Festland durch die trockene Nullarbor-Ebene allerdings zweigeteilt. Es ist einerseits das Swan-Land im Südwesten Westaustraliens (28–35° S), das sich von Geraldton an der West- bis Albany und Esperance an der Südküste ausdehnt, andererseits die etwas kühlere südaustralische Küstenregion (32–38°S) zwischen der Smoke Bay auf der Eyre-Halbinsel und dem Anstieg der Australischen Alpen bei Portland im Westen des Staates Victoria (J. GENTILLI 1955, S. 236). Kontinentwärts wird die Landschaftszone, die außen kühler (Csb) und innen wärmer ist (Csa), allmählich von der Steppe abgelöst. Winterregen empfängt auch der Westen Tasmaniens. Die Insel ist jedoch merklich kühler und hat keine ausgeprägte sommerliche Trockenzeit mehr, so daß sie außer Betracht bleibt.

Wir haben die Grenzen der mediterranen Subtropen bisher ausschließlich in horizontaler Hinsicht abgesteckt. Es muß aber auch die vertikale Ausdehnung beachtet werden, weil die Landschaftszone vornehmlich Räume mit einem bewegten Relief birgt (Kap. 2.3.1). Für den altweltlichen Mittelmeerraum ist die Frage der *Höhengrenze* scheinbar leicht zu beantworten. M. RIKLI (1943-48, I, S. 41) vertritt die Meinung, daß die Olivenkultur der vertikalen Erhebung der mediterranen Kulturstufe und damit zugleich der vertikalen Ausdehnung der immergrünen Hartlaubvegetation entspricht. Danach wäre die jeweilige Obergrenze der Olivenhaine auch die gesuchte Grenze der mediterranen Subtropen in der Höhe. Mit abnehmender geographischer Breite steigt diese Grenze an; sie liegt z.B. auf einem N-S-Profil durch den mittleren Mittelmeerraum in Ligurien bei 200-300 m, in Süditalien bei 500-600 m und im östlichen Atlas bei über 1000 m ü. M. Dies bedeutet, daß große Teile der Gebirge in kühlere und feuchtere Regionen mit anderen Vegetationsformationen aufragen, die eigentlich als Vorposten der polwärts anschließenden Landschaftszonen zu gelten hätten und nicht zu den mediterranen Subtropen gehören dürften (Kap. 2.5). Eine solche einengende Betrachtung wäre aus zwei Gründen aber wenig vorteilhaft:

1. Es besteht in geoökologischer Hinsicht stets ein enger Zusammenhang zwischen den höheren und tieferen Teilen eines Gebirges. Die Gebirgsnatur wirkt sich bis in die Täler und selbst auf die Vorländer der Gebirge aus. Die orohydrographischen, geomorphodynamischen, klima- und vegetationsgeographischen Verhältnisse lassen sich in der Regel nicht auf eine bestimmte Höhenstufe einschränken, vielmehr verzahnen sie sich (C. RATHJENS 1980, S. 16). Außerdem empfangen die höheren Gebirgsteile der mediterranen Subtropen genau so wie die Fußstufe Winterregen.
2. Der mittelmeerische Wirtschaftsraum als ganzer macht in seiner Vielfalt nicht an der physiogeographisch definierten Obergrenze der mediterranen Stufe bzw. an den obersten Olivenbeständen halt. Im Gegenteil, auch in kultur- und wirtschaftsgeographischer Hinsicht gibt es enge Wechselbeziehungen zwischen Gebirgsvorland, Hochbecken, Tälern und Höhenregionen, die sich z.B. in vielfältigen Wanderbewegungen von Mensch und Weidetieren äußern.

Es zeigt sich also, daß wir in der Alten Welt die Gebirgsregionen über der Olivengrenze nicht aussparen können, sondern sie überall dort mit einbeziehen müssen, wo in der Fußzone die mediterrane Stufe entwickelt ist.

In der Neuen Welt stellt sich das Problem der Höhengrenze anders und nicht so schwerwiegend. Eine Oliven-Höhengrenze scheidet aus (Kap.

1.3). Die Obergrenze der mediterranen Stufe kann aber z. B. in den chilenischen Anden oder in der kalifornischen Sierra Nevada anhand der natürlichen oder anthropogenen Vegetation einigermaßen verläßlich bestimmt werden. So gibt J. SCHMITHÜSEN (1956, Abb. 3) für Mittelchile bei 34°S eine Obergrenze der Hartlaubvegetation in 1000-1200 m ü. M. an; ein ähnlicher Wert trifft für das mittlere Kalifornien zu (Kap. 2.5). Abgesehen von den beiden genannten Hochgebirgen übersteigt der Gesamtraum der chilenischen und kalifornischen mediterranen Subtropen, wie wir sie horizontal abgegrenzt haben, im übrigen nur selten eine solche Höhe. Auch im Kapland und in Australien werden 1500 m ü. M. gar nicht oder erst in der Gipfelregion überschritten. Infolgedessen können wir den jeweiligen Gesamtraum der neuweltlichen mediterranen Subtropen bedenkenlos zusammenfassen, ohne sonderlich auf eine Höhenabgrenzung achten zu müssen. Wir sind hierzu um so mehr berechtigt, als sich der Wirtschaftsraum grundsätzlich an die Tiefländer, Täler und Küstengebiete hält und nur ausnahmsweise in das Gebirgsland ausgreift. Das Gebirge gehört hier im allgemeinen nicht zum Dauersiedlungs-, sondern allenfalls zum extensiv genutzten Wirtschaftsraum.

2 Der Naturraum

2.1 Das Mittelmeerklima

Aus Kap. 1.2 ergibt sich, daß die mediterranen Subtropen eine Landschaftszone sind, deren Eigenständigkeit im hygrischen Klima, vor allem in seinem Jahresgang, beruht. Charakteristisch für sie ist der wechselfeuchte Klimatyp mit Winterregen und Sommertrockenheit. Anders als in den immerfeuchten Subtropen fallen hier Sonnenhöchststand und Regenzeit, d.h. Temperatur- und Niederschlagsmaxima, zeitlich nicht zusammen.

2.1.1 Klimagenese

Die genetische Erklärung dieses *Klimagangs* ist nicht umstritten. H. FLOHN (1950) hat das subtropische Winterregenklima als ein alternierendes oder heterogenes Klima bezeichnet, weil seine Verbreitungsgebiete weder ganzjährig im Bereich der subtropischen Hochdruck- und Passatzone, die den äquatorwärts angrenzenden Steppen und Wüsten die große Trockenheit bringt, noch ganzjährig im Bereich der außertropischen Westwindzone liegen, die für das immerfeuchte Klima der polwärts anschließenden kühlgemäßigten Breiten verantwortlich sind. Die mediterranen Subtropen erleben vielmehr saisonal sowohl die subtropische Hochdruck- und Passatzone als auch die außertropische Westwindzone. Es wechseln gewissermaßen die klimatischen Verhältnisse der trockenen Subtropen und der immerfeuchten kühlgemäßigten Breiten jahreszeitlich ab. Trockener Sommer und feuchter Winter sind durch sehr kurze Übergangsjahreszeiten getrennt.

Die jeweilige Lage der beiden Zirkulationssysteme wird von der Lage der innertropischen Konvergenzzone (ITC) reguliert. Beim Polwärtswandern der ITC im *Sommer* gerät unsere Landschaftszone in den Einflußbereich des subtropischen Hochdruckgürtels. Für ihn sind absteigende Luftbewegungen charakteristisch, die Wolkendecke löst sich auf, es herrscht strahlungsreiches Wetter mit hohen Temperaturen und großer Trockenheit. Der beständige Hochdruck verhindert den zonalen Luftmassenaustausch mit zyklonalen Störungen in den mediterranen Subtropen ebenso wie in den äquatorwärts anschließenden Steppen und Wüsten. Mit dem Rückwärtswandern der ITC zum Äquator gelangen die mediterranen Subtropen im *Winter* in den Wirkungsbereich der außertropischen Westwindzone. Ihr Wesen besteht in der hohen Bereitschaft zur Zyklogenese. Eigen- oder fremdbürtige Tiefs, die Niederschläge und deutlich tiefere Temperaturen bringen, folgen bestimmten Zugbahnen in zonaler Richtung. Durch die enge Verzahnung von Land und Meer oder die unmittelbare Nachbarschaft des Meeres bleibt der feuchte Winter aber mild. Die zyklonalen Abschnitte unterbrechen auch in der feuchten Jahreszeit oftmals langanhaltenden Hochdruckeinfluß nur kurzfristig. Der Einfluß antizyklonalen Geschehens mit Schönwetterperioden, die durch das Azorenhoch (Mittelmeerraum) oder die pazifischen Hochs (Kalifornien, Mittelchile) herbeigeführt werden, ist in der kühlen Jahreszeit nicht völlig ausgeschaltet, sondern allenfalls abgeschwächt (vgl. hierzu H. FLOHN 1948, S. 12; W. WEISCHET 1970, S. 189). Mit Recht wird das Mittelmeerklima deshalb auch ein Übergangsklima genannt.

2.1.2 Witterungsverlauf, Luftdruckverhältnisse und Regionalwinde am Beispiel des Mittelmeerraums

Im mittelmeerischen *Witterungsgeschehen* treten ähnliche Regelfälle (Singularitäten) wie in Mitteleuropa auf (H. FLOHN 1948; vgl. W. ENDLICHER 1983 für Mittelchile). Dies sei an einem Beispiel aus Süditalien geschildert, das im Zentrum des Mittelmeerraumes liegt (vgl. K. ROTHER 1971a, S. 27f.).

Im *Winter,* der Jahreszeit mit zonalem Luftmassenaustausch, wird das Witterungsgeschehen von Westlagen getragen, die von Dezember bis Februar heftige Starkregen, teilweise auch mehrere Tage anhaltenden Landregen bringen können. Häufig verdrängen Kaltlufteinbrüche aus dem Norden den Einfluß der wärmeren Westströmungen mit klaren, sonnigen Tagen und leichten Frösten. Schneefall ist dadurch sogar bis Ende März in den Küstengebieten möglich. Insgesamt bleiben die Temperaturen gemäßigt, weil auch die südlichen Wetterlagen mit sehr lauer Luft wesentlich am winterlichen Witterungsverlauf beteiligt sind.

Im April, dem eigentlichen *Frühling,* erfolgt die Umstellung auf den Sommer mit dem raschen Anstieg der Temperatur, häufigem Einbruch warmfeuchter südlicher Luftmassen und einem deutlichen Nachlassen der Niederschlagsneigung, so daß sich Schönwetterperioden durchsetzen. Dieser plötzliche, fast übergangslose Wechsel vom Winter zum *Sommer* ist sehr charakteristisch. Schon Anfang Mai beginnt in der Regel die sommerliche Trockenzeit, wenn das Azorenhoch voll wirksam wird. Aber Mitte des Monats, in den ersten Junitagen und ausnahmsweise im Juli kann es zu Regenfällen bei vorherrschenden Nordwestlagen kommen. Indes stehen Juni bis Oktober in der Regel unter dem Einfluß tropisch-kontinentaler Luftmassen, und sehr selten verschaffen lokale Hitzegewitter Abkühlung. Hohe Durchschnittstemperaturen und viele windstille Hitzetage ohne jeden Niederschlag kennzeichnen vor allem die Monate Juli und August. Die Land-Seewind-Zirkulation entfaltet sich frei und lindert an den Küsten die drückende Hitze. Im September sind häufig von Westen aufziehende hohe Wolkenfelder zu beobachten, und nicht selten wehen wie im Frühjahr mäßig bis starke Südwinde. Sie laden sich über dem Meer mit Feuchtigkeit auf und verursachen unangenehm schwüle Tage.

Ein Wettersturz mit starken Regenfällen tritt regelmäßig Ende September/Anfang Oktober ein, wenn im nördlichen Mittelmeerraum atlantische Tiefs eindringen und den *Herbst* einleiten. Dennoch bleibt der Schönwettereinfluß weiterhin bestehen. Erst im letzten Oktoberdrittel beginnt erneut und ziemlich unvermittelt die zyklonale Tätigkeit mit Westwetter, und bereits im November werden in höheren Lagen große Niederschlagswerte erreicht. Doch schalten sich immer wieder Schönwetterperioden ein.

Der Witterungsablauf wird großräumig von der Verteilung der Luftmassen reguliert. Dabei bewirkt das Mittelmeer, anders als dies in den neuweltlichen Teilräumen möglich ist, eine typische *Luftdruckverteilung* über Wasser und Land, die z. B. in den regelmäßigen Regionalwinden zum Ausdruck kommt (Abb. 5, 6).

Im *Winter* drängen die feucht-kalten polar-maritimen Luftmassen (Pm) und die trocken-kalten polar-kontinentalen Luftmassen (Pc) die tropischen Luftmassen – mit tropisch-maritimer Luft (Tm) im Westen, tropisch-kontinentaler Luft (Tc) im Osten – äquatorwärts zurück. Im Kontakt mit ihnen bilden sie, ähnlich wie an der Polarfront, die *mediterrane Front*. Mehr als die Hälfte der im Mittelmeerraum wirksamen Zyklonen entwickelt sich an dieser Front (z. B. Genua-Zyklone), die für eine nördliche Zugbahn der von West nach Ost wandernden Tiefs verantwortlich ist (eigenbürtige Zyklogenese). Die übrigen Zyklonen sind atlantische Tiefs, die durch Interaktion von Pm und Tm an der Polarfront entstehen und eine südlichere Zugbahn benutzen (fremdbürtige Zyklogenese). Gelegentlich überschreitet Pc die Gebirgsschranke im Norden und Osten südwärts, ebenso kann Tc nordostwärts vorstoßen. Beim Kontakt kommt es wegen der fehlenden Feuchtigkeit kaum zur Zyklogenese. Der östliche Mittelmeerraum wird deshalb mehr vom Hochdruck beeinflußt als der westliche. (Er erhält seine Niederschläge überwiegend durch Tiefs aus dem

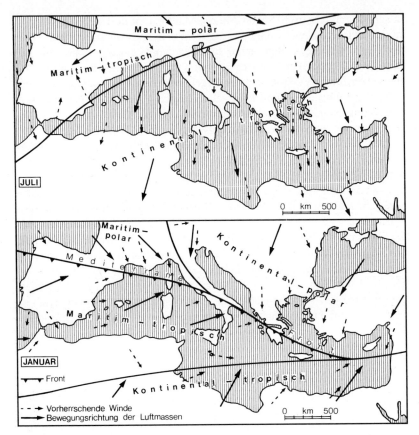

Abb. 5: Luftmassen im Mittelmeerraum (nach J. H. BRANIGAN/H. R. JARRETT 1975)

westlichen Mittelmeerraum.) Insgesamt herrscht aber über der Wasserfläche im Vergleich zu den sich rascher abkühlenden Landmassen tiefer Druck. Dadurch entstehen vornehmlich zentripetale Winde, die von den Randgebieten in das Meeresbecken hineinwehen.

Im *Sommer* bringt der subtropische Hochdruckgürtel mit dem Azorenhoch tropisch-maritime Luftmassen (Tm) nach Norden. Diese feuchtwarme Luft beeinflußt den atlantischen Bereich Marokkos und Portugals. Weiter ostwärts berührt sie im Randgebiet der Sahara trockenheiße kontinental-tropische Luftmassen (Tc). Diese beherrschen das ganze übrige Mittelmeergebiet und erzeugen hohen Druck; denn die polaren Luftmassen werden durch die nördliche Gebirgsschranke abgehalten. Über den stark erhitzten Landmassen Vorderasiens und Nordafrikas bildet sich dagegen tiefer Luftdruck aus. Infolgedessen entsteht eine stetige nördliche Luftströmung. Im Westen sind es mehr nordöstliche, im Osten – wegen des steileren Druckgradienten – nördliche bis nordwestliche Winde, die sich auf ihrem Weg erwärmen, heiteres, beständiges Wetter bringen und die Verdunstung fördern.

Weil das Meer und die Schiffahrt im Leben der Bevölkerung seit alters eine zentrale Rolle gespielt haben, sind die häufig und regelmäßig auftretenden *Regionalwinde* von jeher besonders beachtet worden. Sie werden nicht nach den Himmelsrichtungen benannt, sondern haben Eigennamen. Es müssen solche aus nördlicher und südlicher Richtung unterschieden werden, weil die Herkunftsgebiete ihnen charakteristische Eigenschaften zuweisen (Abb. 6). Die Mehrzahl entfaltet ihre größte Aktivität im Winter und Frühjahr zur Zeit der größten Druckdifferenzen zwischen der Wasserfläche und den Landmassen (vgl. zu folgendem J. BLÜTHGEN 1964, S. 232 ff.).

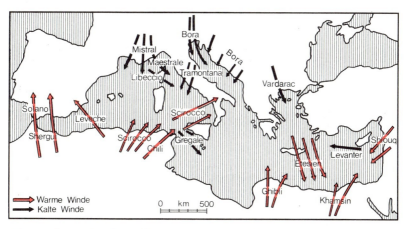

Abb. 6: *Regionalwinde im Mittelmeerraum (nach* J. H. BRANIGAN/H. R. JARRETT *1975)*

Die *Nordwinde* sind kalte Fallwinde, die in ausgesprochener Reliefabhängigkeit auftreten und für begrenzte Gebiete klimatisch wirksam werden. Die *Bora* stürzt im Winter mit 50–60 m/s als kräftiger, kalter Wind die dalmatinische Steilküste hinab und hat in der kurzen Zeit keine Möglichkeit, sich zu erwärmen. Sie verursacht sehr niedrige Januar-Temperaturen (z. B. Triest 3,9, Pola 5,4 und Rijeka 3,3 °C), die Kahlheit der Küste und stellenweise das Fehlen vollmediterraner Kulturgewächse, wie des Ölbaums. (Der schwächere sommerliche *Borino* hat dagegen keinen vergleichbaren thermischen Einfluß.) Ähnlich wie die Bora wirkt der *Vardarac* im Bereich von Saloniki. Auch der *Mistral,* der vom Ebrotal über Languedoc und Provence bis Ligurien (hier *Maestrale*) fühlbar ist, erreicht Sturmstärke und zwingt im Rhônetal und -delta zu Windschutzmaßnahmen mit Baumreihen und lebenden und toten Schutzzäunen. Marseille zählt 175 Mistral-Tage im Jahr. Während der Mistral über dem Land gewöhnlich mit wolkenlosem Himmel, Sonnenschein, großer Trockenheit und Kälte verbunden ist, bringt er auf dem Meer bei der Berührung mit vorüberziehenden Tiefs (Kaltfront) ergiebige Niederschläge. Die schwächere *Tramontana* weht an der ligurischen und toskanischen Küste.

Die warmen *Südwinde* entwickeln sich unabhängig vom Relief bei ganz bestimmten Wetterlagen. Sie entstehen an der Vorderseite von Zyklonen (Warmfront), die auf der südlichen Zugbahn, entlang der nordafrikanisch-levantinischen Küste, von West nach Ost bzw. Südost wandern. Der Sammelname für diese Winde ist *Scirocco,* in Italien auch *Libeccio* (libyscher Wind) genannt, der als feuchtigkeitsbeladener Süd- bzw. Südostwind im nördlichen Mittelmeerraum, namentlich an der Adria *(adriatischer Scirocco),* in der kühlen Jahreszeit mildes und regnerisches Wetter erzeugt. An der südfranzösischen Küste entspricht ihm der *Marin* oder *Autan,* im Ägäischen Meer der *Garbi.* Im südlichen Mittelmeerraum bringt der Scirocco, der sich vor allem im Frühjahr und Herbst entfaltet, sehr schwüles und drückendes Wetter und führt gelegentlich auch feine rötliche Staubschichten mit, die auf seine Herkunft aus dem saharischen Raum verweisen *(= Scirocco africano).* Wenn er über den sizilianischen Apennin in die Tyrrhenis absteigt, ist er föhnartig ausgebildet. Die Temperaturen in Palermo schnellen an solchen Scirocco-Tagen unter Umständen bis auf maximal 50°C empor, und die relative Feuchte sinkt auf extrem niedrige Werte ab. Ähnlich ist die Situation auf Kreta. Dem Scirocco verwandt sind die nordafrikanischen Winde *Chili* (Tunesien), *Ghibli* (Libyen) und *Khamsin* (Ägypten) und in Spanien der *Solano* und der *Leveche.* Sie sind heiß und trocken und werden von den Landwirten als ausdörrende „Glutwinde" gefürchtet.

Im Sommer sind die Regionalwinde statistisch zwar nachweisbar, ihre Häufigkeit und Intensität sind im Vergleich zu den übrigen Jahreszeiten jedoch gering; denn das Witterungsgeschehen im Mittelmeerraum wird jetzt von stabilen Hochdrucklagen beherrscht. Damit entfällt eine wichtige Voraussetzung für ihre Genese.

Bemerkenswert sind im Sommer aber die *Etesien* des östlichen Mittelmeerraumes (neugriech. *Meltémi,* ital. *Maestro).* Diese für die Segelschiffahrt der Vergangenheit bedeutsamen nördlichen Winde wehen mit viel geringerer Geschwindigkeit als die winterlichen Regionalwinde, aber mit großer Stetigkeit und treiben in Griechenland (Kreta) zahlreiche Getrei-

Jahresmittel der Temperatur

de- und Bewässerungsmühlen an. Sie werden von den stationären Fronten und Tiefs über Kleinasien und der Arabischen Halbinsel als quasi-permanente Rückseitenwinde hervorgerufen.

In der sommerlichen Jahreszeit entstehen auch tagesperiodische Winde. Es handelt sich um die *Land-Seewind-Zirkulation,* die bei anhaltendem Hochdruck für das Mittelmeer besonders charakteristisch ist. Die regelmäßigen und beständigen Lokalwinde haben hier nämlich eine große Mächtigkeit und Reichweite. Der Seewind lindert die drückende Hitze an der Küste und macht die Mittagstemperaturen für die Menschen, nicht zuletzt für die Bewohner vieler Hafenstädte, erträglich, ganz ähnlich wie der *Perth Doctor* und der *Albany Doctor* in Südwestaustralien[3].

Ein Hinweis auf die Zuverlässigkeit des Seewindes gibt das Straßennetz von Pompeji, dessen Anlage genau auf ihn abgestimmt gewesen ist.

2.1.3 Das thermische Klima

Die planetarische Lage und die Lagebeziehung Festland/Meer drücken sich in den *Jahresmitteln* der Temperatur und den Mitteltemperaturen des wärmsten und kältesten Monats der in Tab. 2 ausgewählten (Küsten-)Stationen unmittelbar aus, denn die Werte nehmen im allgemeinen äquator- und kontinentwärts zu. Jedoch besteht ein verhältnismäßig breiter Spielraum, der z.B. bei den Jahresmitteln von 13 bis 21°C reicht. Hierin schlägt sich ein wichtiger Unterschied zwischen den alt- und neuweltlichen Teilräumen der Landschaftszone nieder. Das Mittelmeer, mit fast 3 Mill. km^2 das größte Randmeer der Erde, ist ein warmes Meer, das auf die Küsten- und Binnenräume thermisch ausgleichend einwirkt. Die wegen der unterschiedlichen Breitenlage des nordwestlichen und südöstlichen Mittelmeerbeckens (um 40 bzw. 35° N) zu erwartenden Temperaturunterschiede werden überdies dadurch abgeschwächt, daß die Meeresströmungen in den einzelnen Teilbecken entgegen dem Uhrzeigersinn kreisen und warme Wassermassen nach Norden verfrachten. Kalifornien, Mittelchile und das Kapland liegen dagegen am offenen Ozean. Außerdem befinden sie sich – ähnlich wie die atlantische Flanke des Mittelmeerraums mit dem kalten Kanarenstrom – im Einflußbereich der kalten Gewässer des Kalifornien-, Humboldt- (Peru-) und Benguelastroms. Diese andere Lage und das kalte Meer benachteiligen vor allem die küstennahen Räume thermisch (s. S. 32). Nur die ebenfalls am Weltmeer gelegenen südwest- und südaustralischen Küsten bilden eine Ausnahme, da

---

[3] Der *Cape Doctor* im südafrikanischen Kapland ist kein tagesperiodischer Wind, sondern ein föhnartiger Südostwind (South Easter), der im Sommer erfrischende Meeresluft heranbringt (Kap. 2.1.4).

Tab. 2: Temperatur, Niederschlag und Sonnenscheindauer ausgewählter Klimastationen der mediterranen Subtropen (nach W. KÖPPEN 1931 (Kö) und M. J. MÜLLER 1979)

Station	Höhe in m ü. M.	Temperatur in °C				
		Jahr	Jan.	Juli	Jahresschwankungen	Mittlere monatliche Extreme	Absolute Extreme
Mittelmeerraum							
Marseille	3	14,2	5,5	23,3	17,8	33,7/ −5,4	39,0/ −16,8
Barcelona	95	16,4	9,4	24,4	15,0	32,2/ 1,2	36,1/ − 6,7
Valencia	13	17,0	10,3	24,6 Au	14,3	34,5/ 0,0	41,7/ − 7,2
Lissabon	77	16,6	10,8	22,2	11,4	27,7/ 7,8	40,3/ − 1,2
Malaga	34	18,5	12,5	25,6	13,1	37,6/ 0,0	40,6/ 0,0
Casablanca	49	17,5	12,4	23,0 Au	10,6	26,0/ 9,0	41,0/ 0,0
Genua	54	15,6	7,9	24,1 Au	16,2	31,3/ −0,8	36,9/ − 8,0
Rom	46	15,5	6,9	24,7	17,8	34,6/ −1,4	40,1/ − 5,4
Neapel	25	16,8	9,0	25,0 Au	16,0	34,0/ −1,5	37,9/ − 4,4
Catania	45	18,3	10,9	26,6	15,7	37,4/ 3,2	44,0/ − 0,8
Tunis	3	17,7	10,2	26,2 Au	16,0	32,0/ 7,0	47,0/ 0,0
Rijeka	104	14,3	5,9	23,5	17,6	32,8/ −3,3	36,8/ −12,8
Split	128	16,1	7,8	25,6	17,8	34,9/ −1,1	37,8/ − 8,3
Tirana	114	16,0	7,3	25,0	17,7	37,3/ −4,7	42,0/ −10,5
Thessaloniki	2	16,1	5,5	27,3	21,8	37,6/ −3,6	41,8/ −10,3
Izmir	28	17,4	8,3	27,0	18,7	38,3/ −2,2	42,2/ −11,1
Athen	107	17,8	9,3	27,6	18,3	38,7/ 0,9	42,6/ − 5,7
Naxos	3	18,5	12,2	15,0 Au	12,8	32,6/ 4,6	38,0/ − 0,0
Adana	25	19,0	8,9	28,3 Au	19,4	38,3/ −2,2	42,8/ − 7,6
Haifa	10	21,4	13,9	28,3 Au	14,4	37,8/ 6,7	44,4/ − 2,8
Bengasi (Kö)	10	20,3	13,0	26,2 Au	13,2	−	−
Kalifornien							
Eureka	18	11,3	8,6	13,7 Au	5,1	22,8/ −0,6	29,4/ − 6,7
San Francisco	16	13,8	10,4	16,7 Sep	6,3	29,4/ 3,9	38,3/ − 2,8
Sacramento	40	15,3	7,6	22,4	14,8	40,0/ −2,0	8,0
Fresno	100	16,9	7,5	27,0	19,5	42,2/ −2,8	46,1/ − 8,3
Los Angeles	103	18,0	13,2	22,8	9,6	35,6/ 2,8	42,8/ − 2,2
San Diego	4	17,2	13,1	21,5 Au	8,4	29,4/ 3,3	43,3/ − 3,9
Mittelchile							
La Serena	35	14,7	18,4 F	11,7	6,7	−	29,3/ 1,8
Valparaiso	41	14,7	18,0	11,8	6,2	−	26,0/ 2,0
Santiago	520	14,0	20,0	8,1	11,9	−	37,2/ − 4,6
Concepciòn	15	13,0	18,0	9,1	8,9	−	37,5/ − 5,0
Kapland							
Kapstadt	17	17,0	21,5 F	12,6	8,9	26,0/ 7,0	39,0/ − 2,0
Nadelkap (Kö)	20	15,9	19,5	12,6	6,8	−	−
Mosselbaai (Kö)	30	17,0	20,6	13,7	6,9	33,0/ 5,0	−
Australien							
Geraldton	4	19,8	24,1	15,4	8,7	−	47,7/ 0,8
Perth	60	18,1	23,9 F	13,1	10,8	37,8/ 3,9	44,6/ 1,2
Albany	13	15,7	19,4 F	12,1	7,3	32,8/ 3,3	44,8/ 0,1
Adelaide	43	16,7	22,6	11,2	11,4	42,2/ 2,8	47,6/ 0,0
Mt. Gambier	65	13,9	18,1	9,6	8,5	−	44,8/ − 4,8

Klimastationen

Station	Höhe in m ü. M.	Jahr	Niederschlag in mm regenreichster Monat	regenärmster Monat	Sonnenscheindauer in h
Mittelmeerraum					
Marseille	3	546	76 Okt	11 Jl	2764
Barcelona	95	593	80 Okt	29 Jl	2480
Valencia	13	422	75 Okt	9 Jl	2538
Lissabon	77	708	111 Jan	3 Jl	3023
Malaga	34	470	66 D	1 Jl	2912
Casablanca	49	511	125 D	0 Jl	–
Genua	54	1297	181 Okt	49 Jl	2217
Rom	46	874	128 Okt	14 Jl	2537
Neapel	25	895	130 Okt	16 Jl	2422
Catania	45	786	171 Okt	3 Jl	2493
Tunis	3	461	70 Jan	1 Jl	2907
Rijeka	104	1548	191 Okt	82 Jl	–
Split	128	816	130 D	40 Jl	2656
Tirana	114	1189	157 Okt	28 Jan	2526
Thessaloniki	2	449	56 N	20 Jl	2624
Izmir	28	652	122 D	5 Jl	–
Athen	107	402	71 D	6 Jl	–
Naxos	3	475	93 D	1 Au	–
Adana	25	619	109 Jan	5 Jl/Au	–
Haifa	10	668	185 D	2 Jan/Jl/Au	–
Bengasi (Kö)	10	270	70 Jan	0 Jl	–
Kalifornien					
Eureka	18	975	170 D/Jan	3 Jl/Au	–
San Francisco	16	529	116 Jan	0 Jl	–
Sacramento	40	530	110 D	0 Jl	–
Fresno	100	285	52 Jan	0 Jl	–
Los Angeles	103	373	78 Jan	0 Jl	–
San Diego	4	264	55 F	0 Jl	–
Mittelchile					
La Serena	35	133	43,7 Jan	0,1 Jl	–
Valparaiso	41	462	128 Jan	2 Jan/F	–
Santiago	520	361	85 Jan	2 Jl	2501
Concepciòn	15	1294	238 Jl	17 Jan	2131
Kapland					
Kapstadt	17	506	85 Jl	8 F	2992
Nadelkap (Kö)	20	400	–	–	–
Mosselbaai (Kö)	30	440	40 Mz/40 Okt	20 Jan/30 Jun	–
Australien					
Geraldton	4	457	113 Jun	5 D	–
Perth	60	889	192 Jun	7 Jan	2848
Albany	13	1008	152 Jl	31 D	2001
Adelaide	43	523	66 Mai	23 Jan	2507
Mt. Gambier	65	774	105 Jl	29 F	–

der kalte Westaustralstrom durch Ausläufer des warmen Ostaustralstroms vom Festland weitgehend ferngehalten wird (J. GENTILLI 1955, S. 228).

Der *wärmste Monat* ist meistens der Juli (auf der Südhalbkugel der Januar); an der äquatorialen Grenze – z. B. an der nordafrikanisch-vorderasiatischen Küste des Mittelmeers – verlagert er sich in den August. Seine Temperaturen verbleiben im Mittelmeerraum, im kalifornischen Längstal und an der äquatorialen Flanke des australischen Gebietes über 22 °C (Csa-Klima nach W. KÖPPEN), die übrigen Teilräume sind kühler (Csb-Klima). Der *kälteste Monat* mit Temperaturen, die allerdings 5 °C deutlich überschreiten, ist fast überall der Januar (bzw. Juli). In Mittelchile, im Kapland und in Australien sinkt der entsprechende Wert infolge der hohen Maritimität nicht wesentlich unter 10 °C ab, so daß die Winter auf der Südhalbkugel sehr mild sind.

Durch die größere räumliche Tiefenerstreckung ist die Spannweite der Temperaturextreme in Australien aber breiter gestreut als in Mittelchile und im Kapland. Auch zwischen Kalifornien und Mittelchile gibt es einen Unterschied. In Mittelchile ist nicht nur die Küste, sondern auch das Längstal kühler. Wohl nimmt wie in Kalifornien die Sommerwärme landwärts zu, jedoch nicht in dem gleichen Maße wie dort, weil das chilenische Längstal höher liegt und die Klimascheide der Hochanden rascher erreicht wird.

Infolge der kalten Meeresströmungen haben die neuweltlichen Küstengebiete (außer Australien) ungünstige thermische Verhältnisse. Durch den nordpazifischen Kaltwasserkörper tritt an der nordkalifornischen Küste bei antizyklonaler Witterung im Sommer häufig *Nebel* bis in 500 m ü. M. auf, dessen innere Grenze von den örtlichen topographischen Gegebenheiten abhängt (Csbn-Klima). Vor allem die Bucht von San Francisco mit ihren Verzweigungen ist hiervon betroffen. Der Nebel setzt die Einstrahlung herab, so daß die höchsten Temperaturen erst im August (Eureka 13,7 °C) oder September (San Francisco 16,7 °C) gemessen werden. In ähnlicher Weise entstehen sommerliche Nebel an der mittel-(und nord-) chilenischen Küste, die weniger in der Zentralzone als im Kleinen (und Großen) Norden wirksam werden, sowie vor der südafrikanischen Westküste, wo sie manchmal vom Kap der Guten Hoffnung bis Angola als geschlossene Bank lagern. Der wärmste Monat ist in La Serena und Kapstadt deshalb nicht der Januar, sondern der Februar. In abgeschwächtem Maße bilden sich solche, die Schiffahrt behindernden Nebel auch an der marokkanischen Atlantikküste *(Dunkelmeer).*

Der Gegensatz zwischen den nord- und südhemisphärischen Teilräumen wird durch die *mittleren Jahresschwankungen* der Temperatur unterstrichen; zugleich geben sie über die wachsende Kontinentalität (im Mittelmeerraum) und die Küsten- und Binnenlage Aufschluß, wenn auch der

Gesamtcharakter mit Jahresschwankungen unter 20°C im thermischen Sinne ozeanisch bleibt. Schließlich stützt die Schwankungsbreite der *mittleren monatlichen Extreme* die Interpretation der Temperaturwerte: Die mittleren Minima erreichen den Gefrierpunkt auf der Südhemisphäre ebensowenig wie am atlantisch-nordafrikanischen Saum des Mittelmeers und an der kalifornischen Küste. Im kalifornischen und chilenischen Längstal, den zwei gut abgeschirmten neuweltlichen Binnenräumen, und im östlichen Mittelmeerraum fallen sie indessen unter die Nullgrad-Grenze ab.

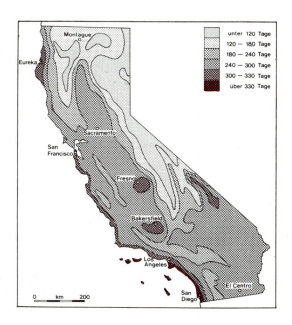

Abb. 7: Die frostfreie Periode in Kalifornien (nach Atlas of California)

Wie die gesamten Subtropen ist das Mittelmeerklima also *nicht frostfrei*. Freilich treten Fröste nicht überall gleichzeitig und in jedem Jahr auf; sie sind überdies stets leicht, und die Temperatur sinkt allenfalls am polaren Saum und in den kontinentalen Bereichen gelegentlich einmal unter die −5°C-Grenze ab (vgl. Tab. 2). Zudem sind die Fröste von kurzer Dauer, sie stellen sich in der Regel in den Morgenstunden ein. Eistage sind in Meereshöhe so gut wie ausgeschlossen. Doch kann es häufig zu wachstumshemmenden kritischen Temperaturen kommen, zumal in binnenländischen (Hoch-)Lagen, wie den beiden amerikanischen Längstälern, in der südlichen Meseta Spaniens und am Polarrand der

Landschaftszone. Zum Beispiel hat Florenz immerhin 37, Rom noch 10, Bari 7, Tarent aber nur 1 Frosttag(e) im Jahr. Empfindliche Kulturen, wie Zitrusfrüchte, muß man deshalb vor Frost schützen (Kap. 3.2.1.2). Am wenigsten frostgefährdet sind wiederum der atlantisch/pazifische Küstensaum und der äquatoriale Rand der Landschaftszone (Abb. 7).

Ein Blick auf die mittleren maximalen Extreme zeigt, daß bei wolkenlosem Himmel *sommerliche Hitzegrade* zwischen 35 und 40°C keine Besonderheit sind; die absoluten Extreme einiger australischer Stationen am äquatorialen Rand streifen die 50°-Grenze. Nicht umsonst gelten die mediterranen Subtropen neben den heißen Wüsten und Steppen als sonnenreichste Region der Erde. Eine *hohe Sonnenscheindauer* mit mehr als 2500 h/Jahr kennzeichnet namentlich den ozeanfernen Kernraum des Mittelmeers mit Südostspanien, Sizilien, Griechenland und seiner Inselwelt, Anatolien, die nordafrikanische und levantinische Küste (z. B. Beirut 2986 h), ebenso das südliche Kalifornien (70–80% der möglichen Sonnenscheindauer), wo z. B. berühmte Sternwarten diesen klimatischen Gunstfaktor nutzen, und Südwestaustralien (Perth 2848 h). Die nordkalifornische Küste, der atlantische Saum des Mittelmeers und die übrigen Gebiete der Südhalbkugel sind demgegenüber etwas benachteiligt und haben höhere Bewölkungsgrade.

Geringe Bewölkung und größte Reinheit des Himmels mit einer großen Sichtweite sind für den Mittelmeerraum schon im Altertum beschrieben worden. CICERO sagt von seiner zweiten Heimat Syrakus selbst für den Winter ohne Übertreibung: *„Kein Tag hat so schlechtes Wetter, daß man nicht wenigstens einige Zeit die Sonne sieht"* (zit. nach M. RIKLI 1943–48 I, S. 92). Andererseits lagert im Sommer über Italien, Zentralspanien und Griechenland ein Schleier. Diese *Calina* genannte Erscheinung ist eine Art trockener *Hitzenebel,* ein aus feinstem Staub gebildeter Dunst, der auf die hochgradige Erhitzung und Austrocknung des Bodens zurückgeht. Bei fehlender horizontaler Luftzirkulation reißt die aufsteigende Luft Staubteilchen in die Höhe. Mit zunehmender Hitze wird der Dunst dichter und erreicht sein Maximum im August. Erst nach ergiebigen Herbstregen verschwindet die Calina (vgl. H. LAUTENSACH 1964, S. 56f.). GOETHE hat für die italienische Landschaft in treffender Weise von „dunstiger Klarheit" gesprochen, weil der Hitzenebel die Sichtweite nur wenig beeinträchtigt (vgl. G. HARD 1969).

Bei einer Gesamtbeurteilung des thermischen Klimas in den mediterranen Subtropen kommt man zu dem Ergebnis, daß es weder das Wachstum der natürlichen Pflanzenwelt noch die Entfaltung der agrarischen Landnutzung behindert. Für sich besehen würde es in vielen Teilräumen eine fast ganzjährige Vegetationsperiode erlauben. Die Niederschlagsverhältnisse bewirken jedoch empfindliche Einschnitte.

Niederschläge

2.1.4 Das hygrische Klima

Natürliches Pflanzenkleid und agrarische Wirtschaft müssen sich mit zwei einschränkenden hygrischen Voraussetzungen abfinden:

• Das Mittelmeerklima hat eine *ausgeprägte Trockenzeit,* die in den drei Sommermonaten bis zum vollständigen Ausbleiben jeglichen Niederschlags führen kann.
• Die Zuverlässigkeit der Niederschläge ist in den übrigen Jahreszeiten im allgemeinen gering. Eine relativ *hohe Niederschlagsvariabilität* verweist nachdrücklich auf die Tatsache, daß die Landschaftszone zu den Subtropen gehört, in denen die absoluten Grenzen der natürlichen Vegetation und des Ackerbaus erreicht werden.

Abgesehen vom äquatorialen Rand der Subtropen sind die *jährlichen Niederschläge* an sich ziemlich hoch und unterscheiden sich wenig von den Werten, wie sie z. B. in den immerfeuchten kühlgemäßigten Breiten gemessen werden (Tab. 2). Freilich ist die Versickerungsgröße im Verhältnis zur Regenmenge im Mittelmeerraum viel kleiner als in Mitteleuropa, so daß ein beträchtlicher Teil des Niederschlags ungenutzt ins Meer zurückfließt.

Für die räumliche Verbreitung von niederschlagsreichen und niederschlagsarmen Räumen spielt die Lage auf der Nord- oder Südhalbkugel grundsätzlich keine Rolle. Vielmehr sind die geographische Breite, die maritime oder kontinentale Lage und die spezielle Relief-Situation, etwa die Luv- und Lee-Lage, ausschlaggebend. So empfangen z. B. die Stationen am Nordrand der Sahara und im östlichen Mittelmeerraum weniger Niederschläge als jene im Nordwesten und am polaren Saum der Landschaftszone. Ebenso wird auf allen südeuropäischen Halbinseln durch die Querstellung der Gebirge die westliche Luvseite stärker benetzt als die östliche Leeseite. Zu den trockensten europäischen Gebieten zählt die südspanische Küstenregion zwischen Almeria und Alicante (unter 300 mm). Am Cabo de Gata liegt mit 128 mm die niederschlagsärmste Station Europas (H. LAUTENSACH 1964, S. 616). Umgekehrt können in extremer Luvlage, selbst in mäßiger Höhe, beträchtliche Niederschläge fallen. Bekannt hierfür ist das Gebiet von Crkvice im Hinterland von Kotor an der süddalmatinischen Küste, das mit mehr als 4500 mm in 1097 m ü. M. die höchsten Niederschläge in Europa erhält (M. RIKLI 1943–48 I, S. 69). Ein Wert von 1500 mm ist im Kroumir-Bergland Nordtunesiens in nur 739 m ü. M. registriert worden (H. MENSCHING 1968, S. 34 f.). Selbstverständlich gelten entsprechende Beziehungen für beide Amerika. Hier sind die Küstenkordilleren im Vergleich zu den Längstälern stärker beregnet. Schließlich empfangen die südwestaustralische und südafrikanische Landspitze wesentlich höhere Niederschläge als der anschließende Binnenraum (vgl. z. B. T. MOLTER 1966, S. 50).

Wichtiger als die jährliche Regenmenge ist aber ihre *jahreszeitliche Verteilung*. Sie stellt das charakteristische Element des Mittelmeerklimas dar. Zwar fällt die gleiche Niederschlagsmenge wie in Mitteleuropa, doch ist sie auf ein halbes Jahr oder auf eine noch kürzere Periode konzentriert.

Da es sich um *Winterregen* handelt, ist die Niederschlagskurve im allgemeinen eingipflig. Der Regen fällt in der kühlen Jahreszeit, wenn der subtropische Hochdruckgürtel seine äquatornächste Lage hat und die zyklonale Tätigkeit der außertropischen Westwindzone wetterwirksam werden kann. Dabei ist es gleichgültig, ob das Maximum der Niederschläge im Dezember (bzw. Juni) oder Januar (bzw. Juli) liegt. Von dieser Grundregel weicht der südaustralische Teilraum um Adelaide ab; hier fallen Regen zu allen Jahreszeiten, jedoch hat die Niederschlagskurve ein winterliches Maximum (Abb. 2 und 8).

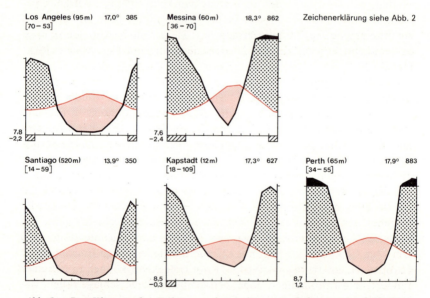

Abb. 8: Das Klima in den Teilräumen der mediterranen Subtropen *(nach* H. WALTER/H. LIETH *1960–67)*

Ausnahmen und Übergänge betreffen den großflächigen Mittelmeerraum (vgl. z. B. E. REICHEL 1949). Echte Winterregen empfangen seine atlantischen, zentralen und südöstlichen Teile (Abb. 9). Im Atlas und in Hochanatolien verschiebt sich das Maximum der Niederschläge indessen

Regenzeit/Trockenzeit 37

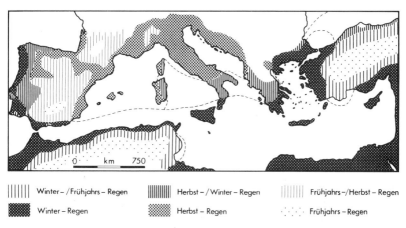

‖‖‖‖‖	Winter-/Frühjahrs-Regen	‖‖‖‖‖	Herbst-/Winter-Regen	‖‖‖‖‖	Frühjahrs-/Herbst-Regen
▓	Winter-Regen	▒	Herbst-Regen	⋅⋅⋅	Frühjahrs-Regen

Abb. 9: *Die jahreszeitliche Niederschlagsverteilung im Mittelmeerraum (nach* J. HUTTARY *1950)*

ins Frühjahr, weil die rasche Erwärmung des Bodens zusammen mit der labilen Luftschichtung eine rege Konvektion fördert (J. HUTTARY 1950, S. 116; A. NISANÇI 1973). Im nördlichen Mittelmeer ist die Regenzeit gespalten. Die Niederschlagskurve hat hier zwei Gipfel, einen im Herbst (Oktober) und einen im Frühjahr (März/April), während in den Wintermonaten neben der sommerlichen Trockenheit ein sekundäres Niederschlagsminimum auftritt *(Herbst- und Frühjahrs-Regen)*. Diese gegabelte Regenzeit in Ost- und Zentralspanien (mit stärkeren Frühjahrsregen), in Südfrankreich, Nord- und Mittelitalien, Dalmatien und Albanien (mit stärkeren Herbstregen) wird verständlich, wenn man in Betracht zieht, daß die Zugbahnen der Zyklonen mit dem Wandern der ITC jahreszeitlich wechselnd benutzt werden. Die nördliche Zugbahn vom Garonnebekken über den Löwengolf zum Ligurischen Meer und zur Adria ist im Herbst und an der Winter-Frühjahrswende aktiv. Dadurch kommt es zu dem Doppelgipfel der Niederschläge am Polarrand des Mittelmeerraums. Im Winter ist diese Zugbahn durch kontinentale Luftmassen aus Mittel- und Osteuropa versperrt, so daß sich keine zyklonale Tätigkeit entfalten kann. Dann wird die südliche Zugbahn, von der Straße von Gibraltar über Sizilien und entlang der nordafrikanischen Küste bis ins östliche Mittelmeerbecken, benutzt. Deshalb ist die Niederschlagskurve im zentralen und südlichen Mittelmeerraum eingipflig.

Im nördlichen Mittelmeerraum ist die sommerliche *Trockenzeit* also durch den besonderen Niederschlagsgang etwas eingeengt. Mit abnehmender geographischer Breite wird sie länger und markiert einen kräftigen Einschnitt im hygrischen Jahresgang (A. DEBENE 1952). Die Zeit ohne jeglichen Niederschlag wächst im Jahr von 60 Tagen bei 44° auf mehr als 150 Tage bei 36° N, wie T. GAZZOLO/G. BASSI 1968 (zit. nach X. DE PLANHOL/P. ROGNON 1970, S. 19f.) für die Periode 1921-60 am Beispiel Italiens gezeigt haben (Abb. 10). Die trockene Jahreszeit dauert im Osten und Süden des Mittelmeerraums im allgemeinen 5-6 Monate, im Westen und Norden 2-3 Monate. Sie umfaßt im zentralen Mittelmeer-

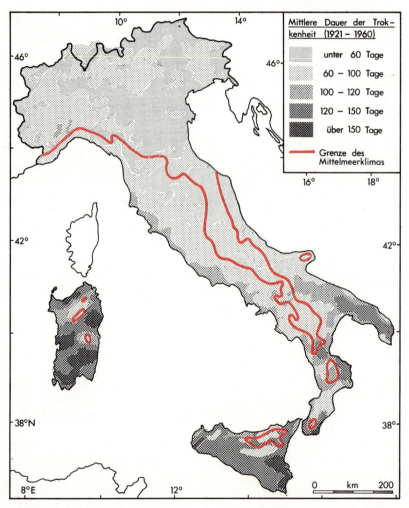

Abb. 10: Die sommerliche Trockenzeit in Italien (nach T. GAZZOLO/G. BASSI *aus* X. DE PLANHOL/P. ROGNON *1970)*

Aridität

raum außer den zumeist vollariden Monaten Juni bis August, in denen selbst im langjährigen Mittel bei einer Vielzahl von Stationen überhaupt kein Niederschlag fällt, häufig auch die Monate Mai und September, in denen semiaride Zustände herrschen. In den südöstlichen Leelagen Spaniens und Italiens ebenso wie im südöstlichen Mittelmeergebiet ist der trockene Sommer besonders ausgedehnt. Das „fast immertrockene Iberien", wo Verdunstungswerte von 1500 mm gemessen worden sind, weist acht und mehr aride Monate auf und hat damit hygrische Verhältnisse wie die äquatorwärts anschließenden subtropischen Trockengebiete (H. LAUTENSACH/E. MAYER 1960; F. GEIGER 1970). In Tarent (Südostitalien) werden je drei vollaride, semiaride, semihumide und humide Monate im Jahr registriert (Abb. 11). Die trockene Jahreszeit, in der kein überschüssi-

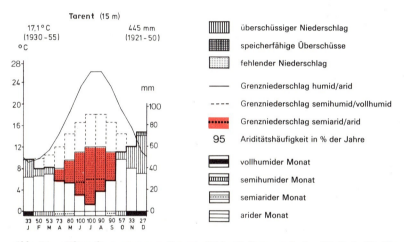

Abb. 11: Klimadiagramm von Tarent, Südostitalien; nach der Methode R. JÄTZOLD 1961, Trockengrenze nach E. DE MARTONNE/W. LAUER (aus K. ROTHER 1971a)

ger Niederschlag fällt, dauert hier von April bis September. Auch die Ariditätshäufigkeit, d.h. jener Wert, der angibt, wie oft die ariden/humiden Zustände in einem Beobachtungszeitraum eintreten, liegt hier in einem dreißigjährigen Mittel von Mai bis September über 80, im Juni und Juli bei 100%. In diesen Daten spiegelt sich jene sichere heiße Trockenzeit wider, die eine lange Sonnenscheindauer mit einer hohen Lichtintensität besitzt (Kap. 2.1.3).

Sie kennzeichnet auch die anderen Räume der mediterranen Subtropen. In ihnen richtet sich die Dauer der ariden Jahreszeit nach den gleichen Faktoren wie im Mittelmeerraum. Am deutlichsten tritt ihre Abhängigkeit von der geographischen Breite in Nord- und Südamerika hervor (Abb. 12; vgl. die Karten bei W. LAUER 1952); in beiden Gebieten wirkt jeweils die außerordentlich stabile (nord- und süd-)pazifische Antizyklone. Im Kapland und in Südwestaustralien fällt die Trockenheit dagegen nicht so extrem aus, weil durch den engen Kontakt mit der Passatzirkulation der immerfeuchten Subtropen die Niederschlagsneigung größer ist. So bildet z. B. das Kapland einen Übergangsraum zwischen Ganzjahresregenzone mit sommerlichem Maximum und Winterregenzone (Abb. 13). Winterniederschläge dringen bis etwa 22° E, Sommerniederschläge bis zur Westküste vor. Letztere wirken sich am Tafelberg bei Kapstadt als passatische Steigungsregen aus. Auch die beständige Witterungserscheinung des „Tafeltuchs", einer sich an der dem Indik zugewandten Seite des Tafelbergs stauenden Wolkendecke, die nach Norden überlappt und sich beim Abstieg auflöst, geht auf warmfeuchte Strömungen aus südöstlicher Richtung zurück (T. MOLTER 1966, S. 48 ff.). Sie findet sich ebenso in anderen Gebirgsabschnitten des Kaplandes. In den australischen sommertrockenen Subtropen ist das Feuchtigkeitsangebot noch größer. A. V. MILEWSKI (1981) führt dies auf die Nachbarschaft des warmen Meeres zurück. Es bringt der Landschaftszone nicht allein die Winterregen der

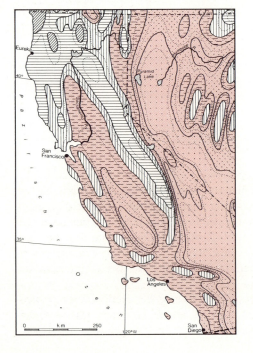

Abb. 12: Die ariden und humiden Jahreszeiten in Kalifornien (nach R. JÄTZOLD 1961)

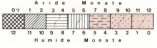

Westwindzone, sondern eine intensivere Niederschlagstätigkeit auch durch das gelegentliche Vordringen randtropischer Tiefs im Spätsommer und Herbst. Diese ermöglichen in den sonst trockeneren nördlichen Randgebieten eine reichere Pflanzenwelt (Kap. 2.4.2).

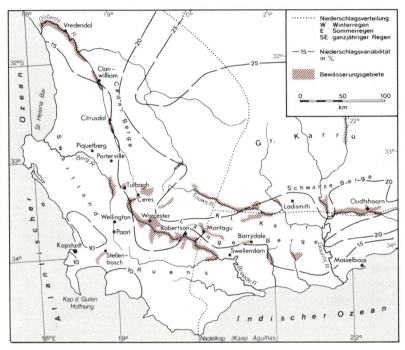

Abb. 13: Niederschlagsgang, Niederschlagsvariabilität und Bewässerungsgebiete im südafrikanischen Kapland (nach T. MOLTER 1966, E. KLIMM u.a. 1980)

Außer der regelmäßig wiederkehrenden ariden Jahreszeit sind die unperiodischen Niederschlagsschwankungen in der feuchten Jahreszeit besonders mißlich, weil die traditionelle Landwirtschaft, die den klimatischen Verhältnissen preisgegeben ist, von solcher Unzuverlässigkeit hart getroffen werden kann (Abb. 14). Das Ausbleiben des erhofften Regens in Dürrejahren führte in der Vergangenheit zu Mißernten und Hungersnöten, denen man sich nicht immer und überall durch die räumliche Streuung des Bodeneigentums auf mehrere Höhenstufen oder mit der Aufnahme mehrerer Betriebszweige als Mittel zur Risikoabsicherung zu entziehen vermochte (vgl. H. ACHENBACH 1979, S. 281; H.-G. ZIMPEL 1969).

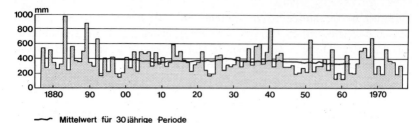

── Mittelwert für 30 jährige Periode

Abb. 14: Der langfristige Niederschlagsgang in Los Angeles, Kalifornien (nach Atlas of California)

Ein Maß für die mittlere Abweichung vom langjährigen Mittelwert des Jahresniederschlags ist die *Niederschlagsvariabilität* (Abb. 13). Sie beträgt im Mittelmeerklima etwa 15-20% (Kapland 10-15%), d. h. in feuchten Jahren fallen bis zu 20% mehr, in trockenen Jahren bis zu 20% weniger Niederschläge, als nach den langjährigen Beobachtungen zu erwarten sind. Mit Annäherung an die trockenen Subtropen steigt dieser Wert. Beispielsweise sind im südlichen Mittelmeerraum für die Stationen Biskra 40, Tripoli 27 und Beirut 23,6% errechnet worden (X. DE PLANHOL/P. ROGNON 1970, S. 35). Hier gilt die Regel, daß zu geringe Regenmengen häufiger vorkommen als zu große. Allerdings stellt C. VAN HUSEN (1967, S. 57) für Mittelchile zwischen 34 und 38° S (Zentralzone) fest, daß die mittlere positive Abweichung (20-30%) größer ist als die mittlere negative Abweichung (20-25%). Naturgemäß verhält sich die Niederschlagsvariabilität auch jahreszeitlich verschieden; je mehr man sich der trockenen Jahreszeit nähert, um so größer wird sie (vgl. z. B. A. NISANÇI 1973, S. 151, für die Türkei). Im Extremfall gibt es sogar Jahre, in denen im Sommer mehr Niederschlag fällt als im Winter. Dies geschah z. B. 1938/39 in Süditalien, als die Station Metapont am Golf von Tarent im Sommer 251 und im Winter 154 mm registrierte (K. ROTHER 1971a, S. 33).

Die Niederschläge fallen überwiegend als Regen. Aber *Schneefall* ist bis in den Kernraum des Mittelmeerklimas möglich. Wenn sich im zentralen Mittelmeerraum auch erst von 500 m ü. M. an eine Schneedecke für kürzere Zeit halten kann, schneit es doch gelegentlich bis zur Küste herab. Eine schneesichere winterliche Jahreszeit haben allein die höher aufragenden Gebirge. Sie tragen regelmäßig eine mehrmonatige Schneedecke, und es herrscht eine empfindliche Kälte. Typisch ist der schnelle Zuwachs des Schneeanteils der Niederschläge mit der Höhe in den Gebirgen beider Amerika. In der kalifornischen Sierra Nevada (Name!) liegen an der Station Tamarack (38° 36' N, 2438 m ü. M.) die mittleren Temperaturen fünf Monate lang unter dem Gefrierpunkt, und der Anteil des schneeigen Niederschlags erreicht ca. 88% (1150 mm Wasser-Äquivalent von 1314 mm

Starkregen

jährlichem Niederschlag) (X. DE PLANHOL/P. ROGNON 1970, S. 334). Die Schneemächtigkeit ist hier in Leelagen dementsprechend groß. Von einzelnen Firnflecken und kleinen Kargletschern abgesehen, reichen die Gebirge aber nicht in das Gebiet des „ewigen Schnees". Eine Ausnahme bilden die vergletscherten Hochanden Zentralchiles zwischen 33 und 35° S.

Um die trockene heiße Jahreszeit erträglicher zu machen, entwickelte sich im Mittelmeerraum ähnlich wie in den tropischen Anden Südamerikas bis in unsere Tage seit dem Altertum ein reger Handel mit Schnee, der bis Sommerbeginn nachts auf beschwerlichen Pfaden mit Maultieren in tiefere Regionen transportiert, in dafür vorgesehenen Brunnen und Kammern (*neveras* in Spanien, *nevieri* in Italien) aufbewahrt und auf dem örtlichen Markt verkauft wurde. Der an tief gelegenen, beschatteten Firnflecken gesammelte Schnee diente zur Herstellung von Eiscreme, für die Kühlung von Speisen und Getränken, zur Pflege der Malaria-Kranken und grundsätzlich auch zur Ergänzung der Wasserversorgung. Mit dem Aufkommen der modernen Kühltechnik verschwand dieser Erwerb im Laufe des 20. Jh. (vgl. V. PASCHINGER 1958; B. SPANO 1963; X. DE PLANHOL/P. ROGNON 1970, S. 363f.).

Für die mediterrane Fußstufe ist der Regen typisch. Neben gleichmäßig fallenden Landregen sind häufig mit Gewittern verknüpfte *Starkregen,* auch torrentielle Regen genannt (Kap. 2.2), sehr charakteristisch. Nach einer Definition sind dies *„Niederschläge mit Beträgen über 30 mm in 24 Stunden"* (H. ACHENBACH 1979, S. 281). Innerhalb kurzer Zeit gehen also große Wassermassen nieder, und bei einem einzigen Starkregen können die langjährigen Monatsmittel des Niederschlags um ein Vielfaches übertroffen werden. Ein Oktobertag 1827 brachte Montpellier in 24 Stunden 306,8 mm Regen, was nicht weniger als 40% der mittleren jährlichen Niederschlagsmenge entspricht; der 11. Oktober 1862 ergab in sieben Stunden sogar 233 mm (M. RIKLI 1943–48 I, S. 73). Bei der Hochwasserkatastrophe in Tunesien im Herbst 1969 *„wurde in fast allen Stationen die Hälfte der gesamten Jahresmenge erreicht",* in einigen südlich gelegenen Orten wurde das Jahresmittel übertroffen. Die Station El Djem (Jahresmittel 275 mm) registrierte vom 25. bis 27. September 319 mm, davon fielen 218 mm Niederschlag allein in 24 h (H. MENSCHING u.a. 1970, S. 86).

Wenn auch solche Extremwerte nicht unbedingt zonentypisch sind und überall auf der Erde einmal vorkommen können, so wird aus den Angaben für die mittlere Zahl der Regentage mit mehr als 0,1 mm Niederschlag (z.B. Valparaíso im Sommer 2,3, im Winter 22,4; C. VAN HUSEN 1967, S. 37) deutlich, daß infolge der Starkregen die Zeit mit Regen auch in der kühlen Jahreszeit kurz ist. Selbst in der kalifornischen Sierra Nevada haben 40% der Winter- und 47% der Frühlingstage schönes Wetter, das in mehr als 50% der Fälle Perioden von mehr als einer Woche, manchmal solche von drei Wochen bildet (X. DE PLANHOL/P. ROGNON 1970, S. 67; vgl. W. WEISCHET 1970, S. 188f., für Mittelchile).

2.1.5 Klima und Mensch

Aus den bisherigen Erörterungen ist hervorgegangen, daß das hygrische Klima für Landschaft und Mensch in den mediterranen Subtropen Probleme aufwirft. Durch die trockene sommerliche Jahreszeit drängt sich die Vegetationszeit der natürlichen Pflanzenwelt und der Kulturpflanzen auf die kurzen Übergangsjahreszeiten zusammen, so daß z.B. die agrarische Landnutzung einen ganz bestimmten zeitlichen Rhythmus einhalten muß, der das bäuerliche Leben im Mittelmeerraum bis in die Gegenwart beherrscht. Als weiteren Nachteil muß die herkömmliche Landwirtschaft die Unsicherheit des Regenfalls in den feuchteren Abschnitten des Jahres in Kauf nehmen und ist unter Umständen aperiodischen Dürren ausgesetzt. Schließlich fördern Starkregen die Abspülung und gefährden das Kulturland durch Bodenerosion und Überschwemmung. Angesichts dieser natürlichen Situation wird es verständlich, daß die Landwirtschaft heute nur dann erfolgreich arbeiten kann, wenn sie sich mit Hilfe der Bewässerung vom hygrischen Klimaregime löst. Die Möglichkeiten, welche die Natur dafür bereithält, sollen im Zusammenhang mit den hydrogeographischen Grundlagen überprüft werden (Kap. 2.2). An dieser Stelle bleibt noch auf das unmittelbare Beziehungsverhältnis von Klima und Mensch einzugehen.

In den feuchten Tropen und Subtropen besteht das Problem der *Akklimatisation* und auch das der Tropenkrankheiten. In den mediterranen Subtropen ist eine Akklimatisation nicht erforderlich. Schon die alten Kulturvölker des Mittelmeerraumes lebten unter den heutigen klimatischen Bedingungen, und insbesondere die Spanier haben mit der Kolonisation in Übersee dort angesetzt, wo sie auf die ihnen vertrauten klimatischen Verhältnisse gestoßen sind. Überdies haben die Mittel-, Nord-, West- und Osteuropäer, angefangen von den Kreuzzügen über die Südwanderungen deutscher Kaiser bis zu den Reisen GOETHES und GREGOROVIUS', des Bildungsbürgertums im 19. Jh. und zum Massentourismus unserer Tage, stets den „sonnigen Süden" als ein begehrenswertes Ziel empfunden. In dieses Bild paßt die anhaltende Westwanderung der Amerikaner, die seit den vierziger Jahren des 20. Jh. die „Sunshine States" des Südwestens bevorzugen. Vor allem die trockene Jahreszeit des Mittelmeerklimas ist gut verträglich und fördert die körperliche und geistige Leistungsfähigkeit des Menschen bei normaler Ernährung. Die nachteiligen Elemente, wie die große Sommerhitze, schwüle Scirocco-Tage usw., fallen heute nicht mehr so sehr ins Gewicht. Doch muß man sich vergegenwärtigen, daß große Teile der Agrarbevölkerung bis in die jüngste Zeit durch Unterernährung und Krankheit unter diesen thermischen Bedingungen gelitten haben. Die winterliche Jahreszeit ist durch ihren häufigen Wechsel von Regenfall und Schönwetterperioden bei mäßigen Wärmegraden angenehm; nicht grundlos fallen die ersten Ansätze des Fremdenverkehrs gerade in diese Jahreszeit (Kap. 3.3.4). Das Leben kann sich auch im Winter im Freien abspielen. Man sollte aber bedenken, daß die Bevölkerung *„bei mangelhaften Heizvorrichtungen und der leichten Bauart der Häuser, den schlechtschließenden Türen und Fenstern, den großen steingepflasterten Vestibülen und Treppen im Mittelmeergebiet im Winter weit mehr von* (d.h. unter; d. Vf.) *Kälte und Zugluft leidet als im Norden, und es ist eine bemerkenswerte Tatsache, daß der Südländer weniger empfindlich dagegen ist als wir, während er umgekehrt eine viel größere Scheu empfindet, sich der Sonnenglut oder auch dem Regen auszusetzen"* (A. PHILIPPSON 1914, S. 108).

Spezifische mediterrane *Krankheiten,* die in der Landschaftszone endemisch sind, gibt es nicht. Jedoch treten einige Tropenkrankheiten auf. Hierzu gehört vor allem die Malaria, die bis in die erste Hälfte des 20. Jh. im Umkreis des Mittelmeers allgemein verbreitet gewesen und in einigen Ländern (Algerien, Marokko, Libyen, Türkei) bis heute nicht ausgerottet worden ist. In den entsprechenden Räumen der Neuen Welt hat sie von vornherein gefehlt. Die natürliche Umwelt hat die Ausbreitung der Malaria freilich weniger gefördert als das Verhalten der Menschen. Denn erst mit der Besiedlung und der wachsenden Bewässerungswirtschaft in den Ebenen und Tälern ist sie epidemisch geworden. Durch falsche Bewässerungstechniken oder unzureichende Entwässerung sind abflußlose Gebiete und solche mit hohem Grundwasserstand allmählich versumpft. Hier ist das geeignete Biotop für die Entwicklung von Erregern und Überträgern geschaffen worden, so daß manche Küstenebenen, wie etwa die Pontinischen Sümpfe südlich Rom, bis zu den modernen Bonifikationsmaßnahmen unbewohnbar geworden waren (vgl. D. KOEPPEN 1941). Bezeichnenderweise sind die verkarsteten Kalkgebiete Jugoslawiens und Griechenlands malariafrei geblieben. Auch andere Tropenkrankheiten, vielfach aus Südasien stammend, sind in der Vergangenheit auf dem Weg über den Orient in den Mittelmeerraum gekommen und haben hier spezifische Formen angenommen (z.B. Leishmaniosen, Brucellosen). Schließlich sei angemerkt, daß sich die Erreger bestimmter Darmerkrankungen (Ruhr, Typhus) wie in den benachbarten Trockenräumen durch die hohen Temperaturen schneller entfalten können und zeitweise eine ernste Gefahr bedeutet haben (vgl. z.B. H. KANTER 1967).

2.2 Die hydrogeographischen Grundlagen

Auf Grund des gebirgigen Reliefs, insbesondere der engen Verzahnung von Land und Meer (Kap. 2.3.1), hat die Landschaftszone keine bedeutenden *Gewässer* mit langen Laufstrecken aufzuweisen. Große oberirdische Flußnetze konnten sich allein dort entwickeln, wo eine größere Landmasse entwässert wird (z. B. Iberische Halbinsel), wo Tiefländer küstenparallel verlaufen und durch Gebirgszüge vom Meer abgeschirmt sind (Kalifornisches Längstal) und wo den mediterranen Subtropen aus höheren Breiten bzw. Gebirgen Fremdlingsflüsse zuströmen (Rhône, Murray). Typisch ist eine Vielzahl kurzer Flüsse, die dem Meer mit großem Gefälle mehr oder weniger geradlinig zueilen, kein Netz entwickeln und kleine Einzugsgebiete haben. Dies trifft z. B. für den ägäischen Randsaum der Türkei und die adriatische Abdachung der Apenninen-Halbinsel in charakteristischer Weise zu. Einen verhältnismäßig kurzen Lauf haben auch die mittelchilenischen Andenflüsse, die nach der Querung des Längstals die Küstenkordillere durchbrechen und jeweils getrennt in den Pazifik münden. In entsprechender Weise fließen die Gewässer vom Rand des Westaustralischen Schildes in den Indik.

Abflußlose Gebiete sind selten. Von den Karstgebieten im Kalk abgesehen, in denen durch die geringe oberirdische Flußdichte die klimatische Trockenheit stärker hervortritt als in Silikatgesteinen (z. B. Dalmatien, Griechenland, Libanon), kommen solche in den trockensten Räumen, im Inneren Spaniens und im Süden des San Joaquín Valley (Tulare-Becken) vor, oder sie liegen außerhalb der von uns gezogenen Grenzen (Anatolien, Atlas-Hochland).

Unter wirtschaftsgeographischem Aspekt ist die Frage, welche *Wasserreserven* in der Landschaftszone vorhanden sind, freilich wesentlicher als Angaben über die Verbreitung und Grundrißgestaltung des Gewässernetzes. Im Mittelmeerraum stehen sich ein Wasserangebot von 576×10^9 m^3 und ein Wasserverbrauch von 442×10^9 m^3 bei einem Verdunstungsverlust von 114×10^9 m^3 im Jahr gegenüber (Abb. 15). Das Hauptproblem liegt darin, daß im feuchteren Norden 83%, im trockeneren Süden aber nur 17% dieses Angebotes verfügbar sind, während der Bedarf ziemlich ausgeglichen ist (56:44%). Daraus ergibt sich einerseits ein deutlicher Wasserüberschuß, andererseits ein großes Wasserdefizit (J. MARGAT 1982, S. 15). Eine gleichmäßige Verteilung ist wegen des Großreliefs, der Meeresschranke und der Aufgliederung des Mittelmeerraumes in viele Einzelstaaten schwierig. In Kalifornien, wo 70% des Nutzwassers im Norden anfallen und 80% im Süden gebraucht werden (H. BLUME 1979, S. 132), sind die Voraussetzungen indes günstiger. Hier ist es gelungen, durch mehrere großartige Kanalprojekte die Wasserversorgung von Bal-

Abflußtypen 47

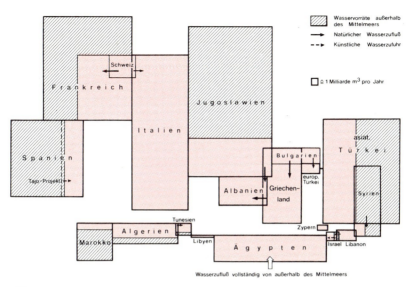

Abb. 15: Die Wasservorräte im Mittelmeerraum (nach J. MARGAT 1982)

lungsgebieten und Landwirtschaft auch im trockenen Süden sicherzustellen (Kap. 3.2.4.1). In den übrigen Teilräumen der Landschaftszone verläßt man sich ebenso wie im Mittelmeerraum bis heute auf die autochthonen Wasserreserven. Der Wassertransport über große Entfernungen ist selten (z.B. Apulische Wasserleitung; Tajo-Segura-Kanal, vgl. T. BREUER 1982, Abb. 40).

Ein Blick auf die Abflußtypen, d.h. die eigentümliche jährliche Wasserführung der Gewässer, verdeutlicht, daß ohne Hilfseinrichtungen keine geregelte Wasserwirtschaft betrieben werden kann. Es zeigt sich nämlich, daß im Gewässernetz der durch große jahreszeitliche Wasserstandsschwankungen gekennzeichnete *mediterrane* oder *torrentielle Abflußtyp* vorherrscht. Die im allgemeinen periodisch abkommenden Gewässer heißen *torrenti, fiumare* (ital.), *bajados, esteros, arroyos, ramblas* (span.), *chimarri* (griech.), *creeks* (engl.) und *riviers* (Afrikaans) und stehen einer kleinen Zahl perennierender Gewässer *(fiumi, ríos, rivers)* gegenüber. Entsprechend dem hygrischen Jahresgang des Klimas haben sie eine eingipflige Abflußkurve (Abb. 16). Das Maximum der Wasserführung deckt sich mit dem winterlichen Niederschlagsmaximum; unter bestimmten Bedingungen, z.B. bei langen Laufstrecken oder großen Einzugsgebieten, kann es sich etwas verzögern. Bis zum trockensten Monat (Juli/Januar) geht die Wassermenge rasch zurück und verbleibt mehrere Monate auf einem niedrigen Niveau. Genau so unvermittelt steigt die Abflußkurve im

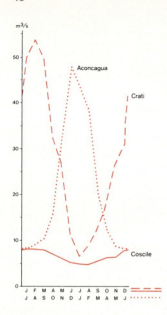

Abb. 16: *Abflußtypen in den mediterranen Subtropen (nach* W. WEISCHET *1970,* K. ROTHER *1971 a)*
Torrentieller Abflußtyp (F. Crati, Süditalien)
Nivaler Abflußtyp (R. Aconcagua, Mittelchile)
Karstischer Abflußtyp (F. Coscile, Süditalien)

Spätherbst wieder an und erreicht bald das winterliche Maximum, das im nördlichen Mittelmeerraum ebenso wie die Niederschlagskurve gespalten ist. Die Amplitude zwischen maximaler und minimaler Wasserführung ist z. T. extrem groß und kann Werte von 10 bis 30:1, oder, bei sehr kleinen Flüssen, von 100:1 betragen. Beispielsweise schwankt der Abfluß des Guadalquivir bei Sevilla durchschnittlich zwischen 28,2 (Februar) und 2,87 m^3/s (August) (H. LAUTENSACH 1964, Tafel 12). Der süditalienische Fluß Bràdano, der in den Sommern 1949 und 1951 völlig versiegte, hat am Unterlauf einen mittleren monatlichen Abfluß von 17,9 m^3/s im Februar und von 0,55 m^3/s im August; die täglichen Extreme liegen zwischen 1030 und 0,01 m^3/s (K. ROTHER 1971a, S. 38). Ganz analog hängen die langfristigen Schwankungen der Gewässer von der Niederschlagsvariabilität ab. Für den Salinas River bei Breadley (Kalifornien) werden als Extreme mehr als 3000 m^3/s im feuchten Februar 1969, etwa 8 m^3/s in einem trokkenen Jahr (1977) und 12 m^3/s in einem „normalen" Jahr (1975) angegeben (Atlas of Calif. 1979, S. 143). Der Cape Olifants Rivier (Kapland) hat einen Jahresdurchfluß von minimal 181,9 (1939/40) und maximal 897,5 Mill. m^3 (1940/41) (T. MOLTER 1966, S. 83).

In der sommerlichen Trockenzeit sind viele Flüsse nur noch unscheinbare Rinnsale, oder sie trocknen völlig aus, *„und zwar um so häufiger, je südlicher* (bzw. weiter äquatorwärts) *und niedriger das betreffende Flußgebiet liegt, je kleiner es ist, und je wasserundurchlässiger die Gesteine sind"*

(H. LAUTENSACH 1964, S. 87). Im Mittelmeerraum werden die breiten Schotterbetten dann als Verkehrswege und Viehtriften benutzt und stellen eine bequeme natürliche Verbindung zwischen den Höhen- und Küstensiedlungen her, die sonst nur auf steilen Pfaden oder über kurvenreiche Wege bzw. Straßen zu erreichen sind. Daß selbst längere Flüsse in manchen Hochsommern einen sehr niedrigen Wasserstand haben, geht aus einer Schilderung bei H. LAUTENSACH (1964, S. 87, nach H. F. LINK 1801–04, S. 159) hervor, nach welcher *„der Tejo bei Santarêm Ende August 1798 so seicht war, daß man ‚ohne Unbequemlichkeit in Halbstiefeln hindurchgehen konnte', und das nach einem Lauf von fast 1000 km!"*

Der maximale Wasserstand der winterlichen Jahreszeit wird häufig durch Starkregen hervorgerufen, die Gewässer kommen infolgedessen stoßweise ab. Auch kleine Flüsse werden binnen kurzem zu reißenden Strömen; denn die Speicherfähigkeit des Bodens ist um diese Zeit durch die Regen normaler Stärke erschöpft, zumal ein ausreichendes, das Wasser zurückhaltendes Waldkleid meist fehlt. Solche *Hochwasser* werden dann für wenige Tage oder auch nur für Stunden registriert. So soll der untere Duoro einmal 32 m über Niedrigwasserstand erreicht haben (X. DE PLANHOL/P. ROGNON 1970, S. 350). Um so größer sind in dieser kurzen Zeit die Strömungsgeschwindigkeit des Wassers und die damit verbundene Abtragungs- und Aufschüttungsleistung, die ein bisweilen verheerendes Ausmaß annehmen können (Kap. 2.6). Der Staudammbruch von Fréjus in Südfrankreich (1959) und die Überschwemmungskatastrophe im Medjerdatal in Tunesien (1969) sind zwei Beispiele aus der jüngsten Vergangenheit. Auch im Sommer entstehen z. B. bei Hitzegewittern sehr schnell Hochwasser. Wie die bis zur höchsten Flutmarke vegetationslosen Flußbetten zeigen, kommen sie fast bei jedem Gewässer einmal vor (vgl. z. B. H. LAUTENSACH 1964, S. 88; H. MENSCHING u. a. 1970; J. B. THORNES 1976).

Ein Hochwasser nach torrentiellem Niederschlag hat die Flutkatastrophe von Florenz am 4. November 1966 hervorgerufen, als der Arno über die Ufer trat und in Stadt und Umgebung nicht nur großen Schaden anrichtete, sondern auch unersetzliche Kunstschätze vernichtete (F. DÖRRENHAUS 1967). Der Fluß hat eine mittlere Wasserführung von 51 m^3/s (die mittleren Extreme liegen bei 910 und 1 m^3/s), bei Hochwassern waren bisher um die 2000 m^3/s gemessen worden. Am 3. November um 23 Uhr begann das Wasser des Arno nach ergiebigen Niederschlägen im toskanischen Apennin in einigen Orten oberhalb von Florenz in die Häuser einzudringen; zwischen 2 und 4 Uhr nachts am 4. November führte der Fluß 1800–2100 m^3/s Wasser. Schon um 5.30 Uhr strömte es auf die Stadtmitte von Florenz zu, erreichte um 10 Uhr vormittags den Domplatz, um 11 Uhr den Hauptbahnhof. Bereits um 16 Uhr kam die Flut zum Stehen, als die größte Wassertiefe in der Stadtmitte mehr als 5 m betrug, die Wasserführung auf 4000–4500 m³/s und die Strömungsgeschwindigkeit auf etwa 50 km/h anschwollen. Ebenso schnell fiel das Hochwasser zwischen 18 und 24 Uhr wieder, und am Morgen des 5. November waren die Straßen wasserfrei. Allerdings waren sie „*mit einem stinkenden schillernden Schlamm von Lehm, Öl, Sand und Kadavern bedeckt*". Die Angabe von F. DÖRRENHAUS (1967, S. 412), daß aus dem Stadtgebiet 600 000 t Schlamm entfernt worden seien, mag deutlich machen, welche Erosions- und Akkumulationsleistung ein mittelmeerisches Gewässer in Extremfällen innerhalb kurzer Zeit vollbringen kann.

Andere Abflußtypen haben in den mediterranen Subtropen allenfalls eine regionale Verbreitung. So hält sich der pluvial-nivale Typ an die bis zur temporären oder klimatischen Schneegrenze aufragenden Gebirge, der karstische Typ an das Vorkommen von wasserdurchlässigem Gestein[4]. Zum *pluvial-nivalen Typ*, der je nach dem Anteil von fließendem Wasser einerseits und Schnee, Firn und Gletschereis andererseits mehrere Varianten hat und nicht unmittelbar vom jährlichen Niederschlagsgang beeinflußt wird, zählen im Mittelmeerraum z. B. Ebro und Guadalquivir. In der Neuen Welt sind die mittelchilenischen Gewässer zwischen Río Maule und Río Anconcagua zu erwähnen, die bis in die Gletscherregion der Hochanden zurückgreifen, ferner der Sacramento, dessen Einzugsgebiet die Klamath Mountains und die nördliche Sierra Nevada in Kalifornien umfaßt. Ein gemeinsames Merkmal dieser perennierenden Gewässer sind die wesentlich geringeren Wasserstandsschwankungen im Laufe eines Jahres. Auch sind die höchsten und niedrigsten Wasserstände zeitlich verschoben. Beim rein nivalen Typ einiger mittelchilenischer Gewässer fällt das Maximum der Wasserführung – umgekehrt wie beim torrentiellen Abflußtyp – in die Zeit der Schneeschmelze während des Frühsommers, das Minimum rückt wegen des Schneefalls in den Hochwinter (Abb. 16).

Der *karstische Abflußtyp* ist hauptsächlich im östlichen Mittelmeerraum zu finden. Die Karstgewässer, vor allem in den Kalksteingebieten und deren Randzonen verbreitet, haben eine über das ganze Jahr gleichmäßig verteilte Wasserführung (Abb. 16). Der sommerliche Abfall, der sich dennoch zeigt, ist sehr gering, so daß die Amplitude zwischen maximaler und minimaler Wasserführung selten einmal den Wert von 2:1 erreicht, meist liegt sie in der Größenordnung von 1,5:1. Freilich ist die absolute Wassermenge klein. Der Oberlauf des Guadiana (Spanien) hat z. B. eine mittlere Wasserführung von 3,8 m³/s, von der das Maximum höchstens

---

[4] Vgl. die Typenskala, wie sie H. LAUTENSACH (1964, S. 81 ff.) am Beispiel der Iberischen Halbinsel erarbeitet hat.

Wasserwirtschaft 51

um 33%, das Minimum nicht mehr als um 18% abweicht (H. LAUTENSACH 1964, S. 84). Diese andere Abflußweise wird vom Wasserhaushalt des Karstes reguliert. Die Niederschläge der feuchten Jahreszeit werden zurückgehalten, so daß die Quellschüttung auch in der sommerlichen Trockenzeit ergiebig bleibt. Hier seien als Beispiel die Pamisos-Quellen in Messenien (Peloponnes) genannt. Karstquellen schütten an der dalmatinischen Küste und in Apulien (Mare Piccolo bei Tarent) auch untermeerisch.

Andere Süßwasservorkommen haben in der Landschaftszone keine Bedeutung. So beschränken sich Seen im wesentlichen auf abflußlose Hohlformen in Vulkangebieten (Lago Bracciano, Lago Bolseno/Mittelitalien) und im Karst (Kopaïs-, Fuciner See), welch letztere einen häufig wechselnden Wasserstand haben und heute z.T. trockengelegt sind. Im übrigen Gelände ist der Grundwasserstand im Sommer sehr tief. Für die Wassergewinnung müssen deshalb mit einigem Aufwand Brunnenschächte angelegt werden.

Für die *Wasserwirtschaft* der mediterranen Subtropen sind die Gebirge der eigentliche Wasserspender. Da ihr Wasserhaushalt in erster Linie vom Niederschlagsregime bestimmt wird, fallen mit Ausnahme regionaler Abweichungen die Niedrigwasser der Flüsse, die allein eine geeignete Wasserreserve bereitstellen, vorwiegend mit der sommerlichen Trockenheit zusammen. Die Ableitung großer Wassermengen ist deshalb nur in der kühlen Jahreszeit möglich, wenn es ohnedies regnet und ein geringer Bedarf besteht. Um eine gleichmäßige Wasserspende über das ganze Jahr zu erreichen und um größere Areale in der sommerlichen Trockenzeit mit Bewässerungs-, Trink- und Brauchwasser versorgen zu können, braucht man Rückhaltebecken mit großer Fassungskraft. Erst durch solche Stauanlagen und entsprechende Folgeeinrichtungen können die winterlichen Hochwasser aufgefangen und nutzbar gemacht werden. Wegen des damit verbundenen technischen und finanziellen Aufwands sind die Gewässer des torrentiellen Abflußtyps erst in jüngster Zeit für die großflächige Irrigation und für andere wasserwirtschaftliche Zwecke erschlossen worden. Mit einfachen Bauwerken, wie den Tanks im Kapland und Australien, werden kleine Wasserreserven gebildet, die nur lokal nutzbar sind. Leichter ist der sommerliche Wassermangel in jenen Räumen zu überwinden, in denen Fremdlingsflüsse während der trockenen Jahreszeit genügend Wasser führen (Rhônetal) und autochthone Gewässer des (pluvial-)nivalen Abflußtyps eine große sommerliche Wasserspende haben, so daß keine Staueinrichtungen nötig sind. Hier muß man nur mit einem Kanalnetz für die Verteilung des Wassers sorgen. Im Kernraum Mittelchiles geht diese weniger aufwendige Wasser- und Bewässerungswirtschaft in ihren Grundzügen schon auf das 18. Jh. zurück. Schließlich können Karst- und Quellwasser – häufig ohne zusätzliche Einrichtungen – unmittelbar nutzbar gemacht werden. So nimmt es nicht wunder, daß im Umkreis mancher Karstgebiete alte Bewässerungsgebiete liegen, deren Wurzeln bis ins Frühmittelalter zurückreichen, wie etwa die Huertas von Murcia und Valencia, die Conca d'Oro von Palermo, die Campagna felix bei Neapel oder die stadtnahen Gärten Griechenlands. Wegen der relativ geringen Wasserführung der Karstgewässer sind solche Bewässerungsareale aber klein und können sich ohne weitere Wasserbeschaffung nicht ausdehnen.

2.3 Die Oberflächenformen und Böden

2.3.1 Das Großrelief

Das Großrelief eines Erdausschnitts verdankt seine Gestalt dem azonalen geologisch-tektonischen Bau der Erdkruste. Es zählt somit nicht zu den spezifischen Merkmalen einer Landschaftszone; doch bestimmen die Größtformen die landschaftliche Gliederung und setzen in vielerlei Hinsicht einen festen Rahmen für Natur- und Wirtschaftsraum.

Eine Gemeinsamkeit im *Grundriß* der mediterranen Subtropen ist die Lage am Meer. Sie tritt im Mittelmeerraum durch die reiche Küstengliederung besonders in Erscheinung. Eine enge Verzahnung von Land und Meer ist namentlich in Südeuropa und Kleinasien ausgeprägt, wo sich Steil- und Schwemmlandküsten in rascher Folge ablösen. Hierfür bieten die spanische Ostküste oder die tyrrhenische Küste Italiens treffliche Beispiele. Am dalmatinischen Gestade der Adria und in der Ägäis kommt die lange Küstenlinie außerdem durch die Auflösung des Festlandes in viele große und kleine Halbinseln und in eine schwer überschaubare Zahl von Inseln zustande. Auch die Küste der Maghrebländer ist durch Buchten und Kaps mannigfach gegliedert. Schließlich wiederholt sich auf den großen Mittelmeerinseln dieser vielgestaltige Grundriß. Nur zwischen Gabès und Haifa, wo die afro-arabische Tafel und zugleich der nordhemisphärische Trockengürtel an das Mittelmeer grenzen, wird die Küste eintöniger und geradliniger, und es fehlt der Wechsel zwischen Küstenhöfen mit Nehrungen, Lagunen, Deltas einerseits und Gebirgsvorsprüngen und abweisenden Steilküsten andererseits.

Infolge der geringen Tiefenerstreckung des europäischen Festlandes ist die kurze Entfernung zum Meer typisch, so daß die Bevölkerung zur Wasserfläche naturgemäß einen regen Kontakt unterhält. Das Mittelmeer ist niemals eine trennende Schranke zwischen den Anrainern gewesen, sondern hat immer eine verbindende Funktion besessen.

Großrelief

Etwas anders verhält sich die Grundrißgestalt in den neuweltlichen Teilräumen der Landschaftszone, vor allem in beiden Amerika. Hier grenzt das Festland, vornehmlich mit Steilküsten, unmittelbar an das Weltmeer. Die Küstenlinie ist kürzer und geradliniger und nirgends so vielgestaltig wie am Mittelmeer. Die Landmassen sind kompakter, große Buchten sind selten und haben überall dort, wo sie auftreten, als wichtige Zugänge zum Binnenland eine überragende Bedeutung erlangt, wie bei San Francisco, Valparaíso, Kapstadt, Perth und Adelaide. Obschon die großen Längstäler Kaliforniens und Mittelchiles vom Meer aus erschlossen wurden, sind sie typische Binnenräume.

Nicht weniger bedeutsam für die Gliederung des Großreliefs ist der *Aufriß*. Die angedeutete Küstengestalt ist am Mittelmeer und in beiden Amerika das Ergebnis einer jungen erdgeschichtlichen Entwicklung.

Der Relieftyp im Mittelmeerraum ist der des jungen Falten- und Deckengebirges, das während der alpidischen Orogenese entstanden ist. Die Hochgebirge und Bergländer alpinen Typs und Formungsstils umrahmen als hohe Kulisse reichgegliederte Hügelländer, schmale Küstenhöfe und große Küstenebenen. Die tiefgelegenen Küstenlandschaften mit teilweise ausgedehnten marinen Strandterrassen sind oftmals die einzigen Räume, in denen die Horizontale herrscht und in denen z. B. die landwirtschaftliche Nutzung eigentlich günstige Bedingungen antreffen sollte. Viele Küstenniederungen sind aber durch den Abflußstau der Gewässer bis an die Schwelle der Gegenwart versumpft und malariaverseucht gewesen. Beispiele hierfür stellen in Spanien die Marismas des Guadalquivir dar, in Italien die toskanisch-latischen Maremmen, auf dem Peloponnes die Ebene von Messenien, in der westlichen Türkei die Talebene des Menderes (Mäander) und in Nordafrika die Mitidja-Ebene von Algerien. Im übrigen wird die Mittelmeerlandschaft vom Steilrelief geprägt, in dem die abtragenden Kräfte voll zur Wirkung kommen und teilweise, bei entsprechender petrographischer Beschaffenheit des Untergrundes, eine bizarre Formenwelt erzeugt haben (Kap. 2.3.3).

Zu diesen alpinotypen Gebirgsräumen, die Bestandteile des großen, ostwestlich verlaufenden mediterranen Faltengürtels der Erde sind und in sich wiederum in Becken, Hügelländer, Kammgebirge und massige Gebirgsstöcke zerfallen, gehören auf afrikanischem Boden der Tell-Atlas (2300 m) und das Rif-Gebirge (2450 m). Über die flache Schwelle von Gibraltar setzt sich der Faltengürtel in der Betischen Kordillere (3480 m) und auf den Balearen fort, umfaßt das Iberische Randgebirge (2315 m) und die Pyrenäen (3400 m), die ihrerseits über das Provençalische Gebirge mit dem Alpenbogen verbunden sind. Nach Südosten lösen sie die Apenninen (2920 m) ab, die über Sizilien Anschluß an das Atlasgebirge in Tunesien gewinnen. Im Osten prägen das Dinarische Gebirge (2630 m) und der Pindos (2570 m) das adriatische Gegengestade in Dalmatien, Albanien und Griechenland. Der Pindos leitet schließlich über den Peloponnes (2400 m) und Kreta (2450 m) in den Taurus (3600 m) und nach Zypern (1950 m) über, während sich der Balkan jenseits des Bosporus im Pontischen Gebirge (3940 m) an der Südküste des Schwarzen Meeres fortsetzt (vgl. DIERCKE Weltatlas, S. 88 I).

Alte Massen mit ausgedehnten Rumpfflächen, zuweilen mit aufgesetzten Schichttafel- oder Schichtstufenländern, bilden die Ausnahme. Sie beherrschen vor allem das nordafrikanische Gestade und die Levanteküste zwischen der Kleinen Syrte und dem Golf von Iskenderun. Hier berührt die afro-arabische Tafel das Mittelmeer. Durch die Nähe zum alpidischen Orogen ist sie nur in der nördlichen Levante stärker aufgewölbt, wo im Libanon und Antilibanon mit über 3000 m beträchtliche Höhen erreicht werden. Bedeutsam sind solche Kratogene auch in Spanien – hier bildet die Iberische Masse die Basis der (Nord- und) Südmeseta –, auf der Balkan-Halbinsel (Thrakische Masse) und am ägäischen Randsaum der Türkei (Karisch-Lydische Masse); die Reste der Tyrrhenischen Masse prägen das Relief auf Korsika, Sardinien und in Südkalabrien. Die jungen Faltenstränge haben solchen alten Massen ausweichen müssen, so daß die schroffen Gebirgszüge im allgemeinen ein Relief mit mäßigen Oberflächenformen umrahmen.

Insgesamt weist die Landoberfläche des Mittelmeerraums eine große Reliefenergie auf; sowohl horizontal als auch vertikal ist sie mannigfach gegliedert. Die Abwechslung im Landschaftsbild ist für den Mittelmeerraum typisch; er erscheint in kleine und kleinste Sonderräume aufgesplittert.

Auch in Kalifornien und Mittelchile bestimmt die vertikale Reliefgliederung den landschaftlichen Rahmen, und auch hier sind die jungen Bewegungen im Zuge der alpidischen Orogenese maßgeblich am Aufbau des Großreliefs beteiligt gewesen. Jedoch ist der Formungsstil einfacher, großzügiger und weiträumiger; die enge Kammerung wie im Mittelmeerraum fehlt. Als Geoantiklinalen im weitesten Sinne rahmen jeweils zwei dem zirkumpazifischen Faltengürtel angehörige Gebirgszüge eine Tiefenzone ein. In Nordamerika liegt zwischen der Sierra Nevada im Osten und den Coast Ranges im Westen das 700 km lange und 60–90 km breite kalifornische Längstal (Central Valley). In Südamerika ist das 800 km lange und 20–50 km breite chilenische Längstal (Valle Longitudinal) zwischen Hochanden im Osten und Küstenkordillere im Westen eingezwängt. Während das kalifornische Längstal ein reines Aufschüttungstiefland ist und von den einander entgegenfließenden und in die Bay von San Francisco mündenden Flüssen Sacramento und San Joaquín durchgängig entwässert wird, hat das wesentlich schmalere, von quer verlaufenden Gebirgs-

Vulkanismus/Erdbeben

ketten gegliederte chilenische Längstal den Charakter einer Binnenhochfläche mit Zerschneidungsformen, aber ohne Hauptfluß, das sich allmählich von 600 m Höhe südwärts abdacht und – außerhalb der Landschaftszone – am Golf von Reloncaví bei Puerto Montt unter den Meeresspiegel abtaucht (vgl. N. KREBS 1951, S. 348 ff.). Bei beiden Tiefengebieten handelt es sich nicht primär um fluvial-denudativ gebildete Hohlformen (Täler). Es sind vielmehr Grabenzonen. Das zwischen 33 und 35° S vergletscherte und schroffe andine Hochgebirge steigt mit fast 7000 m ü. M. im Aconcagua höher auf als die über 4000 m hohe massige Sierra Nevada, die nur kleine Kargletscher (bis 37° N) trägt. Beide Gebirge bieten ein ausgezeichnetes Wasserreservoir für ihre Vorländer (Kap. 2.2). Die bis zu 2400 m hohe Küstenkordillere ist in Chile von Durchbruchstälern in einzelne Gebirgsstöcke gegliedert. In Kalifornien werden die selten 1500 m übersteigenden Coast Ranges von mehreren Längstälern durchzogen, die, wie das Santa Clara- und Salinastal, tektonischen Leitlinien folgen und spitzwinklig zum Küstenverlauf in den Pazifik münden. Die Bay von San Francisco teilt die Coast Ranges in einen nördlichen und südlichen Ast. An ihrem Südende rückt die südliche Coast Range bogenförmig an die Sierra Nevada heran und wird von den Transverse Ranges unterbrochen. Südlich Los Angeles setzt sich die Küstenkette nach Niederkalifornien fort und trennt binnenwärts die schon wüstenhafte Depression des Salton-Sea (bis –75 m) ab. Die Dreigliederung Küstengebirge – Längstal – Hochgebirge fehlt nur im Kleinen Norden Chiles; hier neigt sich die Hochkordillere der Anden allmählich zur pazifischen Küste.

Eine Begleiterscheinung der jungen Erdkrustenbewegungen sind sowohl im Mittelmeerraum als auch in beiden Amerika der fossile, subrezente und rezente *Vulkanismus* und die häufigen Erdbeben. Der aktive Vulkanismus ist räumlich konzentriert, so im Mittelmeerraum am Ostrand des Tyrrhenischen Meeres, das ein großes Einbruchsbecken darstellt (Vesuv, Ätna, Liparische Inseln usw.), andere Vorkommen befinden sich im Ägäischen Meer (Santorín). Verschiedene postvulkanische Erscheinungen *(Soffioni, Solfatara, Fumarolen)* und heiße Quellen ordnen sich in weitem Umkreis der tätigen und erloschenen Vulkane an. In Kalifornien und Mittelchile liegen die tätigen Vulkane ausschließlich in den Hochgebirgsregionen der Sierra Nevada (Lassen), Klamath Mountains (Shasta) und der Anden (z. B. Maipo, Tinguiririca, Descabezado Grande, Antuco).

Erdbeben haben alle drei Gebiete in Vergangenheit und Gegenwart in weiträumiger Streuung betroffen. Es sei auf die Städte und Landschaften San Francisco (1906), Messina (1908), Anatolien (1939 ff.), Concepción (1939), Agadir (1960), Valdivia (1960), Skopje (1963), Westsizilien (1968), Dalmatien (1979) und Süditalien (1980) verwiesen, wo sich jeweils große Beben mit katastrophalen Folgen für Landschaft und Mensch ereignet haben. Allein in Griechenland sind 1929–1935 durchschnittlich 272 Beben im Jahr registriert worden (F. SAUERWEIN 1976, S. 15). In Chile, wo ein Maximum der Bebenhäufigkeit bei 33° S (Raum Santiago/Aconcagua-Becken) liegt, hat man für das ganze Land 1942–46 zusammen sogar 2421 Beben festgestellt (W. WEISCHET 1970, S. 164). Bis zur Küste der mediterranen Subtropen reicht hier der hochmobile, fast 8000 m tiefe Atacama-Graben. Äußerst erdbebengefährdet ist indes Kalifornien, dessen Bebenhäufigkeit rund zehnmal größer ist als auf der gesamten übrigen Erde. Hier verläuft die im Gelände auf 850 km Länge zu verfolgende San Andreas-Verwerfung spitzwinklig zur Küste und trennt als außerordentlich aktive horizontale Blattverschiebung die Nordamerikanische von der Pazifischen Platte. Über das für alle Belange des täglichen Lebens außerordentlich große Erdbebenrisiko berichtet z. B. R. GEIPEL (1977).

Die tektonische Mobilität kommt schließlich auch in der Küstengestaltung zum Ausdruck. Sehr häufig begleiten nämlich *marine Strandterrassen* sowohl die Fels- als auch die Schwemmlandküsten Kaliforniens, Mittelchiles und vor allem des Mittelmeers (vgl. z. B. C. CAVIEDES 1972; H. BRÜCKNER 1980). Einerseits sind sie sicher durch Trans- und Regressionsphasen des Weltmeeres infolge von Klimaschwankungen in der jüngeren geologischen Vergangenheit hervorgerufen worden. Andererseits verweist ihre z. T. sehr große Vertikaldistanz vom heutigen Meeresspiegel (bis über 400 m) und ihre nachträgliche Verstellung auf jungfossile bis subrezente Erdkrustenbewegungen. Eindeutiger sind lokale Niveauveränderungen in der Größenordnung von wenigen Metern, die auf *bradysismische Bewegungen* in Vulkan- und Erdbebengebieten zurückgehen (z. B. beim Serapaeum in Pozzuoli am Golf von Neapel).

Die Abwechslung im Relief und die Vorherrschaft der Vertikalen sind auch für das südafrikanische Kapland typisch. Bei der Stadt Worcester verknoten sich die ost-westlich streichenden Ketten (Lange und Schwarze Berge) mit den nordsüdlich ziehenden Ketten (Cedar-Berge) des Kapgebirges. Die bis über 2300 m ü. M. aufragenden Höhenzüge (Kapiden), die zahlreiche Becken einrahmen, verdanken jedoch ihre Entstehung der variskischen Orogenese, so daß Vulkanismus fehlt. An sie knüpfen im Westen (Swartland) und Süden (Ruens) kleine ebene bis hügelige Vorländer an, die mit großen Sandfeldern die Küste des Atlantik und Indik bilden.

Allein in Australien herrscht die Ebene vor. Immerhin wölbt sich die flachwellige, mit Inselbergen besetzte Rumpffläche des Australischen Schildes im Südwesten zu dem mäßig hohen Bergland der Darling Range (bis über 600 m) auf und bricht mit markanter Stufe zu einem schmalen Küstenschwemmland um Perth ab, so daß durch kurze, steile Abdachungstäler regional ein bewegtes Relief entsteht. Dagegen ragt die Stirling Range im Hinterland von Albany aus der eintönigen Weite als eine schmale isolierte Kette auf (bis 1100 m). Auch in Südaustralien handelt es sich abseits der Flinders-Kette (Mt. Lofty Range bis 1000 m), die bei Adelaide zum Südlichen Ozean vorstößt, im wesentlichen um flache Aufschüttungsebenen und Hügelländer, die den Charakter von Eyre- und York-Halbinsel, der Murray-Niederung und der Ninety Miles Desert bestimmen.

Obgleich sich die mediterranen Subtropen auf fünf Kontinente verteilen, hat das Großrelief somit bis auf Australien (zufällig) gemeinsame Züge. Aber nur im Mittelmeerraum ist es in Grund- und Aufriß so engräumig gegliedert und bietet oft so wenig Platz im Tiefland, daß Bevölkerung, Siedlung und landwirtschaftlich genutzte Flächen auf die mehr oder weniger steilen Hanglagen ausweichen müssen. In den anderen Kontinenten stehen ausreichend ebene Flächen in geringer Höhe zur Verfügung (Kap. 3.1).

2.3.2 Die klimageomorphologische Stellung und die rezente Geomorphodynamik

Wie in klima- und hydrogeographischer Hinsicht nehmen die mediterranen Subtropen unter klimageomorphologischem Aspekt eine *Übergangsstellung* ein. Im Sinne des planetarischen Formenwandels vollzieht sich in ihnen der Übergang *„von der außertropischen Talbildungszone zur subtropischen Zone der Pedimentbildung: Die am polaren Saum noch vorherrschende Linearerosion wird äquatorwärts immer mehr durch flächenhafte Abtragung abgelöst"* (H. WILHELMY 1975, S. 364; vgl. J. BÜDEL 1971, S. 127). Die Talbildung findet sich mit zunehmender Annäherung an die trockenen Subtropen nur noch in der Höhe, während die Flächenbildung in die Fußstufe einrückt.

Die Übergangsstellung hat W. WEISCHET (1970, S. 290ff.) am Beispiel der meridional streichenden mittelchilenischen Küstenkordillere anschaulich geschildert (vgl. H. MORTENSEN 1927). Er unterscheidet hier drei nach Geomorphodynamik und Formenschatz unterschiedliche Abschnitte (Abb. 17):

1. In einem mittleren Abschnitt zwischen Río Mataquito, der den Zentralraum des Mittelmeerklimas repräsentiert (33–35° S), ist für die Formungsvorgänge die linienhafte fluviale Erosion ausschlaggebend. Die Haupttäler haben breite, periodisch überflutete Schotterbetten, durch die das winterliche Hochwasser die mitgeführten großen Sedimentmassen ruckartig transportiert, dabei auf der ganzen Breite zur Seite und mäßig in die Tiefe

Abb. 17: Die Reliefgestaltung in Mittelchile; Zentralzone (oben) und Kleiner Norden (unten) aus W. WEISCHET 1970)

erodiert. Abseits dieser großen, das Bergland gliedernden Talfluchten herrscht ein Kerbtalrelief; die Täler sind gestreckt, fiederförmig angeordnet und enden mit Trichternischen. Die dazwischenliegenden Vollformen bestehen aus geradflächigen steilen Hängen, die sich nach oben in Firsten und Graten verschneiden. Diese Hänge unterliegen einer sehr wirksamen Spüldenudation, die von den quellfähigen Tonmineralen des Verwitterungsbodens und der schütteren Vegetation begünstigt wird. Die abgetragenen Sedimente werden von den periodisch abkommenden Gewässern vollkommen abtransportiert; es entstehen tiefe Spülkerben, so daß Vorzeitformen aufgezehrt werden. Allein im Grenzbereich zwischen steilen Hängen und Alluviallauen, meist in Ausbuchtungen der großen Täler *(Rinconadas)*, kommen Pedimentreste aus polygenem Akkumulationsmaterial vor.

2. Ein südlicher Abschnitt (polwärts von 35° S) leitet zum immerfeuchten Kleinen Süden über. Infolge der dichteren Vegetationsdecke ist die Abtragungsleistung schwächer, die Taldichte geringer, die Hänge sind flacher, konvex geformt und nicht ebenflächig. Verschneidungskanten fallen weg, scharfe Firste werden durch gerundete Rücken ersetzt. Bei geringerer Gesamtabtragung bleiben alte Flächen und Akkumulationskörper schwacher Neigung in Resten erhalten.

3. Der nördliche Abschnitt (äquatorwärts von 33° S) liegt im Übergang zu den Steppen des Kleinen Nordens. Wegen der episodischen Winterregen ist die Kerbtalzerschneidung so wirkungslos, daß Vorzeitformen (Pedimente) flächenhaft auftreten. Die Erosionskerben bilden keine tiefen Rinnen mehr, sondern flache, oberflächliche Anrisse an den Bergflanken, weil das abfließende Wasser keine ausreichende Transportkraft hat. Es entstehen relativ glatte, weich geformte Hänge.

Wie zahlreiche Einzelarbeiten aus den verschiedenen Teilen des Mittelmeerraumes belegen, erzeugt die rezente Geomorphodynamik hier die gleiche Formenwelt, und es folgen ähnliche Zonen mit entsprechenden Varianten in meridionaler Richtung aufeinander wie in Mittelchile (vgl. z. B. L. Hempel 1959, 1966).

Für den nördlichen und zentralen Mittelmeerraum ist die Rinnenspülung typisch, die zwischen den Spülkerben scharfe Sporne und Rippen – oftmals in nacktem Fels –, gelegentlich glatte Hänge schafft und eine große Flußdichte hervorruft. Breite Schottertäler (span. *ramblas*) lösen die zerschnittenen und zerrunsten Gebirge in einzelne Bergstöcke auf. Sie werden im Sommer von einem verwilderten Flußnetz aus vielen kleinen Rinnsalen durchzogen, im Winter sind sie bis zu den Rändern vom Wasser erfüllt, das die eigenen Aufschüttungen weiter verfrachtet und den Hangfuß kräftig unterschneidet. Die Flußtäler erleiden somit rasche Niveauänderungen. Da bisweilen eine klare Gliederung in Bachbett und Talsohle fehlt, ufern die Gewässer nach Starkregen aus und bedrohen Kulturland und Siedlungen. Um sich zu schützen, dämmt man die Schotterbetten mit Mauern ein, die wegen der großen Sedimentlast bald wieder „überlaufen" können und von Zeit zu Zeit erhöht werden müssen. Andererseits kommt es an den Flußmündungen zu negativen Strandverschiebungen mit Landgewinn (Deltabildung) und schließlich zum Aufbau von Schwemmebenen, die ein Ausdruck des großen Materialtransports und des gezeitenarmen Meeres sind.

Im Süden des Mittelmeerraums nehmen fossile, von Geröll (span. *rañas*) überschüttete Fußflächen überhand, und die Grenze zur Geomorphodynamik der Trockengebiete wird überschritten. Allerdings ist umstritten, ob der Bildungsmechanismus tatsächlich einer Pedimentation entspricht (vgl. z. B. H. MENSCHING 1964; O. SEUFFERT 1970; G. WENZENS 1977). J. GEHRENKEMPER (1978, S. 65f.) nimmt an, *„daß die Entstehung der Fußflächen eine ‚traditionale Weiterbildung' der tertiären Flächensysteme ist und die nachfolgenden Phasen der Rañabildung einen kontinuierlichen Übergang der unterschiedlichen Reliefgestaltungen des Tertiär* (d. h. der Flächenbildung; Vf.) *und des Quartär* (d. h. der Talbildung; Vf.) *als Folge der veränderten exogenen Dynamik ... darstellen".* Auf jeden Fall sind Mehrzeitformen auch für unsere Landschaftszone typisch; die Altformen werden unter den heute herrschenden klimatischen Bedingungen jedoch zerstört.

2.3.3 Abtragungs- und Verwitterungsformen

In den mediterranen Subtropen gibt es keine Abtragungs- und Verwitterungsformen, die nicht auch in anderen Landschaftszonen zu finden wären. Das Steilrelief, die akzentuierte Niederschlagsverteilung (mit Starkregen), die schüttere Vegetationsdecke und bisweilen ein geeigneter Gesteinsuntergrund leisten aber der Spüldenudation und der linearen Erosion in solchem Maße Vorschub, daß regional bestimmte Formen gehäuft auftreten. Zweifellos hat der Mensch die Bildungsprozesse durch die radikale Beseitigung des Waldes beschleunigt. Die Formenwelt – und dies scheint das besondere Kennzeichen der Zone zu sein – ist daher in nicht unerheblichem Umfang anthropogen beeinflußt oder quasinatürlichen Ursprungs, so daß nicht selten meßbare Veränderungen in historischer Zeit festzustellen sind (vgl. C. RATHJENS 1979, S. 80; Kap. 2.6).

Eindrucksvolle Abtragungsformen entstehen vor allem in weichem Gestein. Sie sind zwar in der ganzen Landschaftszone (und auch außerhalb von ihr) verbreitet, aber hauptsächlich aus Italien bekannt geworden, wo

Frane

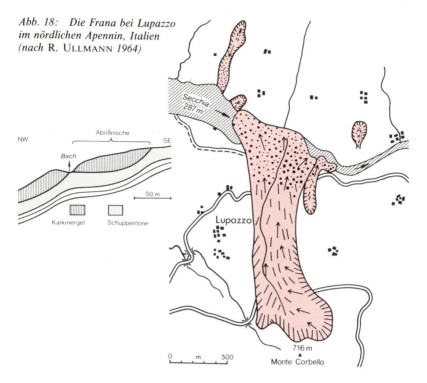

Abb. 18: Die Frana bei Lupazzo im nördlichen Apennin, Italien (nach R. ULLMANN 1964)

die östliche Abdachung der Apenninen und das durch viele Becken gegliederte tyrrhenische Apenninen-Vorland von jungtertiären Sedimenten, von Tonen, Mergeln, Tonschiefern, Sanden und wenig verfestigten Sandsteinen beherrscht werden, die den erosiven und denudativen Kräften einen geringen Widerstand entgegensetzen (vgl. z. B. F. TICHY 1960; B. KAYSER 1961; R. ULLMANN 1964).

Die *Frane* (sing. *frana*) gehen als langsame und kleinräumige Rutschungen an steilen und flachen Hängen in ausreichend quellfähigem Gestein vonstatten, das auf einem wasserundurchlässigen Untergrund ruht und durch seine Lagerung die Abwärtsbewegung fördert. Man hat die Frane auch Schlammströme, Erdgletscher und Erdschlipfe genannt; F. TICHY (1960) spricht von „mediterraner Solifluktion" (obschon an der Abgleitbewegung kein Frostwechsel beteiligt ist). ULLMANN (1964, S. 232) beschreibt eine typische Frana aus dem nördlichen Apennin (vgl. Abb. 18). Hier kam im Trebbiatal bei Perino im Januar 1961 nach ausdauerndem Regen in 20 m mächtigen Mergeln eine 500 m breite und 1,5 km lange Hangpartie in Bewegung. Der nur 60 m weit reichende Gleitvorgang dauerte fünf Monate, die mittlere Tagesgeschwindigkeit der Frana betrug anfangs 1,5-2 m, später 15-20 cm. Während der Massenbewegung wurden drei Weiler mit 23 Häusern zerstört, mehrere Zehner Hektar Ackerland gingen verloren, und die Straße Genua-Piacenza wurde auf einer Länge von 0,5 km in das Bachbett der Trebbia gerissen. Dies ist einer von unzähligen Vorgängen, die sich jährlich in der feuchten Jahreszeit ereignen und Siedlungen, Wegenetz und Kulturland in Mitleidenschaft ziehen.

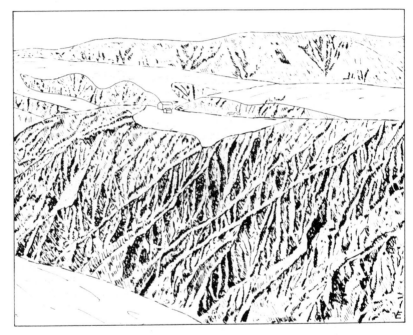

Abb. 19: Calanchen in den Abruzzen, Italien *(nach* O. SCHMIEDER *1969)*

Bilden sich Frane auf offenem Terrain, entstehen *Calanche (i)* (sing. *calanca*) oder *Burroni* (sing. *burrone*) vorwiegend auf entblößtem Gestein (Abb. 19). Es sind rachelförmige Rinnen, die sich nach heftigen Regengüssen in dem während der Trockenzeit aufgerissenen Material rasch vertiefen und das Gestein in steile, zerrunste Firste zerlegen. Treten die Einzelformen vergesellschaftet auf, erzeugen sie *Badlands*, wertlos gewordenes Land, für das jede Schutzmaßnahme zu spät kommt. Weil das anstehende Gestein von den Abtragungsvorgängen mitbetroffen ist, handelt es sich um mehr als bloße Bodenerosion (Kap. 2.3.4). Beispiele für Calanche finden sich auf der Außenabdachung der Apenninen in großer Zahl; Badlands kennzeichnen vor allem Lukanien und Sizilien, ferner die Betische Kordillere (Becken von Guadix-Baza) ebenso wie das chilenische Küstenbergland bei Concepción (südl. 36° 30') und die intramontanen Bekken des Kapgebirges (z. B. von Tulbagh).

Eine besonders wirkungsvolle Abtragungsform sind die *Balze* (sing. *balza*), große zirkusartige Quellkessel, die in etwas standfesterem Material (sandige Tone) verbreitet sind. Sie sind vor allem aus der Umgebung von Volterra in der Toskana bekannt geworden.

Geomorphologisch widerständiges Gestein ruft unter sonst gleichen Bedingungen einen anderen Formenschatz hervor. Dies zeigen die Granitlandschaften des westlichen Mittelmeerraums. So beschreibt H. LAUTENSACH (1964, S. 107 ff.) für die westliche Iberische Halbinsel einerseits die aus Mitteleuropa vertrauten Felsburgen und Blockansammlungen, die durch tiefgründige Vergrusung und nachträgliches Freilegen entstehen, andererseits die auf Schalenverwitterung und Druckentlastung zurückgehenden Glocken- und Helmberge und flachgewölbten Felspanzer, in denen häufig Kern- bzw. Lochverwitterung vorkommt (W. KLAER 1956). Solche Hohlblöcke *(tafoni)* finden sich auch in sandigen Kalken, z. B. am unteren Segura in Südostspanien (K. WICHE 1959). Ähnliche Verwitterungsformen treten auf den Granitinselbergen Südwest- und Südaustraliens auf (J. DAHLKE 1970; C. R. TWIDALE 1982).

Auf kalkigem Substrat bilden sich im Mittelmeerraum Karstformen. Der typische Formenschatz hatte seinerzeit zu dem Begriff des *mediterranen Karstes* geführt, weil man annahm, daß Karren, Dolinen, Uvalas und Poljen sowie unterirdische Flußläufe, Höhlen usw. für den Mittelmeerraum eigentümlich seien. Man hat inzwischen erkannt, daß in allen Klimazonen auf Kalkstein – teilweise auch in Silikatgesteinen – gleiche oder verwandte Formen entstehen können (z. B. K.-H. PFEFFER 1976). Karstformen kommen in weiter Verbreitung auf den südeuropäischen Halbinseln vor, sie haben ihren Schwerpunkt im Dinarischen Gebirge (Istrischer Karst), wo alle ober- und unterirdischen Klein- und Großformen vertreten sind; ferner häufen sie sich in Griechenland, in der Türkei und im Libanon. Eine seltene „*Übersteigerung des oberirdischen Karstphänomens*" sind die Felsenstädte der Iberischen Halbinsel, z. B. der Torcal von Antequera (vgl. H. LAUTENSACH 1964, S. 112 ff.). Über das Problem der vorwiegend in den Karbonatgesteinen des Mittelmeerraums ausgebildeten Glatthänge hat A. GERSTENHAUER (1980) berichtet.

Entsprechende Karsterscheinungen fehlen in der Neuen Welt, weil es keinen Kalkstein gibt. Allein im Küstenvorland Südwestaustraliens entstehen in den äolischen Kalken der Dünengebiete durch nachträgliche Auslösung und Abtragung bizarre 2–3 m hohe Gebilde in Säulen- und Nadelform *(beachrock)*.

Die allgemein verbreiteten (rezenten und vorzeitlichen) Kalkkrusten, die in der älteren Literatur als Ausscheidungen aufsteigender Bodenlösungen erklärt worden sind (Aszendenz), werden neuerdings als Ca-Horizonte entkalkter Böden aufgefaßt (Deszendenz; H. ROHDENBURG/U. SABELBERG 1969; vgl. auch W. D. BLÜMEL 1981).
Mit vulkanischen Sedimenten sind wiederum andere Oberflächenformen verbunden. Sie zeigen jedoch keine zonentypischen Merkmale.

2.3.4 Die bodengeographischen Verhältnisse

Da die Landschaftszone genügend Feuchtigkeit für die chemische Verwitterung empfängt, ist die wichtigste Voraussetzung für die Bodenbildung erfüllt. Doch wird die Pedogenese in der sommerlichen Trockenzeit für einen mehr oder weniger langen Zeitraum unterbrochen, so daß sich die Böden im Vergleich zu den vollhumiden Zonen der Erde langsamer bilden; die Geschwindigkeit entspricht etwa jener der wechselfeuchten Tropen. R. GANSSEN (1972, S. 92) macht darauf aufmerksam, daß im Mittelmeerraum freilich nicht nur die großklimatisch bedingte Trockenheit die bodenbildenden Prozesse im Sommer behindert, sondern auch das trockenheiße Bodenklima, das durch die Vegetationsarmut und das Vorkommen von Kalkstein hervorgerufen wird.

Der von der Vertikalen beherrschte Aufbau der Landformen bringt es mit sich, daß Gebirge und Bergländer häufig flachgründige oder skelettartige Böden mit Gesteinstrümmern, d.h. Rohböden ohne ausgeprägten Humushorizont, aufweisen, die eine sehr schmale Basis für natürliches Pflanzenkleid und Kulturland abgeben. In den tief gelegenen, ebenen Gebieten, in Becken, Senken, Tälern und in Karstmulden ist indes die normale Bodenbildung mit stellenweise ausreichendem Nährstoffgehalt gewährleistet, wenn sie nicht durch Umlagerung und Überschüttung mit allochthonem Material unterbrochen wird.

Die natürliche Ungunst wirkt sich überall dort verstärkt aus, wo der Mensch in größerem Umfang oder seit langem in den Naturhaushalt eingegriffen hat. Die normale Bodenbildung ist vor allem im Mittelmeerraum und in Mittelchile beeinträchtigt und im Extremfall gänzlich unterbunden.

Die horizontale und vertikale Kammerung des Reliefs und der rasche Gesteinswechsel bewirken, daß kein Bodentyp und keine Bodenart großflächig auftreten. Die fleckenhafte, ja die lokale Verbreitung einer Vielzahl von Böden ist – zumal für den Mittelmeerraum – typisch.

Die Einordnung der Böden des Mittelmeerraums in das Schema der zonalen Bodentypen ist trotz des einheitlichen Klimas problematisch

(A. SEMMEL 1977, S. 82). Die Mehrzahl der Autoren unterscheidet die braunen mediterranen Böden (früher: Gelberden) und die roten mediterranen Böden mit entsprechenden Übergängen, den rotbraunen Böden. Die *braunen mediterranen Böden* (auch: *Terra fusca*) überwiegen bei weitem, so daß A. SEMMEL (1977, S. 83) das Mittelmeergebiet zur Braunerdezone rechnet. Auch in den anderen Teilräumen der Landschaftszone sind braune Böden weit verbreitet. Nach der Klassifikation des US Soil Survey heißen sie in Kalifornien Xeralfs (Alfisols) (H. BLUME 1975, S. 50); ebenso gibt es sie in Mittelchile (R. GANSSEN 1972, S. 258) und im Kapland, für das W. KUBIENA (zit. nach R. GANSSEN 1972, S. 243) „*mediterrane, z. T. leicht rubefizierte Braunerden*" beschrieben hat.

Die dominierenden braunen Böden entstehen vorwiegend auf silikatischem, eisenarmen Untergrund (A. SEMMEL 1972, S. 83). Je nach der Humidität wechseln Braunerden mit braunlehmartigen Parabraunerden; in feuchteren Gebieten sind Verbraunung und Lessivierung die kennzeichnenden holozänen Bildungsprozesse, so daß die Profile jenen unserer braunen Waldböden ähneln. Der humusarme A-Horizont ist aber im allgemeinen schwächer, der B-Horizont dagegen mächtiger entwickelt. Die Böden sind relativ nährstoffarm, weitgehend entkalkt und reagieren demzufolge schwach sauer (K. MÜLLER-HOHENSTEIN 1979, S. 129/131).

Rezente Bildungen sind auch die *roten mediterranen Böden*. Sie finden sich vor allem auf kalkigem Substrat, insbesondere im östlichen Mittelmeerraum. Der Anteil an freiem Eisenoxid ist sehr groß. – Die *Terra rossa* gilt heute als eine vorzeitliche Bodenbildung, die in einem warmen, (wechsel-) feuchteren Klima des Präquartärs auf Kalk-Untergrund entstanden ist und sich als humusarmer Rest in Klüften und Taschen oder in Dolinen des Karstreliefs „*verstaubt und vererdet*" erhalten hat (R. GANSSEN 1972, S. 92). Die leuchtend rote Farbe geht auf die Verwitterungsresiduen des Kalks zurück, die einen hohen Gehalt an Aluminium- und Eisenoxid haben. Je nach der Profilmächtigkeit ist die Terra rossa für die landwirtschaftliche Nutzung mehr oder weniger gut geeignet.

Durch die große Horizontal- und Vertikaldistanz der Landschaftszone verzahnen sich diese zonalen Böden mit anderen Bodentypen. Im Mittelmeerraum erfolgt im Westen und Nordwesten und in der Höhe der Übergang zu den west- und mitteleuropäischen Braunerden, Parabraunerden und Podsolen. In noch größerer Höhe und im kontinentalen Osten sind Rendzinen und Ranker (A/C-Böden) verbreitet. Im Grenzsaum zur Steppe, am Bosporus, in den Levante- und Maghreb-Ländern, nehmen zimtfarbige Seroseme und kastanienfarbige Böden überhand; teilweise stellen sich Solonetze ein. Salzböden treten auch in Südaustralien, in der Küstenebene südöstlich Adelaide (Ninety Miles Desert), gehäuft auf. Anklänge an halbwüstenartige Verhältnisse kann man selbst innerhalb des Mittelmeerraums in besonders trockenen und kontinentalen Gebieten beobachten. Beispielsweise gibt es im Ebro-Becken und in Südost-Spanien Solontschaks. Andererseits sind in Niederandalusien, im südlichen kalifornischen Längstal und an der mittelchilenischen Küste schwarzerdeartige Böden flächenhaft entwickelt (R. GANSSEN/F. HÄDRICH 1965). Den Übergang zu den feuchten Subtropen zeigen lessivierte Böden, die *Red and Yellow Podsolic Soils,* und echte Podsole an, wie etwa im besonders regenreichen Höhengebiet der Südwestspitze Australiens.

Schließlich kommen verschiedene azonale Böden in Anpassung an die Reliefverhältnisse vor. So wechseln mehrere Varianten unergiebiger Gebirgsböden mit semiterrestrischen Böden von Tälern und Senken. Auf vulkanischem Substrat bilden sich bei einem gewissen Alter mineralische und fruchtbare Böden. Bedingt durch den regionalen oder lokalen klimatischen, geomorphologischen und petrographischen Wandel ist die Karte der Bodentypen somit bunt gefärbt (vgl. K. MÜLLER-HOHENSTEIN 1979, S. 130).

Nicht zuletzt beeinflußt der Mensch die bodenbildenden Prozesse. Erst wenn seine Tätigkeit in Betracht gezogen wird, gewinnt man ein vollständiges Bild über die edaphische Situation der Landschaftszone. Man muß sich vor Augen halten, daß insbesondere im Mittelmeerraum „*die Bodenbildung langsam, die Zerstörung lebhaft*" ist (A. PHILIPPSON 1947, S. 16). Die intensive Bodennutzung seit der Antike, die hochgradige Entwaldung und der fehlende Bewuchs des Ackerlandes in großen Teilen des Jahres haben hier die *bodenzerstörenden Vorgänge* (Bodenerosion, Bodenabtragung) ungemein gefördert. Die Böden sind wegen der sommerlichen Trockenheit und der häufigen Starkregen in der feuchten Jahreszeit erosionsgefährdet. Sie werden allerdings nicht nur erodiert, sie werden unter besonders ungünstigen Umständen völlig abgetragen, so daß das Ausgangsgestein zutage tritt und die abtragenden Kräfte den Untergrund angreifen können (Badland-Bildung). Diese Prozesse sind nicht auf den Mittelmeerraum beschränkt, sondern auch in den neuweltlichen Teilräumen vertreten und haben hier – abhängig vom Fortgang der Erschließung – ein unterschiedliches Ausmaß erreicht. Die Schäden sind zwar geringer als im Mittelmeerraum, doch haben sie örtlich zur Aufgabe der Landbewirtschaftung geführt. Die von der Bodenerosion erfaßte Fläche in Mittelchile ist immerhin etwa 1,5 Mill. ha groß (W. WEISCHET 1970, S. 190; vgl. W. J. TALBOT 1947 und T. MOLTER 1966, S. 157 ff., für das Kapland). Die Bodenerosion durch Wind zieht geneigte wie ebene Flächen in Mitleidenschaft und wird hauptsächlich in den trockenen Randgebieten zu den Steppen, jedoch auch in den weiten, baumlosen Landschaften Neukastiliens, Siziliens, Lukaniens und in anderen vergleichbaren Räumen wirksam.

Tonböden

Die bodennachschaffende Kraft der Verwitterung ist im halbtrockenen Klima in der Regel zu schwach, um nach Bodenerosion erneut ein vollausgereiftes Profil entstehen zu lassen. Wenn man keine Abwehrmaßnahmen, z. B. durch Terrassenbau oder Aufforstung (Kap. 3.3.1) trifft, können die geschädigten Gebiete nach einer gewissen Zeit nicht mehr genutzt werden.

In den Senken, Tälern und Küstenebenen des Mittelmeerraums werden entwickelte Bodenhorizonte nicht selten von Akkumulationen verschiedener Korngröße überschüttet, so daß die für den flächenhaften Anbau am besten geeigneten Räume auf solche Weise gefährdet sind. Manche azonalen Alluvialböden, die an sich genügend Nährstoffe enthalten, haben für die Landnutzung allerdings einen geringen Wert. So lassen sich die porenarmen und strukturlosen Tonböden nur schwer bearbeiten und stellen den Landwirt vor unlösbare Probleme. Infolge der dichten Textur wird einerseits das Wasser nach Niederschlägen gestaut, es versickert sehr langsam und verschlämmt das Substrat. (Dies ist ein Grund für die Versumpfung, die das geeignete Biotop für die Malaria-Mücke bildet.) Andererseits ist das Grundwasser artesisch gespannt und vermag nur ganz allmählich in den Oberboden einzudringen. Im Sommer entstehen regelmäßig Trockenrisse, der Boden verhärtet, und es bilden sich große Erdschollen, die mit den herkömmlichen Handarbeitsgeräten nicht zerkleinert werden können.

Die Alluvialböden sind schließlich auch salzhaltig. Bei länger anhaltender Trockenheit wird der Salzgehalt auf Grund der hohen Verdunstung so groß, daß sich selbst die Bodenoberfläche mit einem weißen Salzfilm überzieht. Er nimmt mit wachsender Bodentiefe zu und schränkt das Wachstum tiefwurzelnder Kulturpflanzen, wie der Obst- und Zitrusbäume, empfindlich ein, so daß allein durch ihn eine räumliche Differenzierung der Bodennutzung zustandekommen kann (vgl. z. B. G. Gerold 1982). In der Ebene von Gela, Sizilien, beträgt der durchschnittliche Salzgehalt in 0,5–1 m Tiefe z. B. 1,51–3,50‰; Maximalwerte reichen bis 6,5‰, was eine starke Bodenversalzung bedeutet. *„Die leicht löslichen Salze setzen sich vor allem aus Sulfaten (Na_2SO_4)"* und den toxisch wirkenden *„Chloriden (NaCl)"* zusammen (G. Gerold 1979, S. 43).

Die zumeist marin bis lagunär gebildeten Tonsedimente neigen offenbar überall zur Bodenversalzung. Dies zeigt das Beispiel der australischen Küstenebene (Ninety Miles Desert), die erst in jüngster Zeit erschlossen wird. Auf Dauer kann man den Boden in solchen Gebieten nur durch Spülen (Bewässerung) bei zugleich guter Drainage und Strukturänderung (Tiefpflügen) verbessern.

Selbstverständlich nimmt die Bodenversalzung, wenn man sich den Trockengebieten nähert, auch auf anderen Substraten zu, wie dies J.

DAHLKE (1973, S. 204) für den südwestaustralischen Weizengürtel geschildert hat. Vor ähnlichen Problemen steht die Landwirtschaft in allen kontinental und äquatorwärts gelegenen Teilräumen der Landschaftszone, so etwa in den Maghreb- und Levante-Ländern, im südlichen kalifornischen Längstal (Tulare-Becken), in der Kleinen Karru oder im Kleinen Norden Mittelchiles, zumal dann, wenn die Entwässerung der Bewässerungsgebiete zu wünschen übrig läßt.

Eine wertende Zusammenfassung ergibt, daß die Geomorphodynamik und die bodengeographische Situation der mediterranen Subtropen jene Nachteile im allgemeinen noch betonen, die der ungünstige Klima- und Wasserhaushalt für die Wirtschaftslandschaft schafft. Gebirge, Bergland und manche Hügelländer sind die ohne Zweifel am stärksten benachteiligten Räume, in denen durch Spüldenudation und lineare Erosion das bestehende Kulturland aufgezehrt wird und unwiederbringlich verlorengeht. Die geringe bodennachschaffende Kraft des Klimas, die durch menschliches Zutun geförderte Bodenabtragung und der geringe Wert der vorhandenen Böden erzwingen letztlich bestimmte Nutzweisen und Anbautechniken, ohne die das Steilrelief gänzlich aus dem Wirtschaftsraum ausscheiden würde. Als natürliche Gunsträume müssen deshalb die tiefgelegenen und ebenen Landschaften gelten. In ihnen wird aber das nutzbare Areal durch breit ausufernde Schotterbetten, Überschwemmung, Versumpfung, Versalzung und z.T. ungeeignete Böden eingeengt, so daß sie im Mittelmeerraum vielfach erst durch die Meliorationen des 19. und 20. Jh. in die Kulturlandschaft eingegliedert worden sind. Im übrigen bietet das Flachrelief wegen seines geringen Umfangs eine ungenügende Grundlage. Dort, wo es wirklich ausgedehnt ist, setzen die wenig fruchtbaren Böden oder das Fehlen jeglicher Bodenkrume sowie andere hemmende Faktoren (wie z.B. die Verkarstung) der Kulturlandschaftsentwicklung Grenzen. In vielen Gebieten vermag allein die umfassende und planvolle Landgewinnung zusammen mit einer Verbesserung von Hangneigung und Bodengüte den wachsenden Raumansprüchen Rechnung zu tragen. Eine positive Ausnahme bilden die amerikanischen Längstäler.

2.4 Das natürliche Pflanzenkleid

2.4.1 Die Hartlaubgewächse

Neben dem Klima ist die von ihm primär abhängige natürliche Vegetation sicherlich jener Geofaktor, der den mediterranen Subtropen die größte Einheitlichkeit verleiht. Obwohl sich die Landschaftszone auf vier Florenreiche verteilt, vom artlichen Bestand her also eine sehr unterschiedliche

Stellung hat, ist sie eines der besten Beispiele für klimatisch bedingte Konvergenz (J. SCHMITHÜSEN 1968, S. 359; vgl. z. B. H.-J. KLINK/E. MAYER 1983, S. 187). Das floristisch bunt zusammengesetzte Pflanzenkleid stimmt an analogen Standorten physiognomisch überein, und es weist ähnliche Lebensformen auf. Diese Wuchs- und Lebensformen werden vom Hartlaub geprägt, und Hartlaubgewächse (Sklerophylle) beherrschen als zonale Vegetationsformation alle fünf voneinander isolierten Teilräume, die den Florenreichen Holarktis (Mittelmeerraum und Kalifornien), Neotropis (Mittelchile), Capensis (Kapland) und Australis (Südwest- und Südaustralien) angehören.

Das *Hartlaub* wird als Anpassungserscheinung an das Mittelmeerklima interpretiert. Es muß sich einerseits mit der Sommertrockenheit abfinden, andererseits die ungünstigen thermischen Verhältnisse im Winter überstehen, in dem leichte Fröste vorkommen können. (Starke Fröste, die sich allerdings selten ereignen, haben für die Hartlaubgewächse katastrophale Folgen.) Das Wachstum der Pflanzen wird infolgedessen in einem Jahr zweimal unterbrochen; die Vegetationszeit liegt grundsätzlich im Frühjahr und im Herbst[5].

Obwohl von Zeit zu Zeit – einem endogenen Rhythmus folgend – das Laub erneuert wird, werfen die Hartlaubgewächse ihre graugrünen Blätter freilich weder regelmäßig in der trockenen noch regelmäßig in der kühlen Jahreszeit ab. Es sind immergrüne Bäume, Sträucher, Halb- und Zwergsträucher, denen das frische Grün sommergrüner Pflanzen fehlt.

Ein wichtiges Merkmal der Sklerophyllen ist die Morphologie des Blattes. Es handelt sich vornehmlich um kleine bis mittelgroße, teils um große Blätter, die ganzrandig, derb, glänzend und oft mit einer verdunstungshemmenden Schutzschicht aus Wachs oder Harz überzogen sind. Sie haben ein ausgeprägtes Festigungsgewebe (Sklerenchym), das ihnen zusammen mit der dicken Epidermis und/oder einer harten Kutikula die Steifheit verschafft. Die mit den Sklerophyllen vergesellschafteten Pflanzen müssen die verdunstende Oberfläche ebenfalls reduzieren; dies geschieht z. B. durch Schuppenblätter *(Ericaceen),* Nadeln (Nadelhölzer) oder Dornen.

Worin die *ökophysiologische Anpassung* der Hartlaubgewächse besteht, haben J. BRAUN-BLANQUET und H. WALTER erstmals 1931 im einzelnen dargestellt (vgl. auch H. WALTER 1968, S. 78 ff.; F. DI CASTRI u. H. A. MOONEY 1973).

Die Sklerophyllen sind hydrostabil: ihre Wasserbilanz bleibt im Laufe eines Jahres ausgeglichen. In der trockenen Jahreszeit mit erschwerter

---

[5] Eine Ausnahme bilden z. B. die südaustralischen Gattungen *Eukalyptus, Banksia* und *Casuarina,* deren Wachstum auch in den Sommer fällt. R. L. SPECHT (1973, S. 116) deutet dies als ein vegetationsgeschichtlich bedingtes tropisches Relikt.

Wasserversorgung wird die Verdunstung durch den Verschluß der Spaltöffnungen herabgesetzt. Die Zellsaftkonzentration steigt an, damit gewinnt die Pflanze eine höhere Saugkraft und kann mit den gewöhnlich sehr tief reichenden Wurzeln auch auf sehr trockenen Standorten noch Bodenwasser erschließen. Auf solche Weise überwinden Sklerophylle nicht nur die jahreszeitliche Trockenheit, sondern auch länger anhaltende Dürrezeiten, ohne das Laub zu verlieren. Der winterliche Bodenwasservorrat genügt ihnen für die ganzjährige Belaubung und Assimilationstätigkeit.

Mit den sklerophyllen Pflanzen stehen nicht-sklerophylle immergrüne Arten (z. B. Lorbeerbaum, Rosmarin, Zistrose, Lavendel, Thymian) und sommergrüne Arten (z. B. Flaumeiche) im Wettbewerb. An trockenen Standorten sind diese Malakophyllen genannten Pflanzen („Weichlaubgewächse") den sklerophyllen Gewächsen unterlegen. Sie sind hydrolabil. Zwar können sich die Malakophyllen, die meist über ein weniger tief reichendes Wurzelwerk verfügen, durch Reduzierung der transpirierenden Organe gleichfalls anpassen, bei zu großem Wassermangel welken sie jedoch und/oder werfen die Blätter ab. Auf feuchten Standorten gewinnen sie dagegen den Konkurrenzkampf.

Letztlich entscheidet der Wettbewerb zwischen ökophysiologisch unterschiedlich angepaßten Pflanzengruppen über die horizontalen und vertikalen (äußeren) Grenzen der Hartlaubvegetation (vgl. H. WALTER 1956; 1975, S. 82). Aber auch innerhalb der Landschaftszone kommt es durch ihn zu mannigfachen räumlichen Differenzierungen des Pflanzenkleides. Dabei ist es gleichgültig, ob die wechselnde Feuchtebilanz klimatische oder edaphische Ursachen hat. Ein Ergebnis des Wettbewerbs ist z. B. die klimatisch bedingte Vegetationsasymmetrie der Hänge. Im Mittelmeerraum dominiert auf trockenen, südexponierten Hängen die Pflanzengesellschaft der immergrünen Steineichenwälder *(Quercetum ilicis)*, in feuchten, nordexponierten Lagen jene der sommergrünen Flaumeichenwälder *(Quercetum pubescentis)*. Entsprechendes gilt mit anderen Arten und in umgekehrter Auslage für das Kapgebirge. Auch auf den Luv- und Leeseiten der Gebirge entsteht eine solche Differenzierung. Aus edaphischen Gründen ergibt sich der gleiche Gegensatz: In den feuchten Auen der perennierenden Gewässer des Mittelmeerraums wachsen die Sklerophyllen im Unterholz; bestandsbildend sind die laubwerfenden Baumarten, wie etwa Pappeln, Erlen, Ulmen und Platanen. In den sommertrockenen Torrente-Betten wird indessen das sommergrüne Gehölz durch den strauchförmigen immergrünen Oleander ersetzt.

2.4.2 Die Vegetationsformationen der Hartlaubgebiete

Ein gedrängter Überblick über die physiognomische Variationsbreite der potentiellen natürlichen Vegetation in den fünf Teilräumen muß trotz grundsätzlicher Übereinstimmung eine Reihe von Besonderheiten berücksichtigen. Der Mittelmeerraum hat mit seiner großen Längen- und Breitenerstreckung und auch aus vegetationsgeschichtlichen Gründen eine komplizierte horizontale (und vertikale) Gliederung. Die Hartlaubformation verzahnt sich hier auf verschiedene Weise mit den sommergrünen Laubwäldern der gemäßigten Breiten, den Steppen der trockenen Subtropen und einigen Vorposten der subtropischen Feuchtwälder. Eine solche Übergangsstellung, die jedoch leichter zu überschauen ist, haben auch Kalifornien und Mittelchile. Im Kapland und in Südwest- und Südaustralien tritt vor allem die Nachbarschaft zu den subtropischen Feuchtwäldern in Erscheinung (Kap. 2.5).

Die immergrüne Hartlaubstufe des Mittelmeerraums, die eingangs durch den Ölbaum *(Olea europaea)* abgegrenzt worden ist und die sowohl mit abnehmender geographischer Breite als auch von den ozeanischen zu den kontinentalen Gebieten ansteigt, wird nach der herrschenden Baumart auch Stein- oder Grüneichenstufe genannt (vgl. M. RIKLI II, 1943–48, S. 573 ff.). In ihr unterscheidet man mindestens zwei Formationsklassen, die Wälder und das Hartlaubgebüsch. Letzteres läßt sich in Strauch- und Zwergstrauchgesellschaften gliedern.

Den natürlichen *Wald* kennzeichnen im gesamten Mittelmeerraum immergrüne Eichenbestände; sie gelten als zonale Vegetationsformation. Bis auf Restbestände an ungünstigen, für den Menschen schwer zugänglichen Standorten ist an ihre Stelle Kulturland getreten. Trotzdem markieren viele Einzelvorkommen, selbst in den dichtbevölkerten meeresnahen Gebieten, das ursprüngliche Verbreitungsareal. Die mittelmeerischen Eichenwälder gleichen heute allerdings nur ausnahmsweise den geschlossenen und hochstämmigen sommergrünen Laubwäldern Mitteleuropas. Es handelt sich um lichte Gehölze, in denen die einzelnen Baumexemplare nur eine mäßige Höhe und selten Kronenschluß erreichen, sie sind krüppelwüchsig und haben knorrige Äste. Nach H. WALTER (1977, S. 155) waren es ursprünglich ebenfalls geschlossene Wälder mit einer 15–18 m hohen Baumschicht, einer artenreichen immergrünen Strauchschicht (3–5 m) und einer bis 0,5 m hohen Krautschicht immer- und sommergrüner Gewächse, unter denen Gräser fehlten.

Die Baumschicht wird von wenigen Leitarten gebildet. Dank ihrer großen Fruchtbarkeit gedeiht die Stein- oder Grüneiche *(Quercus ilex)* fast im gesamten Mittelmeerraum; sie fehlt nur an der Levante- und türkischen Südküste (Abb. 20). Ihr Schwerpunkt liegt im Westen, wo sie aber teil-

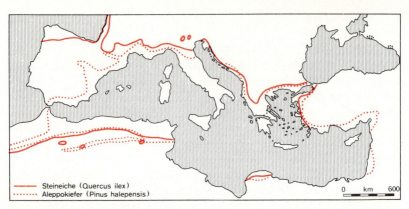

Abb. 20: Die natürlichen Verbreitungsareale von Steineiche und Aleppokiefer im Mittelmeerraum (nach M. RIKLI I, 1943–48)

weise von der wirtschaftlich wichtigen Korkeiche *(Quercus suber)* verdrängt worden ist. Im östlichen Mittelmeerraum, mit der Westgrenze in Sizilien, wächst die Kermeseiche (= Calliprinos; *Quercus coccifera*). Mit den Eichen sind andere Laubhölzer vergesellschaftet, von denen hier nur der Johannisbrotbaum *(Ceratonia siliqua)* und der Wilde Ölbaum *(Olea oleaster)* genannt seien. Nadelhölzer wie die Aleppokiefer *(Pinus halepensis)*, die Seestrandkiefer *(P. maritima)*, die Zypresse *(Cupressus sempervirens)* und verschiedene Zedern *(Cedrus atlantica, C. libani)* spielen nur im Süden und in den kontinentalen Gebieten eine Rolle, obwohl ihre ursprünglichen Verbreitungsareale bis in den westlichen Mittelmeerraum gereicht haben (Abb. 20). Oftmals bilden sie in Griechenland, in der Türkei und in den Levante-Ländern (Libanon) die eigentliche Baumschicht, während die Hartlaubgewächse in der Strauchschicht vertreten sind.

Das kalifornische Hartlaubgebiet (nach A. W. KÜCHLER 1979) weist die gleichen Gattungen mit einer allerdings viel größeren Artenzahl auf, da sich die Vegetation anders als im Mittelmeerraum im Pleistozän ungestört hat weiter entfalten können. Außerdem gibt es eigene amerikanische Gattungen. Im Gegensatz zur Alten Welt sind Wälder noch in großem Umfang vorhanden und stellenweise im Naturzustand belassen. Der typische Hartlaubwald wird auch hier von immergrünen Eichen gebildet, die in Südkalifornien und in der südlichen Coast Range vorherrschen (Coast live oak, *Quercus agrifolia*). In der Umrahmung des Längstals sind immer- und sommergrüne Eichen (Blue oak, *Quercus douglasii;* California black oak, *Quercus kelloggii;* Interior live oak, *Quercus wislizenii;* Canyon live oak, *Quercus chrysoleppii* u.a.) mit Nadelhölzern (z.B. Digger pine, *Pinus sabiniana)* vergesellschaftet. Die Redwoods, reine oder gemischte Bestände von *Sequoia sempervirens,* bleiben auf die nebelreiche Außenabdachung der nördlichen Coast Ranges beschränkt und reichen südwärts bis zur Bucht von Monterey. Sie gehören nicht zum Hartlaubgebiet, liegen aber mit ihren südlichen Ausläufern im Mittelmeerklima.

In Mittelchile sind die natürlichen Wälder so gut wie vollständig beseitigt worden. Nach J. SCHMITHÜSEN (1956) und E. OBERDORFER (1960) muß man sich einen immergrünen Hartlaubwald vorstellen, der sich aus neotropischen Arten zusammengesetzt hat und dem mittelmeerischen Steineichenwald physiognomisch ähnlich gewesen ist. Reste finden sich im Küstenbergland. Auf trockenen Standorten stocken Litre *(Lithraea caustrica),* der Seifenrindenbaum *(Quillaja saponaria)* und Trevo *(Trevora trinerva),* an feuchten Plätzen – hauptsächlich im Übergang zum Kleinen Süden – Péumo *(Cryptocarya rubra),* Boldo *(Peumus boldo),* Belloto *(Beilschmiedia miersii)* und Molle *(Schinus latifolia).* Ein Endemit ist die honigliefernde chilenische Palme *(Jubaea spectabilis),* deren Restbestände im Küstenbergland östlich Valparaíso und westlich Rancagua vor der Ausrottung bewahrt werden.

Im Kapland fehlen Wälder von Natur aus; sie werden durch Gebüschformationen ersetzt. Nur kleine Bestände des Silberbaums *(Leucadendron argenteum),* eines Vertreters der subtropischen Feuchtwälder, gedeihen z. B. am Osthang des Tafelbergs bei Kapstadt im Schutze des „Tafeltuchs".[6]

Ebenso wie die kapländische genießt die australische Vegetation eine Sonderstellung, da sie gleichfalls ein eigenes Florenreich mit vielen Endemiten bildet. Es dominiert die immergrüne, aber nicht-sklerophylle Gattung *Eukalyptus,* deren Blätter ledrig sind. Wo im Kapland auf gleichen Standorten Gebüsch aufkommt, stocken in Südwestaustralien bei einem offensichtlich größeren Feuchtigkeitsangebot (Kap. 2.1.4) allerdings Wälder. Südwest-Australien bietet überdies ein gutes Beispiel dafür, wie das unterschiedliche Wasserangebot die Wuchsformen der Pflanzen verändert (Abb. 21). Von der feuchten Küste zum trockenen Binnenland nehmen Baumhöhe, Blattfläche und Wuchsdichte ab. An der Küste zwischen Denmark und Cape Leeuwin wächst bei 1500–1000 mm Jahresniederschlag der mit einer reichen Strauchschicht versehene Karri-Wald *(Eucalyptus diversicolor),* dessen Bäume 50–70, maximal 85 m hoch werden können. Nach seinem Wasserhaushalt repräsentiert er den subtropischen Feuchtwald. Bei einer Niederschlagsmenge von 1000–500 mm schließt

---

[6] H. WALTER (1968, S. 222 ff.; 1977, S. 185 f.) nimmt dieses Vorkommen zusammen mit anderen Befunden zum Anlaß, die Hartlaubvegetation im allgemeinen nicht als eine Neubildung anzusehen, die durch das Mittelmeerklima hervorgerufen worden ist. Sie sei vielmehr als ein angepaßtes Relikt der subtropischen Feuchtwälder aufzufassen, das beim Trockenwerden des Klimas in der jüngeren Vegetationsgeschichte ausgelesen worden sei.

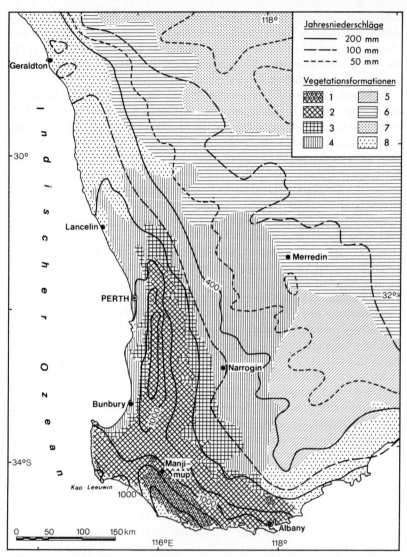

Abb. 21: Niederschlags- und Vegetationszonen in Südwest-Australien (nach J. Dahlke *1973, W. A. Year Book 1981, Vegetation Map of W. A. 1981)*

1 Karri-Wald *(Eukalyptus diversicolor)*
2 Jarrah-Marri-Wald *(E. marginata* und *(calophylla)*
3 Jarrah-Marri-Wandoo-Waldland *(E. marginata, calophylla* und *wandoo)*
4 Offenes Waldland mit Tuart, York Gum, Salmon Gum u. a. *(E. gomphocephala, loxophleba, salmonophloia)*
5 Mallee *(E. eremophila, redunca* u. a.*),* stellenweise Sandheiden
6 Busch aus *Acacia, Casuarina* und *Melaleuca,* stellenweise Mallee und/oder Sandheiden
7 Mulga *(Acacia aneura)*
8 Sandheiden *(Proteaceae, Myrtaceae),* stellenweise Mallee

sich nordwärts der mit verschiedenen Hartlaubsträuchern (z. B. Gattung *Banksia*) und halbhohen Grasbäumen *(Xanthorrhoea, Kingia)* durchsetzte lichtere Jarrah-Marri-Wald *(Eucalyptus marginata* bzw. *calophylla)* an. Er hat ebenso wie der Tuart-Wald in der Küstenebene von Perth *(Eucalyptus gomphocephala)* noch Wuchshöhen von 15–20 m. Binnenwärts folgt ein offener Trockenwald (vom „Savannentyp") - die sog. Wandoo-Zone *(Eucalyptus wandoo)* -, der bei weniger als 380 mm Jahresniederschlag immer mehr mit Sandheiden und Buschland, dem Mallee Scrub, wechselt. Hier ist der Salmon Gum-Baum *(Eucalyptus salmonophloia)* bestandsbildend. Schon außerhalb der Landschaftszone geht der aus verschiedenen Eukalyptus-Arten zusammengesetzte Mallee in den inneraustralischen Mulga Scrub, ein niedriges Akaziengebüsch *(Acacia aneura),* über.

An vielen Stellen der lichten Hartlaubwälder kann man beobachten, wie die Baum- von der Strauchschicht abgelöst wird. Andererseits gibt es unabhängig vom Wald verbreitete Vorkommen von Strauch- und Zwergstrauchformationen in allen Gebieten mit Mittelmeerklima.

Die übermannshohen *Strauchgesellschaften* sind in der Alten Welt unter dem Namen *Macchie* (sing. *Macchia,* von kors. mucchio = Zistrose) bekannt; in Spanien wird hierfür die Bezeichnung *Monte bajo* verwandt, in Griechenland spricht man von *Xerovumi.* Die Macchie ist ein 2–4 m hohes immergrünes Hartlaubgebüsch, das zuweilen mit Bäumen durchsetzt ist (Buschwald) und nur eine geringe Bodenflora zuläßt. Als Leitarten gelten die Baumheide *(Erica arborea),* der Erdbeerbaum *(Arbutus unedo)* und die Montpellier-Zistrose *(Cistus monspeliensis),* die mit einer Vielzahl sklero- und malakophyller Pflanzen vergesellschaftet sind, wie dem Lorbeer *(Laurus nobilis),* dem Mastixstrauch *(Pistacia lentiscus),* der Steinlinde *(Phillyrea media),* dem Immergrünen Kreuzdorn *(Rhamnus alaternus),* der Echten Myrte *(Myrtus communis),* dem Oleander *(Nerium oleander)* u. v. a. m. Strauchwüchsig treten auch die bestandsbildenden Arten der Wälder, wie die Stein- und die Kermeseiche, auf. Die häufigste Schlingpflanze ist die Stechwinde *(Smilax aspera).* Trotz dieser Artenfülle, die meist größer ist als im Hartlaubwald, gibt es auch floristisch sehr einförmige Macchien. Das Hartlaubgebüsch hält sich nicht nur an den feuchten Küstenstandort auf wasserundurchlässigem silikatreichen Untergrund, wie früher angenommen wurde (vgl. M. Rikli 1943–48 I, S. 230 f.), sondern gedeiht auch unter anderen Bedingungen (Kap. 2.4.3).

In Kalifornien ist die konvergente Wuchsform der 1–3, selten 5 m hohe *Chaparral* (span. *chapa* = krüppelwüchsige Eichen), dem gewöhnlich Baum- und Krautschicht fehlen. Neben den aus der mittelmeerischen Macchie bekannten Gattungen (z. B. *Quercus sp., Arbutus menziesii* – Madrone) setzt er sich vor allem aus neuweltlichen Gattungen zusammen. Wichtige Vertreter sind unter anderem Chamise *(Adenostema fasciculata),*

Manzanita *(Arctostaphylos spp.)* und California Lilac *(Ceanothus spp.).* Der Chaparral beherrscht das Küstenbergland von Santa Barbara bis San Diego und die Transverse Ranges, den Fuß der südlichen Sierra Nevada und den inneren Teil der nördlichen Coast Ranges. Er bedeckt hauptsächlich steinige und steile Gebirgshänge bei Niederschlagsmengen von 300-650 mm und fehlt sowohl in den trockensten als auch in den feuchtesten Lagen, wo er durch Zwergsträucher bzw. Wald ersetzt wird (R. KNAPP 1965, S. 177).

Entsprechende Strauchformationen finden sich auch in den mediterranen Subtropen der Südhalbkugel (vgl. z. B. *Chile - California ...* 1977). In Mittelchile wächst in der Umrahmung des Längstals der mannshohe *Matorral* aus Trevo (span. *mata* = Busch im allgemeinen), welcher der Macchie entspricht. In den niederschlagsärmeren Teilen kommen Dornsträucher mit reinen Beständen aus *Acacia cavenia* vor. Dieses *Espinal* genannte Gebüsch (span. *espina* = Dorn) erinnert mit seinen 2-3 m hohen schirmförmigen Sträuchern an die randtropische Dornsavanne. Im Kapland überzieht der 1-4 m hohe *Fynbos,* die sog. Kapmacchie, das westliche Kapgebirge bis in eine Höhe von 1000 m ü. M., greift auf dessen Küstenvorländer aus und wird binnenwärts von der steppenartigen Karru-Vegetation (mit vielen Sukkulenten) abgelöst. Den Fynbos setzen vor allem die Gattungen *Erica* (mit etwa 600 Arten) und *Protea* (mit etwa 100 Arten) zusammen (H. WALTER 1968, S. 206). Ihm entspricht der *Mallee Scrub,* der das Innere Südwest- und große Flächen Südaustraliens bedeckt.

Zwischen Strauch- und Zwergstrauchformationen gibt es viele Übergänge. Eine verbreitete *Zwergstrauchgesellschaft* ist vor allem die *Garigue* des Mittelmeerraums (kors. *garoulia* = Kermeseiche), die namensgebend für die Landschaft Garrigue in Südfrankreich geworden ist (vgl. *Tomillares* [*tomillo* = Thymian] in Spanien, *Phrygana* [= dürres Holz] in Griechenland und *Batha* in Israel). Im Unterschied zur Macchie wächst die Garigue kniehoch und stellt eine offene Pflanzengesellschaft dar. Zwischen den Zwergsträuchern kommen in großer Zahl Therophyten (einjährige Pflanzen, die durch Samen überdauern) und Geophyten (Zwiebelgewächse) wie Iris, Orchideen und der weit verbreitete Affodyll *(Asphodelus sp.),* auf, welche die Blütenfülle im Frühjahr hervorrufen. Die Garigue ist auch durch einen reichhaltigeren Artenbestand und den stärkeren Wechsel der Leitarten gekennzeichnet. Neben den krüppelwüchsigen immergrünen Eichen, verschiedenen Zistrosen und anderen Sklero- und Malakophyllen enthält sie viele duftende Kräuter, wie Minzen, Thymian, Salbei, Lavendel und Rosmarin, die durch die Ausscheidung ätherischer Öle die Verdunstung zu vermindern suchen. Ihre ausschließliche Bindung an trockene Standorte (mit kalkigem Untergrund) ist nicht erwiesen, obschon sie solche - wie in Südfrankreich - sehr häufig bedeckt.

azonale Vegetationsformationen 77

Eine vergleichbare Formation überzieht die marinen Terrassen und niedrigen küstennahen Hügelländer Mittelchiles. Hier dominieren Zwergstrauch-Kakteen-Gebüsche mit Krautunterwuchs, die zu den xeromorphen Dornstrauchsteppen des Kleinen Nordens überleiten. Ebenso kommen in Südkalifornien auf Standorten, die dem Chaparral zu trocken sind, zwergwüchsige Strauchgesellschaften vor, die der Garigue entsprechen („Pazifische Kleinstrauchheiden"; vgl. R. KNAPP 1965, S. 181).

Besondere edaphische Verhältnisse sind dafür verantwortlich, daß sich lokal oder regional auch *azonale Vegetationsformationen* entwickelt haben, die mit den großklimatischen Bedingungen nicht in Einklang zu bringen sind. Beispielsweise werden die Ufer und Auen der perennierenden Gewässer von Gehölzen begleitet, die an einen hohen Grundwasserstand angepaßt sind. Solche Auwälder finden sich sowohl in Kalifornien als auch in Südeuropa und werden von laubwerfenden Vertretern borealer Herkunft gebildet, die ein immergrünes Unterholz haben. In abflußlosen Becken, an Lagunen und verwandten Standorten gedeiht eine halophytische, d. h. dem hohen Salzgehalt angepaßte (Sumpf-) Vegetation. Im Tulare-Becken Südkaliforniens (Tule Marsh) ist es ein Salzbusch mit der Gattung *Atriplex (A. polycarpa),* an der Bucht von San Francisco hat sich eine Salzmarsch mit *Salicornia virginica* entwickelt. Auf nährstoffarmen, trockenen Standorten, meist in Küstennähe (Dünen), wachsen im Mittelmeerraum häufig Nadelhölzer. Wahrscheinlich haben die überall angepflanzte Echte Pinie *(Pinus pinea)* und die Strandkiefer *(P. pinaster)* hier ihre ursprünglichen Standorte. Auf entsprechenden Sandböden im Kapland und in Südaustralien kommen Sandheiden vor. Die südwest- und südaustralische Proteaceen-Heide ist sehr artenreich und bedeckt große Flächen zwischen Perth und Geraldton, Albany und Esperance und in der Ninety Miles Desert (H. WALTER 1977, S. 176).

Abschließend sei auf die nichteinheimischen Gewächse (Exoten) verwiesen, die durch den Menschen eingeschleppt worden sind, sich teilweise selbständig ausgebreitet haben und deshalb vom Laien gleichfalls als „Charakterpflanzen" der Landschaftszone empfunden werden. Hierzu gehören im Mittelmeerraum neben anderen die Palmen, Akazien, Mimosen, Agaven, Kakteen (Opuntien) und Eukalypten. Umgekehrt sind mittelmeerische Elemente in die neuweltlichen Teilräume übertragen worden, z. B. auf der Südhalbkugel verschiedene *Pinus*-Arten.

2.4.3 Das Problem der Sekundärformationen

Aus dieser Darstellung ergibt sich zwangsläufig die Frage, warum im Mittelmeerklima auf vergleichbaren Standorten Wälder, Strauch- und Zwergstrauchgesellschaften nebeneinander vorkommen, die sich zudem häufig aus den gleichen Arten zusammensetzen. Da das Klima – abgesehen von den sehr trockenen Räumen innerhalb der Landschaftszone, in denen sich die Steppe von Natur aus entwickelt hat – überall Waldwuchs ermöglicht, liegt es nahe, die Strauch- und Zwergstrauchformationen als anthropogene Ersatzgesellschaften des Hartlaubwaldes aufzufassen. Diese Deutung vernachlässigt jedoch die Tatsache, daß die für die menschlichen Eingriffe zur Verfügung stehende Zeit in den über fünf Erdteile verstreuten mediterranen Subtropen jeweils anders gewesen ist. Wir wissen, daß im Mittelmeerraum viele Zeugen vor- und frühgeschichtlicher Besiedlung vorliegen und schon im Altertum ein Kulturraum entstanden ist, der dem heutigen im Umfang weitgehend entsprochen hat. In Mittelchile beginnt die flächenhafte Erschließung mit der spanischen Kolonisation des 16. und 17. Jh., nachdem die indianische Bevölkerung nur stellenweise in den Naturhaushalt eingegriffen hatte, im Kapland lösen sich die Buren im 18. Jh. von der unmittelbaren Umgebung Kapstadts. Kalifornien, Südwest- und Südaustralien sind demgegenüber sehr jung kolonisierte Räume, die erst seit der Mitte des 19. Jh. erschlossen worden und vorher so gut wie menschenleer gewesen sind. Aufgrund der unterschiedlichen Kulturlandschaftsentwicklung müßte angenommen werden, daß Sekundärformationen vor allem im Mittelmeerraum und – schwächer – in Mittelchile eine Rolle spielen. Allerdings entscheidet nicht nur die Dauer, sondern auch die Intensität des menschlichen Einwirkens über die Verbreitung der Ersatzgesellschaften. So hat der Mensch in Mittelchile den ursprünglichen Hartlaubwald innerhalb weniger Jahrhunderte viel radikaler entfernt als am Mittelmeer in drei Jahrtausenden.

Die jüngeren Forschungen scheinen zu bestätigen, daß zumindest der südkalifornische Chaparral, der kapländische Fynbos und der südwest- und südaustralische Mallee Scrub natürliche Vegetationsformationen sind, die sich den relativ geringen Winterniederschlägen in den äquatorwärtigen Randgebieten der Landschaftszone angepaßt haben (H. WALTER 1968, passim). Ein anderer wichtiger Faktor für die Ausbreitung und Erhaltung von Strauch- und Zwergstrauchformationen sind natürliche Brände, wie dies z. B. für den Chaparral nachgewiesen worden ist (vgl. D. J. AXELROD 1973, S. 247ff.; H. A. MOONEY/D. J. PARSONS 1973; P. C. MILLER 1981). Nach den Beobachtungen der kalifornischen Forstverwaltung ist im Chaparral durchschnittlich alle zwölf Jahre mit Bränden durch Blitzschlag zu rechnen. Sie vernichten das Hartlaubgebüsch nicht; denn die Sträucher schlagen immer wieder aus (H. WALTER 1977, S. 166). J. L. VANKAT (1979, S. 218) bezeichnet den Chaparral deshalb als *fire type* (vgl. R. KNAPP 1965, S. 178). Beobachtungen über die Wirkung natürlicher Brände liegen auch für die südaustralische Proteaceen-Heide vor. Hier gibt es Pyrophyten, d. h. dem Feuer angepaßte Pflanzen, wie ver-

anthropogene Ersatzgesellschaften

schiedene Proteaceen *(Banksia)* und Myrtaceen, die sich nur nach Bränden verjüngen können; und bestimmte *Eukalyptus*-Arten säen sich nach Bränden besonders reichlich aus (H. WALTER 1968, S. 253 ff.). Offenbar bezeichnet auch Mallee eine pyrophytische Wuchsform, bei der nach Brandschäden von einem weit verzweigten Wurzelsystem neue Schößlinge nachwachsen können. Ebenso scheint natürliches Feuer für den kapländischen Fynbos lebenswichtig zu sein (H. WALTER 1968, S. 172/176). Es deutet demnach vieles darauf hin, daß die genannten neuweltlichen Strauch- und Zwergstrauchformationen tatsächlich natürliche Schlußgesellschaften sind.

Freilich hat man in diesen Räumen seit langem Wälder gezielt abgebrannt, um Weideland zu gewinnen, so daß das Hartlaubgebüsch heute eine größere Fläche bedeckt als zu Beginn der Landnahme und deshalb nicht zur Gänze als die Klimaxformation gedeutet werden kann. Dies zeigt z. B. eine Karte für die vermutlichen Vegetationsverhältnisse im Kapland im Jahre 1400 von J. P. H. ACOCKS (zit. nach H. WALTER 1968, S. 221), als sich der Fynbos auf den äußersten Südwesten beschränkte und der subtropische Feuchtwald bis westlich des Nadelkaps (Kaap Agulhas) reichte. Heute dehnt sich das Proteaceengebüsch bis Port Elizabeth aus, und der westlichste Vorposten des Feuchtwaldes liegt erst bei Knysna. Mit Sicherheit geht auch der nordkalifornische Chaparral, der bei einem Jahresniederschlag von 750–1000 mm wächst, auf Beweidung und Rodung zurück (vgl. J. L. VANKAT 1979, S. 218).

Für die Strauch- und Zwergstrauchformationen des Mittelmeerraums stellt sich das Problem anders. Hier hat man dem menschlichen Einfluß von vornherein einen großen Anteil zugebilligt und sich viel mehr mit der Frage befaßt, inwieweit es überhaupt Standorte einer primären Macchie oder Garigue geben könne. Während sich noch M. RIKLI (1943–48 I, S. 235 f.) gegen die Auffassung gewandt hat, daß das Hartlaubgebüsch allein der Einwirkung des Menschen zuzuschreiben sei, hat sich in jüngerer Zeit die Meinung durchgesetzt, daß die mittelmeerischen Strauch- und Zwergstrauchformationen zum weit überwiegenden Teil anthropogene Ersatzgesellschaften sind, die auf die wald- und weidewirtschaftliche Tätigkeit des Menschen zurückgehen (z. B. K. MÜLLER-HOHENSTEIN 1973, S. 131). Möglicherweise bestimmt die Art des menschlichen Eingriffs Zusammensetzung und Aufbau der Ersatzgesellschaften im einzelnen. Als degradierte Sekundärformation des Hartlaubwaldes gelten auch die chilenischen Strauchgesellschaften Matorral und Espinal, in denen sich mit zunehmender Übernutzung durch Brand, Brennholzentnahme und Beweidung xeromorphe Komponenten durchgesetzt haben (W. WEISCHET 1970, S. 338). Nur an benachteiligten Standorten, etwa auf flachgründigen Böden steiler Hanglagen und an kleinklimatisch trockenen Plätzen, wo kein Wald aufkommen kann, handelt es sich im Mittelmeerraum um spontane oder primäre Macchien. Auch auf sehr trockenen Standorten in Zentralchile hält H. WALTER (1968, S. 184) den Akazien-Espinal für naturgegeben.

Einmütigkeit besteht heute auch darüber, daß die unterschiedlichen Wuchsformen von Macchie und Garigue als anthropogene Degradationsstadien des Hartlaubwaldes aufzufassen sind, die durch eine unterschiedliche Intensität des Stockausschlages, der künstlich angelegten Brände und der Beweidung hervorgerufen werden (z. B. H. LAUTENSACH 1964, S. 142 ff.). Bei Holzeinschlägen im Abstand von 20 Jahren entsteht nach H. WALTER (1968, S. 65 ff., bes. Abb. 31) eine Macchie, bei einem Rhythmus von 6–8 Jahren eine Garigue. Bei übermäßiger Nutzung setzen sich als drittes Degradationsstadium Rasengesellschaften durch; schreitet diese weiter fort, bilden sich die mediterrane Felsheide bzw. vegetationsfreie Flächen (H.-J. KLINK/E. MAYER 1983, S. 193 ff.). Diese Deutung wird durch die Beobachtung gestützt, nach der sich diese Sekundärformationen bei ungestörter Entwicklung wieder zu einem Hartlaubwald, der zonalen natürlichen Vegetationsformation, regenerieren (H. WALTER 1977, S. 158). Es sind also keineswegs alle Macchien degradierte Wälder, gewissermaßen das stehengebliebene Unterholz des Hochwaldes. Vielmehr können sie in umgekehrter Weise auch Progressionsstadien sein, d. h. Hartlaubgewächse auf ehemaligen Waldstandorten, die sich wiederbewalden. F. R. EHRIG (1973) hat diesen Prozeß sowohl für die mediterrane als auch für die submediterrane Stufe Korsikas belegt, wo sich Macchien allmählich in Stein- und Flaumeichenwälder zurückverwandeln.

2.5 Die physiogeographischen Höhenstufen

Infolge der beträchtlichen Vertikaldistanz des Reliefs im Mittelmeerraum und in beiden Amerika entsteht die Frage, in welcher Weise sich die natürliche Raumausstattung der Landschaftszone mit zunehmender Höhe wandelt und ob eine Gliederung in voneinander abgrenzbare Höhenstufen möglich ist.

Über das *Höhenklima* der mediterranen Subtropen, für das wenig verläßliche Daten zur Verfügung stehen, müssen ein paar Hinweise genügen. In den Höhengebieten der Landschaftszone muß grundsätzlich mit der vertikalen Abfolge jener Klimate gerechnet werden, die polwärts horizontal aufeinanderfolgen. Dies legt unter anderem die Ausbildung von Vegetationshöhenstufen nahe (s. S. 81 ff.). Nach der gängigen Vorstellung finden sich bei genügender Höhe des Reliefs die Vorposten der kühlgemäßigten, borealen und subpolaren (polaren) Breiten. Es gibt hier jedoch ei-

Vegetationshöhenstufen

nige charakteristische Abwandlungen, die eine absolute Gleichsetzung der Höhenstufen subtropischer Breiten mit den polwärts anschließenden Klimazonen verbietet. So sind für die Gebirge der mediterranen Subtropen die hohen mittäglichen Sonnenstände ein sehr typisches Merkmal. Die außerordentlich starke Einstrahlung erwärmt die Luft, wobei sich die aufsteigenden Luftmassen ständig adiabatisch abkühlen. Dadurch entsteht ein verhältnismäßig großer Höhengradient der Lufttemperatur, der z. B. in der spanischen Sierra da Estrela im Januar 0,77, im August 0,63°C/100 m beträgt (H. LAUTENSACH/R. BÖGEL 1956). Unter diesen Umständen ist es in der Höhe also relativ kühl. Auch die Expositionsunterschiede von Strahlung und Temperatur sind groß, was nicht zuletzt in der differenzierten Vegetationsausbildung auf Sonn- und Schattenseiten deutlich wird (s. S. 70). Die Niederschlagsperiodizität des Mittelmeerklimas bleibt bis in große Höhen erhalten, wenn auch die aride Jahreszeit im allgemeinen kürzer ist als im Tiefland. Zugleich sind aber die Niederschlagssummen wesentlich höher als dort. Es entstehen *„humide oder mindestens humid getönte Bereiche in den Höhen"* (L. HEMPEL 1966; 1970, S. 344), und die (Hoch-)Gebirge der mediterranen Subtropen heben sich sozusagen als *„Inseln der Feuchte und Kühle"* von ihrem Umland ab, für das sie das willkommene Wasserangebot bereitstellen (C. RATHJENS 1980, S. 23). Allerdings wird diese Gunst erst im Übergang zu den trockenen Subtropen und in diesen voll wirksam, weil die für Mensch, Siedlung und Landnutzung bedeutsamen Grenzen in den mediterranen Subtropen nur ausnahmsweise überschritten werden.

Analog zur Ausbildung des Höhenklimas, das also grundsätzlich kühler und feuchter ist als das Tieflandsklima, verändert sich das natürliche Pflanzenkleid der mediterranen Subtropen mit der Höhe. Wenn auch bisweilen Übergänge bestehen, die eine Abgrenzung erschweren, lassen sich über der immergrünen Hartlaubstufe, die auch als eumediterrane oder – in Anlehnung an die Höhenstufengliederung in den Alpen – basal-kolline Stufe bezeichnet wird, mehrere *Vegetationshöhenstufen* ausgliedern, die in sich verhältnismäßig einheitlich gestaltet sind. Die Grenzflächen dieser Stufen steigen entsprechend den sich wandelnden klimatischen Bedingungen im allgemeinen äquator- und kontinentwärts an, wobei die Expositionsunterschiede der Hänge eine weitere Differenzierung herbeiführen. In den polwärtigen und ozeanischen Räumen der Landschaftszone nehmen in der Höhe die Elemente der sommergrünen Laubwälder der gemäßigten Breiten, in den äquatorwärtigen und kontinentalen Räumen in der Fußstufe jene der subtropischen Steppen allmählich überhand.

Bei starker Verallgemeinerung kann man im Mittelmeerraum eine semihumid-humide und eine semiarid-aride Höhenstufenfolge unterscheiden (H. WALTER 1968, S. 109 ff.). Sie werden durch die Abb. 22 und 23 veran-

Abb. 22: Die Vegetationshöhenstufen im westlichen Mittelmeerraum (nach K. MÜLLER-HOHENSTEIN 1973)

Semihumid-humide Stufenfolge		Höhenstufe	Semiarid-aride Stufenfolge	
Leitpflanzen	Natürliche Vegetation		Natürliche Vegetation	Leitpflanzen
Pinus uncinata	Gebirgssteppe Zwergsträucher (Pinetum)	subalpin-alpin	Gebirgssteppe Zwergsträucher Polsterpflanzen	
Fagus silvatica *Abies alba* *Pinus silvestris*	Buchen-Tannen-Wald (Fagetum)	montan	Zedern-Tannen-Wald	*Cedrus atlantica* *Abies pinsapo* *Juniperus thurifera*
Quercus robur *Quercus pyrenaica* *Quercus lusitana* *Pinus nigra*	Sommergrüner Eichen-wald (Castanetum)	submontan	Immergrüner Eichen-wald	*Quercus ilex* *Quercus suber* *Quercus coccifera*
Quercus ilex *Quercus suber* *Pinus pinea* *Pinus pinaster*	Immergrüner Eichen-wald (Lauretum)	basal-collin	Thuja-Aleppokiefern-wald	*Tetraclinis articulata* *Juniperus phoenicia* *Ceratonia siliqua* *Pinus halepensis*
			Eisenholz	*Argania spinosa* *Pistacia atlantica*
			Steppe	

Die mediterranen Stufen i.e.S. werden von stärkeren Strichen eingefaßt.

Vegetationshöhenstufen 83

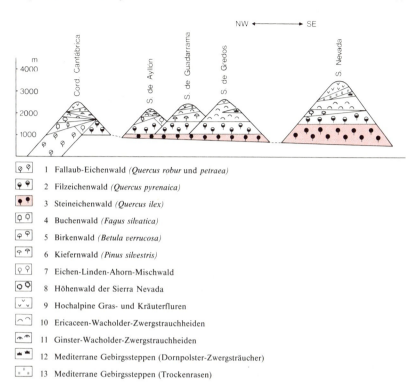

Abb. 23: Die Vegetationshöhenstufen auf der Iberischen Halbinsel (nach H. ERN 1966)

schaulicht, die für den westlichen *Mittelmeerraum* gelten (vgl. z. B. H. ERN 1966; P. OZENDA 1975; K. MÜLLER-HOHENSTEIN 1979, S. 138).

Die semihumid-humide Höhenstufenfolge mit kurzer sommerlicher Trockenzeit ist im nördlichen Mittelmeerraum und feuchten Nordexposition verbreitet. Die immergrüne Hartlaubstufe (auch: Lauretum) grenzt hier an die submediterrane oder sommergrüne Laubwaldstufe (Castanetum), die der submontanen Stufe in den Alpen entspricht. Bestandsbildend sind laubwerfende Eichen, vor allem Flaumeiche *(Quercus pubescens)* und Zerreiche *(Quercus cerris)*, im Westen auch die Lusitanische Eiche *(Quercus lusitana)*, im Osten die Stieleiche *(Quercus robur);* dazu gesellen sich – aus wirtschaftlichen Gründen regional überwiegend – Eßkastanie *(Castanea sativa)*, Hopfenbuche *(Ostrya carpinifolia)* und Mannaesche *(Fraxinus ornus)*. Durch die Degradation des Waldes entsteht die Pseudomacchie, die ebenfalls viele sommergrüne Elemente enthält. Über der sommergrünen Laubwaldstufe liegt – im Kondensationsniveau – die

Abb. 24: *Die Vegetationshöhenstufen in Kalifornien: Westabdachung der Sierra Nevada bei 37° N schematisch* (nach O. SCHMIEDER 1963, R. KNAPP 1965, A. W. KÜCHLER 1979, ATLAS OF CALIFORNIA)

Höhe (m)	Höhenstufe	Natürliche Vegetation	Leitpflanzen
über 3000	alpin	Zwergstrauch- und Rasengesellschaften	z. B. *Draba oligosperma, Festuca sp., Poa sp.*
2000–3000	subalpin bis montan	Oberer Tannen-Kiefernwald („Uppermontane-subalpine forest")	oben: Lodgepole pine *(Pinus contorta)* unten: Red fir *(Abies magnifica)*
1500–2000	montan	Unterer Tannen-Kiefernwald („Sierran montane forest")	White fir *(Abies concolor)* Sugar pine *(Pinus lambertiana)* lokal: Mammutbaum *(Sequoiadendron giganteum)*
1000–1500	submontan	Kiefernwald („Sierran yellow pine forest") mit Einschlüssen von Chaparral	Yellow pine *(Pinus ponderosa)*
300–1000	basal-kollin (Hartlaubstufe i.e.S.)	Immergrüner Eichenwald mit Kiefern („Blue oak-Digger pine forest") mit Einschlüssen von Chaparral	Blue oak *(Quercus douglasii)* Digger pine *(Pinus sabiniana)*
bis 300	basal-kollin	Kalifornische Prärie („California Prairie")	*Stipa cernua* und *pulchra*

Vegetationshöhenstufen 85

montane oder Buchen-Tannen-Stufe (Fagetum), deren wichtigste Vertreter Rotbuche *(Fagus silvatica)* und Weißtanne *(Abies alba)* sind. In den obersten Stockwerken der subalpinen und alpinen Stufe (Pinetum) wachsen im basalen Teil Nadelhölzer *(Pinus sp.).* Über der Waldgrenze, die z. B. in den Apenninen von der Buche gebildet wird, folgt – wie in den Alpen – die Zwergstrauch- und Mattenstufe.

Die semiarid-aride Stufenfolge ist im südlichen und östlichen Mittelmeerraum mit langer sommerlicher Trockenzeit und an südexponierten Hängen zu finden. Über der Hartlaubstufe fehlt ein Laubwaldstockwerk, es schließt sich sogleich die Nadelwaldstufe an. Die Stufe der immergrünen Eichen rückt dabei in den submontanen Bereich vor, während die basal-kolline Stufe von Wacholder (z. B. *Juniperus phoenicia*), Johannisbrotbaum *(Ceratonia siliqua)* und Zwergpalme *(Chamaerops humilis)* im Westen, von der Aleppokiefer *(Pinus halepensis)* und verschiedenen *Thuja*-Arten im Osten eingenommen wird. In den trockensten Gebieten schiebt sich unter die zweigeteilte mediterrane Stufe die Steppenvegetation mit dem Halfagras und Wermut-Arten, womit die äquatorwärtige Grenze der Hartlaubvegetation überschritten wird. Zahlreiche Vorposten der Steppe (Südmeseta, Südost-Spanien, Ebro-Becken, Maghreb-Länder) liegen jedoch auch innerhalb des Mittelmeerraums. Die Nadelhölzer der montanen Stufe setzen sich aus Kiefern *(Pinus sp.)*, Tannen *(Abies sp.)*, Zedern *(Cedrus sp.)* und Wacholdern *(Juniperus sp.)* zusammen, die im Westen durch andere Arten vertreten sind als im Osten. Auch oberhalb der Waldgrenze weicht die semiarid-aride Stufenfolge von den Verhältnissen in den feuchten Gebieten ab. Neben Zwergstrauch- und Rasengesellschaften treten die der hohen Einstrahlung angepaßten Dorn- und Polsterkugelpflanzen auf. Mit konvergenten Arten verschiedener Familien kennzeich-

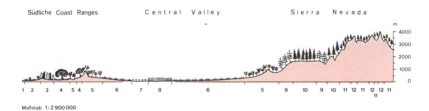

Abb. 25: Ein Vegetationsprofil durch Mittelkalifornien bei 37° N (nach Atlas of California)

1 Küste
2 Küstenprärie
3 Gemischte Hartlaubgehölze
4 Eichensavanne der Täler
5 Eichen-Kiefernwald (Blue oak, Digger pine)
6 Kalifornische Prärie
7 Salzbusch
8 Tule Marsch
9 Kiefernwald (Yellow pine)
10 Unterer Tannenwald (White fir)
11 Oberer Tannenwald (Red fir)
12 Alpine Zwergsträucher und Matten

nen sie die Hochregionen Andalusiens und Marokkos ebenso wie den Taurus („Igelpolstersteppe").

Der semiarid-ariden Höhenstufenfolge gleicht die Stockwerksgliederung der kalifornischen Vegetation. Auch hier schließen sich über der basal-kollinen Hartlaubstufe ausnahmslos Nadelwälder an (Abb. 24, 25). Wie im südlichen Randgebiet des Mittelmeerraums liegt die Basis des Längstals in der zu Kulturland verwandelten Steppe (California prairie). Sie wird im abflußlosen Tulare-Becken vom San Joaquín-Salzbusch abgelöst, der vor der Erschließung einen wüstenhaften Eindruck vermittelt hat. Das vom Creosot-Busch *(Larrea divaricata)* beherrschte Salton Sea-Bekken Südkaliforniens gehört im Naturzustand bereits zum Trockenraum des amerikanischen Südwestens.

In den mittelchilenischen Anden sind die Höhenstockwerke über der Hartlaubstufe bis 34° S waldlos (Abb. 26). Bis dahin werden die Gebirgshänge im Sinne einer ariden Stufenfolge von Dornsträuchern und Kakteen (bis 2000 m) und von Zwergsträuchern und Büschelgräsern (bis 4000

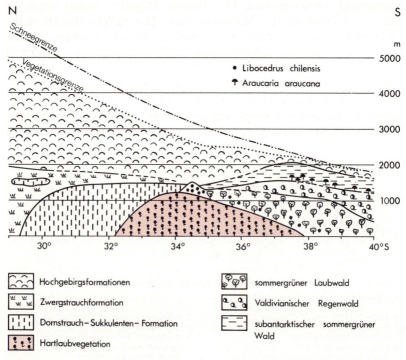

Abb. 26:   Die Vegetationshöhenstufen in Mittelchile (nach J. SCHMITHÜSEN 1956)

m) bedeckt. Erst auf der Breite von Santiago beginnt in der Höhe eine Laubwaldstufe, deren Vertikaldistanz südwärts allmählich zunimmt und die bei 36–38° S faßbar ist. Hier folgen in 1000–1200 m ü. M. zuerst Wälder aus sommergrünen Südbuchen (Roble, *Nothofagus obliqua*), durchsetzt mit der Chilenischen Zeder *(Librocedrus chilensis)*, dann solche aus immergrünen Südbuchen (Coihue, *Nothofagus dombeyi*) mit einem Unterwuchs von Bambus und anderen Sträuchern, die an der Waldgrenze (bei etwa 2000 m) in einen laubwerfenden Kniegholzgürtel mit Ñirre *(Nirre antarctica)* und Lenga *(N. pumilio)* übergehen. Hier ist auch die Araukarie *(Araucaria araucana)* in Restbeständen erhalten (nach J. SCHMITHÜSEN 1956, S. 41; W. WEISCHET 1970, S. 340). Diese äquatorwärts auskeilenden Vorposten der Feuchtwälder Südchiles legen es nahe, im südlichen Mittelchile von einer semihumid-humiden Höhenstufenfolge zu sprechen, wie sie im nördlichen Mittelmeerraum vertreten ist (vgl. V. G. QUINTANILLA 1979, S. 66).

Abgesehen von der im Kap. 2.3.2 erwähnten Höhenzonierung von Tal- und Flächenbildung scheinen auch die beschriebenen Abtragungs- und Verwitterungsformen (Kap. 2.3.3) zumindest im Mittelmeerraum einem hypsographischen Wandel zu unterliegen, so daß sich *klimageomorphologische Höhenstufen* ergeben. Nach H. WILHELMY (1975, S. 363) ist die mediterrane Fußstufe die Zone der Rutschungen, Frane und Calanche, die z. B. im toskanischen Apennin bei 1100–1300 m endet (R. ULLMANN 1964, S. 243). Darüber liegt eine Höhenstufe der Glocken- und Helmberge, die nach oben bis zur Untergrenze der rezenten Solifluktion reicht. Es folgt die Höhenstufe des Frostwechsels. Diese subnivale Stufe, die sich ungefähr zwischen Wald- und Schneegrenze ausdehnt und durchschnittlich bei 2000 m endet, ist in den mediterranen Subtropen sehr mächtig und wächst mit zunehmender Kontinentalität und Äquatornähe (vgl. C. RATHJENS 1980, S. 21). So ermittelte B. MESSERLI (1967, S. 201) für die Abruzzen 1300 m, die spanische Sierra Nevada 1450 m und den Hohen Atlas 1800 m (?) Höhendistanz. In ihr finden sich zahlreiche Formen der periglazialen Abtragung und Aufschüttung, wie Felsschroffen, zackige Pfeiler und Türme, mächtige Schuttfächer und -decken, Blockhalden, teilweise auch aktive Blockgletscher (vgl. P. HÖLLERMANN 1977, ferner z. B. J. HAGEDORN 1969; D. KELLETAT 1969; K.-U. BROSCHE 1971).

Eine nivale Höhenstufe ist in den mediterranen Subtropen selten entwickelt, weil außer den chilenischen Hochanden nur einige hohe Gipfel die klimatische Schneegrenze überragen. Um so mehr werden die oberen Hangpartien, hochgelegenen Becken und Täler von den Formen der pleistozänen Vereisung geprägt, deren südlichste Spuren sich im Mittelmeerraum bis zum Hermongebirge im Libanon und zum Hohen Atlas in Marokko finden (B. MESSERLI 1967). Spuren der eiszeitlichen Vergletscherung, die in Form von Moränen bis in die mediterrane Fußstufe herabreichen, beschreibt J. BORDE (1966) in den mittleren Talabschnitten der mittelchilenischen Hochanden (vgl. C. N. CAVIEDES/R. PASKOFF 1975). Die Moränennatur dieser Aufschüttungen wird in jüngster Zeit von G. ABELE (1981) bezweifelt.

Schließlich werden die zonalen Böden der Landschaftszone in der Höhe von anderen Bodentypen abgelöst, so daß sich *bodengeographische Höhenstufen* ergeben (Kap. 2.3.4; vgl. z. B. O. FRÄNZLE 1959 und W. RIEDEL 1973 für das Kastilische Scheidegebirge).

2.6 Die Störung des geoökologischen Gleichgewichts durch den Menschen. Die Entwaldung im Mittelmeerraum und ihre Folgen.

Die Darstellung hat immer wieder deutlich zu machen versucht, daß die physiogeographischen Vorgänge und Erscheinungen der Landschaftszone in ihrem komplexen Charakter ohne den „Faktor" Mensch nur unvollkommen begreiflich werden können. Durch seinen Eingriff ist der Naturhaushalt empfindlich gestört worden. Schon in der Antike beginnt die Zerstörung, doch ist das geoökologische Gefüge weniger angetastet worden als in den folgenden historischen Epochen (vgl. G. SCHMIDT 1966, S. 232). Trotz vieler irreparabler Schäden vermag sich selbst heute die Erkenntnis erst zögernd durchzusetzen, daß der pflegliche Umgang mit der erschöpften Naturlandschaft absoluten Vorrang haben sollte und die Landschaftssanierung unumgänglich geworden ist. Um ein unbefangenes Urteil zu ermöglichen, wählen wir als einen zentralen Problemkreis der mediterranen Subtropen die Entwaldung im Mittelmeerraum aus, bei dem das Zusammenspiel anthropogener Ursachen und quasinatürlicher Folgeprozesse offensichtlich ist.

Die Wälder des Mittelmeerraums haben sich aus klimatischen Gründen, in ihrer Grenzlage zwischen den sommergrünen Laubwäldern und den Steppen, stets in einem labilen Gleichgewicht befunden, so daß der Wald selbst bei geringen Eingriffen des Menschen der Steppenvegetation Platz machen muß (F. TICHY 1962, S. 13). *„Die ganze Waldgeschichte des Mittelmeerraums kann man als einen Kampf zwischen Wald und Steppe bezeichnen ..."* (A. PAVARI 1950, S. 95; zit. nach F. TICHY a.a.O.). Obwohl sich das Problem mit gleicher Schärfe in Mittelchile stellt, liegen für dort erst wenige Untersuchungen vor, die den Entwaldungsprozeß im einzelnen analysieren (vgl. C. J. BAHRE 1979). In den übrigen Teilräumen ist der Vorgang dagegen nicht so schwerwiegend und besorgniserregend.

Das Ergebnis der Auseinandersetzung von Natur und Mensch ist eine im europäischen Maßstab relativ niedrige Bewaldungsziffer aller Mittelmeerländer. In vielen Landschaften ist der natürliche Wald gänzlich verschwunden; so gilt Sizilien mit einer Bewaldungsziffer von 3,4% als die waldärmste Region Europas. Bei den Werten von Tab. 3 ist zu berücksichtigen, daß auch Hartlaubgebüsch, Niederwälder (Buschwald), Aufforstungsflächen und z.T. Fruchtwälder (z. B. Kastanienhaine) enthalten sind. Die dem mitteleuropäischen Hochwald vergleichbare Waldfläche beträgt z. B. in Spanien (1958) ca. 8% (H. LAUTENSACH 1964, S. 222).

Tab. 3: Die Waldflächen in einigen Mittelmeerländern um 1970 (nach Weltforstatlas 1967; K. GIESSNER 1971)

	Waldfläche (Mill. ha)	Bewaldungsziffer (%)
Portugal	2,5	28
Spanien	11,2	22
Italien	6,0	20
Griechenland	1,9	14
Marokko	5,0	ca. 12
Algerien (ohne Sahara)	2,4	ca. 8
Tunesien	0,65	ca. 4

Infolgedessen ist es schwierig, ein der Wirklichkeit nahekommendes *Ausmaß* der Entwaldung während der Kulturlandschaftsgeschichte zu bestimmen. Durch Schätzungen der potentiellen Waldfläche, die sich aus den bioklimatischen Voraussetzungen und den Ansprüchen der einzelnen Gehölzarten errechnen läßt, erhält man wenigstens einen Eindruck von den Größenordnungen. Beispielsweise soll in Algerien die potentielle Waldfläche 7,1 Mill. ha groß sein. Am Beginn der französischen Kolonialzeit (1830) wurde der Waldbestand auf 5 Mill. ha, 1969 auf 2,4 Mill. ha geschätzt (davon waren 1,8 Mill. ha Buschwald). Diese Zahlenangaben bedeuten eine Waldvernichtung von 66% in historischer Zeit und von 52% allein zwischen 1830 und 1969 (K. GIESSNER 1971, S. 397). K. MÜLLER-HOHENSTEIN (1973, S. 58) hält die Annahme, daß dem ehemaligen Waldkleid im gesamten westlichen Mittelmeerraum zwei Drittel verlorengegangen seien, für realistisch. Die weitaus größten Einbußen haben die „mediterranen Wälder" im engeren Sinne, d.h. die Hartlaub- und Koniferenwälder in der basal-kollinen Stufe, hinnehmen müssen.

Für den zeitlichen Ablauf und die dafür verantwortlichen Ursachen heben die jüngeren Regionaluntersuchungen (z.B. A. BEUERMANN 1956; F. TICHY 1962; K. GIESSNER 1971; K. MÜLLER-HOHENSTEIN 1973, F. R. EHRIG 1980) jeweils raumspezifische Entwicklungen und Ursachenkomplexe hervor. Gleichwohl ergeben sich einige grundsätzliche Züge (vgl. J. V. THIRGOOD 1981).

Der *Entwaldungsprozeß* entzieht sich für den ganzen Mittelmeerraum einer strengen zeitlichen Periodisierung. Sicherlich fällt eine erste Welle der Waldvernichtung mit der Besiedlung im Altertum zusammen, die im östlichen Mittelmeerraum begonnen hat. Mit der Ausdehnung des Römischen Reiches werden auch das westliche Südeuropa und das nordwestafrikanische Küstengebiet erfaßt. Doch bleibt das Ausmaß des antiken Entwaldungsprozesses in Spanien wohl weit hinter jenem Griechenlands zurück. Die Auswirkungen im östlichen Maghreb müssen schon so gravierend gewesen sein, daß die Römer mit Terrassenbau und Hangverbauungen Schutzmaßnahmen gegen die Erosion ergriffen haben (K. GIESSNER 1971, S. 397). Im Mittelalter scheint der Umfang der Waldvernichtung vergleichsweise gering gewesen zu sein; jedenfalls ist keine gleichmäßige Abnahme der Waldfläche vom Altertum bis zur Neuzeit nachzuweisen. Es gibt jedoch Ausnahmen. Auf der Iberischen Halbinsel haben die Seeherrschaft im Spätmittelalter und die Gründung einer Hirtenvereinigung im 13. Jh. (Mesta) allem Anschein nach einen Höhepunkt der Entwaldung an der Wende zur Neuzeit eingeleitet. Ähnliches kann im ausgehenden Mittelalter für die Küsten der Adria im Einflußbereich Venedigs angenommen werden. Im Maghreb hatten die arabisch-islamische Durchdringung und Eroberung schon im Frühmittelalter den Verlust von Gebirgswäldern ausgelöst, weil sich die aus den Gebirgsvorländern vertriebenen Berber dort neue Weideflächen schaffen mußten. Einen letzten Höhepunkt erlebte die Entwaldung schließlich im 19. Jh., als in Italien, Spanien, Griechenland und den Maghrebländern beträchtliche Waldareale vernichtet wurden.

Mit dem zeitlichen Ablauf sind die *Ursachen* der Entwaldung teilweise angedeutet worden. Übereinstimmend sieht man in Holznutzung, Beweidung und Rodung die wichtigsten Gründe, wobei F. TICHY (1962, S. 66) die Holz- und Weidenutzung als „indirekte oder passive Entwaldung" der Rodung als „direkter oder aktiver Entwaldung" gegenüberstellt. Im älteren Schrifttum werden auch klimatische Ursachen ins Feld geführt. Die Ansicht, die Entwaldung in frühhistorischer und historischer Zeit sei durch natürliche Faktoren hervorgerufen worden, kann heute als überwunden gelten (neuerdings wieder L. HEMPEL 1980/81).

Der Holzeinschlag diente verschiedenen Zwecken. Im Rahmen der traditionellen Waldwirtschaft brauchte man z. B. Holz für die Holzkohlegewinnung (Köhlerei), man gewann durch Schälen der Stämme Gerbstoffe und Seifenrinde, schlug Nutzholz und ähnliches. Die Nutzholzentnahme für den Schiffsbau wird meist überschätzt (F. TICHY 1966, S. 86; dagegen K. MÜLLER-HOHENSTEIN 1973, S. 58). Sie hat offenbar nur die küstena-

Entwaldungsursachen 91

hen Gebiete und bestimmte Hölzer (Tannen) betroffen. Viel wirksamer war die Beschaffung von Brennmaterial, indem man überall und zu jeder Zeit in bestimmten Abständen die Stöcke ausschlug und den Wald damit allmählich in einen degradierten Niederwald verwandelte.

Ebenso wie bei der waldwirtschaftlichen Tätigkeit war mit der Beweidung die Tilgung der Holzbestände durch Feuer verbunden. Für die Gewinnung von Weideflächen und breiten Herdenwegen wurde der Wald rücksichtslos abgebrannt und, insbesondere mit dem starken Aufkommen der Transhumance im Spätmittelalter (Kap. 3.2.1.3), durch den Viehverbiß zusätzlich in Mitleidenschaft gezogen. Die waldverwüstende Kraft der Ziege ist bekannt; schon für das Altertum wird der zerstörende Viehverbiß erwähnt. Dazu kommt die übliche Laubentnahme für Streu- und Futterzwecke. Die Widerstandskraft des „mediterranen Waldes" gegen solche Eingriffe war selbst bei extensiver Nutzung rasch erschöpft, zumal keine wirksamen Vorkehrungen zu seinem Schutz in die Wege geleitet wurden.

Die wichtigste Ursache für die starke Entwaldung im Mittelmeerraum ist jedoch die Rodung. Um Siedlungs- und landwirtschaftliches Nutzland zu schaffen, d. h. den bestehenden Kulturraum auszudehnen, mußte der Wald beseitigt werden. Der Entwaldungsprozeß knüpft deshalb in erster Linie an den Gang der Besiedlung an. Nach kaum wirksamen Eingriffen in vor- und frühgeschichtlicher Zeit erreichte er in der griechisch-römischen Epoche seinen ersten Höhepunkt in regional unterschiedlicher Weise, und nach einem insgesamt schwächeren Waldverlust im Mittelalter bringt das 19. Jh. nochmals einen radikalen Rückgang (s. S. 90). Diese jüngsten Vorgänge stehen gleichfalls mit der Kulturlandgewinnung bzw. -ausweitung im Zusammenhang. Auslösend war das vehemente Bevölkerungswachstum seit der Mitte des 19. Jh., das die große Emigrationswelle nach Übersee ausgelöst hatte. Die überschüssige Menschenzahl, die nicht hatte auswandern können, mußte in der Landwirtschaft tätig sein, weil andere Erwerbsquellen entweder fehlten oder unzureichend vorhanden waren. Die Landnot erzwang letztlich die Gewinnung neuer landwirtschaftlicher Nutzflächen in den Wäldern. F. TICHY (1962) hat diese Beziehungen am Beispiel der Basilicata in Süditalien nachgewiesen, wo, gefördert durch die Entfeudalisierungs- und Forstgesetze sowie die allgemeine Wirtschaftssituation, die Allmendewälder aufgeteilt und gerodet wurden. In der Basilicata schrumpfte die Waldfläche allein zwischen 1850 und 1889 um ein Viertel (F. TICHY 1962, S. 41). Auch Druck von außen beschleunigte die Rodungstätigkeit im 19. und 20. Jh. Mit dem Beginn der französischen Kolonialzeit, als das Kulturland bis an die Trockengrenze des Feldbaus ausgedehnt und die einheimischen Bauern erneut in die ertragsarme Bergregion zurückgedrängt wurden (s. S. 90), nahm die Waldbedeckung im Maghreb von 27% 1877 auf 11% 1953 ab (E. PALMGREN 1953, S. 42); in Algerien betrug der jährliche Waldverlust 10000–15000 ha (K. GIESSNER 1971, S. 397).

Schließlich sei für die unmittelbare Gegenwart die vernichtende Wirkung von Waldbränden erwähnt, die einerseits nicht vorsätzlich angelegt werden, sondern durch Unachtsamkeit entstehen. F. R. EHRIG (1980, S. 76–87) hat dieses Problem, das vermutlich mit dem wachsenden Tourismus der urbanisierten Küstenzonen verbunden ist, am Beispiel des südfranzösischen Département Seealpen erörtert. Andererseits wird der Wald bis heute von Hirten zur Weideverbesserung gezielt abgebrannt (z. B. O. T. SEUFFERT 1983, S. 331, für Sardinien).

Die *Konsequenzen* des mehr oder weniger starken menschlichen Eingriffs in die natürliche Vegetation äußern sich im Naturhaushalt auf verschiedene Weise. Selbst jener „Restwald", der weitgehend verschont bleibt, wird verändert. Er setzt sich heute anders zusammen und besitzt andere Bestandsformen als die ursprünglichen Gehölzformationen. So sind wirtschaftlich wertvolle Hölzer, wie die für die Korkgewinnung wichtige Korkeiche, bevorzugt, andere Baumarten verdrängt worden. Auch haben die mittelmeerischen Völker im Laufe der Geschichte verschiedene Gehölze, wie Akazien, Robinien, Johannisbrotbaum und Eßkastanie, eingeschleppt und verbreitet, die in den Randgebieten oder außerhalb des Mittelmeerraums beheimatet sind und neue naturnahe Pflanzengesellschaften bilden (K. MÜLLER-HOHENSTEIN 1973, S. 58ff.). Bei solchen Verschiebungen im Artenspektrum bleibt der Wald im allgemeinen erhalten. Erst die intensivere Nutzung gefährdet ihn. Während die schwächere und geregelte forstwirtschaftliche Nutzung den Hochwald kaum bedroht, werden die Wälder bei stärkerer und langanhaltender Nutzung zumeist über einen Mittel- und Niederwaldbetrieb allmählich in Strauch- und Zwergstrauchgesellschaften, bei Raubbau in Trockenrasen- und Steppengesellschaften verwandelt (Kap. 2.4.3). Nutzt man den Wald (übermäßig) weidewirtschaftlich, entwickeln sich die gleichen anthropogenen Ersatzgesellschaften. Besonders waldfeindlich ist die Beweidung mit Schafen und Ziegen, dagegen schaden Rinder und Schweine bei angemessener Bestockungsdichte allenfalls dem Unterholz (vgl. K. MÜLLER-HOHENSTEIN a.a.O.).

Ist der Wald einmal beseitigt, werden Klima, Wasserhaushalt, Relief und Bodenbildung tiefgreifend und ausschließlich zum Nachteil der Landschaft beeinflußt. Die Entwaldung hat das geoökologische Gleichgewicht im Mittelmeerraum empfindlich gestört. *„Das Mittelmeergebiet ist das beste und auch traurigste Beispiel dafür, wie der Mensch durch Raubbau seine Existenzgrundlage selbst vernichtet"* (H. WALTER 1968, S. 64). E. PALMGREN (1953) hat in diesem Zusammenhang von „Wüstenbildung" gesprochen; neuerdings wird in Anlehnung an die verwandten Prozesse an der äquatorialen Flanke der Trockengebiete der Begriff „Desertifikation" benutzt (z. B. G. BAKE 1981).

Ob und in welchem Ausmaß die Entwaldung auf das Großklima einwirkt, ist umstritten, weil in der Regel Daten für die Vergangenheit fehlen, mit denen etwaige Veränderungen erfaßt werden könnten. Sicherlich herrschen übertriebene Vorstellungen, obwohl ein entsprechender Einfluß nicht völlig zu leugnen ist. Eindeutig sind dagegen die geländeklimatischen Folgen. Durch die Entwaldung *„verschärfen sich die Temperaturextreme, das Klima erscheint kontinentaler"* (F. TICHY 1962, S. 115), der Niederschlagsgang künstlich „aridisiert" (O. T. SEUFFERT 1983, S. 308). Insbesondere die ungebrochene Kraft sommerlicher Winde begünstigt im Offenland die Austrocknung, weil hier auch die Sonneneinstrahlung direkt einwirken kann. Es bilden sich z. B. leichter tiefreichende Trockenrisse, welche die Bearbeitung des Bodens erschweren (F. TICHY 1962, S. 116).

Das fehlende Waldkleid macht sich vor allem im veränderten Wasserhaushalt bemerkbar. Nach allgemeiner Kenntnis wirkt eine intakte Vegetationsdecke als Filter und verzögert den Abfluß (z. B. C. TROLL 1950). Fällt die wasserspeichernde Eigenschaft des Waldes fort, wird der Oberflächenabfluß erhöht. So hat z. B. in Kalifornien der jährliche Abfluß nach der Umwandlung des Chaparral in eine Grasflur in den ersten drei Jahren um 76 l/m^2 zugenommen (P. A. PASE 1967; zit nach F. R. EHRIG 1980, S. 112). Der Grundwasserspiegel sinkt ab, Quellen und Brunnen versiegen. Die ohnedies großen jahreszeitlichen Wasserstandsschwankungen der Gewässer werden, zumal nach Starkregen, in extremer Weise verstärkt. Zahlreiche Wildbäche kommen kurzfristig als reißende Ströme ab, und die großen Torrenten wälzen sich als braune Fluten meerwärts. Damit steigt die Hochwassergefahr, und Überschwemmungen bedrohen Talräume und Tiefländer. Nicht zuletzt wird vor allem in Küstennähe der Versumpfung abflußschwacher Gebiete und der Ausbreitung der Malaria Vorschub geleistet. In diesem Zusammenhang gewinnen historische Nachrichten (z. B. für Süditalien) Gewicht, die von der Schiffbarkeit mancher, heute jahreszeitlich trockenliegender Flüsse im Altertum zeugen.

Das schneller abfließende Wasser beschleunigt die Reliefentwicklung. Es legt bei dünner oder fehlender Vegetationsdecke den Gesteinsuntergrund bloß und steigert die flächenhafte Abtragung ebenso wie die Rinnenspülung und die korrosiven Prozesse (Verkarstung). O. T. SEUFFERT (1983, S. 289) nimmt sogar an, daß die aktuelle Geomorphodynamik im zentralen Mittelmeerraum von der Tal- in Richtung Flächenerosion verlagert wird. Im Steilrelief und bei erosionsanfälligem Gestein entstehen Abtragungsformen in verstärktem Maße (Kap. 2.3.3), und selbst in flacherem Gelände werden Rutschungen aller Art begünstigt, die Badland-Bildung gefördert. Der Abtragungsschutt gelangt durch die nach heftigen Niederschlägen kurzfristig anschwellenden Gewässer zu Tal. Diese schaffen die breiten Schotterfluren der Torrenten, steile Schwemmkegel an den Seitentalmündungen und an den Küsten negative Strandverschiebungen. Der vom Wald befreite Untergrund und die nur episodisch auf voller Breite wasserführenden Schotterbetten unterliegen einer lebhaften Winderosion, häufig bilden sich Dünen (vgl. hierzu C. VITA-VINZI 1969; C. DELANO SMITH 1979).

Diese Zusammenhänge zwischen Entwaldung und Oberflächengestaltung sind an vielen Beispielen untersucht worden und nicht mehr zweifelhaft. Allein das genaue Ausmaß von Abtragung und Aufschüttung durch die menschlichen Eingriffe ist nicht immer einwandfrei zu bestimmen. F. TICHY (1962, S. 119f.) berechnete es am Beispiel des lukanischen Berglandes in Süditalien und stellte auf nach 1877 gerodeten Flächen eine Gesamtabtragung von 30–40 cm fest. H. BRÜCKNER (1982) hat auf Grund von Terrassenstudien im gleichen Raum belegen können, daß die holozänen Abtragungsraten größer sind als die pleistozänen. Sie liegen heute bei 0,83–1,64 mm/a im Vergleich zu 0,6 mm/a seit 600 000 Jahren. Auch für die durchschnittlichen Akkumulationsraten errechnen sich mit 1,8 mm/a seit 4150 v. Chr. am Bràdano und mit 8,0 mm/a seit 340 v. Chr am Cavone höhere Werte in historischer Zeit als in der jüngeren geologischen Vergangenheit (vgl. P. ERGENZINGER u. a. 1975). Neben der *„leichten Erodierbarkeit mächtiger Lockersedimente des Lukanischen Hügellandes"* ist *„der enorme Materialumsatz ... also ganz wesentlich gesteuert worden durch den Menschen"* (H. BRÜCKNER 1982, S. 136). Eine ähnliche Schlußfolgerung hat J. BÜDEL (1965) nach Untersuchungen am Alpheios bei Olympia (Peloponnes) gezogen (vgl. U. RUST 1978). Durch absolute Altersdatierung glaubt H. BRÜCKNER (1983) neuerdings die holozänen Verschüttungs- und Erosionsphasen süditalienischer Flüsse den Pro- und Regressionsphasen des Siedlungsraumes seit der Antike genauer zuordnen und mit ähnlichen Befunden im übrigen Mittelmeerraum parallelisieren zu können.

Durch solche in leicht erodierbaren Mergeln und Tonen häufig „katastrophalen" Abtragungsprozesse geht innerhalb kurzer Zeit immer mehr Kulturland verloren, denn die Schäden haben vom Ödland längst auf das landwirtschaftlich genutzte Areal übergegriffen. Schließlich werden auch die Böden in Mitleidenschaft gezogen. Sie trocknen nach der Entwaldung leichter aus, das Bodengefüge wird gelockert, und die Bindefähigkeit läßt nach. Die Bodenerosion erzeugt geringer-mächtige Böden, deren A-Horizont entweder ganz fehlt oder deren Humus-, Nährstoff- und Kalkgehalt deutlich herabgesetzt sind. Nach radikaler Abtragung unterbleibt die Bodenbildung überhaupt.

Bewertung des Naturpotentials 95

Unter solchen Umständen können sich die verschiedenen Degradationsstufen des Waldes oder das waldfreie Gelände auf vom Menschen nicht mehr genutzten Flächen nur ausnahmsweise zum naturnahen Hochwald zurückverwandeln. Die tiefgreifende Störung des Naturhaushaltes steht dem Vorgang der Regradation als Hindernis gegenüber. Wiederbewaldung ist deshalb nur über einen langen Zeitraum und unter fördernder Hilfe des Menschen möglich. Immerhin hat F. R. EHRIG (1980, S. 216) für Südfrankreich zeigen können, daß bei entsprechenden Sanierungsmaßnahmen eine natürliche Wiederbewaldung zustande kommen kann, sofern Entvölkerung und aussetzende Nutzung die entscheidenden Vorbedingungen geschaffen haben (vgl. F. TICHY 1966 für die Apenninen). In den Mittelpunkt rückt aber die Forderung nach der Aufforstung der gefährdeten und geschädigten Gebiete, die in Verbindung mit der Hangterrassierung die quasinatürliche Abtragung und Aufschüttung zu unterbinden oder mindestens herabzusetzen vermag (Kap. 3.3.1).

2.7 Zusammenfassende Bewertung des Naturpotentials für die wirtschaftliche Nutzung

Der Naturraum der mediterranen Subtropen bietet für die wirtschaftliche Nutzung zwar einige günstige Voraussetzungen. Hierzu gehören die Lage am Meer und die lange Küstenlinie, die dem Seeverkehr und der Fischerei entgegenkommen, insbesondere aber die Sommerwärme und die Wintermilde, verbunden mit einer langen Sonnenscheindauer, auf denen z. B. das touristische Gewerbe aufbauen kann. Freilich überwiegen die Ungunstfaktoren, wenn man bedenkt, daß ihre negative Wirkung namentlich im Mittelmeerraum durch das Zutun des Menschen im Laufe der Kulturlandschaftsentwicklung auf verhängnisvolle Weise verstärkt worden ist:
• Mit der Sommerwärme geht die halbjährige Trockenheit einher. Sie ist das entscheidende Hemmnis für die Landwirtschaft. Die feuchte, jedoch kühle Jahreszeit hat eine hohe Niederschlagsvariabilität mit der Neigung zu Dürren und folgenreichen Starkregen.
• Die hydrogeographischen Grundlagen sind von den klimatischen nicht zu lösen. Die Gewässer stellen, abgesehen von der chilenischen Zentralzone, keine ausreichenden Reserven zur Überbrückung des sommerlichen Wassermangels bereit. Naturgegebene Bewässerungsareale haben einen bescheidenen Umfang; Trink- und Brauchwasserversorgung sind nicht gesichert.
• Die Reliefgestaltung erlaubt in der Alten Welt im großen und ganzen nur die kleinräumige Entwicklung der Kulturlandschaft. Das Steilrelief erschwert die großflächige Nutzung und den Landverkehr.

- Die geomorphodynamischen Prozesse mit der intensiven Abtragung im Gebirge und der unkontrollierten Aufschüttung im Tiefland beeinträchtigen die gefahrlose Bearbeitung des Kulturlandes, das mehr und mehr verlorengeht.
- Durch Bodenerosion scheiden die Böden als natürliche Nährstoffträger oftmals aus. Selbst normal entwickelte Böden bilden keinesfalls generell eine genügende Ertragsgrundlage.
- Das natürliche Pflanzenkleid hat durch den Eingriff des Menschen und der Weidetiere seine schützende Funktion eingebüßt und ist durch Ersatzgesellschaften verdrängt worden, die einen geringen Wert haben. Gute Vorbedingungen für die Forstwirtschaft gibt es nur in den großen Wäldern Nordkaliforniens und Südwestaustraliens.
- Die Entwaldung begünstigt Bodenerosion und Abtragung im Berg- und Hügelland, verschärft die Schwankungen im Wasserhaushalt und fördert Aufschüttung, Überschwemmung und Versumpfung in Tälern und Niederungen.
- Da die Landschaftszone arm an Bodenschätzen ist, fehlt ein natürlicher Anreiz für die frühe industrielle Betätigung (Kap. 3.3.3).

Die mediterranen Subtropen sind somit, wenn man die Wirtschaftsvorstellung vom maximalen Ertrag zugrundelegt, von Natur aus benachteiligt. Das natürliche Potential ist begrenzt, leicht erschöpfbar und schwer zu regenerieren.

In diesem natürlichen Rahmen konnten sich andererseits in der gesamten Landschaftszone bedeutende Kultur- und Wirtschaftsräume entwickeln. So entfalteten sich am Mittelmeer die antiken Hochkulturen, in Kalifornien wuchsen eine blühende Landwirtschaft und eine leistungsfähige gewerbliche Wirtschaft heran, Mittelchile wurde der Kernraum des Staates, das Kapland war lange Zeit der wichtigste Versorgungsstützpunkt auf dem Weg nach Indien, und Südwest- und Südaustralien errangen eine führende Stellung im Fleisch- und Getreideexport. Trotz der negativ zu bewertenden Eingriffe in den Naturhaushalt hat sich der Mensch dem engen Spielraum, den ihm die Natur beläßt, angepaßt. Die verschiedenen Anpassungsformen sind Gegenstand des zweiten Teils unserer Betrachtung.

3 Der Wirtschaftsraum

In der Einleitung ist auf die methodische Schwierigkeit verwiesen worden, die sich bei der Behandlung wirtschaftsgeographischer Phänomene in einer physiogeographisch definierten Landschaftszone ergeben müssen. Wenn nun auf den Menschen und seine raumprägenden Aktivitäten eingegangen wird und gewisse Regelhaftigkeiten erarbeitet werden sollen, so kann dies nur derart geschehen, daß der Wirtschaftsraum zu den vertrauten natürlichen Grundlagen in Beziehung gesetzt wird. Es müssen vor allem jene wirtschaftsgeographischen Gestalt- und Strukturelemente, für die eine Auseinandersetzung mit der natürlichen Umwelt unausweichlich ist, zur Sprache kommen. Wegen des großen Flächenanspruchs der Landwirtschaft entsteht ein solch enger Bezug fraglos im Agrarraum. So wird vor allem den Formen der Landnutzung Gewicht beizumessen sein. Zonenspezifische Eigentümlichkeiten treten ebenfalls, wenn auch weniger deutlich, bei den übrigen primären Wirtschaftszweigen, wie Holzwirtschaft, Fischerei und Bergbau, auf. Im Siedlungs- und Bevölkerungsgefüge und in der gewerblichen Wirtschaft ist die Beziehung zu den physischen Gegebenheiten dagegen kaum noch oder gar nicht herzustellen, weil zonenübergreifende Merkmale vorherrschen und viele Erscheinungen allein historisch begründet sind. Allenfalls im Verkehrs- und Fremdenverkehrsraum läßt sich – mit manchen Einschränkungen – eine solche Verknüpfung erkennen. Wir behandeln deshalb den Wirtschaftsraum ausschnittsweise und mit unterschiedlicher Ausführlichkeit.

3.1 Gestalt und Entwicklung des Wirtschaftsraumes

Seine *Gestalt und Verteilung* werden zwar vom Großrelief vorgegeben. Der Bedarf an Wirtschaftsfläche hängt jedoch nicht weniger von der jeweiligen Bevölkerungsdichte ab. Dabei zeigt sich sogleich ein auffälliger Gegensatz zwischen den alt- und neuweltlichen Teilräumen der Landschaftszone.

Im Mittelmeerraum ist der Wirtschaftsraum ebenso gekammert und aufgelöst, wie dies für die allgemeine Raumgliederung gilt. Infolge des

Gebirgsreliefs setzt er sich aus vielen Zellen und Streifen zusammen, aus mehr oder weniger abgeschlossenen Tälern und Hochtälern, Becken und Hochbecken, aus offenen Hügelländern, schmalen Küstensäumen und breiten Küstenebenen. Großflächige Wirtschaftslandschaften, wie etwa die spanische Mancha, gibt es nur selten. Der schmale, oft unterbrochene Kulturlandsaum ist vielmehr die Regel. Jede Karte der Bevölkerungsdichte gibt wieder, daß er vor allem küstenständig ist. An der Küste liegen auch die meisten Städte als Träger des Wirtschaftslebens, der zentralörtlichen Funktionen und des Verkehrs (vgl. z. B. DIERCKE Weltatlas, S. 94 I).

Gleichwohl ist das Gebirge nicht unbewohnt und in nicht geringem Maße in der submediterranen und montanen Stufe in den Siedlungs- und Wirtschaftsraum einbezogen, so daß sich regional echte Gebirgsgaue mit einem traditionsreichen Bergbauerntum entwickelt haben. Es kennzeichnet Griechenland, die Apenninen, das Rifgebirge und den Tellatlas (Kabyleien) sowie die Türkei und den Libanon. Die Besiedlung und Nutzung relativ ungünstiger Höhengebiete ist ein Ausdruck für das große Alter der Kultur- und Wirtschaftslandschaft und für die Raumnot in der Tiefe; denn die tiefgelegenen Gunsträume reichten für die Bevölkerung nicht aus. Sie mußte das Gebirge als Dauersiedlungsraum erschließen und es überall dort, wo die natürlichen Bedingungen (z. B. in Karsthohlformen) es erlaubten, wirtschaftlich nutzen. Der mittelmeerische Wirtschaftsraum ist somit nicht nur horizontal verbreitet, sondern erstreckt sich auch über mehrere physiogeographische Höhenstufen. Die Schwerpunkte des Wirtschaftslebens aber liegen an der Küste.

Diese Verteilung beschreibt den heutigen Zustand. Im Laufe der Kulturlandschaftsentwicklung wurden Küsten- und Binnenstandort jedoch verschieden bewertet. Während die altmediterranen Völker im Inneren lebten, bevorzugten die antiken Völker (Phöniker, Karthager, Griechen, Römer) die Meeresnähe. In der Spätantike verfielen viele Küstenplätze, und auch an der Wende vom Früh- zum Hochmittelalter wurden – nach der byzantinischen Kolonisation an den Küsten des Mittelmeerraums – z. B. wegen der äußeren Bedrohung durch die Araber sichere Wohnplätze im Bergland und im Gebirge aufgesucht. Erst seit dem 19. Jh. setzt wieder eine gegenläufige Bewegung mit Bevölkerungsverschiebungen von oben nach unten und von innen nach außen ein, die noch in der Gegenwart andauert (vgl. z. B. H. Dongus 1970, S. 61 ff., für die italienischen Maremmen).

In der Neuen Welt ist das Großrelief übersichtlicher aufgebaut und die Bevölkerungsdichte wesentlich geringer, so daß eine andere Gestaltung des Wirtschaftsraumes zustandekommt. Die tiefgelegenen Gunstgebiete sind nicht allein in Kalifornien und Mittelchile, wo die Längstäler jeweils geschlossene Wirtschaftslandschaften bilden, sondern auch in den mediterranen Subtropen Australiens großflächig. Nur das kleine Kapland macht mit seiner dem Mittelmeerraum vergleichbaren insel- und streifenförmigen Gliederung des Kulturlandes eine gewisse Ausnahme. Typisch für alle neuweltlichen Teilräume ist die ausschließliche Konzentration des Kulturlandes auf Täler, Ebenen und Küstengebiete. Die Hochgebirge beider Amerika sind ebenso wie die Kapketten siedlungsarm; auch in den Küstenkordilleren Kaliforniens und Mittelchiles sind nur die Täler in den Lebensraum eingegliedert. Das Gebirge gehört nicht zum Dauersiedlungsraum, es ist im Naturzustand belassenes Ödland oder höchstens extensiv genutzter Wirtschaftsraum. Damit fällt die Differenzierung des Wirtschaftsraums mit der Höhe, wie sie im Mittelmeerraum ausgebildet ist, fort; das Kulturland macht im allgemeinen mit scharfer Grenze am Gebirgsfuß halt. Aufgrund des großen Raumangebots und als Folge der kürzeren Erschließungsgeschichte besteht für eine relativ kleine Bevölkerungszahl kein Bedürfnis, die von Natur aus benachteiligten Hochregionen zu kolonisieren oder intensiver zu nutzen. Der Wirtschaftsraum der mediterranen Subtropen in der Neuen Welt ist somit im wesentlichen zweidimensional aufgebaut.

Zieht man die Trägerschaft des über fünf Kontinente verteilten Wirtschaftsraumes der Landschaftszone in Betracht, ergeben sich weitere Gegensätze, denn die wirtschaftenden Menschen bilden nach ihrer Zugehörigkeit zu verschiedenen Rassen, Völkern und Religionen keine Einheit. Zwar gehören sie in Südeuropa und in den überseeischen Gebieten der mediterranen Subtropen zum christlich-abendländischen Kulturkreis. Der südliche und östliche Mittelmeerraum mit seinem asiatisch-afrikanischen Gestade aber wird vom islamischen Orient geprägt. Die überseeischen Teilräume zerfallen nach der Herkunft ihrer europäischen Kolonisten ebenfalls in zwei Gruppen. Mittelchile erschlossen seit dem 16. Jh. die Spanier. Sie assimilierten zudem eine indianische Bevölkerung, während Kalifornien, das Kapland und Australien seit der Mitte des 19. Jh. vornehmlich von Westeuropäern kolonisiert wurden. In der Tat sind die Völker, die den Wirtschaftsraum der mediterranen Subtropen gestaltet haben, entsprechend ihrer kulturellen Herkunft und ihres Zeitgeistes von einer sehr unterschiedlichen Wirtschaftsgesinnung geprägt (gewesen). Eine Uniformität kann deshalb nicht erwartet werden (Kap. 4).

Im Mittelmeerraum als sehr altem Kulturraum haben sich bis heute Strukturen erhalten, die in ihren Wurzeln meist sehr weit zurückreichen und sich über Jahrhunderte nur wenig verändert haben. Es sei hier vor allem auf die erstarrte Agrarverfassung oder den besonders krassen Gegensatz zwischen Stadt und Land verwiesen.

Der Mittelmeerraum hat keineswegs überall dieselbe historisch-politische *Entwicklung* erlebt oder ist gar zu einem einheitlichen staatlichen Gebilde vereint gewesen. Allein um die Zeitenwende hat das Römische Reich auf dem Höhepunkt seiner Machtentfaltung alle Küsten des Mittelmeers beherrscht und mit seiner kolonialen Verwaltung auch weitgehend die Binnenräume überzogen. Nur damals war das *Mare nostrum* ein innerstaatliches Gewässer. Weitaus typischer für die Geschichte des Mittelmeerraums ist die politische Schwerpunktbildung in räumlich verschiedener Lage gewesen. – Der bis heute wirksame Nord-Süd-Gegensatz entwickelte sich im Frühmittelalter, als sich dem abendländischen Kulturkreis durch Arabertum und Islam, später auch durch das Osmanische Reich, eine neue Kraft entgegenstellte, die ihm fremd war, mit der er sich kriegerisch und geistig auseinandersetzen mußte, mit der er aber auch intensive Handelsbeziehungen aufnahm und von der er vielfältige Anregungen empfing. Vom orientalischen Kulturkreis wurde Südeuropa, insbesondere die Iberische und die Balkan-Halbinsel sowie Sizilien und Sardinien, in einer langen Phase seiner Geschichte geprägt. – Zu Beginn der Neuzeit hörte der Mittelmeerraum auf, im Mittelpunkt der (Alten) Welt zu liegen. Durch die Entdeckung der Neuen Welt und die damit verbundene Umkehr der Handelswege wurde die atlantische Seite Europas begünstigt. Nur Spanien und Portugal zogen aus dieser Entwicklung für einige Jahrhunderte Gewinn.

Obwohl im politisch-historischen Schicksal des Mittelmeerraumes bisweilen ganz verschiedene Akzente gesetzt worden waren und einzelne Räume eine Vorzugsstellung genossen hatten oder zur Bedeutungslosigkeit herabgesunken waren, gewannen seit dem Beginn der Neuzeit und noch mehr im 19. Jh., als die heutigen Nationalstaaten Südeuropas entstanden und die südlichen Anrainer als Kolonialgebiete von ihnen erobert wurden, allmählich einheitliche Züge die Oberhand. So unterschiedlich die Länder durch die wechselvolle Geschichte in ihrem staatlichen und politischen Gefüge auch sein mögen, gemeinsam für sie ist heute die randliche Position, die sie im Weltgeschehen einnehmen. Die führende Handelsrolle, die noch die Seerepubliken des Spätmittelalters, vor allem Venedig und Genua, innehatten, ist längst verlorengegangen. Ein wesentlicher Grund für diesen Bedeutungswandel liegt nicht nur in der verkehrsgeographischen Abseitslage am Beginn der Neuzeit, denn die Iberische Halbinsel schloß unmittelbar an den Überseeweg an und blieb trotzdem spätestens an der Wende zum 19. Jh. in der Entwicklung stecken. Ausschlaggebend mag vielmehr gewesen sein, daß die Länder des Mittelmeerraumes die industrielle Revolution, die sich in Nordwesteuropa im 18. Jh. angebahnt hatte, zeitlich stark verzögert oder gar nicht nachvollzogen. Vor allem der erwähnte Mangel an Rohstoffen und Energieträgern muß zusammen mit dem Immobilismus des Gesellschaftssystems hierfür verantwortlich gemacht werden. Um so mehr drückte die im 19. Jh. rasch wachsende

Bevölkerung auf den Agrarraum, der bis dahin den Erwerb gesichert hatte, nun aber kaum mehr erweiterungsfähig und überdies mit herkömmlichen, verbesserungsbedürftigen Strukturen belastet war. In der Mitte des 19. Jh. begann deshalb eine hochgradige Abwanderung der ländlichen Bevölkerung, sei es als endgültige Abwanderung ins west- und nordeuropäische Ausland und nach Übersee oder als Zeitwanderung in die noch schwach entwickelten binnenländischen Industriegebiete.

Der Mittelmeerraum, der jahrhundertelang Mittler zwischen drei Kontinenten gewesen war und der jahrhundertelang selbst die Fäden der Macht in der Hand gehalten und die europäische Kultur begründet hatte, hat seit dem Spätmittelalter keine neuen Impulse empfangen und ist in eine Abseitslage geraten, die fatale Folgen für seine Bevölkerung heraufbeschworen hat. Nicht nur die nordafrikanischen und vorderasiatischen Anrainer des Mittelmeeres, sondern auch Teile Südeuropas, wie - als bekanntestes Beispiel - der italienische Mezzogiorno (F. VÖCHTING 1951; F. SCHINZINGER 1970), werden in der Gegenwart ohne Umschweife unterentwickelte Regionen genannt, die alle Züge eines zurückgebliebenen Agrarstaates besitzen. L. NEUNDÖRFER (1961) spricht in diesem Zusammenhang von den „Hinterhöfen im Hause Europa", von peripheren Räumen, die weitab von den Zentren des wirtschaftlichen und sozialen Aufschwungs liegen. Innovationen kehren hier erst nach langer zeitlicher Verzögerung ein.

Vor diesem Hintergrund muß der mittelmeerische Wirtschaftsraum betrachtet werden, dem in vieler, wenn auch nicht in jeder Beziehung der Makel der Rückständigkeit anhaftet. Insofern birgt er reichlichen sozialen Zündstoff. Tiefgreifende Einschnitte und Wandlungen der festgefügten Strukturen erfolgten zögernd im 19., radikaler im 20. Jh., als der Entwicklungsstillstand einem gesteigerten Fortschrittsglauben wich.

Die neuweltlichen Wirtschaftsräume der mediterranen Subtropen haben eine relativ kurze Entwicklung durchlaufen und sind nicht in solchem Maße von traditionellen Raumstrukturen belastet. Allenfalls Mittelchile, der kulturgeographische Kernraum des Andenstaates, zeigt Anklänge an die Situation im Mittelmeerraum. Durch die spanische Kolonisation seit dem 16. Jh. sind wesentliche raumwirksame Strukturen, wie etwa die Agrarverfassung, vom Mutterland hierher übertragen worden; sie werden erst in der Gegenwart allmählich überwunden. Solche rückständigen Züge haben zusammen mit der randlichen Lage am Südpazifik *(El ultimo rincón del mundo)* dazu geführt, Chile wie bestimmte südeuropäische Landschaften als ein „Entwicklungsland" einzustufen, das einen großen Nachholbedarf hat und in seiner Wirtschaftsstruktur nicht gefestigt ist, auch wenn es innerhalb Lateinamerika als sog. „Schwellenland" einen günstigen Platz einnimmt. Für Kalifornien, das Kapland und die australischen Gebiete der Landschaftszone, die jeweils Teile wesentlich größerer Staaten darstellen, gelten andere Gesichtspunkte. Hier setzte die Raumerschließung erst in der Mitte des 19. Jh. ein (der frühe, in das 17. Jh. zurückreichende Ansatz in Kapstadt erfaßte nur die unmittelbare Umgebung). Jene Räume besaßen keine althergebrachten Strukturen, die einer modernen Entwicklung hinderlich gewesen wären. Die hier und dort verbreiteten herkömmlichen Elemente der Kulturlandschaft, z. B. jene aus der spanischen Zeit in Kalifornien, sind so vollständig überformt oder verdrängt worden, daß sie beinahe gänzlich vernachlässigt werden können. Die drei Teilräume haben trotz der verhältnismäßig abseitigen Lage bis zur Gegenwart in kaum unterbrochener Progression eine bedeutende wirtschaftliche Stellung erlangt, Kalifornien muß sogar als hochentwickelt bezeichnet werden. Sie gehören nicht zu den Problemgebieten der Erde.

Jene Kräfte, die nicht auf das Naturpotential zurückzuführen, sondern politisch-historisch bedingt sind, haben somit einen maßgeblichen Anteil an der Raumgestaltung, und gewiß hat die jeweilige wirtschaftliche Einstellung der (kolonisierenden) Völker, die durch unterschiedliche historische Entwicklungen und Einflüsse z. T. weit auseinanderklafft, den kulturgeographischen Aufbau der mediterranen Subtropen entscheidend geprägt, so daß man heute im einheitlichen geoökologischen Rahmen der Landschaftszone viele Differenzierungen im Wirtschaftsraum zu beobachten vermag.

Es wird darauf ankommen, anhand der konkreten Raumausstattung festzustellen, worin diese Unterschiede bestehen. Es empfiehlt sich, den Mittelmeerraum wegen des Alters seiner Kulturlandschaft stets als Ausgangspunkt zu wählen, mit dem verwandten Mittelchile zu vergleichen, den anderen neuweltlichen Teilräumen der Landschaftszone aber gegenüberzustellen.

3.2 Der Agrarraum

3.2.1 Die traditionelle Landnutzung im Mittelmeerraum und in Mittelchile

Nach dem Ertrag überwiegt in der traditionellen mittelmeerischen Landwirtschaft der *Ackerbau* bei weitem und dient in erster Linie dem Eigenbedarf der ländlichen Bevölkerung. Nur mit wenigen Produkten, nämlich den klassischen Anbaufrüchten Weizen, Oliven(öl) und Wein, kann sie den Markt beliefern. *Viehhaltungssysteme* bestehen ebenfalls, aber die wirtschaftliche Bedeutung ist meist gering. Sie finden sich auf größeren Flächen als der Ackerbau, weil das Steilrelief und selbst flachere Hänge mit skelettierten Böden sehr ungünstige Voraussetzungen für einen ergiebigen Feldbau schaffen. Da die sommerliche Trockenheit für das Vieh einen absoluten Futtermangel bedeutet, wird sie bodenextensiv, zumeist als Wanderweidewirtschaft (Transhumance) mit genügsamem Kleinvieh, insbesondere mit Schafen zur Wollerzeugung, auf Naturweiden betrieben. Stallhaltung kommt höchstens bei geringer Kopfzahl vor. Eine bodenintensive Großvieh-Wirtschaft ließe sich zwar durch den Futterbau auf Bewässerungsgrundlage sicherstellen. Der auf wertvolle Sonderkulturen spezialisierte Bewässerungsfeldbau verspricht jedoch den größeren Ertrag, so daß in ihm selten ausgedehnte Futterflächen enthalten sind.

Noch eine andere Grundregel ist für das Verhältnis von Ackerbau und Viehhaltung in der traditionellen Landwirtschaft des Mittelmeerraums wichtig. Zwischen beiden Wirtschaftszweigen besteht keine solche enge Verbindung wie z. B. im gemischtwirtschaftlichen Betrieb Mitteleuropas (A. PHILIPPSON 1914, S. 181). Wenn ein landwirtschaftlicher Betrieb neben dem Ackerbau auch über einen Viehstapel verfügt, so erzwingen Klima und Relief doch eine betriebsorganisatorische Trennung.

Beide Grundtatsachen treffen für den mittelchilenischen Agrarraum nicht zu. Weil hier das Kulturland im ganzen gesehen auf ebene Flächen beschränkt bleibt, die bewässert werden können (Kap. 3.1), fallen die natürlichen Zwänge weniger ins Gewicht, so daß die Viehhaltung im landwirtschaftlichen Betrieb bedeutender ist.

3.2.1.1 Der mittelmeerische Feldbau

Seitdem es am Mittelmeer eine seßhafte, ackerbautreibende Bevölkerung gibt, ist das zentrale Problem der feldbaulichen Nutzung die Überwindung der sommerlichen Trockenheit gewesen. Man hat sich diesem begrenzenden Faktor auf dreierlei Weise angepaßt (vgl. D. WHITTLESEY 1936, S. 227):
a) Durch den jahreszeitlichen Trockenfeldbau mit einjährigen Kulturen,
b) durch den Trockenfeldbau mit mehrjährigen Baum- und Strauchkulturen und
c) durch den Bewässerungsfeldbau.

Der *jahreszeitliche Trockenfeldbau mit einjährigen Feldfrüchten* hält sich an den Niederschlagsgang und ist, je nach der Lage im Mittelmeerraum, auf Frühjahrs-, Herbst- und Winterregen eingestellt. Er schöpft die durch den Regenfall vorhandene Bodenfeuchte aus und muß die niedrigen Temperaturen des Winterhalbjahres in Kauf nehmen. Die Feldfrüchte müssen in entsprechender Weise angepaßt sein, die jahreszeitliche Feuchtigkeit gut ausnutzen und in der bald beginnenden Trockenzeit das Reifestadium erreichen können. Hierzu eignen sich am besten frühreifende Getreidearten. So kommt es, daß die traditionellen Bodennutzungssysteme im

Trockenfeldbau grundsätzlich Getreidebau-Systeme sind, die im ländlichen Arbeitskalender eine sommerliche Ruhepause herbeiführen. Schon seit dem Altertum gründet der mittelmeerische Feldbau auf dem Getreide. In Südeuropa ist einmal die Gerste, die häufig das Brotgetreide für den kleinbäuerlichen Betrieb abgibt, zum anderen der Weizen vertreten, der vor allem die ausgedehnten Flächen des Großbetriebes in Ebenen und Hügelländern besetzt hält. Hafer- und Roggenanbau, die eine größere Feuchtigkeit beanspruchen, bilden dagegen die Ausnahme. Während im nördlichen Mittelmeerraum wie in den kühlgemäßigten Breiten Weichweizen kultiviert wird, tritt im zentralen und südlichen Mittelmeerraum der langgrannige Hartweizen an seine Stelle. Der Hartweizen ist eiweißreicher und widerstandsfähiger als der für feuchtere Zonen geeignete Weichweizen. Er reift zwar etwas später aus, bringt wesentlich niedrigere Erträge und hat auch eine geringere Backfähigkeit als der Weichweizen. Doch machen die große Dürrebeständigkeit und die Lagerungsfestigkeit sowie die Ausdauer gegenüber Wind, Nebel und Spätfrösten diesen Nachteil wieder wett (F. VÖCHTING 1951, S. 401). Man benutzt ihn für die Herstellung von Teigwaren und Gries (Makkaroni-Weizen). Besonders in Süditalien und Südspanien überziehen die baumlosen Hartweizenfelder ganze Regionen, für die in Süditalien sogar ein eigener Begriff (*Mezzogiorno nudo* = nackter Süden) geprägt worden ist (M. ROSSI-DORIA 1956). Seit der Römerzeit werden weite Teile Nordafrikas („Kornkammer Roms") auf ebensolche Weise genutzt. Neben dem Weizen spielt hier als Getreide die Hirse eine Rolle.

Naturgemäß kann das Getreide nicht jedes Jahr auf der gleichen Parzelle angebaut werden. Wegen der geringen Bodenfeuchte und des sinkenden Nährstoffgehaltes im düngerlosen Ackerbau ist ein Nutzungswechsel auf der gleichen Fläche unerläßlich. Es muß eine Brache eingeschaltet werden. Die Brache hat allerdings weniger die Aufgabe, den Boden zu regenerieren als die Feuchtigkeit für das nächste Anbaujahr zu speichern, weil – anders als in den kühlgemäßigten Breiten – der kapillare Bodenwasserstrom aufgrund der hohen Verdunstung in der Trockenzeit nach oben steigt und die gelösten Nährsalze im Oberboden anreichert. Die Brache ist in erster Linie eine Trockenbrache. Um die Bodenfeuchte zu erhalten, wird das Land durch Pflügen und Eggen gewöhnlich mehrfach bearbeitet. Im gesamten Mittelmeerraum kennt man diese einfache Methode des durch Brachen unterbrochenen Anbaus seit dem Altertum. Erst in der Gegenwart wird sie als *dry farming* technisch vervollkommnet und planvoll angewandt. Gleichzeitig steht die Brache im Dienst der Weidewirtschaft und stellt neben den Stoppelfeldern das nötige Futter für die transhumanten Kleinviehherden bereit (vgl. F. VÖCHTING 1951, S. 294ff.; W. LAUER 1954, S. 52ff.; Kap. 3.2.1.3).

Der Nutzungswechsel zwischen Brache und Anbau hat verschiedene Spielarten, bei denen grundsätzlich ein Anbaujahr und ein oder mehrere Brachejahre aufeinanderfolgen. Ursprünglich weit verbreitet war ein dreijähriger Zyklus mit einem Anbaujahr (Getreide) und zwei Brachejahren, in Spanien *cultivo al tercio,* in Italien *terzeria* oder *terziata* genannt. Die Bracheparzelle wurde im zweiten Jahr beweidet (Weidebrache) und im dritten Jahr als Schwarzbrache bearbeitet (Trockenbrache). Bei dem Nutzungswechsel Weizen/Weide/Brache konnte stets nur auf einem Drittel der Betriebsfläche angebaut werden. In Gebieten mit größeren Bodenwasservorräten (Täler, Küstenebenen) fanden sich auch zwei Anbaujahre, so daß sich eine vierjährige Abfolge von z. B. Weizen/Gerste oder Hafer/Weide/Brache ergab *(quartiata).*

Ein anderes, vermutlich jüngeres System umfaßt den zweijährigen Zyklus aus Anbau- und Brachejahr (z. B. Weizen/Brache), der in Spanien unter dem Namen *cultivo año y vez* (d. h. Anbau ein über das andere Jahr) bekannt und an einen geringeren Viehbestand angeglichen ist. Das Stoppelfeld kann nur im ersten Jahr abgeweidet werden; denn die Brache wird bearbeitet (Trockenbrache). Die zweijährige Rotation, bei der immerhin die Hälfte der Betriebsfläche als Saatland genutzt wird, ist auch während der „Weizenschlacht" des nach Autarkie strebenden Faschismus (Falangismus) in Italien, Spanien und Portugal angewandt worden.

An diese den geoökologischen Verhältnissen angepaßten einfachen Bodennutzungssysteme, die freilich große Flächen beanspruchen und nicht zuletzt ein Grund für die starke Entwaldung sind (X. DE PLANHOL/P. ROGNON 1970, S. 367), knüpfen die Felderwirtschaften des 19. und 20. Jh. an, welche die Umstellung vom einfachen Nutzungs- in einen Fruchtwechsel mit geregelten Fruchtfolgen eingeleitet haben. Sie setzen sich von Region zu Region zeitlich verschieden durch und werden von mehreren Ereignissen, z. B. durch das Bevölkerungswachstum, den Rückgang der Kleinviehhaltung und die stärkere Marktorientierung, ausgelöst.

In der *terzeria* werden jetzt Teile der Brach- und Weideparzelle angebaut, während das Saatland mit dem Wintergetreide seine Stellung unverändert bewahrt. Auf der (Schwarz-)Brache sind es verschiedene Leguminosen, wie Pferdebohne, Kichererbse, Wicke, Lupine, Klee-Arten und ähnliches, die als Nahrungsfrüchte für Tier und Mensch Eingang finden und zugleich die Nährstoffbilanz des Bodens verbessern. Auf der Weidefläche erscheinen Hafer und Gerste als nachnutzende Halmfrüchte. Gleichwohl ist der Rhythmus dieser Dreifelderwirtschaft mit teilweise bestellter Brache, die zuerst in Betriebsnähe aufkommt, während auf den Außenfeldern der herkömmliche Nutzungswechsel noch lange beibehalten wird, weiterhin an die feuchte Jahreszeit gebunden. Ihr steht die Zweifelderwirtschaft wohl gleichrangig gegenüber, bei der in entsprechender Weise der Weizen mit den Leguminosen wechselt. Vor allem diese aus dem cultivo año y vez hervorgegangene Fruchtfolge lebt in den modernen Zweifeldersystemen mit Halm- und Blattfrüchten fort, die heute überwiegen. In sie sind Hackfrüchte, z. T. als Industriekulturen (wie Baumwolle, Zuckerrübe, Tabak), aufgenommen worden.

Neben diesen Nutzungswechselsystemen finden sich als andere Formen des Jahreszeitenfeldbaus hier und da in Resten verschiedene Flächenwechselsysteme. So kommt die Feldgraswirtschaft in einigen gut beregneten, die Brandrodungswirtschaft in einigen abgelegenen Gebirgsräumen vor. Gelegentlich trifft man hier auch noch Feldweidewechselwirtschaften ohne die Einschaltung einer Brache an. Häufig wird der (verbesserte) Jahreszeitenfeldbau mit Dauernutzungssystemen auf derselben Fläche betrieben, so daß gemischte Bodennutzungssysteme entstehen (s. S. 108).

Der den natürlichen Bedingungen zweifellos angepaßte jahreszeitliche Trockenfeldbau mit einjährigen Kulturen hat Mängel, die sich nicht nur im Naturhaushalt, sondern auch im sozioökonomischen Bereich auswirken:

● Er fördert die Bodenerosion durch Abspülung und Wind, weil der Pflanzenwuchs auf den Feldern in den Brachejahren keine ausreichende Bodenbedeckung gewährleistet oder zum Zweck der Feuchtigkeitsspeicherung beseitigt wird. Eine mögliche Bodenschutzmaßnahme wäre z. B. die Terrassierung der Hänge. Weil der Terrassenbau aufwendig ist, wird er aber nur bei ertragreichen (Sonder-)Kulturen angewandt (vgl. hierzu X. DE PLANHOL/P. ROGNON 1970, S. 135-146).
● Wegen der großen Niederschlagsvariabilität schwanken die Erträge in verhältnismäßig weiten Grenzen, zumal das Saatgut nicht ausgewählt wird und die Bekämpfung von Pflanzenkrankheiten unterbleibt (vgl. z. B. E. WIRTH 1971, S. 13; H. ACHENBACH 1979, 1983).
● Da durch die Eigenart der Betriebsorganisation der tierische Dünger fehlt, können die Erträge auch nicht gesteigert werden. Wenn Stalldung anfällt, wird er bisweilen noch als Brennmaterial verwendet. Für die künstliche Düngung reichen die Mittel in der Regel nicht aus.
● Die Belastung des Trockenfeldbaus durch die Kosten für das Zugvieh ist infolge des hohen Flächenbedarfs und der geringen Erträge groß. Die Zugtiere fressen einen großen Teil dessen, was auf diesen Flächen erzeugt wird.
● Der jahreszeitlich betriebene Trockenfeldbau verursacht die saisonale Arbeitslosigkeit der ländlichen Bevölkerung. Sie kann nur zu einem Teil der möglichen Arbeitszeit angestellt werden, sie ist unterbeschäftigt.

Baum- und Strauchkulturen

Eine weitere Möglichkeit, die sommerliche Trockenheit ohne zusätzliche Wassergaben zu überbrücken, ist die *Kultur von Bäumen und Sträuchern*, die man in Dauernutzungssystemen zieht. Bäume und Sträucher gedeihen vielfach auch dort, wo die Niederschläge für die meisten einjährigen Gewächse nicht mehr genügen. Die mehrjährigen Gehölze können mit ihrem tief- und weitreichenden Wurzelwerk noch Bodenwasser aufnehmen, das für andere Pflanzen nicht mehr verwertbar ist. Auf diese Weise überdauern sie die trockene Jahreszeit. Zahlreiche morphologische Einrichtungen ermöglichen es ihnen, die Verdunstung im Sommer herabzusetzen. Sie sind wie die natürliche Vegetation an die Trockenheit angepaßt. Die baum- und strauchförmigen Dauerkulturen haben außerdem den Vorteil, daß sie im Vergleich zu den einjährigen Feldpflanzen bei guter Pflege größere Erträge abwerfen. Wegen des dafür erforderlichen höheren Arbeitsaufwands sind sie für Gebiete mit einer großen agrarischen Bevölkerungsdichte gut geeignet.

Zu den herkömmlichen baum- und strauchförmigen Gewächsen gehören am Mittelmeer in erster Linie der Ölbaum, der Mandelbaum und die Weinrebe, ferner Feigen-, Walnuß-, Johannisbrot-, Schwarzer Maulbeerbaum und Haselnußstrauch, in sehr warmen Gebieten, wie in Südostspanien und Nordafrika, die Dattelpalme, die ein typischer Vertreter der äquatorwärts anschließenden Oasenwirtschaft ist. Aus den kühlgemäßigten Breiten kommen Apfel, Birne, Kirsche und Pflaume vor.

Der Ölbaum ist dem Mittelmeerklima in optimaler Weise angepaßt. Wir haben ihn zur Abgrenzung benutzt und Grundsätzliches über seine klimatischen Ansprüche ausgeführt (Kap. 1.3). Als Kulturgewächs hat er seine größte Verbreitung im westlichen Mittelmeerraum, weil er geringere Temperaturschwankungen besser verträgt (Abb. 4, S. 18). Er bleibt auf die tieferen Gebiete und die unteren Hanglagen beschränkt, wo er z.T. im Terrassenbau gezogen wird (T. FISCHER 1904). Der Ölbaum wächst auf jedem, selbst auf sehr kargem Boden, er zieht aber durchlässige, trockene und gut durchlüftete Böden vor. Ideale Wachstumsbedingungen herrschen für ihn auf kalkigem und vulkanischem Substrat. Sein Wachstum ist sehr langsam; manche Exemplare erreichen ein Alter von mehreren 100 Jahren. Zur Reife der Oliven ist die Sommertrockenheit nötig. Die Früchte werden im Spätherbst durch Schütteln und Auflesen geerntet; nur die wertvollen Tafeloliven werden gepflückt. Seit dem Altertum ist die Olive die lebensnotwendige Fettquelle der Bevölkerung, weil die Viehhaltung den Bedarf (Kap. 3.2.1) nicht decken kann (vgl. B. HOFMEISTER 1971; G. HEINRITZ/E. JACOB 1981).

Als Dauergewächs ebenso wichtig ist die Weinrebe, deren Kultur im Mittelmeerraum schon aus prähistorischer Zeit bekannt ist. Anders als der Ölbaum hält sich der Weinbau meist an die Hügel- und Bergländer. Er reicht in höhere und feuchtere Regionen, weil er geringere klimatische Ansprüche stellt. Deshalb hat er über den Mittelmeerraum hinaus in der kühlgemäßigten Zone verbreitet werden können. Sehr häufig wird er auf Terrassen kultiviert, wie in Dalmatien, Griechenland und in der ägäischen Inselwelt (Kykladen); andererseits überzieht er, wenn der Boden tiefgründig genug und nicht zu trocken ist, auch die Ebenen, wie im Niederlanguedoc und in der Mancha. Pflanzweisen und Sorten sind als Folge des hohen Alters der Kultur mannigfach. In Südeuropa ist die Weinrebe ursprünglich nur zur Weinerzeugung angebaut worden. Reben für Süß- und Dessertweine sowie für Grundweine zur Wermutherstellung werden im zentralen Mittelmeerraum (Malaga, Samos, Apulien), solche für „Qualitätsweine" mehr in den nördlichen Randgebieten gezogen. Erst im Spätmittelalter kommt die Traubentrocknung – im östlichen Mittelmeerraum – auf. Die kleinen Korinthen werden in Griechenland, die großen Rosinen in der Türkei gewonnen. Dadurch ist der Rebstock ein wichtiges Handelsgewächs der traditionellen Landwirtschaft geworden. Heute breitet sich die Tafeltraube aus (Almeria/Südspanien, Südfrankreich, Apulien, Griechenland). Der Wein wird somit, wie seit langem im Orient, auch als Frischobst genossen. In jeder Erzeugungsart erweist sich die Weinrebe mehr und mehr als wichtiges Exportgewächs.

Die Fruchthaine, zu denen der Rebstock gehört, treten vielerorts an die Stelle der natürlichen Wälder und haben damit einen geoökologischen Wert, weil sie die Bodenabtragung herabsetzen. Sie kennzeichnen einzelne Räume in ganz besonderem Maße. Olivenhaine sind typisch für Ligurien und Apulien (letzteres gehört zum *Mezzogiorno alberato*; nach M. ROSSI-DORIA 1956), für die Mancha und Andalusien, für Kreta oder den mitteltunesischen Sahel (Sousse, Sfax), Feigenbaumhaine z. B. für Messenien und die westliche Türkei (Smyrna). Durch die lichte Wuchsweise erlauben sie im allgemeinen Unterkulturen, so daß mit ihnen der *Stockwerksbau* (Etagenbau, Mischkultur) verbunden ist. Weil sich Wechselfeldbau und Dauernutzung auf einer Fläche vereinen, handelt es sich um ein gemischtes Bodennutzungssystem. Es kommen bis zu vier Anbaustockwerke von Kulturpflanzen unterschiedlicher Wuchshöhe vor (z. B. Gemüse, Weinrebe, Ölbaum, Pappeln). Unter Umständen kann jedes Anbaustockwerk einem anderen Eigentümer gehören. Diese Anbauweise ist dort vertreten, wo der Bevölkerungsdruck auf den Boden groß und das Grundeigentum nicht nur horizontal, sondern auch vertikal zersplittert ist, so daß Stockwerks- oder Etageneigentum wie bei städtischen Gebäuden entsteht. Die Küstenräume am Golf von Neapel liefern hierfür Beispiele (H.-G. WAGNER 1967, S. 68 ff.). Stockwerksbau findet sich in dieser oder jener Form freilich im gesamten Mittelmeerraum.

Mischkultur

Die klassische Mischkultur Mittelitaliens (*Coltura mista*) besitzt verschiedene Pflanzweisen (H. DESPLANQUES 1959). Getreide und Hackfrüchte bilden in der Regel die Unterkultur, Ölbaum, Ahorn, Ulme, Obstbäume und die Weinrebe die Oberkultur, wobei die Bäume eine stützende Funktion für den Weinstock haben und zugleich Laubstreu liefern. Für die eigentümliche Erziehungsform sind immer wieder klimatische Ursachen ins Feld geführt worden. Man hat gemeint, daß besonders in den Niederungen ein Hochziehen der Rebe nötig sei, um sie vor Spätfrösten zu schützen. Andererseits werden agrarsoziale Gründe ins Spiel gebracht, zumal die Mischkultur auch die Hänge der Hügelländer besetzt. In Mittelitalien deckt sich nämlich die Betriebsform der *Mezzadria*, eine Form der Teilpacht, mit der Verbreitung der Mischkultur. Der Pachtzins an den (städtischen) Eigentümer des Hofes wird vor allem mit Wein abgegolten. Die anderen Feldfrüchte dienen dem Eigenbedarf des Pächters (*Mezzadro*). Um beiden Erfordernissen gerecht zu werden und um zugleich eine auskömmliche Ernte zu erzielen, wirtschaftet der Mezzadro auf der zur Verfügung stehenden Fläche nach Möglichkeit intensiv. Ein großer Ertrag ist dann sichergestellt, wenn z. B. Stockwerksbau betrieben wird. Allem Anschein nach hat sich die Mischkultur durch dieses alte Pachtsystem entwickelt; denn sie geht mit dem Zerfall der Mezzadria heute zurück und weicht überall Reinkulturen (E. SABELBERG 1975a).

Der *Bewässerungsfeldbau* ist die sicherste Möglichkeit, die Landnutzung vom klimatischen Jahresgang zu lösen, wenn ausreichend Wasser zur Verfügung steht. Die hydrogeographischen Voraussetzungen sind für die Bewässerung im Mittelmeerraum, sofern man keinen technischen Aufwand betreibt, ungünstig. In der traditionellen Landwirtschaft umfassen ihre Gebiete deshalb sehr kleine Flächen und fallen wenig ins Gewicht (Kap. 2.2). Andererseits stellen sie die Keimzellen für den modernen Bewässerungsfeldbau mit arbeitsintensiven Sonderkulturen dar. Schon in der Vergangenheit ist von hier aus in nicht geringem Maß der Binnenmarkt beliefert und exportiert worden.

Die Bewässerungsgebiete sind vor allem dort verbreitet, wo es auf einfache Weise gelingt, das Wasser zu erschließen. Dies ist naturgemäß in Tälern, Talbecken und Küstenebenen am leichtesten möglich, weil das Flußwasser durch Erdgräben bequem auf die Felder geleitet werden kann (Abb. 27). In den ohnedies feuchteren Höhenlagen, wo die Bewässerung die Ausnahme bildet, und im Umkreis der Karstgebiete wird durch verschiedenartige Brunnentechniken auch Grundwasser gefördert. Die Techniken der Wassererschließung und die Bewässerungsmethoden gehen zu einem großen Teil auf die Kenntnisse und Erfahrungen der Araber zurück, die mit ihrem Vorstoß nach Norden im Frühmittelalter zur Ausweitung der Bewässerungsflächen im nördlichen Mittelmeerraum entschei-

Bewässerungsgebiete

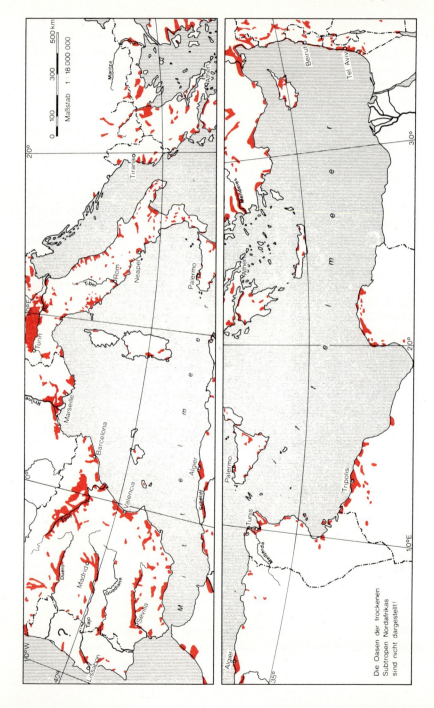

Mediterraner Garten

dend beigetragen haben. Vieles von dem, was sich bis heute erhalten hat, wie etwa das an den Boden gebundene Wasserrecht (z. B. von Valencia) oder das Göpelwerk (*Noria*), ist vom abendländischen Kulturkreis übernommen oder abgewandelt worden (vgl. H. LAUTENSACH 1960; H.-J. KRESS 1968). Die Bewässerungswirtschaft stimmt deshalb oft bis in Details mit jener des benachbarten Trockengürtels überein (vgl. z. B. X. DE PLANHOL/P. ROGNON 1970, S. 80–124; H.-G. WITTIG 1965).

Durch die Bewässerung ist am Mittelmeer ein agrarlandschaftlicher Typ entstanden, den man als den *mediterranen Garten* bezeichnet (vgl. DIERCKE Weltatlas, S. 75 II). Er ist mit dem Oasengarten des saharoarabischen Trockenraums wesensverwandt. In Spanien nennt man ihn *vega* (arab.) und *huerta* (span.), in Italien *giardino*. Er findet sich vornehmlich an der Peripherie der südeuropäischen Halbinseln und Inseln, in Süd- und Ostspanien, Süditalien, in Thessalien, auf dem Peloponnes, aber ebenso am ägäischen Randsaum der Türkei und an der Levanteküste. Es handelt sich um eine engräumige Fläche, deren Nutzflächeneinheit nicht das Feld, sondern das Beet ist. Um den Boden rationell zu nutzen, bedient man sich des Stockwerkanbaus und schützt die meist hochwertigen Kulturen durch Zäune, Hecken und Mauern. Das wichtigste Arbeitsgerät ist die kurzstielige Hacke. Da hierbei viel Kapital und Arbeit eingesetzt werden müssen, gilt der mittelmeerische Garten als die höchste Intensitätsstufe des traditionellen Ackerbaus. Ein weiteres Kennzeichen ist die fast ganzjährige Bestellung der bewässerten Fläche (Dauerfeldbau) mit jahreszeitlich wechselnden Kulturen, so daß vor allem die Sommerwärme voll ausgeschöpft werden kann. Wenn entsprechende Vorkehrungen, wie etwa die zeitliche Überlappung von Aussaat/Auspflanzen und Ernte zweier (Gemüse-)Kulturen (Doppel- oder Phasenmischkultur) getroffen werden, sind mehrere Ernten im Jahr möglich (H.-G. WAGNER 1967; vgl. T. BREUER 1982, Abb. 38, 39). Das Nutzpflanzengefüge ist deshalb vielfältig, und sein immerwährendes Grün sticht vor allem im Sommer und Herbst vom fahlen Gelbbraun des benachbarten Trockenlandes schroff ab.

Kulturpflanzen, die ihre Vegetationszeit im Sommer haben, sind im Mittelmeerraum aus klimatischen Gründen indes nicht heimisch. Der Mensch hat sie, z. T. schon vor Jahrhunderten, aus anderen Erdteilen einführen müssen. Ohne Bewässerung können sie in ihrer neuen Heimat nicht wachsen und fruchten. Solche (Dauer)Gewächse stammen einmal aus den feuchten Subtropen Asiens, insbesondere aus China, wo sie ent-

◀ *Abb. 27: Die Bewässerungsgebiete im Mittelmeerraum (nach verschiedenen Quellen)*

weder eine ganzjährige oder eine sommerliche Befeuchtung gewohnt sind. Schon im 1. Jh. n. Chr. gelangten die im nördlichen China beheimateten Pfirsich- und Aprikosenbäume über Persien in den Mittelmeerraum. Aus Südchina stammen die kälteempfindlichen Zitrusbäume (Agrumen), die nur dort im zentralen und südlichen Mittelmeerraum angebaut werden können, wo der kälteste Monat mehr als 10°C erreicht. Wegen ihrer Wärmeansprüche müssen die Agrumenhaine in gefährdeten Gebieten mit Frostschutzanlagen (Hecken, Holzgestellen mit Abdeckungen, Öfen, Ventilatoren) versehen werden; die Haupterntezeit liegt im Januar und Februar. Durch die Araber wurde die Bitterorange und die sehr frostempfindliche Zitrone im Mittelalter (wieder) verbreitet, die Portugiesen brachten am Beginn der Neuzeit die Süßorange und die Mandarine mit. Inzwischen gibt es eine große Zahl von Kulturformen und Sorten, deren Einteilung schwierig ist, weil sich die Artunterschiede verwischt haben.

Zum anderen handelt es sich um einjährige Feldpflanzen, die ihre Heimat in den Tropen und (feuchten) Subtropen der Alten und Neuen Welt haben, wie etwa Mais, Baumwolle und Erdnuß. Viele Einwanderer finden sich auch im Gemüsebau (z. B. Auberginen, Bohnen, Kartoffeln, Paprika, Tomaten). Das Zuckerrohr hat nur lokale Bedeutung (Motril/Südspanien), während der Reis, der, als Naßkultur betrieben, an Boden, Temperatur und Feuchte hohe Ansprüche stellt, regional verbreitet ist. Ein altes Reisbaugebiet ist z. B. die Huerta von Valencia (vgl. W. TESCHENDORFF 1978).

Die jeweilige Zusammensetzung der Bewässerungskulturen bestimmt die vorherrschenden Bodennutzungssysteme. Ebenso wie im Trockenfeldbau sind es Nutzungswechsel- und Dauernutzungssysteme, die sich häufig auf der gleichen Fläche mischen. Die Fruchtfolgen der Felderwirtschaften sind jedoch kompliziert, vielgliedrig und bisweilen regellos; sie kommen im allgemeinen ohne Brache aus. Die Hackfrucht herrscht vor, weil das Getreide (außer dem Reis) aus wirtschaftlichen Gründen unbewässert bleibt. So hat sich kleinräumig die oft schwer durchschaubare Vielfalt der *mittelmeerischen Polykultur* entwickelt, für die individuelle Züge maßgeblicher sind als einheitliche; denn das eine Bewässerungsgebiet besitzt ein breites Anbauspektrum, das andere ist auf wenige Früchte spezialisiert.

Aus dem bisher Gesagten darf nicht der Eindruck entstehen, daß die skizzierten Formen des traditionellen Feldbaus im Mittelmeerraum stets räumlich getrennt vorkommen. Zwar hält sich der Trockenfeldbau stärker an Binnenland und Gebirge, während der typische Standort für den Bewässerungsfeldbau Täler und Küsten sind. Andererseits macht das enge Nebeneinander der verschiedenen Nutzweisen und Kulturpflanzen die besondere Eigenart mancher Mittelmeerlandschaften aus, weil der ein-

3.2.1.2 Der Feldbau in Mittelchile

Wenn man nach vergleichbaren Formen des traditionellen Feldbaus in der Neuen Welt sucht, so ist allein auf Mittelchile zu verweisen. Auch hier kommen Trocken- und Bewässerungsfeldbau vor den strukturellen Veränderungen der Landwirtschaft in der Gegenwart neben- und miteinander vor. Nach dem spanischen Vorbild werden sie *Campo de rulo* und *Campo de regadio* genannt; eine Zwischenstellung hat der *Campo compuesto,* bei dem sich Trocken- und Bewässerungsfeldbau durchdringen. W. WEISCHET (1970, S. 398) legt dar, daß sich die drei Formen an die naturräumliche Gliederung halten. Danach hat das Bewässerungsland im Valle Central, in den Tälern der Küstenkordillere und des Kleinen Nordens seinen Schwerpunkt, das Trockenland besetzt tiefgelegene Abschnitte der Küstenkordillere, aber auch tiefere Terrassen am Rand des Längstals (Abb. 28). Der Campo compuesto hat im südlichen Längstal Bedeutung.

Im Trockenfeldbau herrscht das uns vom Mittelmeerraum vertraute Bild. Entweder kennt man den *cultivo año y vez,* bei dem Weizen und Brache bzw. Brachfrüchte in einem zweijährigen Turnus wechseln, oder den *cultivo al tercio,* bei dem ein Drittel des Landes mit Weizen bestellt wird, während die übrigen zwei Drittel Brachweide *(barbecho)* oder Buschweide sind. Beide Formen kommen unabhängig von der Betriebsgröße vor (W. SMOLE 1963). Dem Trockenfeldbau, der fast ausschließlich vom Weizen als Feldfrucht beherrscht wird, fehlt die Dauernutzung mit baum- und strauchförmigen Kulturen, er ist somit ärmer als jener des Mittelmeerraums. Der Ölbaum spielt z. B. keine Rolle, weil der Fettbedarf durch tierische Produkte gedeckt wird; an Standorten mit hohem Grundwasserstand findet man vereinzelt den Rebbau. Es gibt allerdings wenig Anlaß, von Natur aus benachteiligte Gebiete aufwendiger zu nutzen. Ebenen und Täler bieten genügend Möglichkeiten für den Ackerbau. Für die große Armut der ländlichen Bevölkerung spricht aber, wenn an unteren Hangpartien, im Anschluß an das Bewässerungsland der Ebene, nicht selten Felder angelegt sind, die auf Regenverdacht mit Getreide bebaut werden *(lluvias).*

Der Bewässerungsfeldbau ist gleichfalls monotoner als im Mittelmeerraum, weil die bodenstete Großviehhaltung im landwirtschaftlichen Betrieb eine zentrale Position besitzt. Große Flächen scheiden für den Feldbau aus, es sind bewässerte (Luzerne-)Weiden. Bedingt durch das günstige Gelände und die Vorherrschaft des Großbetriebs ist das Bewässe-

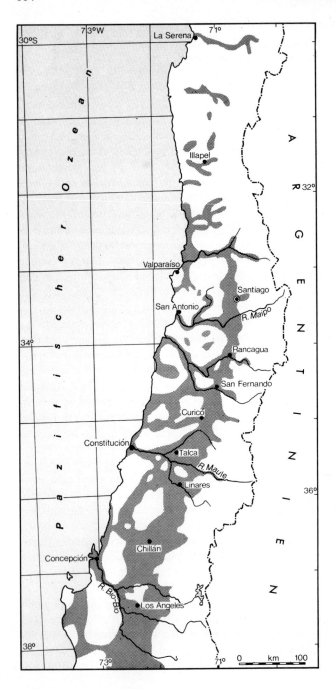

Abb. 28: Das intensiv bewirtschaftete, vorwiegend bewässerte agrarische Nutzland in Mittelchile (nach W. WEISCHET 1970)

Feldbau in Mittelchile

rungsland auch großflächiger als im Mittelmeerraum. Die den engräumigen mittelmeerischen Gartenbaugebieten mit überwiegendem Kleineigentum vergleichbaren Areale liegen vornehmlich in den Tälern der Küstenkordillere und des Kleinen Nordens. Aber auch im Längstal gibt es örtliche Schwerpunkte (z. B. Becken von Aconcagua, Becken von Santiago).

Die Skala der Anbaugewächse im Bewässerungsland ist breiter als in der Alten Welt, weil sich bodenständig-amerikanische Feldfrüchte mit eingeführten mittelmeerischen Anbaugewächsen mischen. Am vielseitigsten sind die kleinbäuerlichen Bewässerungsgebiete (*chacras*), wo die amerikanischen Hackfrüchte (*chacra*-Früchte), wie Mais, Kartoffeln, Bohnen und andere Hülsenfrüchte sowie verschiedene Gemüse, mit dem aus dem Abendland stammenden Weizen eine zweijährige Fruchtfolge eingehen. Verschiedene Fruchtbäume, wie Olive, Pfirsich, Zitrus, Äpfel und Avocado (*Palto*) werden lediglich als einzelne Exemplare im bäuerlichen Garten gezogen und dienen ebenso wie die chacra-Früchte dem Eigenbedarf.

Auch in der Weite des großbetrieblichen Campo de regadio schließen sich Baum- und Strauchkulturen nur selten zu größeren Anbaugebieten zusammen (z. B. Weinbau von Talca-Molina, Obstbau von Péumo; vgl. K. ROTHER 1975). Die Dauernutzungssysteme spielen nicht die Rolle wie im Mittelmeerraum. Handelsgewächs ist vor allem die Weinrebe; Pfirsiche, Zitrusfrüchte und Paltas (Avocados und Chirimoyas) treten demgegenüber zurück, Olivenhaine sind eine große Seltenheit.

Die Ackerfläche beherrschen einjährige Feldpflanzen, insbesondere der Weizen, gelegentlich Sonnenblumen, Raps und Hanf, die nach 2–3jährigem Anbau mit 6–7jährigem Anbau von Alfalfa (Luzerne) wechseln. Im südlichen Längstal (Prov. Linares) ist eine extensive Naßreiskultur verbreitet.

Da die aus spanischen Estancien hervorgegangenen Großbetriebe (Kap. 3.2.2.1) vornehmlich auf die „*Viehwirtschaft im großen Stil*" ausgerichtet sind, bei der die extensive und ortsfeste Fleischviehhaltung mit Rindern vorherrscht, bilden die genannten Feldfrüchte nur eine „*kulturtechnisch sinnvolle Rotationsunterbrechung der Alfalfaweiden*" (W. WEISCHET 1970, S. 405). Dieser Grundzug wird uns bei der Behandlung der heutigen Landwirtschaft in den neuweltlichen Gebieten mehrfach entgegentreten (Kap. 3.2.4).

3.2.1.3 Die mittelmeerische Viehhaltung

Die ortsfeste Viehwirtschaft, vergleichbar jener der kühlgemäßigten Breiten, gibt es auch im Mittelmeerraum. Das Arbeitsvieh (Ochsen, Pferde, Maultiere, Esel) und das für den Eigenbedarf gehaltene Kleinvieh (Schafe, Ziegen, Schweine) fallen von der Kopfzahl her jedoch nicht sonderlich ins Gewicht. Einer stärkeren Viehhaltung mit Milch- und Fleischrindern steht die sommerliche Trockenzeit im Wege. Für das zum Ackerbau notwendige Zug- und Tragvieh müssen alle erdenklichen Futterquellen in der Umgebung des landwirtschaftlichen Betriebs, wie Wegeränder, Macchie und Restwälder, Flußauen usw., genutzt werden, weil die hohe agrarische Bevölkerungsdichte längst eine Aufteilung und ackerbauliche Nutzung des ursprünglichen (Wald-)Weideareals (Allmende) erzwungen hat. Selten finden sich ansehnliche Flächen, die als Weidegründe für einen großen Viehstapel geeignet sind. In den vielfach staunassen Küstenniederungen und Talbecken, die am ehesten eine Futterbasis hätten abgeben können, ist der Viehhaltung durch die Malaria ein anderes Hindernis erwachsen.

Zum überwiegenden Teil hat die traditionelle Viehhaltung eine selbständige Stellung und wird in einem lockeren Zusammenhang mit dem Ackerbau betrieben. Es handelt sich um eine Kleinviehhaltung, die auf der kargen Naturweide gründet und dem charakteristischen Niederschlagsgang des Mittelmeerklimas sowie den herrschenden Reliefbedingungen in idealer Weise angepaßt ist. Die „beiden komplementären Steppen", die als Weideflächen dienen, werden jahreszeitlich bezogen. Die Sommerweiden liegen in den feuchten Gebirgen und Bergländern, wenn es in den Tiefenzonen für den Gras- und Kräuterwuchs zu trocken ist; die Winterweiden liegen in den Küstenebenen, Tälern und Hügelländern, wenn hier – z. B. auf den Stoppelfeldern – eine ausreichende Futterbasis bereitsteht. Zwischen den beiden sich ergänzenden Weidegebieten wandert das Kleinvieh aus Schafen und Ziegen über große horizontale Entfernungen und überschreitet nicht selten Staatsgrenzen. Es ist ein ganzjähriger Weidegang ohne eine klimatisch erforderliche Einstellung. Die „bodenvagen" Hirten der Herden werden von den seßhaften, in der Regel Ackerbau treibenden Eigentümern des Viehs gedungen.

Man unterscheidet bei dieser unter dem Namen *Transhumance* bekannten Fernweidewirtschaft, mit der die *„Viehhaltung das ganze Jahr über in den betreffenden Gebieten ... überhaupt erst möglich"* wird (B. HOFMEISTER 1961, S. 123), zwei Hauptformen. Befindet sich das Heimgut des Vieheigentümers in der Nachbarschaft der tiefgelegenen Winterweiden, nennt man sie aufsteigende oder normale Transhumance, befindet es sich in der Nachbarschaft der hochgelegenen Sommerweiden, nennt man sie absteigende oder inverse Transhumance. Beide Formen kommen im Mittelmeerraum vor und prägen im besonderen das westliche Südeuropa. Im nordafrikanischen, levantinischen und anatolischen Randsaum des Mittelmeers ist Transhumance selten; hier haben sich Berg(halb)nomadentum und Yaylabauerntum (Türkei) entwickelt. Diese hängen mit der Nutzung des Trockengürtels (Steppe), die dem Naturzwang stärker ausgesetzt ist, zusammen und sollen hier außer acht bleiben (vgl. z. B. G. NIEMEIER 1955; W.-D. HÜTTEROTH 1959). Ebensowenig interessieren die verwandten almwirtschaftlichen Formen im nördlichen Mittelmeerraum und in Südosteuropa (Alpen, Dinariden).

Die Transhumance ist für alle südeuropäischen Halbinseln beschrieben worden (vgl. E. MÜLLER 1938); sie tritt aber im Westen am häufigsten auf (vgl. W.-D. SICK 1983, Abb. 17). Durch die eigentümliche Konfiguration des Reliefs ordnen sich die Winterweidegebiete in Spanien konzentrisch um die Sommerweidegebiete an. E. MÜLLER (1938, S. 367) unterscheidet hier drei zusammenhängende Bereiche: die südlichen Pyrenäen und das Ebrobecken, das Kantabrische Gebirge und die Mesetas bzw. Niederandalusien (mit Wanderungen über sehr große Entfernungen), die Betische Kordillere und die östlichen Küstenebenen. In Südfrankreich (/Nordwestitalien) wandert das Kleinvieh zwischen den Südalpen und dem unteren Rhônetal (/westliche Poebene). Auf der Apenninen-Halbinsel spielt sich die Transhumance im Westen zwischen der latischen und toskanischen Küste und den anschließenden Gebirgsregionen ab, im Osten zwischen den Abruzzen und Apulien (Tavoliere); auf Sardinien wechseln die Herden zwischen dem Campidano und dem Inneren der Insel. Von den jahreszeitlichen Wanderungen zwischen der dalmatinischen Küste und den Karsthochebenen hat sich jene erhalten, welche die südliche Herzegowina (untere Neretva) mit Bosnien verbindet und im strengen Sinne nomadischer Natur ist (dagegen I. M. MATLEY 1968, S. 251). Auch weiter südostwärts bleibt die Transhumance belanglos. Die vom Balkan und den Rhodopen in die griechischen Ebenen an der Nordägäis ziehenden Aromunen sind Nomaden; sie treiben ausschließlich Viehzucht (vgl. A. BEUERMANN 1967). Innerhalb Griechenlands gibt es verstreut Transhumance über kurze Distanzen (Kreta).

Bei der Überwindung der z. T. beträchtlichen Entfernungen werden in der Regel Gebiete mit anderer Nutzung durchquert. Daß die großen Viehherden, die 10 000 und mehr Tiere umfassen können, den labilen Naturhaushalt gefährden, ist im Abschnitt über den Entwaldungsprozeß angedeutet worden (Kap. 2.6). Auf ihrem Weg von Weide zu Weide ziehen sie auch das Ackerland in Mitleidenschaft. Der mehr oder weniger absichtliche Übergriff, welcher der Aufbesserung der Nahrungsgrundlage dient, hat zu einem tiefgreifenden Gegensatz zwischen seßhaften Ackerbauern und schweifenden Hirten geführt. Um den Streitigkeiten zu entgehen, richtete man festbegrenzte Triftwege ein, übertrug ihre Kontrolle einer zentralen Leitung und verbot das Weiden im bestellten Ackerland. Auch diese festen Triftwege (span. *cañadas*, franz. *carraires*, ital. *tratturi*) beanspruch(t)en eine ansehnliche Fläche; im südöstlichen Italien maßen sie mit einer maximalen Breite von 111,11 m z. B. auf 90 m Weglänge 1 ha, und das gesamte italienische Triftwegenetz erstreckte sich, solange es noch intakt war, über 3100 km und bedeckte 21000–25000 ha; dazu kamen noch die Rastplätze für das Vieh (U. SPRENGEL 1970, S. 36).

Obwohl sich die Transhumance bis in die Römerzeit zurückverfolgen läßt, erlebte sie ihren Höhepunkt im westlichen Mittelmeerraum erst im Spätmittelalter, während sie auf der Balkan-Halbinsel nach der slawischen Landnahme im 6.–7. Jh. die Winterweide verlor und durch Nomadismus in den Berggebieten ersetzt wurde (A. BEUERMANN 1967, S. 85f.; vgl. D. ZÖBL 1982, S. 46ff.). Die große Zeit des mittelmeerischen Hirtenwesens reichte bis ins 19. Jh. (zum modernen Wandel s. Kap. 3.2.2.3.2). Es waren frühmerkantilistische Interessen und Bestrebungen, welche die Schafhaltung im Vergleich zu jener anderer Haustiere und vor allem zum Ackerbau einseitig begünstigten. Um sich das Wollmonopol zu sichern, formierte sich in Spanien 1347 die *Mesta*, eine politisch allmächtige Schutz- und Handelsorganisation der einheimischen Herdenbesitzer. Zwar war es ein Zusammenschluß auf privater Basis, aber er vertrat staatliche Interessen und schaffte die Grundlage für Wollhandel und Textilmanufaktur. Durch ihre Privilegien, das Weide- und Trinkrecht, das ausschließliche Recht zum Gebrauch der Weidewege, das Recht zum Holzschneiden und die weitgehende Befreiung von Steuern, wurde die Mesta ein erbitterter Feind der Ackerbauern. Es entstanden die Triftwege, auf denen Ende des 15. Jh. ca. 2,7 Mill. Schafe wanderten (E. MÜLLER 1938, S. 367). Auch das Königreich Neapel ist ein Beispiel dafür, wie durch gezielte wirtschaftspolitische Maßnahmen die Wanderschäferei zwischen Abruzzen und Apulien der wirtschaftsgeographisch allein bestimmende Faktor wurde. Im 15. Jh. wurde der Tavoliere ungeachtet der Eigentumsverhältnisse dem Fiskus unterstellt und als Winterweideland an Fremdhirten aus den Abruzzen verpachtet. Naturweideflächen von z.T. mehr als 1000 ha unterteilte man in *poste* mit festen oder beweglichen Pferchen und Wohnhütten und legte auch hier die festumgrenzten Überland-Triftwege an, auf denen um 1600 an die 2 Mill. Schafe wanderten (U. SPRENGEL 1970, S. 33).

Angesichts der speziellen historischen Situation, der die Fernweidewirtschaft im Mittelmeerraum ihren Aufschwung verdankt, wird es verständlich, wenn in der geographischen Literatur neuerdings die Natur als alleinige Determinante infrage gestellt und die Raumabhängigkeit der Transhumance anders gedeutet wird (A. BEUERMANN 1967; U. SPRENGEL 1971; vgl. auch X. DE PLANHOL/P. ROGNON 1970, S. 374/378). Haben nicht wirtschaftliche, soziale und historische Faktoren das Übergewicht? Eine solche Frage legt die Verbreitung der (aufsteigenden) Transhumance im Mittelmeerraum tatsächlich nahe; denn ihre Winterweideflächen decken sich hier weitgehend mit dem Areal der Latifundienwirtschaft (Kap. 3.2.2.1).

U. SPRENGEL (1971, S. 21 ff.) nimmt an, daß für die Entwicklung der Transhumance in großem Ausmaß wirtschaftliche Ursachen ausschlaggebend gewesen seien. Das Wirtschaftsinteresse des Spätmittelalters habe veranlaßt, die Schafhaltung dem Ackerbau vorzuziehen, obwohl dafür in Ebenen und Hügelländern keinesfalls überall eine wirtschaftliche Notwendigkeit bestanden habe. Die Transhumance sei jedoch ein geeignetes Mittel gewesen, *„den unkultivierten Boden ohne irgendwelche Investitionen passiv für sich arbeiten zu lassen"*, ein Prinzip, das der rentenkapitalistisch orientierten Latifundienwirtschaft entspricht. Allein das Großeigentum sei in der Lage gewesen, für die eigenen und die fremden Herden (aus dem Gebirge) riesige Flächen als Weidebrache zur Verfügung zu stellen. Eine stehende Weidewirtschaft in der Ebene sei aber deshalb nicht entstanden, weil Wirtschaftsauffassung und natürliche Bedingungen ineinandergegriffen haben. Wäre der Viehstapel den geoökologischen Voraussetzungen vollständig angepaßt worden, hätte man ihn wegen des sommerlichen Futtermangels jedes Jahr stark reduzieren müssen. Man sei daher gezwungen gewesen, auf die Sommerweiden „aufzusteigen", d. h. Fernweidewirtschaft zu betreiben, wenn man die Herden über das ganze Jahr hinweg unverändert habe halten wollen.

Nach dieser Vorstellung wird die mittelmeerische Transhumance in ihrer aufsteigenden Form als eine *„rein wirtschaftliche Maßnahme zur Erhaltung eines einkommensstarken hohen Viehstapels"* gewertet. Die physiogeographischen Gegebenheiten werden für diesen Zweck genutzt, d. h. sie sind dem betriebswirtschaftlichen Ziel untergeordnet und nicht die primäre Ursache für die Wanderung.

Die Transhumance ist weder eine spezifische Weidewirtschaftsform des Mittelmeerraums noch der mediterranen Subtropen, sie ist aber als „mediterrane Transhumance" besonders bekannt geworden. Sie findet sich auf der ganzen Erde zwischen dem Äquator und etwa 50° N und S dort, wo die Bedingung der sich jahreszeitlich ergänzenden Weidegründe erfüllt ist (B. HOFMEISTER 1961, S. 123). So nimmt es nicht wunder, daß es vergleichbare Formen in den neuweltlichen Teilen der Landschaftszone gibt. Freilich waren sie hier ursprünglich nicht verbreitet. Sie entstanden erst durch die Europäer, die neben den vertrauten Kulturpflanzen auch die Haustiere mitbrachten. Sowohl in den Trockengebieten der südwestlichen USA als auch in Chile hat sich die Transhumance eingebürgert. In den USA fällt der erste Ansatz mit der Erschließung des Westens, wahrscheinlich ausgehend von Kalifornien um 1864, zusammen. Hier stehen sich die Winterweiden des Längstals und die Sommerweiden in der Sierra Nevada gegenüber, wobei das Vieh selbstverständlich aus der Fußzone des Gebirges stammt (normale Transhumance). Der Anteil des Großviehs (Rinder) am gesamten Wandervieh ist von vornherein sehr groß gewesen.

Unter Kontrolle durchweidet es die Wälder der Nationalforste und kommt sehr spät im Herbst in die alpine Mattenregion, die hauptsächlich von Schafen genutzt wird (G. RINSCHEDE 1981). Im Unterschied zum Mittelmeerraum ist die nordamerikanische Transhumance in modern geführte kapitalintensive Großbetriebe eingefügt (Kap. 3.2.4.1; B. HOFMEISTER 1958). In Mittelchile wandern gemischte Herden aus dem Längstal in geringem Umfang auf die Hochweiden der Anden. Ein Übergang zu halbnomadischen Formen besteht im Kleinen Norden. Hier handelt es sich um eine Fernweidewirtschaft mit Ziegen, die durch eine nichtackerbautreibende Bevölkerung unterhalten wird (W. WEISCHET 1970, S. 454).

3.2.1.4 Die land- und waldwirtschaftliche Nutzung am Mittelmeer

Eine eigentümliche Form der traditionellen Nutzungsvielfalt des Mittelmeerraums hat das südwestliche Spanien in den Hochländern Estremaduras und Andalusiens, insbesondere in der Sierra Morena, bis in unsere Tage bewahrt. Sie ist zugleich ein Beispiel für die selten gewordene rationelle Bewirtschaftung mittelmeerischer Wälder und die Anpassung an den labilen Naturhaushalt im Trockenland.

Jenes Gebiet zwischen südlicher Meseta und Niederandalusien ist heute von lichten Kork- und Steineichenwäldern bedeckt und umfaßt große Landbesitze *(dehesas)*, die erst in der Gegenwart durch Aufforstungs- und Bewässerungsprojekte allmählich eingeengt werden. Ursprünglich wurden sie im Winter von transhumanten Schaf- und Ziegenherden beweidet und durch die von den Hirten der Mesta angelegten Weidebrände stark dezimiert, so daß die Basis der traditionellen Waldwirtschaft (Holzkohle-, Lohegewinnung usw.) für die einheimische Bevölkerung immer schmaler wurde. Aber schon seit dem 16. Jh. wurde das Weidenutzungsrecht auch an örtliche Schweinehirten vergeben, so daß Auseinandersetzungen mit Schafhirten unausweichlich waren. Als die Schweinehirten im 19. Jh. die Oberhand gewannen, nahm die Waldfläche auf Kosten des offenen Landes wieder zu. Mit den Eicheln, die nur hier süß genug sind, mästet man von Oktober bis Jahresende (Januar) das einheimische schwarze Schwein, dessen Schinken sehr geschätzt ist. In vielen Gebieten wird das Land zwischen den weitständigen Bäumen alle 5–6 Jahre einmal mit Getreide oder Leguminosen bestellt und mit transhumanten Schafen und Ziegen im Winter und von örtlichen Großviehherden im Frühjahr beweidet, wobei Zwergsträucher, Gras und Stoppelfelder als Nahrungsgrundlage dienen. Ein Jahr vor dem Pflügen säubern es Köhler (= Kleinbauern) sorgfältig. Sie asten das Reisig zur Holzkohlegewinnung aus. Alle neun Jahre lassen die Waldeigentümer die Korkeichen schälen (bis heute liefert Südwestspanien zusammen mit den benachbarten portugiesischen Wäldern den größten Teil des Welthandelskorkes; J. E. PARSONS 1962/1978; vgl. G. BRÜSER 1977). Somit verbindet man auf der gleichen Fläche mehrere wald- und landwirtschaftliche Nutzweisen: Kork- und Holzkohlegewinnung als waldwirtschaftliche, Schweinemast, Klein- und Großviehweide sowie Feldbau als landwirtschaftliche Nutzungsformen. Korkgewinnung und Getreidebau werden mit Saisonarbeitern von den Waldbesitzern betrieben, zur übrigen Nutzung werden die *dehesas* verpachtet (E. MAYER 1960, S. 14f.).

3.2.2 Die traditionellen Betriebsformen im Mittelmeerraum und in Mittelchile

Obwohl sich die Landnutzung den natürlichen Bedingungen anpassen muß, ist sie vielfach ohne die Kenntnis der zugrundeliegenden landwirtschaftlichen Betriebsformen nicht zu verstehen, d.h. die regionale Verbreitung der Nutzweisen und manche Varianten von ihnen sind häufig durch den geoökologischen Zusammenhang allein nicht oder nicht ausreichend zu erklären. Dies ist schon bei der Erörterung der Transhumance angedeutet worden. Wenn nun einige typische traditionelle Betriebsformen herausgestellt werden, so muß bewußt sein, daß die Determinierung durch das Klima im Grunde keine Rolle mehr spielt, sondern vor allem historische, wirtschaftliche und soziale Faktoren hervortreten. Außerdem sind die betreffenden Betriebsformen nicht nur eine spezifische Erscheinung im Mittelmeerraum und in Mittelchile. Sie finden sich auch außerhalb von ihnen. Allein die Tatsache, daß sie für die altbesiedelten Teilräume der Landschaftszone kennzeichnend und in den jünger erschlossenen Teilräumen nicht vertreten sind, verdeutlicht den fehlenden Bezug zum naturgegebenen Rahmen.

Die traditionellen Betriebsformen hängen wesentlich von bestimmten *Eigentumsverhältnissen* ab. Leider ist der Kenntnisstand über ihre räumliche Verteilung im Mittelmeerraum ziemlich unbefriedigend. Im Überblick ergibt sich, daß der Mittelmeerraum vor den großen strukturellen Veränderungen im 19. und 20. Jh. eine sehr gegensätzliche Verteilung der Eigentumsformen besessen hat, wobei die Eigentumsgröße das wichtigste raumdifferenzierende Merkmal war. Als Anhalt mag in diesem Zusammenhang gelten: Im Westen überwiegt das Großeigentum, im Osten und Süden fällt dagegen dem Kleineigentum die führende Rolle zu. Überall scheinen die Reliefverhältnisse insofern Einfluß auszuüben, als das Großeigentum vornehmlich im Tiefland, das Kleineigentum vor allem im Gebirge verbreitet ist. Dieses stark vereinfachte Verbreitungsmuster muß bei näherer Untersuchung freilich mannigfach abgewandelt werden. Letztlich wiederholt sich in manchen Agrarräumen der häufige Wechsel, der für die Verbreitung der Ackerbauformen kennzeichnend ist.

Auch in Mittelchile läßt sich eine gewisse Bindung an die natürlichen Landschaften feststellen. Im von Natur aus bevorzugten nördlichen Längstal rückt das Großeigentum in den Vordergrund, während das Kleineigentum vermehrt die relativ ungünstigen Gebiete im südlichen Längstal, im Küstenbergland und im Kleinen Norden prägt.

Die gegensätzlichen Eigentumsverhältnisse spiegeln sich in gegensätzlichen Betriebsformen wider, die sich sowohl im Mittelmeerraum als auch in Mittelchile auf wenige Grundformen zurückführen lassen. Hier seien zwei von ihnen vorgestellt.

3.2.2.1 Die Latifundienwirtschaft

Die Latifundienwirtschaft hat vor allem im Süden der Iberischen Halbinsel (Andalusien, Alentejo), in Süditalien mit Sizilien und in den Maghreb-Ländern einen Verbreitungsschwerpunkt. Von den Spaniern ist sie nach Mittelchile übertragen worden.

Das Wort *Latifundium* ist an sich ein Größenbegriff und bedeutet nichts weiter als großes oder sehr großes landwirtschaftliches Grundeigentum. Dessen Untergrenze ist regional verschieden hoch anzusetzen und liegt bei etwa 500–1000 ha, so daß manche Eigentumseinheiten einige 1000 ha umfassen können. Allerdings handelt es sich nicht nur um das Eigentum natürlicher, sondern auch um solches juristischer Personen. F. VÖCHTING (1951, S. 284) hat für Süditalien gezeigt, daß gerade die sehr großen Eigentumseinheiten (über 2500 ha) vornehmlich Mehrheitseigentum waren und sich häufig in den unwirtlichsten Regionen, in der kargen Gebirgswelt oder in den malariaverseuchten Küstenebenen befanden.

Die Latifundienwirtschaft ist freilich nicht allein von der Eigentumsgröße her zu fassen, denn Großeigentum kann in dieser oder jener Form überall auf der Erde vorkommen. Mit der großen Ausdehnung des Grundeigentums gehen hier Merkmale des Wirtschaftsgeistes einher, die letztlich zu einer charakteristischen *Betriebsweise* geführt haben. Erst diese, ausschließlich durch Fremdbewirtschaftung gekennzeichnete Betriebsweise, bei der Bodeneigentümer und Bodenbewirtschafter nicht identisch sind, macht das Wesen der Latifundienwirtschaft aus. Die Latifundien werden nämlich selten als Einheit bewirtschaftet, sondern aus ökonomischen Erwägungen aufgeteilt. Grundsätzlich haben sich dadurch groß- und kleinbetriebliche Formen entwickelt, die vielfältig ineinandergreifen und kaum einmal scharf voneinander zu trennen sind.

Beide Formen entstehen durch eine dem orientalischen Rentenkapitalismus verwandte Wirtschaftsgesinnung der Grundeigentümer. Einem äußerst sparsam verfügbaren Kapital stehen ausgiebig bemessene Landvorräte gegenüber. Infolgedessen sind die feste und bewegliche Hofausstattung dürftig, d. h. bei Wirtschaftsgebäuden, Wasser- und Weganlagen, bei Baumkulturen, Viehstapel, Maschinen, Futter- und Saatvorräten sowie Düngemitteln wird ein sehr geringer Aufwand getrieben. Das eigentliche Kapital des Grundeigentümers ist der Boden, den es in Gewinn umzusetzen gilt. Dies geschieht einmal durch langfristige Verpachtung des gesamten Latifundiums oder großer Teile von ihm an (kapitalkräftige) Großpächter, die mit billigen Arbeitskräften und rückständigen Produktionsmethoden (Handarbeit) für den Markt wirtschaften oder weiter verpachten (kapitalistisches oder Herrenlatifundium). Auf solche Weise erzielt der Grundeigentümer einen günstigeren Ertrag als bei Eigenwirtschaft, weil der Pächter die Pachtsumme auf mehrere Jahre vorstrecken und die Investitionen und das Risiko selbst tragen muß. Zum anderen wird eine möglichst große Zahl von kleinen Parzellen kurzfristig an mittellose Teilpächter und Teilhaber verpachtet, die sie, ebenfalls auf eigenes Risiko, für die Selbstversorgung nutzen und nur die eigene Arbeitskraft investieren können. Diese als Bauernlatifundium bezeichnete Form fehlt in Mittelchile (vgl. R. BARAONA u. a. 1960). Nicht selten ist das Verhältnis von Bodeneigentümer und Bodenbewirtschafter durch spekulative Zwischenpacht belastet.

Grundeigentümer (und gegebenenfalls Großpächter) ziehen die Bodenrente ein und investieren ungern. Sie leben absentistisch und benutzen den Hof allenfalls als Sommersitz, der im übrigen von einem Verwalter geführt wird. Sie gehen einem außerlandwirtschaftlichen Erwerb in Städten wie Sevilla, Córdoba, Neapel, Rom oder Santiago de Chile nach. Sie als Landwirte, landwirtschaftliche Unternehmer oder Großbauern zu bezeichnen, ist nach mitteleuropäischer Auffassung abwegig (vgl. B. FREUND 1975, S. 207 ff.).

Die *Wirtschaftsweise* des mittelmeerischen Latifundiums ist somit kapitalextensiv. Sie ist aber auch boden- und ertragsextensiv. Der Betrieb richtet sich einseitig auf Feldbau und Dauernutzung aus, weil die Viehwirtschaft in die Transhumance eingebunden ist. In Chile ist dagegen das gemischt-wirtschaftliche Betriebsziel maßgebend (Kap. 3.2.1.2). In Südeuropa steht der Trockenfeldbau auf der Grundlage des beschriebenen Nutzungswechsels im Vordergrund, in Mittelchile der Bewässerungsfeldbau mit der Großviehhaltung. Vom Bodennutzungssystem her handelt es sich in beiden Teilräumen um eine Getreide-Weidewirtschaft mit großem Flächenanspruch und geringem Ertrag. Dies gilt auch für den Bereich des Bauernlatifundiums, denn gewöhnlich müssen die Kleinpächter eine mehr oder weniger große Entfernung zwischen Wohn- und Arbeitsort zurücklegen, die eine intensivere Nutzung verbietet.

Wenn bei der Latifundienwirtschaft der Begriff „Intensität" überhaupt benutzt werden darf, dann ist dies allein für die Arbeitskraft erlaubt. Im allgemeinen unterscheidet man einen großen Festarbeiterstamm und die zeitweise beschäftigten Landarbeiter, die Teilpächter und Teilhaber. Die festangestellten Arbeitskräfte wohnen auf dem Hof und sind auf bestimmte Tätigkeiten spezialisiert. In Mittelchile leben sie in der zeilenartig angeordneten Einzelsiedlung und verfügen über eine ca. 0,5 ha große Parzelle, auf der sie das private Nutzungsrecht haben *(Inquilinos)*. Die zeitweise gedungenen Landarbeiter (Taglöhner), die in Kolonnen zusammengefaßt und von einem Vorarbeiter beaufsichtigt werden, braucht man nur bei Arbeitsspitzen; sie sind in der übrigen Zeit erwerbslos. Sie rekrutieren sich aus der Bevölkerung der ländlichen Siedlungen. Im südlichen Mittelmeerraum sind es vor allem die großen geschlossenen Wohnplätze (Stadtdörfer, Agrostädte), in denen solche Taglöhner am besten kontrolliert und angeworben werden können (vgl. G. NIEMEIER 1943, R. MONHEIM 1969, 1971). Zur Erntezeit kommen sie in den üblen Massenquartieren der Großbetriebe *(Dormitorien)* unter. Die Teilpächter müssen dem Verpächter außer dem Pachtzins einen Teil des Naturalertrags abgeben. Sie sind meist ohne Wirtschaftsgebäude ausgestattet und haben keinen Viehstapel, da im allgemeinen eine Parzelle und kein Betrieb gepachtet wird. Noch schlechter gestellt sind die Teilhaber oder Ernteteilpächter, die nur für eine bestimmte arbeitsaufwendige Kultur eingesetzt werden. Sie teilen den Ernteertrag ebenfalls mit dem Eigentümer und sind immer ohne Betriebsgebäude und Vieh. Auch die Teilpächter und Teilhaber stammen in der Regel aus der benachbarten Agrostadt. Pächter, Taglöhner und Kleinbauern (mit eigenem Land in der unmittelbaren Umgebung der Siedlung) können ein und dieselbe Person sein. Andererseits gibt es Wanderarbeiter, die große Entfernungen zurücklegen. Für solche saisonalen Wanderungen, die sich nach den wichtigsten Arbeitsvorgängen der Kulturen richten (Getreide- und Olivenernte, Ölbaumschnitt), finden sich etliche Beispiele in der südspanischen und süditalienischen Landwirtschaft (vgl. z.B. G. NIEMEIER 1938, K. ROTHER 1968)[7].

Mit dem Großbetrieb ist eine bestimmte Siedlungsform verbunden, die in Spanien *Cortijo* oder *Caseria*, in Italien *Masseria* genannt wird. Nicht selten wohnen hier mehrere 100 Menschen. Die Siedlungsform entspricht damit nicht einem Einzelhof, sondern einer kleinen Gruppensiedlung, zu der außer den Betriebs- und Wohngebäuden Kapelle, Läden, Poststelle,

---

[7] Eine häufige Form der Teilpacht ist in Italien die *mezzadria* (Halbpacht; Kap. 3.2.1.1), welcher in Frankreich die *metayage*, in Spanien und Mittelchile die *mediería* entsprechen (vgl. z.B. E. SABELBERG 1975 f; F. DÖRRENHAUS 1976); im nordafrikanischen Orient ist die Fünftelpacht, das *Khammesat*, weit verbreitet (vgl. H. MENSCHING 1968, S. 213 und 219, A. PLETSCH 1977). Diese Pachtformen sind aber nicht nur an das Großeigentum gebunden.

Kleinbauerntum

Bar usw. als selbstverständliche Zutaten gehören. In Mittelchile ist es ein Einzelhof (*Estancia, Hacienda, Fundo*), weil selten einmal eine große Gebäudeagglomeration wie in Südeuropa auftritt und die gereihten Häuser der Inquilinos eine gerichtete Einzelsiedlung bilden.

Die traditionelle Latifundienwirtschaft, die *„allezeit Geister und Leidenschaften gegen sich aufregen und zu Abhilfebegehren, durchgreifendster Art, fortreißen"* mußte (F. VÖCHTING 1951, S. 300), hat sich überlebt. Dennoch ist sie bis heute nicht völlig verschwunden (vgl. z. B. J. H. M. MAAS 1983; Kap. 2.2.3.1).

3.2.2.2 Die Betriebsformen des Kleinbauerntums

Der Latifundienwirtschaft stehen die Klein- und Zwergbetriebe gegenüber. Sie stellen im westlichen Mittelmeerraum zwar die große Zahl der Betriebe, nehmen aber nur einen kleinen Teil der landwirtschaftlichen Nutzfläche ein. In der östlichen Mediterraneïs herrschen sie nach Zahl und Fläche vor und bilden zumindest regional, wie etwa in Dalmatien, Griechenland, auf Zypern und in der Türkei, die alleinige Betriebsform (vgl. z. B. G. HEINRITZ 1975). Das mittelmeerische Bauerntum ist also ein Kleinbauerntum, dem die mittelchilenischen *Minifundistas* gleichzusetzen sind. Es hat die folgenden Merkmale:

- Die Betriebe werden von den Eigentümern selbst geleitet, Bodeneigentümer und Bodenbewirtschafter sind in aller Regel dieselben Personen. Es handelt sich um Familienbetriebe.
- Durch die Realerbteilung sind Eigentums- bzw. Betriebsgrößen im Laufe der agrarlandschaftlichen Entwicklung allmählich geschrumpft, die Betriebsflächen zersplittert.
- Auf den kleinen Betriebsflächen muß infolgedessen möglichst intensiv gewirtschaftet werden, um die Selbstversorgung weitgehend zu sichern. Nur gelegentlich können Überschüsse erzielt werden.
- Der Kleinbetrieb ist noch stärker feldbaulich orientiert als die Latifundien. Außer einem Zug- und Tragetier hält man nur Kleinvieh für den Eigenbedarf (Schafe, Ziegen, Schweine und Geflügel).
- Das Kleinbauerntum ist im Mittelmeerraum mit dicht bebauten – bei Berg- und Hanglage – terrassiert angelegten Gruppensiedlungen, weniger mit Einzelsiedlungen (im Gebirge) verknüpft, die sich aus mehrstöckigen Wohngebäuden zusammensetzen. (Kleinvieh-)Stallungen liegen vielfach am Ortsrand. Je nach Siedlungslage schließen die Betriebsflächen, auf denen einfache Feldhütten errichtet sein können, an die Siedlungen an oder sie sind kilometerweit entfernt. In Mittelchile haben die lockere Gruppen-

und Einzelsiedlung meist einen engen Kontakt zur zugehörigen Nutzfläche.
- Soziale „Doppelexistenzen" sind häufig, weil sich viele Kleinbauern zugleich als Teilpächter, Landarbeiter usw. verdingen müssen, um den Unterhalb der oft vielköpfigen Familien zu sichern (Kap. 3.2.2.1).

Innerhalb der Gruppe der Kleinbetriebe gibt es mindestens zwei typische Varianten, nämlich den Kleinbetrieb im Trockenfeldbau und den im Bewässerungsfeldbau. Freilich haben viele Kleinbetriebe Anteile an beidem und stellen schwer trennbare Übergangsformen dar.

Der *Kleinbetrieb im Trockenfeldbau* ist aus ökonomischer Sicht die negative Variante des Kleinbauerntums, weil er meist unter dem Existenzminimum wirtschaftet. Im westlichen Mittelmeerraum liegt er vor allem im Binnenland, z. T. in Tälern und Becken, mehr noch in Hügel-, Bergländern und Gebirgen sowie auf Hochebenen, im Osten dringt er stärker ins Tiefland vor, wo fließende Übergänge zum Kleinbetrieb im Bewässerungsfeldbau bestehen. Auf jeden Fall stellt er die große Masse der Betriebe im mittelmeerischen Agrarraum. In Mittelchile findet er sich vornehmlich im Küstenbergland und im Kleinen Norden.

Alle genannten Merkmale sind hier ins Nachteilige verschoben. Durch Zwergeigentum und Eigentumszersplitterung wird sehr häufig die Ackernahrungsgrenze unterschritten, viele Betriebe können sich nicht einmal selbst versorgen. Die Arbeitsintensität kann über einen bestimmten Wert hinaus nicht mehr gesteigert werden, denn der Trockenfeldbau gestattet nur eine schmale Palette von Feldfrüchten und Fruchtbäumen. Sie hängt auch von der Lage der verstreuten Grundstücke zur Siedlung ab. In ebenen Gebieten haben sich um die meist großen Siedlungen (z. T. Agrostädte) Nutzungsringe mit nach außen abnehmender Intensität ausgebildet, die durch ein radiales Wegenetz erschlossen werden. Auf die durch Stockwerksbau in ihrer Kapazität vollständig ausgenutzten Parzellen des inneren Ringes folgen in größerer Entfernung die extensiver bewirtschafteten Ringe des Getreidelandes und der Fruchthaine mit Oliven und Mandeln (vgl. W.-D. SICK 1983, Abb. 27). In den Gebirgsregionen sind durch Anpassung an die nach oben abnehmende physische Gunst Höhenstufen der Bodennutzung entstanden (Abb. 29).

Aus Kapitalmangel kultivieren die Bauern mit altertümlichen Geräten (Hacke, Hakenpflug) von Hand; wegen der Kleinheit der Grundstücke und der geringwertigen Böden erscheint Mechanisierung ohnedies nicht ratsam. Düngung ist weithin unmöglich, so daß sich die von Natur aus kargen Böden mehr und mehr erschöpfen und der Ertrag allmählich sinkt. Außerlandwirtschaftliche Erwerbsquellen fehlen in den Gebirgsregionen gewöhnlich; auch innerhalb der agrarischen Wirtschaft, etwa beim Groß-

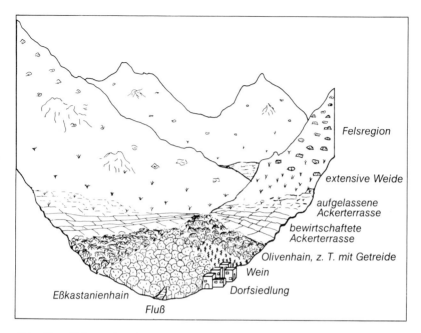

Abb. 29: Höhenstufen der Landnutzung auf Westkreta (aus B. OLTERSDORF 1983)

betrieb, ist nur saisonale Beschäftigung möglich. Arbeitslosigkeit und Unterbeschäftigung sind systemimmanent und führen zur Abwanderung (vgl. I. KÜHNE 1973; C. LIENAU 1976). Die größte Armut dürfte beim zentralchilenischen Minifundium herrschen (W. SMOLE 1963).

Ausnahmen bilden jene Gebiete, die sich auf ein verkaufs- oder exportfähiges Handelsprodukt haben spezialisieren können. Dies gilt z. B. für die kleinen Weinbaugebiete im Terrassenfeldbau der ägäischen Inselwelt, die seit dem Spätmittelalter den westeuropäischen Markt, insbesondere England, mit Korinthen und Rosinen beliefert haben. In ähnlicher Weise haben die Weinbauern auf der Murgia dei Trulli (Apulien) mit der Erzeugung von Grundweinen für die norditalienische Wermutherstellung ihre Existenz gesichert (vgl. E. WIRTH 1962).

Im Vergleich zu den Betrieben im Trockenland vertreten die *kleinbäuerlichen Betriebe im Bewässerungsfeldbau* die positive Variante. Die strukturellen Nachteile, wie zu kleine Eigentumsgröße, Eigentumszersplitterung usw., werden durch die Steigerung der Arbeitsintensität und die breitere Skala der Anbaugewächse (im Dauerfeldbau), in erster Linie aber durch den höheren Ertrag wettgemacht, so daß sie sehr häufig mit dem lokalen städtischen Markt bzw. dem Binnen- oder Weltmarkt verflochten sind. Die bessere geoökologische Grundlage ruft somit den wirtschaftlich besser gestellten Kleinbetrieb hervor. Er beherrscht die Gebiete des mittelmeerischen Gartenbaus (Kap. 3.2.1.1). Seine Fläche setzt sich, großräumig gesehen, aus zahlreichen Inseln bewässerungsfähigen Landes zusammen, die im allgemeinen eine periphere Lage haben. Hierzu gehören z. B. die *huertas* an der ost- und südspanischen Küste (vgl. F. GEIGER 1972; W. TESCHENDORFF 1978), die *giardini* Italiens (z. B. H.-G. WAGNER 1967), die Gartenbaugebiete Griechenlands, vor allem in der Argolis (vgl. DIERCKE Weltatlas, S. 79 IV) und in den Ebenen von Sparta und Korinth (vgl. F. SAUERWEIN 1968, 1971; O. KNÖDLER 1970), der Türkei (G. WOJTKOWIAK 1971; H.-G. REINHOLD 1975; W.-D. HÜTTEROTH 1982), der levantinischen Küste (z. B. W. KLAER 1962) und kleinere Gebiete an den Küsten der Maghreb-Länder (z. B. H. ACHENBACH 1964, 1967, 1971). Das zentralchilenische Minifundium auf Bewässerungsgrundlage ist im allgemeinen ein Selbstversorger-Betrieb und hat im Gegensatz zum Mittelmeerraum eine ökonomisch (und sozial) schlechtere Stellung (W. GOLTE 1976). Es durchsetzt das Großeigentum sowohl im Längstal als auch in den Tälern der Küstenkordillere und des Kleinen Nordens (vgl. W. WEISCHET/E. SCHALLHORN 1974; K. ROTHER 1977b, S. 11). Nur in wenigen Gebieten, wie auf den Gemüse-*Parcelas* von Santiago, wird marktorientiert gewirtschaftet.

3.2.3 Die Wandlungen der traditionellen Landwirtschaft des Mittelmeerraums und Mittelchiles

Welche Veränderungen seit langem in der traditionellen Landwirtschaft notwendig geworden sind, mögen die zusammengefaßten Argumente verdeutlichen. Das herkömmliche Agrarsystem

- hat geringe Entwicklungsmöglichkeiten in Trockenfeldbau und Viehhaltung, sein Bewässerungsfeldbau ist am Mittelmeer räumlich beschränkt; seine Anbaumethoden und -techniken sind altertümlich; z. T. wird Raubbau am Naturhaushalt betrieben;
- es baut auf ungünstigen Eigentumsverhältnissen auf, die gegensätzliche und überlebte Betriebsformen hervorgerufen haben: einerseits die Latifundienwirtschaft mit ausbeuterischen Zügen, andererseits das nicht existenzfähige Kleinbauerntum (im Trockenfeldbau);
- es ist infolgedessen durch verschiedenartige agrarsoziale Abhängigkeiten und entwicklungshemmende Pachtsysteme gekennzeichnet;
- es hat eine geringe Wettbewerbsfähigkeit, weil das Kleinbauerntum

Agrarpolitik

subsistent wirtschaftet, die marktorientierte Erzeugung der Großbetriebe aber nur wenige, althergebrachte Produkte umfaßt;
• es bedingt den niedrigen Lebensstandard der ländlichen Bevölkerung, ihre Arbeitslosigkeit bzw. Unterbeschäftigung. Da zu wenig nichtagrarische Erwerbsmöglichkeiten bestehen, müssen viele Menschen abwandern.

Die Ziele einer Agrarpolitik, die dieses schwerwiegende Erbe der Vergangenheit überwinden möchte, müssen in der Hauptsache gerichtet sein

• erstens auf die Ausweitung des Bewässerungsfeldbaus durch die Ausschöpfung der verfügbaren Wasserreserven, die Modernisierung der Kultivierungsmethoden, die Einführung neuer und ertragreicher Nutzpflanzen-Sorten, die Schaffung geeigneter Infrastruktur, kurzum auf alles, was man dem Schlagwort „Technisierung der Landwirtschaft" zuordnet;
• zweitens auf die Veränderung der Eigentumsverhältnisse und der von ihnen verursachten Betriebssysteme als wichtigste Voraussetzung für die rentable Landnutzung;
• schließlich auf die Abkehr von der Subsistenzwirtschaft und die Belieferung des Marktes, z. B. durch den Aufbau des (Absatz-)Genossenschaftswesens.

Wenn der Betriff Agrarpolitik gebraucht wird, so soll damit zum Ausdruck kommen, daß solche Ziele in erster Linie als Gemeinschaftsaufgabe zu verstehen sind. Tatsächlich haben alle Staaten des Mittelmeerraums ebenso wie Chile Agrarreformen eingeleitet und durchgeführt, um sich, nach langem Zögern und nicht selten durch aktuelle politische Ereignisse herausgefordert, von den traditionellen Strukturen zu lösen.

Obgleich *Agrarreformen* alles andere als ein zonenspezifischer Prozeß sind, kann auf ihre Behandlung nicht verzichtet werden, wenn ein verläßlicher Abriß des heutigen Agrarraums entstehen soll. Für eine auf die Grundtatsachen der Landschaftszone abhebende Betrachtungsweise ergibt sich in diesem Zusammenhang einmal das Problem, daß man keinen einheitlichen Zeitpunkt nennen kann, von dem an die traditionellen Strukturen haben weichen müssen, ganz abgesehen davon, daß sie in vielen Beharrungsräumen bis heute nicht verschwunden sind. Die Epoche des modernen Wandels hat z. B. in Portugal 1975 begonnen, in Chile vor zwei Jahrzehnten, in Spanien und Italien zwischen den Weltkriegen, in Algerien dagegen 1830, als die Kolonialherrschaft errichtet, oder in Griechenland, als zwischen 1835 und 1843 das türkische Großgrundeigentum (*Tschiftlik*-System) zerschlagen wurde. Mit dem Begriffspaar traditionell/

modern, das als Einteilungsprinzip verwandt wird, ist also jeweils die entscheidende Wende im 19. oder 20. Jh. gemeint.

Eine andere Schwierigkeit entsteht deshalb, weil die Wege, mit denen die Anrainer des Mittelmeers und Chile die Ziele zu erreichen versucht haben, sehr verschieden (gewesen) sind. Aufgrund der jeweiligen politisch-historischen Ausgangssituation verlaufen sie von Land zu Land anders, und auch das Ergebnis der Bemühungen ist entsprechend unterschiedlich. Jedoch lassen sich in einem Überblick gemeinsame Merkmale der modernen Agrarreformen herausstellen, selbst wenn dabei viele individuelle Züge vernachlässigt werden müssen.

Ungeachtet dessen entwickelt sich die Landwirtschaft auch ohne den staatlichen Eingriff durch ihre Eigengesetzlichkeit, d. h. spontan weiter (Kap. 3.2.3.2).

3.2.3.1 Die Agrarreformen
Kernstücke von Agrarreformen, die ungünstige Agrarstrukturen verbessern sollen, sind Bodeneigentums- und Bodenbewirtschaftungsreform (U. PLANCK 1975). Die ideale Agrarreform betreibt beide gleichrangig und setzt keine Präferenzen. An diesem Prinzip wird sich stets die Erfolgsbeurteilung staatlicher Eingriffe orientieren müssen (vgl. K. ROTHER 1971 b).

Die *Bodeneigentumsreform,* kurz Bodenreform, in der Regel gegen konservative Strömungen durch politischen Druck herausgefordert, leitet meist die strukturellen Wandlungen ein. Das Großeigentum zu zerschlagen und das zersplitterte Kleineigentum zu rationellen Einheiten zusammenzulegen, sind die Hauptaufgaben von Bodenreformen im Mittelmeerraum und in Mittelchile. Freilich ist die heikle Frage des traditionellen Kleineigentums (Minifundiums) nicht nur selten gelöst, sondern – etwa im Sinne einer Flurbereinigung – aus Kostengründen (Chile, Griechenland, Türkei) oder wegen der prinzipiell veränderten Einstellung zur agrarischen Landbewirtschaftung (Dalmatien) so gut wie gar nicht in Angriff genommen worden. Die Bodenreformen knüpfen vielmehr an das Latifundium an, dessen Enteignung und Aufteilung leichter, rascher und kapitalsparender zum Ziel zu führen verspricht. Wirksame Eigentumsverschiebungen haben sich deshalb vor allem im Verbreitungsgebiet der Latifundienwirtschaft des westlichen Mittelmeerraums (Portugal, Spanien, Italien, Maghreb-Länder) und Mittelchiles ergeben, wenn sie auch in anderen Teilen nicht völlig fehlen (z. B. Syrien).

In den Maghreb-Ländern ist die Ausgangssituation etwas anders als in Südeuropa, weil nicht das Latifundienwesen einheimischer Prägung, sondern das europäische Fremdeigentum, das durch die französische Koloni-

Bodeneigentumsreform

alherrschaft im 19. und 20. Jh. errichtet worden war, zur Verfügung gestanden hat. Die Agrarreformen fallen hier mit der Phase der De- oder Entkolonialisierung zusammen. Allerdings setzt die moderne Landwirtschaft nicht erst in diesem Zeitraum ein. Sie ist bereits von den europäischen Kolonialherren in die Wege geleitet worden. In dieser Hinsicht eilen die Maghreb-Länder dem westlichen Südeuropa zunächst voraus. Die von Agrargesellschaften und Kolonisten *(Colons)* französischer, italienischer und spanischer Herkunft betriebene Landnahme auf den im Gemeinschaftseigentum befindlichen Weideländereien, die ca. 20 % der landwirtschaftlichen Nutzfläche der Maghreb-Länder im mittelmeerischen und atlantischen Randsaum betraf, hatte einen sozialökonomischen Gegensatz hervorgerufen. Weil der Ackerbau mit Weizen, Ölbaum, Wein, Gemüse und verschiedenen Fruchtbäumen auf rationell nutzbaren großen Flächen aktiviert, die agrarische Produktion durch Bewässerung, Bodenverbesserung (z. B. Hangverbauung), Mechanisierung usw. dem Stand der Zeit angepaßt und neue Dörfer (Kleinstädte) und Einzelhöfe angelegt wurden, unterschieden sich die Kolonistengebiete von den kleinparzellierten Betriebsflächen der einheimischen Berber, die sie mit altertümlichen Methoden für den Eigenbedarf bestellten, wesentlich. Der unüberbrückbare Kontrast von „modernem" und „traditionellem" Agrarsektor trieb in der nachkolonialen Zeit zu einem Ausgleich, den die Kolonialherren niemals angestrebt hatten (vgl. J. DESPOIS 1973; H. MENSCHING 1968, S. 58–64; H. MENSCHING/E. WIRTH 1973, S. 74–78).

Die Auflösung des Großeigentums, von Reformgesellschaften in staatlichem Auftrag vollzogen, geschah auf gesetzlicher Grundlage durch Kauf oder Zwangsenteignung (mit oder ohne Entschädigung) nach bestimmten Grenzwerten, die sich nach der Größe und dem Bewirtschaftungszustand der Ländereien richteten. In Südeuropa und Mittelchile verblieb ein Teil des ehemaligen Landeigentums in den ursprünglichen Händen, wenn sich die Grundherren selbst zu einer Transformation entschlossen. In Nordafrika wurde das europäische Fremdeigentum restlos enteignet. Daß viele Grundeigentümer dem Verlust ihres Bodens durch geschickte Manipulationen zu entgehen verstanden, sei hier nur am Rande vermerkt.

Die konfiszierten Ländereien wurden ihrer neuen Zweckbestimmung auf verschiedene Weise übergeben. In Spanien (z. B. E. MAYER 1960; J. NAYLON 1966; H.-J. RUCKERT 1970), Italien (z. B. R. E. DICKINSON 1954; K. ROTHER 1971 a; R. KING 1973) und Marokko (H. POPP 1980, 1983) entstand von vornherein neues *bäuerliches Kleineigentum*. Landarbeiter, Teilpächter und teilweise auch Kleinbauern erhielten nach einem bestimmten Verteilungsschlüssel gegen Schuldverschreibung Siedlerstellen, wobei die Nachfrage selbstverständlich größer war als das Angebot. Es wurden einmal Familienbetriebe, deren Größe je nach den Landreserven und geoökologischen Bedingungen zwischen 4 und 10 ha schwankten (z. B. *Patrimonio familiar* in Spanien, *Podere* in Italien), zum anderen Nebenerwerbsstellen unter 1 ha (z. B. *Huerto familiar* bzw. *Quota*) für Landarbeiter, die weiterhin einem anderen Haupterwerb (etwa beim Großbetrieb) nachgingen, geschaffen. In den ersten Jahren unterlagen die Kolonisten in Anbauweise, Absatz usw. der Bevormundung durch die Reformgesellschaften, ehe sie über ihre Parzelle frei verfügen konnten.

Der privaten Landaufteilung des ehemaligen Großeigentums steht die *genossenschaftliche oder kollektive Landzuweisung* gegenüber, die in Portugal (B. FREUND 1977), Algerien (W. TRAUTMANN 1979), Tunesien (E. GÖTZ 1971; P. FRANKENBERG 1979), Israel (z. B. W. RICHTER 1969) und anfangs auch in Chile (K. ROTHER 1973, 1974, 1977 a; W. WEISCHET 1974; R. RIESCO 1983) verwirklicht worden ist[8]. Der Gesetzgebungsprozeß wurde teilweise von Gutsbesetzungen durch Landarbeiter begleitet (Portugal, Chile). In die „Produktionsgenossenschaften" konnte das benachbarte bäuerliche Kleineigentum eingebracht werden (Tunesien), oder es blieb unberührt. Auf solche Weise wurden große Betriebseinheiten gebildet, die aus einem Gut oder mehreren Gütern hervorgingen. Die auf ihnen angesetzten Neubauern, die sich in der Regel aus den ehemaligen Landarbeitern rekrutierten, verfügten teilweise über eine private Parzelle (z. B. 0,5–2 ha in Chile).

Die Bildung des Gemeinschaftseigentums und der damit verknüpften genossenschaftlichen Betriebsformen entsprach der politischen Vorstellung, demokratische Prinzipien in allen Bereichen der Landwirtschaft durchzusetzen (Algerien, Chile, Portugal), oder der pragmatischen Überlegung, daß gut bewirtschaftete Güter aus der Kolonialzeit am besten vollständig übernommen werden sollten (Tunesien). Selbstverständlich wurde mit der gemeinschaftlichen Landzuweisung mehr landlose Bevölkerung befriedigt als bei der ausschließlich privaten Übereignung; für Räume mit großer agrarischer Bevölkerungsdichte schien sie die geeignetere Eigentumsform zu sein.

Die Genossenschaftsidee ist nur in Israel erfolgreich verwirklicht worden. Israel genießt eine Sonderstellung, weil nach der Staatsgründung und der Flucht der Araber (1948) keine Tradition zu verteidigen war und ähnlich wie in der Neuen Welt großzügig und weitsichtig geplant werden konnte. Die Aufgabe, den Einwandererstrom aus aller Welt zunächst im primären Wirtschaftssektor unterzubringen, glaubten die führenden Kräfte nur dann bewältigen zu können, wenn sich die zionistischen Ideen

---

[8] Die in Jugoslawien durchgeführte Kollektivierung der Landwirtschaft hat das traditionelle Kleinbauerntum Dalmatiens nicht angetastet. Ihm sind punktuell, z. B. im meliorierten Neuland des Neretva-Deltas, Staatsbetriebe hinzugefügt worden (vgl. W. KULS 1955; D. J. MANSKE 1973).

Landaufteilung

kollektiver und kooperativer Gemeinschaften frei zu entfalten vermochten. Die straffe staatliche Lenkung und die Aufbietung aller geistigen Fähigkeiten durch die Immigranten, die sich aus Mangel an anderen Erwerbsquellen notgedrungen an der Agrarkolonisation beteiligen mußten, zeigten einen beispiellosen Erfolg, der sich z. B. in der großen Geschwindigkeit der Neulandgewinnung über den mittelmeerischen Randsaum des Landes hinaus (in der Negev-Wüste) äußerte.

In anderen Ländern ist die Genossenschaftsidee gescheitert oder ohne den erhofften ökonomischen Erfolg geblieben, weil der Traditionalismus der ländlichen Bevölkerung, die am persönlichen Eigentum festhalten möchte, ein unüberwindliches Hindernis darstellt. Außerdem haben strukturelle Mängel der neuen Betriebsformen, z. b. die zentrale Lenkung, die Organisationsvielfalt und der damit zusammenhängende Bürokratismus, ferner der Analphabetismus und die geringe Innovationsbereitschaft der Bauern den Produktionsprozeß so gelähmt, daß mit Reorganisationen kaum Verbesserungen erzielt worden sind. Dem anfänglichen Optimismus ist eine Ernüchterungsphase gefolgt, in der nach einem brauchbaren Konzept zur Überwindung der Stagnation gesucht wird.

Die Konsequenzen sind verschieden. In Chile hat die Militärjunta die genossenschaftlichen Betriebsformen aus demokratischer Zeit seit 1973 in einzelbäuerliches Eigentum aufgeteilt. Der Plan der tunesischen Regierung, die Landwirtschaft vollständig zu kollektivieren (1969), beschwor eine Krise herauf und schlug letztlich fehl, denn die Bauern konnten sich mit ihrem Privateigentum aus den Genossenschaften zurückziehen. Trotz finanzieller Verluste hält Algerien am „sozialistischen Sektor" seiner Landwirtschaft mit „Selbstverwaltungsdomänen" fest. Im Rahmen der „Agrarrevolution" (1971) ist er gegen große Widerstände sogar auf das einheimische Großgrundeigentum ausgedehnt worden. Über die Arbeitsfähigkeit der portugiesischen Produktionsgenossenschaften (seit 1975) ist wenig bekannt.

Aus dem Prozeß der Bodenreform ist somit das kleinbäuerliche Eigentum im allgemeinen gestärkt hervorgegangen, während das genossenschaftliche Eigentum Schwierigkeiten hat, sich zu behaupten. Andererseits existiert das Großgrundeigentum in veränderter, d. h. an Fläche reduzierter Form, fort.

Die Landaufteilungen schlagen sich unmittelbar siedlungsgeographisch nieder. Die großflächige Flurgliederung mit kaum sichtbaren Grenzen ist einem kleinparzellierten Flurmuster gewichen, das in seiner geometrischen Form am Reißbrett entworfen worden ist (Abb. 30; vgl. H. DONGUS 1970). Teils wurden Höfe auf arrondiertem Eigentum erstellt (Italien, Spanien, Marokko, Tunesien), die von einem Netz neugeschaffener zentraler Orte unterer und unterster Stufe versorgt werden, teils wurden ge-

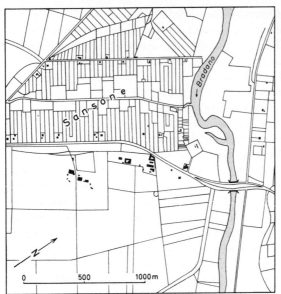

Abb. 30: Landaufteilung durch Bodenreform in Süditalien (aus K. ROTHER 1971 a). Neusiedlerstellen (oben) und Großgrundbesitz (unten); dargestellt sind Nutzungsparzellen.

schlossene Siedlungen angelegt, von denen die Felder über kurze Entfernungen zu erreichen sind (Spanien, Tunesien). Zu letzteren gehören auch die sozialistischen Dörfer Algeriens und die religiösen Gemeinschaftssiedlungen Israels (Kibbuz, Moshav ovdim usw.). Die Einzelsiedlungen sind von der zwar individualistisch eingestellten, aber zur geschlossenen Wohnweise neigenden Landbevölkerung nur dann angenommen worden, wenn die neuen zentralen Orte oder die alten (Höhen-)Siedlungen (Agrostädte), zu denen man weiterhin enge Beziehungen unterhält, nicht zu weit entfernt liegen. Andernfalls werden sie verlassen oder nur zeitweise benutzt (Süditalien). In Mittelchile spielt der mit der Bodenreform verknüpfte Siedlungsausbau (Einzel- und lockere Gruppensiedlung) eine geringe Rolle; zudem ist die herkömmliche Siedlungsform der zu neuem Grundeigentum gekommenen Landarbeiter (Inquilinos) schon die Einzelsiedlung gewesen.

Die moderne Landwirtschaft der mediterranen Subtropen hängt ganz und gar von der Möglichkeit der Bewässerung ab. So ist es selbstverständlich, daß die *Bodenbewirtschaftungsreform* die Schaffung bzw. Ausdehnung von Bewässerungsflächen als zentrale Aufgabe ins Auge gefaßt hat. Tatsächlich fußen die meisten Entwicklungsprojekte auf der Bewässerungswirtschaft. Bewässerungsprojekte können aber nur in Landschaften mit ausreichenden Wasservorräten und einem geeigneten Relief für den

Bewässerungsprojekte

Bewässerungsfeldbau geplant werden. Für sie kommen die von Natur aus begünstigten Küstenebenen, Tal- und Beckenräume in Betracht. Da die Bodenreformen sich an die Verbreitung des Latifundienwesens, das alle Relieftypen einschließt, gehalten haben, decken sich Bewässerungsgebiete und enteignete Gebiete nicht in jedem Fall. Auch abseits der Latifundiengebiete sind Kolonisationsprogramme durchgeführt worden (z. B. Spanien, Italien). Außer in Spanien, wo die binnenländischen Becken der großen iberischen Ströme umgewandelt werden, liegen die neu geschaffenen oder noch geplanten Bewässerungsgebiete somit grundsätzlich in den meeresnahen Landschaften (vgl. Abb. 27). Hier ist in allen Mittelmeerländern die Bewässerungsfläche, auch unabhängig von staatlichen Projekten, in den letzten drei Jahrzehnten auf Kosten von Öd- und Trockenland schneller gewachsen als jemals zuvor (vgl. z. B. E. MAYER 1960, S. 41 ff.; F. SAUERWEIN 1976, S. 65; K. ROTHER 1980 b; H. POPP 1983). Auf solche Weise gewinnen die Agrarreformen vielerorts den Charakter der Neulandgewinnung oder Agrarkolonisation. Dabei sind z. T. großräumige Bewässerungsgebiete entstanden, die sich vom engräumigen mittelmeerischen Garten herkömmlicher Prägung (Kap. 3.2.2.2) grundsätzlich unterscheiden.

Fast alle *Bewässerungsprojekte* gründen auf mehr oder weniger großen Stauanlagen, die nicht selten in Verbundsystemen die winterliche Wasserspende des mediterranen Abflußtyps auffangen, speichern und in der trockenen Jahreszeit verfügbar halten. Die mit großem Kapitalaufwand errichteten Irrigationssysteme sind anfangs als Schwerkraftbewässerung mit offenen Zementrinnen, später als unterirdische Druckbewässerung angelegt worden und gewähren in den ebenen, hin und wieder terrassierten Kolonisationsgebieten die Berieselung der Felder nach verschiedenen Methoden, die von den jeweiligen Kulturen abhängen (vgl. H.-G. WITTIG 1965). Die Beregnung hat sich erst nach und nach durchgesetzt. Als kapitalintensive Bewässerungsmethode bietet sie im Vergleich zur Berieselung mehrere Vorteile: Sie ist geländeunabhängig, beweglich und arbeitsextensiv.

Mit der Bewässerung hängen zwangsläufig Probleme zusammen, die vor allem in der Anfangsphase aufgetreten sind. Schwerwiegende Konsequenzen hatte z. B. die schlechte Vorbereitung der Felder durch Planierung und Terrassierung und die ungenügende Entwässerung. Durch Stau- und Erosionsschäden und vor allem durch Bodenversalzung wurden Nutzflächen kleinräumig entwertet, so daß die Siedler sie aufgaben.

Eine Fülle *neuer Anbautechniken* ging mit dem Aufbau der Bewässerung einher. Das Tiefpflügen staunasser und schwerer Tonböden wurde eingeführt, das Konturpflügen und das planvolle *dry farming* wurden üblich (Kap. 3.2.2.1). Die Mechanisierung und Motorisierung der Feldbestellung fanden Eingang und verdrängten die herkömmlichen Zugtiere. Viele Kleinbetriebe, die sich zuerst in genossenschaftlichen Stationen Maschinen hatten ausleihen können, besitzen heute eigene Allzweck- und Spezialgeräte. Schließlich haben die regelmäßige Düngung mit Kunstdünger und die systematische Schädlingsbekämpfung mit Pflanzenschutzmitteln Einzug gehalten.

Mit dem Bewässerungsfeldbau und den neuen Anbautechniken kamen *neue Anbaufrüchte* hinzu, oder längst angebaute Kulturen weiteten sich aus. Der mehrfache Wechsel der Leitkulturen im verhältnismäßig kurzen Entwicklungszeitraum weist auf das häufige Experimentieren von Reformgesellschaften und Betrieben hin, ehe in Anpassung an die geoökologischen Verhältnisse, an das Vermögen der Siedler und die Erfordernisse des Marktes eine geeignete Lösung gefunden worden war.

Inzwischen haben sich der Hackfrucht- und der Sonderkulturbau durchgesetzt, die schlechthin als die bestmöglichen Nutzweisen des mittelmeerischen Bewässerungsfeldbaus gelten. In geringem Maße hat auch der Futterbau Bewässerungsflächen gewinnen können. Unter den Hackfrüchten haben die Industriekulturen Zuckerrübe, Baumwolle, Tabak, z. T. auch Zuckerrohr (Marokko), eine führende Stellung errungen. Ebenso bedeutsam ist der Gemüsebau geworden, der hin und wieder mit der Blumenzucht, dem Anbau von Erdbeeren oder Arznei- und Parfümpflanzen vergesellschaftet ist. Gemüse (z. B. Salat oder Blumenkohl unter Plastik) wird nicht nur im Garten-, sondern auch im Feldbau gezogen. Es haben sich neue Fruchtfolgen, z. B. Zweifeldersysteme (ohne Brache), entwickelt. Meist lassen sie sich aber nicht in ein starres Schema pressen. Die immer wieder wechselnden Rotationen sind ein Ausdruck der veränderlichen Marktansprüche. Vielfach findet sich in den Rotationen noch der Getreidebau. Aber auch er wird zusehends von Blattfrüchten und Gemüse ersetzt. Ähnliches trifft im bewässerten Reisbau zu (vgl. W. BAHR 1972 für die spanischen Marismas; R. JÄTZOLD 1965 und I. GRAF/R. JÄTZOLD 1981 für die Camargue). Der Dauerfeldbau mit Mehrfachernten hat den Jahreszeiten- und Zweijahresfeldbau verdrängt, und der ländliche Arbeitskalender ist im Bewässerungsland entzerrt. Die früher erforderliche Saisonwanderung zur Zeit der Arbeitsspitzen nimmt ab. Bei neuen arbeitsaufwendigen Kulturen (z. B. Erdbeeren) werden heute nicht mehr Männer, sondern Frauen und Mädchen beschäftigt, weil sie in schwächerem Maß von der allgemeinen Abwanderung betroffen sind als die Männer (vgl. K. ROTHER 1980 c).

Zugleich haben sich die Dauernutzungssysteme mit dem Obstbau ausgebreitet, die wegen des geringeren Arbeitsaufwandes die feldbaulichen Flächen mit kurzfristigen Kulturen einengen. Die Agrumen mit den bekannten Kulturformen (Orange, Mandarine, Zitrone) und vielen Neu-

Infrastrukturmaßnahmen

züchtungen (Clementine, Satsuma usw.) haben in Israel, Spanien und Marokko einen wahren Siegeszug angetreten, aber auch gefährliche Überproduktionen heraufbeschworen. An zweiter Stelle sind Pfirsiche (Südfrankreich) und Tafeltrauben (Spanien, Süditalien, Griechenland) zu nennen. Schließlich gewinnen Tafeloliven (Spanien, Süditalien) an Gewicht. In Chile, wo die Nutzungsänderungen sehr bescheiden sind, rücken als Marktfrüchte die Äpfel in den Vordergrund.

Dauer- und Wechselnutzungssysteme durchdringen sich vielfältig und bilden zuweilen neue Formen der Mischkultur aus, wenn z. B. alte Olivenhaine mit Zitrusfrüchten bepflanzt werden oder der Gewinnausfall junger Agrumenhaine bis zur Tragreife durch Gemüse-Kulturen überbrückt wird.

Intensität und Ertrag der Landnutzung sind somit wesentlich gesteigert worden, und ein Ende dieses Prozesses ist noch nicht abzusehen. Die mittelmeerische Polykultur, namentlich mit baum- und strauchförmigen Dauerkulturen, hat sich auf Kosten des Trockenfeldbaus und der Weide beträchtlich ausgedehnt und ist die vorherrschende Landnutzung in Tälern, Becken und Küstenebenen geworden (vgl. A. ARNOLD 1983).

Allein der vielfach propagierte Futterbau für die Milchviehhaltung (Mais, Luzerne, Klee usw.) hat sich nicht im erwarteten Umfang halten können oder ist verbesserungsbedürftig (Algerien, Spanien, Süditalien), weil die Betriebsfläche der Siedlerstellen für einen auskömmlichen Verdienst auf dieser Basis im allgemeinen zu klein ist. Trotz der Einrichtung von Molkerei-Netzen wendet man sich dem einträglicheren Sonderkulturbau zu, der dem Futterbau im Bewässerungsland überlegen ist. Allenfalls die Produktionsgemeinschaften, die in der Regel über große, nicht verkoppelte Weideflächen verfügen, unterhalten einen vielköpfigen Viehstapel, der bei geringem Arbeitsaufwand der Fleischgewinnung dient.

Durch die Kolonisationsprogramme sind noch andere *Infrastrukturmaßnahmen* verwirklicht worden. Am Anfang rottete man die Malaria mit DDT aus und entwässerte versumpftes Gelände (Bodenmelioration). Es folgten der Wege- und Straßenbau, die Versorgung mit Energie und Trinkwasser, der Aufbau von Landschulen, die Aufforstung usw. (Kap. 3.3.1). Ein wichtiger Bestandteil der Planungen war auch die *Industrie-Ansiedlung*. Neben den Betrieben der Energiewirtschaft (an den Stauseen), der Baustoffbranche für den Haus-, Straßen- und Kanalbau entstand an Ort und Stelle vor allem die Verwertungsindustrie landwirtschaftlicher Produkte, um den Rohexport der erzeugten Güter einzuschränken. Dahinter verbarg sich das Konzept, die geförderten Räume nicht nur landwirtschaftlich zu entwickeln, sondern sie in jeder Hinsicht zu sanieren. Abgesehen davon, daß die Betriebe entweder sehr wenig Arbeitskräfte binden oder nur eine saisonale Beschäftigung ermöglichen, besteht für jene Öl-, Zucker-, Baumwoll-, Tabak- und Konservenfabriken das Problem darin, sich nicht schnell genug auf den raschen Wechsel der örtlichen Anbaufrüchte einstellen zu können. Viele Werke haben nach anfänglichen Erfolgen ihre Tore schließen müssen, weil das betreffende Produkt nicht mehr in genügendem Umfang kultiviert worden ist. Auch die genossenschaftlichen Sammelstellen, die z. B. als Zulieferer der gewerblichen Betriebe haben tätig sein sollen, sind von den Erzeugern nicht immer angenommen worden. Das Mißtrauen und das widerstrebende Verhalten der ländlichen Bevölkerung gegen jede Lenkung haben sich nicht allein auf diesem Gebiet als Hemmnis erwiesen. Häufig setzt sich die individuelle Entscheidungsfreiheit gegen staatliche Programme durch (vgl. H. POPP 1983 für Marokko).

Hat die Industrie-Ansiedlung im Rahmen von Agrarreformen nur selten die in sie gesetzten Erwartungen erfüllen können, ist es jedoch gelungen, das *Betriebsziel* der Siedlerstellen auf den Markt auszurichten. Wie schon angedeutet, dominiert der Anbau von *cash crops* ausnahmslos über die Eigenversorgung. Manche Kolonisationsgebiete sind nach einer gewissen Konsolidierung wichtige landwirtschaftliche Ergänzungsräume Mittel- und Westeuropas geworden. Diese Tatsache kommt nicht zuletzt in der Zugehörigkeit der betreffenden Länder zur Europäischen Gemeinschaft als Voll-, assoziiertes oder künftiges Mitglied zum Ausdruck. Bei den Abnehmerländern gelten sie längst als ernst zu nehmende Partner, deren chronische Strukturprobleme die reibungslose Zusammenarbeit allerdings nicht wenig belasten (z. B. F. SAUERWEIN 1983). Allein in den Produktionsgenossenschaften Algeriens und Chiles haben sich zeitweise wieder Subsistenzwirtschaften ausgebreitet.

Eine hochspezialisierte Landwirtschaft ist aufgrund der besonderen Verhältnisse in Israel entstanden. Die israelische Landwirtschaft hat ihren anfänglich autarken Charakter gänzlich verloren, indem sie sich von den traditionellen Mittelmeerkulturen löste und ausschließlich Exportprodukte (z. B. Zitrusfrüchte, Bananen) erzeugt. Dadurch gleicht sie heute in vielem jener Kaliforniens (Kap. 3.2.4.1). Das kalifornische Vorbild wird zwar auch in anderen modernisierten Agrarlandschaften des Mittelmeerraums erfolgreich nachgeahmt, jedoch nirgends so großflächig und konsequent wie in Israel, so daß dieser Staat den neuweltlichen Agrarräumen der Landschaftszone näher steht als der benachbarten mittelmeerischen Agrarlandschaft.

Eine Begleiterscheinung der Entwicklungsvorhaben ist die Umwandlung der ehemaligen Großbetriebe. Da sie als Restgüter vielfach inmitten der kolonisierten Gebiete liegen, sind sie ebenfalls in den Genuß der Bewässerung gekommen. Um den Bestand zu wahren, hatten sie häufig die Auflage erhalten, ihr Land selbst zu verbessern und intensiver zu bewirtschaften. Es handelt sich um große Mittel- bis kleine Großbetriebe, die durch Verkauf und Teilung eine überschaubare Größe (von ca. 50–250 ha) bekommen haben. Weil sie sich ebenfalls auf den Hackfrucht-, Gemüse- und Obstbau eingestellt haben und durch die rationellere Bewirtschaftung produktiver sind als die Kleinsiedler, werden sie von diesen argwöhnisch beobachtet. Gleichwohl wirken sie anregend; vieles wird von den Kolonisten durch Nachahmung übernommen. Nicht selten werden die intensiv genutzten Groß- und Mittelbetriebe heute vom Eigentümer (mit Lohnarbeitern) selbst geführt und mit Erfolg nach modernen marktwirtschaftlichen Prinzipien bewirtschaftet. Überspitzt kann man sagen, daß sie die eigentlichen Nutznießer der Agrarreformen sind (vgl. J. SANCHEZ-RUBIO 1976, zit. nach T. BREUER 1982, S. 100; K. ROTHER 1980 a).

Somit hat die Entwicklungsförderung auch die gesamte *Betriebsstruktur* nachhaltig beeinflußt. Abgesehen von der wesentlich größeren Betriebszahl und der kleineren durchschnittlichen Betriebsgröße gibt es heute ein breiteres Spektrum von Betriebsformen. Neben den traditionellen Betriebsformen, die sich abseits der gewandelten Gebiete wenig verändert haben, trifft man heute auf intensiv genutzte Groß-, Mittel- und Kleinbetriebe, wobei der Kleinbetrieb sich mehr und mehr den alten Gartenbaubetrieben angleicht. Dazu kommen die genossenschaftlichen Betriebsformen. In größerem Umfang als früher sind Bodeneigentümer und Bodenbewirtschafter dieselben Personen; die Direktbewirtschaftung hat zugenommen, und die traditionellen Pachtsysteme und die damit verbundenen sozialen Abhängigkeitsverhältnisse verschwinden allmählich, ohne völlig überwunden zu sein (z. B. Marokko). Von der Fläche her überwiegt der Familienbetrieb in den kolonisierten Räumen als Vollerwerbsstelle bei weitem.

Damit wird deutlich, daß sich die Gesamtstruktur der Landwirtschaft durch die Agrarreform zwar verbessert hat und die wirtschaftlichen und sozialen Probleme vielerorts gelöst worden sind. Immer noch besteht aber der räumliche Gegensatz von „moderner" und „traditioneller" Landwirtschaft, der nicht nur in den Maghreb-Ländern, sondern auch in Südeuropa in Erscheinung tritt. Nur bestimmte, vielfach eng umgrenzte Gebiete sind in die Entwicklungsförderung oder -planung aufgenommen worden, und diese ist nicht einmal überall erfolgreich gewesen. Ein starkes sozialökonomisches Gefälle trennt deshalb die Aktivräume von den Passivräumen. Schließlich gibt es Beispiele, wo man nur die Eigentumsverhältnisse verschoben, die Bewirtschaftungsreform aber vernachlässigt hat (Chile). Ohne flankierende Maßnahmen dürfte hier eine Agrarreform nicht zu erreichen sein.

Ein anderes Problem stellt selbst die gelungenen Entwicklungsprogramme infrage. Nicht nur die internen Schwierigkeiten, von denen hier einige wesentliche erwähnt worden sind, sondern vor allem von außen kommende Prozesse erschüttern die gesunde Weiterentwicklung. Verstädterung und Landflucht haben dazu beigetragen, daß auch in den geförderten Gebieten die Zahl der landwirtschaftlichen Arbeitskräfte kleiner geworden ist. Selbst in Israel hat sich die Jugend von den Gemeinschaftssiedlungen gelöst, nachdem in den Städten und in der Industrie dem persönlichen Gewinnstreben keine Grenzen gesetzt sind (vgl. W. RICHTER 1969, S. 166). Infolge der geringen Betriebsgröße sind die Siedlerstellen durch das Wachstum der Familien inzwischen überbesetzt, so daß für viele Menschen als einzige Lösung die Abwanderung bleibt. Namentlich jene Kolonisationsgebiete, in denen im Vertrauen auf den Fortbestand der traditionellen Strukturen in der weiteren Umgebung ausschließlich Nebenerwerbsstellen vergeben worden sind, leiden unter Auszehrung, weil z. B. auch der Großbetrieb herkömmlicher Prägung maßvoll technisiert worden ist und keine ausreichenden Arbeitsplätze mehr bietet (K. TYRAKOWSKI 1978). Die Produktionsgemeinschaften sind ohnedies fast immer überbesetzt.

Angesichts des anhaltenden Bevölkerungswachstums und der gewandelten Ansprüche der ländlichen Bevölkerung erscheint das Konzept vieler Kolonisations- und Bewässerungsprojekte, die eine isolierte Entwicklung betreiben, nicht mehr zeitgemäß. Die Programme, die schon im Laufe ihrer Verwirklichung immer wieder geändert werden mußten, sollten viel stärker einem überregionalen Rahmen angepaßt und unter übergreifenden wirtschaftlichen Gesichtspunkten, seien sie staatlicher oder zwischenstaatlicher Natur, angepackt werden. Immerhin führen sie vor Augen, welche agrarischen Entwicklungsmöglichkeiten unter voller Ausnutzung der natürlichen Ressourcen im Mittelmeerraum bestehen. Fraglos kann Israel als Vorbild gelten.

3.2.3.2 Spontane Entwicklungsprozesse
Mit ihren gezielten Eingriffen unterbrechen Agrarreformen das allmähliche Werden der Agrarlandschaft und zeichnen eine neue Entwicklung vor, die nicht immer naht- und reibungslos an die bestehenden Traditionen anknüpft. Es hat sich gezeigt, daß z. B. die Reaktion der betroffenen Landbevölkerung den planerischen Bemühungen nicht selten zuwiderläuft und die Erfolgschancen der spektakulären Projekte beeinträchtigt; auch auf den gewandelten Rumpfgütern des ehemaligen Großeigentums werden eigene Wege gegangen. Es wäre einseitig, den modernen Agrarlandschaftswandel allein unter dem Aspekt der staatlichen Entwicklungsförderung zu verfolgen. Auch spontane Prozesse, die sich bei allen Nutzweisen und Betriebsformen vollziehen können, haben den traditionellen mittelmeerischen Agrarraum in nicht geringem Umfang verändert. Frei-

lich unterscheiden sie sich von ähnlich gearteten Vorgängen in anderen Landschaftszonen nur wenig, so daß ein paar Hinweise genügen müssen. Am auffälligsten ist der Wechsel im *Nutzpflanzengefüge,* der vom Arbeitskräftepotential, dem Markt, Rentabilitätsüberlegungen, verschiedenen Neuerungen und nicht zuletzt von den geoökologischen Bedingungen reguliert wird. In Anpassung an das gewandelte Arbeitskräfte-Angebot kann sich sowohl bei extensiverer als auch bei intensiverer Nutzung das Anbauspektrum verschieben. Ein Beispiel für Extensivierung ist die stadtnahe Landnutzung. So haben sich im Umkreis von Neapel, an den Hängen des Vesuvs, mit der wachsenden Verstädterung arbeitskraftsparende Haselnuß-Kulturen auf Kosten des Rebbaus im Kleinbetrieb ausgebreitet (vgl. H.-G. WAGNER 1967, S. 91 ff. und S. 216). Umgekehrt greifen Intensivierungen Platz, wenn etwa Neuankömmlinge in einen festgefügten Agrarraum eingegliedert werden müssen. Im Nieder-Languedoc haben die Rückwanderer aus den nordafrikanischen Kolonien mit dem Obst- und Gemüseanbau in ihren Siedlungsgebieten die traditionelle Wein-Monokultur verdrängt (A. PLETSCH 1976, S. 151 ff.). Eine geänderte Nachfrage auf dem Markt, z. B. durch andere Konsumgewohnheiten, und Erwägungen zur Wirtschaftlichkeit fordern gleichfalls Konsequenzen in der Bodennutzung heraus: Die gewohnte Leitkultur wird durch eine neue, möglichst gleichwertige Nachfolgekultur ersetzt. Am Golf von Tarent ist z. B. in einem Kolonisationsgebiet der Agrarreform durch Eigeninitiative der Kolonisten der Erdbeeranbau eingeführt worden, nachdem sich im westeuropäischen Markt eine Lücke aufgetan und sich der bis dahin an erster Stelle stehende Zuckerrüben-Anbau als unrentabel erwiesen hatte (K. ROTHER 1980 c). Den mit solchen Innovationen einhergehenden Diffusions-Prozeß hat T. BREUER (1980, 1981) am Beispiel des südspanischen Sonnenblumenanbaus geschildert (vgl. G. KORTUM 1982, für den Zuckerrübenanbau in der Türkei); er läßt sich auch an der aufwendigen Terrassenanlage für neue Ölbaumkulturen auf Kreta verfolgen.

Auch in der *Anbautechnik,* namentlich der Kleinbetriebe, bedient man sich neuer, arbeitsaufwendiger Methoden, um auf dem Markt wettbewerbsfähig zu bleiben. Die frühere Reife von Gemüse, Blumen und Erdbeeren erzielt man z. B. durch den Anbau unter Kunststoffolien oder in Plastikgewächshäusern, mit denen die große Sonnenscheindauer im Frühling ausgenutzt wird. Diese Warmbeetkultur genannte Anbaumethode hat sich von Israel und den Maghreb-Ländern in den letzten zwei Jahrzehnten auch nach Südeuropa ausgebreitet (vgl. z. B. H. TANK 1977). Eine lokale Erscheinung sind die *Enarenado*-Kulturen der andalusischen Mittelmeerküste (span. = eingesandet), deren Herkunft von den Kanarischen Inseln, wo sie seit längerem ausgeübt wird, umstritten ist. Zur Beschleunigung des Ernteterminus werden hierbei die Anbauflächen des Wintergemüses über einer Stalldungschicht mit einer Grobsandauflage von 10-12 cm Dicke versehen, die verdunstungshemmend und zugleich als Wärmespeicher wirkt (V. HOENERBACH 1980; T. BREUER 1982, S. 158 ff.). Selbstverständlich ist auch das Bewässerungsland durch Eigeninitiative ausgeweitet worden (DIERCKE Weltatlas, S. 79 IV; vgl. hierzu H. LEHMANN 1931 und F. SAUERWEIN 1968; Kap. 3.2.3.1).

In Mittelchile sind vergleichbare Entwicklungen nicht zu beobachten. Die nach wie vor große agrarische Bevölkerungsdichte und der zwar ausbaufähige, aber unbewegliche inländische Markt geben wenig Anlaß, sich umzustellen, und das Stimulans des Exports ist wegen der großen Entfernung vom Verbraucher wenig wirksam. Neuerungen finden trotz der Bodenreform in der festgefügten Agrargesellschaft erst nach langem Zögern Eingang.

Neben den innovativen Prozessen in Nutzpflanzengefüge und Anbautechnik, die auf die wachsende wirtschaftliche Verflechtung des Mittelmeerraums mit Europa verweisen, muß das Augenmerk auch auf den Wandel oder den Zerfall herkömmlicher *Betriebsformen* gelenkt werden. So dringt in die bevorzugten Bewässerungsgebiete der Ebenen mit groß- und mittelbetrieblicher Struktur, in denen ein naher oder ferner Markt den gesicherten Absatz verspricht, mehr und mehr das spekulative *Agrobusiness* mit neuen (Geld-)Pachtsystemen ein, an dem sich auch städtische Unternehmer beteiligen, wie es W.-D. HÜTTEROTH (1982, S. 331) für die „*optimalsten Agrargebiete(n) der* (türkischen) *Küstenebenen an Marmara, Ägäis und Mittelmeer*" schildert. Ein anderes Beispiel ist der Zerfall der mittelitalienischen Halbpacht (Mezzadria; vgl. E. SABELBERG 1975 a).

Hier sei auf die Veränderung der *Transhumance* eingegangen, die in ihrem traditionellen Aufbau Kap. 3.2.1.3 vorstellt. Der Bestand der Schafherden ist zwar unvermindert groß, z.T. hat er sogar zugenommen. Aber die strukturellen Merkmale haben sich gewandelt (vgl. U. SPRENGEL 1971; G. RINSCHEDE 1979). Durch die Aufgabe der Almwirtschaft und des Ackerbaus stehen z.B. in den französischen Alpen mehr Sommerweiden zur Verfügung als früher. Die Transhumance, die sich immer auf die Südabdachung der Alpen beschränkt hatte, greift heute auf die Hochtäler des Nordens und Nordostens aus, so daß sich die Herden länger im Gebirge aufhalten können. Umgekehrt ist die Situation bei den Winterweiden im Umkreis des Rhône-Deltas. Durch Bewässerungsprojekte hat der Ackerbau große Flächen hinzugewonnen und die winterlichen Weidegründe empfindlich eingeengt. Die Herden sind gezwungen, bei kürzeren Aufenthalten immer entferntere Standorte aufzusuchen. Nur ausnahmsweise stehen verbesserte Futterflächen, wie etwa in der Crau, bereit (A. PLETSCH 1978, S. 176). Diese Gewichtsverlagerung der Weidegründe

Landwirtschaft in der Neuen Welt 143

ist für den ganzen westlichen Mittelmeerraum kennzeichnend. Einschneidend hat sich auch die Art des Weidewechsels gewandelt. Die Wanderschäferei ist heute eine Seltenheit. Die alten Triftwege sind verfallen oder in das feldbaulich genutzte Land eingegliedert worden (U. SPRENGEL 1970). An die Stelle der Herdenwanderung ist der Transport des Viehs mit der Eisenbahn, vor allem aber mit dem Lastkraftwagen getreten. In den französischen Alpen werden bis zu 75% des über 400 000 Köpfe zählenden Schafbestandes (1970/71) auf den Straßen befördert. Naturgemäß ist die Arbeitsmarktsituation an der Transhumance nicht vorübergegangen. Es ist immer schwieriger geworden, Hirtenpersonal anzuwerben. Um so mehr gibt es heute neben den Lohn- und gedungenen Hirten herkömmlicher Prägung Eigentümerhirten, die kleine (Milchschaf-)Herden besitzen. Lohnhirten betreuen vornehmlich große Herden zur Fleisch- und Wollgewinnung. In diesem Zusammenhang haben sich die Betriebsformen der Schafhaltung differenziert (vgl. G. RINSCHEDE 1979 für Südfrankreich). Die Veränderungen sind teilweise so groß, daß andere Weidewirtschaftssysteme entstanden sind. Abgesehen von der Entwicklung der ortsfesten Schafhaltung (vgl. C.-C. LISS 1981 für Spanien), vermag man zumindest bei der Wanderschafhaltung durch Eigentümerhirten, die keinen festen Wohnsitz und kein Grundeigentum haben, nicht mehr von Transhumance zu sprechen. Im Sinne A. BEUERMANNS (1960, S. 280) sollte man den Begriff „Saisonnomadismus" verwenden.

3.2.4 Die moderne Landwirtschaft in der Neuen Welt

Die Landwirtschaft trifft in den neuweltlichen mediterranen Subtropen trotz der jahreszeitlichen Trockenheit und des Wassermangels auf günstigere Voraussetzungen als in der Alten Welt. Von den naturbedingten Vorteilen ist insbesondere die Weite und Größe tiefliegender Landschaften hervorzuheben. Uneingeschränkt positiv sind auch die kulturgeographischen Voraussetzungen (gewesen). Der Entwicklung stellten sich keine traditionellen Strukturen als Hemmnisse in den Weg. Da ein so gut wie unbesiedelter und unbewirtschafteter Raum erschlossen wurde, konnte von vornherein rational geplant werden. Wenn die zuerst urbargemachten Kerngebiete auch seit geraumer Zeit konsolidiert sind, ist in den spät angegliederten peripheren Gebieten die Auseinandersetzung mit der natürlichen Umwelt, die Suche nach der optimalen Landnutzung und dem maximalen Ertrag noch in vollem Gang. Die vom Pioniergeist des einzelnen getragene junge Kolonisation in den neuweltlichen Agrarräumen bildet den Wesensunterschied nicht allein zu den traditionellen, sondern auch zu den durch staatliche Förderprogramme neugestalteten Agrarlandschaften des Mittelmeerraumes.

Die Europäer fanden kein menschenleeres Land vor. Doch war die Zahl der Eingeborenen klein, die Aborigines besetzten mit Ausnahme Mittelchiles den Raum nicht flächenhaft. Überdies hatten sie primitive Wirtschaftsformen. In Kalifornien (Indianer) und Südwest- und Südaustralien (Australide) handelte es sich um jagende und sammelnde Völker. Als Steppenjäger standen auch die (Kap-)Buschleute Südafrikas auf der Wildbeuterstufe, während die (Kap-)Hottentotten Viehzüchter waren (beide Khoisanide). Wirtschaftlich am weitesten entwickelt hatten sich die ackerbautreibenden Indios in Mittelchile (Araukaner), die ihre Felder mit Mais, Bohnen und Kartoffeln bestellten.

Die europäischen Kolonisten mußten keine ernsthaften Schwierigkeiten überwinden. Auf zähen Widerstand trafen nur die Spanier bei der Eroberung Zentralchiles im 16. Jh. Er wurde bald gebrochen, die Indios wurden assimiliert (Mestizen) oder in den immerfeuchten Kleinen Süden abgedrängt, wo sie bis 1880 eigenständig blieben. In Kalifornien war die spanische Indianer-Mission entlang der pazifischen Küste im 18. Jh. auf keine größere Gegenwehr gestoßen. Im Kapland mischten sich die Hottentotten seit dem 17. Jh. mit den weißen Einwanderern so vollständig (Kapmischlinge), daß die reinrassigen Kapgruppen heute ausgestorben sind. Die verstreut lebenden Australiden zogen sich in das Innere des Kontinents zurück, als sich die Briten kurz vor der Jahrhundertwende von der Küste lösten und den Binnenraum erschlossen.

Die nach der Landnahme allmählich wachsenden überseeischen Kolonien versorgten sich anfangs selbst, ehe sie mit der zunehmenden Neulanderschließung und dem Ausbau des Handels auch die europäischen Mutterländer (und den Osten der USA) beliefern konnten. Diese wirtschaftliche Ergänzungsfunktion prägt ihre agrarische Produktion bis heute. Nur die chilenische Landwirtschaft ist hauptsächlich auf die Eigenversorgung gerichtet.

In der agrarischen Entwicklung der neuweltlichen mediterranen Subtropen treten nach X. DE PLANHOL/P. ROGNON (1970, S. 402 f.) zwei Phasen auf:

Das neugewonnene Land wurde in der ersten Phase ausnahmslos weidewirtschaftlich genutzt. In Kalifornien, Südwest- und Südaustralien sowie im Kapland entstanden von vornherein Familienbetriebe *(Ranches, Farmen)*, die sich vornehmlich zu kapitalintensiven Betrieben entwickelten. Im zwei Jahrhunderte früher eroberten Mittelchile war die Weidewirtschaft zunächst in das aus Spanien übertragene *Encomienda*-System mit Feudalstrukturen eingebunden. Aus ihm gingen später die überwie-

Agrarische Entwicklung

gend kapitalextensiv wirtschaftenden Vieh-Estancien (Latifundien) hervor (Kap. 3.2.2.1).

Die ackerbauliche Phase stützte sich überall auf den Getreidebau mit Weizen und wurde in Kalifornien, im Kapland und in Südwest- und Südaustralien in der zweiten Hälfte des 19. Jh. eingeleitet, als der aufblühende Bergbau mehrere Einwandererwellen auslöste und damit die Nachfrage nach agrarischen Erzeugnissen sprunghaft stieg. Durch den Weizenbedarf Perus begann sie in Mittelchile schon an der Wende zum 18. Jh. und zog hier den frühen Ausbau der Bewässerungswirtschaft nach.

Eine dritte Phase führt in die Gegenwart. Es ist jene des modernen Akkerbaus und der modernen Viehhaltung, die sich auf der Grundlage der expandierenden Bewässerung und einer vielfältigen Landnutzung im Laufe des 20. Jh. entwickelt haben. Teilweise gab die stärkere Bedienung des Binnenmarktes den Anstoß, als sich die Kolonien von den Mutterländern unabhängig machten (Kapland, Australien).

Dieses zeitliche Nacheinander äußert sich heute in einem räumlichen Nebeneinander. Das unterschiedliche Flächenverhältnis der Nutzweisen spiegelt dabei den jeweiligen Entwicklungsstand und die jeweilige Anpassungsfähigkeit der Landwirtschaft an die natürlichen Ressourcen wider. Da das von Spanien kolonisierte Mittelchile aus verschiedenen Gründen, die weniger den längeren Entwicklungszeitraum als die andere Agrarstruktur betreffen, nicht in den neuweltlichen Rahmen paßt, ist es im Zusammenhang mit dem Mittelmeerraum behandelt worden (Kap. 3.2.1.2 und 3.2.2). Die Agrarlandschaften Kaliforniens, des Kaplandes, Südwest- und Südaustraliens sind sich dagegen sehr ähnlich.

Sie haben eine relativ kurze Geschichte mit einer spontanen Entwicklung erlebt, die gelenkten Prozessen, wie der anfänglichen Landvermessung und -vergabe, übergeordnet ist. Die Landwirtschaft stützt sich auf die gleichen Anbaugewächse alt- und neuweltlicher Herkunft. Typisch ist die Reinkultur der Nutzpflanzen; die Polykultur, wie sie im Mittelmeerraum verbreitet ist, gibt es nicht. Allerdings stehen sich ebenso wie dort Trocken- und Bewässerungsfeldbau in einer jeweils anderen Relation gegenüber. Die (Groß-)Viehhaltung hat eine bedeutendere Stellung als in der Alten Welt. Schließlich herrscht die gleiche Grundform des landwirtschaftlichen Betriebs, im allgemeinen als Farm bezeichnet. Die *Farm* ist ein individuell geleiteter, auf den Markt orientierter Betrieb jeder Größe, zumeist großen Zuschnitts, der familieneigene und/oder -fremde Arbeitskräfte beschäftigt und einen hohen Spezialisierungs- und Technisierungsgrad besitzt.

3.2.4.1 Die industrialisierte Landwirtschaft Kaliforniens

In der Farmwirtschaft Kaliforniens findet sich die möglicherweise optimale Landnutzung und die rationellste Form des landwirtschaftlichen Betriebs in den mediterranen Subtropen. Nach dem *gold rush* von 1848 begann die flächenhafte *agrarische Erschließung* an der amerikanischen Westküste. Sie erstreckte sich zuerst auf die Umgebung der Bucht von San Francisco und – ausgehend vom Sutter-Fort in Sacramento – auf den mittleren Abschnitt des Längstals sowie die unmittelbare Umgebung der spanischen Missionsstationen an der kalifornischen Küste. Das übrige Land blieb ungenutzt. Noch um 1860 handelte es sich um eine extensive Weidewirtschaft mit Rindern und Schafen zur Erzeugung von Häuten, Fellen und Fleisch nach spanischem Vorbild. Bis um 1900 weitete sich das bewirtschaftete Areal beträchtlich nach Norden und Süden aus, so daß der größte Teil des Längstals bald Kulturland war. Gleichzeitig verdrängte der Getreidebau die Viehwirtschaft auf die Randgebiete des Central Valley und auf die Coast Ranges. Seitdem hat sich die Neulandgewinnung verlangsamt, weil sie in Gebiete vorstoßen muß, in denen allein Bewässerungswirtschaft möglich ist (z. B. Tulare-Becken, Salton Sea-Senke).

Die Monokultur des Weizens, der als unverderbliche Ware um das Kap Hoorn transportiert wurde, sicherte Kalifornien in der zweiten Hälfte des 19. Jh. solange eine führende Stellung, wie es keine Landverbindung zu den Oststaaten gab. Mit dem Bau der ersten Transkontinental-Bahn war sie unvermittelt dem Wettbewerb mit anderen Erzeugergebieten (z. B. den Great Plains) ausgesetzt. Spätestens um 1900 stellte sich die Landwirtschaft auf die vorrangige Produktion von Obst und Gemüse um, wobei die neuen Nutzpflanzen vermutlich von südeuropäischen Einwanderern eingeführt wurden (vgl. G. Pfeifer 1970, S. 277). Ebenso wie der Weizen die Viehwirtschaft überflügelt und sie auf periphere Standorte verwiesen hatte, errang nun der Sonderkulturbau die zentralen Anbaugebiete, so daß sich im Längstal drei *Nutzungszonen* unterschiedlicher Intensität entwickelten, die im Kern vom Obstbau, nach außen von der Weizenzone und der Zone der extensiven Viehhaltung geprägt waren (vgl. G. Pfeifer 1931). Von diesem Raummodell, das in seiner symmetrischen Anordnung im feuchteren Sacramento Valley noch durchschimmert, gibt es inzwischen manche Abweichungen.

So kennzeichnet das trockenere und später besiedelte San Joaquín Valley in Anpassung an den Fortgang der Bewässerung eine ausgesprochene Ost-West-Asymmetrie. Auf der Breite von Fresno schließt sich z. B. an die feuchte Flanke der Sierra Nevada mit den weidewirtschaftlich intensiv genutzten Foothills eine Zone der Baumkulturen (z. B. mit Zitrus, Oliven, Mandeln), durchsetzt vom Gemüsebau, an, auf die westwärts der Weinbau folgt. Dieses Gebiet mit Dauernutzungssystemen in Kleinfarmen wird

Bewässerungswirtschaft 147

in dem zuletzt erschlossenen Tulare-Becken von einer Zone der jahreszeitlichen Monokulturen (mit Baumwolle, Sonnenblumen und Getreide) auf großbetrieblicher Basis abgelöst, die an die extensiv bewirtschafteten Weideflächen der südlichen Coast Ranges grenzen.

Die Umstellung auf den Obst- und Gemüsebau wurde durch eine hervorragende *Bewässerungswirtschaft* möglich, die in der Tat die kalifornische Landwirtschaft völlig verändert hat. Wasserreserven sind reichlich vorhanden. Mehrere großartige Projekte, die heute ca. 180 in der Sierra Nevada und den Coast Ranges gelegene Stauseen umfassen, sichern die Wasserversorgung von Landwirtschaft und Ballungsgebieten (Kap. 2.2).

Im Rahmen des Central Valley Project ist Wasser aus der wasserreichen Region des Sacramento River (z. B. Shasta Lake) erschlossen und durch den Delta-Mendota-Kanal in das gewässerarme San Joaquín Valley geführt worden. Wichtigster Bestandteil des California State Water Project ist der Oroville Lake am Feather River, von dem das Wasser in dem 710 km langen California Aquaeduct über das Deltagebiet von Sacramento und San Joaquín River und mit einem Tunnel durch die Transverse Ranges bis in den Großraum Los Angeles geleitet wird. Der Kanal hat die älteren Systeme aus dem Owens Valley und vom Colorado River ergänzt und dient mehr der Versorgung der südkalifornischen Megapolis als Bewässerungszwecken (vgl. H. BLUME 1979, S. 132f.; DIERCKE Weltatlas, S. 150 III). In der außerhalb der Landschaftszone gelegenen Salton Sea-Senke hat die landwirtschaftliche Produktion erst mit der Bewässerung begonnen. Die Regionen Imperial Valley und Coachella werden seit 1901 bzw. 1910 über den All American- bzw. Coachella-Kanal vom Colorado River gespeist. Mit der Depression des Salton Sea ist hier zugleich ein natürlicher Vorfluter vorhanden, der das Drainage-Wasser aufnehmen kann und damit die Gefahr der Bodenversalzung herabsetzt. Im schlecht entwässerten südlichen Central Valley erweist sich die Versalzung der Böden dagegen bis heute als ein großes Problem.

Wegen des starken Bevölkerungswachstums, hervorgerufen durch die kaum gebrochene Zuwanderung, muß mit einem weiter steigenden Wasserbedarf gerechnet werden, so daß neue wasserbautechnische Maßnahmen unvermeidlich sein werden (s. Tab. 4). Hierfür werden z. B. die Meerwasserentsalzung und die Zuführung weit entfernter Wasservorräte aus Nordkanada und Alaska in Erwägung gezogen (North American Water and Power Alliance = NAWAPA-Projekt), obwohl sich damit schwerwiegende geoökologische und ökonomische Konsequenzen ergeben können (H. HAEFNER 1968; W. WEISS 1978; H. BLUME 1979, S. 132ff.).

Die Bewässerungsfläche umfaßt heute ca. 3,5 Mill. ha, d. h. ca. 90% der angebauten Fläche (C. F. COLE/A. H. JOHNSON 1967, S. 44). Der Trockenfeldbau spielt demnach keine Rolle (DIERCKE Weltatlas, S. 150 II

Tab. 4: *Der prognostizierte Wasserbedarf Kaliforniens in 1000 acre-feet (1 acre-foot = 1233,5 m^3) (nach W. WEISS 1978, S. 136)*

	1972	1990	2020
Städte	5 040	7 100	11 400
Landwirtschaft	31 700	37 900	41 900
Kraftwerke	38	390	1 100
Erholung	655	806	846
Summe ca.	37 400	46 200	55 300

und 151 III). Auf dieser Grundlage hat sich eine reiche Landwirtschaft entwickelt, für die zur Sicherung stetiger Ernteerträge der Einsatz wissenschaftlich-technologischer Erkenntnisse in allen Phasen des Produktionsablaufes selbstverständlich geworden ist. Ihre Kennzeichen sind *„eine außerordentlich hohe Kapitalintensität, eine kaum noch zu überbietende Mechanisierung, eine überaus differenzierte regionale Spezialisierung und eine wohlorganisierte Vermarktung"* sowie die große Anpassungsfähigkeit *„an die Bedürfnisse des lokalen, nationalen und internationalen Marktes"* (H. BLUME 1979, S. 138). Außerdem ist die Verarbeitung der landwirtschaftlichen Produkte an Ort und Stelle durch eine hochentwickelte Konservenindustrie, die den Erzeuger im Kontraktsystem bindet, ein anderes typisches Merkmal (R. J. CLAUS/F. DALICHOW 1971, S. 171).

Fast im gesamten Kalifornien ist das quadratische Flurmuster mit dem Einzelhof auf der geschlossenen Betriebsfläche maßgebend; an der Küste, vor allem in der Bay-Region, wo spanische Flureinteilungen zugrundeliegen, gibt es hiervon geringfügige Abweichungen (vgl. G. PFEIFER 1970). Den organisatorischen Kern der Landwirtschaft bildet die private Farm. Ihre mittlere Größe hat 1969 bei 186 ha gelegen (H. BLUME 1979, S. 138). Die Vorherrschaft der mittelgroßen und großen Farmen ist einmal durch die extensive Viehwirtschaft in spanischer Zeit und die Bildung sehr großen Gesellschaftseigentums (z. B. von Eisenbahn- und Erdölkompagnien) im 19. und 20. Jh., zum anderen durch die Raumeignung für hochwertige Sonderkulturen vorgezeichnet (S. BIRLE 1976, S. 76; R. STEINER 1982). Die Betriebe mit den größten Nutzflächen liegen vor allem im San Joaquín Valley. In seinem südwestlichen Teil erreichen die *large private landholdings* mehrere 1000 ha und werden grundsätzlich verpachtet (C. F. COLE/A. H. JOHNSON 1967, S. 44). Im übrigen handelt es sich um Eigentümerbetriebe.

In der Gegenwart wandelt sich das Betriebsgrößengefüge durch weitere Konzentrationsprozesse. *„Sinkende Reingewinne und steigende Produkti-*

onskosten fördern den Trend zum Großbetrieb" (C. F. COLE/A. H. JOHNSON 1967, S. 47). S. BIRLE (a. a. O.) hat für den gesamten Südwesten der USA festgestellt, daß die Formierung von Superbetrieben *„weniger durch ihre Flächengröße als durch ihre Kapitalausstattung bestimmt ist"*. Dabei handelt es sich um Fremdkapital von Unternehmen, die nicht primär in der Landwirtschaft tätig sind. Vielmehr sind es Farm- und Aktiengesellschaften nichtörtlicher Herkunft, die zum Sonderkulturbau neigen, weil dieser die besten Verzinsungsbedingungen bietet. Auf solche Weise wird der Familienbetrieb mehr und mehr durch das *industrial farming* verdrängt (C. F. COLE/A. H. JOHNSON a. a. O.).

Auch beim heute weitgehend automatisierten Produktionsablauf kommen die meisten Farmen ohne fremde Arbeitskräfte nicht aus. Die Zahl der Farmarbeiter schwankt jahreszeitlich beträchtlich, und die saisonale Wanderung von Arbeitskräften (Chicanos und Filipinos) ist eine regelmäßige Erscheinung in der kalifornischen Landwirtschaft.

Von den *Landwirtschaftsregionen* Kaliforniens entfallen 40% des Verkaufserlöses der agrarischen Produktion auf das San Joaquin Valley. Es folgen Südkalifornien (28%), das Sacramento Valley (11%) und das mittlere Küstengebiet zwischen der Bay von San Francisco und Pt. Conception. Im nördlichen Küstengebiet und im Gebirgsland ist die landwirtschaftliche Erzeugung sehr gering oder fehlt gänzlich (C. F. COLE/A. H. JOHNSON 1967, S. 45). Bei einer regionalen Differenzierung kann man in Anlehnung an H. F. GREGOR (1974; vgl. H. BLUME 1979, S. 138 ff.) die auf den Sonderkulturbau ausgerichteten, die ackerbaulichen und die viehwirtschaftlichen Betriebsformen unterscheiden. Die beiden ersten liegen im Bewässerungsland des Central Valley, im mittleren Küstengebiet und in Südkalifornien. Die viehwirtschaftlichen Betriebsformen, deren Flächen auch als künftige Ackerbaugebiete in Frage kommen, umfassen darüber hinaus das Trockenland der Coast Ranges und Foothills am Fuß der Sierra Nevada (Abb. 31).

Angepaßt an die mit der geographischen Breite wechselnden natürlichen Eignungsbedingungen hat der *Sonderkulturbau* mit Obst und Gemüse auf einer Gesamtfläche von ca. 1,5 Mill. ha eine große Spannweite. Im Norden, z. B. im Sacramento Valley, im Sonoma County nördlich von San Francisco und in den Tälern der südlichen Coast Ranges findet man die mitteleuropäischen und submediterranen Obstsorten. Hier sind – geordnet nach der Größe der Anbaufläche – Walnüsse, Pfirsiche, Zwetschgen und mit einigem Abstand, Birnen, Pflaumen, Aprikosen, Äpfel und Kirschen die wichtigsten Erzeugnisse. Sie haben jeweils charakteristische Verbreitungsgebiete mit einer mehr oder weniger großen Streuung, wobei Pfirsich- und Walnußbaum am weitesten nach Süden vordringen. Außer den Tafelfrüchten wird vor allem Trockenobst erzeugt.

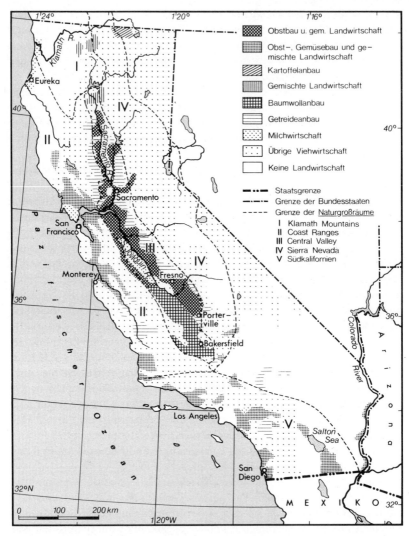

Abb. 31: *Die agrarische Landnutzung in Kalifornien (nach* H. F. GREGOR *1974,* H. BLUME *1979)*

Die „mediterranen" Dauernutzungsgewächse kennzeichnen das San Joaquín Valley und Südkalifornien. Die größte Verbreitung hat der Mandelbaum, der noch im nördlichen Sacramento Valley bis Chico gedeiht (1974 174 000 ha). Olivenkulturen sind zwar häufiger anzutreffen als in Mittelchile, bleiben im Anbauspektrum aber unauffällig (ca. 24 000 ha),

Sonderkulturbau 151

weil sie – anders als im Mittelmeerraum – mit weiteren Fettlieferanten (Milchvieh, Sonnenblumen usw.) konkurrieren müssen. Ein Schwerpunkt liegt z. B. im südöstlichen San Joaquín Valley bei Porterville. Die Zitruskulturen (ca. 184 000 ha), die selbst in Südkalifornien mit Frostschutzöfen und -ventilatoren ausgestattet sind, überflügeln die Mandelbaumfläche. Den klimatischen Verhältnissen entsprechend dominieren im Längstal um Porterville-Fresno die Navel-Orangen, im heißen Coachella Valley die wärmeliebenden Pampelmusen und im milden Küstengebiet Südkaliforniens die frostempfindlichen Zitronen und Valencia-Orangen. Im Coachella Valley wechseln die Grape fruit-Pflanzungen mit Hainen aus Dattelpalmen. In den Küsten-Counties sind mit den Agrumen auch Avocados vergesellschaftet.

Zwischen Norden und Süden vermittelt der Weinbau, der mit ca. 450 000 ha die größte Fläche im Sonderkulturbau bedeckt. Vom kühleren Napatal, der Weinbaulandschaft in der Nähe der nordkalifornischen Metropole, wo herbere „Qualitätsweine" kultiviert werden, hat sich die Weintraube hauptsächlich ins südliche Längstal ausgebreitet. Im kontinentalen Beckenklima um Fresno liegt der Erzeugungsschwerpunkt für Süßweine, Tafeltrauben und Rosinen.

Der Gemüsebau mit mindestens 0,5 Mill. ha hält sich an die südlichen Coast Ranges, insbesondere an das Salinastal (Salat, Erdbeeren, Broccoli), das Sacramento/S. Joaquín-Delta (Spargel; vgl. F. BARTZ 1952), das Sacramento Valley (Tomaten) und die Salton Sea-Senke (z. B. Spargel, Salat). Einzelne Gemüsesorten haben bestimmte Anbaugebiete, andere sind verstreut (H. BLUME 1979, S. 142). S. BIRLE (1976, S. 70ff.) unterscheidet die ortsfeste Form des Gemüsebaus mit einer breiten Palette von Sorten, die mobile Form mit spezialisiertem Anbau und kombinierte Formen. Typisch für die mobile Form ist die überregionale Betriebsstruktur. Die Einzelbetriebe unterhalten Anbauflächen, die über die klimatisch verschiedenen Erzeugungsgebiete verteilt sind, um mit einer laufenden Ernte das Angebot auf dem Markt über einen langen Zeitraum ausdehnen zu können.

Wegen der zunehmenden Überbauung verlagert sich der stadtnahe Sonderkulturbau in der jüngsten Vergangenheit immer mehr aus der Küstennähe in das (südliche) Längstal. Dies gilt insbesondere für das Santa Clara-Tal, wo Obst- und Gemüsebau auf besten Böden dem raschen Wachstum des Verdichtungsraumes der Bay Area (hier San José) haben weichen müssen.

Die *ackerbaulichen Betriebsformen* stützen sich auf die Kultur von Baumwolle, Gerste, Weizen, Reis, Körnermais, Zuckerrüben und – mit einigem Abstand – von Leguminosen (Bohnen, Erbsen) und Sonnenblumen. Die natürlichen Raumbedingungen dieser Feldfrüchte treten nicht so deutlich hervor wie beim Sonderkulturbau. Der Weizen hat z. B. keinen eindeutigen Schwerpunkt, während der Gersteanbau des mittleren San Joaquín-Tals im Dienste der Viehwirtschaft steht. Dagegen findet sich der Naßreisbau ausschließlich im wasserreichen Sacramento Valley mit dem Zentrum Yuba City, die Baumwollkultur im trockenen südlichen San Joaquín Valley, wo im Tulare-Becken die Neulandgewinnung noch nicht abgeschlossen ist. Beide Anbaugebiete fallen nicht nur durch ihre öde Gleichförmigkeit und die weithin sichtbaren Verarbeitungsbetriebe (Baumwollfabriken, Reismühlen usw.), sondern auch durch die vollkommene Technisierung der Produktion auf. So werden Aussaat, Düngung, Schädlings- und Unkrautbekämpfung vom Flugzeug aus durchgeführt (vgl. H. BLUME 1979, S. 140). Die Zuckerrübe wird im Central Valley und im Imperial Valley, der Körnermais im mittleren Längstal angebaut.

Sowohl nach der Fläche als auch nach dem Produktionswert steht die *Viehwirtschaft* an erster Stelle der kalifornischen Landwirtschaft. Als ältester Zweig beherrscht sie auch heute die Physiognomie der Agrarlandschaft (Kap. 3.2.1.3). Freilich hat sie sich längst von der extensiven Wirtschaftsweise gelöst. Die Rinderwirtschaft mit ca. 5,6 Mill. Stück, die hauptsächlich von reinen Viehbetrieben unterhalten wird, ist ziemlich gleichmäßig verteilt; allein über das Betriebsziel ergibt sich eine räumliche Bindung. Die bei weitem vorherrschenden Aufzuchtbetriebe und solche mit gemischter Tierhaltung (ca. 15 000 Farmen) kennzeichnen die Coast Ranges, die Flanken des mittleren und nördlichen Central Valley und das Imperial Valley, während die ca. 4500 milchwirtschaftlichen Farmen in der Nähe der großen Ballungszentren liegen und in das San Joaquín-Tal ausgreifen. Für die stadtnahen südkalifornischen Milchbetriebe ist typisch, daß sie bei einem Viehstapel von mehreren 100 Stück keine agrarischen Nutzflächen besitzen (*drylot dairies;* H. BLUME 1979, S. 140). Mit der Rinderhaltung ist der ausgedehnte Futterbau (Alfalfa), der durch Importe ergänzt werden muß, verbunden. Die Schafhaltung zur Fleisch- und Wollgewinnung (ca. 2 Mill. Stück) tritt demgegenüber zurück. Von wachsender Bedeutung sind die Hühnerfarmen, die sich ebenfalls in der Nähe der Ballungsgebiete häufen (alle Zahlenangaben nach *Atlas of Calif.* 1979, S. 69–71).

Die kurze Schilderung der kalifornischen Landwirtschaft zeigt, welche Nutzungs- und Entwicklungsmöglichkeiten in den mediterranen Subtropen beim Einsatz aller dem Menschen verfügbaren Mittel bestehen. Trotz der ähnlichen natürlichen Grundlage und der ähnlichen Agrarstruktur weichen die kapländische und die südwest- und südaustralische Landwirtschaft von diesem Beispiel ab.

3.2.4.2 Die gemischte Landwirtschaft im südafrikanischen Kapland

Obwohl das Kapland das führende Obst- und Weinbaugebiet der Republik Südafrika ist und ebenso wie Kalifornien für den Binnenmarkt und den Export produziert, ist es um einige Größenordnungen kleiner als das amerikanische Erzeugungsgebiet. Vor allem aber sind die Bewässerungsgebiete des Kaplandes nicht nur absolut, sondern auch relativ viel weniger ausgedehnt als in Kalifornien; denn Trockenfeldbau und Weidenutzung überwiegen. Es handelt sich um Bewässerungsinseln in Tälern und Becken, welche die vom Relief vorgezeichneten Flußläufe als schmale Streifen begleiten. Zwei westöstlich ziehende Zonen intensiv bewirtschafteten Landes (Breede Rivier, Kleine Karru) stehen einer nordsüdlich verlaufenden Zone (Olifants Rivier) gegenüber, die sich in den Hex Rivier- und Drakensteinbergen berühren. Küstenwärts von ihnen herrscht das flächenhafte Trockenland (Swartland, Ruens), in dem sich – entsprechend der Bodengüte – Gebiete der Viehhaltung, der Getreide-Weidewirtschaft und des überwiegenden Getreidebaus ablösen. Binnenwärts schließt sich das Weideland von Großer und Oberer Karru an, die außerhalb dieser Landschaftszone liegen (Abb. 32; vgl. Abb. 13).

Das andere Flächenverhältnis von Bewässerungs- und Trockenland spiegelt sich in anderen Betriebsformen wider, deren *„Ursache ... nicht in den widrigen Naturbedingungen allein, sondern in gleichem Maße auch in der historischen Entwicklung"* liegt (T. MOLTER 1966, S. 218).

Sogleich nach der Inbesitznahme (1652) begannen die niederländischen und niederdeutschen Siedler (Buren) an den Hängen des Tafelberges bei Kapstadt mit dem Anbau von Wein, Gemüse, Weizen und Tabak und sicherten als Versorgungsstützpunkt den Seeweg nach Indien. Um 1680 griffen sie über die unwegsamen Cape Flats zum Kapgebirge (Kogelberg, Drakensteinberge) aus. 1688 übertrugen südfranzösische Hugenotten, die in mehreren Schüben bis 1800 einwanderten, die Nutzpflanzen des Mittelmeerraums in das Kapland. Als erfahrene Bewässerungsbauern entwickelten sie mit Wein-, Obst- und Getreidebau eine vielseitige Landwirtschaft in den relativ feuchten südwestlichen Kapketten, aus welcher der heutige Spezialweinbau (Kapwein) im Gebiet von Stellenbosch, Paarl, Franschhoek und Wellington hervorgegangen ist. Mit der einseitigen und extensiv ausgerichteten Rinder- und Wollschafhaltung erschlossen die Buren im Laufe des 18. Jh. das so gut wie leere Binnenland. Die Briten verstärkten diese Bewegung und lösten 1835 die endgültige Abwanderung der burischen Viehzüchter (Großer Trek) aus, die in günstigen Gebieten einen bescheidenen Trockenfeldbau (Weizen, Luzerne) für den Eigenbedarf und nur hier und dort Bewässerungsfeldbau betrieben (T. MOLTER 1966, S. 130 ff.; vgl. H.-G. STEINBERG 1982). Mit den Diamanten- und Goldfunden von Kimberley und am Witwatersrand, die in Südafrika

154 *Landnutzung*

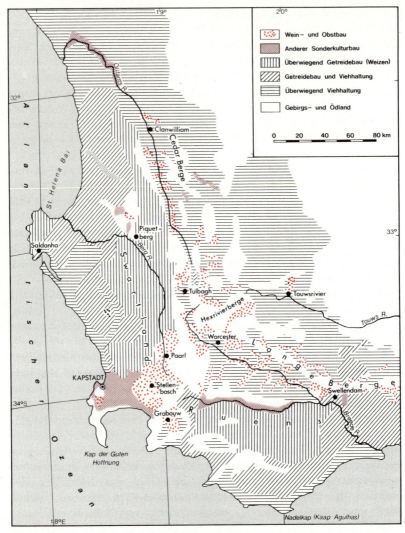

Abb. 32: Die agrarische Landnutzung im südafrikanischen Kapland (nach T. MOL-
TER *1966)*

ebenso wie in Kalifornien durch Masseneinwanderung eine erhöhte
Nachfrage nach agrarischen Gütern bedeuteten, entfaltete sich in der
zweiten Hälfte des 19. Jh. (1860/70) die moderne, marktorientierte Landwirtschaft. Auch im Kapland erwies sich die Erschließung von Bewässe-
rungswasser als wichtigste Voraussetzung des Nutzungswandels im trok-

kenen Binnenland, wobei Hugenotten-Nachfolger wesentlich beteiligt waren (T. MOLTER 1966, S. 219). Mit Stauwehren, -becken, -teichen (Tanks), Brunnen und Pumpen beschafften sich die Farmer das Wasser selbst. Wegen der verstreuten Lage der Bewässerungsgebiete spielen auch heute die gemeinschaftlichen Projekte für die Wasserbeschaffung keine Rolle (vgl. D. HAFEMANN 1943; K. KAYSER 1970).

Zwar gibt es einerseits Bewässerungsfarmen, deren Bewässerungsland mehr als 20% der Betriebsfläche umfaßt oder mehr als 50% des betrieblichen Nettoeinkommens abwirft. In viel stärkerem Maße erreichen die landwirtschaftlichen Betriebe diese Grenzwerte jedoch nicht. In solchen Farmen dient der Bewässerungsfeldbau *„der Ergänzung des Regenfeldbaus und der stabilisierenden Unterstützung der Viehwirtschaft"* (mit Schafen, Rindern und Straußen) und entspricht der konservativen burischen Wirtschaftsmentalität (T. MOLTER 1966, S. 221). Anders als in Kalifornien ist im Kapland somit die gemischtwirtschaftliche *Betriebsstruktur,* in der die Viehhaltung dominiert, maßgebend. Die Bewässerungsfläche ist – sowohl bei den Familienkleinfarmen als auch bei mittleren und großen Farmen, die z. T. 1000 ha und mehr umfassen – stets klein und selten einmal größer als 20 ha. Wenn auch der Bewässerungsfeldbau bei manchen Farmen den größten Teil des Betriebseinkommens stellt, so wird er selbst in den Obst- und Weinbaugebieten von Luzerne-, Mais- und Weizenfeldern und Weiden durchsetzt. Dieser bunte Wechsel gilt genau so für die Kleinfarmgebiete der Kapmischlinge, die durch Landerwerb auf Missionsstationen entstanden sind. Als spezialisierte Sonderkulturbetriebe können nur die im Mittel ca. 15 ha großen Weingüter in den südwestlichen Kapketten gelten. Hier erinnert der kleine, z. T. unregelmäßige Zuschnitt der Parzellen ab und zu an den engräumigen mittelmeerischen Gartenbau, dessen Dichte und Intensität er freilich nirgends erreicht. Es fehlt aber auch das großzügige Quadratmuster Kaliforniens.

Die Skala der Anbaufrüchte im *Bewässerungsfeldbau* ist schmaler als in Kalifornien. Unter den Dauerkulturen steht der Rebbau an erster Stelle. Er bedeckt vor allem die Täler des Große Berg, Breede und Hex Rivier, die Becken von Tulbagh und Ceres sowie Teile der Kleinen Karru. Im Gegensatz zum alten, unbewässerten Weinbaugebiet in den südwestlichen Kapketten, das gefragte Tischweine erzeugt, steht in den heißen Binnenräumen die Gewinnung von Dessert- und Branntweinen, von Tafeltrauben und Rosinen im Vordergrund. Der wenig bedeutsame Anbau von Zitrusfrüchten (Orangen), ursprünglich im Gebiet von Swellendam-Montagu-Barrydale beheimatet, hat sich in das Tal des Olifants Riviers (Citrusdal, Clanwilliam, Klaver) verlagert. Großflächige Öl-, Mandel- und Nußbaumhaine gibt es nicht; von den submediterranen und mitteleuropäischen Obstsorten haben allein die Äpfel wirtschaftliches Gewicht (Gebiet von Grabouw). In das Hinterland von Kapstadt ist der aus den wechselfeuchten Tropen Südamerikas stammende Guava-Baum *(Psidium guayava)* eingezogen (B. WIESE 1971, S. 138). Den Gemüseanbau beherrscht die Tomate.

Die *Entwicklungstendenzen* der kapländischen Landwirtschaft, die sich fast ausschließlich in den Händen weißer Farmer befindet, decken sich mit jenen Kaliforniens. Die Farmen, auf denen seit dem 17. Jh. billige Arbeitskräfte aus West- und Ostafrika, Madagaskar und Südasien beschäftigt waren, welche später von den Kapmischlingen abgelöst wurden, sind durch die Landflucht zu einer immer stärkeren Technisierung gezwungen gewesen und kennen heute wie in anderen Gebieten kapitalintensiver Landwirtschaft die wartungsarme Berieselung der Kulturen, die maschinelle Ernte und ähnliches. Für die Arbeitsspitzen müssen Bantu-Neger aus den entfernten Homelands oder aus dem Ausland angeworben werden, die sich als Wanderarbeiter verdingen und neben dem kleinen Stammpersonal vorübergehend angestellt werden. Deutlich zeichnet sich auch im Kapland der Trend zum Großbetrieb ab; zugleich wächst die Bewässerungsfläche auf Kosten des Trockenlandes. Wenn auch der Großbetrieb nach den traditionellen Autarkie-Vorstellungen auf mehreren Betriebszweigen aufbaut (z. B. Obstbau und Fleischrinderhaltung), wirtschaftet er doch marktorientiert. Da die Vermarktung der Produkte wie in Kalifornien gut geregelt ist und die Wein- und Obsterzeuger eigene Absatzorganisationen unterhalten, hat der gewinnträchtige Export nach Westeuropa großen Auftrieb erfahren. Vorteilhaft wirkt sich vor allem die jahreszeitliche Verschiebung der Haupterntezeiten (Winter, Frühjahr) aus. Den höchsten Erlös wirft derzeit die Tafeltrauben-Produktion ab (nach E. KLIMM u. a. 1980, S. 60ff., S. 76f.).

3.2.4.3 Die exportorientierte Landwirtschaft Südwestaustraliens
Die mediterranen Subtropen Australiens verfügen wie Kalifornien über einen flächenhaften Agrarraum, der jenem an Größe gleichkommt. In der Landnutzung ähnelt er freilich dem Kapland. Noch mehr als dort beherrschen Trockenfeldbau und ortsfeste Viehhaltung die Landwirtschaft. Der Bewässerungsfeldbau ist die Ausnahme und besetzt sehr kleine Flächen. Diese ziemlich einseitige Ausrichtung mag mit der späten Erschließung und den begrenzten Wasservorräten zusammenhängen; denn eine dem konservativen Wirtschaftsgeist der Buren entsprechende Einstellung gehört nicht zu den Eigenschaften der vornehmlich von den Britischen Inseln stammenden Einwanderer. Indessen spielen auch der geringe inländische Bedarf und die daraus stammende Abhängigkeit vom Export eine wesentliche Rolle für das Zurücktreten arbeitsaufwendiger Kulturen.

Agrarische Landnahme 157

Nach frühen Ansätzen in Albany (1826) und Perth (1829) folgte die *agrarische Landnahme* in Südwestaustralien bis um 1900 den Bahnlinien zwischen Perth, Geraldton und Albany (Avon-Tal). Die Landwirtschaft mit Getreide, Kartoffeln und Viehhaltung diente der Selbstversorgung. Erst nach den Goldfunden im Kalgoorlie-Boulder-Distrikt (1892/93) expandierte sie ins Hinterland. Sie orientierte sich mit Getreide-, Fleisch- und Wollproduktion sogleich am Weltmarkt und behauptet seit dem Rückgang des Goldbergbaus (1903) die führende Stellung im Wirtschaftsleben des westaustralischen Staates, der durch Bergbau und Industrialisierung erst in der Gegenwart seine Wirtschaftskraft zu steigern versucht (J. DAHLKE 1973, S. 8 ff.; 1975).

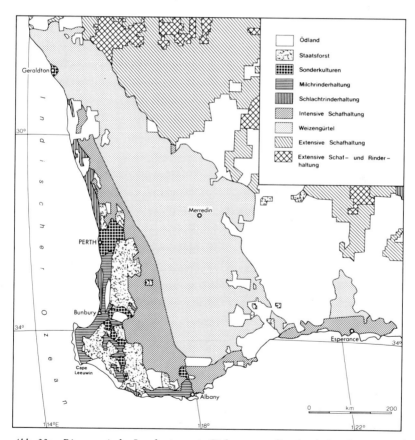

Abb. 33: Die agrarische Landnutzung in Südwestaustralien *(nach Land use map of W. A. 1970,* J. DAHLKE *1975).*

Das agrarische Gefüge Südwestaustraliens, das durch seine isolierte Lage im australischen Staatsgebiet eine gewisse Eigenständigkeit besitzt, ist ähnlich wie in Südaustralien aufgebaut. Im Dreieck Geraldton-Cape Leeuwin-Albany ordnen sich von außen nach innen mehrere *Landnutzungszonen* an, die sich in Anpassung an die von Südwest nach Nordost zunehmende jahreszeitliche Trockenheit und die in gleicher Richtung wachsenden Transportkosten herausgebildet haben (nach *Atlas of Austr. Res.*, vgl. J. DAHLKE 1975, D. MURRAY 1979, F. H. BURVILL 1979 und P. SCOTT 1981; Abb. 33, vgl. Abb. 21).

1. An der Küste liegt die intensivst genutzte Zone; sie ist vor allem auf den nahen Markt Perth ausgerichtet, wo 71% der 1,3 Mill. E. Westaustraliens konzentriert sind (1981). Sie setzt sich aus einer viehwirtschaftlichen Teilzone mit Mastrinder- und Milchviehhaltung und einer forstwirtschaftlichen Teilzone in den Karri- und Jarrahwäldern (Kap. 2.4.2) zusammen, die vom Sonderkulturbau fleckenhaft durchsetzt werden. Der überwiegend von Südeuropäern (Italienern, Jugoslawen) in Kleinbetrieben getragene Sonderkulturbau mit Wein, Obst, Agrumen und Gemüse besitzt seinen Schwerpunkt im Weichbild von Perth, wo er am Westabfall der Darling Range und in der Küstenebene (mit dem Swan Valley) teilweise bewässert wird und durch die ausufernde Hauptstadt und hohe Produktionskosten laufend Flächen verliert (J. DAHLKE 1975, S. 139 ff.). Ohne Bewässerung kommen die auf bestimmte Anbaufrüchte spezialisierten Sonderkulturbau-Inseln des feuchten Südens aus. Bedeutsam ist hier die Produktion von Äpfeln (der Sorte *Granny Smith*) und Frühkartoffeln auf gemischtwirtschaftlichen Farmen mittlerer Größe im Gebiet von Manjimup, Donnybrook, Bridgetown und Mt. Barker (J. GENTILLI 1941; S. WADHAM u. a. 1964, passim; G. TAYLOR 1966, S. 298 ff., Fig. 97; K. ROTHER 1984).

2. Ostwärts schließt sich eine Zone intensiver Schafhaltung zur Woll- und Fleischgewinnung an, die südlich Geraldton beginnt, dem Avon-Tal bis Albany folgt und über Esperance hinausreicht. Im trockenen Norden ist sie mit dem Weizenanbau verknüpft.

3. Östlich des Avon-Tales beginnt der eigentliche Weizengürtel, der bis zur agronomischen Trockengrenze an der 300 mm-Jahresisohyete vorstößt und den westlichsten Teil des australischen *wheat belt* darstellt. Nach Fläche und Ertrag ist er die größte und wirtschaftlich wichtigste Landnutzungszone Südwestaustraliens.

J. DAHLKE (1973) unterscheidet in der Entwicklung vier Phasen:

Die Erschließungsphase von der Jahrhundertwende bis 1918 mit der Landgewinnung durch Rodung und dem Aufbau der Weizenmonokultur,

die sich auf den relativ feuchten Landstreifen unmittelbar östlich des Avon-Tals beschränkte;
- die Entwicklungsphase von 1919 bis 1930, die durch Siedlungsverdichtung im erschlossenen Raum und durch die inselhafte Siedlungsausbreitung auf den „besten" Böden mittels verbesserter Farmtechnik gekennzeichnet war;
- die Krise von 1931 bis 1945, die durch die weltwirtschaftliche Situation und eine falsche Bewertung des Klimas und der Bodengüte hervorgerufen wurde;
- die Phase der beträchtlichen Ausweitung des Weizenanbaus in das Landesinnere seit 1945 (bis 1968). Sie wurde durch umwälzende Neuerungen der Farmtechnik, wie Sorten-Neuzüchtung, den Einsatz von Spurenelementen im Dünger und neuen Düngemethoden, ausgelöst, so daß die bis dahin als steril geltenden Sandböden brauchbare Weizenböden wurden. Gleichzeitig gelang es, in den feuchten westlichen Teilen des Weizengürtels den bodenfrüchtigen Erdklee *(Trifolium subterraneum)* aus dem Mittelmeerraum, der die Sommertrockenheit zu überdauern vermag, heimisch zu machen. Er verbessert den Nährstoffgehalt des Bodens und erlaubt die sommerliche Schafhaltung, die als zusätzlicher Betriebszweig aufgenommen wurde.

Dem Weizengürtel liegt die auf arrondiertem Eigentum fußende Familienfarm zugrunde, deren Größe mit dem Vordringen in klimatisch und edaphisch ungünstige Gebiete von durchschnittlich 400 auf 1200–1600, maximal auf 2000 ha angewachsen ist. Die Zunahme der mittleren Farmgröße von 670 ha (1943/44) auf 826 ha (1964/65) im gesamten Südwestaustralien führt J. DAHLKE (1973, S. 218 f.) allerdings nicht nur auf die Neuschaffung von Betrieben im Bereich des „kritischen Grenzgürtels" zurück. Für sie sei ebenso die ökonomisch motivierte Konzentrationsbewegung verantwortlich gewesen, wie sie für Kalifornien und das Kapland gilt. Obwohl der Wert bis 1978/79 auf 1324 ha gestiegen ist, formieren sich die Farmen aber nicht zu Superbetrieben wie in Kalifornien. Es fehlt auch der hohe Technisierungsgrad und die extreme Spezialisierung der amerikanischen Farmwirtschaft. Die Farmen, die in mehr oder weniger großen Abständen zueinander liegen und deren Wirtschaftsflächen wie in Kalifornien rechteckig begrenzt sind, haben heute (wie in Zone 2) zum großen Teil eine gemischtwirtschaftliche Struktur und betreiben den Trockenfeldbau mit Weizen – gelegentlich mit Hafer, selten mit Gerste – und die stehende Schafhaltung gleichrangig. Die südwestaustralische „Weizen-Schaf-Farm" ähnelt deshalb eher der kapländischen Farm. Je mehr man sich der heute stagnierenden Pionierfront an der agronomischen Trockengrenze nähert, desto ausschließlicher wird indessen der Weizenanbau und desto geringer und ungewisser sein Ertrag. Bis zu diesen äußersten Vorposten der agrarischen Dauersiedlung sind die betriebliche Wasserversorgung und ein geeigneter Verkehrsanschluß die wichtigsten Voraussetzungen für die weltmarktorientierte Landwirtschaft, deren Erzeugung (Weizen, Wolle, Fleisch und Lebendvieh) über die Häfen Geraldton, Perth-Fremantle, Bunbury, Albany und Esperance vorwiegend in Ost- und Südostasien, den arabischen Staaten und Europa abgesetzt wird.

4. Jenseits der agronomischen Trockengrenze und damit außerhalb des Mittelmeerklimas schließt sich im Mulga Scrub die extensive weidewirtschaftliche Zone der Wollschaf- und Fleischrinderhaltung an, die in die ungenutzte inneraustralische Grassteppe überleitet.

Auch in *Südaustralien,* wo die agrarische Landnahme fast gleichzeitig begonnen hat, überwiegen der Weizenanbau und die Schafhaltung (vgl. M. WILLIAMS 1974). Hier ist der Ackerbau ebenfalls bis zur klimatisch möglichen Grenze vorgedrungen. Landreserven haben jüngst noch in der Ninety Miles Desert südlich des unteren Murray bestanden, wo im Rahmen des Kriegssiedlerwerkes der fünfziger Jahre Land auf salzhaltigem Untergrund urbar gemacht worden ist (K. FRENZEL 1957, S. 42). Anders als im Südwesten weitete sich das agrarische Nutzland somit zuletzt nicht mehr an der äußeren Grenze der Landschaftszone aus, sondern es nahm die schlechteren Böden diesseits von ihr in Besitz.

Ähnlich wie bei Perth hat sich um Adelaide eine stadtnahe Mastrinder- und Milchwirtschaftszone entwickelt. Nationale Bedeutung kommt dem *Weinbau* in den Adelaide Foothills und in der Mt. Lofty Range zu. Mit diesem unbewässerten Rebbau, den deutsche Kolonisten aus Schlesien 1838 in den Southern Vales bei Adelaide aufgenommen haben, und dem bewässerten Rebbau am unteren Murray[9] ist Südaustralien noch vor Victoria der erste Weinproduzent Australiens (S. V. GNIELINSKI 1976). Es werden sowohl billige Massenweine als auch qualitativ wertvolle Wermut-, Dessert- und Branntweine, außerdem Tafeltrauben und Trockenfrüchte erzeugt. Die Winzer des Weinlandes um Adelaide, aus dem das Barossa Valley am bekanntesten ist, unterhalten *mixed farms,* die den Reben etwa ein Fünftel ihrer Betriebsfläche (9–18 ha) überlassen. Zudem gibt es Teilzeit-Weingärtner, deren mittlere Betriebsgröße von 2,5 ha jener der Vollerwerbs-Winzer im westlichen Deutschland entspricht (D. L. SMITH 1970, S. 111 f.).

---

[9] Das durch südeuropäische Einwanderer entstandene Bewässerungsland am unteren Murray liegt außerhalb der mediterranen Subtropen (vgl. K. FRENZEL 1956).

3.2.5 Die künftigen Entwicklungsmöglichkeiten im Agrarraum

Die Ausführungen über den Agrarraum haben gezeigt, daß die Nutzung des Naturpotentials der mediterranen Subtropen durch die Landwirtschaft vielfältig ist. Trotz jahreszeitlicher Trockenheit und verheerender Landschaftszerstörung sind Anpassungsformen entstanden, welche die verbliebenen naturgegebenen Grundlagen je nach dem Entwicklungsalter des Raumes, dem Vermögen und den Bedürfnissen der sie tragenden Bevölkerungsschichten mehr oder weniger ausschöpfen, so daß die Landschaftszone agrarische Produkte zu liefern vermag, die über den Eigenbedarf hinaus auch weltwirtschaftliche Bedeutung erlangen. Insbesondere der ertragreiche und gewinnbringende Sonderkulturbau im Bewässerungsland, den viele Betriebe aller Größen und in allen Teilräumen seit langem kennen, aufgenommen haben oder anstreben, erzeugt die zonentypischen Güter des Obst- und Weinbaus einschließlich der Zitruskulturen (Südfrüchte), der übrigen Dauernutzung (Oliven, Mandeln, Nüsse) und des Wechselfeldbaus (mit verschiedenen Gemüsesorten). Weniger zonentypisch, aber von Belang sind der Getreide- (Weizen, Reis) und Hackfruchtbau (Baumwolle, Zuckerrüben usw.) und nicht zuletzt die Groß- und Kleinviehhaltung mit der Fleisch-, Milch- und Wollgewinnung.

Gewiß hat die Landschaftszone mit diesen verarbeitet oder frisch abgesetzten Produkten einen festen Platz auf dem Weltmarkt erobert. Doch ist die weltwirtschaftliche Verflechtung der einzelnen Erzeugergebiete verschieden. Von der überwiegenden Selbstversorgung mancher Mittelmeerlandschaften und Mittelchiles, der gleichgewichtigen Bedienung des Binnen- und Weltmarktes durch den Mittelmerraum, Kaliforniens und das Kapland bis zur überwiegenden Exportorientierung Südwest- und Südaustraliens, ergibt sich eine ziemliche Spannweite. Von der Kolonialstruktur vorgezeichnet sind die neuweltlichen Teilräume – zumal jene der Südhalbkugel durch den saisonalen Vorteil – in der Hauptsache agrarwirtschaftliche Ergänzungsräume der kühlgemäßigten Breiten. Folglich exportieren sie einerseits nach Europa und/oder in die USA, andererseits decken sie den Bedarf des eigenen Landes, das sich jeweils über verschiedene Landschaftszonen ausdehnt. Von jeher hat sich auch die Landwirtschaft des Mittelmeerraums in starkem Maße auf den Verbraucher im Norden eingestellt.

Aus der in den letzten Jahrzehnten rasch gestiegenen Nachfrage – sowohl in den Ballungsgebieten der Erzeugerländer als auch in den kühlgemäßigten Breiten – erwächst die Aufgabe, die künftigen Entwicklungsmöglichkeiten der Landwirtschaft in den mediterranen Subtropen abzutasten. Dieses Problem rückt um so mehr in den Mittelpunkt, als die Bevölkerung der Landschaftszone in allen Kontinenten durch natürliches

Wachstum oder Wanderungsgewinne in der jüngsten Vergangenheit kräftig zugenommen hat. Es erhebt sich die Frage, ob eine Steigerung der agrarischen Produktion noch erzielt werden kann, durch die zugleich mehr Menschen Arbeit finden. Bei nüchterner Abwägung muß man diese Frage bejahen. Auch wenn bei einer Beurteilung von Raum zu Raum und von Land zu Land unterschiedliche Gesichtspunkte berücksichtigt werden müssen, sind doch einige allgemeine Aussagen möglich.

1. Für die Teilräume mit traditionellen Strukturen, für große Gebiete des Mittelmeerraums und für Mittelchile, ist eine unausweichliche Voraussetzung für jegliche sinnvolle Investition in der Landwirtschaft die Beseitigung der überkommenen Eigentums- und Pachtstrukturen. Durch Agrarreformen ist sehr viel getan worden, und manche spontanen Prozesse haben die Erneuerung selbst in den abgelegensten Räumen eingeleitet. Noch immer ist aber die entwicklungshemmende Latifundienwirtschaft nicht verschwunden, und noch immer hat das unrentable Minifundium ein regionales Gewicht. Ohne weitere, zweifellos teure Reformen, die nicht nur die endgültige Aufhebung des übergroßen Grundeigentums, sondern auch die weitaus schwierigere Flurbereinigung im Gebiet des zersplitterten Kleineigentums als wichtigste Aufgabe erkennen müssen, kann die vielerorts auf Selbstversorgung abgestellte Wirtschaftsweise nicht überwunden werden.

2. Sieht man von dieser Grundvoraussetzung für die Entwicklung und Festigung der modernen Landwirtschaft ab, so kommt der Ausweitung des Kulturlandes durch Neulandgewinnung zentrale Bedeutung zu. In diesem Zusammenhang sind einmal die Erschließungsarbeiten an der Pioniergrenze zu den Steppen in den jung kolonisierten Räumen der Neuen Welt gemeint. Zum anderen stehen im Mittelmeerraum, in Mittelchile und in Australien innerhalb der Landschaftszone noch Flächen zur Verfügung, die durch diverse Meliorationen in den Agrarraum eingegliedert werden könnten. Genauso wie die Mittelmeerländer durch Kolonisationsprogramme den Weg in die Zukunft weisen, müßte sich (Mittel-)Chile durch die rationellere Nutzung seines Naturpotentials von den belastenden Agrarimporten zu lösen versuchen. Schließlich bilden die kaum genutzten Berg- und Hügelländer der chilenischen und kalifornischen Küstenkordilleren Raumreserven. Durch Bodenkonservierung und behutsame Nutzweisen (z. B. durch Aufforstung) könnte man sie auf die landwirtschaftliche Nutzung langfristig vorbereiten.

3. Kurzfristig ergeben sich beschränkte Möglichkeiten durch die Ausweitung der Bewässerungswirtschaft und die damit verknüpfte Intensivierung der Bodennutzung. Die Wasservorräte sind in Anbetracht des vom Menschen herbeigeführten labilen Wasserhaushaltes im Mittelmeerraum freilich nicht allzu groß, und das Wachstum wird bescheiden bleiben müs-

sen. Günstiger ist die Situation in der Neuen Welt, wo in Kalifornien schon bis zur Gegenwart ein Optimum erreicht worden ist. Der Zuwachs müßte vor allem im Kapland und in Mittelchile, gegebenenfalls auch in Australien errungen werden. So ist z. B. das südliche Längstal in Mittelchile nur teilweise bewässert (Campo compuesto; Kap. 3.2.1.2), und im Kapland und Australien gibt es bislang nur wenige große Bewässerungssysteme.

4. Die weitere Technisierung der landwirtschaftlichen Betriebe und eine geeignete Betriebsstruktur im bestehenden Kulturland versprechen eine Produktivitätssteigerung. Mechanisierung, moderne Bewässerungstechniken, neuartige Düngemittel (bzw. die Einführung der Düngung), die Warmbeetkultur, frühreifende Nutzpflanzen-Sorten usw. sind in vielen Gebieten erfolgreich angewandt worden, aber noch keinesfalls überall vertreten. Die gleichmäßige Streuung der Betriebsgrößen könnte in den schlecht entwickelten Gebieten vorteilhaft sein, weil sowohl Klein-, Mittel- als auch Großbetriebe in den „mediterranen" Bodennutzungssystemen ihre spezifische Aufgabe finden. Im Betriebsziel erscheinen vor allem der Mittelmeerraum und das Kapland verbesserungsbedürftig. Wie in der Alten Welt eine mäßige Stärkung der ortsfesten Großviehhaltung angestrebt wird, sollte im Kapland dem Feldbau (z. B. mit Hackfrüchten) mehr Aufmerksamkeit geschenkt werden.

5. Die mit großen Investitionen verknüpften Veränderungen haben allerdings nur dann einen Sinn, wenn auch der Absatz größerer Produktionsmengen gewährleistet ist. Er wird vor allem durch ein funktionierendes Genossenschaftswesen und die Verkehrserschließung gesichert. In Mittelchile und zum überwiegenden Teil im Mittelmeerraum besteht hierin ein großer Nachholbedarf. Wegen der südhemisphärischen Abseitslage wird ein Wandel, der auf eine größere oder andere Erzeugung abzielt, in Südwest- und Südaustralien und im Kapland sehr problematisch sein, weil er mit der Erschließung neuer Außenmärkte verbunden sein muß.

6. Den angeführten Möglichkeiten wirkt in der Gegenwart die Abwanderung der landwirtschaftlichen Bevölkerung entgegen. Die wachsende Verstädterung zieht nicht allein im Mittelmeerraum und in Mittelchile, sondern auch in den anderen überseeischen Teilräumen der mediterranen Subtropen Arbeitskräfte ab, so daß anspruchslose Wanderarbeiter aus immer größeren Entfernungen angeworben werden müssen. Die Landwirtschaft in den mediterranen Subtropen, in der viele Arbeitsvorgänge (noch) nicht von Maschinen verrichtet werden können, ist auch künftig auf die menschliche Arbeitskraft angewiesen. Die Landflucht müßte deshalb – namentlich in den „reinen" Agrarräumen, durch neue Anreize eingedämmt werden. Über die Schaffung außeragrarischer Arbeitsplätze

ließe sich unter Umständen eine Stabilisierung erreichen, die der Landwirtschaft zugute käme.

3.3 Die Nutzung des Naturpotentials durch andere Wirtschaftszweige

Die Landwirtschaft hat bisher breiten Raum eingenommen. Unsere Fragestellung erfordert es aber auch, die natürlichen Ressourcen der mediterranen Subtropen auf ihre Tragfähigkeit für das übrige Wirtschaftsleben zu überprüfen. Bietet die Landschaftszone ausreichende Grundlagen für eine vielseitige Wirtschaftsstruktur?

Die Beantwortung dieser Frage bereitet einige Schwierigkeiten. Durch die Verteilung der mediterranen Subtropen auf fünf Kontinente einerseits und die Vielzahl der Länder des Mittelmeerraums andererseits verwischen die individuellen Züge das Typische. Noch ein weiterer Aspekt kommt hinzu, der zeigt, daß die streng zonale Betrachtungsweise an der Wirklichkeit vorbeigeht: Kalifornien, das Kapland, Südwest- und Südaustralien sind ebenso wie Mittelchile nur Teile, und zwar sehr kleine Raumausschnitte großer Flächenstaaten. Eine Mangelerscheinung, etwa das Fehlen von wirtschaftlich verwertbaren Bodenschätzen, kann wohl als zonentypisch bezeichnet werden. Jedoch bedeutet dieser Mangel für die betroffene Bevölkerung nicht notwendigerweise einen Nachteil, wenn in einer anderen Landschaftszone des gleichen Staatsgebietes ein blühender Bergbau entwickelt ist. Gleichwohl besitzt dieser Gesichtspunkt für die Anrainerstaaten des Mittelmeers keine Gültigkeit, weil sie mehr oder weniger in ihrer Gesamtheit zur Landschaftszone gehören. Hier haben z. B. fehlende Energievorräte eine größere Folgewirkung für die jeweilige Wirtschaftsstruktur und -entwicklung als in den Teilräumen der Neuen Welt.

3.3.1 Holzwirtschaft und Aufforstung

Der der Landwirtschaft am nächsten stehende Wirtschaftszweig, die Holzwirtschaft, hat in den mediterranen Subtropen eine ziemlich schmale Basis. Natürliche oder naturnahe Wälder, die große Flächen bedecken, gibt es nur noch im nördlichen Kalifornien und in Südwestaustralien. Während sie im Kapland von vornherein gefehlt haben, sind sie im Mittelmeerraum und in Mittelchile vom Menschen durch die in Kap. 2.6 beschriebenen Vorgänge stark dezimiert oder vernichtet, zumindest aber erheblich verändert worden, ohne daß ein entsprechender Ersatz an ihre Stelle getreten ist. Die Restwälder stocken hier hauptsächlich in den verkehrsabgelegenen höheren Gebirgsregionen.

Kalifornien, das eine Bewaldungsziffer von immerhin 42% hat, bildet mit seiner *„binnen- und weltmarktorientierten Forstwirtschaft, dem hohen Technisierungsgrad der Holzgewinnung, umfangreichen Aufforstungen ... und der industriellen Durchsetzung"* eine Ausnahme (H.-W. WINDHORST 1978, S. 170). Als südlicher Ausläufer des großen Holzwirtschaftsgürtels im pazifischen Nordwesten der USA liegen die wirtschaftlich verwertbaren Wälder allerdings an der Grenze oder außerhalb der mediterranen Subtropen, da die Wälder der Sierra Nevada heute zumeist als Nationalforste für den Landschaftsschutz und für Erholungszwecke gezielt erhalten werden. Der Schwerpunkt des Holzeinschlags befindet sich mit mehreren Zentren in den Klamath Mountains, der nördlichen Sierra Nevada und vor allem in den nördlichen Coast Ranges (Counties Siskiyou, Shasta, Plumas, Humboldt und Mendocino). Nach der Waldverwüstung in der frühen Kolonialzeit und dem kommerziellen Kahlschlag ohne Aufforstung ist hier seit etwa 1900 trotz der z.T. schwer zugänglichen und hochgelegenen Waldareale die geregelte Forstwirtschaft nach europäischem Vorbild eingezogen, durch die der Primärwald bis auf kleine Reste verschwunden ist. Die wichtigsten Nutzhölzer stellen verschiedene Nadelholzarten, wie Douglasie (27% der gesamten Holzproduktion 1976), Ponderosakiefer (25%), Tannen (20%) und Redwoods (20%). Auf der Forstwirtschaft, die zu etwa gleichen Teilen Bau-, Furnier- und Sperrholz sowie Holzschliff liefert, beruht eine am gleichen Standort, aber vom Verbraucher weit entfernte moderne Holz- und Papierindustrie. Sie bindet eine sehr kleine Beschäftigtenzahl und steht im Widerstreit mit touristischen Interessen. In der Tat rückt unter öffentlichem Druck immer mehr die kostenaufwendige Waldkonservierung in den Mittelpunkt, und die regelmäßige Feuerkontrolle (mit Beobachtungstürmen), die Brandvorsorge (durch Feuerschneisen), die Brandbekämpfung nach Blitzschlag oder fahrlässiger Brandstiftung, die gezielte Schädlingsbekämpfung vom Flugzeug aus und das *watershed management* (= Erhöhung des Wasserangebots durch Walderhaltung) sind inzwischen selbstverständlich geworden (H. BLUME 1974, S. 79ff., 243ff.; *Atlas of Calif.* 1979, S. 83).

Demgegenüber ist die Bedeutung des Waldes in *Südwestaustralien,* wo mit Jarrah (67%), Karri (14%) und Wandoo (6%) die Produktion von Harthölzern überwiegend binnenmarktorientiert ist, für die Aufrechterhaltung des natürlichen Gleichgewichts noch nicht in ausreichendem Umfang erkannt worden. Obwohl nach etwas mehr als 50 Jahren rücksichtsloser Waldausbeutung durch wandernde Sägemühlen für die Gewinnung agrarischen Nutzlandes und für kommerzielle Zwecke (Feuer-, Gruben- und Zaunholz und Tannin-Gewinnung) die negativen Folgen im Naturhaushalt unverkennbar sind, bewegen sich geregelte Forstwirtschaft und Aufforstung noch in bescheidenem Rahmen. Im Gegenteil, in den im

Staatseigentum befindlichen Eukalyptuswäldern des feuchten Südens sind 1976 bei Manjimup-Pemberton neue Konzessionen vergeben worden, um den Export von Holzschliff nach Japan (über den Hafen Bunbury) in die Wege zu leiten. Nach A. J. CONACHER (1977, S. 104) sollen dafür jährlich 4600 ha Karri-Marri- und 6400 ha Jarrah-Wälder kahlgeschlagen werden. Dies würde bedeuten, daß im fraglichen Gebiet, in dem sich 86% der Karri-Bestände Südwestaustraliens befinden, in 35 Jahren der gesamte produktive Holzbestand gefällt wäre, während von 1929 bis 1968 hier nur 8000 ha abgeholzt worden sind. Der Interessenkonflikt zwischen *big business* und Landschaftsschutz wird trotz vielfacher Mahnungen zuweilen sehr einseitig gelöst. Andererseits haben die staatliche Forstverwaltung und die privaten Waldeigentümer mit Beobachtungstürmen, Flugüberwachung und engmaschiger Wegeerschließung die notwendigen Vorkehrungen gegen Waldbrände getroffen (vgl. A. KERR 1965, S. 57–67).

Zählen der östliche Mittelmeerraum und Mittelchile zu den Regionen, in denen der Wald durch übermäßige Nutzung degradiert und geringe Ansätze zu geregelter Forstwirtschaft und Aufforstung bestehen (H.-W. WINDHORST 1978, S. 166), ist die Holzwirtschaft im *westlichen Mittelmeerraum* anders ausgerichtet. Nach den Rodungen des 19. Jh. sind hier die uneingeschränkt nachteiligen Wirkungen der Entwaldung einer breiten Öffentlichkeit zum ersten Mal bewußt geworden. Es nimmt deshalb nicht wunder, wenn sich seitdem die Stimmen jener gemehrt haben, die die Reste des Waldes schützen wollen, Aufforstungen verlangen und die Sicherung bzw. Melioration besonders stark von der Entwaldung betroffener Landschaften fordern. Andererseits hält die Waldverwüstung bis heute an. Zwar sind die waldwirtschaftlichen Nutzungsformen und die Rodungen gesetzlich eingeschränkt worden, doch besteht die Waldweide trotz verschärfter Bestimmungen im Rahmen der bäuerlichen Subsistenzwirtschaft mancherorts in beängstigendem Ausmaß fort. Zudem haben die fahrlässig verursachten Waldbrände in der Gegenwart eine neue Gefahr heraufbeschworen.

Die *Aufforstungen* begannen vereinzelt im 19. Jh. Eine beschleunigt betriebene Aufforstungspolitik setzt sich erst nach dem II. Weltkrieg durch. Die bisher aufgeforsteten Flächen sind infolgedessen relativ klein, nehmen aber zu (Tab. 5). Sie dienen verschiedenen Zwecken. Die Protektionsaufforstungen haben die Aufgabe, das gestörte geoökologische Gleichgewicht wiederherzustellen; eine wirtschaftliche Nutzung ist nicht beabsichtigt. Mit ihnen sollen die Bodenerosion und die allgemeine Abtragung eingeschränkt und der Wasserhaushalt reguliert werden. Deshalb verbindet man die Pflanzungen mit bodenkonservierenden Maßnahmen, wie Abflußkorrektion, Wildbachverbauung, Hang- und Calanchen-Konsolidierung, Terrassenbau usw. Die geschädigte Landschaft soll gewisser-

Tab. 5: Aufforstungen im westlichen Mittelmeerraum in 1000 ha (nach K. MÜLLER-HOHENSTEIN 1973, S. 61, ergänzt durch H.-W. WINDHORST 1978, S. 169)

Land	Protektions-aufforstungen	Produktions-aufforstungen	Pflanzungen außerhalb der Wälder	Waldver-besserungen	Zeitraum
Spanien	2000	1000	900	5100	1960–1979
Portugal	400	320	–	–	1960–1980
Italien	310	–	–	175	1950–1975
Marokko	200	50	85	–	1960–1980
Algerien	–	160	–	340	1959–1969
Tunesien	230	55	80	–	1960–1980

maßen zur Gänze saniert werden. Die Produktionsaufforstungen sind wirtschaftlich motiviert und dienen dem inländischen Holzbedarf. Sie geben zugleich Impulse zum Wachstum oder zur Gründung holzverarbeitender Industrie.

Beide Formen der Aufforstung nehmen ähnliche Standorte ein. Sie halten sich z. B. in Spanien an periphere und hochgelegene Räume, die durch Landflucht schwach bevölkert sind. Die Fußstufe bleibt durch die konkurrierenden Flächenansprüche von Landwirtschaft, Siedlungen und Industrie weitgehend frei von ihnen (Abb. 34). Die Produktionspflanzungen kommen sowohl auf landwirtschaftlichen Nutzflächen als auch auf Grenzertragsböden vor, die Protektionspflanzungen werden ausschließlich auf den abtragsgefährdeten Hängen angelegt (K. MÜLLER-HOHENSTEIN 1973, S. 65/67).

Den Zweck der Aufforstungen erfüllen am besten schnellwüchsige Gehölze. Mehr als zwei Drittel sind deshalb Nadelhölzer. Insbesondere wird die exotische Strahl- oder Monterey-Kiefer *(Pinus radiata)* mit verschiedenen Hybriden verwandt, die sich – obwohl auf ein sehr kleines natürliches Areal an der kalifornischen Küste eingeengt – als wichtigster Forstbaum überhaupt erwiesen hat. Einheimische Laubhölzer und die oft angepflanzten *Eukalyptus*-Hybriden treten demgegenüber zurück, so daß meist artenarme, uniforme Nadelwälder entstehen (K. MÜLLER-HOHENSTEIN 1979, S. 134). Auch in Mittelchile setzen sich die in der südlichen Zentralzone (Provinzen Concepción und Bío-Bío) befindlichen Aufforstungsflächen zu 93% aus *Pinus radiata* zusammen. Es sind Produktionspflanzen für die Zellulose- und Papierherstellung (W. WEISCHET 1970, S. 96), die schon nach 14–20 Jahren geschlagen werden können. Die vorwiegend durch private Initiative aufgeforstete Fläche hat zwischen 1940 und 1980 (im ganzen Land) ca. 870000 ha betragen (*Chileinfo*, Juni 1981, S. 1-2; vgl. L. WIEBECKE/F. HARTWIG 1967). Selbst in Südwestaustralien und

Aufforstungsgebiete in Südspanien

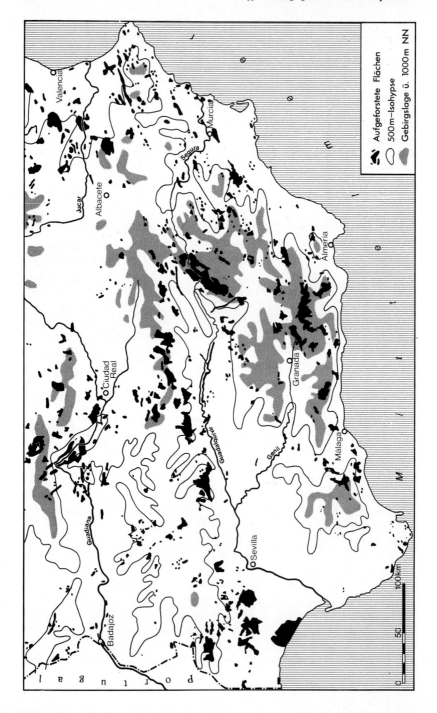

Konsequenz der Aufforstung

im Kapland wird mit Kiefern aufgeforstet. Der Koniferenbestand des Swanlandes, der seinen Verbreitungsschwerpunkt am Blackwood River südlich Donnybrook hat, ist – vor allem seit 1955 – auf ca. 46 000 ha angewachsen (*West. Austral. Year Book* 1981, S. 411).

Die in Reinbeständen aufgeforsteten Wälder unterscheiden sich somit grundsätzlich von den naturnahen oder natürlichen Gehölz- oder Gebüschformationen mit ihrem Artenreichtum. Über die Konsequenzen für den Boden, der dadurch sehr einseitig beansprucht wird, gibt es in Anbetracht der kurzen Forstgeschichte noch keine Befunde. Es muß aber damit gerechnet werden, daß sich die Bodenqualität ähnlich wie bei der „Verfichtung" Mitteleuropas im 19. Jh. durch die zunehmende Versauerung verschlechtern wird (K. MÜLLER-HOHENSTEIN 1972, S. 113; 1979, S. 134).

Die vom Holzbedarf, der Arbeitslosigkeit auf dem Lande und der Einsicht in die Schutzfunktion des Waldes provozierten, letztlich aber durch politischen Druck ausgelösten Aufforstungen des westlichen Mittelmeerraumes, die vornehmlich staatlicher Initiative zu verdanken sind, haben trotz des großen finanziellen und technischen Aufwands in jüngster Vergangenheit nur bescheidene Erfolge erzielen können. Sie waren z. B. dort aussichtslos, wo die Bodenerosion auf den ausgewählten Standorten zu weit fortgeschritten war und nicht mehr korrigierbare Wildbäche vergeblich verbaut wurden, oder wo das Fortkommen der Anpflanzung durch unzureichende Wasserversorgung oder Bodenversalzung gefährdet war (K. MÜLLER-HOHENSTEIN 1969, S. 114; 1973, S. 66). F. R. EHRIG (1980, S. 218) hat deshalb eine stärkere Integralplanung gefordert, deren Ziel es sein müsse, nur erfolgversprechende Projekte in Angriff zu nehmen.

Von einer nachteiligen Konsequenz der Aufforstungen berichtet T. BREUER (1979) für die spanischen Hurdes. In diesem abgelegenen Gebiet von Alta Estremadura sind Allmenden bäuerlicher Gemeinden mit einer relativ großen Bevölkerungsdichte aufgeforstet worden. Auf solche Weise wurden die Weideflächen besetzt, die bäuerliche Subsistenzwirtschaft untergraben und die ablehnende Haltung der Bevölkerung gegenüber staatlichen Maßnahmen verstärkt. Weil die forstwirtschaftliche Nutzung auch auf Dauer nicht genügend Arbeitsplätze zu bieten vermag und keine anderen Erwerbsquellen vorhanden sind, entstehen hier neue soziale und wirtschaftliche Probleme, die unter den gegebenen Umständen nur durch Abwanderung zu lösen sind (vgl. A. BEUERMANN 1956, S. 135, für den Peloponnes). Die mit der Aufforstung einhergehende verkehrstechnische Erschließung hat diesen Migrationsprozeß sogar gefördert.

◀ *Abb. 34:   Die Aufforstungsgebiete in Südspanien (nach* K. MÜLLER-HOHENSTEIN *1973)*

Trotz mancher Erfolge und vielversprechender Ansätze moderner Aufforstungspolitik bleibt in weiten Teilen des Mittelmeerraums (und Mittelchiles) nach wie vor die Aufgabe bestehen, die durch den Bewuchs mit Strauchgesellschaften, degradierten Wäldern und Niederwäldern wertlos gewordenen Flächen wieder produktiv zu machen. Dies kann dadurch geschehen, daß man sie in Abhängigkeit von Relief und Höhenlage entweder in Hochwälder oder in landwirtschaftliche Nutzflächen überführt. Die Mittelmeerländer, namentlich die Maghreb-Länder, wo es sich bei Aufforstungen *„weitgehend um Versuchspflanzungen und Aufforstungen zu Demonstrationszwecken"* handelt, werden noch lange auf Holzimporte angewiesen sein, weil die aufgeforsteten Bestände erst in geringem Umfang in nutzungsfähige Altersklassen hineingewachsen sind. Allein Portugal kann durch die althergebrachte Nutzung seiner Korkeichenwälder Handelsüberschüsse erzielen (H.-W. WINDHORST 1978, S. 169).

3.3.2 Die Fischereiwirtschaft

Durch den engen Kontakt mit dem Meer ist die Fischerei in den mediterranen Subtropen fast selbstverständlich. Vor allem die südeuropäischen Halbinseln haben aufgrund ihrer Konfiguration und Gliederung, durch die Vielzahl von Halbinseln und Inseln eine große Küstenerstreckung und erscheinen für die Meeresnutzung besonders geeignet. Tatsächlich gehören zum Eindruck eines jeden Besuchers mittelmeerischer Küsten in Hafenstädten und kleinen Landeplätzen die Fischerboote, der Fischmarkt und die meist dürftigen Fischerbehausungen. Der Fischfang wird vor allem von den Italienern betrieben, die durch die zentrale Lage der Apenninen-Halbinsel alle ergiebigen Fischgründe leicht erreichen können. Sie betätigen sich in der Sizilischen Straße ebenso wie in der nördlichen Adria (mit den Dalmatinern) und im Löwengolf (mit Franzosen und Spaniern), sie dringen bis in die levantinischen Gewässer vor und beteiligen sich neuerdings auch an der Hochseefischerei auf dem Atlantik. Mit besonderen Vorrichtungen *(tonnare)* werden der Thunfisch, nach verschiedenen Methoden Schwertfisch, Sardine, Anchovis, dazu wirbellose Tiere, wie Muscheln, Schnecken und Tintenfische, gefangen, welch letztere eine begehrte Delikatesse *(frutti di mare)* sind. In Griechenland, vor der nordafrikanischen und der Levanteküste besitzt auch die Schwammfischerei (durch Taucher) eine alte Tradition.

Volkswirtschaftlich spielt die Fischerei im *Mittelmeerraum* trotz ihrer in die Antike zurückreichenden Entwicklungsgeschichte aber eine nebensächliche Rolle (F. BARTZ 1964, S. 359 ff.), und ihre Raumwirksamkeit ist gering (z. B. N. STEIN 1970). Dafür sind einmal die natürlichen Bedingungen maßgebend. Weil das Mittelmeer ein warmes Binnenmeer ist, gibt es zwar einen sehr großen Artenreichtum mit einigen seit alters geschätzten Fischarten. Es fehlt aber der Individuenreichtum. Vor allem der relativ hohe Salzgehalt und die Nährstoffarmut des Wassers schränken den Lebensraum der Tierwelt ein. Überdies verhindert die geringe Ausdehnung des Kontinentalschelfs eine fischwirtschaftliche Ausbeute großen Stils. Für die Fastenzeit der katholischen Länder muß deshalb Stockfisch aus Norwegen und Island eingeführt werden (vgl. z. B. H. EGGERS 1965, S. 141). Zum anderen hat die Organisationsform der Fischerei Schwächen. Sie wird auch heute mit teilweise sehr bescheidenen Mitteln und herkömmlichen Fangmethoden betrieben. So überwiegen in Küstennähe das Ruderboot und das kleine Motorboot, die nur ein mageres Fangergebnis hervorbringen können. Allein in den günstigen Fanggründen wird mit technisch gut ausgerüsteten, großen Motorschiffen weit von der Küste entfernt erfolgreich gefischt (F. BARTZ 1964, 355 ff.; N. STEIN 1970, S. 12 f.).

Die intensiveren Fangmethoden und die häufigeren Fänge bedeuten aber gerade in der Gegenwart eine Überfischung der ergiebigsten Fanggründe. Die von der Zahl her ohnedies schwächeren Populationen können sich nicht mehr rasch genug und im nötigen Umfang regenerieren. Noch stärker bedroht ist die Fischereiwirtschaft durch die wachsende *Meeresverschmutzung,* die ein Mehrfaches jener vergleichbarer Ozeanflächen ausmacht. Weil das Mittelmeer nur duch den schmalen Durchlaß der Straße von Gibraltar mit dem offenen Atlantik verbunden ist, hat es eine geringere Selbstreinigungskraft, und die Belastungsgrenze wird früher erreicht. *„Dabei trägt die Verschmutzung auf See nur ein Sechstel der Gesamtbelastung des Mittelmeeres, fünf Sechstel sind Ausstoß des Festlandes"* (S. V. BOLETZKY u. a. 1980, S. 103). Die Tankerunfälle und der regelmäßige Anfall von Ölresten aus Schiffsbunkern rufen Gefahrenherde auf See hervor. Der Ausstoß von Nitraten und Phosphaten aus den dicht bevölkerten Küstengebieten ist für die Überdüngung („Eutrophierung") verantwortlich; in großen Mengen führt sie zu übermäßiger Biomasseproduktion, deren Sauerstoffbedarf dann weit über dem Sauerstoffgehalt des Wassers liegt. Folglich erstickt die Lebewelt. Noch schlimmer wirken giftige Schadstoffe. Sie gelangen über Industrieabwässer unkontrolliert ins Meer oder werden von den landwirtschaftlichen Nutzflächen (Insektizide) eingeschwemmt. Schließlich sorgen Krankheitskeime für den immer häufiger auftretenden epidemischen Befall der Strände und der Küstenfauna (z. B. bei Miesmuscheln). Am extremsten ist die Verschmutzung in geschützten Buchten, in denen die Selbstreinigungskraft des Meeres behindert wird (z. B. H. BÜSCHENFELD 1982, S. 297 f., für den Kvarner an der jugoslawischen Adriaküste).

In den mediterranen Subtropen der *Neuen Welt,* wo die Meeresverschmutzung noch gering ist, trifft die Fischereiwirtschaft von Natur aus auf sehr günstige Verhältnisse. Die Küsten liegen am offenen Ozean und, mit Ausnahme Australiens, im Einflußbereich kühler Meeresströmungen oder kalter Auftriebswässer. Ihr großer Planktonreichtum schafft sehr gute Lebensbedingungen für die Fische, sie gehören deshalb zu den wichtigsten Fischereizonen der Erde. Freilich handelt es sich nicht um reine Kaltwasserströme; so wechseln z. B. beim Humboldtstrom zeitlich und räumlich relativ nähr- und sauerstoffarme subtropische Wassermassen mit sauerstoff- und nährstoffreichen subantarktischen Wassermassen (W. WEISCHET 1970, S. 216). Das vor Peru als *El Niño* bekannte Problem beruht auf der veränderlichen Ausdehnung der Warm- und Kaltwasserkörper infolge unrhythmischer Schwankungen der atmosphärischen Zirkulationssysteme (vgl. z. B. E. SCHWEIGGER 1959). Unter Umständen warten die Fischer über Jahre hinweg vergeblich auf einen guten Fangertrag; schließlich müssen sie die Fanggründe verlagern oder die Fischerei aufgeben. Die Sardinenfischerei, die an der *kalifornischen Küste* zwischen San Francisco und Monterey und zwischen Santa Barbara und San Diego eine große Ausbeute gesichert hat, ist dafür ein bekanntes Beispiel. Hier sind die Fischschwärme seit 1948 ausgeblieben, weil die in der Laichzeit herrschenden Temperaturen des Oberflächenwassers, die für die Regeneration der Schwärme maßgeblich sind, zu tief waren. Die Sardinenindustrie von Monterey ist daraufhin zusammengebrochen (H. WILHELMY 1962, S. 286 f.). Die noch immer beachtlichen Anlandungen in den kalifornischen Häfen beruhen heute auf Hochseefängen (von Thunfisch und Anchovis) in den subtropisch-tropischen Gewässern des Pazifiks fern der Küste. Der Schwerpunkt der Fischereiwirtschaft, die in der hochentwickelten Wirtschaft Kaliforniens dennoch eine schwache Position einnimmt, hat sich dabei südwärts, nach San Pedro (Terminal Island) und San Diego, verlagert, wo auch die wichtigsten Verarbeitungsbetriebe liegen (F. BARTZ 1974, S. 264).

Daß die fischreichen Kaltwasserströme vor den Küsten der neuweltlichen mediterranen Subtropen nicht unbedingt eine blühende Fischereiwirtschaft zur Folge haben, sondern dafür eines Anstoßes von außen bedürfen, zeigen die südhemisphärischen Teilräume. In der Wasserfauna der südamerikanischen Westküste herrscht Überfluß, an dem außer *Chile* auch Peru teilhat (vgl. B. OLTERSDORF 1965; W. WEISCHET 1970, S. 97 ff., S. 217 ff.; F. BARTZ 1974, S. 464 ff.). Die Mischungszone kalten und warmen Wassers beginnt im Süden an der polaren Grenze der Landschaftszone (40 bis 38° S) und reicht nach Norden bis in tropische Breiten, so daß subpolare Tierarten, z. B. der Wal, noch weit nördlich des Wendekreises gefangen werden können. Das Gebiet der mediterranen

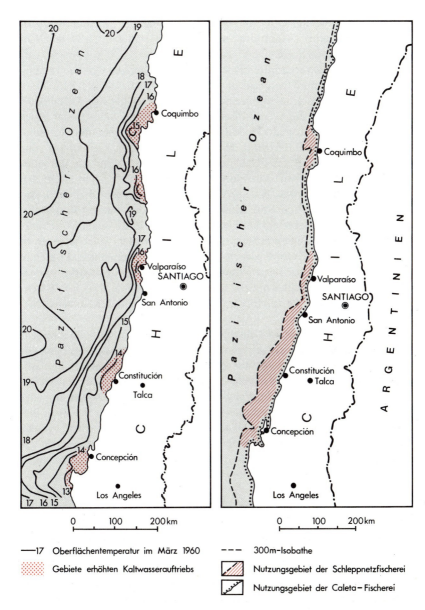

Abb. 35: Kaltwassergebiete und Fischereiwirtschaft an der mittelchilenischen Küste (nach B. OLTERSDORF 1965)

Subtropen umfaßt nur einen kleinen Ausschnitt dieser fischereiwirtschaftlichen Gunstzone. In ihm liegen mehrere Aufquellungsbereiche kalten Wassers, wie etwa am Golf von Arauco (Concepción, Talcahuano), zwischen San Antonio, Valparaíso und La Ligua und bei La Serena-Coquimbo (Abb. 35).

Trotz des damit verknüpften Fischreichtums haben die Chilenen seit jeher den Fleischgenuß vorgezogen, so daß die Fischereiwirtschaft bis in die Gegenwart ein Schattendasein geführt hat. Der geringe Fischbedarf Chiles wird durch die *Caleta*-Fischerei (span. kleine Bucht) oder *Pesca chica* (Kleinfischerei) gedeckt. Mit altertümlichen Fangmethoden, indianische Traditionen fortsetzend, wird in unmittelbarer Küstennähe eine Art Sammelwirtschaft auf Fische, *mariscos* (Sammelbegriff für Wirbellose) und Algen betrieben. Aus markttechnischen Gründen hat sie in den mittelchilenischen Gewässern um Valparaíso ihr größtes Arbeitsfeld. Anders als der Frischfisch sind Muscheln, Schnecken, Seeigel-Eierstöcke, Tintenfische und Krebstiere kulinarische Genüsse und wie am Mittelmeer bei allen Bevölkerungsschichten sehr begehrt. In der Kleinfischerei ist eine am Rande der Gesellschaft stehende soziale Gruppe tätig, die sich in den zahlreichen Buchten der mittelchilenischen Steilküste dürftige (illegale) Behausungen errichtet hat (B. OLTERSDORF 1965, S. 35 ff.; F. BARTZ 1974, S. 467 ff.). Die Pesca chica entspricht weitgehend der Küstenfischerei des Mittelmeerraums.

Ein Aufschwung der Fischereiwirtschaft und die Entwicklung zur Großfischerei *(Pesca grande)* begann nach dem II. Weltkrieg, als Chile innerhalb zweier Jahrzehnte an die zehnte Stelle der Fischereinationen aufrückte (1967). Vor allem deutsche Fischer, die einer Werbeaktion Chiles folgten, leiteten in den zentralchilenischen Küstengewässern mit der Schleppnetzfischerei die moderne Zeit ein. Sie konzentrierte sich in den traditionellen Fanggebieten zuerst auf den Seehecht (Merluza), wurde aber bald auf Langusten (Langostinos) und Garnelen (Camarones) ausgedehnt, so daß sich industrielle Betriebe zur Fischmehl- und Fischkonservenerzeugung niederließen, während der Anteil des Frischfisches nach wie vor klein blieb.

Nach 1960 erlebte die chilenische Fischereiwirtschaft einen erneuten Wandel, als die Großfischerei auf Anchovis für die exportorientierte Fischmehl- und Fischölerzeugung im Großen Norden aufkam, die 1970-72 ca. drei Viertel der Anlandungen Chiles ausmachte (J. BÄHR 1979, S. 29). Die mittelchilenische Küstenfischerei fiel innerhalb des Landes damit auf den zweiten Platz zurück. Zuvor auf den Weltmarkt ausgerichtet, beliefert sie nun mit Frischfisch, Fischmehl und -öl den Binnenmarkt (Santiago, nördl. Längstal). Die häufigsten Speisefische sind jetzt Congrio *(Genypterus sp.)* und Corvina *(Cilus montti)*. Zweifellos ließe sich der Frischfischkonsum in Anbetracht der wachsenden Nachfrage und der unzureichenden Fleischerzeugung noch steigern, denn er ist etwa halb so groß wie bei anderen wichtigen Fischfangnationen. Nur 5% der Anlandungen gelangen frisch auf den Markt, 95% werden industriell verarbeitet (J. BÄHR a. a. O). In der Fischereiwirtschaft sind heute ca. 25 000 Personen, davon 11 000 Fischer, tätig, was einem Anteil an den Erwerbspersonen von 0,7% entspricht (P. CUNILL 1973, S. 119). Ebenso wie in Kalifornien und am Mittelmeer bleibt der Fischfang, der ca. 1,3% des chilenischen Gesamtexportwertes aufbringt, jedoch auch nach den strukturellen Veränderungen unerheblich.

In *Südafrika* war das Wirtschaftsinteresse zunächst auf das Binnenland (Bergbau) gerichtet, ehe britische Trawler zu Beginn des 20. Jh. von Kapstadt ausfuhren und eine Entwicklung einleiteten, durch die das Land zum zweiten Fischereistaat auf der Südhalbkugel (nach Peru) aufrückte (L. G. SCHEIDL 1976, S. 67). An die fischereiwirtschaftliche Gunstzone des Benguela-Stroms grenzt auch das Kapland. Seine wichtigsten Fischereistandorte liegen auf der atlantischen Seite: Doring Bay, Lambert's Bay, Elands Bay, St. Helena Bay, Paternoster, Saldanha und Hout Bay bei Kapstadt. Erstes Fangprodukt der Küstenfischerei ist die Languste, daneben der Hummer, ferner werden Pilchard *(Sardinops ocellata),* Anchovis, Makrele und Maasbanker *(Trachurus trachurus)* gefangen. Auf ihnen gründet nicht nur das Exportgeschäft mit den USA und Europa (Languste, Hummer), sondern auch die ständig steigende Produktion von Fischkonserven, Fischmehl und -öl für Binnen- und Weltmarkt. Dazu kommen die Frischfischanlandungen der in Kapstadt, Mossel Baai (Port Elizabeth und East London) beheimateten Hochseeflotte mit Seehecht *(Merluccius capensis)* und Seezunge *(Austroglossus).* Die südafrikanische Fischerei, in der etwa 15 000 Personen, davon 7000 Fischer, beschäftigt sind, wird nach dem Zusammenschluß vieler kleiner Familienunternehmen seit dem Ende des II. Weltkriegs von kapitalkräftigen Aktiengesellschaften mit leistungsfähigen Fabriken und einer modern ausgestatteten Fangflotte betrieben. Wegen der zu starken Ausbeutung der Fanggründe werden ihr allerdings keine großen Zukunftsaussichten eingeräumt (E. KLIMM u. a. 1980, S. 89-93).

Auch an der *südwestaustralischen Küste* ist die Fischerei teilweise von außen angeregt worden. Es sind Südeuropäer, die seit etwa drei Jahrzehnten den Hummerfang in großem Stil betreiben. Er sichert heute ein einträgliches Geschäft und ist zum wichtigsten Zweig der jungen Fischereiwirtschaft geworden. Wegen seiner hervorragenden Qualität in Deutschland, Frankreich und den USA sehr geschätzt, wird der *Rock lobster* vor allem von Dalmatinern, Italienern und Portugiesen gefangen. Mit sehr gut ausgerüsteten Booten lassen sich die genossenschaftlich organisierten

Hummerfänger von Februar bis April an der kliffreichen Westküste zwischen Murchison River und Bunbury nieder, während sie sich in der übrigen Zeit des Jahres an der Küstenfischerei von Perth-Fremantle aus beteiligen. Fremantle ist neben Albany an der Südküste zugleich der wichtigste Standort der (Hochsee-)Fischereiflotte und der Fischkonservenindustrie.

Für unsere Fragestellung ergibt sich, daß in den mediterranen Subtropen mit der Fischerei eine z.T. ausbaufähige und gewinnträchtige, andererseits bedrohte Wirtschaftsquelle besteht. Indes hat sie weder in der Vergangenheit entscheidend zur Stärkung des Wirtschaftslebens beitragen können noch wird sie dies in der Zukunft vermögen.

3.3.3 Bodenschätze und Energiequellen als Grundlage der Industrialisierung

In dem meist punkthaften Vorkommen von Bodenschätzen und Energiequellen besteht eine weitaus größere Zufälligkeit, als dies etwa für die Verbreitung fangträchtiger Fischgründe gilt. Der Mangel an großen und ergiebigen Erzlagerstätten und bedeutenden Energievorräten in den mediterranen Subtropen ist natürlich kein Merkmal, das in irgendeiner Weise mit dem klimatisch definierten Landschaftsgürtel zusammenhängt. Bodenschätze und Energiequellen sind vielmehr mit der azonalen geologisch-tektonischen Struktur der Landmassen und des Meeresbodens ursächlich verknüpft. Die einzige (mit den Trockengebieten der Erde gemeinsame) spezifische bergwirtschaftliche Erscheinung ist die Salzgewinnung aus Meerwasser (Salzgärten), die auf die hohe (sommerliche) Verdunstung verweist. Sie wird am Mittelmeer von der Lissaboner Bucht über das Rhône-Delta und Apulien bis nach Griechenland und Kleinasien betrieben und an den Grenzen zur Steppe durch Binnenland-Salinen (Maghreb-Länder) ergänzt.

Indessen darf in diesem Zusammenhang die Zugehörigkeit der neuweltlichen Teilräume zu größeren Staatsgebieten nicht übersehen werden. Wenn sie heute auch nicht alle über ausreichende mineralische Bodenschätze verfügen, so sind Chile, die Republik Südafrika, Australien und die USA entweder ausgesprochene Bergbauländer, oder sie haben aufgrund von Lagerstätten in anderen Landschaftszonen einen bedeutenden Bergbau, so daß der Mangel in ihren sommertrockenen Landschaften durch Überfluß an anderer Stelle ausgeglichen werden kann. Gleiches gilt für die Energieversorgung.

Obschon die Erschließung und die moderne Entfaltung der Landwirtschaft in den *neuweltlichen* mediterranen Subtropen durch die Edelmetallfunde des 19. Jh. überhaupt erst in Gang gekommen sind, bleibt der Bergbau für ihre heutige Wirtschaftsstruktur belanglos, weil er seit geraumer Zeit eingestellt worden ist oder weil die abbauwürdigen Lagerstätten, die den wirtschaftlichen Aufschwung eingeleitet haben, außerhalb der Landschaftszone liegen. An dieser grundsätzlichen Feststellung ändern auch Einzelvorkommen wie das Kupfer von El Teniente südlich Santiago de Chile, die qualitativ schlechte Steinkohle von Concepción (Mittelchile) und Collie (Südwestaustralien), die kleinen Bauxitlager bei Jarrahdale in Südwest- und die Eisenerzlager bei Whyalla in Südaustralien wenig. Sie besitzen lokale oder regionale Bedeutung und beherrschen weder die Landschaft noch die Wirtschaft der betreffenden neuweltlichen Teilräume. Vielmehr werden Bodenschätze und Energievorräte aus benachbarten Räumen verarbeitet bzw. verbraucht. Beispielsweise stammen die Rohstoffe der Eisen- und der Nickelhütte von Perth-Kwinana aus dem trockenen Binnenland Westaustraliens.

Hier macht auch Kalifornien keine Ausnahme. Die Bergwirtschaft hat sich von den Goldminen in den Foothills der mittleren Sierra Nevada *(Mother Lode)* längst abgewandt (H. WILHELMY 1961) und fördert hauptsächlich im Trockenraum östlich des Gebirges verschiedene Nichtmetalle. Im Zuge des Baubooms ist die Zementherstellung und die Gewinnung von Sanden, Kiesen und Naturbausteinen in den Mittelpunkt getreten. Durch die Erdöl- und Erdgasfelder von Los Angeles-Bakersfield und des Sacramento/S. Joaquín-Deltagebietes sowie die Nutzung der natürlichen Wasserkraft im feuchten Norden ist der Bundesstaat aber lange Zeit energiewirtschaftlich unabhängig gewesen, so daß Importe erst vom wachsenden Bedarf der Gegenwart ausgelöst werden.

Der *Mittelmeerraum* ist reich an mineralischen Bodenschätzen. Hauptförderländer sind Spanien, der Maghreb, die tyrrhenischen Inseln (z. B. Elba), Griechenland und die Türkei, in denen es verstreut, meist in den Gebirgsregionen, verschiedene Erzlagerstätten von Eisen, Kupfer, Zink, Quecksilber, Zinn usw. gibt. Sie sind z. T. schon im Altertum ausgebeutet worden. Die Problematik des mittelmeerischen Erzbergbaus liegt im Ökonomischen. Die geringe Abbauwürdigkeit der Lagerstätten und die drückende Konkurrenz weitaus ergiebigerer, vorwiegend überseeischer Produktionsräume erzwingen das langsame Siechtum mit rückläufiger Erzeugung und schließlich die Stillegung, z. B. der italienischen Schwefelgruben (I. KÜHNE 1977, H. R. TEWS 1980). Auch die alte Marmorgewinnung Italiens (bei Carrara) und Griechenlands stagniert (vgl. K. HOTTES 1967). Dank einer wachsenden Nachfrage nach Leichtmetallen hat in der Gegenwart lediglich die Bauxitgewinnung einen Aufschwung genommen (Griechenland, Dalmatien, Südfrankreich), ferner bringen die steppennahen Räume Phosphate für die Düngemittel-Herstellung auf den Markt (Maghreb).

Andererseits birgt der Mittelmeerraum so gut wie keine Bodenschätze, die als Energieträger nutzbar gemacht werden können. Es fehlen vor allem große und qualitativ wertvolle Stein- oder Braunkohlevorkommen. Auch Erdöl und Erdgas werden heute nur stellenweise, so an der ost- und südspanischen Küste, in Südostsizilien und an der italienischen Adriaküste gefördert. Außer Algerien und Libyen, die auf ihre saharischen Öl- und Gasfelder zurückgreifen können, sind die Mittelmeerländer auf Energieimporte angewiesen, zumal die Nutzung der Wasserkraft, die im Zusammenhang mit den modernen Bewässerungsprojekten vorangetrieben wird, nicht ausreichend entwickelt ist. Erst in jüngster Zeit entstehen Versuchsanlagen für künftige Sonnenkraftwerke (z. B. in Almeria/Südspanien).

Welche Möglichkeiten tun sich vor diesem Hintergrund für die *Industriewirtschaft* auf? Die „industrielle Revolution", wie sie West- und Mitteleuropa seit dem Ende des 18. Jh. erfaßte, blieb im *Mittelmeerraum* so gut wie ohne Wirkung. Mochten auch in einzelnen Räumen (z. B. Süditalien, Nordafrika, Dalmatien, Levante-Küste) Rohstoff- und Kapitalarmut hinderlich gewesen sein, so gab doch der Mangel an verfügbarer Energie (Steinkohle) den Ausschlag. Das alte Gewerbe mit industrieähnlichem Charakter, das sich nur schwer vom traditionellen Handwerk trennen läßt (vgl. F. N. IBRAHIM 1975, S. 3), suchte die Nähe der Wasserkraft und verteilte sich bezeichnenderweise auf viele Einzelstandorte im Gebirge oder Bergland. Auch die wenigen alten (Textil-)Industriegebiete des Mittelmeerraums – das katalanische in Spanien (Barcelona) und das apuanische in Italien (Carrara/Massa) – entwickelten sich an seinem Nordrand, wo sich technisch aufgeschlossene Unternehmer den Wasserreichtum der zu den kühlgemäßigten Breiten überleitenden Hochregionen (Pyrenäen, nördlicher Apennin) früh zunutze machten.

Für die Entwicklung der jungen Industrie, die erst nach dem II. Weltkrieg in den eigentlichen Mittelmeerraum vordrang, ist die Verfügbarkeit von Energie gleichfalls unerläßlich. Wegen der notwendigen Energie- und Rohstoffimporte und der guten Erreichbarkeit der Verbraucherzentren muß sie eine günstige Verkehrslage haben (vgl. F. TICHY 1961, S. 1). Als ökonomischster Platz erweist sich damit der meeresnahe Standort. Tatsächlich entstehen die modernen Industriebetriebe, die ihre Energie heute fast ausschließlich aus Wärmekraftwerken auf Erdölbasis beziehen, entweder in der Nähe von Hafenstädten oder „aus wilder Wurzel" an der Küste und entlang wichtiger Verkehrswege (Autobahnen usw.) (z. B. W.- D. HÜTTEROTH 1982, S. 423 f.; K. HOTTES u. a. 1977).

Ein anderes Merkmal der modernen Industrie am Mittelmeer ist ihre große Kapitalintensität. Herkömmlicherweise investierten die führenden Schichten der immobilen Agrargesellschaft im noch heute vorherrschenden Dienstleistungssektor und verhinderten den Übergang der (unterbeschäftigten) Arbeitnehmer zur industriellen Lohnarbeit (P. WEBER 1977 a, S. 208). Deshalb war jeweils der Staat aufgerufen, die Initiative zu ergreifen. Er unterstützte die Industrialisierungswelle der letzten drei Jahrzehnte, trat als Hauptaktionär auf oder schaffte steuerliche Erleichterungen für private Großfirmen, die in der Regel am Rand oder außerhalb des Mittelmeerraums ihren Sitz haben, um sie zu Zweigniederlassungen zu bewegen. Besonders begünstigt sah sich durch diese staatliche Förderung die Grundstoffindustrie, die in großen Werken, teilweise zu Industrieparks zusammengefaßt, entstand. Beispiele für solche spektakulären Projekte sind etwa Fos an der Rhônemündung (s. DIERCKE Weltatlas, S. 59 IV), Sagunto bei Valencia, Sinés in Südportugal oder Tarent in Süditalien (vgl. z. B. H. JÄGER 1977, P. WEBER 1977 b, K.-J. LEERS 1981). An den Küsten des Mittelmeers finden sich mittlerweile zahlreiche Industriestandorte der Petrochemie, der Stahlerzeugung usw., die nirgends an eine handwerkliche Tradition anschließen (z. B. F. N. IBRAHIM 1975, S. 217, für Tunesien).

Solche Industrie-Ansiedlungen in schwach strukturierten Räumen sind im Sinne der Theorie der Wachstumspole, als „Industrialisierungsindustrie" geplant worden. Sie sollen nach dem Prinzip der Selbstverstärkung Folgeindustrien mit einem breiten Branchenspektrum nachziehen und die Struktur des Wirtschaftsraumes verbessern. Nicht nur am afrikanischen und asiatischen Gestade des Mittelmeers, die den größeren Nachholbedarf haben, sondern auch in Südeuropa sind Industrie-Projekte dieser Art mehrfach fehlgeschlagen, weil sie *„nicht automatisch zum Ziel einer ausgewogenen, autochthonen Wirtschaftsstruktur mit einer Aufhebung der Abhängigkeit von außen"* geführt haben (P. WEBER 1977 a, S. 209). Im allgemeinen fehlen jene Industrien, die man für die Modernisierung der Landwirtschaft braucht und die Konsumgüter für den gestiegenen Lebensstandard bereitstellen, nicht zuletzt solche, die eine größere Arbeitsintensität mit räumlicher Breitenwirkung versprechen als die Grundstoffindustrie. Überdies kommen noch immer Fachkräfte aus den nördlichen Randgebieten des Mittelmeerraums (z. B. aus dem Baskenland, aus Nordfrankreich, der Po-Ebene und Slowenien), da die Zahl der qualifizierten örtlichen Arbeitskräfte nicht ausreicht.

Weil sie eine geringe Tiefenerstreckung haben, ist in den *neuweltlichen Teilräumen* der küstennahe Standort von vornherein maßgebend. Die ausschließlich im 20. Jh. aufgebaute Industrie, die teilweise auf importierter Energie beruht, hat ihren Standort in den großen Hafenstädten. Dies gilt für San Francisco, Los Angeles, Valparaíso (mit Santiago) und Concepción in beiden Amerika ebenso wie für Kapstadt in Südafrika und Perth-Fremantle, Port Pirie und Adelaide in Australien. Auch hier ist sie

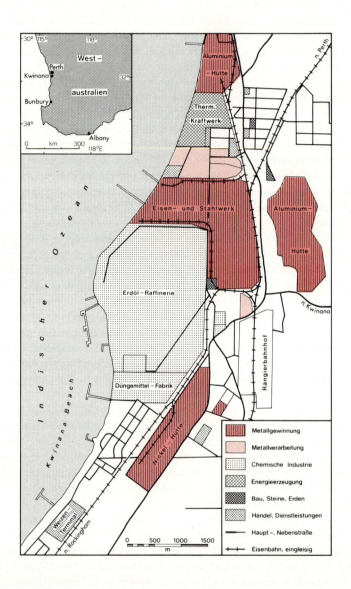

Abb. 36: Der Industriepark Perth-Kwinana, Westaustralien (nach J. DAHLKE 1975)

Spezifische Industrie

auf die Herstellung von Grundstoffen ausgerichtet, und moderne Industrieparks sind keine Seltenheit (Abb. 36). Stärker als im Mittelmeerraum treten allerdings die Konsumgüter- und die Nahrungsmittelindustrien hervor, so daß sich zumindest in Kalifornien eine ausgewogene Branchenstruktur mit kapital- und arbeitsintensiv wirtschaftenden Betrieben in verstreuter Lage entwickelt hat. Im Unterschied zum Mittelmeerraum handelt es sich überall um das Ergebnis privaten Unternehmertums westeuropäisch-nordamerikanischer Prägung; der Staat spielt als Initiator und Geldgeber eine untergeordnete Rolle.

Abgesehen von der Nahrungsmittelbranche, die auf eine breite Palette der Kulturpflanzen eingestellt ist, gibt es keine *spezifische Industrie* der mediterranen Subtropen. Selbst spezialisierte Fertigungsindustrien mit hochqualifizierten Belegschaften, welche die lange Sonnenscheindauer nutzen, sind wegen ihrer Singularität für die Landschaftszone nicht typisch. Beispielsweise hat sich in Südkalifornien (Los Angeles) und Südfrankreich (Toulouse, Istres) die Luftfahrtindustrie angesiedelt. Im Anschluß an sie ist die elektronische Industrie (Los Angeles, Silicon Valley bei San Francisco; Nizza, Montpellier) entstanden, die z. B. Computer und andere hochwertige Instrumente herstellt und mit den entsprechenden Forschungseinrichtungen verknüpft ist. In diesem Zusammenhang sei auch die Filmindustrie von Los Angeles-Hollywood erwähnt, die dank des im ganzen Jahr strahlungsreichen Wetters ideale natürliche Bedingungen für Studio- und Außenaufnahmen vorfindet.

Die Grundfrage, die auf die wirtschaftlichen Möglichkeiten in der Landschaftszone abzielt, muß differenziert beantwortet werden. Eine flächenhafte Industrialisierung, wie sie Mittel- und Westeuropa kennzeichnet, ist bislang nirgends vorhanden. Vor allem in den neuweltlichen Teilräumen haben allein die größten Städte ein nennenswertes Industriearbeitertum. Das unmittelbare Umland und das weitere Hinterland, in denen oft mehr als 50% der Erwerbspersonen in der Landwirtschaft arbeiten, sind „ländlich" geblieben. Die innige räumliche Durchdringung der verschiedenen Wirtschaftssektoren, die das „Stadt-Land-Kontinuum" West- und Mitteleuropas hervorgerufen haben, ist in den mediterranen Subtropen nicht verwirklicht.

Am deutlichsten tritt die räumliche Trennung städtisch-industrieller und agrarischer Lebensformen im südeuropäisch-nordafrikanischen Mittelmeerraum zutage, wo die modernen Werke der Grundstoff-Industrie als Fremdkörper empfunden werden. Wenn sie auch bislang wenig Einfluß auf die traditionelle Lebensweise der ländlichen Bevölkerung ausüben, so werden sie doch die herkömmlichen Strukturen langfristig verändern. Beispiele aus Dalmatien (J. BAUČIČ 1970; A. KARGER 1973; C. THOMAS 1978), Griechenland (W. HELLER/F. SAUERWEIN 1979; W.

HELLER 1982) und Süditalien (H.-G. WAGNER 1967, 1977; K.-J. LEERS 1981) zeigen, daß die Landwirtschaft nicht nur im Umkreis der jungen, küstenständigen Industrie extensiviert, vernachlässigt oder aufgegeben, sondern auch in größerer Entfernung beeinflußt worden ist. Indes eröffnet sich im Mittelmeerraum, namentlich in seinem südlichen Teil, ebenso in Mittelchile, noch manche Möglichkeit für die Industrialisierung des Binnenlandes. Eine Industrialisierungspolitik sollte hier freilich, anders als bei den Großprojekten an der Küste, auf die arbeitsintensiven Industriebranchen Wert legen, damit sich der überschüssigen Landbevölkerung, die zur Abwanderung in die Hauptstadt (nach Santiago) oder in die kühlgemäßigten Breiten (aus dem Mittelmeerraum) gezwungen ist, neue Existenzgrundlagen an Ort und Stelle bieten.

3.3.4 Die touristische Erschließung

Das Dienstleistungsgewerbe hat im Wirtschaftsleben des Mittelmeerraums und Mittelchiles aus historisch-sozialen Gründen von jeher den Vorrang gehabt. Eine große Bedeutung besitzt es heute auch in den übrigen neuweltlichen Teilräumen der Landschaftszone, gleichgültig, ob in ihren städtischen oder ländlichen Gebieten. Hier ist es freilich nicht dem charakteristischen Investitionsverhalten der „präindustriellen Gesellschaft" zuzuschreiben, sondern durch den Prozeß der „Tertiarisierung" des Wirtschaftslebens in der „industriellen" und „postindustriellen Phase", d. h. im Zuge der Verstädterung, zustandegekommen. Diese Entwicklung kann nicht zonenspezifisch genannt werden; sie beherrscht mit manchen Varianten die urbanen Räume der ganzen Erde.

Wenn aus dem breiten Spektrum des tertiären Wirtschaftssektors der Fremdenverkehr herausgegriffen wird, so deshalb, weil die Landschaftszone unter historischem und aktuellem Aspekt hierin eine führende Rolle spielt. Der Mittelmeerraum hat den Ferntourismus erstmals ausgelöst und ist heute eines der wichtigsten Erholungsgebiete auf der Erde.

Diese herausragende Stellung beruht zuvörderst auf der klimatischen Gunst. Mit Trockenheit, Wärme und langer Sonnenscheindauer im Sommer sowie milden Temperaturen und ausgedehnten Schönwetterperioden im Winter bietet das Mittelmeerklima ideale Voraussetzungen für den jahreszeitlichen oder kürzeren Kur- bzw. Erholungsaufenthalt von Menschen, die in einem Klima ohne diese Vorzüge leben müssen (Kap. 2.1.5). Zu seiner Attraktivität trägt ebenso die lange Küstenerstreckung bei, die mit malerischen Steilküsten, gebirgigen Kulissen und ausgedehnten Sandstränden den Fremden zum Verweilen einlädt.

Entstehung 183

Das „Landschaftserlebnis" ist aber nicht die einzige *Entstehungsbedingung* des Fremdenverkehrsgewerbes gewesen. Über die touristische Erschließung entscheidet nämlich auch die große Bevölkerungsdichte des polwärts angrenzenden „komplementären" Klimagebietes. Wie ein Blick auf die mediterranen Subtropen der Südhalbkugel lehrt, hätte sich der mittelmeerische Fremdenverkehr heutiger Prägung ohne diesen Faktor nicht entfaltet. Da dort die kühlgemäßigte Zone fehlt (Südafrika, Australien) oder dünn bevölkert (Südchile) und die Zahl der erholungssuchenden Städter innerhalb der Landschaftszone klein ist, gibt es keine mit dem Mittelmeerraum vergleichbare touristische Entwicklung. Dagegen paßt das kalifornische Beispiel mit seinen vielfältigen Freizeitaktivitäten sehr gut zu dieser Interpretation (s. S. 186). Schließlich ist noch ein anderer Zusammenhang ausschlaggebend. Die Vorzüge des Mittelmeerraums und die Beziehung zum kühleren Norden haben erst wirksam werden können, nachdem bei der erholungssuchenden Bevölkerung eine breite Vermögensbildung gesichert gewesen ist. Nur unter dieser Bedingung können die mittel-, west- und nordeuropäischen Urlauber in großer Zahl in den „sonnigen Süden" reisen, und nur dadurch vermag auch der einheimische Städter regelmäßig in den Genuß eines Urlaubs fern der alltäglichen Umgebung zu gelangen.

Am Mittelmeer beginnt der Fremdenverkehr allerdings nicht mit der sommerlichen Saison und dem Badetourismus. Außer dem historisch-kunsthistorischen Interesse war es seit dem 18. Jh. vielmehr das wintermilde Klima, das die begüterten Schichten aus allen Teilen des nichtmediterranen Europas bewog, den ungastlichen Norden für längere Zeit zu verlassen. Dieser frühe Tourismus bevorzugte die leicht erreichbaren und klimatisch außerordentlich begünstigten Küstengebiete Südfrankreichs, Nordwestitaliens und Dalmatiens. Cote d'Azur, ligurische Riviera und Istrien übten mit ihren abwechslungsreichen Steilküsten, der exotischen Vegetation und dem Stelldichein prominenter Persönlichkeiten einen unwiderstehlichen Reiz aus. *„San Remo wurde im Jahre 1858 durch Aufenthalte der russischen Zarin bekannt, Bordighera gewann seit 1855 an Anziehungskraft für Damen aus England, nachdem der Autor eines Moderomans den Ort als Schauplatz einer Affaire zwischen einer Engländerin und einem italienischen Arzt gewählt hatte"* (O. SCHMIEDER 1969, S. 331). Weitere bekannte Luxusbäder waren unter anderem Nizza, Cannes, Monte Carlo, Mentone, Nervi, Rapallo, Opatija (Abbazia), dazu kamen am Golf von Neapel Sorrent und Amalfi sowie die Inseln Capri und Ischia. Diese traditionellen Fremdenplätze, in denen der mondäne Winterkurbetrieb mit dem I. Weltkrieg ein jähes Ende fand, sind heute an die zweite Stelle gerückt und werden – auch im Sommer – zumeist von älteren Gästen aufgesucht (vgl. C. SCHOTT 1973 a).

Zwischen den Weltkriegen entwickelte sich allmählich der Sommertourismus, der auf den mehrwöchigen Badeurlaub am Mittelmeer abzielt und seit Ende der fünfziger Jahre in den modernen Massentourismus mündet. Von dieser Entwicklung, die sich vor unseren Augen vollzieht, seien zwei Aspekte herausgegriffen, die für die Fragestellung wichtig sind, nämlich der *Ausbreitungsvorgang* und die wirtschaftliche Bedeutung des Fremdenverkehrs (vgl. z. B. P. WEBER 1970; C. SCHOTT 1973 a, b, 1977, 1981; U. ZAHN 1973; J. MATZNETTER 1977).

Anders als beim winterlichen Erholungstourismus werden beim sommerlichen Badefremdenverkehr die Küsten mit flachen Sandstränden aufgesucht. Die ersten Fremdenplätze entstehen an der nordtoskanischen Küste mit dem Zentrum Viareggio und an der nördlichen Adriaküste zwischen Triest, Venedig und Rimini, dem inzwischen größten italienischen Seebad. Hier schießen die zahllosen Lido-Siedlungen empor, während die alten Badeplätze an Riviera, Côte d'Azur und in Istrien modernisiert werden. Die weitere Entwicklung ist dadurch gekennzeichnet, daß der Tourismus immer weiter nach Süden vorstößt, andere Küsten einbezieht und dabei unattraktive Gebiete überspringt. Zugleich rückt der einheimische Fremdenverkehr mehr und mehr in den Vordergrund. In Italien dringt der Tourismus längs der Adriaküste mit dem neuen Mittelpunkt Pescara bis zum Monte Gargano vor. In einem weiteren Schritt erobert er die mittel- und süddalmatinische Küste und die Küsten Spaniens, deren Badetourismus bis 1950 bedeutungslos gewesen ist. Hier sind die ersten Ziele die Costa brava und Mallorca, das ebenfalls ein Standort des frühen Wintertourismus war. In mehreren Schüben erreicht der Fremdenstrom die spanische Südost- und Südküste (Costa blanca, Costa del Sol) und erfaßt alle Balearen- und die Kanarischen Inseln (Teneriffa, Gran Canaria, Lanzarote). Nicht zuletzt wegen der niedrigen Preise entfaltete er sich hier besonders schnell. Schließlich wird das afrikanische Gegengestade erreicht, wo die touristische Inwertsetzung Tunesiens (z. B. Sousse, Djerba) am weitesten fortgeschritten ist. Griechenland mit Attika und Korfu, Rhodos und Kreta, die ägäische Küste der Türkei, das östliche Sizilien mit dem alten Fremdenplatz Taormina, Korsika und Sardinien (Costa smeralda) und – bis vor kurzem – die Strände Libanons sind weitere Schwerpunkte, ebenso das Algarve und die Strände westlich Lissabon. Auch das lange vernachlässigte Nieder-Languedoc erlebt einen Boom. Noch ist die Entwicklung nicht abgeschlossen, zumal im Zeitalter des Flug- und Pauschaltourismus die Entfernung keine Rolle mehr spielt (vgl. DIERCKE Weltatlas, S. 98/99 II).

Genauso wie außerhalb der Landschaftszone entstehen in dieser Epoche mit Kurorten, Heilbädern und Feriendörfern auch neue Fremdenzentren im Binnenland. Junge Wintersportplätze häufen sich im nördlichen und zentralen Apennin, in den Pyrenäen und im Libanon. Alte Wallfahrtsorte haben neuen Auftrieb erhalten. Schließlich sind alle Plätze mit antiken Ruinenstätten und historisch wertvollen Baudenkmälern, sei es im Binnenland oder an der Küste, seit langem wichtige Anziehungspunkte für den Fremden.

Diese vehemente Entwicklung findet ihren beredten Ausdruck im Siedlungsbild. Die Badesiedlungen beschränken sich im allgemeinen auf einen schmalen Küstensaum und bestehen aus Villen, Ferien- und Appartementhäusern, Hotels, Pensionen, Camping- und Caravanplätzen. Ihr Charakter reicht vom Bungalow bis zur Hochhaussiedlung, vom monotonen Einheitsstil bis zu originellen Bauideen und von städtischen Allerweltsbauten bis zur landesüblichen Bauweise. Die Aufsiedlung der Küsten wird von Einzelpersonen, von privaten Gesellschaften (*urbanisaciones* in Spanien) oder vom Staat (*lotissements* im Languedoc) getragen. Die Gästegruppen, die sich nach Alter, Herkunft und sozialer Stellung verschieden zusammensetzen, suchen jeweils andere Plätze auf und geben ihnen ein spezifisches Gepräge (C. SCHOTT 1973 a, S. 310ff.; vgl. E. SCHLIETER 1968, S. 152). Typisch für die Badeorte ist die relativ kurze, zwei- bis dreimonatige Sommersaison, die im August ihren Höhepunkt erreicht, wenn sich die nahen Großstädte entleeren und sich neben dem Strom erholungssuchender In- und Ausländer der einheimische Wochenend- und Tagesausflugsverkehr über sie ergießt. Die meisten Siedlungen sind in den übrigen Jahreszeiten *ghost towns*. Nur an bestimmten Plätzen „überwintern" heute (wieder) ältere Menschen aus Mittel- und Westeuropa.

Naturgemäß sind die *sozioökonomischen Rückwirkungen* für Raum und Bevölkerung mehr oder weniger tiefgreifend. Die Zuwanderung des in den Fremdenorten beschäftigten Personals aus dem agrarischen Hinterland ist häufig mit einem Wechsel der beruflichen und sozialen Stellung verknüpft, sofern nicht Doppelexistenzen entstehen. Obwohl die Beschäftigung nur jahreszeitlich gesichert ist, übt das erhoffte Geschäft in den florierenden Seebädern einen kräftigen Sog aus und zieht in den Herkunftsgebieten unter Umständen die Aufgabe der Landwirtschaft (Sozialbrache) und des alten Wohnsitzes nach. Unterdessen erleben an den Küsten Handwerk, Bauwesen, auf den Tourismus eingestellte Dienstleistungsgewerbe und selbst die agrarische Nutzung in spezialisierter Form mit Gemüse und Blumen einen Aufschwung (nachdem die Bodenspekulation die herkömmliche Landwirtschaft verdrängt hat), die Anlage von Verkehrswegen und Flugplätzen schreitet voran, und die Infrastruktur wird verbessert. Es steigt der allgemeine Lebensstandard, und die umgeformte und neuentwickelte Wirtschaft gewinnt eine breitere Basis. Da die Küstengebiete vielerorts zugleich die Schwerpunkte landwirtschaftlicher und industrieller Förderung darstellen, sind sie in den letzten Jahrzehnten in ungeahnter Weise aufgewertet worden. Nicht selten entstehen aus den widerstreitenden Interessen der Wirtschaftszweige jedoch folgenreiche Arealkonflikte, und zahllose unfertige Gebäude (Betonskelette) zeugen an manchen Plätzen vom spekulativen Charakter des Booms (vgl. H. KLUG 1973, E. MAYER 1976, F. GEIGER 1977, U. SPRENGEL 1977, H. BÜSCHENFELD 1982).

Eine vergleichbare stürmische Entwicklung des Tourismus weist in der *Neuen Welt* nur Kalifornien auf, das klimatisch und landschaftlich für In- und Ausländer eine große Anziehungskraft besitzt. Weil die reizvolle Bucht von San Francisco wegen der häufigen sommerlichen Nebel benachteiligt ist, haben sich Seebäder, vorwiegend mit Ferienhäusern und Zweit-(Erst-)Wohnsitzen, an der sonnenreichen südkalifornischen Küste zwischen San Diego und Santa Barbara entwickelt. In geringerer Dichte liegen solche bei San Luis Obispo und an der Bucht von Monterey. Außerdem werden vom nationalen und internationalen Tourismus die Nationalparks und -monumente einschließlich jener der angrenzenden trockenen Subtropen aufgesucht (Redwood, Lassen, Yosemite, Kings Canyon/ Sequoia, Joshua Tree, Death Valley usw.; vgl. G. RINSCHEDE 1981)[10].

Die starke Position des kalifornischen Tourismus läßt sich einerseits durch den großen Verstädterungsgrad des pazifischen Küstenstaates selbst und der kühleren Nachbarstaaten Oregon und Washington (Willamette Valley, Puget Sund), andererseits durch die große Mobilitätsbereitschaft der Amerikaner erklären, die zunehmend die städtischen Agglomerationen des Ostens verlassen und die „Sunshine States" des Südwestens und Südens auf der Suche nach einem neuen Lebensideal als (vorübergehendes oder Alters-)Domizil erwählt haben (vgl. J. E. VANCE 1972). Ohne diese bevölkerungs- und sozialgeographischen Voraussetzungen wäre die natürliche Gunst Kaliforniens ebensowenig wie im Mittelmeerraum wirtschaftlich zum Tragen gekommen.

In den mediterranen Subtropen der Südhalbkugel hat der Fremdenverkehr einen bescheidenen Umfang. Trotz vielfältiger landschaftlicher Reize spielt der internationale Tourismus in Mittelchile, im Kapland und in Südwest- und Südaustralien bislang keine Rolle. Doch haben sich durch das Erholungsbedürfnis der einheimischen Bevölkerung selbst an Kaltwasserküsten im unmittelbaren Einzugsbereich der (Haupt-)Städte Seebäder entwickelt. An der mittelchilenischen Pazifikküste sind die Strände um Valparaíso mit dem Mittelpunkt Viña del Mar von Santiago aus leicht zugänglich. An der touristischen Saison (Januar, Februar) beteiligen sich auch Argentinier, für welche die chilenische Küste näher liegt als die in-

---

[10] Eine Besonderheit und im strengen Sinne keine Touristensiedlungen sind die Rentnerstädte. Solche Gemeinschaftssiedlungen älterer Menschen, die sich seit 1960 sprunghaft vermehrt haben und auch Wohnwagenparks sind, beschränken sich nicht auf die Küste oder auf Kalifornien, sie finden sich auch in Arizona und (schon früher) in Florida (J. KOCH 1975).

ländischen Badeplätze am Atlantik. In den meist einfachen Sommersiedlungen überwiegt das private Ferienhaus (vgl. B. u. K. ROTHER 1979). Ähnlich ist es im südlichen Kapland, wo sowohl am wärmeren Indik als auch am kühleren Atlantik Badeplätze bestehen, die der Bevölkerung Kapstadts und kleinerer Binnenstädte als Sommerfrische dienen. Mit der Kap-Halbinsel und dem alten Weinbaugebiet in den südwestlichen Kapketten sind um Kapstadt zugleich wichtige Naherholungsgebiete vorhanden, die auch von Ausländern besucht werden (vgl. F. F. FERRARIO 1978; E. KLIMM u.a. 1980, S. 222, S. 224f.). Schließlich liegen in Südwestaustralien an den ausgedehnten und unberührten Sandstränden nördlich und südlich von Perth (von Kalbarri im Norden bis Busselton im Süden) sowie an der buchtenreichen Granit-Steilküste im Südwesten (Yalling-up-Augusta) und Süden (Walpole-Denmark-Albany) mehrere kleine Fremdenorte oder Badeplätze, in denen ebenfalls Ferienhäuser vorherrschen.

Das natürliche Potential der mediterranen Subtropen hat eine touristische Erschließung entfacht, über deren Aufnahmefähigkeit unterschiedliche Auffassungen bestehen. Immerhin zeigen Phänomene der Übernutzung (zügellose Überbauung, Lärmbelastung, Luft- und Meeresverschmutzung, Waldbrände etc.) die Grenzen der geoökologischen Belastbarkeit auf, so daß im Mittelmeerraum für weitere Planungen Vorsicht geboten ist (vgl. z. B. U. ZAHN 1973, S. 203-217).

Nur in ihm hat der Fremdenverkehr solches Gewicht, daß er in den Staatsbudgets als wesentliche und kalkulierbare Größe Beachtung findet. Indes verbessert er das Wirtschaftsleben ausschließlich in den Küstengebieten. Die Binnenräume bleiben weitgehend unbeeinflußt oder leiden durch ihn unter Auszehrung. Trotz positiver Wirkungen, die mitunter manche negative Begleiterscheinung verdecken, kann das saisonal gebundene und – wie die jüngste Vergangenheit gezeigt hat – konjunkturanfällige touristische Gewerbe kein Allheilmittel für eine unterentwickelte Wirtschaftsstruktur sein. Schon jetzt wird deutlich, daß man das Ziel, mit ihm ein gesundes Wirtschaftsgefüge aufzubauen, überall dort verfehlt, wo die ursprünglich einseitige agrarische Orientierung durch die einseitige touristische Orientierung ersetzt worden ist.

3.4 Die Verkehrserschließung

Eine (welt-)marktorientierte Wirtschaft benötigt ein leistungsfähiges Verkehrsnetz, das den Bedürfnissen des Güteraustauschs in allen Belangen Rechnung trägt. Infolge der spezifischen Raumgestaltung und abhängig vom Entwicklungsstand der betreffenden Staaten ergeben sich in der Landschaftszone kennzeichnende Unterschiede.

Durch das Steilrelief stellen sich im Mittelmeerraum dem *Landverkehr* zwar Hindernisse entgegen, die sich in der Art der Verkehrsführung und der Verkehrsmittel bis in unsere Tage auswirken. In gleichem Maße geht aber die verhältnismäßig geringe Dichte des Verkehrsnetzes auf die verspätete Industrialisierung zurück. So ist das Eisenbahnnetz viel weitmaschiger als in Mittel- und Westeuropa. Es hat von vornherein nur aus wenigen Hauptlinien bestanden und die Fläche nicht oder nicht genügend bedient. Allein auf der Iberischen Halbinsel bildet Madrid den Mittelpunkt eines sternförmigen Netzes, das auf den inneren Hochflächen ohne Schwierigkeiten hat angelegt werden können, dem heutigen Straßennetz aber weit unterlegen ist (M. DAUMAS 1983, S. 34). In Italien begleiten die Schienenwege vorwiegend die Küsten und halten sich ebenso wie in Dalmatien, wo die Bahn von Norden her in Split bzw. Bar endet, an die Hauptstreichrichtung der Gebirge. In Albanien queren die äußeren dinarischen Ketten nur Stichlinien, in Griechenland verläuft die einzige Hauptlinie auf der Ostseite der Halbinsel, weder im Maghreb noch in der Türkei wird der mediterrane Randsaum durchgängig erfaßt, und auf den großen Inseln fehlen Bahnen z.T. vollständig.

Da es bis auf die Unterläufe der großen iberischen Gewässer auch keine schiffbaren Flüsse gibt, sind von jeher Wege und ungeteerte Straßen wichtiger gewesen. Sie haben dem bewegten Relief gut angepaßt werden können, sind aber in der feuchten Jahreszeit in rutschgefährdetem Gelände unter Umständen wochenlang unterbrochen. Noch immer bergen fast alle Länder abgeschiedene Landschaften, die nur mühsam, auf beschwerlichen Pfaden oder auf großen Umwegen, erreichbar sind, so daß selbst benachbarte Räume voneinander isoliert bleiben.

Im Zuge der modernen Motorisierung und der allgemeinen wirtschaftlichen Entwicklung ist der Straßenbau in Italien, Südfrankreich und Spanien am weitesten fortgeschritten. Hier sorgen nicht nur neue Fernstraßen und Autobahnen für den bequemen Gütertransport zwischen den städtischen Zentren und verbinden die Länder mit dem übrigen Europa, sondern asphaltierte Regional- oder Landstraßen sichern jetzt auch die Versorgung ab- und hochgelegener Siedlungen befriedigend und ermöglichen den Absatz schnell verderblicher Erzeugnisse. Viele Trassen sind erst im Zuge der staatlichen Förderprogramme der letzten Jahrzehnte gebaut worden, damit z. B. auch der Touristenstrom ferne Ziele leichter anzusteuern vermag. Hierbei sind die wegen Versumpfung und Malaria früher gemiedenen Ebenen und Talsenken zu neuen Verkehrsachsen geworden, mit denen die Höhenorte über kürzere Entfernungen und gefahrloser verbunden sind. Unterdessen veröden manche kurvenreichen, oft gefährlich geführten Straßen in Hügel- und Bergländern. Im östlichen Mittelmeerraum und in den Maghreb-Ländern sind die Straßenverhältnisse noch schlecht, hier behaupten auch die traditionellen Verkehrsmittel (Maulesel und zweirädriger Karren) nach wie vor ihren Platz.

Wenngleich der Zugang zu den kontinentalen Binnenräumen – mit Ausnahme Australiens – durch Gebirgsbarrieren erschwert ist und andere verkehrsfeindliche Naturräume (z. B. die Cape Flats, das Sacramento-Delta) haben überwunden werden müssen, trifft der Landverkehr in den neuweltlichen Teilräumen, die schiffbare Flüsse ebensowenig besitzen wie der Mittelmeerraum, auf günstigere natürliche Bedingungen. Sie werden jedoch unterschiedlich ausgeschöpft. Chile ist am rückständigsten. Hier verzögert der ungenügende Ausbau der Verkehrswege die wirtschaftliche Entwicklung erheblich (W. WEISCHET 1970, S. 94f.). Obwohl die Reliefverhältnisse jenen Kaliforniens weitgehend ähneln, besteht ein Verkehrsnetz im eigentlichen Sinne nicht. So ist zwar eine durchgängige Bahnlinie vorhanden. Sie wird indessen für den Personenverkehr nur im zentralchilenischen Längstal laufend unterhalten, wo auch die *Carretera Panamericana* als einzige asphaltierte Fernstraße die Hauptverkehrsachse bildet. Bis auf den Großraum Santiago-Valparaíso sind alle Querverbindungen in einem beklagenswerten Zustand und in feuchten Wintern durch Überschwemmungen zeitweise unpassierbar. Die Verkehrserschließung in Kalifornien, im Kapland, in Südwest- und Südaustralien läßt dagegen nichts zu wünschen übrig. Obwohl die Bahnlinien bis weit ins 20. Jh. vorrangig benutzt worden sind und in der frühen Kolonialzeit sogar die räumliche Erschließungsrichtung bestimmt haben (wie z. B. in Südwestaustralien), treten sie heute zugunsten des Straßenverkehrs immer mehr zurück. Auf den gut ausgebauten Orts-, Nah- und Fernverkehrsstraßen kann der Kraftwagenverkehr in alle Richtungen ungehindert fließen. Namentlich die verstädterte kalifornische Küstenregion kennt eine sehr hohe Verkehrsdichte, die schwerwiegende Umweltbelastungen (*Smog* von Los Angeles) heraufbeschwört (W. R. BLAND 1974). Abgesehen von den Großstädten Kapstadt, Perth und Adelaide haben die Straßen in den bevölkerungsarmen kapländischen und australischen Teilräumen ein sehr geringes Verkehrsaufkommen. Hier ist das „Angebot" an Verkehrswegen wesentlich größer als der Bedarf.

Durch die ozeanische Lage der mediterranen Subtropen an den Westseiten der Kontinente hat der *Seeverkehr* immer eine zentrale Stellung besessen. In moderner Zeit gewährleistet er die Einbeziehung der Landschaftszone in die Weltwirtschaft. So wie das Weltmeer für die Entdecker den Zugang zur Neuen Welt geschaffen hat, ermöglicht das Mittelmeer von jeher den regen Kontakt zwischen seinen Völkern, aber auch den leichten Zugriff von Eroberern. Nicht zuletzt hat die frühe Staatenbildung auf der Seeherrschaft gegründet. Welch gewichtiger Verkehrsträger die Wasserfläche seit dem Altertum gewesen ist, zeigt sich unter anderem darin, daß sie bis in die jüngste Vergangenheit die Verbindung zwischen jenen Küstenplätzen ermöglicht hat, die vom Festland her keinen gemeinsamen Zugang besaßen. Als Mittler zwischen drei Kontinenten ist das Binnenmeer auch heute ein „Raum intensiven Austauschs", in dem etwa 19% der Welthandelsflotte beheimatet sind, jährlich ca. 15 Mill. Fahrgäste und 850 Mill. t Waren „umgeschlagen" werden (M. WOLKOWITSCH 1982, S. 29). Ähnlich wie in der Karibik hat sich auf ihm der Passagierverkehr (Kreuzfahrt-, Fährverkehr) erhalten, der auf den Ozeanen längst vorüber und durch den interkontinentalen Flugverkehr (von dem auch die Landschaftszone gut erschlossen wird) ersetzt worden ist. Bedeutsamer ist der Güterumschlag. Da das Mittelmeer Handelsbeziehungen zwischen Ländern gleichen und unterschiedlichen Entwicklungsgrades knüpft, erreichen z. B. Hafen- und Flottengröße im industrialisierten Südeuropa und in den vorwiegend agrarisch orientierten Randsäumen Nordafrikas und Vorderasiens jeweils eine andere Dimension (Tab. 6). In starkem Maße

Tab. 6: Der Güterverkehr in den Mittelmeerhäfen nach Staaten in Mill. t (nach M. WOLKOWITSCH 1982, S. 30)

über 100		45–100		20–45		unter 20	
Italien	325	Libyen	80	Libanon	30	Ägypten	15
Frankreich	102	Spanien	76*	Tunesien	22	Israel	6*
		Algerien	57	Syrien	21	Zypern	3
		Griechenland	45	Jugoslawien	20	Türkei	3*
						Malta	1
						Albanien	0,6
						Gibraltar	0,3
						Marokko	0,3*

* nur Mittelmeerhäfen

werden im Süd-Nord-Verkehr Rohstoffe (Erdöl, Erdgas), im Nord-Süd-Verkehr dagegen Fertigwaren transportiert. Typisch ist die Verteilung des Verkehrs auf viele mittlere, kleine und kleinste Häfen, die mit wenigen großen Umschlagplätzen konkurrieren müssen. Letztere gliedern sich nach der Umschlagsmenge in Personen- und Handelshäfen (Marseille, Genua, Triest), Häfen spezieller Industrie, wie z. B. der Petrochemie (Augusta, Milazzo), und in andere Industriehäfen (Barcelona, Neapel, Tarent). Durch die lange Küstenerstreckung, den Verkehr mit den großen Inseln und der geringen Entfernung nach Mitteleuropa entfällt mehr als die Hälfte des Verkehrs der europäischen Mittelmeerhäfen auf Italien, gefolgt von Südfrankreich mit Marseille, dem größten Hafen am Mittelmeer.

Die hervorragende verkehrsgeographische Stellung des Mittelmeers beruht aber nicht nur auf dem internen Schiffsverkehr, sondern dank des Sues-Kanals auch auf dem Transit zwischen Atlantischem und Indischem Ozean. Durch diese Doppelfunktion besitzt das Binnenmeer sowohl im Welthandel als auch in militärisch-strategischer Hinsicht einen hohen Rang (vgl. M. WOLKOWITSCH 1982).

In den neuweltlichen Teilräumen der Landschaftszone sind die wenigen Ozeanbuchten die großen Einfallstore, durch die die europäischen Einwanderer den ersten Kontakt zu ihrer neuen Heimat aufgenommen haben. An diesen von Natur aus bevorzugten Plätzen sind Welthäfen erster Ordnung entstanden, die heute den internationalen Seeverkehr ebenso sichern wie sie den Warenumschlag für ihr meerabgewandtes Hinterland versehen. Sie überragen jeweils alle anderen Hafenplätze der gleichen Region um Größenordnungen. Nach der beförderten Schiffstonnage stehen San Francisco, Los Angeles und – als wichtige Drehscheibe auf der Südhalbkugel – Kapstadt an vorderster Stelle, während unter den kleineren Hafenplätzen Perth-Fremantle und Adelaide heute wachsen, Valparaíso aber stagniert.

3.5 Die weltwirtschaftliche Stellung der mediterranen Subtropen

Der auf die natürlichen Grundlagen der Landschaftszone gerichtete Überblick über die Anpassungsformen menschlichen Wirtschaftens hat das mehr oder minder große Gewicht der Wirtschaftszweige vor Augen geführt. Abschließend erhebt sich die Frage, welcher Wirtschaftszweig den mediterranen Subtropen eigen ist und ihnen eine herausragende Stellung auf dem Weltmarkt verschafft. Weder Forstwirtschaft, Fischerei und Bergbau noch Industrie und Fremdenverkehr sind für die Landschaftszone in ihrer Gesamtheit das integrierende wirtschaftsgeographische Merkmal oder vermögen eine wirtschaftlich führende Rolle der Landschaftszone zu begründen. Sie beeinflussen das Wirtschaftsleben allenfalls in regionalem Umfang. Wenn man von dem alles überragenden, aber nicht zonentypischen Dienstleistungsgewerbe absieht, übernimmt jene verbindende Funktion allein die Landwirtschaft. Sie stellt den Wirtschaftszweig dar, der den mediterranen Subtropen das spezifische Gepräge gibt. Mit der charakteristischen Vielfalt, als Produzent von Wein, Obst und Gemüse einerseits und als wichtiger Lieferant von Weizen und Tierprodukten andererseits, ist sie eine feststehende Größe im Welthandel, und ihre Erzeugnisse sind insbesondere in den Verdichtungsräumen der kühlgemäßigten Breiten gefragt.

Dies gibt zu der Überlegung Anlaß, ob künftig mit einem Wechsel in der Weise zu rechnen ist, daß ein anderer Wirtschaftszweig mehr Geltung gewinnen und die Landwirtschaft von ihrer beherrschenden Stellung verdrängen könnte. Weil die Landschaftszone in sozioökonomisch unterschiedlich strukturierte Räume zerfällt, ist eine abwägende und differenzierte Prognose geboten.

In den *unterentwickelten Räumen* steht der gegenwärtige oder künftige Aufbau eines vielseitigen Wirtschaftslebens ohne Zweifel im Mittelpunkt des Interesses. In Mittelchile, am nordafrikanischen und asiatischen Gestade des Mittelmeers (außer Israel) und in einigen peripheren Räumen Südeuropas (Südportugal, -spanien, -italien, Griechenland) geht es vor allem darum, die Existenzgrundlage der einheimischen Bevölkerung zu verbessern. Es gilt, die Leitvorstellungen der entwicklungshemmenden Agrargesellschaft zu überwinden, Arbeitsplätze zu schaffen und die Eigenversorgung zu sichern. Obwohl noch manche Intensitätssteigerungen der Landwirtschaft in einem stabilisierten Naturhaushalt möglich sind, werden entscheidende Fortschritte allein über jene außeragrarischen Erwerbszweige zu erzielen sein, die den übersetzten traditionellen Dienstleistungssektor ablösen können. Da der Fremdenverkehr wegen seiner geringen räumlichen Tiefenwirkung, der saisonal beschränkten Aktivität und dem schwankenden Ertrag allenfalls eine willkommene Ergänzungsaufgabe zu erfüllen vermag, ist die Industrie wohl jener Wirtschaftszweig, der am ehesten eine auskömmliche und dauerhafte Beschäftigung verspricht, wenn er sich, den Marktbedürfnissen angepaßt, in den dichter bevölkerten ländlichen Räumen durch den Aufbau arbeitsintensiver Branchen breiter entfalten kann. Einer solchen Aufgabe sollte nicht zuletzt in Mittelchile Aufmerksamkeit geschenkt werden; seine Bevölkerung hat nicht wie jene des Mittelmeerraums die Gelegenheit, als Gastarbeiter über kurze Entfernungen prosperierende Wirtschaftsräume zu erreichen und den Heimatländern einen höheren Lebensstandard zu verschaffen. Beim gegenwärtigen Stand der Industrialisierung wird die Vorrangstellung der Landwirtschaft in den meisten schwach strukturierten Regionen aber in absehbarer Zeit nicht erschüttert werden.

In den *entwickelten Regionen* ist die Situation anders. In Kalifornien, im Kapland und in Südwest- und Südaustralien herrscht keine wirtschaftliche Not; überdies ist jederzeit ein Ausgleich räumlicher Disparitäten durch das größere Staatswesen möglich. Namentlich Kalifornien, wo die Entwicklung im Zusammenhang mit den starken Bevölkerungsgewinnen in der jüngsten Vergangenheit sehr rasch vorangeschritten ist, besitzt eine ausgewogene Wirtschaftsstruktur, die heute von außeragrarischen Wachstumsbranchen gekennzeichnet ist. Weil der nationale und internationale Handel ausgezeichnet floriert, kann die Zukunft auf die gleichmäßige

Weiterentwicklung aller Wirtschaftszweige gegründet werden; selbst die „industrialisierte" Landwirtschaft hat noch Reserven. Solches kommt für das Kapland und Südwest- und Südaustralien infolge des Arbeitskräftemangels und der Abseitslage weniger in Betracht. Das Augenmerk muß hier der überwiegend extensiv betriebenen, exportorientierten Landwirtschaft gelten und auf die Sicherung und Ausweitung des Binnen- und Weltmarktes gerichtet sein, weil der Entfaltung des Tourismus nur wenig Chancen eingeräumt werden können und die gewerbliche Wirtschaft infolge der hohen Transportkostenbelastung hauptsächlich auf den Eigenbedarf eingestellt bleiben wird. – Den neuweltlichen Räumen stärker verwandt als der Südmediterraneïs sind der nördliche Mittelmeerraum und Israel. Hier gibt es keinen Arbeitskräftemangel, und es sind keine Entfernungsprobleme zu meistern. Die Wirtschaft steht auf einer breiten, allmählich gewachsenen Grundlage und hat über die binnenwirtschaftliche Orientierung hinaus fast in allen Wirtschaftssektoren seit längerem den ausländischen Markt erobert. Nordspanien und Norditalien besitzen ebenso wie Südfrankreich und Dalmatien nicht mehr den Charakter von Agrarräumen.

Aus allem möge hervorgehen, daß die Art und Weise der weltwirtschaftlichen Verflechtung der mediterranen Subtropen, vor allem wenn man die vorwiegend auf den begrenzten natürlichen Ressourcen fußenden Wirtschaftszweige betrachtet, sich langfristig nicht ändern wird. Allein Kalifornien und – mit einigem Abstand – einzelne Regionen des (nördlichen) Mittelmeerraums werden mit ihren nichtagrarischen und naturunabhängigen Wirtschaftssektoren mehr als heute auf den Weltmarkt vorstoßen können. Alle übrigen Teilräume dürften ihre heutige Rolle durch einen zeitgemäß entwickelten Agrarsektor behaupten. In ihrer Ergänzungsfunktion für die benachbarten Landschaftszonen (von den gemäßigten Breiten bis in die Tropen) wird sich die ökonomische Weltgeltung der mediterranen Subtropen weiterhin vor allem auf die Landwirtschaft stützen.

4 Schlußbetrachtung: Der Wirtschaftsraum der mediterranen Subtropen. Einheit oder Vielfalt?

Die physiogeographische Einheitlichkeit der Landschaftszone ist nicht zweifelhaft. Die charakteristischen hydrogeographischen, geomorphologischen, pedologischen und pflanzengeographischen Phänomene und Prozesse sind unter dem Diktat des Mittelmeerklimas überall verbreitet, und der mehr oder weniger tiefe Eingriff des Menschen in den Naturhaushalt in sämtlichen Teilräumen hat ähnliche Konsequenzen hervorgerufen. Auch wenn Siedlung, Bevölkerung und andere Elemente der Kulturlandschaft in der Darstellung, die von den physiogeographischen Faktoren ausgegangen ist, mit gutem Grund außer acht gelassen worden sind, haben einige Beurteilungskriterien für die in der Einleitung gestellte Frage, ob es über den einheitlichen Naturraum hinaus auch einen „mediterranen Wirtschaftsraum" auf der Erde gibt, gewonnen werden können. Bilden die mediterranen Subtropen unter solchem Aspekt gleichfalls eine zonale Einheit?

Das Problem liegt darin, daß der Mittelmeerraum selbst oder das, was man als *mediterran* bezeichnet, uneinheitlich ist und sich je nach Blickwinkel in verschiedene Bestandteile gliedern läßt. Kann es überhaupt den Mittelmeerraum als Einheit im kultur- und wirtschaftsgeographischen Sinne geben, wenn sich in ihm zwei Kulturkreise begegnen? So ist es umstritten, welche kulturlandschaftlichen Erscheinungen und Entwicklungsprozesse zweifelsfrei *mediterran* sind (B. FREUND 1975; K. ROTHER 1981). Da zahlreiche auf den ersten Blick als typisch erscheinende Merkmale jeweils durch ein Gegenbeispiel erschüttert werden können und sie – für sich betrachtet – auch das Wesen anderer Erdräume bestimmen, liegt es nahe anzunehmen, daß allein in einer spezifischen Merkmalskombination der Charakter der „mediterranen Kulturlandschaft" zu suchen sei. Eine verbindliche Definition, die sich von der Merkmalsbeschreibung löst, läßt sich jedenfalls nicht aufstellen.

Die Ausgangsfrage muß deshalb eindeutig verneint werden. Die interkontinentale Übereinstimmung im Wirtschaftsraum der mediterranen Subtropen erstreckt sich nämlich nur auf die den gleichen Klimabedingungen ausgesetzte agrarische Landnutzung. Ungeachtet dessen, daß Unterschiede im einzelnen bestehen, werden alle Teilräume von den gleichen

Nutzpflanzen, ähnlichen Anbauweisen und Kulturtechniken beherrscht. Sie sind von den Europäern in die Neue Welt übertragen worden. Sicherlich wird dadurch auch der landschaftliche Eindruck geprägt: Man fühlt sich in Kalifornien, in Mittelchile, im Kapland und in Südwest- und Südaustralien – von der Physiognomie der Agrarlandschaft befangen – nicht selten an den Mittelmeerraum erinnert. Tatsächlich handelt es sich aber um äußerliche Kriterien. Sie sind mit anderen Strukturelementen verbunden, die im Mittelmeerraum höchstens ausnahmsweise vorkommen. Nur in Mittelchile findet sich neben den autochthonen Merkmalen fast alles wieder, was den romanisch besiedelten (westlichen) Mittelmeerraum kennzeichnet. Für die andere Ausstattung der überseeischen Teilräume ist ausschlaggebend gewesen, daß Elemente aus der west- und mitteleuropäischen Kulturlandschaft verpflanzt worden sind, als die Epoche der industriellen Revolution und des sozialen Fortschritts schon begonnen hatte, so daß sich „*diese Neuländer ... uns heute kulturell einheitlicher dar*(stellen) *als das Altland im Bereich des europäischen Mittelmeeres*" (H. WILHELMY 1966/67, S. 7). Ganz abgesehen von der geringeren zeitlichen Tiefe seines Werdens und der damit verbundenen Traditionslosigkeit wird z. B. der Agrarraum in den von Briten, Holländern und Deutschen und weniger von Südeuropäern kolonisierten überseeischen Gebieten vor allem von der Farmwirtschaft gestaltet, der rationelles Wirtschaftsdenken zugrundeliegt, wobei sich Kalifornien, das Kapland und Südwest- und Südaustralien nur in Nuancen unterscheiden. Auch die schematischen Siedlungs- und Flurformen, das Städtewesen und nicht zuletzt das Verhalten der Bevölkerung weichen von der lange gewachsenen, mit vielen Traditionen behafteten mittelmeerischen Kulturlandschaft grundsätzlich ab. Die kulturgeographische Verwandtschaft dieser Räume zu den benachbarten Landschaftszonen der Neuen Welt ist größer als die zum Mittelmeerraum, weil viele Bestandteile der Kultur- bzw. Wirtschaftslandschaft über die Grenzen der mediterranen Subtropen hinweggreifen.

Somit zerfällt der Wirtschaftsraum der mediterranen Subtropen in mehrere Glieder; er ist nicht einheitlich, sondern vielfältig. Kalifornien, das südafrikanische Kapland sowie Südwest- und Südaustralien stehen dem Mittelmeerraum und Mittelchile gegenüber. Mittelchile besitzt darüber hinaus eigenständige Züge und unterscheidet sich vom Mittelmeerraum als Ganzem; denn dieser selbst stellt keine Einheit dar. Es ist daher abwegig, im Sinne des Zonenkonzeptes von einem „mediterranen Wirtschaftsraum" auf der Erde zu sprechen. Die Einheit der Landschaftszone liegt im Physiogeographischen, während im Kulturgeographischen die Gegensätze überwiegen. Allenfalls für die Gemeinsamkeiten in der agrarischen Landnutzung mag sich der Terminus *mediterran* erdweit als tragfähig erweisen.

5 Literatur

Abkürzungen
Ann. Géogr. Annales de Géographie
G. Hdb.   Geographische Handbücher
GR   Geographische Rundschau
G. Rev.   The Geographical Review
GZ   Geographische Zeitschrift
Jb.   Jahrbuch
PGM   Petermanns Geographische Mitteilungen
Studb. G.   Studienbücher der Geographie
Wiss. L.   Wissenschaftliche Länderkunden
Zschr.   Zeitschrift

Überblicke, Länderkunden

ALMAGIÀ, R., *L'Italia;* 2 Bde.; Turin 1959, 1320 S.
Atlas of California (bearb. v. DOONLEY, M. M., ALLAN, S., CARO, P., und PATTON, C. P.); Culver City 1979.
Atlas of Australian resources; Dept. of Nat. Development, Second und Third Series; Canberra 1966 und 1980 ff.
BÄHR, J., *Chile;* Stuttgart 1979, 204 S.
BIROT, P., DRESCH, J., und GABERT, P., *La Méditerranée et le Moyen-Orient;* Tome I; Paris 1956, 552 S.
BLUME, H., *USA. Eine geographische Landeskunde* (Wiss. L. 9); Bd. I, 346 S., Bd. II, 499 S.; Darmstadt 1974 und 1979.
BLÜTHGEN, J., *Allgemeine Klimageographie* (Lb. d. Allg. Geogr. II); Berlin 1964, 599 S.
BOLETZKY, S. v., KARLINGER, F., KÜHNER, H., MAGNANI, F., und PLETSCH, A., *Das Mittelmeer;* Luzern 1980, 248 S.
BRAMER, H., *Geographische Zonen der Erde;* Gotha 1977, 119 S.
BRANIGAN, J. H., und JARRETT, H. R., *The Mediterranean Lands;* London ²1975, 628 S.
BREUER, T., *Spanien;* Stuttgart 1982, 259 S.
BÜSCHENFELD, H., *Jugoslawien;* Stuttgart 1981, 264 S.
CREUTZBURG, N., *Klima, Klimatypen und Klimakarten;* in: PGM 94 (1950), S. 57–59.
CUNILL, P., *Geografía de Chile;* Santiago de Chile ⁴1973, 495 S.
Diercke Weltatlas; Braunschweig 1974.
FISCHER, T., *Der Ölbaum. Seine geographische Verbreitung, seine wirtschaftliche und kulturhistorische Bedeutung* (PGM, Erg.-H. 147); Gotha 1904, 87 S.
Ders., *Mittelmeerbilder;* Berlin 1906, 480 S.
FRANKENBERG, P., *Tunesien. Ein Entwicklungsland im maghrebinischen Orient;* Stuttgart 1979, 172 S.

FREUND, B., *Portugal;* Stuttgart 1979, 149 S.
GENTILLI, J. (Hrsg.), *Western Landscapes;* Nedlands (Perth) 1979, 526 S.
HOUSTON, J. M., *The Western Mediterranean World;* London 1964, 800 S.
HÜTTEROTH, W.-D., *Türkei* (Wiss. L. 21); Darmstadt 1982, 548 S.
KANTER, H., *Libyen. Eine geographisch-medizinische Landeskunde;* Heidelberg 1967, 163 S.
KARMON, Y., *Israel. Eine geographische Landeskunde* (Wiss. L. 22); Darmstadt 1983, 300 S.
KERR, A., *The South-West Region of Western Australia;* Nedlands (Perth) ²1965, 142 S.
KLIMM, E., SCHNEIDER, K. H., und WIESE, B., *Das südliche Afrika. I. Republik Südafrika – Swasiland – Lesotho* (Wiss. L. 17); Darmstadt 1980, 307 S.
KLINK, H.-J., und MAYER, E., *Vegetationsgeographie* (Das Geogr. Seminar); Braunschweig 1983, 278 S.
KÖPPEN, W., *Grundriß der Klimakunde;* Leipzig ²1931, 388 S.
Ders., *Das geographische System der Klimate* (Hdb. d. Klimatologie, Bd. 1); Berlin 1936, 44 S.
KREBS, N., *Die subtropischen Winterregengebiete;* in: *Vergleichende Länderkunde* (G. Hdb.); Stuttgart ²1952, S. 344–358.
LAUTENSACH, H., *Die Iberische Halbinsel* (G. Hdb.); Heidelberg 1964, 700 S.
MAULL, O., *Länderkunde von Südeuropa;* Leipzig 1929, 550 S.
MENSCHING, H., *Marokko. Die Landschaften im Maghreb* (G. Hdb.); Heidelberg 1957, 254 S.
Ders., *Tunesien. Eine geographische Landeskunde* (Wiss. L. 1); Darmstadt 1968, 281 S.
MENSCHING, H., und WIRTH, E., *Nordafrika und Vorderasien* (Fischer Länderk. 4); Frankfurt/M. 1973, 317 S.
MÜLLER-HOHENSTEIN, K., *Die Landschaftsgürtel der Erde* (Studb. G.); Stuttgart 1979, 204 S.
MÜLLER-WILLE, W., *Gedanken zur Bonitierung und Tragfähigkeit der Erde;* in: Westfäl. Geogr. Stud. 35 (1978), S. 25–56.
PASSARGE, S., *Die Landschaftsgürtel der Erde;* Breslau ²1929, 144 S.
PHILIPPSON, A., *Das Mittelmeergebiet;* Leipzig ³1914, 256 S.
Ders., *Land und See der Griechen;* Bonn 1947, 40 S.
Ders., *Die griechischen Landschaften. Eine Landeskunde;* 4 Bde; Frankfurt/M. 1950–1959; 1087, 693, 523 und 412 S.
PLANHOL, X. DE, und ROGNON, P., *Les zones tropicales arides et subtropicales* (Collection U, Serie

Literatur

„Geogr."); Paris 1970, 487 S.
PLETSCH, A., *Frankreich;* Stuttgart 1978, 256 S.
ROBINSON, H., *The Mediterranean Lands;* London ⁴1973, 470 S.
SAUERWEIN, F., *Griechenland;* Kiel 1976, 128 S.
SCHMIEDER, O., *Die Neue Welt.* I. Teil: *Mittel- und Südamerika,* II. Teil: *Nordamerika* (G. Hdb.); Heidelberg ²1962 und ²1963; 572 und 548 S.
Ders., *Die Alte Welt.* Band II: *Anatolien und die Mittelmeerländer Europas;* Kiel 1969, 613 S.
SCHOTT, C., *Die Mittelmeerforschung der deutschen Geographie vor dem Zweiten Weltkrieg;* in: Düss. Geogr. Schr. 7 (1977), S. 7-20.
SPERLING, W., und KARGER, A. (Hrsg.), *Europa* (Fischer Länderk. 8); Frankfurt/M. 1978, 512 S.
TROLL, C., und PAFFEN, K., *Karte der Jahreszeitenklimate der Erde;* in: Erdkunde 18 (1964), S. 5-28.
WALTER, H., und LIETH, H., *Klimadiagramm-Weltatlas;* Jena 1960-67.
WALTON, S. J., *Mediterranean Landscapes;* Melbourne 1968, 69 S.
WEBER, P., *Portugal. Räumliche Dimension und Abhängigkeit* (Wiss. L. 19); Darmstadt 1980, 308 S.
WEISCHET, W., *Chile. Seine länderkundliche Individualität und Struktur* (Wiss. L. 2/3); Darmstadt 1970, 618 S.
WILHELMY, H., *Das Mittelmeergebiet als geographische Erscheinung;* in: Die Karawane 7 (1966/67), S. 3-8.
WIRTH, E., *Syrien. Eine geographische Landeskunde* (Wiss. L. 4/5); Darmstadt 1971, 530 S.
WISSMANN, H. V., *Klimagebiete der Erde* (mit Karte); in: BLÜTHGEN, J.: *Allgemeine Klimageographie* (Lb. d. Allg. Geogr. II); Berlin 1964, S. 472-473.
World Atlas of Agriculture. Land Utilization Maps; Monographs 1-4, Novara 1969-76.

Naturraum

ABELE, G., *Trockene Massenbewegungen, Schlammströme und rasche Abflüsse. Dominante morphologische Vorgänge in den chilenischen Anden* (Mainz. Geogr. Stud. 23); Mainz 1981, 102 S.
AXELROD, D. J., *History of the mediterranean ecosystems in California;* in: Ecol. Studies 11 (1973), S. 83-112.
BAHRE, C. J., *Destruction of the natural vegetation of Northern-Central Chile* (Univ. of California, Publ. in Geogr. 23); Berkeley 1979, 117 S.
BAILEY, H. P., *Some remarks on Köppen's definitions of climatic types and their mapped representations;* in: G. Rev. 52 (1962), S. 444-447.
BAKE, G., *Physisch- und kulturgeographische Grundlagen der Desertifikation in Südwest-Sizilien;* in: Würzb. Geogr. Arb. 53 (1981), S. 51-71.
BEUERMANN, A., *Die Waldverhältnisse im Peloponnes unter besonderer Berücksichtigung der Entwaldung und Aufforstung;* in: Erdkunde 10 (1956), S. 122-136.
BLÜMEL, W. D., *Pedologische und geomorphologische Aspekte der Kalkkrustenbildung in Südwestafrika und Südostspanien* (Karlsr. Geogr. H. 10); Karlsruhe 1981, 228 S.
BORDE, J., *Les Andes de Santiago et leur avant-pays;* Bordeaux 1966, 559 S.

BRAUN-BLANQUET, J., und WALTER, H., *Zur Ökologie der Mediterranpflanzen;* in: Jb. f. wiss. Botanik 74 (1931), S. 697-748.
BROSCHE, K.-U., *Beobachtungen an rezenten Periglazialerscheinungen in einigen Hochgebirgen der Iberischen Halbinsel;* in: Die Erde 102 (1971), S. 34-52.
BRÜCKNER, H., *Marine Terrassen in Süditalien. Eine quartärmorphologische Untersuchung im Küstentiefland von Metapont* (Düss. Geogr. Schr. 14); Düsseldorf 1980, 335 S.
Ders., *Ausmaß von Erosion und Akkumulation im Verlauf des Quartärs in der Basilicata* (Süditalien); in: Zschr. f. Geomorph. N. F., Suppl.-Bd. 43 (1982), S. 121-137.
Ders., *Holozäne Bodenbildungen in den Alluvionen süditalienischer Flüsse;* in: Zschr. f. Geomorphol. N. F., Suppl.-Bd. 48 (1983), S. 99-116.
BRUNNER, H., und THÜRMER, R., *Zur Bewertung des Naturpotentials der Tropen und Subtropen für den Pflanzenbau;* in: PGM 125 (1981), S. 47-51.
BÜDEL, J., *Aufbau und Verschüttung Olympias. Mediterrane Flußtätigkeit seit der Frühantike;* in: Dt. Geogr.-Tag Heidelberg 1963, Tag.-Ber. u. wiss. Abh.; Wiesbaden 1965, S. 179-183.
Ders., *Das natürliche System der Geomorphologie* (Würzb. Geogr. Arb. 34); Würzburg 1971, 78 S.
CASTRI, F. DI, *Climatographical comparison between Chile and the western coast of North America;* in: Ecol. Studies 7 (1973), S. 21-36.
CASTRI, F. DI, und MOONEY, H. A. (Hrsg.), *Mediterranean type ecosystems* (Ecol. Studies 7); Berlin 1973, 405 S.
CAVIEDES, C. N., *Geomorfologia del cuaternario del valle del Aconcagua* (Freib. Geogr. H. 11); Freiburg i. Br. 1972, 153 S.
Ders. und PASKOFF, R., *Quaternary glaciations in the Andes of north-central Chile;* in: Journal of Glaciology 14 (1975), S. 155-170.
Chile-California. Mediterranean Scrub Atlas., A comparative analysis; hrsg. v. THROWER, N. J. W., und BRADBURG, D. E.; Strondsburg (Pa.) 1977, 237 S.
DAHLKE, J., *Beobachtungen zum Phänomen der Hangversteilungen in Südwestaustralien;* in: Erdkunde 24 (1970), S. 285-290.
DEBENE, A., *Die Dauer der humiden und ariden Zeiten des Jahres in West-, Mittel- und Südeuropa;* (masch. schrftl.), Tübingen 1952, 70 S.
DELANO SMITH, C., *Western mediterranean Europe. A historical geography of Italy, Spain and Southern France since the Neolithic;* London 1979, 453 S.
DÖRRENHAUS, F., *Die Flut von Florenz am 4. November 1966;* in: GR 19 (1967), S. 409-420.
ENDLICHER, W., *Zur Witterungsklimatologie der Winterregen-Subtropen Chiles;* in: Erdkunde 37 (1983), S. 258-268.
ERGENZINGER, P., OBENAUF, K. P., und SIJMONS, K., *Erster Versuch einer Abschätzung von Erosions- und Akkumulationsbeträgen einer Torrente Kalabriens;* in: Würzb. Geogr. Arb. 43 (1975), S. 174-186.
EHRIG, F. R., *Zum Problem der Macchien am Beispiel Korsikas;* in: Mitt. Geogr. Ges. München 58 (1973), S. 97-108.

Ders., *Der Wald im Département Seealpen/Südfrankreich* (Regensb. Geogr. Schr. 16); Regensburg 1980, 244 S.

ERN, H., *Die dreidimensionale Anordnung der Gebirgsvegetation auf der Iberischen Halbinsel* (Bonn. Geogr. Abh. 37); Bonn 1966, 132 S.

FLOHN, H., *Zur Kenntnis des jährlichen Ablaufs der Witterung im Mittelmeergebiet;* in: Geofisica e applicata 13 (1948), S. 167-188.

Ders., *Neue Anschauungen über die allgemeine Zirkulation der Atmosphäre und ihre klimatische Bedeutung;* in: Erdkunde 4 (1950), S. 141-162.

FRÄNZLE, O., *Glaziale und periglaziale Formbildung im östlichen Kastilischen Scheidegebirge* (Zentralspanien) (Bonn. Geogr. Abh. 26); Bonn 1959, 80 S.

GANSSEN, R., *Bodengeographie;* Stuttgart ²1972, 352 S.

Ders. und HÄDRICH F. (Hrsg.), *Atlas zur Bodenkunde;* Mannheim 1965.

GEHRENKEMPER, J., *Rañas und Reliefgenerationen der Montes de Toledo in Zentralspanien* (Berliner Geogr. Abh. 29); Berlin 1978, 96 S.

GEIGER, F., *Die Aridität in Südostspanien. Ursachen und Auswirkungen im Landschaftsbild* (Stuttg. Geogr. Stud. 77); Stuttgart 1970, 173 S.

GEIPEL, R., *Erdbebenrisiko in Kalifornien;* in: GR 29 (1977), S. 6-9.

GENTILLI, J., *Die Klimate Australiens;* in: Die Erde 7 (1955), S. 206-238.

GEROLD, G., *Untersuchungen zum Naturpotential in Südost-Sizilien* (Jb. d. Geogr. Ges. z. Hannover f. 1979); Hannover 1979, 273 S.

GERSTENHAUER, A., *Zum Problem der Glatthangbildung in der subperiglazialen Höhenstufe der Gebirge im mediterranen Raum;* in: Düss. Geogr. Schr. 15 (1980), S. 55-67.

GIESSNER, K., *Der mediterrane Wald im Maghreb;* in: GR 23 (1971), S. 390-401.

HAGEDORN, J., *Beiträge zur Quartärmorphologie griechischer Hochgebirge* (Gött. Geogr. Abh. 50); Göttingen 1969, 135 S.

HARD, G., *„Dunstige Klarheit". Zu Goethes Beschreibung der italienischen Landschaft;* in: Die Erde 100 (1969), S. 138-154.

HEMPEL, L., *Rezente und fossile Zertalungsformen im mediterranen Spanien;* in: Erdkunde 90 (1959), S. 38-59.

Ders., *Klimamorphologische Taltypen und die Frage einer humiden Höhenstufe in europäischen Mittelmeerländern;* in: PGM 110 (1966), S. 81-96.

Ders., *Humide Höhenstufe in Mediterranländern;* in: Feddes Repertorium 81 (1970), S. 337-345.

Ders., *Mensch oder Klima? „Reparaturen" am Lebensbild vom mediterranen Menschen mit Hilfe geowissenschaftlicher Meßmethoden;* in: Ges. z. Förderung d. Westfäl. Wilhelms-Univ. 1980/81, S. 30-36.

HÖLLERMANN, P., *Die periglaziale Höhenstufe der Gebirge in einem West-Ost-Profil von Nordiberien zum Kaukasus;* in: Abh. d. Akad. d. Wiss. Göttingen, Mathem.-Physikal. Klasse, Dritte Folge, Nr. 31; Göttingen 1977, 378 S.

HUTTARY, J., *Die Verteilung der Niederschläge auf die Jahreszeiten im Mittelmeergebiet;* in: Meteorol. Rdsch. 3 (1950), S. 111-119.

JÄTZOLD, R., *Aride und humide Jahreszeiten in Nordamerika* (Stuttg. Geogr. Stud. 71); Stuttgart 1961, 130 S.

KAYSER, B., *Recherches sur les sols et l'érosion en Italie méridionale: Lucanie;* Paris 1961, 127 S.

KELLETAT, D., *Verbreitung und Vergesellschaftung rezenter Periglazialerscheinungen im Apennin* (Gött. Geogr. Abh. 48); Göttingen 1969, 114 S.

KLAER, W., *Verwitterungsformen im Granit auf Korsika* (PGM, Erg.-H. 261); Gotha 1956, 146 S.

KNAPP, R., *Die Vegetation von Nord- und Mittelamerika und der Hawaii-Inseln;* Stuttgart 1965, 373 S.

KUBIENA, W., *Die Böden des mediterranen Raumes;* in: Intern. Kali-Inst., Athen 1962, S. 1-22.

KÜCHLER, A. W., *The map of the natural vegetation of California* (Dept. of Geogr., Univ. of Kansas); Lawrence (Kansas) 1977, 33 S.

LAUER, W., *Humide und aride Jahreszeiten in Afrika und Südamerika und ihre Beziehung zu den Vegetationsgürteln;* in: Bonn. Geogr. Abh. 9 (1952), S. 15-98.

LAUTENSACH, H., und BÖGEL, R., *Der Jahresgang des mittleren geographischen Höhengradienten der Lufttemperatur in den verschiedenen Klimagebieten der Erde;* in: Erdkunde 10 (1956), S. 270-282.

Ders. und MAYER, E., *Humidität und Aridität, insbesondere auf der Iberischen Halbinsel;* in: PGM (1960), S. 249-270.

MARGAT, J., *Les ressources en eau du bassin méditerranéen;* in: Méditerranée 45 (1982), S. 15-29.

MENSCHING, H., *Die regionale und klimatisch-morphologische Differenzierung von Bergfußflächen auf der Iberischen Halbinsel;* in: Würzb. Geogr. Arb. 12 (1964), S. 141-158.

Ders., GIESSNER, K., und STUCKMANN, G., *Die Hochwasserkatastrophe in Tunesien im Herbst 1969;* in: GZ 58 (1970), S. 371-389.

MESSERLI, B., *Die eiszeitliche und gegenwärtige Vergletscherung im Mittelmeerraum;* in: Geogr. Helv. 22 (1967), S. 105-228.

MILEWSKI, A. V., *A comparison of vegetation height in relation to the effectiveness of rainfall in the mediterranean and adjacent arid parts of Australia and South Africa;* in: Journ. of Biogeogr. 8 (1981), S. 107-116.

MILLER, P. C. (Hrsg.), *Resource use by chaparral and matorral. A comparison of vegetation function in mediterranean type ecosystems* (Ecol. Studies 39); Berlin 1981, 455 S.

MOONEY, H. A., und PARSONS, D. J., *Structure and function of the California Chaparral - an example from San Dimas;* in: Ecol. Stud. 7 (1973), S. 83-112.

MORTENSEN, H., *Die Oberflächenformen der Winterregengebiete;* in: Düsseld. Geogr. Vorträge und Erörterungen, III. Teil: *Morphologie der Klimazonen;* Breslau 1927, S. 37-46.

MÜLLER, M. J., *Handbuch ausgewählter Klimastationen der Erde;* Trier 1979, 346 S.

MÜLLER-HOHENSTEIN, K., *Die Wälder der Toskana* (Erlang. Geogr. Arb. 25); Erlangen 1979, 181 S.

Ders., *Ökologische Aspekte der Aufforstungen im westlichen Mittelmeerraum;* in: Biogeographica 1 (1972), S. 97-117.

Literatur

Ders., *Die anthropogene Beeinflussung der Wälder im westlichen Mittelmeerraum unter besonderer Berücksichtigung der Aufforstung;* in: Erdkunde 27 (1973), S. 55-68.

NISANÇI, A., *Studien zu den Niederschlagsverhältnissen in der Türkei unter besonderer Berücksichtigung ihrer Häufigkeitsverteilung und ihrer Wetterlagenabhängigkeit;* Bonn 1973, 163 S.

OBERDORFER, E., *Pflanzensoziologische Studien in Chile;* Weinheim 1960, 208 S.

OZENDA, P., *Sur les étages de végétation dans les montagnes du bassin méditerranéen;* in: Documents Cartogr. Ecol. XVI, Grenoble 1975, S. 1-32.

PALMGREN, E., *Entwaldung, Versteppung und Wüstenbildung in Südeuropa;* in: Zschr. f. Weltforstwirtsch. 16 (1953), S. 41-57.

PASCHINGER, V., *Firn und Eis als Handelsgüter;* in: Schlern-Schr. 190 (1958), S. 189-194.

PAVARI, A., *Die waldbaulichen Verhältnisse Italiens;* in: Zschr. f. Weltforstwirtsch. 8 (1940/41), S. 175-217.

PFEFFER, K.-H., *Probleme der Genese von Oberflächenformen auf Kalkgestein;* in: Zschr. f. Geomorphol. N. F., Suppl.-Bd. 26 (1976), S. 6-34.

QUINTANILLA, V. G., *L'étagement altitudinal de la végétation en Chile Central;* in: Biogeographica 16 (1979), S. 49-68.

RATHJENS, C., *Die Formung der Erdoberfläche unter dem Einfluß des Menschen* (Studb. G.); Stuttgart 1979, 160 S.

Ders., *Vergleichende Geographie der Hochgebirge, an Beispielen aus den Subtropen;* in: Arb. a. d. Geogr. Inst. d. Univ. d. Saarlandes 29 (1980), S. 15-27.

REICHEL, E., *Die Niederschlagshäufigkeit im Mittelmeergebiet;* in: Meteorol. Rdsch. 2 (1949), S. 129-140.

RIEDEL, W., *Bodengeographie des kastilischen und portugiesischen Hauptscheidegebirges* (Mitt. d. Geogr. Ges. Hamburg 62); Hamburg 1973, 161 S.

RIKLI, M., *Das Pflanzenkleid der Mittelmeerländer;* 3 Bde; Bern ²1943-48, 1418 S.

ROHDENBURG, H., und SABELBERG, U., *„Kalkkrusten" und ihr klimatischer Aussagewert - Neue Beobachtungen aus Spanien und Nordafrika;* in: Gött. Bodenkdl. Ber. 7 (1969), S. 3-26.

Dies., *Zur landschaftsökologisch-bodengeographischen und klimagenetisch-geomorphologischen Stellung des westlichen Mediterrangebietes;* in: Gött. Bodenkdl. Ber. 7 (1969), S. 27-47.

RUST, U., *Die Reaktion der fluvialen Morphodynamik auf anthropogene Entwaldung östlich Chalkis (Insel Euböa - Mittelgriechenland);* in: Zschr. f. Geomorph., Suppl.-Bd. 30 (1978), S. 183-203.

SABELBERG, U., und ROHDENBURG, H. (Hrsg.), *Relief- und Bodenentwicklung im Mediterrangebiet.* Kurzberichte eines Symposiums, Braunschweig 1979 (Ldsch. genese u. Ldsch. ökol. 5); Braunschweig 1979, 120 S.

SCHMIDT, G., *Wandel und Entwicklung mediterraner Landschaften in ökologischer Sicht;* in: Wiss. Veröff. d. Dt. Inst. f. Länderkde. N. F. 23/24 (1966), S. 231-245.

SCHMITHÜSEN, J., *Die räumliche Ordnung der chilenischen Vegetation;* in: Bonn. Geogr. Abh. 17 (1956), S. 1-89.

Ders., *Allgemeine Vegetationsgeographie* (Lb. d. Allg. Geogr. IV); Berlin ³1968, 463 S.

Ders. (Hrsg.), *Atlas zur Biogeographie;* Mannheim 1973.

SCHWEIGGER, E., *Die Westküste Südamerikas im Bereich des Peru-Stroms;* Heidelberg 1959, 513 S.

SEMMEL, A., *Grundzüge der Bodengeographie;* Stuttgart 1977, 120 S.

SEUFFERT, O., *Die Reliefentwicklung der Grabenregion Sardiniens. Ein Beitrag zur Frage der Entstehung von Fußflächen und Fußflächensystemen* (Würzb. Geogr. Arb. 24); Würzburg 1970, 129 S.

Ders., *Mediterrane Geomorphodynamik und Landwirtschaft. Grundzüge und Nutzanwendung geoökodynamischer Untersuchungen in Sardinien;* in: Geoökodynamik 4 (1983), S. 287-341.

SPANO, B., *Neviere e precipitazioni nevose nel Salento;* in: Riv. Geogr. Italiana 70 (1963), S. 177-209.

SPECHT, R. L., *Structure and functional response of ecosystems in the mediterranean climate of Australia;* in: Ecol. Stud. 7 (1973), S. 113-120.

THIRGOOD, J. V., *Man and the mediterranean forest. A history of resource depletion;* London 1981, 194 S.

THORNES, J. B., *Semi-arid erosional systems: case studies from Spain* (Geogr. Papers 7); London 1976, 79 S.

TICHY, F., *Beobachtungen von Formen und Vorgängen „mediterraner Solifluktion";* in: Dt. Geogr.tag Berlin 1959, Tag. Ber. u. wiss. Abh.; Wiesbaden 1960, S. 211-217.

Ders., *Die Wälder der Basilicata und die Entwaldung im 19. Jahrhundert* (Heidelb. Geogr. Arb. 8); Heidelberg 1962, 174 S.

Ders., *Kann die zunehmende Gebirgsentvölkerung zur Wiederbewaldung führen?;* in: Wirtsch.- u. Sozialgeogr. Arb. 5 (1966), S. 85-92.

TROLL, C., *Wasserhaushalt und Waldverwüstung;* in: Decheniana 103 (1948), S. 7-17.

TWIDALE, C. R., *Les inselbergs á gradins et leur signification: l'exemple de l'Australie;* in: Ann. Géogr. 91 (1982), S. 657-678.

ULLMANN, R., *Abtragungs- und Verwitterungsformen im Ligurisch-Emilianischen Apennin;* in: Geogr. Helv. 19 (1964), S. 229-244.

UNESCO-FAO, *Carte bioclimatique de la région méditerranéene; Notice explicative;* in: Arid Zone Research XXI (Paris 1963), 58 S.

Dass., *Carte de la végétation de la région méditerranéene; Notice explicative;* in: Arid Zone Research XXX (Paris 1970), 90 S.

VAN HUSEN C., *Klimagliederung in Chile auf der Basis von Häufigkeitsverteilungen der Niederschlagssummen* (Freib. Geogr. H. 4); Freiburg i. Br. 1967, 113 S.

VANKAT, J. L., *Vegetation of North America. An introduction;* New York 1979, 261 S.

Vegetation of Western Australia, 1:3 Mill.; o. O. (Perth) 1981.

VITA-FINZI, C., *The Mediterranean Valleys;* Cambridge 1969, 140 S.

WALTER, H., *Die heutige ökologische Problemstellung und der Wettbewerb zwischen mediterraner Hartlaubvegetation und sommergrünen Laubwäldern;* in: Ber. d. Dt. Botan. Ges. 69 (1956), S. 263-273.

Ders., *Die Vegetation der Erde in ökophysiologischer Betrachtung. Band II, Die gemäßigten und arktischen Zonen;* Stuttgart 1968, S. 44-284.
Ders., *Betrachtungen zur Höhenstufenabfolge im Mediterrangebiet (insbesondere in Griechenland) in Verbindung mit dem Wettbewerbsfaktor;* in: Veröff. Geobot. Inst. Zürich 55 (1975), S. 72-83.
Ders., *Vegetationszonen und Klima;* Stuttgart ³1977, 309 S.
WENZENS, G., *Zur Flächengenese auf der Iberischen Halbinsel;* in: Karlsr. Geogr. H. 8 (1977), S. 63-87.
WICHE, K., *Geomorphologische Studien in Südostspanien (Provinz Murcia);* in: Mitt. Österr. Geogr. Ges. Wien 101 (1959), S. 390-395.
WILHELMY, H., *Die klimamorphologischen Zonen und Höhenstufen der Erde;* in: Zschr. f. Geomorph. N. F. 19 (1975), S. 353-376.

Wirtschaftsraum

ACHENBACH, H., *Die Halbinsel Cap Bon. Strukturanalyse einer mediterranen Kulturlandschaft in Tunesien* (Jb. d. Geogr. Ges. Hannover f. 1963); Hannover 1964, 182 S.
Ders., *Die Agrarlandschaft der tunesischen Nordküste um Bizerte;* in: Erdkunde 21 (1967), S. 132-146.
Ders., *Agrargeographische Entwicklungsprobleme Tunesiens und Ostalgeriens* (Jb. d. Geogr. Ges. Hannover f. 1970); Hannover 1971, 278 S.
Ders., *Klimagebundene Risikostufen der Ertragsbildung und räumliche Standortdifferenzierung der Landwirtschaft im Maghreb;* in: Erdkunde 33 (1979), S. 275-281.
Ders., *Natürliche Standort- und Risikofaktoren der Landwirtschaft im Mittelmeerraum;* in: Zschr. f. Agrargeogr. 1 (1983), S. 299-312.
ARNOLD, A., *Der Wandel der landwirtschaftlichen Bodennutzung im europäischen Mittelmeerraum. Versuch eines Überblicks;* in: Zschr. f. Agrargeogr. 1 (1983), S. 313-320.
BAHR, W., *Die Marismas des Guadalquivir und das Ebrodelta* (Bonn. Geogr. Abh. 45); Bonn 1972, 282 S.
BARAONA, R., ARANDA, X., und SANTANA, R., *Valle de Putaendo. Estudio de estructura agraria;* Santiago 1960, 372 S.
BARTZ, F., *Die Polderlandschaft des Deltas Sacramento-San Joaquín. Das Holland Kaliforniens;* in: Erdkunde 6 (1952), S. 247-260.
Ders., *Die großen Fischereiräume der Welt. Band I: Atlantisches Europa und Mittelmeer;* Wiesbaden 1964, 461 S. *Band III: Neue Welt und südliche Halbkugel;* Wiesbaden 1974, 800 S.
BAUČIČ, I., *Umwandlung des Küstengebietes an Beispielen aus Mitteldalmatien. Methoden und vorläufige Resultate der Untersuchung;* in: Geogr. Papers 1 (1970), S. 17-34.
BEUERMANN, A., *Fernweidewirtschaft in Südosteuropa;* Braunschweig 1967, 232 S.
BIRLE, S., *Der landwirtschaftliche Großbetrieb in USA: Untersuchungen im Bewässerungsraum des Südwestens;* in: Marb. Geogr. Schr. 66 (1976), S. 49-188.
BLAND, W. R., *Seasonal and spatial patterns of air pollution in Los Angeles County;* in: Yearbook of the Ass. of Pacific Coast Geogr. 36 (1974), S. 25-34.
BREUER, T., *Die Aufforstung in den „Hurdes" (Alta Extremadura) und ihre sozio-ökonomischen Auswirkungen;* in: Recherches de Géogr. rurale (Festschr. f. F. Dussart); Lüttich 1979, S. 501-517.
Ders., *Untersuchungen zur Adoption des Sonnenblumenanbaus in Niederandalusien (Spanien);* in: Düss. Geogr. Schr. 15 (1980), S. 69-87.
Ders., *Die Dynamik der Fruchtfolge-Systeme in den Latifundiengebieten der andalusischen Campiña;* in: Marb. Geogr. Schr. 84 (1981), S. 99-118.
BRÜSER, G., *Die Landwirtschaftsformationen in Alta Extremadura* (Arb. a. d. Geogr. Inst. d. Univ. d. Saarlandes 25); Saarbrücken 1977, 129 S.
BÜSCHENFELD, H., *Raumnutzungskonflikt am Kvarner – Tourismus und Hafenexpansion;* in: Erdkunde 36 (1982), S. 287-299.
BURVILL, F. H. (Hrsg.), *Agriculture in Western Australia. 150 years of development and achievement 1829-1979;* Perth 1979, 397 S.
CHRISTIANSEN-WENIGER, F., *Ackerbauformen im Mittelmeerraum und Nahen Osten, dargestellt am Beispiel der Türkei – Bewässerungs-, Trocken-, Feuchtlandwirtschaft;* Frankfurt/M. 1970, 500 S.
CLAUS, R. J. und DALICHOW, F., *California Center of the United States fruit and vegetable canning industry;* in: Zschr. f. Wirtschaftsgeogr. 15 (1971), S. 165-171.
COLE, C. F., und JOHNSON, A. H., *Die Landwirtschaft Kaliforniens;* in: GR 19 (1967), S. 41-67.
CONACHER, A. J., *Conservation and Geography. The case of the Manjimup woodchip industry, Southwestern Australia;* in: Austral. Geogr. Stud. 15 (1977), S. 104-122.
DAHLKE, J., *Der Weizengürtel in Südwestaustralien* (Erdk. Wissen, GZ, Beih. 34); Wiesbaden 1973, 274 S.
Ders., *Der westaustralische Wirtschaftsraum* (Aach. Geogr. Arb. 7); Aachen 1975, 167 S.
DAUMAS, M., *L'évolution des chemins de fer espagnols et de leur rôle dans les transports nationaux;* in: Ann. Géogr. 92 (1983), S. 19-34.
DESPLANQUES, H., *Il paesaggio rurale della coltura promiscua in Italia;* in: Riv. Geogr. Ital. 66 (1959), S. 29-64.
DESPOIS, J., *Les paysages agraires traditionels du Maghreb et du Sahara septentrional;* in: Ann. Géogr. 73 (1964), S. 129-171.
DICKINSON, R. E., *Land reform in Southern Italy;* in: Econ. Geogr. 30 (1954), S. 151-166.
DONGUS, H., *Die Maremmen der italienischen Westküste;* in: Marb. Geogr. Schr. 40 (1970), S. 53-114.
DÖRRENHAUS, F., *Villa und Villeggiatura in der Toskana* (Erdk. Wissen, GZ, Beih. 44); Wiesbaden 1976, 153 S.
EGGERS, H., *Leben und Wirtschaftsweise auf den griechischen Kykladen im Umbruch;* in: Dt. Geogr.tag Heidelberg 1963, Wiss. Tag.ber. u. Abh.; Wiesbaden 1965, S. 140-151.
FERRARIO, F. F., *An evaluation of the tourist resources of South Africa.* (Dept. of Geogr., Univ. of Cape Town, No. 1); Kapstadt 1978, 319 S.

FRENZEL, K., *Australien. Materialien zur Landesplanung II* (Mitt. a. d. Inst. f. Raumforsch.); Bad Godesberg 1957, 60 S.

FREUND, B., *Zur Agrarlandschaftsentwicklung im Transguadianaland* (Portugal); in: Erdkunde 26 (1972), S. 252-266.

Ders., *Struktur und räumliche Ordnung der portugiesischen Landwirtschaft;* in: Die Erde 105 (1974), S. 150-178.

Ders., *Gedanken zur Entwicklung des mediterranen Siedlungsraumes;* in: Rhein-Main. Fschgn. 80 (1975); Frankfurt/M., S. 201-221.

Ders., *Agrarprobleme Portugals und die Agrarreform in den Südprovinzen;* in: Marb. Geogr. Schr. 73 (1977), S. 209-236.

GEIGER, F., *Die Bewässerungswirtschaft Südostspaniens im trockensten Abschnitt des mediterranen Europa;* in: GR 24 (1972), S. 498-517.

Ders., *Touristische Aktivitäten und ihre Auswirkungen an der Costa blanca* (SE-Spanien); in: Düss. Geogr. Schr. 7 (1977), S. 241-249.

GENTILLI, J., *Atlas of Western Australian Agriculture;* Crawley (Perth) 1941, 50 S.

GNIELINSKI, S. v., *Der Weinbau Australiens;* in: Mitt. Geogr. Ges. München 61 (1976), S. 205-219.

GOLTE, W., *Isleños-Briones. Ein Beitrag zum Problem des Minifundio in Mittelchile;* in: Erdk. Wissen, GZ, Beih. 42; Wiesbaden 1976, S. 59-87.

GÖTZ, E., *Siedlerbetriebe im Bewässerungsgebiet des Unteren Medjerdatales/Tunesien;* Hohenheim 1971, 222 S.

GRAF, I., und JÄTZOLD, R., *Junge Kulturlandschaftsentwicklung in der Camargue;* in: Die Erde 112 (1981), S. 217-229.

GREGOR, H. F., *An agricultural typology of California* (Geogr. of World Agriculture 4); Budapest 1974, 106 S.

HAEFNER, H., *Wasser für den Süden Kaliforniens;* in: GR 20 (1968), S. 381-387.

HAFEMANN, D., *Niederschlag, Regenfeldbau und künstliche Bewässerung in der Südafrikanischen Union;* Würzburg 1943, 155 S.

HEINRITZ, G., *Grundbesitzstruktur und Bodenmarkt in Zypern* (Erlang. Geogr. Arb. Sdb. 2); Erlangen 1975, 142 S.

Ders., und JACOB, E., *Junge Wandlungen der Ölbaumkulturen auf Kreta;* in: Marb. Geogr. Schr. 84 (1981), S. 119-129.

HELLER, W., *Griechenland - ein unterentwickeltes Land in der EG;* in: GR 34 (1982), S. 188-195.

Ders. und SAUERWEIN, F., *Industrialisierung Griechenlands;* in: Zschr. f. Wirtschaftsgeogr. 23 (1979), S. 1-10.

HERMANNS, H., und NAPOLI, O., *Bibliographie zur Wirtschafts- und Sozialgeographie von Griechenland;* Münster 1981, 39 S.

HOENERBACH, V., *„Cultivos enarenados". Eine Sonderanbauform an der andalusischen Mittelmeerküste;* Bonn 1980, 316 S.

HOFMEISTER, B., *Die Transhumance in den westlichen Vereinigten Staaten von Amerika;* Berlin 1958, 84 S.

Ders., *Wesen und Erscheinungsformen der Transhumance;* in: Erdkunde 15 (1961), S. 121-132.

Ders., *Types of agriculture with predominant olive growing in Spain;* in: Geoforum 8 (1971), S. 15-30.

HOTTES, K., *Die Naturwerkstein-Industrie und ihre standortprägenden Auswirkungen. Eine vergleichende industriegeographische Untersuchung, dargestellt an ausgewählten europäischen Beispielen* (Gieß. Geogr. Schr. 12); Gießen 1967, 270 S.

Ders., HILSINGER, H.-H., und MARANDON, J.-C., *Aspekte der modernen Industrialisierung in Italien;* in: Düss. Geogr. Schr. 7 (1977), S. 153-197.

HÜTTEROTH, W.-D., *Bergnomaden und Yaylabauern im mittleren kurdischen Taurus* (Marb. Geogr. Schr. 11); Marburg 1959, 190 S.

IBRAHIM, F. N., *Das Handwerk in Tunesien, eine wirtschafts- und sozialgeographische Strukturanalyse* (Jb. d. Geogr. Ges. zu Hannover, Sd.heft 7); Hannover 1975, 231 S.

JÄGER, H., *Fos-sur-Mer - Europort Sud. Standortbedingungen, Wandlungen der Raumstruktur und Zukunftsperspektiven;* in: Frankfurter Beitr. z. Didaktik d. Geogr. 1 (1977), S. 269-293.

JÄTZOLD, R., *Die Camargue. Landschaften im Rhônedelta und ihre modernen Wandlungen;* in: Erde 96 (1965), S. 167-205.

KARGER, A., *Kulturlandschaftswandel im adriatischen Jugoslawien;* in: GR 25 (1973), S. 258-265.

KAYSER, K., *Ausdehnung und Intensivierung des Bewässerungs-Feldbaus und die Entwicklung der Regenfeldbau- und Weidegebiete im Bereich der Farmwirtschaft Südafrikas;* in: Dt. Geogr. Tag Kiel 1969, Tag.ber. u. Wiss. Abh.; Wiesbaden 1970, S. 476-487.

KING, R., *Land reform. The Italian experience;* London 1973, 257 S.

KIRSTEN, E., *Die griechische Polis als historisch-geographisches Problem des Mittelmeerraumes* (Coll. Geogr. 5); Bonn 1956, 154 S.

KLAER, W., *Eine Landnutzungskarte von Libanon* (Heidb. Geogr. Arb. 10); Heidelberg 1962, 56 S.

KLUG, H., *Die Insel Djerba. Wachstumsprobleme und Wandlungsprozesse eines südtunesischen Kulturraumes;* in: Kulturgeogr. Untersuchungen im islam. Orient (Schr. d. Geograph. Inst. d. Univ. Kiel 38); Kiel 1973, S. 45-90.

KNÖDLER, O., *Den Bewässerungsfeldbau in Mittelgriechenland und im Peloponnes* (Stuttg. Geogr. Stud. 81); Stuttgart 1970, 141 S.

KOCH, A., *Rentnerstädte in Kalifornien* (Tüb. Geogr. Stud. 59); Tübingen 1975, 154 S.

KOEPPEN, D., *Der Agro Pontino-Romano* (Schr. d. Geogr. Inst. d. Univ. Kiel, XI/2); Kiel 1941, 74 S.

KORTUM, G., *Zuckerrübenanbau und regionale Agrarentwicklung in der Türkei;* in: Die Erde 113 (1982), S. 21-42.

KRESS, H.-J., *Die islamische Kulturepoche auf der Iberischen Halbinsel. Eine historisch-kulturgeographische Studie* (Marb. Geogr. Schr. 43); Marburg 1968, 393 S.

KÜHNE, I., *Die Gebirgsentvölkerung im nördlichen und mittleren Apennin in der Zeit nach dem Zweiten Weltkrieg. Unter besonderer Berücksichtigung des gruppenspezifischen Wanderungsverhaltens.* (Erlang. Geogr. Arb., Sdb. 1); Erlangen 1974, 296 S.

Ders., *Abwanderung aus den früheren Schwefelbergbaugemeinden der Romagna und der Marken* (Italien); in: Marb. Geogr. Schr. 73 (1977), S. 29-47.
KULS, W., *Wandlungen in der jugoslawischen Landwirtschaft;* in: Erdkunde 9 (1955), S. 147-153.
Land use in Semi-Arid Mediterranean Climates; Unesco Symposium; Iraklion 1962.
Land use Map, South West Section of Western Australia 1:1 Million; Dept. of Lands and Surveys W. A.; Perth o. J. (1970).
LAUER, W., *Formen des Feldbaus im semiariden Spanien. Dargestellt am Beispiel der Mancha* (Schr. d. Geogr. Inst. d. Univ. Kiel, XV/1); Kiel 1954, 76 S.
LAUTENSACH, H., *Maurische Züge im geographischen Bild der Iberischen Halbinsel* (Bonn Geogr. Abh. 28); Bonn 1960, 98 S.
LEERS, K.-J., *Die räumlichen Folgen der Industrie-Ansiedlung in Süditalien – das Beispiel Tarent (Täranto)* (Düss. Geogr. Schr. 17); Düsseldorf 1981, 168 S.
LEHMANN H., *Zur Kulturgeographie der Ebene von Argos;* in: Zschr. d. Ges. f. Erdk. z. Berlin (1931), S. 38-59.
LIENAU, C., *Bevölkerungsabwanderung, demographische Struktur und Landwirtschaftsformen im W-Peloponnes* (Gieß. Geogr. Schr. 37); Gießen 1976, 119 S.
Ders., *Geographische Aspekte der Gastarbeiterwanderung zwischen Mittelmeerländern und europäischen Industrieländern mit einer Bibliographie;* in: Düss. Geogr. Schr. 7 (1977), S. 49-86.
LISS, C.-C., *Die Schäferei als traditionales Element der Kulturlandschaft Zentralspaniens;* in: Marb. Geogr. Schr. 84 (1981), S. 87-98.
MAAS, J. H. M., *The behaviour of landowners as an explanation of regional differences in agriculture: latifundists in Sevilla and Córdoba (Spain);* in: Tijdschr. v. econ. en. sociale geogr. 74 (1983), S. 87-95.
MANSKE, D. J., *Das Neretva Delta (Jugoslawien). Werden einer Agrarlandschaft;* in: Mitt. Geogr. Ges. München 58 (1973), S. 109-140.
MATHEY, H., *Tourettes-sur-Loup. Siedlungs- und wirtschaftsgeographische Auswirkungen des Fremdenverkehrs im Hinterland der westlichen Côte d'Azur* (Arb. a. d. Geogr. Inst. d. Univ. d. Saarlandes, 24); Saarbrücken 1977, 232 S.
MATLEY, I. M., *Transhumance in Bosnia and Herzegovina;* in: G. Rev. 58 (1968), S. 231-261.
MATZNETTER, J., *Tourismus am Golf von Triest;* in: Düss. Geogr. Schr. 7 (1977), S. 215-228.
MAYER, E., *Moderne Formen der Agrarkolonisation im sommertrockenen Spanien* (Stuttg. Geogr. Stud. 70); Stuttgart 1960, 114 S.
Ders., *Die Balearen. Sozial- und wirtschaftsgeographische Wandlungen eines mediterranen Inselarchipels unter dem Einfluß des Fremdenverkehrs* (Stuttg. Geogr. Stud. 88); Stuttgart 1976, 368 S.
MOLTER, T., *Wasserhaushalt und Bewässerungsfeldbau im Kapland. Geographische und historische Grundlagen unter Berücksichtigung der Boden- und Vegetationszerstörung* (Köln. Geogr. Arb. 3); Köln 1966, 250 S.
MONHEIM, R., *Die Agrostadt im Siedlungsgefüge Mittelsiziliens. Untersucht am Beispiel Gangi* (Bonn. Geogr. Abh. 41); Bonn 1969, 196 S.

Ders., *Die Agrostadt Siziliens, ein städtischer Typ agrarischer Großsiedlungen;* in: GZ 59 (1971), S. 204-225.
MÜLLER, E., *Die Herdenwanderung im Mittelmeergebiet;* in: PGM 84 (1938), S. 364-370.
MURRAY, D., *Land-use and farming regions;* in: Western Landscapes; Nedlands (Perth) 1979, S. 254-290.
NAYLON, J., *The Badajoz Plan. An example of land settlement and regional developing in Spain;* in: Erdkunde 20 (1966), S. 44-60.
NEUNDÖRFER, L., *Hinterhöfe im Hause Europa;* Leer 1961, 90 S.
NIEMEIER, G., *Die Ursachen von Landarbeiterwanderungen in spanischen Latifundiengebieten;* in: Comptes Rendus, Congr. Intern. de Géogr. Amsterdam 1938, Band I; Leiden 1938, S. 275-282.
Ders., *Europäische Stadtdorfgebiete als Problem der Siedlungsgeographie und der Raumplanung;* in: Sitz.ber. europ. Geogr. in Würzburg; Leipzig 1943, S. 329-352.
Ders., *Vollnomaden und Halbnomaden im Steppenhochland und in der nördlichen Sahara;* in: Erdkunde 9 (1955), S. 249-264.
OLTERSDORF, B., *Siedlungs- und wirtschaftsgeographische Probleme der zentral-chilenischen Küstenfischerei;* Marburg 1965, 159 S.
Ders., *Beginn einer Neuorientierung der Landwirtschaft auf Kreta;* in: Coll. Geogr. 16 (1983), S. 319-335.
PARSONS, J. E., *Die Eichelmastschweinehaltung in den Eichenwäldern Südwestspaniens* (1962) (Wege d. Fschg. 517); Darmstadt 1978, S. 147-175.
PFEIFER, G., *Die räumliche Gliederung der Landwirtschaft im nördlichen Kalifornien;* Leipzig 1936, 309 S.
Ders., *Frontera del Norte Kaliforniens, 1800-1846: Russen, Spanier und Angelsachsen;* in: Tüb. Geogr. Stud. 34, Sdb. 3 (1970), S. 255-278.
PLANCK, U., *Die Reintegrationsphase der iranischen Agrarreform;* in: Erdkunde 29 (1975), S. 1-9.
PLETSCH, A., *Moderne Wandlungen der Landwirtschaft im Languedoc* (Marb. Geogr. Schr. 70); Marburg 1976, 235 S.
Ders., *Traditionelle Landwirtschaft in Marokko;* in: GR 29 (1977), S. 107-114.
POPP, H., *Entkolonialisierung und Agrarreform in Marokko. Das Beispiel des Gharb;* in: Erdkunde 34 (1980), S. 257-269.
Ders., *Moderne Bewässerungslandwirtschaft in Marokko. Staatliche und individuelle Entscheidungen in sozialgeographischer Sicht* (Erlang. Geogr. Arb., Sdbd. 5); Erlangen 1983, 265 S.
REINHOLD, H. G., *Citruswirtschaft in Israel* (Heidelb. Geogr. Arb. 43); Heidelberg 1975, 307 S.
RICHTER, W., *Historische Entwicklung und junger Wandel der Agrarlandschaft Israels* (Köln. Geogr. Arb. 21); Köln 1969, 392 S.
Ders., *Israel und seine Nachbarräume* (Erdwiss. Forsch. 14); Wiesbaden 1979, 413 S.
RIESCO, R., *Ein Jahrzehnt Agrarreform in Chile: Versuch einer vorläufigen Bilanz;* in: Coll. Geogr. 16 (1983), S. 349-375.
RINSCHEDE, G., *Die Transhumance in den französischen Alpen und in den Pyrenäen* (Westf. Geogr. Stud. 32); Münster 1979, 312 S.

Ders., *Die saisonale Nutzung des Hochgebirgsraumes der westlichen USA durch Viehwirtschaft und Tourismus;* in: Frankf. Wirtsch.- und Sozialgeogr. Schr. 36 (1981), S. 173-212.

ROTHER, B., und K., *Beobachtungen zur Geographie des chilenischen Fremdenverkehrs;* in: Innsbr. Geogr. Stud. 5 (1979), S. 437-466.

ROTHER, K., *Die Kulturlandschaft der tarentinischen Golfküste. Wandlungen unter dem Einfluß der italienischen Agrarreform* (Bonner Geogr. Abh. 44); Bonn 1971 (a), 246 S.

Ders., *Ergebnisse und Probleme von Agrarreformen im Mittelmeerraum;* in: Erdkunde 25 (1971) (b), S. 292-298.

Ders., *Stand, Auswirkungen und Aufgaben der chilenischen Agrarreform. Beobachtungen in der nördlichen Längssenke Mittelchiles;* in: Erdkunde 27 (1973), S. 307-322.

Ders., *Zum Fortgang der Agrarreform in Chile;* in: Erdkunde 28 (1974), S. 312-315.

Ders., *Eine mittelchilenische Agrarlandschaft. Der Sonderkulturbau von Péumo am Río Cachapoal;* in: Die Erde 106 (1975), S. 228-242.

Ders., *Der Agrarstrukturelle Wandel in Chile zwischen 1965 und 1975;* in: Lateinamerika-Studien 3 (1977) (a), S. 135-153.

Ders., *Gruppensiedlungen in Mittelchile. Erläutert am Beispiel der Provinz O'Higgins* (Düss. Geogr. Schr. 9); Düsseldorf 1977 (b), 80 S.

Ders., *Die agrargeographische Entwicklung und die Wandelbarkeit der Betriebstypen im Küstentiefland von Metapont (Süditalien);* in: Düss. Geogr. Schr. 15 (1980) (a), S. 89-104.

Ders., *Bewässerungsgebiete und Bewässerungsprojekte in Südostitalien;* in: Erdkunde 34 (1980) (b), S. 287-293.

Ders., *Ein neues Anbaugebiet für Erdbeeren in Süditalien;* in: Zschr. f. Wirtschaftsgeogr. 24 (1980) (c), S. 33-39.

Ders., *Einige Gedanken zur kulturgeographischen Erforschung des Mittelmeerraums;* in: Marb. Geogr. Schr. 84 (1981), S. 1-8.

Ders., *Das Mezzogiorno-Problem. Versuche des italienischen Staates zu seiner Lösung;* in: GR 34 (1982), S. 154-162.

Ders., *Der Sonderkulturbau in Südwest-Australien und seine südeuropäische Trägerschaft;* in: Erdkunde 38 (1984), S. 45-54.

ROSSI-DORIA, M., *Riforma agraria e azione meridionalista;* Bologna ²1956, 394 S.

RUCKERT, H.-J., *Die Kulturlandschaft am mittleren Guadiana. Junge Wandlungen durch den Plan Badajoz;* Bonn 1970, 222 S.

SABELBERG, E., *Kleinbauerntum, Mezzadria, Latifundium. Die wichtigsten agraren Betriebssysteme in der Kulturlandschaft der Toskana und ihre gegenwärtigen Veränderungen;* in: GR 27 (1975) (a), S. 326-336.

Ders., *Der Zerfall der Mezzadria in der Toskana Urbana. Entstehung, Bedeutung und gegenwärtige Auflösung eines agraren Betriebssystems in Mittelitalien* (Köln. Geogr. Arb. 33); Köln 1975 (b), 260 S.

SAUERWEIN, F., *Landschaft, Siedlung und Wirtschaft Innermesseniens (Griechenland)* (Frankf. Wirtsch.- u. Sozialgeogr. Schr. 4); Frankfurt/M. 1968, 389 S.

Ders., *Die moderne Argolis* (Frankf. Wirtsch.- u. Sozialgeogr. Schr. 9); Frankfurt/M. 1968, 63 S.

Ders., *Landwirtschaft in Griechenland. Entwicklungen, Probleme, Tendenzen bei einem jungen mediterranen Partner der EG;* in: Zschr. f. Agrargeogr. 1 (1983), S. 321-350.

SCHEIDL, L. G., *Die Wirtschaft der Republik Südafrika* (Wien. Geogr. Schr. 41/42); Wien 1976, 169 S.

SCHINZINGER, F., *Die Mezzogiorno-Politik. Möglichkeiten der Agrar- und Infrastrukturpolitik;* Berlin 1970, 328 S.

SCHLIETER, E., *Viareggio. Die geographischen Auswirkungen des Fremdenverkehrs auf die Seebäder der nordtoskanischen Küste* (Marb. Geogr. Schr. 33); Marburg 1968, 196 S.

SCHOTT, C., *Die Entwicklung des Badetourismus an den Küsten des Mittelmeers;* in: Erdkdl. Wissen, GZ, Beih. 33; Wiesbaden 1973a, S. 302-322.

Ders., *Strukturwandlungen des Tourismus an der französischen Riviera;* in: Marb. Geogr. Schr. 59 (1973b), S. 73-99.

Ders., *Die Entwicklung des Badetourismus an der nördlichen Adriaküste;* in: Marb. Geogr. Schr. 73 (1977), S. 147-176.

Ders., *Wandlungen des Fremdenverkehrs und Entwicklungen der Kulturlandschaft an der Ligurischen Riviera;* in: Marb. Geogr. Schr. 84 (1981), S. 213-232.

SCHULZE, CH., *Die Mitidja-Ebene bei Algier. Probleme der Dekolonisation am Beispiel agrargeographischer Wandlungen;* in: GR 30 (1978), S. 242-251.

SCOTT, P., *Australian agriculture* (Geogr. of World Agriculture 9); Budapest 1981, 136 S.

SICK, W.-D., *Agrargeographie* (Das Geogr. Seminar); Braunschweig 1983, 249 S.

SMITH, D. L., *Viticulture in the Barossa Region: prospects and costs;* in: Austral. Geogr. Stud. 8 (1979), S. 101-120.

SMOLE, W., *Owner-cultivatorship in Middle Chile* (Univ. of Chicago, Dept. of Geogr., Res. Paper No. 89); Chicago 1963, 176 S.

SPRENGEL, U., *Die Herdenwege auf der italienischen Halbinsel und ihre Stellung im gegenwärtigen Landschaftsbild;* in: Marb. Geogr. Schr. 40 (1970), S. 33-51.

Ders., *Die Wanderherdenwirtschaft im mittel- und südostitalienischen Raum* (Marb. Geogr. Schr. 51); Marburg 1971, 265 S.

Ders., *Fremdenverkehrsentwicklung als Bestandteil sektoraler und regionaler Förderung im italienischen Mezzogiorno;* in: Düss. Geogr. Schr. 7 (1977), S. 229-239.

STEIN, N., *Die Fischereiwirtschaft Westsiziliens und ihre Auswirkungen auf die Siedlungs- und Bevölkerungsstruktur* (Freib. Geogr. H. 8); Freiburg i. Br. 1970, 140 S.

STEINBERG, H. G., *Die sozio-ökonomische Entwicklung der Republik Südafrika* (Düss. Geogr. Schr. 21); Düsseldorf 1982, 187 S.

STEINER, R., *Large private landholdings in California;* in: G. Rev. 72 (1982), S. 315-325.

TALBOT, W. J., *Swartland and Sandveld. A survey of land utilization and soil erosion in the western lowland of the Cape Province;* Kapstadt 1947, 79 S.

TANK, H., *Wandel und Entwicklungstendenzen der Agrarstruktur Kretas seit 1948;* in: Die Erde 108 (1977), S. 342-346.

TAYLOR, G., *Australia. A study of warm environments and their effect on british settlement;* London ⁷1959 (Nachdruck 1966), 490 S.

TESCHENDORFF, W., *Der Küstenhof von Valencia* (Regensb. Geogr. Schr. 10); Regensburg 1978, 269 S.

TEWS, H. R., *Vom Niedergang der sizilianischen Schwefelindustrie;* in: GR 32 (1980), S. 460-464.

THOMAS, C., *Decay and development in mediterranean Jugoslavia;* in: Geography 63 (1978), S. 179-187.

TICHY, F., *Die geographischen Grundlagen der italienischen Industrien;* in: GR 13 (1961), S. 1-10.

TRAUTMANN, W., *Entwicklung und Probleme der Agrarreform in Algerien;* in: Erdkunde 33 (1979), S. 215-225.

TYRAKOWSKI, K., *Probleme staatlicher Maßnahmen zur Entwicklung des ländlichen Raumes in Spanien. Dargestellt am „Plan Jaén" und seinen agrargeographischen Folgen am oberen Guadalquivir;* in: Erdkunde 32 (1978), S. 47-60.

VANCE, J. E., *California and the search for the ideal;* in: Ann. Ass. Amer. Geogr. 62 (1972), S. 185-210.

VÖCHTING, F., *Die italienische Südfrage. Entstehung und Problematik eines wirtschaftlichen Notstandsgebietes;* Berlin 1951, 680 S.

WADHAM, S., WILSON, K. R., und WOOD, J., *Land utilization in Australia;* London ⁴1964, 259 S.

WAGNER, H.-G., *Die Kulturlandschaft am Vesuv* (Jb. d. Geogr. Ges. Hannover f. 1966); Hannover 1967, 236 S.

Ders., *Industrialisierung in Süditalien. Wachstumspolitik oder Entwicklungsstrategie;* in: Marb. Geogr. Schr. 73 (1977), S. 49-80.

WARNECKE, E. F., *Die Bedeutung der Bewässerung für den Mittelmeerraum;* in: GR 12 (1960), S. 493-497.

WEBER, P., *Der Fremdenverkehr im Algarve;* in: Marb. Geogr. Schr. 40 (1970), S. 7-32.

Ders., *Zur Industrialisierungsproblematik mediterraner Räume. Das Beispiel der Industriezone Sines/Süd-Portugal;* in: Düss. Geogr. Schr. 7 (1977a), S. 207-214.

Ders., *Industrieparks in Portugal;* in: GZ 65 (1977b), S. 124-135.

WEISCHET, W., *Agrarreform und Nationalisierung des Bergbaus in Chile;* Darmstadt 1974, 106 S.

WEISCHET, W., und SCHALLHORN, E., *Altsiedelkerne und frühkolonialer Ausbau in der Bewässerungskulturlandschaft Zentralchiles;* in: Erdkunde 28 (1974), S. 295-303.

WEISS, W., *Bewässerungssysteme Kaliforniens;* in: Zschr. f. Wirtschaftsgeogr. 22 (1978), S. 134-137.

Weltfolstaltas; Hamburg 1967.

Western Australian Year Book; Bd. 19; Perth 1981, 586 S.

WHITTLESEY, D., *Major agricultural regions of the earth;* in: Ann. Ass. Amer. Geogr. 26 (1936), S. 199-240.

WIEBECKE, L., und HARTWIG, F., *Aufforstungsplanung und Raumordnung in Chile;* Hannover 1967, 15 S. (Sonderdruck).

WIESE, B., *Die Kultur tropischer Fruchtbäume in Südafrika;* in: Erdkunde 25 (1971), S. 135-148.

WILHELMY, H., *Temperaturschwankungen in den kalifornischen Küstengewässern und ihre Rückwirkungen auf die Sardinenfischerei von Monterey;* in: H. v. Wissmann-Festschrift; Tübingen 1962, S. 271-288.

Ders., *Die Goldrauschstädte der „Mother Lode" in Kalifornien;* in: Schr. Geogr. Inst. d. Univ. Kiel XX (1961), S. 55-71.

WILLIAMS, M., *The making of the South Australian landscape. A study in the historical geography of Australia;* London 1974, 518 S.

WINDHORST, H.-W., *Geographie der Wald- und Forstwirtschaft* (Studb.G.); Stuttgart 1978, 204 S.

WIRTH, E., *Die „Murgia dei Trulli" (Apulien);* in: Die Erde 93 (1962), S. 249-278.

WITTIG, H.-G., *Untersuchungen über die Anwendung und Auswirkung der Bewässerung im nördlichen Mittelmeerraum;* Kiel 1965, 122 S.

WOJTKOWIAK, G., *Die Zitruskulturen in der küstennahen Agrarlandschaft der Türkei* (Mitt. Geogr. Ges. Hamburg, Bd. 58); Hamburg 1971, 433 S.

WOLKOWITSCH, M., *La vie maritime en Méditerranée;* in: Méditerranée 44 (1982), S. 29-37.

ZAHN, U., *Der Fremdenverkehr an der spanischen Mittelmeerküste* (Regensb. Geogr. Schr. 2); Regensburg 1973, 243 S.

ZIMPEL, H.-G., *Niederschlagsvariabilität und Anbau-Unsicherheit in Syrien;* in: Mitt. d. Geogr. Ges. in München 54 (1969), S. 89-114.

ZÖBL, D., *Die Transhumanz (Wanderschafhaltung) der europäischen Mittelmeerländer in historischer, geographischer und volkskundlicher Sicht* (Berlin. Geogr. Stud. 10); Berlin 1982, 90 S.

Die Gestaltung des Umschlages erfolgte in Anlehnung an den „Idealkontinent" von C. TROLL (1948).

Der Abdruck der Abb. 17 und 29 (S. 58 bzw. 127) erfolgte mit freundlicher Genehmigung der Verlage und Autoren:
Abb. 17 aus W. WEISCHET, *Chile. Seine länderkundliche Individualität und Struktur* (WL, Bd. 2/3); Wissenschaftliche Buchgesellschaft; Darmstadt 1970.
Abb. 29 aus B. OLTERSDORF, *Beginn einer Neuorientierung der Landwirtschaft auf Kreta,* in: Colloquium Geogr. 16, S. 319-335, Ferd. Dümmler's Verlag; Bonn 1983.

6 Register

abflußlose Gebiete 46
Abflußtypen 47ff.
Abtragung 49, 53, 57ff., 61ff., 93f.
Ackerbau(er) 102ff., 103, 116ff., 144, 151f.
agrarische Entwicklung 144, 146, 153, 157, 159
Agrarkolonisation 133, 135
Agrarpolitik 129
Agrarreform 129ff., 162
Agrarverfassung 101
Agrobusiness 142
agronomische Trockengrenze 35, 159f.
Agrostadt 124, 126, 134
Agrumen 34, 112, 136, 151
Akklimatisation 44
alpidische Orogenese 53f.
alte Massen 54
Anbautechnik 67, 126, 135, 141, 152, 159, 163
anthropogene Vegetation 22, 77ff., 92, 96
Arbeitskräfte 106, 124, 127, 129, 149, 156, 163, 169, 179, 193
Ariditätshäufigkeit 39
arroyo 47
Aufforstung 67, 95, 120, 137, 162, 164ff.
Aufschüttung 49, 57ff., 67, 93f.
außertropische Westwindzone 23f., 36

badland 62, 66, 93
bajado 47
balza 63
barbecho 113
Batha 76
Baum- und Strauchkulturen 103, 107ff., 115, 137
beachrock 63
Bergbau 97, 164, 176, 191
Betriebsformen 121ff., 133, 139, 142f., 149ff.
-größe (-struktur) 122ff., 131f., 140, 149f., 151, 155f., 163
-weise 122f.
-ziel 123, 138, 152, 163
Bevölkerungsdichte 97f., 107f.,
132, 142, 169, 183
-verschiebungen 98
-wanderungen 101, 127, 136, 140, 147, 162f., 169, 182
Bewässerung 44f., 51f., 67, 95, 109ff., 162
-feldbau 103, 109ff., 112f., 127ff., 136, 149ff., 155f.
-gebiete 41, 110f., 135, 142
-projekte 46, 120, 134f., 147, 178
Bewaldungsziffer 88f., 165
Beweidung 79f., 91, 92
Boden 64ff., 94, 96, 169
-erosion 44, 62, 66, 94, 96, 106, 135, 166, 169
-konservierung 162, 166
-nutzungssysteme 103ff., 112, 123
-reform 130ff.
-schätze 96, 164, 176ff.
-versalzung 67f., 135, 147, 169
Bora, Borino 27
Bradysismus 56
braune mediterrane Böden 65
burrone 62

calanca 62, 87
calina 34
campo compuesto 113
- de regadío 113
- de rulo 113
cañada 117
carraire 117
caseria 124
cash crops 138
chacra 115
chaparral 75, 77ff.
colon 131
coltura mista 109
cortijo 124
creek 47
cultivo al tercio 105, 113
cultivo año y vez 105, 113

Dauerfeldbau(-nutzung) 107f., 111f., 136
Dauersiedlungsraum 98f.
Degradationsstufen 80, 95
dehesa 120f.
Dienstleistungsgewerbe 179,
182, 185, 191f.
Doppelkultur 111
dry farming 104, 135
drylot dairies 152
Düngung 106, 126, 136, 159, 163
Dürre 44
Dunkelmeer 32

Eichen 71f., 82ff.
Eigentumsverhältnisse 118f., 121f., 125, 129ff., 148f.
einjährige Feldfrüchte 103, 112, 115
El Niño-Problem 172
Enarenado-Kultur 141
Energiequellen 100, 164, 178
Entkolonialisierung 131
Entwässerung (Drainage) 67, 135, 137, 147
Entwaldung 60, 88ff., 96, 105, 117
entwickelte Regionen 102, 192
Entwicklungsmöglichkeiten 161ff.
Erdbeben 55f.
Erikenklima 19
espinal 76, 79
estancia 115, 125, 145
estero 47
Etesien 28
-gebiete 9
-klima 16f.
Eukalyptuswald 73ff., 166
Exoten 77
Exposition 35, 70, 81

Familienbetriebe 125, 131f., 139, 144, 159
Farm(wirtschaft) 144f., 148f., 155f., 195
Feldbau 103ff.
Felderwirtschaft 105f., 136
Fischerei 95, 97, 170ff., 191
fiumara 47
fiume 47
Florenreiche 69
Flurbereinigung 130, 161
Flurmuster 133, 148, 155
Forstwirtschaft 164ff., 191
frana 61f., 87

Fremdeigentum 130 f.
Fremdenverkehr 45, 95, 97, 182 ff., 191 ff.
Fremdlingsflüsse 46, 51
Frost 33 f., 69
Frostschutz 112, 151
Fruchtbäume 97, 115
–folge 105, 112, 115, 136
–haine 108
fundo 125
Fußflächen 60
Futterbau 103, 136 f., 142
Fynbos 76, 78 f.

Garigue 76 f., 79 f.
Garten(bau) 111, 128, 135
Gebirgsgaue 98
Geländeklima 93
Gemüsebau 112, 136, 141, 146, 151
Genossenschaftswesen 129, 138, 163
Geomorphodynamik 57 ff., 93, 96
geoökologisches Gleichgewicht 88 ff.
Getreidebau 103 ff., 136, 145
Gewässer 46 ff., 53, 95
giardino 111, 128
Glatthänge 63
Glocken- und Helmberge 63, 87
Grenzen 14 ff., 81
Großrelief 52 ff., 97 f.

hacienda 125
Hackfruchtbau 106, 112, 115, 136
Häfen 178 f., 190 f.
Handwerk 178, 185
Hartlaub 69 f.
–gebüsch 71, 75 f.
–gewächse 68 ff.
–stufe 71 ff., 83
–wald 17, 71 ff., 78, 89
Herbst- und Frühjahrsregen 37
Hirten 116 ff., 143
Hitzenebel 34
Hochwasser 49 f., 51, 93
Höhengrenze 21
Höhenklima 80 ff.
Höhenstufen 41, 80 ff., 98
–, Bodennutzung 126 f.
–, Böden 88
–, geomorphologische 87
–, Vegetation 81 ff.
Holzwirtschaft 97, 164 ff., 191
huerta 111, 128
huerto familiar 132
hygrische Klimatypen 12 f., 16

Igelpolstersteppe 86
immergrüner Eichenwald 70 ff.
Industrie 137, 148, 152, 165, 178 ff.
–ansiedlung 137, 178 f.

–park 180 f.
Immobilismus 100, 178
Innovation 101, 133, 141
inquilino 124, 134

Jahreszeitenfeldbau 103 ff., 136
Jarrah-Wald 75, 158, 166

Kalkkrusten 64
kalte Meeresströmungen 29, 32, 172 ff.
Kapmacchie 76
Karri-Wald 73, 158, 166
Kerbtalrelief 59
Khammesat 124
Khamsin 28
Kleinbauerntum 125 ff., 128, 131, 133
Klimagang 23 ff.
–klassifikationen 10 f., 16 f.
–stationen 30 f.
Korkgewinnung 92, 120 f., 170
Krankheiten 45
kühlgemäßigte Breiten 12, 15 ff., 23, 35, 71, 80, 161, 183, 191
Küstengliederung 52 f., 56

Landarbeiter 124, 131 f.
Landaufteilung 131 f.
Landgewinnung 68, 133, 135, 153, 162
Landnutzung, agrarische 34 f., 44, 97, 102 ff., 146, 149 ff., 154 ff., 157 ff., 185, 194 f.
Landschaftsgürtel, -zone 7, 15, 97
Land-Seewind-Zirkulation 25, 29
Landwirtschaft 41, 44, 102 ff., 191 ff.
Latifundien(wirtschaft) 118 f., 122 ff., 130, 145, 162
Laubwaldstufe 83
Leguminosen 105 f.
Luftmassen 25 f.
Luzerne 113 ff.

Macchie 75, 79 f.
Malakophylle 70
Malaria 45, 53, 67, 93, 137, 188
Mallee 75 f., 78 f.
marine Strandterrassen 53, 56
Marktfrüchte, -orientierung 108 f., 115, 127 f., 138, 148, 156 f., 161
masseria 124
matorral 76, 79
mediterran 9, 194 f.
mediterrane Felsheide 80
– Front 25
– Solifluktion 61 f.
– Faltengürtel 53
– Garten 111, 135
– Karst 51, 63
– Wald 71, 89, 120

medieria 124
Meeresverschmutzung 171 f.
Melioration 68, 137, 162, 166
Meltémi 28
Mesta 90, 118, 120
metayage 124
mezzadria 109, 124, 142
Minifundium 127 f., 130
–fundistas 125
Mischkultur 108, 137
Mistral 28
Mittelmeer 29, 52, 171, 189 ff.
Mittelmeerklima 9, 17, 23 ff., 92 f.
mittelmeerischer Garten(bau) 128, 155
Monte bajo 75
Mulga 75, 160

Nadelhölzer 72 f., 82 ff., 167
–waldstufe 83, 85
natürliche Vegetation 16 ff., 22, 34 f., 68 ff., 78 f.
Naturpotential 95 f., 164 ff., 191
Naturraum 23 ff., 97, 194
Nebel 32
Niederschlag 30 f., 35 ff.
Niederschlagsvariabilität 35, 41 f., 48, 95, 106
Nomadismus 117 f.
– Saison- 143
noria 111
Nutzhölzer 90, 165 ff.
Nutzungsringe 126
–wechsel 104 f., 112
–zonen 146, 158

Oberflächenformen 52 ff.
Obstbau 108, 115, 136, 141, 146, 149 ff., 155
Oliven 17 f., 71, 107, 150
–grenze 17 f., 21
–klima 17, 19

Pacht 109, 123 f., 128, 139
patrimonio familiar 132
pazifische Kleinstrauchheiden 77
Pedimentbildung 57, 59
Pflanzenkleid 68 ff.
Phrygana 76
podere 132
Polykultur 112, 137
postvulkanische Erscheinungen 55
Progressionsstadien 80
Pseudomacchie 83

quasinatürliche Formen und Prozesse 60, 88, 95
quota 132

rambla 47, 59
raña 60
Regionalwinde 27 ff.
Reinkultur 109, 145

Register

Relief 52ff., 93
-entwicklung 57, 93, 95
Rentenkapitalismus 119, 122f.
Rentnerstädte 186
Restgüter 138, 140
Rinnenspülung 59, 93
río 47
river 47
rivier 47
Rodung 79, 91, 166
rote mediterrane Böden 65
Rutschungen 61, 87, 93

Salzgewinnung 176
Sandheide 77
Schneefall 42f.
Schotterbett 49, 57, 59f., 68, 94
Scirocco 28, 45
Scrub 75, 78, 160
Seen 51
Sekundärformation 77ff.
Selbstversorgung 102, 125f., 128f., 138, 157, 161, 166, 169f.
Siedlungen 124ff., 134, 184f.
Sklerophylle 69ff.
sommergrüner Laubwald 70f., 81ff.
Sommerwärme 25, 34, 95
Sonderkulturbau 103, 106, 109ff., 137, 146, 149ff., 158
Sonnenscheindauer 30f., 34, 39, 95, 181
Spezialisierung 138, 148, 159
spontane (Agrar-)Entwicklung 130, 140ff., 145, 162
Spüldenudation 59f., 68
Stadtdorf 124
Starkregen 43, 49, 95
Steppe 9, 15, 23, 59, 65, 71, 78, 81ff., 88, 116, 162
Stockwerksbau 108, 111
Strandverschiebung 60, 94
Strauchgesellschaften 71, 75f., 92
Subsistenzwirtschaft 102, 125f., 128f., 138, 166, 169
Subtropen 10ff.
-, feuchte 12, 16ff., 40, 112
-, sommertrockene 9, 12
-, trockene 12, 15ff., 23, 39, 57, 81
subtropischer Feuchtwald 71,

73, 79, 87
- Hochdruckgürtel 23, 26, 36
Subzone 7, 9, 12, 13

Tafeltuch 40, 73
tafone 63
Talbildung 57
Tank 51, 155
Technisierung 126, 129, 135, 141f., 148, 152, 159, 163
Teilhaber 123f.
Teilpächter 109, 123f., 131
Temperatur 29ff., 81
Terra fusca 65
Terra rossa 65
Terrassenfeldbau 106ff., 127, 141
Terrassierung 67, 95, 106, 141
terzeria (terziata) 105
Tomillares 76
Tonböden 67
torrente 47
torrentieller Niederschlag/Abflußtyp 43, 47, 49, 93
Tourismus 45, 95, 97, 165, 182ff., 191ff.
Tramontana 28
Transhumance 103, 116ff., 123, 142f.
tratturo 117
Triftweg 117f., 143
Trockenbrache 104f.
Trockenfeldbau 103ff., 113, 123, 126, 128, 153, 156
Trockenzeit 23, 35, 37ff., 48, 51, 95, 103
Tschiftlik-System 129

Überschwemmung 44, 49f., 68, 93
unterentwickelte Regionen 101, 192

vega 111
Vegetation 68ff.
-asymmetrie 70
-formation 16ff., 69ff.
Vergletscherung 43, 55, 87
Verkarstung 68, 93
Verkehr 49, 97, 178, 185, 187ff.
Versumpfung 45, 53, 67f., 93, 188
Verwitterung 63ff., 94

Viehhaltung 102f., 115ff., 128, 145, 152, 156
Groß- 103, 113, 119, 145
Klein- 103, 115f., 125, 143, 158f.
Arbeits (Zug-)- 106, 115f., 125, 136
Viehtrift 49
Völker 98f., 102, 144
Vulkanismus 55

Wald 70ff., 120, 164f.
-brände 78ff., 92, 165f.
-konservierung 165
-wirtschaft 90, 120f., 166
Wanderarbeiter 124, 136, 149, 156, 163
Warmbeetkultur 141
Wasserhaushalt 93, 166
-reserven 46f., 147
-wirtschaft 51
Wechselfeldbau 108, 137
Weidewirtschaft 103f., 115f., 152, 155, 158, 160
-brache 105, 113
-fläche 116
Weinbau 107, 115, 141, 151, 155, 160
Weizenbau 104ff., 113, 146, 158ff.
weltwirtschaftliche Verflechtung 161
- Stellung 191
Wiederbewaldung 80, 95
Winterregen 21, 23, 36, 40
-gebiete 9
-klima 16
Wirtschaftsraum 9, 21f., 68, 96ff., 194f.
Wirtschaftszweige 97, 164ff., 191f.
Witterung 24ff.

Xerovumi 75

zirkumpazifischer Faltengürtel 54
Zitruskultur 34, 112, 136, 151
zonentypisch (-spezifisch) 8
- Güter 161, 191
Zwergstrauchgesellschaften 71, 75f., 92
Zwergstrauch- und Mattenstufe 85

Das Geographische Seminar

Begründet von   Prof. Dr. EDWIN FELS, Prof. Dr. ERNST WEIGT und
                   Prof. Dr. HERBERT WILHELMY
Herausgegeben von Prof. Dr. ECKART EHLERS und Prof. Dr. HARTMUT LESER

Prof. Dr. H. LESER	*Geographie*
Prof. Dr. H. LESER und Prof. Dr. W. PANZER	*Geomorphologie*
Prof. Dr. D. und Prof. Dr. M. RICHTER	*Geologie*
Prof. Dr. G. DIETRICH	*Ozeanographie*
Prof. Dr. R. SCHERHAG und Prof. Dr. W. LAUER	*Klimatologie*
Prof. Dr. F. WILHELM	*Hydrologie und Glaziologie*
Prof. Dr. H.-J. KLINK und Prof. Dr. E. MAYER	*Vegetationsgeographie*
Prof. Dr. G. REICHELT und Prof. Dr. O. WILMANNS	*Arbeitsweisen der Vegetationsgeographie*
Prof. Dr. J. MAIER, Dr. R. PAESLER, Prof. Dr. K. RUPPERT und Prof. Dr. F. SCHAFFER	*Sozialgeographie*
Dr. J. LEIB und Prof. Dr. G. MERTINS	*Bevölkerungsgeographie*
Prof. Dr. H.-G. WAGNER	*Wirtschaftsgeographie*
Prof. Dr. W.-D. SICK	*Agrargeographie*
Prof. Dr. W. BRÜCHER	*Industriegeographie*
Prof. Dr. G. FOCHLER-HAUKE	*Verkehrsgeographie*
Prof. Dr. G. NIEMEIER	*Siedlungsgeographie*
Prof. Dr. B. HOFMEISTER	*Stadtgeographie*
Priv.-Doz. Dr. U. ANTE	*Politische Geographie*
Prof. Dr. E. ARNBERGER	*Thematische Kartographie*
Prof. Dr. F. FEZER	*Karteninterpretation*
Prof. Dr. R. HANTSCHEL und Prof. Dr. E. THARUN	*Anthropogeographische Arbeitsweisen*

Geographisches Seminar Zonal
(in Vorbereitung 1984-86)

Prof. Dr. G. STÄBLEIN	*Polargebiete*
Dr. U. TRETER	*Boreale Waldländer*
Prof. Dr. B. HOFMEISTER	*Gemäßigte Breiten*
Prof. Dr. K. ROTHER	*Mediterrane Subtropen*
Prof. Dr. K. GIESSNER	*Trockengebiete*
Prof. Dr. G. KOHLHEPP	*Tropen*
Prof. Dr. G. SCHWEIZER	*Hochgebirge*
Prof. Dr. H. KLUG	*Ozeane*